ADMINISTRATION

DE

L'INSTRUCTION PUBLIQUE.

1863-1869.

L'ADMINISTRATION

DE

L'INSTRUCTION PUBLIQUE

De 1863 à 1869.

MINISTÈRE DE S. EXC. M. DURUY.

PARIS.

TYPOGRAPHIE DE JULES DELALAIN

IMPRIMEUR DE L'UNIVERSITÉ DE FRANCE

Rue des Écoles, 56.

I.

L'impression de ce volume était commencée avant les changements ministériels du mois de juillet 1869. Elle a été continuée par la même raison qui l'avait fait entreprendre. Nous pensions alors que ceux dont l'active et intelligente collaboration avait permis de mener à bonne fin la tâche poursuivie durant six années, trouveraient quelque intérêt à ces pages d'une histoire qu'ils ont aidé à faire, ainsi que des soldats, au retour d'une longue campagne, aiment à se rappeler les étapes parcourues et les difficultés surmontées. Aujourd'hui nous désirons, de plus, présenter l'ensemble d'une œuvre dont toutes les parties se tiennent, dans l'espérance que l'opinion publique continuera à lui donner, pour se fortifier et s'étendre, l'appui qu'elle lui accorda d'abord pour se fonder.

Durant ces dernières années, l'Université a suivi le mouvement du siècle sans s'y précipiter, comme il convient à un grand corps qui a son esprit et ses traditions, mais aussi la ferme volonté de rester toujours en étroite

union avec la société dont il est le mandataire dans
l'œuvre de l'éducation nationale. Tout en rendant leur
ancien éclat à ses études classiques[1], elle a amélioré ses
méthodes, commencé à modifier sa discipline et ses installations matérielles qui sont un legs d'un autre âge; elle
a organisé des enseignements nouveaux pour des besoins
qui, à l'époque de sa fondation, n'existaient pas; enfin,
et il devra lui en être tenu compte, elle a sollicité partout
la liberté à s'établir auprès d'elle. Celui qui eut alors
l'honneur d'être placé à sa tête ne fit qu'exécuter ce que
le plus grand nombre pensait.

Ce recueil contient des discours, des rapports et les
circulaires de doctrine. Au ministère de l'instruction
publique, les discours sont un des devoirs de la fonction :
avec un corps tel que l'Université, il faut parler en
administrant et convaincre avant d'ordonner. Si nous
les reproduisons, c'est qu'ils ont été des actes plutôt
que des paroles. Ils servaient à exposer les projets médités
ou à rendre compte des résultats obtenus. Mais ils
étaient aussi un recours continuel à l'opinion publique
pour provoquer la discussion qui fait la lumière, et intéresser le pays à des questions auxquelles il était resté
jusqu'alors trop indifférent.

Le moyen a réussi, puisque cette sorte d'agitation produite dans le monde scolaire détermina, dans le monde
politique, un courant d'opinion assez fort pour emporter
le vote unanime de deux grandes lois[2] et une augmentation d'un tiers dans le budget de l'instruction publique,

1. Voir plus loin, page 100.
2. Les lois du 21 juin 1865 sur l'enseignement spécial et du 10 avril 1867 sur
l'enseignement primaire, dont le texte est à l'Appendice, pages 803-804.

35 millions au lieu de 27, même de près de moitié si l'on y ajoute les crédits votés en principe pour l'exécution de la loi du 10 avril 1867[1].

Mais une chose a fait plus que toutes les paroles, c'est l'enquête approfondie qui fut tout d'abord instituée pour nos trois ordres d'enseignement et que l'administration, à tous les degrés de la hiérarchie, a poursuivie avec une persévérance qu'aucune difficulté n'a pu lasser. Les *Statistiques de l'Enseignement primaire, moyen et supérieur*, ont pour la première fois fait connaître, dans le plus minutieux détail, la véritable situation de nos établissements scolaires, depuis l'école de village jusqu'au Collége de France. Dans le même temps, des missions envoyées en Angleterre, en Belgique, en Allemagne, en Suisse, en Amérique, et des mémoires demandés à tous nos agents diplomatiques fournissaient de précieux renseignements sur les institutions similaires de l'étranger. A la lumière projetée par cette double et consciencieuse étude, la France vit qu'un effort énergique était indispensable, et elle se résolut à le faire pour ne pas demeurer plus longtemps en arrière de peuples par qui elle n'a pas l'habitude de se laisser devancer.

L'Empereur donna le signal en proclamant que dans le pays du suffrage universel tout citoyen devait savoir lire et écrire, et les instituteurs, heureux de l'appel fait à leur dévouement, commencèrent, par les cours d'adultes, leur grande croisade contre l'ignorance. Le mouvement était donc produit, il n'y avait plus qu'à le diriger vers les points nécessaires.

1. Voir à l'Appendice les budgets comparés de 1864 et de 1870, page 914.

II.

Multiplier les écoles [1], en mettre jusque dans les hameaux les plus reculés [2] et, à défaut de l'*obligation* que tant d'États n'ont pas craint d'inscrire dans leurs lois, que la France mettra un jour dans les siennes, y attirer tous les enfants du pays par la contrainte morale de la persuasion et de l'exemple;

Assurer la *gratuité* de l'école aux indigents des campagnes, comme elle est acquise déjà à ceux des villes, et accorder aux communes pauvres l'assistance de l'État pour l'établissement de la *gratuité absolue,* par conséquent garantir à tous ceux qui en ont besoin, commune ou individu, le dégrèvement de l'impôt scolaire [3];

Réparer par la classe du soir la faute de la famille ou l'erreur du passé, en donnant à l'homme l'instruction que l'enfant n'a pu recevoir, et constituer avec les cours d'adultes [4], avec les bibliothèques scolaires [5], un moyen

1. Du 1er janvier 1864 au 1er janvier 1867, le nombre des établissements d'ordre primaire s'est accru de 2,176 et celui des élèves de 227,884. Les renseignements manquent pour les années 1868 et 1869, où le progrès a dû être encore plus considérable.

2. La loi de 1867 aura pour effet de créer 8,000 écoles de filles et 2,000 écoles de hameau.

3. En 1869, on comptait 3,558 communes qui avaient établi la gratuité dans 5,800 écoles, et 1,603 qui l'avaient votée pour 2,540 écoles en s'imposant 4 centimes extraordinaires. Le décret du 28 mai 1866 avait déjà supprimé le *maximum* établi par le décret du 31 décembre 1853 pour limiter le nombre d'enfants indigents à admettre gratuitement dans l'école payante.

4. Durant l'hiver de 1868-1869 il y a eu 33,638 cours d'adultes, ayant reçu 793,136 élèves et donné lieu à la formation d'un *budget volontaire* de 1,847,953 francs.

5. Le nombre de ces bibliothèques est déjà de 12,713, contenant 988,728 volumes. Il n'y en avait que 4,833 en 1865, soit en trois années une augmentation de 7,880 bibliothèques. Un crédit annuel de 100,000 francs, qui a été obtenu du Corps légis-

permanent de perfectionnement pour l'instruction des masses populaires;

Fortifier par de meilleures méthodes, accroître et relever par de nouvelles branches d'études l'enseignement des écoles où se forment nos instituteurs, de manière que les 1,200 maîtres qui en sortent annuellement puissent devenir, dans chaque commune, les agents de tout progrès[1];

Doter d'un jardin ou champ d'expériences et d'études horticoles celles de nos quatre-vingts écoles normales qui en manquent, afin que la principale maison scolaire du département devînt aussi comme une sorte de ferme-modèle pour la petite culture[2];

Dans les campagnes, donner à l'enseignement primaire la direction agricole que toutes les populations rurales réclament; dans les villes, y mêler les connaissances professionnelles dont les ouvriers de l'industrie ont besoin;

Dans les écoles de filles, donner une place importante aux travaux d'aiguille[3], à la comptabilité de la ferme, aux notions d'hygiène que toute bonne ménagère doit posséder;

Dans les salles d'asile, distribuer l'hiver des aliments chauds aux enfants qu'une nourriture insuffisante étiole,

latif, assure l'extension de cet important service. En 1868, une somme de 136,855 francs provenant de souscriptions *volontaires* en a encore augmenté les ressources.

1. Voir plus loin, p. 317, l'instruction concernant le régime des Écoles normales primaires. Une école normale a été fondée aux environs d'Alger et de son magnifique jardin d'acclimatation, pour des élèves français et indigènes qui y apprendront l'usage des deux langues.

2. Voir plus loin, p. 533, l'instruction relative à l'organisation de l'enseignement agricole et horticole dans les écoles primaires rurales et dans les écoles normales primaires.

3. En vertu de la loi de 1867, il sera institué 13,000 maîtresses de travaux à l'aiguille dans les écoles mixtes.

ou des vêtements à ceux que des lambeaux de toile
défendent mal contre les intempéries et, par cette charité préventive qui augmente les dépenses à l'école, mais
qui les diminue d'avance à l'hôpital, refaire à temps des
constitutions capables de supporter le travail de la vie [1];

Enfin assurer le présent et l'avenir des institutrices
pour lesquelles les lois de 1833 et de 1850 n'avaient rien
stipulé [2], et améliorer la condition des maîtres de l'enfance [3], leur donner la sécurité pour leurs vieux jours;
surtout les honorer à leurs propres yeux et à ceux de
leurs concitoyens, afin qu'ils aient plus d'autorité pour
accomplir le bien :

Tout cela le gouvernement l'a fait ou tenté. C'était la
conséquence rigoureusement nécessaire de notre organisation politique et sociale, puisque le jour où l'on a mis le
suffrage universel dans la constitution et la souveraineté

1. Cette utile innovation était déjà réalisée, au 1er janvier 1869, dans 419 asiles
répartis entre 66 départements. La *caisse des écoles* instituée par l'article 15 de la
loi du 10 avril 1867, rendrait les mêmes services aux enfants pauvres des écoles
primaires.

2. Du moins ces lois n'imposaient aux communes aucune *obligation* en ce qui
concernait le traitement des institutrices. Avant la loi de 1867, il y en avait qui ne
recevaient annuellement que 75 francs. Plus de 5,000 institutrices touchaient moins
de 400 francs par an, et aucune n'avait droit à une pension de retraite. La loi de
1867, en garantissant un traitement obligatoire et en ouvrant le droit à la retraite,
a amélioré la condition et assuré l'avenir de 15,000 institutrices.

3. Cette même loi a assuré la position de 14,000 instituteurs adjoints, garanti
législativement aux 35,000 instituteurs titulaires les *minima* de traitement à 700,
800 et 900 francs qu'ils ne tenaient que d'un décret révocable, et assuré une indemnité aux directeurs de cours d'adultes. Enfin le gouvernement a pris dans la
dernière session, avec l'assentiment de toute la chambre, l'engagement d'augmenter
les traitements inférieurs. Une somme de 300,000 francs, économisée sur l'ensemble
des services et ajoutée au crédit insuffisant du budget, a permis d'assurer aux anciens instituteurs un minimum de ressources de 360 francs. L'administration a
aussi employé tous ses efforts à la formation de sociétés de secours mutuels entre
instituteurs et institutrices. On n'en comptait que 26 en 1863; au 1er janvier 1869,
72 départements en possédaient et leur fonds de réserve dépassait 600,000 francs.
Enfin, un décret, en date du 4 septembre 1863, a permis d'ajouter les ressources
de l'État à celles des communes pour constituer le mobilier personnel des instituteurs.

dans le peuple, la libre concurrence dans l'industrie, les machines dans l'atelier et les problèmes sociaux dans la discussion journalière des ouvriers, on s'est imposé le devoir, pour sauver le travail national, l'ordre et la liberté, d'étendre par tous les moyens l'instruction et l'intelligence des classes laborieuses.

III.

Ce large développement de l'instruction populaire devait assurer un recrutement plus nombreux et meilleur à l'enseignement secondaire, mais à la condition que les jeunes gens qui auraient besoin d'aller au delà des écoles du premier âge trouveraient, dans celles du second degré, des études qu'ils auraient intérêt à suivre.

La France actuelle est une société nouvelle; notre ancienne organisation scolaire ne pouvait lui suffire. Sans doute, il fallait la conserver précieusement pour l'élite des esprits et pour ceux à qui aucune nécessité de famille ou de position n'interdit les études prolongées. Aussi l'administration du 23 juin 1863 s'empressa-t-elle de soustraire les lycées aux périls que la bifurcation faisait courir aux sciences tout comme aux lettres, parce que ce système séparait ce qu'on doit unir, lorsqu'on veut arriver à la plus haute culture de l'intelligence. Elle rendit à la philosophie la place qui lui appartient dans les humanités; elle donna à l'histoire contemporaine, aux questions économiques celle qu'elles ont le droit d'y prendre, et l'ardeur ranimée des élèves et des maîtres ramena l'Université aux meilleurs jours des études classiques. Mais, en

même temps, elle se hâta d'organiser un nouvel enseignement approprié aux besoins du commerce et de l'industrie, qui conduisît aux carrières professionnelles, comme
les humanités mènent aux carrières libérales. La loi du
21 juin 1865 a fait entrer cet ordre d'études dans l'économie générale de notre plan d'instruction publique.

Pour accomplir le vœu du législateur, pour donner aux
élèves de l'enseignement spécial des professeurs formés par
une préparation toute particulière, l'administration fonda,
avec l'aide des conseils généraux, l'école normale de
Cluny. Un grand collége y fut annexé où les élèves-maîtres
apprennent à enseigner, en même temps qu'à l'école ils
étudient les applications industrielles de la science,
l'histoire et la géographie commerciales, les éléments du
droit civil, les notions économiques et les langues vivantes,
cette nécessité impérieuse de l'éducation moderne [1].

Nos lycées classiques, par la nature même de leurs
études, sont des maisons fermées aux regards profanes;
les établissements d'enseignement spécial ont été organisés de telle sorte qu'ils s'ouvrent à tous les yeux. Auprès
de chacun d'eux est un conseil de perfectionnement et de
patronage investi d'attributions importantes, même pour
le contrôle des études, et dont les membres, choisis parmi
les notabilités industrielles ou commerciales du lieu, sont
présidées de droit par le maire, représentant naturel des
pères de famille de toute la ville. Par cette étroite association de la famille et du corps enseignant, l'administration aurait voulu faire du lycée et du collége la seconde
maison commune de la cité.

1. Il y a en ce moment, à Cluny, 167 jeunes gens qui sont tour-à-tour *élèves*
à l'école normale et *maîtres* au collége où l'on compte 375 enfants de 9 à 17 ans.

L'organisation de l'enseignement spécial offrait en outre l'avantage de relier l'un à l'autre nos deux ordres d'enseignement primaire et secondaire, entre lesquels l'étude des langues mortes et de l'antiquité traçait auparavant une ligne de démarcation presque infranchissable. Aujourd'hui, on peut passer de l'école primaire dans le collége spécial, et il serait facile d'arriver de celui-ci aux facultés, puisque les meilleurs élèves des cours spéciaux qui renoncent au commerce et à l'industrie pour s'ouvrir l'accès de nos grandes écoles, rentrent aisément dans les cours classiques. De nombreux exemples prouvent déjà qu'il ne faut ni beaucoup de temps ni de trop grands efforts à un esprit préparé par de bonnes études dans l'enseignement spécial pour se mettre en état de subir avec succès les épreuves des anciens grades universitaires.

La nouvelle institution scolaire est donc dans l'esprit de nos institutions politiques, puisqu'elle est utile au plus grand nombre, et dans le sens de nos besoins industriels, puisque, à la différence de l'enseignement classique qui doit être le même partout, l'enseignement spécial peut varier selon les localités pour répondre à la diversité des carrières. Elle prévient aussi les déclassements funestes, sans fermer cependant aucune porte, car elle permet à chacun de s'élever, suivant l'ordre de ses facultés et de ses relations de famille, dans le milieu où il peut développer son activité de la manière la plus favorable aux intérêts de son avenir.

Dans les deux ordres d'enseignement sont comprises des études regardées jusqu'à présent comme accessoires et qu'il faut tenir pour essentielles, les langues vivantes [1],

1. Voir plus loin, p. 22, l'instruction relative à l'enseignement des langues

la musique[1], le dessin[2], la gymnastique[3]. Elles ne peuvent, dans nos lycées, obtenir la place qui leur est due que par une réforme disciplinaire qui diminue la durée des classes et des études en augmentant celle des récréations. La journée de travail est plus longue au lycée que dans l'usine. A Paris, la loi ne permet pas de demander à un ouvrier adulte plus de 10 heures par jour de travail effectif; nous en imposons 11 et 12, pour l'étude, à nos enfants[4]. Cette réforme, réclamée par l'hygiène, est à peine commencée. Si on l'abandonne, l'opinion publique l'imposera.

La loi du 15 mars 1850, qui a fondé la liberté de l'enseignement dans l'ordre primaire et moyen, a eu pour conséquence de ruiner beaucoup d'établissements libres laïques[5]. Les lycées soutenus par l'État luttent avec succès contre les progrès de l'enseignement congréganiste, mais bien des colléges qui n'ont que l'appui de municipalités souvent pauvres se trouvent dans une position difficile.

vivantes. Une section des langues vivantes a été formée à Cluny, et les élèves qui la composent doivent, après leur cours d'études à l'école, résider un an ou deux à l'étranger. Les plus anciens élèves de cette section sont déjà en Angleterre, dans des pensionnats où ils sont établis sans aucune charge pour le budget de Cluny, et à Stuttgard, où le gouvernement Wurtembergeois a pris à son compte leurs frais de séjour et d'instruction, à la seule condition que Cluny recevrait un nombre égal de jeunes Allemands. Cet échange profitable à tout le monde n'est donc onéreux pour personne.

1. Un règlement du 30 janvier 1865 rend obligatoire l'enseignement de la musique dans les lycées et les écoles normales, et détermine les matières de l'enseignement musical.

2. Il a été institué en 1868 un concours général pour le dessin d'imitation et le dessin d'ornement; la situation des professeurs a été améliorée et consolidée (admission à la retraite) et le catalogue des modèles renouvelé.

3. Voir plus loin, p. 749, l'instruction relative à l'enseignement de la gymnastique. Un décret, en date du 2 février 1869, a rendu l'enseignement de la gymnastique obligatoire dans les lycées et les écoles normales, avec quatre leçons par semaine d'une demi-heure chacune prises sur le temps d'études. Un autre décret, du 30 janvier 1865, avait aussi rangé l'enseignement musical parmi les exercices nécessaires.

4. Voir la *Statistique de l'Enseignement secondaire*, p. CXLIX, ou plus loin, p. 578.

5. Voir plus loin, p. 337 et 585.

Ils en seraient tirés par une réduction du personnel, qui permettrait d'augmenter les traitements et par suite d'exiger des maîtres de plus grandes garanties de savoir et d'expérience. L'administration avait la conviction que le salut était dans cette réforme combinée avec celle d'un meilleur emploi du temps. Elle n'a été menée à bonne fin que dans un petit nombre de maisons et mérite d'être poursuivie partout.

Un autre projet a été étrangement combattu avant même d'avoir été exécuté. L'enseignement des jeunes filles ne s'élevait guère au-dessus des études primaires. L'administration aurait souhaité la formation d'écoles professionnelles pour les enfants des classes ouvrières, et elle conseilla d'organiser par des associations volontaires l'enseignement secondaire des filles. Des cours de littérature et de sciences librement ouverts dans 44 villes ont réuni, en 1869, jusqu'à 2,000 élèves, dont beaucoup surprirent leurs maîtres par une aptitude et des succès inespérés [1].

Le principe d'émulation fait la force des études, comme il fait la vie de la société; il fut mis partout : dans l'école primaire, par le concours cantonal, les expositions scolaires et le certificat d'études; au lycée et au collège, par le concours académique et le concours général des départements qui ont relevé les études en province au niveau de celles de Paris; dans les facultés et au sein des sociétés savantes, par la fondation de prix académiques et généraux [2].

1. Voir plus loin, p. 365 et 517.
2. Au concours de 1869, les départements ont eu 29 nominations sur 60, Paris 31. Le même principe a été suivi pour les facultés et les sociétés savantes des départements. Un décret du 27 janvier 1869 a institué un concours général entre les élèves

Un établissement intéressant par les résultats qu'on peut en espérer a été fondé, dans l'ordre des études spéciales, en Orient, où la France a de grands intérêts, d'anciennes traditions d'influence et l'amitié d'un empire qu'elle a sauvé à Sébastopol. Aujourd'hui le meilleur auxiliaire des Turcs est la civilisation occidentale : il faut la répandre à pleines mains sur ces belles provinces pour réveiller la fécondité qui y dort depuis vingt siècles, et le moyen est de créer des écoles où l'enseignement corresponde à celui dont Cluny et Mont-de-Marsan sont chez nous les modèles. Le gouvernement turc donna de magnifiques bâtiments et une subvention considérable pour la fondation, à Constantinople, du lycée de Galata-Séraï : ouvert en septembre 1868, avec un personnel demandé à la France, il reçut 550 élèves, dont 500 au bout de l'année parlaient français. Que ce succès continue; que Galata-Séraï devienne la métropole de colonies scolaires allant successivement se fixer dans les grandes villes des provinces, et il sera pour l'empire ottoman une force, pour la France un centre de propagande morale en Orient et de l'espèce la plus légitime [1].

de troisième année des facultés de droit de l'empire, et celui du 30 mars a fondé un prix de 1,000 fr. dans chaque académie (Paris excepté) pour les meilleurs travaux d'histoire, de littérature ou de science intéressant les départements compris dans le ressort académique. L'ouvrage jugé le meilleur parmi les mémoires couronnés doit recevoir, à la réunion annuelle des sociétés savantes, un prix de 3,000 fr.

1. Cet établissement avait en décembre dernier 612 élèves, en février 640, représentant toutes les nationalités, toutes les religions qui existent dans l'empire Turc et qui, là, vivent dans la meilleure intelligence. Quelques-uns des élèves appartiennent aux familles musulmanes les plus considérées. Un riche Valaque vient de léguer la moitié de sa fortune pour la fondation à Bukarest d'un collège établi sur le modèle de Galata-Séraï avec des professeurs français.

IV.

Le caractère essentiel de l'enseignement spécial est de faire étudier, dans les sciences, les applications à l'industrie et à l'agriculture, plutôt que les théories ; dans les lettres, les langues vivantes et leur littérature en place des langues mortes; en philosophie, la morale et non la métaphysique; en histoire, la société contemporaine beaucoup plus que les sociétés d'autrefois; nos lois, nos institutions, notre organisation économique, et non celles de Rome ou d'Athènes. Mais ces études, qui conservent au collége spécial un caractère élémentaire, peuvent et doivent trouver leur complément dans les écoles supérieures.

A cette idée se rattachaient :

1° Une réorganisation de l'école des langues orientales vivantes, qui ne répondait plus aux besoins du commerce et de la diplomatie;

2° La création auprès des facultés de droit et dans toutes les grandes villes industrielles, d'un enseignement des sciences économiques et administratives qu'on demande depuis quatre-vingts ans ; que Cuvier a voulu établir; qui serait le développement naturel des études supérieures en même temps qu'une satisfaction donnée aux besoins nouveaux révélés par le succès de l'enseignement spécial; qu'enfin l'on peut constituer immédiatement, sans charge pour le Trésor, en imitant ce qui a été fait à Nancy et à Douai, quand deux nouvelles facultés y ont été créées [1];

3° L'organisation d'un enseignement agronomique qui, par l'étude approfondie des lois de la vie dans les règnes

1. Voir à l'Appendice, p. 815, la note explicative et le projet de décret.

végétal et animal révélât et répandît les procédés les plus sûrs pour détruire les espèces qui nous nuisent et multiplier celles qui nous servent[1];

4° Enfin, pour les sciences physiques et chimiques, l'installation commencée dans plusieurs facultés, et qu'il faut établir dans toutes, de *laboratoires d'enseignement* où se font les exercices pratiques et les manipulations.

Pour l'école des langues et pour l'enseignement des sciences économiques, deux projets de décrets avaient été envoyés au conseil d'État[2]. Quant au troisième point, une école supérieure d'agronomie a été instituée l'an dernier, avec la condition, pour les élèves, de deux années d'études théoriques au Muséum d'histoire naturelle et d'une année d'exercices pratiques dans une école régionale ou sur un grand domaine. Que cette école soit maintenue, et nos 340 lycées ou collèges, nos 80 écoles normales qui, d'après les lois de 1850 et de 1865, doivent donner l'enseignement agricole, auront avant peu des professeurs capables d'aller répandre dans toutes nos provinces les connaissances dont notre grande industrie nationale a besoin pour tirer du sol les trésors que la routine y laisse et que la science en fera sortir[3].

Si donc parmi les 20,000 élèves suivant à cette heure

1. Voir plus loin, p. 684-693.
2. Voir à l'Appendice, p. 811, le projet de décret relatif à l'École des langues orientales vivantes. Il a été adopté par le conseil d'État avec quelques modifications de rédaction et sanctionné par l'Empereur le 8 novembre 1869.
3. A ce même ordre d'idées appartenait le projet, exécuté à Nancy et à Caen, de créer dans toutes les régions agronomiques de l'Empire des *stations agricoles* comme l'Allemagne en possède un si grand nombre; celui de constituer partout où se trouve un lycée, un collège, une école normale, des laboratoires pour l'analyse chimique des terres, des eaux et des engrais, enfin la formation d'une carte du sol arable de la France pour laquelle chaque instituteur de chef-lieu de canton avait envoyé deux échantillons de terre végétale pris conformément aux instructions données.

les cours de l'enseignement secondaire spécial, il s'en trouvait qui sentissent en eux le besoin de s'élever plus haut, ils seraient assurés de pouvoir pousser leurs études aussi loin qu'ils voudraient aller, puisque l'enseignement nouveau avec les examens, les grades, les diplômes et le concours général pour les élèves, avec l'école normale de Cluny et l'agrégation pour les maîtres, présente dès à présent une organisation complète qui commence à l'école primaire et se termine au sein des facultés.

A l'égard de nos anciennes études supérieures, la France a deux besoins : il faut établir une large diffusion des vérités découvertes par les savants ou les penseurs, et attirer sans relâche les intelligences élevées soit aux plaisirs délicats de l'esprit littéraire, soit à ces belles études que les Anglais appellent la philosophie naturelle; mais il faut aussi, dans un pays tel que la France, assurer, fût-ce au prix de sacrifices considérables, le progrès scientifique. La première tâche est celle de nos facultés des lettres et des sciences. Pour les mettre en état de la bien accomplir, la situation des professeurs fut améliorée, le principe de l'avancement sur place établi, et la dotation pour le matériel augmentée. Par la création des *écoles normales secondaires*, l'administration essaya de leur donner des élèves assidus, au lieu d'auditeurs de passage, et ces candidats au grade de licencié eurent à leur disposition, pour les lettres savantes, des conférences qui les initiaient aux secrets de l'érudition; pour les sciences physiques, les moyens de répéter eux-mêmes les expériences classiques et ces manipulations que les meilleures leçons orales ne remplaceront jamais.

Le travail de diffusion et de propagande accompli par les facultés se ralentirait bientôt jusqu'à ne plus être

qu'une agitation stérile, une oisiveté occupée, si on laissait tarir les sources de la science. Il y a un intérêt national
de premier ordre à favoriser l'esprit d'invention. Aussi
l'Empereur qui, en 1867, recevait aux Tuileries 6,000 instituteurs pour honorer les plus modestes services rendus
à la nation, était toujours prêt à offrir aux hommes
éminents son appui, parfois même son amitié, et il sollici-
tait par la promesse de magnifiques récompenses les découvertes du génie.

Mais si les égards, si les honneurs sont pour le savant et
l'écrivain le plus précieux des encouragements, l'administra-
tration, dans un pays tel que le nôtre, est tenue d'aider
elle-même, par ses ressources et son action, au développement des grandes études. Il lui est aisé, par exemple,
d'organiser un système d'informations permanentes sur
les travaux de science et d'érudition exécutés en France ou
à l'étranger, et elle doit demander aux pouvoirs publics
de mettre aux mains des savants, avec la libéralité d'un
grand peuple et sans s'informer d'où ils viennent ni où ils
vont, tout ce qui leur est nécessaire pour contraindre le
passé à révéler ses secrets et la nature ses mystères.

Avant toute réforme dans nos maisons scolaires, leur
véritable situation avait été scrupuleusement constatée par
les trois *Statistiques de l'Enseignement primaire, moyen
et supérieur*; avant toute intervention du gouvernement
dans les hautes études, il fut de même institué une vaste
enquête sur l'état des lettres et les progrès des sciences
en notre pays depuis un quart de siècle. Des hommes
considérables acceptèrent avec le plus honorable dévouement ce pénible travail dont les résultats, contenus en
30 volumes, forment, malgré d'inévitables inégalités, un

recueil précieux qui sera longtemps consulté. En même
temps, l'administration se proposait d'encourager une
série de publications qui tiendraient la science française
au courant de tous les progrès de la science étrangère.

A la suite de cette enquête fut créée l'*École pratique des
hautes études,* dont l'idée était, en une certaine mesure,
empruntée à l'histoire des arts. C'est dans les ateliers des
grands peintres que sont nées les écoles d'Italie et des
Pays-Bas, d'Allemagne et de France. Il parut que, dans
l'intérêt de l'érudition et de la science, c'est-à-dire pour
les travaux qui ne peuvent être exécutés avec les seules
ressources de l'imagination et de la pensée, il serait tout
aussi nécessaire de former autour de chaque homme
éminent une sorte de famille scientifique; de constituer
des centres où le savoir, l'expérience, le génie même,
trouveraient à se fortifier et à se répandre ; où le maître
poursuivrait ses découvertes et enseignerait à en faire;
où, enfin, s'établirait la tradition, cette force qui soutient encore quand les autres viennent à manquer.

Pour les sciences, de nombreux *laboratoires de recherches*
furent construits ou appropriés. On y plaça les instruments les plus perfectionnés, comme les engins les plus
puissants, et des hommes désignés par l'éclat de leurs
travaux vinrent s'y établir presque à demeure avec de
jeunes savants, heureux de prêter leur concours à ces
maîtres éprouvés, afin d'apprendre, par leur exemple et
leurs conseils, comment on arrache au monde physique
une vérité dont on fait ensuite une force à notre profit[1].

L'érudition et la philologie avaient d'autres besoins;

1. Aux *laboratoires de recherches* on peut rattacher l'observatoire central de
physique et de météorologie qui, grâce à la libéralité de la ville, a été établi au

elles obtinrent des cabinets d'étude munis de bibliothèques spéciales, des cours d'un caractère nouveau, des conférences multipliées, de savantes discussions, sous la direction d'hommes autorisés et remplis d'ardeur, tous les secours, en un mot, que les livres et les maîtres peuvent donner.

L'administration croyait que la fortune des lettres proprement dites était elle-même intéressée à ces institutions, car c'est au contact de la science, comme au dix-septième siècle, qu'elles reprendront peut-être le caractère élevé auquel trop souvent, aujourd'hui, elles semblent vouloir renoncer.

Pour les élèves, aucune condition d'âge, de grade, de nationalité; pour les maîtres, aucune dépendance administrative et, au lieu de programmes, de surveillance et de contrôle, la plus complète liberté scientifique.

Où donc était l'École nouvelle? Partout et nulle part. Nulle part, car elle ne résidait pas en un lieu déterminé; mais partout, soit à Paris, soit en province, où se rencontraient un homme éminent et, dans un établissement public, des ressources disponibles.

L'unité de l'École n'était visible qu'au sein de son conseil supérieur, comité de patronage bien plus que de contrôle, qui doit proposer au ministre les subventions pour les laboratoires, les indemnités pour les élèves et les maîtres, les dispenses de certains grades universitaires, les missions à l'étranger, et appeler la sollicitude de

parc de Mont-Souris. L'administration voulait en créer un autre au sommet du puy de Dôme, à 1,500 mètres d'altitude, et fournir à M. Jansen, l'habile physicien qui avait si heureusement observé dans l'Inde l'éclipse de soleil du 18 août 1868, les moyens de poursuivre ses recherches d'analyse spectrale, ce mode nouveau d'investigation qui a mis au service des sciences physiques un instrument plus puissant encore que le microscope ne l'a été pour les sciences naturelles.

l'administration sur les membres de l'école qui se distingueront par d'importants travaux.

On la retrouvait encore dans le caractère particulier de chacune de ses cinq sections où, avec des méthodes et des procédés divers, l'on n'avait qu'une même pensée, celle de former des savants exclusivement occupés de l'avancement théorique de la science, à la différence de nos grandes écoles professionnelles dont le but est, avant tout, de préparer ceux qui les suivent aux diverses branches du service public ou de l'activité sociale.

L'institution n'est qu'à son début[1]. L'accueil qui lui a été fait par les plus illustres de nos contemporains, le jugement qu'en portent les étrangers, mieux encore le dévouement qu'ont montré des hommes chargés d'années et d'honneurs en prodiguant à cette œuvre leur temps et leurs forces, sans autre récompense que le sentiment du bien accompli, tout donne à croire que le moyen employé pour ranimer en France les plus hautes études ne sera pas sans efficacité. Mais le temps et de larges crédits lui sont indispensables pour que les effets attendus se produisent.

Des crédits, ce mot revient sans cesse : car pour le ministère de l'instruction publique, dépenser, c'est produire ; et la dépense que nous faisons pour l'enseignement supérieur est-elle digne de la France?

1. Le décret de fondation est du 31 juillet 1868. L'École s'ouvrit à la fin de la même année, avec 27 laboratoires pour les sciences et 8 conférences pour la philologie et l'histoire. Le 16 juin 1869, un arrêté créa la *Bibliothèque de l'École des hautes études*, ou recueil destiné à recevoir les travaux personnels des membres de l'École, et déjà la section de philologie et d'histoire a publié un volume, celle des sciences naturelles, deux volumes et un atlas. Les volumes des sciences physiques et mathématiques sont en préparation. En ce moment, l'école compte, à Paris seulement, 310 élèves admis dans les laboratoires ou les conférences, et 85 en province (Caen, Nancy, Marseille et Montpellier). Un bien plus grand nombre se sont fait inscrire. Pour les sciences naturelles, par exemple, il n'y a eu que 41 admissions sur 93 inscriptions, pour les sciences physiques, 64 contre 96, etc.

Nos 56 facultés avec leurs 408 professeurs ne coûtent
pas à l'État 100,000 francs par an [1]. Il semble que la
France est assez riche pour payer plus cher le soin de son
honneur littéraire et scientifique.

V.

D'autres études étaient faites, d'autres réformes préparées pour exciter, dans la province, le goût des travaux
sévères, y retenir les hommes distingués par les avantages
qu'ils y trouveraient, fonder ou accroître l'autonomie des
corps, donner une vie propre, et non pas seulement de reflet
et d'écho, à nos dix-sept académies, qui, répondant à nos
grandes régions géographiques et historiques, ont déjà une
sorte d'unité traditionnelle ; en un mot, décentraliser en
mettant partout la plus grande somme possible de liberté,
mais à la condition d'y mettre une responsabilité égale.

Ces réformes sont dans l'esprit du temps, et elles
étaient dans les desseins de l'administration. Le rapport
du 15 novembre 1868 les indique [2] ; mais bien avant cette
époque, le gouvernement s'était préoccupé du soin de
vivifier notre enseignement supérieur en y introduisant un
principe de liberté et d'indépendance.

Ainsi le décret du 11 juillet 1863 avait constitué, en
faveur des professeurs titulaires de leur emploi, un tribunal de garantie qui leur rendait la meilleure part de l'ina-
movibilité [3], et dès l'année suivante, sous la pression du

1. En 1868, l'État a dépensé pour les 56 facultés, déduction faite des rétribu-
tions acquittées par les étudiants, 82,048 francs 78 centimes ou 900,000 francs de
moins que dans les dernières années de la monarchie de Juillet.

2. Voir plus loin, p. 674.

3. Ce décret portait en substance que tout professeur de l'Université titulaire de

gouvernement, un nombre considérable de chaires libres s'élevaient dans la plupart des villes de l'Empire pour tous les amis sincères des lettres ou des sciences. En 1863, il y en avait eu 20; en 1866, on en compta plus de 1,000. Dans le même temps, les *Conférences de la Sorbonne*, qui ont jeté un si grand éclat, étaient instituées. Des amphithéâtres avaient même été construits tout exprès au voisinage et comme sous la protection de ce vénérable sanctuaire de l'Université, pour que des professeurs libres vinssent y habituer peu à peu nos facultés et la France à l'heureuse institution des *privat-docenten* et des professeurs *extra ordinem* qui ont porté l'émulation et la vie dans les universités allemandes[1].

L'administration songeait même à transformer cette liberté de fait en une liberté de droit, et, à la session ordinaire de 1867, le conseil impérial de l'instruction publique avait reçu du ministre communication d'un projet de loi établissant la liberté de l'enseignement supérieur.

Ce projet ne sortit point de la commission qui avait été chargée de l'étudier, et le gouvernement, contraint de repousser au Sénat une pétition présentée sous la forme d'une attaque violente contre une des grandes institutions de

son emploi dans l'enseignement secondaire et supérieur aurait, contre une révocation, le droit d'appel et de défense personnelle ou par avocat devant un tribunal composé de cinq juges *élus* chaque année par le conseil impérial de l'instruction publique. Une circulaire du 15 février 1865 rappela aux différents chefs de service que « le principe d'une bonne et juste administration est que les fonctionnaires de tout ordre soient immédiatement prévenus des plaintes dont ils peuvent être l'objet, afin qu'ils aient le temps ou de s'amender, si la plainte est fondée, ou de réclamer justice, si elle ne l'est pas. »

1, Voir plus loin, p. 215, 293, 734, le tableau des cours et conférences libres, dont l'administration provoqua l'ouverture. Les nouveaux amphithéâtres de la rue Gerson (annexe de la Sorbonne) donnèrent asile à une sorte d'Université libre, qui fit des cours sur toutes les branches des connaissances humaines. Voir le tableau de ces cours, p. 916.

l'État, dut attendre pour reprendre son dessein ces circonstances favorables qui, en politique, font l'opportunité
d'une mesure. Aujourd'hui l'opinion et la logique s'accor-
dent à réclamer cette loi. On a mis la liberté dans le commerce et l'industrie, c'est-à-dire dans le monde du travail;
on l'a donnée aux réunions publiques pour la discussion
de tous les intérêts, au journal et au livre pour l'exposition
de toutes les idées, et on la fait entrer dans toute l'organisation politique : nos écoles supérieures ne peuvent seules
lui demeurer fermées. Mais si la liberté est une question
de droit individuel, il y a dans le maintien du niveau des
hautes études et leur progrès une question d'intérêt national
et de civilisation ; il importe donc de conserver les grades,
de garantir la sévérité des examens et de ne pas aller jusqu'au régime américain, qui permet au maçon de la veille
d'être médecin ou avocat le lendemain. Il ne faut même
pas « la liberté comme en Belgique », où, par la manière
dont sont formés les jurys d'examen, l'enseignement,
pareil à un mobile sollicité en sens contraire par deux
forces égales, reste, pour les études justiciables des examinateurs, nécessairement inerte, sans mouvement et
sans vie. Faite pour une vieille société qui n'a pas encore
le goût de toutes les initiatives et encore moins le sentiment de toutes les responsabilités, la nouvelle loi devra
laisser à l'Université la collation des grades pour les élèves
de l'enseignement public, mais créer pour ceux de l'enseignement libre, qui ne voudraient pas se présenter devant les facultés, un jury d'État offrant à la liberté toutes
les garanties nécessaires [1].

1. Voir le projet de loi sur la liberté de l'enseignement supérieur à l'Appendice,
p. 831.

Dans le même temps s'achevait un autre projet de loi sur l'enseignement médical, demandé depuis 1811, voté par les députés en 1825, par les pairs en 1826 et en 1847, et qui restait encore à faire. Il avait été repris avec la liberté pour principe ; son dernier titre établissait le service médical dans les communes rurales, à l'instar du service scolaire qui y est institué, afin que la société, dans son propre intérêt, garantît à ceux qui ne peuvent les payer les soins du corps comme elle leur assure, par la loi du 10 avril 1867, ceux de l'esprit[1].

VI.

Ainsi, par les cours d'adultes qui, malgré leur éclatant succès, ne sont encore qu'à leur début, faire arriver à la population ouvrière des villes et des campagnes les idées utiles à leur progrès moral ou professionnel et, par cette propagande bienfaisante, conjurer les maux qu'entretiennent l'ignorance, les passions aveugles et les insinuations perfides ;

Par l'enseignement spécial, élever le niveau intellectuel et la puissance de production de la classe qui aujourd'hui a besoin de tous les secours de la science pour résister, dans l'industrie, à la concurrence étrangère[2] ; et en même temps, par l'enseignement économique, combattre les dangereuses utopies qui deviennent si facilement des émeutes sanglantes ;

1. Voir ce projet à l'Appendice, p. 834.
2. Un des arguments dont on se sert, en Angleterre, pour introduire dans la loi le principe de l'instruction *obligatoire*, c'est que les ouvriers anglais, si on les laisse dans l'ignorance, ne pourront supporter la concurrence des ouvriers plus instruits des États continentaux.

Par le rétablissement de l'ancien ordre dans les humanités, rendre leur éclat aux études classiques, et par la concurrence et l'émulation mises au sein même des facultés, accroître la force de nos écoles supérieures;

Par l'École des hautes études, provoquer le progrès théorique des sciences dont l'enseignement spécial vulgarise les applications et, par cette double impulsion, aider le pays à porter encore plus haut et plus loin sa vieille renommée et sa fortune;

En un mot, partout de la lumière, pour éclairer les intérêts et les consciences; et en tout la solution cherchée du côté de la liberté, pour la dignité du citoyen et de l'État : voilà le but poursuivi durant ces six années par le gouvernement impérial, dans les questions d'instruction publique.

Qu'on nous pardonne ces souvenirs. Nous croyons à la vertu de ces idées, comme à la sagesse de l'administration actuelle de l'instruction publique, et nous avons la ferme espérance que, quand la politique aura fait l'œuvre heureuse qu'elle accomplit en ce moment, l'attention reviendra à ces questions scolaires qui, dans l'état de nos mœurs et de nos besoins, ne le cèdent à aucune autre en importance.

Si Leibnitz avait raison de dire, il y a près de deux siècles : « Qui a l'éducation, tient l'avenir, » quelle ne doit pas être la sollicitude de la génération présente pour qu'une saine et forte instruction prépare un glorieux avenir à nos enfants et à la patrie?

V. DURUY.

Mars 1870.

DISCOURS

INSTRUCTIONS ET RAPPORTS

1865-1869

Allocution de S. Exc. M. le Ministre au Conseil impérial de l'Instruction publique, à l'ouverture de la session de juillet 1863.

Messieurs,

De toutes les prérogatives attachées au titre de ministre de l'instruction publique, la plus flatteuse, mais en même temps la plus redoutable pour moi, est le droit de présider cette assemblée. Ma vie universitaire s'est arrêtée aux portes de cette enceinte, et je n'ai jamais eu l'honneur de siéger parmi vous. Cependant, je ne cacherai pas, ainsi qu'il arrive parfois, beaucoup d'orgueil sous d'humbles paroles. J'étais loin de m'attendre que la main du souverain, passant par-dessus d'illustres têtes, irait me prendre au troisième rang pour me mettre au premier. L'Empereur a voulu, sans doute, qu'un des vieux soldats de l'Université militante, un de ceux qui ont porté le plus longtemps le poids du jour, fût mis à son tour à l'épreuve : c'est l'Université appelée à faire elle-même sa condition et sa fortune. Voilà pourquoi celui qui a l'honneur de vous parler en ce moment peut dire que, seul, il vaut bien peu, mais qu'il a dans les mains une grande cause, derrière lui de nombreux et dévoués collaborateurs, et permettez-lui d'ajouter : à ses côtés, pour l'éclairer de leurs conseils et s'inspirer de leur amour du bien public, les hommes les plus éminents de l'Église, de la magistrature, de l'administration et de l'Université.

L'Empereur, qui a fait déjà de si grandes choses dans la paix et dans la guerre, veut qu'il s'en accomplisse de plus grandes encore. Il nous demande, pour cela, de lui faire des hommes et non pas seulement des bacheliers. A vous, messieurs, de m'aider à en trouver les moyens.

Je me reprocherais de ne pas témoigner ici au ministre que je remplace la reconnaissance de l'Université pour les services qu'il lui a rendus. Il l'a prise en des jours difficiles, et si, comme je l'espère, nous parvenons à aller plus loin, c'est que M. Rouland aura commencé à nous déblayer la route.

Maintenant, messieurs, aux affaires, si vous le voulez bien.

Allocution de S. Exc. M. le Ministre au Conseil impérial de l'Instruction publique, pour la clôture de la session de juillet 1863.

Messieurs,

Avant de prononcer la clôture de vos travaux, je tiens à vous remercier du concours que vous avez prêté au ministre de l'Empereur et de la sagesse de vos conseils.

Nous avions un difficile problème à résoudre : celui de l'enseignement de la philosophie, que l'Empereur a voulu rétablir dans ses droits et dans ses honneurs. J'aurais souhaité que la France entière pût voir à quelle hauteur le débat s'est maintes fois élevé et quel calme a régné dans ces graves discussions d'une assemblée où cependant la diversité des croyances et des doctrines est si brillamment représentée. C'est que nous avons abordé ces questions avec l'esprit de franchise, et que nous avons cherché, en bons citoyens que nous sommes, non pas ce qui nous divise, mais ce qui nous unit.

Nos écoles étaient découronnées, et notre enseignement ressemblait à une route embarrassée de ronces et d'épines qui menait au désert, au vide de l'âme. Vous avez voulu remplir ce vide en y plaçant, dans toute leur grandeur et leur magnificence, les vérités morales qui sont le fonds commun de l'humanité et dont vivent les sociétés laïques.

Ces vérités, la religion les présente sous la forme qui lui est propre. Il est nécessaire que la raison, elle aussi, les enseigne, afin qu'aucun esprit n'y échappe; car il serait à craindre que la société, en voyant s'accroître chaque jour son bien-être matériel, ne s'affaissât sous cette influence :

> . . . . Qûin corpus onustum
> . . . . . Animum quoque præcgravat una
> Atque affigit humo divinæ particulam auræ.

Avec un enseignement viril, au contraire, elle relèvera et portera plus haut la tête, en sentant s'agiter en elle un cœur plus large et un esprit plus libre.

Ne craignez pas, messieurs, que cet enseignement ébranle ou ruine la foi de personne. Si le professeur, dans sa chaire, est institué par l'État et, à ce titre, ne

1.

doit, sous peine de déchéance, rien dire contre la loi que la société s'est donnée, il est aussi choisi par le père de famille, qui lui confie son enfant, et sa parole n'a pas le droit de détruire les leçons du foyer domestique. Même dans les limites de son enseignement, il doit toujours à ses élèves la vérité qui éclaire, mais qui calme, non la passion qui aveugle et irrite.

Notre société est faite à l'image de cette assemblée. Elle réunit et fait vivre en paix, sous la même loi, pour la grandeur de notre pays, les hommes de toutes les communions. Nos lycées sont comme elle; et, de même qu'il n'y a pas une rhétorique, une géométrie protestante ou catholique, il n'y aura point une philosophie universitaire, comme quelques-uns le disent déjà, à moins que par Université on n'entende, ce que j'accepterais volontiers, le bon sens et le patriotisme.

Et, puisque ce mot se présente, laissez-moi dire, messieurs, que le ministère dont vous êtes le conseil éminent n'est pas la tête d'une corporation étroite, à l'esprit exclusif et jaloux. Nous sommes, messieurs, l'instruction publique, je veux dire la civilisation et la moralité du pays.

Le prêtre à l'autel, le professeur dans sa chaire, ont une même tâche. Ils la poursuivent, l'un les yeux fixés au ciel, la patrie future; l'autre les regards tournés vers la terre, sur les siècles écoulés et sur la vie présente. Ils suivent deux lignes parallèles, mais allant vers un but commun. Qu'à votre exemple, messieurs, ils placent entre elles la bonne foi, le respect d'autrui, l'amour du bien public, et qu'ils se souviennent que la paix a été promise aux hommes de bonne volonté.

Discours prononcé par S. Exc. M. le Ministre à la distribution des prix du Concours général des lycées et colléges de Paris et de Versailles, le 10 août 1863.

Messieurs les professeurs et très-chers anciens collègues,

Sans mon respect pour de hautes convenances, je serais venu à vous avec la robe de notre profession. Elle m'a honoré trente ans; le ministre aurait voulu l'honorer à son tour, ou du moins montrer à tous les yeux quel prix il attache à conserver les liens qui l'unissent à vous.

Je ne vous ferai point de promesses : vous et moi, nous nous connaissons depuis longtemps. Mais je vous répéterai ce que nous avons dit tant de fois ensemble : Vous êtes la grande armée de la paix; votre œuvre, c'est la guerre faite sans relâche à toutes les choses mauvaises, à l'ignorance, à la paresse, aux défauts de l'esprit comme aux vices du cœur. Tandis que d'une main vous combattez l'ennemi, de l'autre vous semez en des sillons largement ouverts le grain qui fera lever une moisson abondante. Instruction, éducation, sont pour vous deux mots synonymes. Ne les séparez jamais ; car c'est bien peu de chose, à l'âge de nos enfants, que le savoir seul, et Vauvenargues a écrit que les grandes pensées viennent du cœur.

Vous n'avez pas besoin de conseils ; mais derrière vous, dans nos provinces, des maîtres plus jeunes et moins expérimentés nous écoutent; d'autres vont débuter. A ceux-là je dirai : Bien au-dessus du talent, de l'esprit et de la science, placez ce que tout le monde peut se donner, la probité professionnelle; mettez vos efforts à provoquer le travail personnel de l'enfant, afin d'éveiller en lui jusqu'aux délicatesses du sentiment et de la pensée ; veillez surtout à ce que la mémoire verse dans l'intelligence ce qu'elle n'a fait que recevoir, et, pour y réussir, donnez beaucoup avec peu de choses : *multum, non multa.*

Que la vénérable Sorbonne me passe ce mot : l'esprit de nos élèves n'est pas un magasin qu'il faille remplir jusqu'au comble, au risque de faire tout crouler; c'est un sol d'où le maître habile doit faire jaillir les sources fécondes.

Ne laissez pas non plus, messieurs, l'écolier se cantonner dans un coin de nos études. Quand je me trouvais à votre place, je n'étais heureux que si mon meilleur élève tenait partout le premier rang. L'intelligence est une : il ne faut pas la couper en deux ou trois. De ce que la division du travail réussit dans l'usine, il ne s'ensuit pas qu'il convienne de la mettre au lycée. Là, en effet, pour produire vite et à bon marché, l'ouvrier s'applique à exercer un organe particulier, sans s'inquiéter s'il laisse s'atrophier les autres. Ici, c'est l'esprit même qu'il faut développer tout entier. A cette condition seulement, vous créerez la force puissante et sûre qui, mise ensuite derrière n'importe quelle profession, poussera cette profession et plus haut et plus loin.

A vous aussi, chers élèves, j'ai quelques conseils à donner. Vous entendez dire que nous vous gardons trop longtemps au lycée et que nous pourrions vous apprendre en trois ou quatre années ce que nous mettons sept ou huit ans à vous enseigner. J'ai même trouvé des gens plus expéditifs qui m'offraient de vous faire passer maîtres en latin et en grec, en histoire et en philosophie, en géométrie et en physique, le tout dans l'espace de six mois, au plus juste prix. Demandez-leur, à ces habiles, de changer auparavant la nature humaine, d'imaginer, pour vos dix ans, un rude labeur sous lequel ne fléchisse pas votre jeune intelligence, et de vous donner, à quinze, la force d'attention et la puissance d'esprit que vous aurez à dix-huit ou à vingt pour porter le poids des grands enseignements de nos classes supérieures.

Si nous vous retenons longtemps au milieu des chefs-d'œuvre de nos trois antiquités classiques, ce n'est pas, comme on le dit, pour vous faire parler la langue d'Homère ou celle d'Horace, mais pour vous apprendre à penser, en vous faisant vivre dans un commerce familier avec les maîtres de la pensée humaine.

Vous êtes d'un temps où tout prend les allures de la locomotive et de la télégraphie. Que nous, vos aînés, qui sommes sur la pente que l'on ne remonte plus, nous nous sentions pressés de vivre nos derniers jours, cela se comprend; mais vous, enfants, pourquoi tant vous hâter? Nous vous avons fait la vie plus longue; pourquoi voudriez-vous l'éducation plus courte? Les meilleures années de votre existence, croyez-le bien, sont celles que vous passez avec vos orateurs, vos historiens et vos poëtes, ces grands enchanteurs de l'âme, et sur les hautes cimes où ils vous emportent dans l'air pur et la pleine lumière.

Souvenez-vous encore que c'est au lycée que l'homme se prépare.

Tels vous en sortirez, tels vous serez dans le monde. Prenez-y donc les qualités que votre temps exige : la loyauté, l'honneur, le patriotisme, autant que la science.

La société, qui place sur vous tant de chères espérances, envoie à votre fête les plus illustres de ses représentants. Ces glorieux vétérans, qui ont si vaillamment porté le poids de la vie et du travail, vous disent que chacun est le maître de ses destinées; que la volonté donne la force, comme la persévérance donnait à Newton le génie.

En voulez-vous un exemple éclatant? Je le demande à cette poignée d'hommes héroïques qui, jetés, à 2,000 lieues de la patrie, au milieu d'une nation soulevée, ne doutent pas un instant d'eux-mêmes ni de la France. Ils étaient cinq mille; derrière eux, la fièvre jaune; devant, une armée quatre ou cinq fois plus nombreuse, appuyée à un nouveau Sébastopol; tout autour, le désert peuplé d'ennemis invisibles, et sur leurs têtes un ciel meurtrier. Ils ne désespèrent pas. Durant une année entière, ils résistent à tous les fléaux, comme à toutes les attaques; ils résistent même à un ennemi pour eux plus redoutable, à l'inaction, à l'ennui; la *furia francese* devient une persévérance indomptable. Faites comme eux, enfants; et, comme eux, vous aurez votre jour de victoire et d'entrée triomphale.

Messieurs,

Dans un pays de suffrage universel, tout le monde devrait posséder ces simples éléments que donne l'enseignement primaire, et qu'il donnera mieux encore quand il sera plus étendu et plus honoré; car la masse de la nation est notre grande réserve d'intelligence comme de force.

Dans un pays qui compte vingt-cinq millions de citoyens occupés à l'agriculture, dix millions livrés à l'industrie et au commerce, il faut un enseignement secondaire professionnel qui ne fasse ni le mécanicien, ni le tisserand, ni l'ébéniste, mais qui développe l'esprit avant que la pratique exerce la main.

De jour en jour l'homme domine de plus haut la matière. La machine-outil remplace l'homme-machine, et l'industrie moderne se spiritualise en exigeant sans cesse pour ses œuvres plus d'intelligence et plus d'art. C'est même le caractère spécial de l'industrie française, et c'est par là que, malgré des causes nombreuses d'infériorité, elle peut soutenir la redoutable concurrence de l'Angleterre.

Si donc la force et l'adresse ont cessé d'être tout dans les travaux manuels; si l'industrie vit aujourd'hui de science et d'art autant que de procédés traditionnels, développons l'esprit, épurons le goût de ceux à qui revient le devoir de combattre et de vaincre au nom de la France, dans les luttes pacifiques que se livrent les nations. Entrons résolûment dans la voie où la civilisation moderne s'est engagée elle-même et où, par une heureuse rencontre, le caractère particulier de notre industrie nous commande de marcher.

Un projet de loi relatif à l'organisation de l'enseignement secondaire professionnel sera présenté au Conseil d'État et au Corps législatif pour la prochaine session.

Mais dans le pays qui s'appelle la France, et qui est le centre moral du monde, accourent de tous les points vers les carrières libérales ceux que les dons naturels, la fortune ou les aptitudes acquises destinent à occuper les premiers rangs. Assurons-leur, par les lettres et par les sciences, par la philosophie et par l'histoire, la culture de l'esprit la plus large et la plus féconde, afin de fortifier l'aristocratie de l'intelligence, au milieu d'un peuple qui n'en veut plus d'autre.

Par un décret, auquel j'ai été heureux d'attacher mon nom, des garanties ont été assurées à la magistrature de l'enseignement. Un autre décret a rendu à la philosophie « ses droits et ses honneurs. » L'Université a reconnu là son vieil esprit, qui est celui de la France et de nos modernes sociétés. Elle a répondu à la libéralité de l'Empereur en envoyant à l'agrégation nouvelle quarante-huit de ses meilleurs combattants.

J'ai l'ordre encore, messieurs, de vous annoncer que la bifurcation est supprimée en troisième, que le baccalauréat scindé est aboli en seconde, et qu'afin de mettre le cours d'histoire des élèves de philosophie au niveau du grand enseignement qui sera donné dans leur classe, le professeur fera l'histoire générale de l'Europe depuis 1789 jusqu'à nos jours.

Lorsque, au bout de la dernière année d'études, nous ouvrons devant nos élèves les portes du lycée, ils entrent dans l'inconnu. Fort au courant des choses de Sparte, d'Athènes et de Rome, ils savent encore ce qu'était un manoir féodal et l'OEil-de-Bœuf de Versailles ; mais ils ignorent la société dont ils deviennent les membres actifs, son organisation, ses besoins, ses désirs, les grandes lois qui la régissent, et quel esprit de justice l'anime et la conduit. Les meilleurs sont, par leurs études, contempo-

rains du siècle de Périclès, d'Auguste et de Louis XIV ;
aucun ne l'est de Napoléon III. De là, tant d'ignorance
des choses au milieu desquelles ils sont destinés à vivre,
tant d'erreurs et de déceptions, tant d'hommes enfin qui
ne sont ni de leur temps ni de leur pays. Nous avons,
messieurs, une éducation *classique*, ce qui est un bien ;
mais nous n'avons pas une éducation *nationale*, ce qui est
un mal. L'Empereur a voulu y pourvoir.

Chers élèves,

Par une heureuse fortune, il m'a été donné de voir de
près celui sur qui les yeux du monde sont fixés et qui, de
tous les princes, aime le plus et pratique le mieux vos
études. Croyez-en un homme qui jamais n'a flatté personne. Vous qui êtes la France de l'avenir, vous pouvez
porter haut la tête et vos espérances, car celui qui tient
dans ses puissantes mains les destinées de notre pays
est un grand cœur et une noble intelligence. Messieurs,
l'homme le plus véritablement libéral de l'empire, c'est
l'Empereur.

Rapport de S. Exc. M. le Ministre à S. M. l'Empereur, précédant le décret du 4 septembre 1863 relatif au traitement des instituteurs et des directeurs et maîtres-adjoints des écoles normales primaires, et à l'allocation d'un mobilier pour les instituteurs et les institutrices.

Sire,

Votre Majesté a déjà fait beaucoup pour améliorer le sort des instituteurs publics.

I.

Leur traitement *minimum*, fixé d'abord à 600 fr., a été porté, à partir du 1er janvier 1863, pour les maîtres titulaires depuis cinq ans de leur emploi, au chiffre de 700 fr.

En outre, ceux d'entre eux qui se distinguent par leur zèle et leur intelligence peuvent voir ce *minimum* s'élever, au bout de cinq nouvelles années d'exercice, à 800 fr., et, après cinq autres années, à 900 fr.

II.

L'Empereur ne veut pas que les institutrices soient oubliées dans ces mesures de haute et bienveillante justice. 4,755 d'entre elles ont encore aujourd'hui un traitement inférieur à 400 fr.; c'est à peine un morceau de pain. Votre Majesté m'a ordonné d'inscrire au projet de budget de 1865 la somme nécessaire pour que leur traitement atteigne le minimum de 500 fr.

III.

Une autre réforme, qui ne coûterait rien à l'État, serait cependant regardée comme un bienfait considérable par tout le personnel de l'enseignement primaire.

Pour cet ordre de fonctionnaires, le traitement n'est point toujours, comme pour les autres, payé à la fin de chaque mois ; il y a souvent des retards de 3, 6 et 9 mois. De là des embarras d'argent, de la gêne, quelquefois des dettes, et, vis-à-vis des fournisseurs habituels, une situation embarrassée qui ne convient pas à un bon serviteur de l'État.

A l'aide de simples mesures de trésorerie que je concerte avec M. le ministre des finances, et que j'espère voir adopter, l'instituteur pourrait désormais compter sur l'exactitude dont tous les autres fonctionnaires ont l'habitude et le besoin.

IV.

Dans nos écoles normales, les élèves trouvent un personnel d'hommes voués sans relâche à leur difficile mission. Presque partout ces modestes fonctionnaires répondent à la confiance de l'État, et travaillent religieusement à former de jeunes maîtres capables de donner aux enfants du peuple, au nom de la société, l'enseignement que la famille, la plupart du temps, ne peut pas ou ne sait pas leur donner, assez pénétrés de la pensée chrétienne pour comprendre la sainteté d'une telle tâche, et assez intelligents pour l'accomplir. Ce que nous demandons, en effet, aux directeurs et aux maîtres adjoints de nos écoles normales, c'est plus que des soins administratifs et des labeurs d'enseignement, c'est un don complet d'eux-mêmes. A vrai dire, nous ne leur laissons point de vie privée ; selon la parole d'un de mes illustres prédécesseur : « C'est l'honnête homme tout entier que l'État réclame et qu'il dévoue à une œuvre de patience, de persévérance et de vertu. »

Aussi Votre Majesté me permettra de réclamer de sa bienveillante justice une légère augmentation de traitement pour cet ordre de fonctionnaires.

D'après l'article 1er du règlement du 26 décembre 1855, qui a fixé l'administration et la comptabilité des écoles normales primaires, les directeurs de ces écoles sont partagés en trois classes, avec des traitements gradués de 2,000 à 3,000 fr. ; je propose à Votre Majesté de relever le minimum à 2,400 fr. et le maximum à 3,600 fr.

Les traitements des maîtres adjoints varient de 1,000 à 1,800 fr. ; à l'avenir ils s'élèveraient de 1,200 à 2,000 fr., toujours répartis en trois classes de la manière suivante :

1re classe. . . . . . 1,800 à 2,000 fr.
2e classe. . . . . . 1,500 à 1,700
3e classe. . . . . . 1,200 à 1,400

V.

La maison de l'instituteur devrait être, comme la cure, la maison modèle du village : construction bien entendue, sobre élégance, aérage, et partout et en tout cette propreté qui est le luxe du pauvre. Nous y veillons de notre mieux, parce que l'éducation se fait par les yeux du corps en même temps que par ceux de l'esprit. Mais

si les communes sont propriétaires de leurs maisons
d'école, elles ne le sont pas du mobilier personnel de
l'instituteur, et, trop souvent, les élèves ne trouvent
autour de leur maître que des meubles boiteux qu'il a
peut-être empruntés au voisinage. Lorsque l'instituteur
change de commune, il faut les transporter dans sa nouvelle demeure, et, malgré l'indigence de ce pauvre mobilier, ce sont encore des frais relativement considérables :
aussi l'administration est-elle obligée, parfois, d'éviter
des changements que commanderait l'intérêt du service.

Un spectacle non moins triste est celui du jeune maître
qui sort de l'école normale sans autre patrimoine que son
brevet et sa bonne volonté. Pour prendre possession d'un
poste, il lui faut se pourvoir d'un mobilier ; mais, le plus
souvent, il ne peut l'acheter qu'à l'aide d'un emprunt,
qui le livre dès l'abord aux mains des créanciers. Son
premier pas dans la vie le met donc sur une pente dangereuse, et la dette que lui a fait contracter la nécessité
pèse longtemps, pour quelques-uns toujours, sur sa carrière.

L'État, Sire, aurait beaucoup ajouté à la dignité en
même temps qu'au bien-être des instituteurs et des institutrices s'il faisait modestement et à peu de frais, par en
bas, ce qu'il fait par en haut pour les grands fonctionnaires auxquels un mobilier coûteux et de représentation
est nécessaire.

Pour constituer dans chaque localité le mobilier personnel des instituteurs, il suffirait d'imposer aux communes qui sollicitent du gouvernement un secours afin
d'acheter, de construire ou de réparer une école, l'obligation de fournir une somme de 300 francs pour achat

du mobilier, dont elles resteront propriétaires, l'État fournissant une somme égale.

Les communes et l'État seraient tenus à la même obligation vis-à-vis de l'élève sortant de l'école normale pour prendre possession de son premier poste. Au besoin, le département viendrait en aide aux finances municipales. Toutes les communes seraient ainsi, au bout de peu d'années, pourvues des objets indispensables pour l'usage des maîtres qui leur seraient donnés, et ceux-ci devraient à la bienveillance paternelle du gouvernement cette sécurité qui laisse à l'esprit toutes ses ressources et à la bonne volonté toute son énergie.

J'ajoute que les frères des Écoles chrétiennes ne viennent jamais s'établir dans une commune qu'en stipulant qu'il y aura pour eux dans l'école un mobilier personnel, et parfois même le linge de corps.

La dépense qu'entraînerait la réalisation de la mesure peut être estimée à 100,000 francs par an ; je la prélèverais sur le chapitre du budget affecté aux secours à donner aux communes pour construction de maisons d'école.

En prenant, il y a deux mois, possession du ministère que Votre Majesté a daigné me confier, j'ai trouvé 550 demandes formées par autant de communes pour les aider à construire leurs maisons d'école. Dans quinze jours, toutes ces demandes auront été examinées, et il y aura été répondu. On pourrait donc dès maintenant, pour un grand nombre de communes, inscrire dans l'arrêté de subvention la clause dont il vient d'être question.

Si Votre Majesté approuvait les réformes réglementaires que j'ai l'honneur de lui soumettre, je la prierais de

vouloir bien revêtir de sa signature le projet de décret
ci-joint.

Je suis avec un profond respect, Sire, de Votre Majesté
le très-humble, très-obéissant et très-fidèle serviteur.

Le ministre de l'instruction publique,

V. DURUY.

————⋆————

**Instruction du 24 septembre 1863, relative à l'enseignement de
l'histoire contemporaine dans la classe de philosophie des lycées
impériaux.**

Monsieur le recteur,

Je vous adresse le programme pour le nouveau cours
d'histoire institué dans la classe de philosophie, et qui
doit s'étendre depuis 1789 jusqu'à nos jours, afin que
ceux qui, dans quelques années, feront les affaires du
pays sachent de quelle manière ce pays a jusqu'à présent
vécu.

En rhétorique, le professeur expose déjà dans ses dernières leçons les faits qui se sont accomplis de 1789 à
1815. J'ai jugé nécessaire de reprendre cette étude en
philosophie d'une manière rapide. Notre société actuelle,
avec son organisation et ses besoins, date de la Révolution,
et pour la bien comprendre, comme pour la bien servir,
il faut la bien connaître.

Discours.   2

Mais, en faisant cette révision, le professeur se placera à un point de vue différent de celui où il se met en rhétorique. Cette fois, il négligera les événements militaires qu'il a racontés l'année précédente, pour suivre de plus près l'enchaînement logique des choses et montrer la marche incertaine, quelquefois précipitée et téméraire, mais toujours résolue et active, de notre société française vers le but nouveau et légitime de ses impatients désirs : plus de bien-être physique, plus aussi de bien-être moral.

A partir de 1815, le récit reprend son cours, et s'étend successivement, comme nos intérêts, bien au delà de nos frontières. C'est l'honneur de notre pays d'appeler sur lui l'attention des peuples et de faire sentir au loin son influence. Il a tant agi et pensé pour le monde qu'on trouverait peu de grandes questions européennes qui ne fussent aussi des questions françaises ; de sorte que notre histoire ne s'explique bien qu'à condition d'étudier celle des autres. En outre, les diverses nations de l'Europe, même du monde, deviennent solidaires. Il faut mêler leurs annales comme elles mêlent leurs intérêts.

J'ai disposé le programme de manière à ce que les événements accomplis dans les différents pays s'éclairent et s'expliquent les uns les autres. A ce sujet, vous aurez, monsieur le recteur, à rappeler aux professeurs une des lois de leur enseignement, celle qui les avertit de moins tenir à donner beaucoup qu'à bien choisir ce qu'ils donnent. Vous leur ferez aussi remarquer que je me suis efforcé de porter la lumière plutôt sur les choses que sur les personnes. Les hommes passent, les faits demeurent, et nos enfants n'auront affaire qu'avec les conséquences.

Même pour les faits, il conviendra de ne pas les étudier à la façon de Suétone et de Saint-Simon, mais de les regarder de haut et de loin, bonne manière pour bien voir. On s'arrêtera donc uniquement sur ceux qui sont considérables ou caractéristiques, et que le temps, en les jetant dans son crible, n'a point encore laissés passer et se perdre.

J'ai introduit dans l'histoire des idées et des événements de ce siècle quelques notions d'économie politique. Ce n'est pas à dire que nos chaires doivent se transformer et que les faits aient à y céder la place aux théories hasardées. Au lycée, on ne fait pas de la science nouvelle : on donne la science faite et éprouvée. Or, depuis un siècle que les économistes sont à l'œuvre, ils ont mis en lumière un certain nombre de vérités que personne ne conteste plus, et dont l'éducation peut déjà s'emparer, au grand profit de nos élèves et du pays.

Tant que la guerre et les intrigues de cour ont été la grande affaire des sociétés, Machiavel et l'histoire-bataille suffisaient. Aujourd'hui, il faut autre chose. Les faits économiques ont pris une trop grande place dans notre société pour que l'histoire puisse les négliger si elle veut rester ce qu'elle doit être : le trésor de l'expérience humaine et la maîtresse de la vie, *magistra vitæ*. L'Angleterre a pu traverser paisiblement une crise épouvantable, parce que ses ouvriers connaissent tout ce que nos jeunes gens ignorent encore : les ressorts si délicats de la production et de la vie économique. Nos misères de 1848 sont venues de cette ignorance.

Grâce à cet enseignement, nos élèves, en sortant du lycée, ne tomberont plus dans l'inconnu. Nous leur aurons

2.

montré le terrain où, jusqu'à cette heure, ils marchaient
sans guide, et nous les aurons mis en état de comprendre
les événements au milieu desquels la vie sérieuse vient les
surprendre. Jeter un jeune homme dans la cité sans lui
avoir rien dit de l'organisation et des nécessités qu'il y
rencontre, c'est comme si l'on jetait dans la bataille un
chasseur à pied avec l'armement des francs-archers de
Charles VII.

Vous connaissez le but de ce cours : éclairer la route où
nos enfants s'engagent en devenant hommes ou citoyens.

Quel en sera l'esprit? Un esprit de paix et de justice.

J'ai toujours trouvé à l'histoire une grande vertu d'apai-
sement. Elle montre par toutes ses leçons que, si l'absolu
se trouve dans la vérité religieuse et dans la vérité scientifique, la politique est, comme la loi, une question de
rapport, une convenance entre les choses à faire et les
choses déjà faites; que même il faut compter, sans les
subir, avec les passions, les préjugés, et que la plus
grande des forces, c'est la fermeté dans la modération.

L'histoire stimule les timides en leur faisant voir les
nécessités impérieuses des choses, et elle calme les impatients en leur prouvant que rien de durable ne s'impro-
vise, que ce qu'il y a de plus dans le présent, c'est toujours
du passé, et qu'il faut en tout l'aide du temps, ce puissant
maître, comme dit un des nôtres, le vieil Eschyle.

Aussi suis-je convaincu que l'étude, faite avec bonne
foi, des épreuves que nous avons subies depuis quatre-
vingts ans est plutôt de nature à apaiser les esprits en les
éclairant qu'à les irriter, et qu'elle contribuera à affermir
et à améliorer nos institutions plutôt qu'à les ébranler.

Veillez donc, monsieur le recteur, avec la plus active

sollicitude, comme j'y veillerai de mon côté par l'inspection générale et par moi-même, à ce que ce cours soit une école de moralité, de respect et de modération : la vérité sur les choses ; partout et en tout une haine vigoureuse pour le mal et pour ceux qui l'ont accompli sciemment, mais des égards pour ceux qui n'ont fait que se tromper et qui ont servi leur pays avec de l'erreur quand ils croyaient le servir avec de la vérité.

Respectons les hommes qui ont, avant nous, porté le poids du jour, pour que nous soyons respectés à notre tour malgré nos fautes.

Le gouvernement impérial cherche, comme son glorieux fondateur, la réconciliation des partis, et sa plus belle victoire serait de réunir tous ceux que nous ont légués nos révolutions, pour qu'il n'en restât qu'un seul, celui de la France.

Aussi, monsieur le recteur, je n'ai pas besoin de vous dire qu'en instituant ce cours nouveau, le gouvernement ne songe pas à faire de tous nos professeurs d'histoire des avocats intéressés et aveugles d'une cause qui n'est plus à gagner.

Quand on n'est qu'un parti, on fausse l'histoire pour la faire servir à ses desseins ; mais quand on représente, après les avoir noblement servis, les intérêts généraux du pays et la nation même avec ses aspirations les plus généreuses, on ne craint pas la lumière ni la comparaison avec personne, et on demande simplement la vérité.

Les professeurs d'histoire de votre académie n'ont donc, monsieur le recteur, qu'à s'inspirer pour leur enseignement de ce patriotisme éclairé qui met l'honneur et l'intérêt du pays au-dessus de toutes les questions, et de la fierté légitime que donne l'idée qu'on appartient à une société policée, libre et puissante.

Agréez, etc.

Le ministre de l'instruction publique,

V. Duruy.

— ◦ —

Instruction du 29 septembre 1863, relative à l'enseignement des langues vivantes et aux conférences dans les lycées impériaux.

Monsieur le recteur,

Je compte vous adresser bientôt des instructions sur divers points de l'enseignement secondaire; mais comme la fin des vacances approche, et que MM. les proviseurs vont préparer le tableau de la répartition des classes, je vous indiquerai dès aujourd'hui quelques réformes qu'il leur est indispensable de connaître à l'avance.

Nous ne devons pas, monsieur le recteur, craindre d'avouer que l'étude des langues vivantes n'a jusqu'à présent produit que des résultats insuffisants; nos élèves, à bien peu d'exceptions près, ne savent ni parler ni écrire l'allemand ou l'anglais. Les plus habiles font un thème ou une version; ils ne sauraient faire une lettre, encore moins suivre une conversation. Comme l'ancienne Université ne connaissait pas cet enseignement, on accuse la

nouvelle de ne point l'aimer. S'il en était ainsi, elle ne
serait pas de son temps. Avec les relations faciles et multipliées qui se sont établies entre les peuples, la connaissance des langues vivantes est devenue une nécessité,
sans compter qu'elle est pour l'esprit un profit et un
plaisir. Il y a donc dans cette étude une double utilité
pratique et morale que nul de nous ne méconnaît ; mais
bien des raisons, qu'il est inutile d'exposer ici, ont amené
l'insuccès que nous déplorons. C'est une entreprise à
reprendre.

Fixons d'abord le rôle que cette étude doit remplir
dans notre système d'éducation. Je ne parle, bien entendu,
que de l'enseignement du lycée, et non des cours professionnels, dont je vous entretiendrai bientôt.

Je conviens que les littératures germaniques sont fort
belles, et que Gœthe et Shakspeare ont beaucoup à donner
à l'esprit français ; mais ne faut-il pas réserver surtout
pour l'étudiant de nos facultés cette influence, qui n'aura
que des avantages et point d'inconvénients, si elle agit
sur des esprits déjà préparés par une culture sévère et
dans le sens de nos traditions ?

Pour l'élève du lycée, il est bon de le retenir d'abord
sous la discipline classique. Nos arts, nos lettres, nos
sciences, notre esprit même et nos lois viennent d'Athènes
et de Rome. Il faut faire l'esprit des enfants avec ce qui
a fait l'esprit des pères.

Ceux de nos élèves pour qui l'on veut le plus haut
enseignement de nos lycées doivent avant tout entretenir
un commerce de chaque jour avec la Bible, Homère,
Hérodote, Horace, Virgile et nos grands classiques nationaux. Mais il est nécessaire de leur apprendre aussi ce

que l'on n'apprend bien que dans l'enfance, une langue
étrangère, et de leur mettre dans la main cette clef d'or
qui leur ouvrira dans la suite des trésors nouveaux.

En un mot, dans l'économie de nos études scolaires,
nous enseignons à nos enfants les langues mortes pour
leur apprendre à penser, les langues vivantes pour leur
apprendre à les parler.

Commençons, pour celles-ci comme pour les premières, de bonne heure et quand les organes encore flexi-
bles se prêtent aisément à prendre toutes les habitudes ;
en outre, l'exercice fréquemment répété étant nécessaire
pour donner cette souplesse aux organes, nous compo-
serons nos classes d'un petit nombre d'élèves et nous
rapprocherons le plus possible les leçons. Elles seront
courtes aussi ; car l'effort pour imiter des sons et retenir
des mots fatigue l'esprit par cela même qu'il l'occupe
peu. C'est une des raisons de la difficulté qu'éprouvent
beaucoup de nos maîtres à maintenir une bonne discipline dans ces classes de langues vivantes, qui durent
actuellement deux heures, avec un nombreux personnel
d'enfants.

La méthode à suivre est ce que j'appellerai la méthode
naturelle, celle qu'on emploie pour l'enfant dans la
famille, celle dont chacun use en pays étranger : peu de
grammaire, l'anglais même n'en a pour ainsi dire pas ;
mais beaucoup d'exercices parlés, parce que la prononciation est la plus grande difficulté des langues vivantes ;
beaucoup aussi d'exercices écrits sur le tableau noir ; des
textes préparés avec soin, bien expliqués, d'où l'on fera
sortir successivement toutes les règles grammaticales, et
qui, appris ensuite par les élèves, leur fourniront les mots

nécessaires pour qu'ils puissent composer eux-mêmes d'autres phrases à la leçon suivante.

J'imagine qu'un certain nombre de pages aient été ainsi apprises : ce sont des anecdotes, un récit. Le professeur, à un jour donné, exige que l'histoire étudiée et sue la semaine ou le mois précédent lui soit racontée; il ne fait plus *réciter*, il fait *parler*. A des élèves plus avancés on imposera comme devoir la lecture attentive d'un morceau plus ou moins étendu, selon leur force, et ils seront tenus d'en rendre compte de vive voix, à l'aide des mots qu'ils y auront trouvés. On fera naître ainsi des conversations véritables, et utiles à l'esprit en même temps qu'à la mémoire.

Pour les devoirs écrits, on ne commencera les thèmes qu'au moment où l'on reconnaîtra que les élèves sont en pleine et assurée possession des déclinaisons, des conjugaisons et d'un vocabulaire déjà étendu. Ces thèmes ne porteront que sur les seuls points de la syntaxe, et ils sont en petit nombre, qui offrent des difficultés sérieuses. Les curiosités philologiques et grammaticales seront soigneusement évitées; on les retrouvera suffisamment dans les textes expliqués.

Plus tard on remplacera les thèmes par des compositions plus ou moins développées, dont les sujets seront empruntés à des lectures faites en classe à haute voix par le professeur.

Enfin on n'oubliera pas, pour la prononciation, qu'il faut, comme en toute chose d'éducation, aller du simple au composé, de la syllabe au mot. L'enseignement de la prononciation portant sur des faits purement matériels, il importe peu que le sens de la phrase périsse d'abord.

que le mot lui-même soit décomposé en ses éléments syl-
labiques contrairement aux lois de la synthèse ou de
l'étymologie; l'essentiel est que la sensation spéciale que
donne le son d'une voyelle ou d'une syllabe arrive nettement à l'oreille de l'enfant, et que ce son puisse être
reproduit par ses jeunes organes. Il sera plus tard exercé
à mettre dans les mots l'accent tonique, et, dans la
phrase, à relever la voix sur les expressions que le sens
indique comme les plus importantes.

Dans les compositions, une part sera faite, dans les
premiers temps, pour l'habileté de la prononciation,
ensuite pour la facilité, plus ou moins grande, à s'exprimer ; c'est-à-dire que la composition, comme je l'indique plus bas, donnera lieu à des épreuves orales comme
à des épreuves écrites.

En sixième, nos enfants sont déjà, dans une certaine
mesure, maîtres de leur langue, familiarisés avec les
grammaires française et latine, habitués au travail de la
traduction. C'est là que je mettrai nos premières *classes* de
langues vivantes, deux par semaine, d'une heure chacune, faites au moment que vous désignerez, avec peu ou
point de devoirs écrits pour l'*étude*, mais seulement des
leçons à apprendre. Le travail des enfants en sera bien
peu augmenté. Je compte, d'ailleurs, le diminuer de divers
autres côtés.

Dans les classes de grammaire, les langues vivantes
seront obligatoires. On ne peut laisser à des enfants de
cet âge le soin de choisir entre les études qui leur conviennent. Mais, au bout de trois années, on aura pu constater l'aptitude des uns ou le mauvais vouloir persévérant
des autres. Aussi, dans les classes d'humanités, cette étude

deviendra *facultative*. Il n'y a point, en effet, un intérêt public de premier ordre à ce que tous nos élèves sachent une langue vivante, quelques-uns bien, d'autres médiocrement, le plus grand nombre fort mal ; et le dernier cas serait inévitablement le plus fréquent, si tous étaient contraints de suivre une étude qui ne peut être profitable qu'à la condition d'être bien faite. Dans les cours classiques, un demi-succès est encore un profit, parce que c'est toujours un avantage d'avoir contemplé, fût-ce de loin, le beau, le juste et le vrai. Mais à quoi servirait-il de sortir du lycée avec quelques mots d'une langue étrangère qu'on oublierait aussitôt?

En outre, du moment que l'étude des langues vivantes devient facultative, les élèves peuvent être distribués dans les différents cours, non plus d'après le numéro de leur classe, mais d'après leur force constatée.

Avec ce système, plus de ces traînards qui sont notre grand embarras et une cause permanente d'indiscipline. Tous marchent à peu près du même pas, et tous ont à peu près la même bonne volonté, parce qu'ils se sont imposé librement ce travail et qu'ils se trouvent avec des concurrents de force à peu près égale.

Il va sans dire que cette liberté du choix ne s'exerce qu'au premier jour de l'année.

En groupant ainsi les élèves selon leur force, on arrivera à constituer des cours où des élèves manieront assez bien l'instrument nouveau pour qu'ils puissent l'appliquer à des travaux d'un ordre supérieur. Alors, mais alors seulement, cet enseignement peut prendre le caractère littéraire qu'il ne convient pas de lui donner d'abord. Il y faudra, toutefois, cette condition encore, que les professeurs, pour ne pas jeter de perturbation dans les règles de goût que les jeunes latinistes ont déjà apprises et appliquées, montrent à leurs élèves dans les littératures étrangères, non les côtés par où elles diffèrent le plus, mais ceux par où elles se rapprochent davantage des littératures latines et de la grande tradition classique.

Pour les lycées de Paris et de Versailles, je rétablis le concours des langues vivantes en rhétorique et en philosophie. La composition, consistant en un thème et une version qui seront faits dans la même séance, sera corrigée par la commission compétente. M. le recteur, immédiatement et dans la forme ordinaire, prendra connaissance du résultat, et les élèves dont les copies auront été placées aux vingt premiers rangs seront appelés devant une commission qui les soumettra à une troisième épreuve, celle de la langue parlée. Les places définitives pour les prix et les accessit ne seront données qu'après ce dernier examen. Vous chercherez, monsieur le recteur, quelles mesures vous croirez pouvoir me proposer pour introduire ce mode de composition dans les concours que je désire voir s'établir régulièrement entre les lycées de votre ressort académique.

Enfin, pour donner une sanction plus sévère encore à cet enseignement, je compte faire, dans la nouvelle réglementation du baccalauréat, une part large et sérieuse aux langues vivantes.

Cet enseignement ne porte, jusqu'à présent, que sur l'anglais et l'allemand; je ne vois pas pourquoi l'on exclut l'italien et l'espagnol, dont nos provinces du Sud ont besoin. Je comprends, monsieur le recteur, l'uniformité de réglementation lorsqu'il s'agit de ce qui doit être com-

mun à tous, l'éducation de l'esprit et du cœur : il n'y a
pas vingt manières de préparer dans l'enfant l'homme et
le citoyen. Mais pour les études qui sont, dans une certaine mesure, professionnelles, je veux dire celles où le
caractère d'utilité pratique l'emporte sur le côté moral,
elles doivent varier comme les besoins mêmes. Nous avons
institué dans nos soixante et quatorze lycées, même dans
les plus pauvres et les moins peuplés, un cours d'allemand
et un cours d'anglais. On s'efforce d'enseigner la langue
de Schiller à Pau comme à Strasbourg, celle de Byron au
Puy comme à Saint-Omer. C'est, je crois, une erreur. Au
lieu d'éparpiller nos ressources en hommes et en argent
sur tant de points, je voudrais mettre nos grands lycées
au complet pour les langues vivantes comme pour le reste,
afin qu'ils fussent bien véritablement les maisons modèles
de l'éducation nationale. Mais, pour les établissements
moins importants, une seule chaire suffirait. Vous n'en
déterminerez la nature, monsieur le recteur, qu'après
avoir soigneusement consulté les besoins et les désirs des
localités.

Ce changement ne peut se faire dès à présent, parce que
son exécution entraînerait des réformes dans le personnel
qui ne peuvent s'accomplir qu'avec beaucoup de réserve
et de respect pour les droits acquis. Mais je mets la question à l'étude, afin que vous la combiniez avec l'autre
réforme que nous avons à faire des cours de commerce
annexés à nos lycées. Nos maîtres habiles trouveront là un
emploi pour leur activité et probablement une augmentation pour leur traitement.

J'espère, monsieur le recteur, que les professeurs de
langues vivantes vont redoubler de zèle en voyant l'intérêt

que le gouvernement de l'Empereur attache à relever leur enseignement. Dites-leur bien que mon plus vif désir est de relever aussi leur situation. Les services rendus dans cet ordre d'études seront estimés à l'égal des autres, l'administration étant bien décidée à tenir compte à chaque fonctionnaire, quel que soit son titre, du dévouement et de l'intelligence qu'il met à remplir les fonctions qu'elle lui confie.

Notre professorat des langues vivantes se compose en grande partie d'étrangers, dont plusieurs, avec du mérite, n'ont point l'art de se faire écouter des élèves et de les maintenir dans l'ordre. Pour assurer à ce personnel un recrutement meilleur, on a songé à créer une section des langues vivantes à l'École normale supérieure. Je préférerais de beaucoup, sans repousser les étrangers, accorder à ceux de nos nationaux qui se distingueraient le plus au concours public des langues vivantes le droit et les moyens d'aller passer un an à l'étranger pour achever de s'y familiariser avec l'idiome qu'ils auraient à enseigner. Peut-être même pourrons-nous rétablir plus tard une agrégation spéciale, allant de pair avec les autres, tout en conservant le brevet d'aptitude, qui alors jouerait le rôle de la licence dans les autres ordres d'enseignement. Mais ces réformes tiennent aussi à celle de l'enseignement professionnel, et je ne fais que les indiquer en passant, pour vous demander, à ce sujet, votre avis.

Les cours de langues vivantes devant se faire désormais dans l'intervalle des autres classes, l'enseignement des lettres et des sciences va bénéficier, à partir de la troisième, d'une classe par semaine. Mais, d'autre part, je supprime les conférences, qui prenaient, et sans beaucoup d'utilité, le temps des maîtres et des élèves ; elles ne subsisteront que dans les conditions suivantes :

1° On maintiendra dans les classes de grammaire les répétitions telles qu'elles sont définies par la circulaire de mon prédécesseur en date du 5 août 1857, où se trouvent ces mots : « Les répétitions ont pour but d'aider la faiblesse de l'élève et de combler les lacunes de son instruction. Elles s'adressent exclusivement à ceux qui ne peuvent suivre sans secours la marche de la classe. » J'ajoute que ces répétitions perdraient leur caractère et leur utilité si elles s'adressaient à plus de quatre ou cinq élèves. Ce n'est pas une classe nouvelle qu'il s'agit de faire, mais un secours individuel qu'il faut donner. MM. les professeurs auront, du reste, deux moyens de se dispenser de recourir à ces répétitions : la sévérité dans les examens de passage, et, dans leur classe, la plus vive sollicitude pour tous les élèves, sans distinction des bons et des mauvais, de manière à ce qu'ils soient tous entraînés, et qu'on ne trouve point parmi eux de ces retardataires qui tomberaient nécessairement à la charge de la répétition.

2° On maintiendra les interrogations scientifiques, parce que le professeur n'a point le temps d'en faire suffisamment en classe, et que, pour ces études, il est nécessaire de s'assurer que les élèves tiennent bien tous les anneaux de la chaîne ; un seul brisé, tout est perdu.

3° Les élèves de philosophie et ceux qui se destinent aux écoles spéciales, c'est-à-dire tous ceux qui voient un examen au bout de leur dernière année d'études, trouveront, comme par le passé, des conférences pour la révision littéraire, historique, philosophique et scientifique dont ils ont besoin.

4° Dans les autres classes d'humanités, on conservera les répétitions qui serviraient, d'une façon exceptionnelle et temporaire, à remettre au courant de la classe un élève que la maladie ou une absence forcée aurait fait tomber à une trop grande distance de ses camarades.

Hors de là, ni conférences ni répétitions.

Rien n'est innové, d'ailleurs, quant au nombre d'heures dues au lycée par chaque fonctionnaire.

La prochaine réorganisation de l'enseignement professionnel vous permettra, si cela est nécessaire, d'employer d'une manière fructueuse ce qui resterait de temps légalement dû. Je connais trop bien l'esprit du corps enseignant pour n'être pas certain que, si MM. les professeurs répugnaient à un labeur ingrat, ils iront d'eux-mêmes audevant d'un travail utile dont ils seront les premiers à reconnaître la nécessité.

Agréez, etc.

Le ministre de l'instruction publique,

V. DURUY.

Instruction du 2 octobre 1863, relative à l'enseignement professionnel
des lycées impériaux.

Monsieur le recteur,

Lorsqu'il n'y avait, chez nos pères, qu'une forme de la
richesse, la propriété foncière, et que la France entière,
ou du moins tout ce qui était compté, tenait dans Versailles, il était naturel que l'on ne connût qu'un système
d'éducation : celui par lequel fut formée cette société
polie, élégante, raffinée, qui donna le ton à toutes les
cours de l'Europe.

Le principe de cette éducation était l'étude prolongée
des écrivains que nous appelons classiques. Madame de
Sévigné savait le latin, et bien d'autres grandes dames de
son temps le savaient comme elle. C'est en se trempant
dans la source féconde de l'antiquité latine et grecque
que l'esprit français acquit cette mesure, cette haute raison
et cette clarté incomparable qui lui ont valu l'empire
pacifique de l'Europe.

Conservons précieusement ces nobles études qui ont
fait la France moderne et son glorieux génie ; mais aussi
suivons le monde du côté où il marche.

Or, nous avons vu de nos jours naître la grande industrie et se former une richesse immense qu'autrefois on ne
connaissait pas. En face de la propriété foncière, il existe
maintenant pour quatre-vingts ou cent milliards de valeurs

mobilières, au lieu des vingt-cinq à trente milliards qui formaient notre avoir mobilier en 1830. La France a bien aujourd'hui 150,000 usines, 1,500,000 ouvriers de fabrique, sans compter cinq millions d'hommes et de femmes occupés par la petite industrie ou le commerce, et 500,000 chevaux-vapeur, qui peuvent représenter le travail de dix millions d'hommes; enfin ses échanges se sont élevés, en 1861, à cinq milliards cinq cents millions.

Ce grand labeur, c'est la main qui l'exécute, mais c'est la tête qui l'a conçu et dirigé. Il n'a pas exigé seulement une dépense de force, mais une dépense d'esprit. Pour le rendre plus productif, il sera bien de décupler notre outillage, il sera mieux encore d'accroître l'intelligence qui met toute cette force en action.

Voilà comment les questions d'enseignement sont devenues des questions de fortune publique.

Le nombre des professions s'est accru en même temps que la diversité des sources d'où provient le capital national. Autrefois on était de sa corporation, et l'on n'en pouvait sortir : aujourd'hui, comme nos soldats ont dans leur giberne un bâton de maréchal de France, ceux qui, dans l'industrie, le commerce ou l'agriculture, font des actions d'éclat et de glorieuses campagnes voient s'ouvrir devant eux la route des honneurs suprêmes, ou plutôt des grands devoirs publics.

Comment pourrons-nous faciliter cette élévation progressive des plus dignes, des *meilleurs*, suivant l'expression antique? Comment ferons-nous circuler dans le corps social une sève toujours plus féconde? par l'enseignement qui sera donné aux jeunes générations.

L'Université a depuis longtemps reconnu ce besoin des

temps nouveaux. Elle a bien compris que, tenant en ses mains l'avenir du pays, elle devait être à la fois conservatrice et progressive, comme le pays lui-même et comme le bon sens. Si elle a parfois résisté, ainsi que son glorieux fondateur le lui conseillait, « aux petites fièvres de la mode, » elle n'a jamais repoussé les enseignements nouveaux que le vœu public ou les besoins de l'État lui recommandaient. Ainsi l'enseignement dit professionnel n'a pas cessé, depuis quarante ans, d'être l'objet de ses méditations et de ses expériences.

Cet enseignement, institué par le décret du 15 septembre 1793[1] et organisé dans les écoles centrales par celui du 7 ventôse an III[2], avait été restreint par la loi du 11 floréal an X et détruit par le décret du 17 mars 1808, qui supprima les écoles centrales. Mais, en 1821, cette pensée fut reprise et la *bifurcation* commença : il fut alors décidé que les élèves pourraient, au sortir de la troisième, entrer dans un cours spécial.

Huit ans après, un véritable enseignement professionnel fut organisé au collége royal de Nancy « en faveur des élèves qui, après avoir suivi les premières années des cours actuels, veulent se livrer au commerce, aux divers arts industriels ou à une profession quelconque pour laquelle l'étude approfondie des langues anciennes n'est point indispensable. » Le programme comprenait : le français,

1. « Indépendamment des écoles primaires, dont la Convention s'occupe, il sera établi dans la République trois degrés progressifs d'instruction : le *premier*, pour les *connaissances indispensables aux artistes et ouvriers de tous genres;* le second, pour les connaissances ultérieures nécessaires à ceux qui se destinent aux autres professions de la société; et le troisième, pour les objets d'instruction dont l'étude difficile n'est pas à la portée de tous les hommes. » (Décret du 15 septembre 1793.)

2. Dans les écoles centrales, sur quatorze professeurs, deux seulement étaient chargés des belles-lettres et des langues anciennes.

les mathématiques, la physique, l'histoire, la géographie commerciale, le dessin, l'écriture perfectionnée.

Après 1830, le gouvernement royal continua l'application du principe posé par la décision de 1829; l'enseignement professionnel fut organisé dans les colléges royaux de Versailles et de la Rochelle; le statut du 5 mars 1847 décida même qu'il serait constitué dans tous les colléges royaux et communaux. Cette fois la bifurcation était reportée après la quatrième.

La loi du 15 mars 1850 considéra cet ordre d'études comme faisant désormais partie de notre système d'éducation, et se contenta d'imposer au ministre, par l'article 62, l'obligation de constituer[1] des jurys spéciaux pour l'enseignement professionnel.

---

1. La discussion à laquelle l'article 62 donna lieu ne laisse aucun doute à ce sujet. Le projet de loi était muet sur l'enseignement professionnel, que l'on considérait comme implicitement compris dans l'enseignement secondaire. MM. Ferdinand de Lasteyrie et Wolowski réclamèrent énergiquement en sa faveur et demandèrent que le ministre de l'instruction publique fût invité à l'organiser. Sans attaquer le principe même de l'organisation d'un enseignement nouveau, M. Baze, rapporteur de la commission, critiqua comme vague le mot « professionnel » et proposa la rédaction suivante : « Le ministre *peut*, sur l'avis du conseil supérieur, instituer des jurys particuliers pour les enseignements spéciaux. »

Mais MM. de Lasteyrie et Wolowski combattirent cette proposition : 1° ils voulaient que le ministre instituât des jurys pour *l'enseignement professionnel*, et non pour ce que le projet appelait des enseignements *spéciaux;* 2° ils voulaient, de plus, que cette institution fût une *obligation* et non une *faculté* pour le ministre.

Sur le premier point, M. de Lasteyrie établissait les différences qui existent entre l'enseignement professionnel et les enseignements spéciaux. Il demandait un enseignement général préparant les jeunes gens à toutes les professions sans distinction, sauf à eux à se choisir une spécialité plus tard. Il ne voulait pas d'une préparation particulière à telle ou telle école, à telle ou telle profession. Son système se résumait en ces mots : l'enseignement professionnel sera un enseignement secondaire des sciences et des arts, parallèle à l'enseignement secondaire dans les lycées.

Sur le second point, il rejetait la formule de la commission : « Le ministre peut instituer. » « Je voudrais, disait-il, que ce fût une garantie fixe, et non pas une garantie éventuelle, arbitraire, dépendant de la volonté du ministre. Je voudrais, de plus, que lorsqu'un citoyen, lorsqu'une ville se propose d'établir un collége professionnel, il ne dépendît pas de la volonté du ministre de lui imposer les conditions

Pour exécuter ce mandat, une commission fut instituée, le 4 juin suivant, sous la présidence de M. Thénard, en vue de préparer l'organisation de l'enseignement « spécial ou professionnel; » mais aucun projet ne sortit de ses délibérations. Toute l'attention de l'administration universitaire était déjà portée sur un nouveau plan d'études, et l'on délaissa la bifurcation naturelle, entrevue par le législateur de 1793 et de l'an III, prescrite par celui de 1850, pour la bifurcation artificielle de 1852.

Il y a cependant une telle force des choses qu'au moment où elle était officiellement abandonnée, cette bifurcation naturelle s'établissait d'elle-même partout. Sous des noms différents, l'enseignement professionnel s'in-

qu'il lui plairait; que les conditions fussent fixées d'avance, comme pour toutes les autres branches de l'enseignement. Au lieu de dire que le ministre *peut* instituer un jury spécial, je voudrais que la commission nous concédât que le ministre instituera un jury spécial, que ce ne fût pas quelque chose de *facultatif*, mais quelque chose de *positif*. »

Aux objections de M. Baze, M. Wolowski répondit:

« Le projet de loi restreindrait le domaine de l'enseignement professionnel tel qu'il existe aujourd'hui. Il existe des écoles primaires supérieures: c'est une mauvaise dénomination qui a nui à cette branche d'enseignement; mais enfin elle s'applique à des écoles qui préparent les jeunes gens pour des carrières agricoles, industrielles et commerciales. Nous croyons qu'il est indispensable que la loi nouvelle donne le droit de cité d'une manière complète, d'une manière formelle et expresse, à l'enseignement professionnel.

« Le mot d'*enseignement professionnel* est passé dans la langue, adopté par l'usage, et indique une chose parfaitement définie par la conscience publique.... Tout le monde tient à ce que cet enseignement soit étendu; c'est pourquoi nous insistons sur le maintien du terme que nous avons proposé, comme nous insistons également sur *l'obligation* que nous voudrions voir insérer dans la loi. Quant à la formation de jurys spéciaux, elle ne doit pas être remplacée par une simple faculté *donnée au gouvernement;* cela ne suffit pas.

« Pour conquérir le monde de la nature, il faut nécessairement que les études professionnelles, c'est-à-dire celles qui peuvent conduire à pratiquer avec plus d'utilité et d'avantage les professions commerciales, industrielles et agricoles, soient plus répandues qu'elles ne le sont maintenant. Pénétrés de cette nécessité, nous avons demandé l'introduction dans la loi organique de l'enseignement, d'une manière définitive et sérieuse, du principe de l'enseignement professionnel. »

Les deux modifications demandées par MM. de Lasteyrie et Wolowski furent adoptées: c'est leur amendement qui constitue aujourd'hui le § 4 de l'article 62.

troduisait dans 64 de nos lycées sur 74 et dans presque tous les colléges communaux ; le sixième de nos élèves y passait. « C'est une marée montante, » écrivaient, il y a deux ans, à M. le ministre de l'instruction publique, des inspecteurs généraux qui constataient l'augmentation progressive de cette partie de la population scolaire, « c'est une marée montante à laquelle il faut ouvrir un large lit. »

Mais on ne doit pas reculer devant un aveu nécessaire. Par la timidité des essais, par l'incertitude des idées sur les besoins à satisfaire et les meilleurs moyens d'y pourvoir, surtout, en ce qui nous concerne, par le manque d'une dotation spéciale, cet enseignement ne donnait, à bien peu d'exceptions près, que des résultats stériles.

Sans pousser trop loin le goût de l'uniformité, on pouvait se plaindre de trouver dans ces cours, pour les programmes, les méthodes et la durée des études, les disparates les plus étranges. Comme l'autorité supérieure n'a jamais déterminé nettement le but à atteindre, on était allé partout à l'aventure.

En outre, dans la plupart des lycées, on ne possédait ni des locaux appropriés, ni les collections, les instruments et les laboratoires nécessaires ; et, les ressources financières faisant défaut, l'insuffisance des traitements avait trop souvent pour conséquence l'insuffisance des maîtres.

Mon prédécesseur voulut porter remède à ce désordre et donner une satisfaction sérieuse aux désirs des familles et aux besoins de la société en transformant une grande inutilité en une institution régulière et puissante.

En juin 1862, M. Rouland constitua, sous la présidence de M. Dumas, une commission nombreuse et active, dont les conclusions furent soumises à l'examen du comité des inspecteurs généraux et du Conseil impérial.

Dès mon entrée au ministère, j'ai repris et continué ce travail ; aujourd'hui je vous adresse, monsieur le recteur, les programmes que je viens de rédiger pour cet enseignement à la fois si ancien et si nouveau.

Avant qu'ils deviennent définitifs, il faut que le Corps législatif ait accordé les crédits nécessaires à la transformation qu'ils supposent, et j'ai besoin moi-même de les soumettre au Conseil impérial de l'instruction publique. Or, les crédits ne peuvent être accordés que pour 1865, et le Conseil ne peut se réunir avant la rentrée des classes. Cependant je ne voudrais pas perdre une année encore ; j'ai hâte de porter remède à un état de choses qui, sur certains points, est affligeant, et que nous pouvons déjà améliorer beaucoup avec nos seules ressources. Chaque maison a été laissée libre jusqu'à présent de régler elle-même l'organisation des cours annexés. Voyez, monsieur le recteur, ce que vous pouvez prendre dès maintenant dans les programmes que je vous envoie en vue d'ordonner mieux cet enseignement : ce sera pour ces programmes une première épreuve, et les observations que vous ne manquerez pas de m'adresser serviront à les amender lorsqu'ils seront présentés au Conseil impérial.

Le système que je propose est bien simple : sur la base élargie et consolidée de l'enseignement primaire s'élèveront parallèlement les deux enseignements secondaires : l'un classique, pour les carrières dites libérales ; l'autre professionnel, pour les carrières de l'industrie, du commerce et de l'agriculture.

La même maison pourra les réunir sans les confondre,

la même administration les régir et les surveiller, et les
mêmes professeurs, aidés des meilleurs maîtres que fourniront l'enseignement primaire et les carrières professionnelles, suffire à ces deux enseignements, qui d'ailleurs
resteront parfaitement distincts.

Refuser de les admettre dans la même enceinte, ce
serait d'abord détruire les écoles actuelles, qui, défectueuses dans leur ensemble, peuvent cependant fournir
d'excellents matériaux pour une construction nouvelle;
ce serait, de plus, nous mettre dans la nécessité d'improviser un personnel administratif et enseignant que
nous n'avons pas, et de demander au Corps législatif
50 ou 60 millions peut-être, pour bâtir et pourvoir
89 maisons nouvelles, à ne compter qu'un seul collége
français par département.

Ce que l'économie nous engage à faire, beaucoup d'autres raisons nous conseillent de l'exécuter.

Le lycée est une institution nationale et un des symboles de cette égalité que notre pays aime tant. On pourrait souhaiter que les familles, comme en d'autres contrées, gardassent plus longtemps leurs enfants auprès
d'elles; mais elles préfèrent les confier de bonne heure
aux maisons de l'État, de la commune ou des particuliers,
et il faut compter avec cette habitude. On vient donc au
lycée de tous les rangs de la société. Si pour nos deux
ordres d'enseignement nous établissons des maisons séparées, l'un des deux sera nécessairement considéré comme
inférieur à l'autre. Une division qui ne répond pas à une
distinction sociale s'établira entre les élèves, et bien des
familles, plutôt que d'envoyer leurs fils à un établissement spécial placé plus bas dans l'opinion publique, con-

tinueront, par une vanité dont le principe est respectable, de mettre dans les classes latines des enfants que n'y appellent ni leurs aptitudes ni la profession qui les attend. Ainsi nos cours classiques sont encombrés d'élèves qui ne seront jamais que de mauvais lettrés, parce que leurs aptitudes ne sont pas de ce côté, et qu'on aurait pu préparer à devenir de fort bons négociants.

Notre France a été si profondément pénétrée de l'esprit latin qu'il y existe un préjugé contre l'enseignement pratique. Ce préjugé ne pousse pas à mieux faire des études classiques, mais il empêche de bien faire des études usuelles. Nous devons le combattre en mettant les deux enseignements sur le même pied, en faisant vivre sous la même discipline, dans une égale communauté de goûts et de sentiments, des enfants d'origine et de destination différentes.

Ce contact profitera aux uns et aux autres. Il est bon que ceux qui seront plus tard agriculteurs, industriels, magistrats ou médecins, aient vécu dans l'intimité du collége et gagné ensemble les mêmes récompenses, en attendant qu'ils gagnent celles que l'État réserve à tous les représentants distingués des diverses professions sociales.

De cette manière, le lycée restera ce qu'il doit être, le lieu où l'on se prépare, par la culture générale et désintéressée de l'esprit, au grand combat de la vie; mais aussi le lieu d'où partent toutes les routes qui mènent à la considération publique, aux honneurs, à la fortune.

Le nouvel enseignement professionnel, qui aura une durée de quatre années, et gardera les enfants de douze à seize ans environ, comprendra les matières suivantes :

l'instruction religieuse, la langue et la littérature françaises, les langues vivantes, l'histoire et la géographie,
des notions élémentaires de morale privée et publique,
de législation à l'usage des agriculteurs, des commerçants
et des industriels, et d'économie industrielle et rurale;
la comptabilité, la tenue des livres, les mathématiques
appliquées, la physique, la chimie et l'histoire naturelle
avec leurs applications à l'agriculture et à l'industrie; le
dessin linéaire, le dessin d'ornement et le dessin d'imitation, la gymnastique et le chant.

L'uniformité des programmes ne fera pas obstacle aux
études particulières que réclameront les industries locales.
Déjà, au lycée du Puy, les élèves professionnels reçoivent
des leçons pour le dessin des dentelles en vue du commerce particulier à cette ville. A la Rochelle, on leur
donne des notions d'hydrographie et de construction
navale. Dans la vallée du Rhône, on prendra plus de
temps pour ce qui concerne l'industrie de la soie; ailleurs,
pour les applications de la science à la métallurgie ou aux
exploitations agricoles. Dans nos grandes villes maritimes,
la géographie et la législation commerciales seront étudiées de plus près. Partout on apprendra les langues vivantes, non pour les curiosités philologiques, mais pour
l'usage immédiat.

Afin de mettre l'autorité supérieure en garde contre ce
désir de réglementation uniforme que deux siècles de centralisation énergique lui ont donné, je proposerais d'instituer auprès de chacun de nos colléges français un
conseil de perfectionnement, composé non-seulement des
représentants de l'enseignement et de l'administration,
mais aussi de quelques-uns des chefs du commerce et

de l'industrie de la localité. Ces conseils, par les vœux qu'ils pourront émettre chaque année, fourniront certainement de précieuses indications à l'autorité ministérielle et intéresseront plus directement les villes au succès d'un enseignement dont elles seront les premières à profiter.

Nous excluons de nos écoles nouvelles les exercices d'atelier, parce que l'administration de l'instruction nationale n'est pas celle des travaux publics. Elle ne fait pas des mécaniciens, des mineurs, des contre-maîtres; mais puisque l'industrie, le commerce et l'agriculture exigent chaque jour plus d'intelligence et de savoir, puisque c'est même le caractère spécial de l'industrie française que la valeur de ses produits dépende moins du prix de la matière première que de l'art et du goût qui en ont modifié la forme, l'Université a son rôle dans cette éducation de l'esprit qui doit précéder celle de la main. Si elle n'enseigne pas une profession déterminée, elle préparera à toutes les professions. Ainsi le bon laboureur arrache soigneusement de sa terre les herbes mauvaises et la retourne profondément, afin qu'elle se baigne d'air et de soleil, avant même de savoir quel grain il y jettera pour la moisson prochaine.

Si l'on ne doit trouver dans nos écoles ni le ciseau, ni le tour, ni la lime, mais seulement les applications pratiques des sciences, en revanche, au sortir du laboratoire de chimie et du cabinet de physique, on y entendra parler, aussi bien que dans l'enseignement classique, des beaux génies qui sont l'honneur de la France, des grandes choses que nos pères ont faites et de celles que notre génération a vues s'accomplir; on apprendra à aimer notre société et nos lois, en les connaissant mieux, et, à côté de l'enseignement religieux, qui a sa place indispensable dans toute maison d'éducation, nous mettrons cette morale humaine, moins haute, mais nécessaire encore pour marquer à chacun les obligations que la famille et la société lui imposent, ses devoirs d'homme et de citoyen.

Comme couronnement des études littéraires, le lycée classique a la philosophie; comme complément des études secondaires professionnelles, le collége français aura le cours de morale privée et publique.

C'était la pensée de Turgot, lorsqu'il proposait à Louis XVI de séculariser la morale dans l'enseignement public, «d'instruire le peuple de l'intérêt du lien social, des droits, des devoirs qui l'attachent à la patrie, et de lui faire acquérir les connaissances nécessaires pour vivre en bon fils, en bon père, en bon administrateur dans sa famille, en bon citoyen et en bon sujet dans l'État [1]. »

C'était la pensée aussi du général Bonaparte, lorsqu'il mettait dans son plan d'études pour les écoles maltaises, en 1798, qu'on enseignerait aux enfants « les principes de la morale et de la constitution française. » C'était encore l'opinion de Napoléon Ier, lorsqu'il voulait, en 1808, que «l'Université fût la gardienne de la morale et des principes de l'État. »

Tout enseignement doit avoir une sanction, comme tout travail mérite sa récompense.

---

1. Il disait encore au roi : « Sans mettre aucun obstacle (et bien au contraire) aux instructions dont l'objet s'élève plus haut, et qui ont déjà leurs règles et leurs ministres, je crois ne pouvoir rien vous proposer de plus avantageux pour votre peuple, de plus propre à maintenir la paix et le bon ordre, à donner de l'activité à tous les travaux utiles, à faire chérir votre autorité, et à vous attacher chaque jour de plus en plus le cœur de vos sujets, que de leur faire donner à tous une instruction qui leur manifeste bien les obligations qu'ils ont à la société et à votre pouvoir qui la protége, les devoirs que ces obligations leur imposent, l'intérêt qu'ils ont à remplir ces devoirs pour le bien public et pour le leur propre. »

Je voudrais qu'il fût institué pour les écoles professionnelles un diplôme ès arts qui serait délivré après examen
et avec solennité par un jury spécial, non à tous les élèves,
mais aux plus méritants. Il y aura lieu d'examiner plus
tard si ce diplôme ne pourrait pas ouvrir l'accès à certaines carrières, comme celles qui dépendent des finances,
du commerce et des travaux publics, ou de quelques administrations spéciales, telles que l'assistance publique, la
voirie, les télégraphes. Mais, lors même que nul privilége
n'y serait attaché, je ne douterais pas qu'il ne conquît
bien vite l'estime et la confiance publiques.

La masse de la nation étant notre grande réserve d'intelligence comme de force, il ne serait ni juste ni politique
d'interdire absolument aux élèves des cours de français
l'accès de nos grandes écoles. S'il venait à se révéler parmi
eux des vocations remarquables, il importerait que l'État
et la société pussent bénéficier de ces aptitudes en les perfectionnant. La porte resterait donc ouverte à l'élite de ces
jeunes gens pour monter, s'ils le pouvaient, à un enseignement supérieur. Quelques soins particuliers feraient
exceptionnellement rentrer les mieux doués dans le grand
courant des études supérieures.

Vous remarquerez, monsieur le recteur, que les programmes ont été disposés de manière à ce que chaque
année soit, en quelque sorte, indépendante de la suivante
et offre un enseignement complet en soi. Sans doute l'élève
saura davantage en restant jusqu'au bout du temps normal
des études; mais si un intérêt de famille oblige d'interrompre son éducation après la première, la seconde ou la
troisième année, ce qu'il aura appris dans chacune d'elles
formera pour lui un fonds de connaissances qui n'auront

pas besoin d'un complément ultérieur pour être déjà utiles.

Dans l'intervalle des classes, je place pour chaque jour des exercices fort importants : du dessin, de l'écriture, de la musique vocale, même de la gymnastique. Donnons beaucoup aux arts, non-seulement dans une vue d'utilité industrielle, mais parce que l'éducation de l'esprit se fait aussi par le beau, et rappelons-nous que les anciens croyaient nécessaire de développer le corps en même temps que l'intelligence :

. . . . . Mens sana in corpore sano.

Vous connaissez maintenant, monsieur le recteur, dans ses dispositions principales, la réorganisation que je désire entreprendre ; il faut encore en bien saisir l'esprit.

Avec nos élèves classiques, on se contente souvent de la théorie ; avec les élèves professionnels, on insistera sur la pratique. Rien ne sera donné à la spéculation pure ; au lieu de se borner à faire expliquer aux élèves l'anglais ou l'allemand dans les livres, on le leur fera parler. On les mènera au laboratoire de chimie pour faire des manipulations, sur le terrain pour lever des plans, dans la campagne pour étudier certaines cultures, dans les usines pour voir fonctionner les appareils. L'enseignement, en un mot, sera dirigé dans un esprit d'application.

J'ajoute qu'il le sera aussi dans un esprit national. On a quelquefois accusé les cours classiques, où l'on montre sans cesse les idées et les institutions de la Grèce et de Rome, de faire des Grecs et des Romains plutôt que des hommes de notre temps. Ce reproche ne pourra être adressé aux cours professionnels, puisqu'il n'y sera question de la

Grèce et de Rome que par hasard, de la France continuel-
lement. Les élèves, en étudiant notre langue et ses chefs-
d'œuvre, notre histoire et les grands exemples qu'elle
fournit ; en voyant, par le détail de la géographie, tout ce
que notre pays a de ressources, de produits variés et de
cités florissantes ; en remarquant, dans les notions de législation qui leur seront offertes, la conformité de nos lois
civiles avec la raison du temps et la morale éternelle ; en
retrouvant ainsi, sur toutes les voies où leur intelligence
sera conduite, la patrie présente et glorieuse, les élèves ne
pourront manquer de la bien connaître, de l'aimer, et plus
tard de la bien servir.

Bacon disait : « Dieu prend soin du monde, à nous de
prendre soin de la patrie. »

J'ai le ferme espoir, monsieur le recteur, que le nouvel
enseignement répondra aux besoins matériels comme aux
intérêts moraux de notre bien-aimé pays.

Agréez, etc.

Le ministre de l'instruction publique,

V. DURUY.

Rapport de S. Exc. M. le Ministre à S. M. l'Empereur, précédant le
décret du 29 décembre 1863, portant réorganisation de l'administration du Muséum d'histoire naturelle.

Sire ,

Le muséum d'histoire naturelle est une de nos plus
glorieuses institutions. Fondé par Richelieu, il a été
administré par des intendants dont un s'appelle Buffon.

Sur la fin du siècle dernier, son organisation fut modifiée selon l'esprit du temps. Alors, par crainte des anciens abus, on détruisait partout l'unité du pouvoir, et
dans toutes les administrations, depuis l'État jusqu'à la
commune, on remettait à des commissions l'autorité
exécutive.

Le *Jardin du Roi*, devenu le muséum d'histoire naturelle, fut donc gouverné, comme il l'est encore aujour-
d'hui, par une assemblée de professeurs investie de
pouvoirs absolus. Le directeur, élu pour un an par ses
collègues, fut « uniquement chargé de faire exécuter
leurs décisions; » l'État lui-même n'intervint que pour
solder les dépenses.

La Constitution de l'an VIII reprit ce principe fondamental, que, s'il est bon que le conseil soit à plusieurs,
il faut que l'action soit à un seul. C'est l'idée dont le
premier consul s'inspira pour son grand travail de réorganisation de la France, et ce principe est encore celui
de notre administration tout entière.

Le muséum ne fut pas compris dans cette transformation : il conserva sa constitution de 1793 ; mais il est juste de dire que tant de gloire était répandue sur lui par les hommes éminents, les Cuvier, les Geoffroy-Saint-Hilaire, les de Jussieu, les Brongniart, qui s'honoraient du titre de professeurs au Muséum, que nul ne songea à chercher une organisation meilleure.

Cependant les galeries se multipliaient, les collections s'accroissaient, et d'inestimables richesses s'entassaient au muséum. Aujourd'hui elles représentent une valeur de plus de cent millions, qui sont la propriété de l'État.

Nul, à coup sûr, ne saura mieux conserver cette richesse que ceux qui ont tant contribué à la former, je veux dire les professeurs mêmes[1].

Il n'en est pas, en effet, du muséum comme de la Sorbonne ou du collége de France. Dans ces deux maisons, on ne fait que de la science; on n'a point, pour vrai dire, à administrer. Au muséum, on fait de la science aussi, et de la plus haute; mais les professeurs, qui ont et doivent avoir la disposition des collections et des laboratoires nécessaires à leurs leçons, administrent en même temps qu'ils enseignent. Personne ne pourrait donc administrer à leur place, parce que l'administration ici est encore de la science.

Cependant, sans troubler profondément l'ordre ancien, sans toucher aux vieilles et vénérables prérogatives de l'assemblée des professeurs, on peut faire trois choses utiles à l'État et au muséum lui-même; trois choses qui donneront satisfaction aux réclamations légitimes des

1. L'État n'a dépensé depuis 1800, en acquisitions d'objets d'histoire naturelle, qu'une somme de deux millions et demi. Le reste provient de donations provoquées, pour le plus grand nombre, par les professeurs.

grands corps de l'État et à tout ce que nos idées modernes exigent pour le meilleur emploi des deniers publics, comme pour la bonne administration d'un établissement unique dans le monde :

1° Donner plus d'unité et de force à l'action administrative en concentrant cette action, après les délibérations de l'assemblée, dans les mains d'un directeur, non plus annuel, ce qui est une autorité trop courte pour suivre des affaires à longue échéance, non pas perpétuel, parce qu'il importe que le muséum ne reste pas, durant une vie d'homme, sous une même influence scientifique[1], mais quinquennal et choisi par l'Empereur sur une liste de trois noms présentés par l'assemblée;

2° Soumettre à l'approbation de l'autorité centrale les délibérations de l'assemblée, non pour donner au ministre le droit d'une ingérence tracassière, mais pour qu'en toute affaire considérable il puisse, au nom de l'intérêt général dont il est le représentant, statuer sur les délibérations de l'assemblée;

3° Instituer, par nomination ministérielle, pour la gestion économique (deniers et matières), un *agent comptable,* et pour le contrôle de cette gestion, pour la vérification des écritures et l'inspection annuelle du matériel dans toutes les parties du muséum, une *commission,* où entreraient nécessairement des membres du Conseil d'État, de la Cour des comptes et du ministère des finances..

Tout serait ainsi sauvegardé : l'État aurait le contrôle sérieux, efficace, qu'il exerce et doit exercer partout où existe une propriété nationale et où se manient des

---

1. Laurent de Jussieu et Cuvier ont, pour cette raison, refusé la place de directeur à vie.

deniers publics; les professeurs garderaient les attributions administratives que les intérêts mêmes de la science
obligent de leur conserver, et ils continueraient d'honorer
leur pays et leur nom par ces travaux et ces enseignements
qui ont porté si haut et si loin le renom du muséum d'histoire naturelle.

Je suis avec le plus profond respect, Sire, de Votre
Majesté le très-humble, très-obéissant et très-fidèle serviteur.

Le ministre de l'instruction publique,

V. DURUY.

———

Rapport de S. Exc. M. le Ministre à S. M. l'Empereur, précédant le
décret du 31 décembre 1863, concernant la position des professeurs
titulaires et des chargés de cours dans les lycées.

Sire,

L'Empereur a déjà fait beaucoup pour la prospérité
des lycées; cette prospérité même oblige à des réformes
nouvelles.

D'après nos règlements, il n'existe pour chaque *classe*
qu'un seul professeur *titulaire* de son emploi. Quand le
service exige que la classe soit dédoublée, cette seconde
classe n'est plus qu'une *division*, et le maître qui y
enseigne n'est qu'un professeur divisionnaire.

4.

Des avantages considérables sont attachés au *titre*. Le titulaire a un traitement supérieur, la propriété de sa chaire, qui ne peut lui être retirée que par un jugement, enfin l'honneur d'être arrivé au grade le plus élevé auquel un professeur de lycée puisse prétendre dans le lycée même.

Dans l'intérêt des études et des élèves, il est bon que ces divisions se multiplient à mesure que s'accroît notre population scolaire. A la rentrée dernière, j'ai de nouveau prescrit, d'après les intentions de Votre Majesté, qu'on ne réunît jamais sous un même professeur un nombre d'élèves trop considérable, pour que le maître pût donner efficacement ses soins à chacun et à tous. Cette prescription a eu pour conséquence d'augmenter le nombre des divisions déjà existantes, et certaines classes en comptent aujourd'hui quatre, cinq et même six : aussi les seuls lycées de Paris et de Versailles ont-ils en ce moment soixante *divisionnaires*, tous professeurs distingués, appelés de province, où plusieurs avaient des titres qu'ils ont dû abandonner, et dont beaucoup comptent de vingt à trente années de service.

Pour cet ordre de fonctionnaires, l'avancement est, dans l'état présent des choses, à peu près impossible. En six ans, il n'a pu être donné dans tous les lycées de Paris qu'un seul *titre* pour les classes de grammaire; et d'excellents serviteurs de l'Université, ayant subi les mêmes épreuves que les titulaires, rempli les mêmes fonctions, rendu les mêmes services, et méritant à tous égards la première place de leur grade, voient arriver l'âge de la retraite sans avoir pu obtenir ce qui est la consécration de la vie professorale.

D'autre part, il n'est pas bon que les familles ne trouvent au lycée pour leurs enfants qu'un petit nombre de professeurs qui le soient *pleno jure* à côté de trois ou quatre fois autant de professeurs ayant un titre moindre : ce qui semblerait accuser une capacité inférieure.

Par ces considérations, j'ai l'honneur de proposer à Votre Majesté de décider qu'à l'avenir le nombre des titulaires sera déterminé par celui des divisions, en ce sens qu'il y aura toujours un titulaire pour deux divisions.

Dans le cas fort improbable où la diminution du nombre des élèves ferait supprimer une ou deux divisions, les nouveaux titulaires conserveraient le titre, devenu leur propriété, avec les avantages qui y sont attachés ; mais ces titres seraient supprimés au fur et à mesure des extinctions, jusqu'à ce que la proportion fût ramenée à la règle ci-dessus posée.

Il est une autre catégorie de fonctionnaires sur laquelle je dois appeler la bienveillante attention de l'Empereur : je veux parler des *chargés de cours*.

D'après nos règlements, nul ne peut obtenir le rang de professeur ni entrer dans la hiérarchie des classes d'avancement, s'il n'est *agrégé*. L'agrégation est notre grande épreuve publique ; mais, comme tous les concours, elle ne peut être utilement tentée que dans la première moitié de la vie. Si elle permet aux candidats de révéler beaucoup de savoir et ces brillantes qualités d'esprit qui nous font réserver les agrégés pour les premières chaires, elle ne met pas en relief des qualités plus modestes, mais aussi essentielles, la véritable aptitude professionnelle, qu'on ne juge bien qu'en voyant le maître lui-même à l'œuvre au milieu de ses élèves.

L'agrégé, au lendemain de l'agrégation et par le fait seul de son succès à cette épreuve, a droit à un traitement *minimum* de 2,800 francs, qui dépasse de 800 francs le traitement *maximum* du *chargé de cours*[1]. Devant l'un, la carrière est librement ouverte; elle est inexorablement fermée devant l'autre. Quatre cents fonctionnaires, plus du tiers de notre personnel enseignant, dans les lycées de province, sont ainsi placés sous un niveau inflexible. La loi de l'avancement progressif, qui est la vie de l'administration française, n'existe pas pour eux. Un chargé de cours aurait beau se rendre le meilleur des maîtres; fût-il, comme professeur praticien, supérieur, ainsi que j'en ai vu, à des agrégés, il ne peut, dans les trois quarts de nos lycées, espérer que son traitement s'élève jamais au-dessus du chiffre fatal de 2,000 francs; soit, avec la retenue, 1,900 francs. Il lui faut, avec cette somme, vivre de la manière qui convient à un professeur de lycée, et, pour ses vieux jours, compter sur la plus modique pension. C'est la misère en habit noir.

J'ai l'honneur de proposer à Votre Majesté de faire rentrer les chargés de cours sous cette loi commune de l'avancement progressif, qui seule peut entretenir l'émulation, et d'établir, pour les plus méritants d'entre eux qui compteraient 20 ans au moins de service, une première classe où le traitement serait accru pour la première fois de 300 francs. Chaque année, une augmentation nouvelle de 100 francs serait accordée, selon les services et les notes d'inspection, de manière qu'un habile et consciencieux *chargé de cours* pût, en six ans,

---

1. Un petit nombre de chargés de cours jouissent d'un traitement supérieur à ce chiffre.

atteindre le chiffre de 2,800 francs, c'est-à-dire le minimum du traitement des agrégés. Il pourrait alors compter pour le temps du repos, qui n'est trop souvent pour lui que l'heure des privations, sur une retraite *maximum* de 2,000 francs, avec laquelle il est possible de vivre.

Grâce à une économie sévère, je pourrai donner à Votre Majesté la joie d'accomplir ce bien, sans demander pour le moment aucun sacrifice à l'État.

Je suis avec le plus profond respect, Sire, de Votre Majesté le très-humble, très-obéissant et très-fidèle serviteur.

Le ministre de l'instruction publique,

V. DURUY.

———◆———

Rapport de S. Exc. M. le Ministre à S. M. l'Empereur, précédant le décret du 9 janvier 1864, relatif à l'institution d'une faculté de droit à Nancy.

Sire,

Nancy, une de nos villes les plus françaises, était encore, il y a moins d'un siècle, capitale d'un État souverain. Le *bon roi* Stanislas n'y est mort qu'en 1766. Il avait donné une vive impulsion aux lettres, aux sciences, et l'académie Stanislas était une des sociétés littéraires les plus actives de l'ancienne France.

En 1756, le roi duc transporta de Pont-à-Mousson à Nancy l'université de Lorraine, fondée en 1572, avec ses quatre facultés des lettres, de théologie, de médecine et de droit. Des hommes éminents, dont les fils vivent encore, y prirent leurs grades : Regnier, duc de Massa, Jacqueminot, Boulay de la Meurthe, Zangiacomi, Henrion de Pansey, etc., et l'article 14 du traité de cession à la France en stipula le maintien à perpétuité.

Cependant la Révolution supprima l'université de Lorraine; elle avait alors deux cent vingt ans d'existence et de prospérité. On put la détruire, mais on n'effaça pas les souvenirs, les besoins qui se rattachaient à la vieille et chère institution. La cité, veuve de ses écoles, en réclama sans cesse la restitution, et se montra digne de les posséder par son goût persévérant pour toutes les choses de l'esprit.

Voilà le fonds solide sur lequel on peut bâtir avec sécurité.

Aussi, lorsque Votre Majesté décida, en 1854, que la capitale de l'ancienne Lorraine deviendrait le centre d'une académie, avec deux facultés des lettres et des sciences, tout se trouva si bien préparé que les nouveaux professeurs virent se presser autour de leurs chaires une nombreuse assistance.

La ville de Nancy n'a ni grande industrie ni grand commerce, mais elle a beaucoup d'ambition littéraire. Organe du vœu que les départements de l'ancienne Lorraine renouvellent chaque année dans les délibérations de leurs conseils généraux, elle supplie Votre Majesté d'ajouter à ses bienfaits celui de l'institution d'une faculté de droit. Elle croit pouvoir compter comme autrefois sur le concours des étrangers [1] ; elle attend des provinces rhénanes de nombreux élèves, qui viendront dans ses écoles chercher, en même temps que la science, la pratique la plus pure de notre idiome, et quarante-deux villes lorraines s'associent à ces espérances. Déjà le palais des facultés est bâti ; Nancy y a consacré un million, et une des façades n'attend plus que la plaque de marbre sur laquelle Votre Majesté permettra d'écrire : « Faculté de droit. »

Une création de faculté exige une dépense considérable, et je n'aurais pu en ce moment demander à l'Empereur de porter cette somme au budget ; mais, à la suite de négociations dont l'heureuse issue est due à l'esprit libéral de la cité lorraine, une convention est intervenue qui n'imposera au Trésor aucun sacrifice. Nancy accepte la condition de faire tous les frais du nouvel établissement.

En un temps où les intérêts matériels ont tant d'empire, cet exemple d'ambition désintéressée est digne de remarque. Si Votre Majesté approuvait le projet que j'ai l'honneur de lui soumettre, elle récompenserait une longue fidélité à de pieuses traditions ; elle favoriserait aussi le réveil, sous une forme heureuse, de cet esprit de cité et de province qui, sans danger pour la centralisation politique, ajouterait la vitalité des parties à la force de l'ensemble.

Je suis avec le plus profond respect, Sire, de Votre Majesté le très-humble, très-obéissant et très-fidèle serviteur.

Le ministre de l'instruction publique,

V. DURUY.

1. Ex præcipuis Europæ nationibus.... et ab extrema Russia confluentes. (D. Calmet, *Bibl. Lorr.*, p. 417.)

Discours prononcé par S. Exc. M. le Ministre à la distribution des prix des associations philotechnique et polytechnique, le 31 janvier 1864.

Messieurs,

Le ministre qui est chargé de distribuer les couronnes aux élèves des grandes écoles de l'État tient à honneur d'assister à cette fête de l'enseignement libre et populaire. Il veut affectueusement remercier, au nom de l'Empereur, les hommes de cœur qui, durant un tiers de siècle, ont prodigué leur temps, leur activité et leur intelligence à une œuvre de grande politique, puisqu'elle est une œuvre de bienfaisance et de moralité. Il veut féliciter aussi ces hommes du travail manuel qui ont soif de science, et qui, chaque soir, terminent une journée laborieuse par une veillée salutaire.

Nées, chacune, au lendemain d'une révolution, vos deux sociétés se sont proposé pour but de répondre aux besoins nouveaux qui se trouvent au fond de ces crises redoutables. L'une, l'association philotechnique, ouvre ses cours au mois de mars 1848 et dispute des soldats à la guerre civile; l'autre, fondée sous l'empire des nobles enthousiasmes de 1830, compte dès son origine cinq cents membres, tous anciens élèves de l'École polytechnique, qui les premiers, par une sorte d'intuition des prochaines nécessités de l'industrie, posent le problème difficile de l'enseignement professionnel.

Dirai-je, messieurs, que vous l'avez résolu? Je ne l'oserais, quoique vos efforts et vos succès l'aient certainement mis en lumière. Mais, d'une part, M. le ministre de l'agriculture, du commerce et des travaux publics n'a pas terminé la minutieuse enquête qu'il poursuit avec une si parfaite connaissance de tous les intérêts de la grande société des travailleurs; de l'autre, le conseil d'État n'a pas achevé l'examen du projet de loi sur l'enseignement spécial que l'Université avait le devoir de préparer. Attendons ces discussions solennelles.

Pourtant nous pouvons, dès à présent, signaler les besoins à satisfaire.

Notre société démocratique a des inégalités qui proviennent de toutes les différences de fortune, d'intelligence et de conduite. A cette variété de conditions répond une diversité nécessaire d'enseignement. Aux uns il faut la grande culture littéraire et scientifique qui exige de longues années d'études désintéressées : ce sont les élèves de nos lycées, que les hautes écoles d'application retiennent sur les bancs bien au delà du terme de la majorité légale. D'autres, plus pressés d'arriver à une profession qui fasse vivre, ne veulent pas dépasser l'âge où le corps et l'esprit ont acquis une force suffisante pour porter le poids des premières difficultés de l'existence active. Ceux-ci auraient honte de l'ignorance, mais ils ne peuvent demander au collége que de rapides études, qui les livrent vers quinze ou seize ans à l'industrie et au commerce : ce sont les élèves de notre enseignement spécial.

Enfin les déshérités de la fortune, qui doivent gagner le pain de chaque jour dès que leur main est capable de rendre les plus humbles services, sortent avant douze ans de l'école primaire. Ils savent lire, écrire et compter, et encore comment beaucoup d'entre eux le savent-ils? Mais rien ne les a préparés à la profession qu'ils embrassent. Pour l'immense majorité des travailleurs, il n'est d'autre école pratique que l'atelier, d'autre enseignement professionnel que l'apprentissage.

Et il n'en saurait être autrement. L'enseignement est cher; le fils de l'artisan ou du laboureur ne peut le payer. Tout son avoir, à lui, c'est sa jeunesse et sa bonne volonté. Ce qu'il a, il le donne. Il donne du temps, et le patron accepte; car du temps, c'est de l'argent.

Je connais bien les misères de l'apprentissage. Elles ne sont pas telles néanmoins qu'on ne puisse y remédier; chaque jour, par l'adoucissement des mœurs, s'efface quelque vestige de l'ancienne rudesse. Ce dont je doute, c'est que jamais aucune institution technique fasse oublier les avantages ou plutôt la nécessité d'une coutume que n'ont pu détruire la Révolution même et la liberté du travail. On trouvera, messieurs, des écoles pour former des contre-maîtres et instruire des fils de patrons; on ne fera pas d'écoles d'apprentis qui dispensent de l'apprentissage.

Est-ce à dire qu'il faille abandonner ces enfants au seul labeur des bras et laisser sommeiller l'intelligence qu'on a un moment à peine éveillée en eux? Ce serait condamner un capital énorme, une partie de la fortune de la France, à demeurer improductif.

L'école primaire, il faut bien le dire, est insuffisante. Elle ne retient pas assez longtemps ses élèves, et beaucoup d'enfants, une fois engagés dans leur vie de travail, laissent

tomber le long du rude sentier où ils marchent les connaissances premières qu'on leur avait données. Nous avons
fait beaucoup pour ces écoles du premier âge, nous
n'avons presque rien fait pour conserver et accroître les
résultats qu'elles produisent. Eh bien, puisqu'il n'y a que
l'atelier pour faire de l'apprenti un ouvrier, mettons à
côté de l'atelier quelque chose qui fera de l'ouvrier ordinaire un ouvrier habile, du manœuvre un artiste sachant
bien tous les secrets de son art, mais sachant aussi quelque
autre chose, ayant regardé au delà de sa profession, pour
la mieux connaître, et amassé des idées qui la fécondent
et l'étendent.

Où les prendra-t-il ces idées nouvelles? Dans les écoles
des manufactures, où l'enfant donnera une demi-journée
à l'étude, l'autre au travail. Lorsqu'il sera plus âgé et plus
fort, les cours d'adultes, les cours du soir, les cours du
dimanche, les bibliothèques scolaires et communales s'ou-
vriront pour lui, et formeront, pour ainsi dire, son enseignement secondaire. C'est là qu'est maintenant l'avenir
de l'éducation du peuple, et n'oublions pas qu'avec le
caractère nouveau de l'industrie et du commerce, à chaque
progrès de l'intelligence au sein des classes laborieuses
répondra, pour le pays, un accroissement de force productive et de richesse nationale.

Enfin, voilà notre apprenti passé ouvrier, et ouvrier
habile : donnons-lui encore l'enseignement supérieur de
l'industrie. Que dans chaque ville où domine un art particulier on établisse les cours et les machines nécessaires
à cet art, afin d'enseigner à tous, ouvriers, contre-maîtres
et patrons, les progrès qui s'accomplissent ailleurs, d'essayer d'en trouver soi-même, et de placer ainsi, à côté

du perfectionnement graduel des procédés anciens, la recherche persévérante de procédés nouveaux et meilleurs.

De cette manière l'industrie aura, comme les lettres et les sciences, ses trois degrés d'initiation progressive.

En parlant ainsi, je ne fais, messieurs, que dire ce qui se passe dans cette grande cité, et raconter en partie votre propre histoire. Aussi n'ai-je pas besoin d'ajouter que j'adopte vos principes et votre méthode. Vous ne croyez pas que la dextérité de la main puisse s'enseigner par démonstration théorique sur le tableau noir d'un amphithéâtre. Vous pensez que la meilleure instruction professionnelle est celle qui se combine avec l'apprentissage, sans se confondre avec lui; qui s'en remet au zèle du contre-maître, à la loyauté du patron, du soin de former promptement le producteur expérimenté; mais aussi qui fait succéder alternativement au travail de la main celui de l'intelligence, pour assouplir l'une en même temps que l'autre se développe. En un mot, vous n'avez pas mis l'atelier dans l'école, mais vous avez mis l'école auprès de l'atelier. Votre discipline s'accommode aux exigences du travail journalier, comme votre enseignement dogmatique se prête sans effort aux applications usuelles.

Gratuit à tout venant et obligatoire seulement pour les maîtres, hommes de métier, eux aussi, de ce métier qui consiste à façonner les esprits, votre institut ne craint pas de présenter les sciences sous leur nom, sans les morceler dans le sens d'étroites spécialités. La géométrie, la physique, la mécanique, la chimie y figurent avec leurs théories fondamentales et leurs applications les plus impor-

tantes. Le dessin n'y est enseigné qu'en vue des arts
mécaniques, mais combien n'y a-t-il pas de ces arts qui
réclament l'étude du dessin?

Voilà ce que vous faites, et par où vous mériteriez
d'être pris pour modèles; mais trop souvent en ce pays
la vérité déplaît si elle ne nous vient du nord ou du cou-
chant. Écoutez donc les premiers mots des règlements de
l'*Institut mécanique* de Manchester, la plus célèbre des
sociétés de la Grande-Bretagne et du monde :

« L'objet de l'institution est d'instruire les ouvriers
dans les principes des arts qu'ils pratiquent, et dans les
autres branches de connaissances d'une utilité immédiate, de favoriser les rapports sociaux et fraternels, d'offrir un but et de donner l'essor à l'éducation populaire, etc. »

Les programmes qui viennent après ce ferme et noble
préambule ne diffèrent pas essentiellement des vôtres, si
ce n'est qu'on y rencontre les éléments du grec et du
latin, ainsi qu'un cours d'histoire nationale, choses que
les Anglais, apparemment, ne rangent pas parmi les connaissances inutiles. Les ouvriers associés, cotonniers pour
la plupart, n'ont pas songé à y installer pour leurs enfants
une filature et des cours de tissage avec des métiers-bijoux
et de mignonnes machines : objets utiles, cependant,
comme moyens d'exercice et de récréation profitable. Ils
leur réservent, près d'eux, dans l'atelier même, une
instruction plus sévère et plus sûre. Mais, au plus fort de
la disette du coton, ils s'imposaient encore de lourds sacrifices pour entretenir un laboratoire, des collections,
un cabinet de physique et une bibliothèque de 35,000
volumes. Pourtant les Anglais sont gens pratiques, et

Manchester est la terre classique de la division du travail.

On ne rencontre que trop ; hélas ! dans nos cités manufacturières, de ces hommes dont l'esprit s'atrophie comme le corps, condamnés qu'ils sont, pour la vie, au même métier, à la même pièce, au même détail d'un ensemble qu'ils ignorent. Voyez le servant, ou plutôt l'esclave de quelque ingénieuse machine : l'infortuné n'a qu'un geste, qu'un tour de main qu'il répète éternellement. Il ne sait faire autre chose. Que le métier cesse de battre, il mourra victime du travail infinitésimal.

Eh bien, messieurs, en face des résultats physiologiques et moraux de la division parcellaire du travail, y a-t-il rien de plus nécessaire que de former le futur artisan par l'enseignement harmonique des sciences appliquées ? Rappelez-vous ce que vous avez éprouvé de bonheur, lorsqu'à une de ces leçons où vous accourez, vous avez compris qu'il entrait en votre esprit une vérité nouvelle. Vous rapportiez au foyer domestique votre conquête du soir plus fièrement que votre salaire de la journée ; vous vous sentiez plus hommes, et, en effet, vous aviez une force et une dignité de plus.

Pour moi, je souhaite bonne fortune à ceux qui n'entendent enseigner à leurs apprentis, à leurs ouvriers, à leurs enfants, que ce qui leur est tout juste nécessaire pour ne savoir faire qu'une seule chose au monde, et la faire toute leur vie. Mais je crois qu'un tel résultat n'est bon ni pour eux ni pour cette société moderne qui ne veut pas plus l'immobilité des conditions que celle des esprits, qui combat le mal sous toutes ses formes : l'ignorance, le vice, la misère, et qui porte la lumière jusque dans les rangs les plus obscurs, pour y découvrir le grand homme ou le citoyen utile, caché peut-être dans une intelligence qui s'ignore.

Cette société nouvelle, quelques-uns en contestent encore le caractère et la grandeur. Laissez-moi, messieurs, vous montrer un moment l'ancienne société, afin que vous mesuriez la différence et l'immensité de la route déjà parcourue.

Supposez un moment que vous êtes les contemporains de vos grands-pères, et que, par privilége de revenants invisibles, vous entrez partout, là même où la porte vous aurait été jadis obstinément fermée.

Vous voilà dans les salons de Paris, dans ces châteaux que décorait un art gracieux, mais trop peu sévère. Les femmes y sont charmantes, spirituelles, de commerce agréable et facile; les hommes y sont aimables, de grand air et de belles manières; tous forment une société rieuse, affolée de plaisirs, où les vieillards mêmes veulent avoir vingt ans. « Qui n'a pas vécu dans les années voisines de 1789, dit un des derniers représentants de cette société, ne sait pas ce que c'est que le plaisir de vivre. »

A coup sûr, il faisait bon y vivre pour ceux qui avaient l'esprit, la santé et cent mille livres de rentes. Mais regardez au-dessous de cette aristocratie brillante et corrompue, et vous bénirez le ciel d'être nés un siècle plus tard. Le faible avait-il un procès, c'était une ruine presque certaine, et la loi était si obscure que le prévenu, même innocent, tremblait toujours. « Si l'on m'accusait d'avoir volé les tours de Notre-Dame, disait un grave magistrat, je commencerais par me sauver. » Surtout il ne fallait point déplaire à un puissant, même lui être un créancier incommode : une lettre de cachet réglait bien vite les comptes; un seul ministre en donna cinquante mille. Parfois les commis les vendaient. Un jour une femme fit enfermer son mari; il avait eu en même temps la même pensée, et, moyennant dix louis, obtenu contre elle la même faveur.

Voilà la liberté individuelle du bon vieux temps.

Quelle était sa sollicitude pour le pauvre? « Sire, dit un prince, en posant sur la table du roi un pain fait avec de la fougère, voilà de quoi vos sujets se nourrissent. » Il disait vrai. Tous les trois ou quatre ans il y avait famine, et l'on trouvait, le long des chemins, des hommes morts, la bouche pleine encore de l'herbe dont ils avaient essayé de se nourrir. Les malades se traînaient-ils à l'hôpital : dans le plus riche et le mieux installé, à l'Hôtel-Dieu de Paris, on les couchait jusqu'à cinq et six dans le même lit, les contagieux avec les fiévreux, les mourants avec ceux qu'on espérait guérir, mais qui ne guérissaient guère, car on comptait un mort sur moins de cinq malades. A Bicêtre, Necker trouva « dans un même lit neuf vieillards enveloppés dans des linges corrompus. »

« On voit, disait La Bruyère, certains animaux farouches, des mâles et des femelles, répandus dans la campagne, noirs, livides, et tout brûlés du soleil, attachés à la terre qu'ils fouillent et qu'ils remuent avec une opiniâtreté inconcevable. Ils ont une voix articulée, et, quand ils se lèvent sur leurs pieds, ils montrent une face humaine; et en effet ce sont des hommes. Ils se retirent la nuit dans des tanières où ils vivent de pain noir, d'eau et de racines. »

Voilà les pères, messieurs; et maintenant, voyez les fils. Les uns sont arrivés à ce qu'on appelle les honneurs suprêmes, c'est-à-dire aux grands devoirs publics; d'autres montent à l'aisance, à la fortune. Dans telle ville industrielle que je pourrais nommer, les trois quarts des patrons sont d'anciens ouvriers.

La société d'autrefois était encore sous la malédiction du premier jour. Le travail y était regardé comme un châtiment; et pour cette brillante noblesse qui donnait si gaiement sa vie à l'État, mais qui ne voulait lui donner ni son intelligence, ni ses loisirs, travailler c'était déroger. C'est le travail, au contraire, que la société d'aujourd'hui aime, honore et récompense. Elle a brisé les liens qui l'enchaînaient, et après avoir assuré à l'ouvrier la liberté de produire, elle s'ingénie à lui fournir encore les moyens de produire plus vite et mieux, avec moins de fatigue et plus de profit.

Ce n'est pas l'utile seulement qu'elle lui donne : pour lui, les cités s'embellissent; l'air, la lumière, et par conséquent la santé, pénètrent en des lieux où le soleil n'était jamais descendu, et Louis XIV, dans toute sa gloire, n'a pas eu ces plaisirs des yeux que nos jardins publics donnent aux plus pauvres de nos artisans. Des plantes précieuses s'étalent à portée de la main de tous, et tous les respectent. C'est l'éducation du peuple faite par un moyen jusqu'ici inconnu et tout à la fois efficace et charmant : l'éducation par le beau.

Le bien vient à la suite. Nous valons mieux que nos pères. Le cercle où le crime lève sa dîme funèbre se rétrécit tous les jours : en quinze ans, le nombre des accusés a diminué de moitié. L'animal farouche, noir et livide, dont vous parlait tout à l'heure La Bruyère, est donc enfin devenu un homme.

5.

Comment, messieurs, se sont accomplis tous ces progrès? Comment le bien et l'utile se trouvent-ils à présent si étroitement unis? C'est que notre société nouvelle, pénétrée, jusque dans ses plus intimes profondeurs par l'esprit chrétien et philosophique, s'est donné la mission de diminuer, par la charité, la prévoyance et le travail, les maux qu'à une époque sinistre on prétendait vous faire guérir à coups de fusil. Elle tend la main à l'enfant, au vieillard, à l'infirme ; elle panse toutes les blessures, excepté celles de l'orgueil ; elle donne, elle impose l'esprit d'ordre à ceux qui vivaient d'aventures, et, si elle se laisse bercer au charme de la parole, c'est aux actes qu'elle applaudit. Le gouvernement, qui, dans un pays de suffrage universel, n'est que l'expression de la société, travaille lui-même énergiquement à ouvrir les barrières, pour laisser une libre expansion à cette initiative individuelle qui seule fait vraiment l'homme et le citoyen. Au lieu de refouler les forces légitimes qui tendent à se produire, il les suscite; au lieu d'abaisser, il élève.

Aimez donc, messieurs, votre temps et cette société, qui avance assez vite pour que nous n'écoutions pas certains impatients qui veulent en précipiter la marche au risque de l'arrêter court. Aimez ceux qui vous donnent ici leur cœur, leur intelligence et leurs loisirs. Aimez aussi le prince qui vous a fait tous ces biens. Si la pensée moderne est dans un homme, elle se trouve en ce puissant esprit dont rien n'altère le calme et la sérénité; qui, placé à la tête de ce monde nouveau du travail, ne veut et ne peut pas être un roi fainéant; qui ressent toutes vos douleurs, partage tous vos désirs légitimes, et qui, après avoir rendu à la France sa place au premier rang des nations, demande pour seule récompense de voir les passions s'apaiser, les rancunes s'éteindre et tous les cœurs ne battre, comme le sien, que pour de nobles et grandes choses.

Rapport de S. Exc. M. le Ministre à S. M. l'Empereur, précédant le décret du 27 février 1864, instituant une commission chargée de préparer l'organisation d'une expédition scientifique au Mexique.

Sire,

Il y a soixante-six ans, 40,000 hommes de l'armée d'Italie et notre plus glorieux capitaine abordaient à Alexandrie. Derrière le jeune général marchaient non-seulement les plus braves soldats du monde, mais toute une colonie de savants qui firent, à leur manière, la conquête de l'Égypte, en déchirant le voile dont son antique civilisation était, depuis quinze siècles, enveloppée. Par les recherches de l'*Institut du Caire*, les sciences archéologiques furent renouvelées en Europe. Sans la publication du grand ouvrage de la *Description de l'Égypte*, Champollion n'aurait eu ni la pensée ni les moyens de commencer l'interprétation des hiéroglyphes que la science déclarait une énigme insoluble, et la France n'aurait pas l'honneur d'avoir trouvé la clef de ces inscriptions qui ont déjà expliqué tant de symboles et de doctrines, révélé tant d'idées et de faits concernant la religion, l'histoire et la chronologie de ce vieux monde.

C'est au bord du Nil que Geoffroy Saint-Hilaire conçut la première pensée de son grand système de philosophie anatomique, et si les nivellements opérés par ses collègues dans l'isthme de Suez, sous les balles des Arabes, ne furent pas exacts, leur conception d'une communication entre les deux mers n'en resta pas moins populaire jusqu'au jour où, grâce à un autre Français, elle put devenir une réalité.

Aux conquêtes de la science abstraite s'ajoutèrent celles de l'art. Par les dessins que rapporta l'expédition, nos artistes virent s'accroître les ressources dont ils disposaient pour l'expression de la beauté.

Les travaux de l'Institut du Caire eurent même des conséquences d'une utilité pratique. L'étude du climat et des conditions géographiques de la vallée du Nil fit trouver les moyens d'assainir le pays et d'assurer à ses habitants une hygiène meilleure. Aujourd'hui la peste a presque disparu, et, malgré la fréquence et la facilité des relations commerciales, ce fléau ne vient plus jusque sur nos côtes décimer nos populations, et, comme en 1720, enlever à la seule Provence 85,000 de ses habitants. C'est aux études médicales de l'Institut d'Égypte qu'il faut faire remonter les commencements de cet immense bienfait.

Et tandis que l'Europe savante s'enrichissait des faits scientifiques, des idées et des formes d'art que le grand ouvrage sur l'Égypte jetait dans la circulation générale, l'Égypte elle-même, réveillée au contact de nos soldats et de nos savants, sortait de sa léthargie. Elle envoyait à un membre de l'Institut du Caire plusieurs de ses enfants pour qu'il les fît initier à la civilisation européenne; elle appelait nombre de nos ingénieurs pour accomplir l'œuvre de sa régénération, et s'il se trouve aujourd'hui sur les bords du Nil une société qui se fait déjà sa place parmi les sociétés modernes, qui joue un rôle considérable par la production et le commerce dans les intérêts généraux du monde, c'est bien parce que la main de la France est allée tirer ce peuple de sa torpeur.

Préoccupée de ces souvenirs, Votre Majesté a voulu que ce qui s'est fait au bord du Nil par celui qui devait être Napoléon Ier, s'accomplisse au Mexique sous les auspices de Napoléon III.

Les résultats acquis il y a soixante ans sont la garantie des résultats réservés à l'expédition nouvelle. Le Mexique sans doute n'a pas à nous offrir l'intérêt historique que présentait cette terre d'Égypte, où Hérodote plaçait l'origine de la religion, des arts et d'une partie des habitants de la Grèce. Cependant il a, lui aussi, bien des secrets à nous livrer, une civilisation étrange que la science devra faire revivre, des races dont l'origine nous échappe, des langues inconnues, des inscriptions mystérieuses et des monuments grandioses.

Mais, si l'on regarde l'expédition au point de vue des sciences naturelles et physiques, quelle comparaison établir entre les deux pays! D'un côté, une vallée longue de deux cent soixante lieues à peine, large, en certains endroits, de quelques centaines de toises, et où le ciel, la terre et les eaux sont d'une admirable, mais désolante uniformité; de l'autre, une région immense, baignée par deux Océans, traversée par de grands fleuves et de hautes montagnes; qui, située près de l'équateur, a tous les climats, parce qu'elle a toutes les altitudes; où la puissante végétation des tropiques abrite d'innombrables tribus d'êtres

animés ; où enfin la richesse du sol intérieur répond à
celle de la surface : car les milliards que, depuis trois siècles, le Mexique a livrés à l'Europe, ne sont que les pré-
mices des trésors qu'il lui réserve.

Le Mexique de Montezuma ne comprenait qu'environ
6 degrés en latitude, du 15° au 21°. Il laissait en dehors de
ses frontières : au sud, le Yucatan et l'isthme tout entier ;
au nord, toute la Sonora et la grande vallée du Rio del
Norte. Mais l'histoire de ces régions, les races qui les
peuplent se relient trop à l'histoire et aux races mexicaines
pour qu'une expédition scientifique puisse les négliger.

Le champ à explorer s'étend donc des sources du Rio
del Norte et du Rio Colorado jusqu'au golfe de Darien,
sur environ 32 degrés de latitude.

Il a, sans doute, été recueilli déjà sur ce vaste espace un
grand nombre de documents par les savants du pays, par
quelques-uns des ministres que la France y a envoyés, et
par les voyageurs qui ont suivi les traces du plus illustre
d'entre eux, Alexandre de Humboldt. Mais ces renseignements, pris sur des points éloignés, ont besoin d'être
coordonnés et soumis à une vérification scientifique. Pour
les détails et la rigueur de méthode que la science de nos
jours exige, le Mexique offre, relativement à plusieurs
sciences, un champ à peu près neuf d'exploitation.

Nous avons, par exemple, des cartes nombreuses de
cette région ; mais les meilleures laissent encore beaucoup
à désirer. Dans les provinces au sud et à l'ouest de Mexico,
le cours des plus grandes rivières est tracé d'une manière
fort incertaine, et il ne faut pas s'écarter bien loin des
routes fréquentées pour faire des découvertes inattendues.
A peu de distance de Pérote, sur la grande route de la

Vera Cruz à Mexico, les cartes figuraient, il y a quatre ou cinq ans, une lagune en un lieu où M. de Saussure a trouvé des collines. Au nord, la région de la sierra Madre et de la sierra Verde; au sud, le Guatemala, le Honduras et le Darien renferment de vastes espaces aussi peu connus que le centre de l'Afrique.

Ces explorations, utiles au commerce comme à la science, avanceront peut-être la solution du problème que posa, il y a vingt ans, le prince Louis-Napoléon, du percement de l'isthme américain par un canal interocéanique. L'Empereur pourrait en cela, comme en tant d'autres choses, voir se réaliser les rêves puissants et féconds de l'exilé.

Touchant la constitution géologique de cette partie du nouveau monde, on a des aperçus plutôt qu'un tableau général; deux études, entre autres, y sont comme à créer ou à reprendre : la paléontologie et l'examen des phénomènes volcaniques qui, au Mexique, se produisent dans des proportions colossales.

Les sociétés minières ont fait d'admirables travaux; mais ce que l'on sait des richesses minéralogiques du Mexique n'est que la plus petite partie de ce qui existe. C'est le hasard qui a fait trouver la plupart des gîtes exploités : une exploration vraiment scientifique ouvrirait certainement à cette industrie un avenir inespéré.

Un pays si largement charpenté et soumis aux actions multiples et puissantes de climats extrêmes, en même temps qu'à celle des forces qui s'agitent à l'intérieur de la terre, promet beaucoup à la physique du globe et à la météorologie.

La botanique n'y sera pas moins heureuse. Ces terrains

si divers, ces altitudes où se produisent tous les climats, permettent au Mexique et à l'Amérique centrale de déployer aux yeux du voyageur une flore magnifique et variée, telle que n'en offre aucun autre point du globe. Bien des conquêtes y ont été déjà faites par la science; mais il reste de quoi moissonner encore à pleines mains, et nos jardins, nos parcs, nos forêts, nos cultures, s'enrichiront de nouvelles plantes d'ornement ou d'utilité.

Dans ces régions où la nature prodigue la vie sous toutes les formes, le règne animal n'est ni moins riche ni moins curieux que le règne végétal. Agassiz croit avoir retrouvé vivants, dans le golfe du Mexique, certains polypiers antédiluviens, qui sont entrés dans la composition du sol de la Floride, et les *encrines* ne subsistent que là : relation mystérieuse entre le monde des anciens jours et le nôtre.

Il est une science presque nouvelle, l'anthropologie, qui devra de vives lumières à l'étude sérieuse des races ensevelies dans les grottes de l'Amérique centrale et de celles qui vivent encore sur le plateau de l'Anahuac ou dans les régions voisines. Les métis, résultant de croisements accomplis entre les races indigènes et étrangères, donneront lieu à une étude qui soulèvera des questions de l'ordre le plus élevé, à la fois physiologiques, morales et sociales.

Le Mexique est encore plein de promesses pour une autre science : la philologie comparée. A peine a-t-elle âge d'homme, et cependant elle a retrouvé déjà les origines des races humaines, renoué les liens brisés des nations, et préparé, elle aussi, la solution du grand problème de la variété ou de l'unité de notre espèce : question qui semblait n'avoir qu'un intérêt de curiosité scientifique, et que, depuis trois ans, l'Amérique du Nord cherche à trancher dans les mêlées furieuses d'une guerre plus que civile. Sans doute l'étude des idiomes mexicains est depuis longtemps commencée; mais il y aurait lieu de la poursuivre sur une plus grande échelle. Les ruines de Palenqué gardent des mystères peut-être comparables à ceux que l'expédition d'Égypte trouva au bord du Nil, et que, grâce à elle, Champollion put ensuite percer.

Le Mexique de Montezuma a péri presque tout entier; l'expédition donnera les moyens de le retrouver. Peut-être nos voyageurs découvriront-ils quelques-uns de ces rares manuscrits mexicains ou yucatèques qui ont échappé aux dévastations. Ils recueilleront certainement ces traditions orales dont la critique moderne sait tirer si bon parti.

En 1855, M. de Saussure a découvert, à quelques lieues de Pérote, une ville entière, dont nul, avant lui, n'avait eu connaissance. Un voyageur américain se rendant directement de la mer à Mexico, par une route qu'il se traça lui-même, rencontra dix-huit à vingt monuments considérables, dont le souvenir s'était perdu. Les solitudes mexicaines réservent de pareilles surprises à nos savants. Cette grande et curieuse page des annales du monde, que les siècles ont effacée, ils la feront revivre, et notre génération, si avide des nobles émotions de l'histoire, verra s'élargir l'horizon où peut errer sa pensée.

Quand nos soldats quitteront cette terre, laissant derrière eux de glorieux souvenirs, nos savants achèveront de la conquérir à la science. Il n'y a pas à douter que, grâce à leurs travaux, quelques branches de nos connaissances ne soient vivifiées et étendues, d'autres peut-être créées, et que des faits nouveaux ne produisent des idées nouvelles et fécondes qui donnent à nos grandes études une secousse salutaire.

Pour assurer à l'expédition scientifique du Mexique toutes les garanties de succès, j'ai l'honneur de proposer à Votre Majesté de vouloir bien constituer par décret une commission qui siégera au ministère de l'instruction publique. Composée d'hommes éminents dans les sciences et dans l'État, ou de savants qui ont déjà exploré l'Amérique centrale, cette commission donnera aux voyageurs les instructions nécessaires, suivra les progrès de l'expédition, et préparera pour le monde savant la publication d'un ouvrage qui sera, je l'espère, un monument digne du patronage si direct que Votre Majesté daigne accorder à cette belle entreprise.

Je me persuade que, de leur côté, les pouvoirs publics voudront s'associer aux desseins de l'Empereur, et, en conséquence, j'ai également l'honneur de prier Votre Majesté de vouloir bien renvoyer à l'examen du Conseil d'État un projet de loi portant ouverture, au ministère de l'instruction publique, d'un crédit de 200,000 francs pour subvenir aux frais de l'expédition.

Je suis, avec le plus profond respect, Sire, de Votre Majesté le très-humble et très-obéissant serviteur,

Le ministre de l'instruction publique,

V. Duruy.

Discours prononcé par S. Exc. M. le Ministre à la réunion générale
des Sociétés savantes à la Sorbonne, le 2 avril 1864.

Messieurs,

Je n'ai pas besoin de vous dire avec quel plaisir je viens,
au milieu de vous, présider à cette fête de la science. La
réunion des sociétés savantes de l'Empire a été une des
plus heureuses pensées de mon honorable prédécesseur ;
je m'appliquerai à la continuer, car j'ai la certitude que
cette institution aura les résultats les plus sérieux.

Auparavant les efforts restaient individuels, et chacun
d'eux ne produisait qu'un effet peu sensible; réunis, ils
auront une action considérable.

Les physiciens nous disent et nous démontrent que des
rayons épars se perdent bien vite dans l'espace qu'ils traversent, sans en élever la température, tandis qu'au foyer
qui les reçoit se dégagent une chaleur intense et une éclatante lumière. Votre institut, messieurs, sera le foyer où,
en se concentrant, les forces isolées décupleront leur puissance.

C'est de plus un curieux et fécond spectacle que celui
d'hommes venus de tous les points de la France pour
causer entre eux d'art, de science, de littérature; échanger
leurs idées, les éclairer par la discussion et remporter dans
leur province, avec le légitime orgueil d'un triomphe devant leurs pairs, la pensée de quelque étude nouvelle qui,
durant une année entière, occupera leurs loisirs ou jettera
sur une vie laborieuse le charme d'un travail aimé.

Il n'y a point si petite parcelle de vérité qui ne soit une

conquête précieuse; car, surtout pour notre France, la civilisation est faite de vérité et de justice. Voilà pourquoi vos œuvres, alors même qu'elles semblent le plus étrangères aux nécessités présentes, ont le droit d'être appelées, elles aussi, des travaux d'utilité publique.

Les hommes éminents qui sont à la tête de vos comités vous diront tout à l'heure les recherches entreprises depuis votre dernière réunion, les vérités acquises ou entrevues, les noms des vétérans dont nous aurons à saluer une nouvelle victoire, et ceux des inconnus d'hier qui seront notre honneur d'aujourd'hui.

Vous applaudirez à ces succès que vous avez produits; mais vous seriez plus heureux encore et plus fiers de la tâche désintéressée que vous vous êtes donnée, si, comme moi, vous aviez pu voir avec quelle avidité ce peuple court aux choses de l'intelligence.

Au lieu même où nous sommes, deux fois par semaine, non-seulement de grandes dames, des personnages considérables dans l'État et des hommes d'étude viennent s'asseoir en face d'une chaire de science ou de littérature; mais des ouvriers abrégent leur journée de travail et diminuent leur salaire pour s'assurer, après une pénible attente de deux ou trois heures, le plaisir d'entendre une leçon austère où ne se trouvent, pour eux, ni flatteries intéressées, ni promesses trompeuses. Ils nous savent gré de les traiter, non comme une foule qu'on passionne, ce qui est affaire de théâtre, mais virilement, en hommes qu'on éclaire, parce qu'on ne craint pas la lumière, ce qui est affaire de science et de grandeur morale.

Messieurs, dans l'histoire générale de la civilisation, chaque époque est caractérisée par un développement parliculier des forces de l'intelligence, qui se portent presque toutes d'un même côté et mettent en pleine lumière une des faces de l'esprit, en laissant les autres dans l'ombre ou le demi-jour. Au siècle de Léon X, l'art triomphe avec Michel-Ange et Raphaël : c'est la renaissance, le réveil radieux de la libre imagination dans les œuvres plastiques. Sous Louis XIV, tout est aux lettres, et elles arrivent à cette calme et sereine beauté que la postérité ne se lasse pas de contempler. A l'âge suivant, elles sortent de leur pacifique domaine. Au lieu d'être pour elles le but suprême, l'art devient une arme de combat que tous emploient, les imprudents comme les habiles; mais la Muse, divinité jalouse, n'accorde ses dons les plus purs qu'à ceux qui la servent avec amour et détachement. La littérature du dix-huitième siècle va plus loin que celle du dix-septième; elle ne monte pas si haut.

Aujourd'hui la science domine presque sans partage. Les ingénieurs, les chimistes sont les vrais rois du monde, qu'ils étonnent de leur audace et de leurs succès. Applaudissons à ces victoires de l'esprit sur la matière : elles seront la gloire particulière de ce temps.

Mais l'Empereur a pour la France toutes les nobles ambitions. Laissant aux sciences la libre carrière où elles marchent si bien d'elles-mêmes et où elles trouvent les récompenses, quelques-unes magnifiques, placées par lui sur leur route, c'est de l'autre côté qu'il appuie afin de rétablir l'équilibre.

Aux artistes, il livre nos vieilles cités à rebâtir et à décorer de monuments. Jamais les architectes et les sculpteurs n'ont été à pareille fête. Aux archéologues, aux historiens, il donne le meilleur des encouragements, son propre exemple; il fait remuer tout notre vieux sol gaulois afin d'y retrouver la trace des pas de nos pères et d'un grand homme. Par ses ordres, et souvent à ses frais, des savants parcourent les régions historiques, et y cherchent quelques-uns de ces débris mutilés qui sont si vivants encore sous les injures des siècles et des barbares. Enfin, une grande expédition se prépare pour aller par delà les mers conquérir des vérités nouvelles et retrouver une page perdue de l'histoire du monde.

En même temps, quiconque a pour le peuple une bonne pensée et se propose, sans visée particulière, de travailler à son avancement moral, trouve aisément une chaire où il peut mettre la science la plus haute à la portée des plus petits, et initier nos classes laborieuses aux plaisirs les plus délicats de l'intelligence.

Cette assemblée même que le gouvernement a réunie et où siégent, peu s'en faut, les représentants les plus distingués de la science et des lettres dans nos provinces, n'est-elle pas, elle aussi, comme les belles discussions de cette semaine l'ont montré, un moyen d'appeler à la lumière, pour notre commun profit, des travaux et des hommes qui, sans elle, seraient restés dans l'obscurité?

Le gouvernement, messieurs, remplit donc sa tâche : il cherche à former le milieu le plus favorable au développement des forces intellectuelles de la France, comme, dans un autre ordre de faits, il cherche à développer ses forces productives. Il fournit, autant qu'il est en lui, les moyens et l'occasion aux grands hommes inconnus de se révéler et de se produire. Le reste est dans la main de Dieu, qui seul permet au grain de mûrir et au gland de devenir un chêne immense.

Lettre du 6 avril 1864 au recteur de l'académie de Montpellier, relative aux demandes d'autorisation de lectures publiques et de cours publics.

Monsieur le recteur,

Vous m'avez adressé une demande en autorisation de lectures publiques qui vous a été présentée par le comité franco-polonais de Montpellier. Les demandes de cette nature se multipliant, il devient nécessaire de rappeler les règles de la matière.

Le ministre de l'instruction publique a le droit, d'après la législation existante, d'autoriser les cours, gratuits ou non, qui sont faits, dans un intérêt littéraire ou scientifique, pour répandre des connaissances utiles et morales au sein des classes laborieuses ou pour donner aux classes élevées une distraction élégante et profitable. Mais il ne saurait, sans dépasser les limites du pouvoir qui lui est propre, permettre des réunions où l'on n'aurait pas exclusivement en vue la propagation de l'enseignement. A plus forte raison il n'en pourrait permettre qui prendraient un caractère politique, soit par le but qu'on se proposerait d'atteindre en dehors de la littérature, soit par la composition du personnel enseignant, qui constituerait une sorte de réclame permanente pour un parti ou pour des candidatures politiques; soit enfin par des habitudes d'allusions détournées et de sous-entendus, qui feraient du cours une provocation à peine déguisée. J'ajoute que son

Discours. 6

devoir serait de retirer immédiatement une autorisation dont le public abuserait, même sans la volonté du professeur.

Ces principes, monsieur le recteur, dictent ma réponse à la demande que vous m'avez soumise : le comité franco-polonais de Montpellier plaçant une question de politique et de bienfaisance sous une question de littérature, je ne saurais autoriser les réunions projetées. Je n'ai de compétence qu'à l'égard des personnes qui se proposent de traiter un sujet d'enseignement. Dans ce cas, la demande doit m'être transmise par votre intermédiaire, avec le nom des professeurs et les programmes détaillés des cours. Un examen attentif de tous les renseignements propres à m'éclairer me permet ensuite de prendre telle décision que de droit.

Dans ces réserves, commandées par la loi et par l'intérêt de l'ordre public, il ne se trouve rien qui puisse gêner la bonne volonté de ceux qui sont résolus à travailler sincèrement à l'instruction du pays. Le champ de la science, de l'art et de la littérature est assez vaste pour que maîtres et auditeurs y moissonnent largement, sans venir s'y heurter sans cesse à la politique. Celle-ci trouve ailleurs ses organes et n'a pas besoin de disputer à l'éducation ses humbles tribunes.

Je vous prie de faire connaître cette réponse aux pétitionnaires.

Agréez, etc.

Le ministre de l'instruction publique,

V. DURUY.

Instruction du 9 avril 1864, relative aux heures des cours
de facultés.

Monsieur le recteur,

Dans certaines facultés on a pris l'habitude, contrairement aux prescriptions de l'arrêté du 2 avril 1841 [1], de
remplacer une partie des leçons réglementaires par des
cours du soir. Je comprends la pensée qui a engagé beaucoup de professeurs à changer l'ordre établi. Les étudiants assistent à peu près seuls aux leçons du matin,
tandis que, le soir, le professeur voit se presser autour de
sa chaire une foule nombreuse de personnes qui viennent,
après les travaux du jour, chercher là plaisir et profit.

Le ministre de l'instruction publique, qui a reçu de
l'Empereur et qui tient de sa charge la mission de travailler sans relâche à élever dans notre pays le niveau de
l'intelligence et de la moralité, sera toujours heureux de
contribuer à développer le goût des choses de l'esprit et
à fortifier nos mœurs littéraires; mais il doit également
veiller à ce que chacun observe les règlements et se renferme dans sa fonction.

---

[1]. Voici le texte de l'arrêté du 2 avril 1841 :

« Art. 1er. Les professeurs des facultés des lettres et des sciences des départements ne feront que deux leçons par semaine, à partir du second semestre de la
présente année scolaire.

« Art. 2. Toutes les leçons dans lesdites facultés auront lieu dans le courant de
la journée. — Aucun cours ne pourra être ouvert le soir sans une autorisation expresse du ministre de l'instruction publique. »

6.

Les facultés ont pour but de préparer aux grades universitaires par des cours rigoureusement déterminés et de conférer ces mêmes grades en des examens publics. Leur enseignement doit être sévère, sans sacrifice d'aucune sorte aux idées du moment et aux caprices de la mode : il ne peut donc se plier aux convenances d'un auditoire mélangé. Dépositaires de la science pure, les facultés la donnent telle que les maîtres et les siècles l'ont faite, et elles sont tenues d'en présenter successivement les différentes parties dans un ordre normal, de manière à former un tout harmonieux et complet.

Les leçons du soir, en raison de la diversité des auditeurs, prennent nécessairement un autre caractère. Elles attirent des personnes appartenant à toutes les classes de la société; les dames mêmes y assistent, et il est bon qu'il en soit ainsi. Mais la science pure court alors le risque de faire place à une causerie pleine d'attraits pour le professeur comme pour l'assistance : c'est un danger, car il pourrait en résulter la décadence du grand et sévère enseignement des facultés, de celui qui maintient la science dans sa dignité austère et lui permet de ne considérer qu'elle-même et le but qu'elle poursuit.

Tout sera bien, si nous séparons les deux choses. Veillez donc, monsieur le recteur, à ce que l'enseignement des facultés reste ce qu'il doit être, et se fasse, selon les règlements, durant la journée. Quant aux leçons du soir, je serai heureux de voir MM. les professeurs montrer à un public plus nombreux que l'Université sait, au besoin, mêler l'agrément à l'érudition, l'esprit au savoir, et que le culte du passé ne la rend point étrangère aux préoccupations de l'heure présente.

La société actuelle, à tous les degrés, est avide d'apprendre. Il importe que nous restions à la tête de ce mouvement de l'opinion publique, en redoublant, s'il le faut, et en variant nos efforts. Ainsi l'Université continuera de maintenir, par la sévérité de son enseignement, les hautes études au niveau où notre pays veut les voir, et, d'autre part, les hommes de bonne volonté qu'elle renferme en si grand nombre ne manqueront pas, j'en suis sûr, de répondre au désir de ceux dont l'intelligente curiosité n'est point satisfaite par de frivoles distractions. Ce dévouement à une grande cause trouvera sa récompense dans l'estime publique et m'aidera à obtenir justice pour de légitimes réclamations.

Recevez, etc.

Le ministre de l'instruction publique,

V. DURUY.

Rapport de S. Exc. M. le Ministre à S. M. l'Empereur, précédant le décret du 28 mai 1864, relatif à l'institution d'un concours général entre les élèves des lycées et colléges des départements.

Sire,

Le concours général institué à Paris par arrêté consulaire du 23 fructidor an XI a eu pour effet de créer, entre les établissements d'instruction publique de la capitale, une concurrence utile, et de donner aux maîtres et

aux élèves une salutaire émulation. La distribution de
ces prix est notre grande fête universitaire, et, chaque
année, des personnages éminents viennent en relever
l'éclat par leur présence. Outre l'honneur d'entendre
leurs noms proclamés devant une pareille assistance, les
lauréats des grands prix trouvent dans leur victoire des
avantages considérables : l'exemption du service militaire
et celle des frais d'études pour les écoles du gouvernement.

Cependant huit lycées ou colléges, représentant un
effectif de 6,600 élèves, prennent seulement part à ce
concours, auquel restent étrangers les 69 autres lycées et
les 247 colléges des départements qui, réunis, comptent
57,439 élèves.

L'avantage fait à la population scolaire de Paris et de
Versailles est certainement très-mérité; mais il constitue
un privilége qui a tous les effets d'une mesure d'exception. Si, grâce à cette institution, le niveau des études a
monté à Paris, il est resté stationnaire dans la province.
Bien souvent des élèves de mérite, attirés par l'éclat et
le retentissement des victoires gagnées à la Sorbonne,
désertent l'humble collége de la ville natale et la maison
paternelle. Parfois on les y va chercher, et combien, après
le succès, se trouvent abandonnés à eux-mêmes dans la
grande ville! Nos classes de province, décapitées de leurs
meilleurs sujets, s'étiolent et languissent. Les professeurs veulent suivre leurs élèves; car de grands succès
au concours de Paris attirent l'attention sur le maître
autant que sur le disciple. Ainsi s'établit ce courant qui
entraîne vers la capitale tout ce qui a vie, force et intelligence.

Il est de l'intérêt du pays de ranimer la vie provinciale et de rallumer dans nos départements des foyers dont plus d'un, autrefois, a jeté un vif éclat. J'espère que l'Université, en ce qui la concerne, pourra répondre à ce désir de Votre Majesté en établissant dans chaque académie un concours entre tous les lycées et colléges du même ressort, et, au-dessus de ces *concours académiques*, un *concours national* entre les lauréats des prix académiques.

Pour les vainqueurs de la dernière lutte, il serait institué trois grands prix, appelés *prix de l'Empereur*, auxquels seraient attachés les mêmes avantages qu'aux trois prix d'honneur du concours général de Paris.

Si l'Empereur accueille cette pensée, je prierai Sa Majesté de vouloir bien signer le décret ci-joint, qui sera l'achèvement, par Napoléon III, d'une pensée du Premier Consul.

Je suis, avec le plus profond respect, Sire, de Votre Majesté le très-humble, très-obéissant et fidèle serviteur,

Le ministre de l'instruction publique,

V. DURUY.

Rapport de S. Exc. M. le Ministre à S. M. l'Empereur, précédant les décrets du 1er juin 1864, relatifs à des changements de chaires dans l'enseignement supérieur.

Sire,

La France a récemment perdu un homme éminent, M. Hase. Dans ce qui reste de son héritage scientifique se trouvent encore une place de conservateur des manuscrits à la Bibliothèque impériale, et deux chaires, l'une de grammaire comparée, à la Sorbonne, l'autre de grec moderne et de paléographie grecque, à l'école des langues orientales vivantes.

L'école des langues orientales vivantes a un but tout pratique : l'enseignement des idiomes modernes de l'Orient. Un cours de paléographie y est donc déplacé, et j'ai l'honneur de proposer à Votre Majesté de le supprimer, sauf à examiner plus tard s'il conviendrait de le rétablir ailleurs. Le professeur de grec moderne retrouvera, par cette séparation, tout le temps qu'il est nécessaire de donner à l'étude d'un idiome devenu la langue commerciale des pays que baigne la Méditerranée orientale.

Quant à la chaire de grammaire comparée, créée en 1852 pour M. Hase, ce n'est point à la Sorbonne qu'elle doit se trouver. Les facultés, en effet, chargées de préparer aux grades universitaires et de les délivrer, ont à donner la science déjà faite, bien plus qu'à faire la science elle-même ; et la grammaire comparée est encore, malgré

d'admirables travaux, une science en formation. Pour ces
études de haute érudition, accessibles seulement à un
petit nombre d'initiés, il est un lieu tout désigné : c'est le
Collége de France. La grammaire comparée y sera d'autant
mieux à sa place que toutes les langues littéraires sont
représentées dans cette grande maison, et qu'il convient
de mettre, à côté de ces enseignements multiples, le cours
qui devra en être comme la synthèse historique et philosophique.

Il y aurait donc lieu de supprimer, à la Sorbonne, la
chaire de M. Hase, mais de créer, sous le titre de *grammaire* et de *philologie comparée*, une chaire nouvelle au
Collége de France.

La dotation de cette chaire n'existant point au budget,
on y appliquerait provisoirement les fonds votés pour la
chaire des langues hébraïque, chaldaïque et syriaque.

Depuis plus de deux ans, cette chaire n'est point remplie, par des raisons d'ordre public qui subsistent dans
toute leur force. Ce provisoire ne peut durer plus longtemps.

Je tiens, Sire, à mettre une extrême régularité dans
toutes les parties de l'administration que l'Empereur m'a
confiée. Or, il est contraire aux intérêts du service, à la
bonne gestion des deniers publics, autant qu'à la dignité
même du savant distingué qui est forcé de subir cette anomalie, qu'un traitement soit touché sans que la fonction
soit remplie.

Ne pouvant faire remonter M. Renan dans la chaire où
il n'a paru qu'une fois, je crois qu'il convient de faire
loyalement cesser une situation anormale, et d'appeler
M. Renan à d'autres fonctions.

C'est de la Bibliothèque impériale qu'il est sorti pour
entrer au Collége de France, et il en a emporté le titre de
bibliothécaire honoraire; je prie Votre Majesté de vouloir
bien l'y ramener, en lui confiant la place de conservateur
sous-directeur adjoint au département des manuscrits, où
son érudition spéciale lui permettra de rendre au public
de réels services.

Si Votre Majesté daignait accepter les propositions contenues dans ce rapport, je la prierais de vouloir bien signer
les trois décrets ci-joints.

J'ai l'honneur d'être, Sire, avec un profond respect, de
Votre Majesté le très-humble et très-fidèle serviteur,

Le ministre de l'instruction publique,

V. DURUY.

Discours prononcé par S. Exc. M. le Ministre à la distribution des prix
du Concours général des lycées et colléges de Paris et de Versailles,
le 8 août 1864.

Messieurs,

Chaque année, l'Université vient tenir ses grandes
assises dans son vieux palais de Sorbonne, qu'elle espère
bien rajeunir un jour. Elle y célèbre la fête du travail et
de la jeunesse; elle y distribue les couronnes aux vainqueurs et les conseils aux vaincus; mais elle doit encore
y rendre compte au pays, qui nous regarde et qui nous

écoute, des efforts qu'elle a tentés et de ceux qui lui restent à faire pour répondre à la confiance du Souverain et de la France.

L'an dernier, à pareil jour, je vous annonçais plusieurs mesures qui ont été exécutées.

Un esprit de hâte funeste faisait déserter prématurément nos écoles, et aurait fini par transformer en un je ne sais quoi, sans honneur et sans nom, nos grandes classes d'humanités, celles où l'enfant se fait homme, où, au contact des belles choses de l'art et de la pensée, l'intelligence reçoit une secousse qui la force à s'élever et à s'ouvrir.

Pour arrêter cette désertion, d'où serait résulté, avec le temps, un affaissement de l'esprit de la France, la dernière classe du lycée est redevenue le couronnement nécessaire des hautes études. Des enseignements anciens y ont été ranimés et étendus; un enseignement nouveau y a été introduit, afin que nos enfants en sortent meilleurs citoyens, car nous devons les préparer aussi pour les devoirs publics. Désormais, en entrant dans la vie active, ils connaîtront bien les sociétés anciennes par ces beaux génies qui sont l'éternel honneur de l'humanité; mais ils connaîtront mieux notre société moderne, que le christianisme et la philosophie ont pénétrée, jusque dans ses plus intimes profondeurs, de l'esprit de charité, de lumière et de justice.

Dès à présent nous pouvons nous féliciter du résultat. Les élèves prêts à nous quitter ont cédé à l'attrait de ces études restaurées, et, pour la première fois, messieurs, vous allez couronner des vétérans de philosophie, volontairement revenus au lycée, tout en demeurant attachés à de plus hautes écoles.

Cette réforme a pour corollaire celle du baccalauréat. Il faut simplifier les rouages et les programmes de cet examen. Pour mon compte, je ne serais pas éloigné de penser que cette réglementation compliquée pourrait se réduire à un seul article qui n'inquiéterait ici personne, et qu'on rédigerait en bien peu de mots : « Les élèves fourniront la preuve qu'ils ont fait de bonnes humanités. » Le décret de 1808 n'en demandait pas davantage. Tant pis pour les paresseux ou les incapables, pour tous ceux qui réduisent cet examen à un effort de mémoire, comme pour ceux qui les y aident. Peut-être aurions-nous ainsi moins de bacheliers, ce qui ne serait pas un mal; mais nous les aurions meilleurs, ce qui serait un très-grand bien, et les administrations qui nous demandent ce diplôme y trouveraient une garantie de plus.

La bifurcation en troisième est tombée sous vos applaudissements, auxquels ont répondu ceux de l'opinion publique, parce que ce système imposait aux enfants deux obligations prématurées. Il soumettait des volontés vacillantes encore et mal éclairées à la nécessité de choisir irrévocablement entre les lettres et les sciences, et il condamnait des esprits trop jeunes à des études qui, pour être fécondes, exigent une maturité que l'âge seul peut donner.

Devons-nous faire un pas de plus et supprimer la bifurcation en seconde?

Tous les renseignements que j'ai demandés ne me sont pas encore parvenus. L'inspection générale rentre à peine; le Conseil impérial n'a pu être réuni, parce que l'enquête n'est point terminée; enfin l'expérience d'une année n'est peut-être pas suffisante, car c'est surtout en matière d'éducation qu'il faut délibérer longtemps pour avoir le droit d'agir ensuite avec résolution.

Cependant peu à peu la vérité se dégage. Si les avis autorisés diffèrent sur les moyens, tous sont d'accord sur le but : donner une culture générale à l'esprit de nos enfants, tout en leur assurant le facile accès des carrières où ils veulent entrer et vivre.

Je serais certainement heureux de ne voir sortir de nos lycées que de jeunes hommes qui auraient conversé avec Isaïe et Platon, Eschyle et Pascal, Horace et Newton; pour qui un chant de l'*Iliade* et de l'*Énéide,* ou une oraison funèbre de Bossuet, auraient autant de charme qu'une expérience de Lavoisier ou un théorème de Lagrange; qui enfin trouveraient, au terme de leurs études, un seul baccalauréat attestant, à chaque admission nouvelle, que l'Université remet à la société un esprit largement ouvert, je veux dire une force et une richesse de plus.

Mais il est des nécessités inexorables avec lesquelles il faut compter. L'entrée de quelques écoles du gouvernement n'est point autorisée au delà d'un certain âge, que les exigences de la vie militaire permettraient difficilement de reculer; et nous avons eu, cette année, dans nos seuls lycées, cinq cents candidats à l'école polytechnique et plus de trois cents à l'école de Saint-Cyr; ce qui suppose trois ou quatre fois autant d'élèves placés derrière ceux-là et se disposant à les suivre.

Cette préparation des candidats aux grandes écoles nationales, nous ne pouvons l'abandonner. Le problème, j'en ai la confiance, sera bientôt et heureusement résolu. L'Université saura trouver le moyen de conduire au but les enfants qui lui sont confiés, tout en donnant à ses élèves littéraires plus de science, et à ses élèves scientifiques plus de littérature que les uns et les autres n'en reçoivent aujourd'hui.

Il ne sera point nécessaire, pour cela, d'augmenter les programmes et d'accroître la diversité des études. Nous comptons, au contraire, diminuer les uns et simplifier les autres.

Quelques esprits, qui cherchaient consciencieusement la vérité, auraient voulu qu'on enseignât aux élèves de nos lycées tout ce qui, dans le monde de la nature et dans celui de l'industrie, offre de l'intérêt, depuis les détails attrayants de certaines sciences jusqu'aux procédés curieux de certaines professions. C'était méconnaître le caractère élevé de l'enseignement secondaire. En fait d'éducation générale il faut éviter une abondance stérile, et gagner en profondeur beaucoup plus qu'en surface. On aura donné à l'enfant ce qui est nécessaire à l'homme, et mis dans sa main la clef de toutes les carrières, lorsqu'on aura mis dans son esprit les qualités qui lui seront partout nécessaires pour honorer son nom et porter plus haut sa fortune. Écartons avec soin de nos lycées les études qui ne s'adressent qu'à la mémoire ou à la curiosité, celles qui « laissent l'esprit où elles le trouvent. »

Nous pouvons le faire d'autant mieux, qu'à une bifurcation factice sera substituée bientôt, je l'espère, une bifurcation naturelle : je veux dire l'enseignement spécial qu'une population, chaque jour plus nombreuse, vient chercher avec le désir et le besoin de demander à l'étude des connaissances acquises à bref délai et immédiatement applicables.

La science véritable est la théorie. Avec elle seulement

on fait de ces hommes qui, de temps à autre, laissent tomber du haut de leurs études austères quelques vérités pratiques que l'industrie ramasse, comme celles qui se sont échappées des mains de Papin, d'Ampère et de Chevreul.

Des théories, bien éloignées en apparence du monde réel, donnent chaque jour naissance à des arts nouveaux. Ce sont les considérations les plus abstraites qui ont conduit, en optique, à l'invention des phares et de la photographie; en chimie, à la découverte de tant de merveilles qui produisent des valeurs incalculables et renouvellent l'industrie, comme l'agriculture; en physique, en mécanique rationnelle, à la création de ces machines délicates ou puissantes, qui montrent la matière frémissant sous la main de l'homme, mais domptée. N'est-ce pas enfin ces grands songeurs, Copernic, Képler, Galilée, Newton, Laplace, qui, en constituant l'astronomie moderne, ont transformé la navigation? et le vieux Jupiter, à qui déjà Franklin a arraché sa foudre, ne verra-t-il pas quelque jour, grâce à une science née d'hier, les tempêtes, échappées de ses mains débiles, déchaîner sur nous des fureurs souvent impuissantes?

Dans un entre-sol du château de Versailles, quelques hommes se réunissent autour de celui que Louis XV appelait le *Penseur* [1], et voilà la transformation économique de la société qui commence. La médecine crée l'hygiène, et la vie humaine est prolongée. Je ne parle point des doctrines des philosophes et des jurisconsultes, qui modifient l'ordre social et font rentrer l'équité dans la loi; ni de celles des politiques, auxquels il a été ré-

---

1. Le médecin Quesnay.

vélé, par de mémorables et récents exemples, que les intérêts trouvent leur sauvegarde dans les pensées les plus généreuses, bien mieux que dans les habiletés d'autrefois.

Voulez-vous, contre ceux, s'il en est encore, qui prétendraient réduire l'éducation nationale à une sorte d'apprentissage universel, voulez-vous une preuve de plus qu'il faut, comme la vestale antique, sous peine de mort, entretenir le feu sacré, la flamme pure de l'esprit? Demandez-vous pourquoi la Chine présente cet étrange spectacle d'une société à la fois raffinée et barbare, qui s'est arrêtée depuis des siècles dans le culte du plaisir? C'est que les Chinois n'ont pris la vie que par les côtés bas. Chez eux, l'esprit est l'humble serviteur de la matière, et ce peuple, qui a porté certains procédés industriels à une extrême perfection, n'a jamais pu s'élever jusqu'à la science, parce qu'il a fui ces études désintéressées, générales, où l'homme se dégage des liens de la matière, relève la tête et regarde en haut, là où habite, avec les grandes pensées et les nobles sentiments, la vérité pure, qui peut seule, sans danger pour l'esprit public, produire les vérités utiles.

Notre France, messieurs, veut, elle aussi, toujours regarder en haut. Aussi laisserons-nous au lycée classique la *théorie,* qui forme les esprits élevés ou puissants dont nous avons besoin pour marcher en avant; mais nous placerons au collége spécial les *applications,* pour préparer là des industriels, des agriculteurs et des négociants, qui sachent tout ce que la science peut donner de force productive à l'industrie et à l'agriculture, de facilités au commerce, de bien-être à la société.

Les lettres, les sciences, dans leur grandeur idéale,

voilà ce que nos élèves classiques doivent contempler longtemps, afin d'en emporter, pour le reste de leur vie, le goût passionné, et d'échapper à cette grande maladie de l'âme, le froid.

N'oublions point l'art, cette troisième manifestation de l'intelligence. En appelant au sein du Conseil impérial l'illustre représentant de notre grande école de peinture, l'Empereur a voulu montrer quelle place considérable l'art doit occuper dans notre éducation publique. Il se souvenait du mot de Platon, que le beau est la splendeur du vrai. Mais vous avez vu, par une lettre mémorable, vieille à peine de quelques jours, que, pour Napoléon III, le beau lui-même doit être toujours, selon l'antique formule, le compagnon du bien.

Il est cependant une étude du lycée que, par une contradiction apparente, j'ai poussée de toutes mes forces dans une voie pratique : c'est l'enseignement des langues vivantes, non plus borné à l'anglais et à l'allemand, mais étendu à tous les idiomes qui sont en usage autour de nous. Si nos élèves étudient les langues mortes pour apprendre à penser, parce que la pensée humaine a trouvé à Athènes et à Rome sa plus belle expression, ils ne doivent étudier d'abord les langues vivantes que pour apprendre à les parler. Je puis vous annoncer, messieurs, d'après les résultats d'une inspection minutieuse et prolongée, que nous avons tout lieu de compter sur le succès de la réforme entreprise.

Il en est une autre que je voudrais accomplir. Nous avons charge d'âmes ; mais les mères réclament aussi de nous la plus vive sollicitude pour le développement physique de leurs enfants. Les Grecs formaient le corps en

même temps que l'esprit. Faisons comme eux : donnons à tous les exercices du corps, comme à toutes les
questions d'hygiène, une part plus grande de notre attention et de nos soins : les familles et la société y gagneront.

Voilà, mes chers collaborateurs, quelle est notre tâche.
Comme ce Romain qui dans les plis de sa toge portait les
destinées du monde, vous avez dans les mains le premier
et le plus cher des intérêts du pays, puisque la France de
l'avenir sera ce que la feront les générations que vous
élevez. Connaissez bien, messieurs, votre puissance : les
mœurs naissent de l'éducation, et les bonnes lois, celles
qui durent, naissent des mœurs.

Par en bas, accroissons l'enseignement populaire, et
surtout faisons fructifier, au lieu de les laisser se détruire,
les germes recueillis dans l'école du premier âge.

Par en haut, développons largement, au sein et à côté
de nos facultés, ces belles et sévères études dont la
France a le goût et le besoin, parce qu'elles sont une partie
de sa force et de sa grandeur parmi les nations.

Au milieu, fortifions nos études *classiques*, sciences et
lettres, pour ceux qui aspirent à ce que Montaigne appelle
si bien « les hautes délectations de l'intelligence; » et les
études *spéciales,* pour ceux à qui revient la charge d'assurer notre prospérité matérielle.

Et vous, chers élèves, ne me reprochez pas ce long discours qui irrite votre impatience. J'aime à causer devant
vous, avec vos maîtres, de ces grandes questions que vous
ne trouverez pas trop sérieuses : car, en tout cela, c'est
de vous qu'il s'agit et de cette France que vous aimez
tant.

Vous le voyez, votre fête universitaire est une fête nationale. Demain, les noms des vainqueurs seront dans
toutes les bouches, et aujourd'hui un pontife vénéré, de
vaillants soldats, des magistrats illustres sont venus s'asseoir à côté de votre chef officiel, pour entourer et soutenir le représentant de l'éducation nationale de toutes les
forces vives de la société.

Le pays aime vos luttes, et l'Empereur vous a donné
naguère des émules qui ne sont pas encore des rivaux,
mais qui un jour le deviendront. Je viens de parcourir une
partie de la France : j'ai trouvé partout une ardeur plus
virile. Comme de braves soldats que l'odeur de la poudre
anime, vos camarades des départements, à l'annonce du
grand combat universitaire, se sont excités à la lutte :
Honos alit artes..... et ingenia juvenum. Pris aujourd'hui
à l'improviste, ils seront demain mieux préparés. Déjà
quelques-uns ont approché leur main de vos couronnes,
sans les saisir encore. Dites-le à ceux qui vous suivent dans
la carrière. Conseillez-leur de ne pas se confier dans un
triomphe pour le moment facile, afin qu'ils redoublent
d'efforts, et que Paris, ce cerveau de la France et du
monde, conserve sa primauté d'honneur.

Heureusement, si vos camarades des départements se
lèvent et marchent, vous ne demeurez plus au repos. Les
résultats du concours de cette année me donnent le droit
de vous parler ainsi. A l'École normale, il a fallu élever
les chiffres qui marquent la valeur des compositions; à la
Sorbonne, les commissions qui ont corrigé vos copies y ont
trouvé la preuve d'un travail plus opiniâtre et, pour certaines épreuves, plus heureux.

J'ai eu la curiosité d'établir comme un nouveau con-

7.

cours entre les lauréats de la Sorbonne depuis 1830. Les
devoirs couronnés ont été relus, comparés et classés. Le
travail était confié à des commissions différentes; elles se
sont rencontrées dans leurs conclusions, qui embrassent
les sciences aussi bien que les lettres, et qui montrent cette
vieille vérité, que toutes les branches de nos études sont
solidaires comme toutes les facultés de l'intelligence, parce
qu'elles tirent d'un tronc commun la séve qui les nourrit
et les féconde. Les unes n'ont pu s'abaisser sans qu'aussitôt les autres aient fléchi.

Ces commissions ont tracé ce que les savants appelle-
raient la courbe géométrique du mouvement de nos études
durant ces trente-trois années. De 1830 à 1840, oscillations sans caractère déterminé; de 1841 à 1851, marche
ascensionnelle; de 1852 à 1859, décadence générale dans
les sciences aussi bien que dans les lettres, sauf pour une
faculté : l'histoire. A partir de 1859, la courbe abaissée se
relève, et l'on commence à regagner une partie du terrain
perdu.

Vous continuerez, chers élèves, à marcher d'un pas
chaque jour plus assuré. Vous le ferez pour vous, pour vos
mères, dont vos succès sont la plus douce récompense;
vous le ferez pour la France qui vous attend.

Lorsque Périclès prononçait, devant les fils et les mères
des héros morts pour la patrie, ce magnifique discours que
vous avez lu dans Thucydide, il ne parlait, dans ses viriles
consolations, que d'Athènes, de ses lois généreuses, de ses
institutions libérales qui, sans distinction de fortune ou
de naissance, distribuaient les rangs selon les mérites et
laissaient à chacun la plus entière liberté pour ses goûts et
sa conduite, à la condition de respecter la loi et les magis-

trats, ses interprètes. Il peignait, en suppliant ses concitoyens d'y rester fidèles, ce caractère national mêlé d'audace et de réflexion, de gravité et d'enjouement, ouvert
pour les idées, hospitalier pour les personnes. Il montrait
cette vie mêlée d'œuvres sérieuses et de fêtes brillantes,
cette ville enfin devenue le modèle et l'institutrice de la
Grèce, et il s'écriait : « C'est pour une patrie si glorieuse
que nos guerriers, fidèles au devoir, sont généreusement
tombés ! »

En face de ce portrait, chers enfants, vous avez pensé à
votre bien-aimé pays. Il n'y a point, Dieu merci, d'éloge
funèbre à prononcer. Vivez pour la France, comme Périclès voulait qu'on vécût et qu'on mourût pour Athènes.
Notre patrie, à bien des égards, est plus grande que la
sienne et plus justement prospère. Son épée va plus loin,
et, dans le sillon sanglant de la guerre, elle sème, même
pour les vaincus, les germes bienfaisants que la paix fait
éclore. Voyez-la condamnant l'Arabe au repos, à la justice
et au bien-être; les peuples de l'extrême Orient au travail
et à la confiance qui les relèveront. D'une main, elle conduit un empereur sur le trône qu'elle lui a dressé, et de
l'autre elle abaisse la barrière qui séparait les océans,
tandis que son glorieux chef, enchaînant le vieux démon
de la guerre, ou ne lui laissant faire que de rares et encore
trop douloureuses blessures, jette au monde, du haut de
sa pensée calme et profonde, des paroles de paix auxquelles
l'avenir appartient. Voilà notre prince et notre pays. Je
n'ai pas besoin de l'éloquence de l'*Olympien* [1] pour vous
appeler à les bien servir.

1. Surnom donné à Périclès par ses contemporains.

Instruction du 13 août 1864, relative au projet de création d'une école normale pour l'enseignement secondaire spécial, et aux encouragements à donner pour des distributions de prix et de récompenses aux élèves des écoles.

Monsieur le préfet,

L'industrie, le commerce et l'agriculture ne peuvent plus se contenter aujourd'hui, pour les jeunes gens qu'ils emploient, des connaissances de l'école primaire ; et celles du lycée classique, très-coûteuses et fort longues, manquent en outre, et doivent manquer, de ce caractère d'utilité immédiate que recherchent les candidats aux professions industrielles.

Pour répondre à ce besoin nouveau de notre société moderne, l'Empereur a prescrit qu'un projet de loi sur l'enseignement spécial fût présenté au Corps législatif. Vous en connaissez le texte. Il n'a pu être discuté cette année ; mais il le sera dans la session prochaine.

S'il était voté, l'administration de l'instruction publique aurait à organiser ce grand service, et surtout à trouver le personnel enseignant qui sera nécessaire pour la bonne application de la loi.

Le jour où l'empereur Napoléon 1er voulut constituer fortement les études *classiques*, il créa l'École normale supérieure, d'où sont sortis tant d'hommes distingués, quelques-uns illustres, qui ont placé l'Université de France au rang élevé où elle se trouve.

Pour constituer fortement les études *spéciales*, il fau-

drait avoir de même une grande école, qui formerait les
professeurs destinés au nouvel enseignement.

Cette école serait promptement constituée, et dans des
conditions excellentes, si chaque conseil général voulait
s'associer à cette pensée.

Presque tous les départements, 83 sur 89, ont une école
normale primaire, où les élèves pourvus de bourses départementales font trois années d'études. Que parmi ceux qui
ont achevé leur troisième année ou qui sont déjà dans les
écoles on prenne, après examen ou concours, les deux
meilleurs; que la bourse, quelque peu accrue pour aider
aux dépenses générales, leur soit continuée par le conseil
général, pendant deux ou trois ans, à l'école supérieure
qui sera fondée, et la France se trouvera dotée de maîtres
parfaitement préparés à l'enseignement, qu'ils retourneront ensuite répandre dans leurs départements respectifs,
sous les formes variées que les besoins locaux imposeront.

Une grande institution serait ainsi créée instantanément
et presque sans frais, puisque la dépense pour chaque département serait très-minime, parfois même nulle : deux
bourses à l'école supérieure pouvant, dans certains cas,
dispenser de deux bourses à l'école normale primaire.

Veuillez, monsieur le préfet, entretenir de ce projet le
conseil général de votre département. Je serai heureux
d'avoir son avis, puisque je compte, après le vote de la
loi, lui demander son concours; mais vous voyez que ce
concours serait bien peu onéreux pour les finances départementales.

Il est inutile d'ajouter que, si l'expérience montrait la
nécessité d'un personnel plus nombreux, l'école pro-

jetée serait organisée de manière à pouvoir élargir ses cadres.

Quant à la nature de cet enseignement, vous la connaissez aussi, monsieur le préfet, puisque les programmes publiés au mois de septembre dernier ont été appliqués en totalité ou en partie dans un très-grand nombre de lycées et de colléges. Nous utiliserons l'expérience ainsi acquise, lorsque le temps sera venu de mettre la dernière main à cette institution.

Je profiterai de cette lettre pour appeler encore votre attention, monsieur le préfet, sur deux points secondaires, dont l'un toutefois me paraît avoir une sérieuse importance.

Beaucoup d'écoles primaires n'ont point de ces fêtes de fin d'année où la bonne conduite et le travail sont publiquement récompensés. Il en résulte qu'on trouve dans ces écoles peu d'émulation, et qu'un certain nombre d'élèves les désertent une partie de l'année. Il serait bon, cependant, que chaque village eût sa fête annuelle de l'enfance et du travail. La dépense qu'elle entraînerait serait bien minime, et, à défaut de la commune ou du département, des particuliers, j'en suis sûr, tiendraient à honneur de s'en charger. Il ne vous sera pas difficile, monsieur le préfet, de persuader aux maires et aux notables de votre département que l'argent donné pour l'enfance est, à tous les points de vue, de l'argent prêté à gros intérêts.

Une de mes graves préoccupations est aussi de ne point laisser perdre par le jeune homme les connaissances acquises par l'enfant à l'école primaire : ce qui n'arrive que trop souvent, puisque tant de conscrits ont désappris à lire et à écrire. Un des moyens auxquels j'ai songé consisterait à établir, dans chaque canton, un prix pour l'enfant de quinze ans et pour le jeune homme de dix-huit, livrés aux travaux agricoles ou manuels, qui auraient le mieux conservé et le plus accru l'enseignement de l'école.

L'inspecteur primaire serait le juge de ce concours cantonal, et le prix délivré par le conseiller général, le juge de paix ou quelque notable du canton, serait un livret de caisse d'épargne.

Le budget du ministère de l'instruction publique ferait, si cela était absolument nécessaire, une partie de la somme; l'autre serait à la charge du département. Mais, pour ce prix encore, je crois que nous pouvons, en toute assurance, compter sur la libéralité privée, et même prévoir des fondations prochaines.

L'Empereur m'a commandé de donner sur ce point le signal et l'éveil, en m'autorisant à offrir la part pour laquelle le budget universitaire pourrait contribuer; le reste revient aux localités. On n'oubliera pas que le meilleur moyen d'avoir des prisons vides, c'est de tenir les écoles pleines.

Recevez, etc.

Le ministre de l'instruction publique,

V. DURUY.

Rapport de S. Exc. M. le Ministre à S. M. l'Empereur, précédant le décret du 17 septembre 1864, relatif à la création d'une chaire d'économie politique à la faculté de droit de Paris.

Sire,

L'économie politique est à présent une science complète dont les théories ont été éclairées et affermies par un siècle de discussions, et dont les applications modifient les conditions les plus vitales de la société moderne.

Elle va même au delà des questions que soulève l'étude positive de la richesse publique, ou du moins elle les élève assez haut pour les rapprocher des plus pures spéculations de l'esprit. Elle se donne en effet pour mission de mettre les intérêts d'accord avec la morale, et s'efforce d'effacer du code de l'ancienne politique ce qui subsiste encore de la vieille et haineuse maxime que le bien de nos voisins est notre mal. C'est la liberté, la dignité de l'homme, avec le sentiment chrétien de la fraternité universelle, qu'elle se propose d'accroître tout autant que notre bien-être.

Par ce côté, l'économie politique confine aux sciences morales, comme elle appartient par l'autre aux sciences politiques : aussi est-elle représentée à l'Institut; mais elle ne l'est véritablement pas dans notre éducation nationale.

Cette science, qu'on enseigne partout autour de nous, et à laquelle un pays voisin a dû récemment de pouvoir traverser sans péril une crise épouvantable pour ses classes ouvrières, n'a pas en France une seule chaire dans les départements, et elle en possède deux seulement à Paris, chacune avec le caractère spécial que lui donne l'établissement où elle a été créée.

Au Collége de France, les théories se discutent encore et les questions les plus ardues se débattent devant un public peu nombreux, mais déjà familiarisé avec les principes de la science. L'école des ponts et chaussées n'ouvre ses portes qu'à ses seuls élèves, et l'enseignement n'a d'action que sur une catégorie déterminée de personnes, qui toutes s'engagent ensuite dans la même carrière.

Les jeunes gens qui se destinent aux professions dites libérales, ceux qui iront un jour au barreau, à la magistrature, à l'administration et aux fonctions électives, comme ceux qu'attendent la grande industrie et le haut commerce, ou qui seront simplement propriétaires, tout le public enfin des facultés des lettres et des écoles de droit reste privé de cet enseignement, que bon nombre d'élèves des facultés des sciences et des écoles de médecine viendraient aussi chercher. Dans quelques années, ces jeunes gens, devenus hommes publics ou citoyens considérables par leurs talents, leur position ou leur fortune, exerceront à des titres divers une sérieuse influence sur les affaires du pays. Il ne faut pas laisser leur éducation privée d'un élément essentiel de connaissance.

Votre Majesté adressait jadis ces paroles aux exposants de l'industrie nationale : « Répandez parmi vos ouvriers les saines doctrines de l'économie politique, » et vous montriez, Sire, l'obligation pour le gouvernement de propager ces notions nécessaires, dont un ministre anglais disait à la même époque qu'elles avaient sauvé l'Angleterre du socialisme.

Cette nécessité, proclamée par l'Empereur, il y a quatorze ans, le pays la reconnaît aujourd'hui. L'opinion publique demande qu'une lacune fâcheuse dans notre système général d'instruction soit comblée, et plusieurs villes ont déjà réclamé l'ouverture de cours d'économie politique. A Bordeaux, à Montpellier, à Nice, cet enseignement a été donné par des volontaires de la science, mais en passant; ce qui l'a empêché de produire des effets durables. En ce moment même, la chambre de commerce de Lyon veut appeler un savant étranger à faire dans cette ville des leçons de ce genre, et M. le ministre du commerce, de l'agriculture et des travaux publics appuie ce désir d'un avis favorable.

Je crois donc le moment venu de seconder le mouvement imprimé par Votre Majesté à la politique commerciale et industrielle de la France, en ne laissant pas la jeunesse de nos écoles étrangère à des études dont tous les esprits sérieux sont aujourd'hui préoccupés.

Mais où placer la chaire nouvelle? A considérer les sciences dans leur ensemble et selon leur classification logique, ce serait, pour Paris, à la Sorbonne qu'il conviendrait de l'établir, au sein de la faculté des lettres, entre la chaire de philosophie et celle d'histoire. Dans presque toutes les universités d'Allemagne, le professeur chargé de ce cours appartient à la classe de philosophie, et Adam Smith enseigna *la science de la richesse* dans une chaire de philosophie morale.

Mais il importe moins, en cette circonstance, de chercher ce qui satisfait le mieux la logique que de trouver ce qui répond le plus naturellement aux besoins. Au risque de ne pas observer une symétrie rigoureuse, il faut créer la chaire là où le professeur rendra le plus de services.

La faculté de droit de Paris, par exemple, compte plus de 2,500 élèves, dont 7 à 800 vont chaque année répandre dans les départements les doctrines de la première école de droit de l'Empire, en attendant qu'ils puissent les porter dans la magistrature, l'administration et les assemblées politiques, où beaucoup d'entre eux seront appelés plus tard à faire l'application des lois économiques. Le moyen le plus sûr de propager rapidement la science économique serait donc de fonder cet enseignement là où une ordonnance royale du 2 mars 1819 l'avait institué, d'où il ne disparut, en 1822, avec trois autres chaires, que le même jour qui vit la suppression de l'École normale supérieure, où enfin il fut sur le point d'être rétabli en 1847 par un ministre, M. de Salvandy, dont je retrouve fréquemment la trace dans les mesures libérales ou utiles que j'ai à proposer à Votre Majesté. La tradition, longtemps interrompue, se trouvera ainsi renouée.

En outre, le cours de la faculté sera, cette fois encore, la continuité et l'achèvement des cours du collége.

L'école de droit donnera, sous une forme scientifique et dans sa généralité philosophique, un enseignement dont le cours d'histoire contemporaine, dans la dernière classe du lycée, a présenté historiquement les parties principales. Si l'on objectait que l'école de droit est tenue de limiter son enseignement aux matières des codes français et du droit romain, je répondrais d'abord que plusieurs des chaires actuelles ont déjà ce caractère, que leur enseignement ne repose point sur des textes de lois codifiés; ensuite, que cette école est une faculté, et que si, à ce titre, elle est obligée de préparer aux grades qu'elle délivre, elle n'est cependant point une école professionnelle dans la stricte acception du mot, de sorte que, tout en commentant les Institutes et le code Napoléon, elle a encore le devoir, qu'elle remplit si bien, de répandre sur chaque question les plus vives et les plus récentes lumières de la science du droit; comme toutes les sciences qui méritent ce nom, celle-ci doit être vivante et progressive.

L'état du budget du ministère de l'instruction publique ne me permet pas de proposer à l'Empereur d'instituer la nouvelle chaire dans toutes nos écoles de droit. Celle de Paris suffira d'abord à régler l'enseignement, à marquer le niveau où il devra s'élever, et, tout en répandant elle-même la science, à préparer les professeurs qui iront ensuite la porter dans les départements.

J'espère bien, en effet, que chaque grande ville de commerce et d'industrie tiendra à honneur et à profit d'imiter Lyon, en demandant toutefois à la France le professeur que le ministère de l'instruction publique saura bien y trouver.

Que la science économique soit dignement enseignée dans de grandes chaires, et la somme de vérités utiles que notre pays possède se trouvera accrue, avec de nouvelles garanties, pour la France, d'ordre public, de richesse et de puissance.

J'ai l'honneur de proposer à Votre Majesté de vouloir bien signer le décret ci-joint.

Je suis avec respect, Sire, de Votre Majesté le très-humble et très-fidèle serviteur,

Le ministre de l'instruction publique,

V. DURUY.

———•———

Instruction du 1er octobre 1864, engageant les professeurs de facultés à faire des cours publics dans les villes de leur ressort.

Monsieur le recteur,

Il existe en France 713 chaires publiques d'enseignement supérieur, dont 151 à Paris et 562 dans les départements. Chaque année, durant neuf mois, ces 713 professeurs répandent par la parole le savoir qu'ils ont eux-mêmes reçu des maîtres, puisé dans les livres ou accru par leurs travaux. Un grand nombre de docteurs ès lettres, ès sciences ou en droit forment comme la réserve de cette armée du haut enseignement. Tous réunis, ils constituent pour la science, le goût et l'art, par conséquent pour l'esprit français, une force immense. Mais cette force n'agit que sur de certains points et au profit d'un petit nombre de personnes : 18 villes seulement ont des facultés, et, Paris mis à part, les 41 facultés des départements ne comptent que 12,000 auditeurs.

Cependant il y a dans toutes les classes un désir très-vif d'apprendre, une curiosité extrême pour les choses de l'intelligence. Beaucoup, parmi les ouvriers comme parmi les patrons, souhaiteraient d'entendre, durant les longues soirées de l'hiver, une parole spirituelle ou éloquente, qui leur fît oublier les fatigues du jour; et les femmes, à qui les établissements d'instruction supérieure sont fermés, sinon par les règlements, du moins par la science austère qui s'y donne, sont désireuses d'étendre leur esprit en le portant sur des sujets variés que la littérature écrite leur fournit moins aisément. Mille symptômes révèlent ce besoin : il convient de lui donner satisfaction.

Il ne peut être question de créer des facultés nouvelles ; celles qui existent suffisent à ce qui est leur principale fonction, la délivrance des grades universitaires. Mais les professeurs de nos facultés pourraient contribuer pour une bonne part à satisfaire cette curiosité légitime dont je parlais tout à l'heure, en donnant aux populations qui en sont privées ces distractions élégantes, élevées, dont il est heureux qu'elles éprouvent le besoin.

. Faites connaître, monsieur le recteur, aux membres des facultés de votre académie que je les verrais avec plaisir porter dans les villes de votre ressort leur savoir, leur goût, leur habileté d'enseignement, toutes les qualités enfin qui leur assurent la confiance de l'Université et l'estime publique. Dans chaque circonscription rectorale se trouvent des cités populeuses qui, grâce aux chemins de fer, sont bien rapprochées du centre : Lille et Valenciennes, par exemple, au voisinage de Douai; Rouen et le Havre à portée de Caen; Nantes et Angers, de Rennes; Tours et Angoulême, de Poitiers; Nîmes, de Montpellier; Saint-Étienne, de Lyon; Marseille, d'Aix; Colmar, de Strasbourg. Bordeaux, Toulouse, Clermont, Dijon, Nancy, Besançon, sont des foyers dont l'éclat peut rayonner au delà des murs du chef-lieu académique. Déjà Douai envoie un de ses professeurs à Lille, Aix prête plusieurs des siens à Marseille, et Montpellier fera bientôt de même pour Nîmes.

Toute ville quelque peu considérable a, en outre, une société savante, et l'on compte déjà 46 de ces sociétés qui ont mérité, par l'importance de leurs travaux, d'être reconnues comme établissements d'utilité publique. Quelques-uns de leurs membres prendraient certainement part à cette croisade contre l'ignorance ou les loisirs inutiles. Je sais que des magistrats, même illustres, des ingénieurs éminents, des hommes de goût et d'étude, sont tout prêts à ouvrir les trésors de leur expérience.

Il ne s'agit point de créer des cours réguliers, permanents, qui prendraient aux fonctionnaires publics le temps qu'ils doivent à l'État, et aux volontaires de la science celui que réclament leurs affaires ou leurs travaux, mais d'organiser un système de leçons comme celles qui ont eu lieu cet hiver à la Sorbonne, peu multipliées pour chaque maître, et portant sur des sujets divers dont chacun pourrait être épuisé en une ou deux séances.

En un mot, je propose de faire pour l'enseignement supérieur ce que la mécanique a su faire pour la vapeur. Cette force n'a servi d'abord que sur de certains points et pour un petit nombre d'usages déterminés. Voici que l'industrie et l'agriculture, sans rien ôter aux exploitations générales et aux grandes usines, divisent cette force, la mobilisent, et, au très-grand profit du pays, la portent sur tous les points et pour toute chose. Mobili-

sons aussi la science, et mettons-la à la portée du plus
grand nombre.

Ce n'est pas, monsieur le recteur, un ordre de service
que j'envoie aux facultés. Pour ce que je leur demande en
ce moment, je n'ai ni le droit ni le désir de rien prescrire;
ces leçons doivent rester toutes volontaires. J'ajoute seulement que l'Université, ayant la charge de distribuer la
science et d'élever sans cesse le niveau intellectuel de la
France, est moralement tenue de répondre à l'appel du
pays, quand ceux à qui l'enseignement n'est pas donné le
réclament. Mais, en engageant nos professeurs à s'imposer
de nouveaux devoirs, il est juste, monsieur le recteur, que
nous stipulions en leur nom quelques avantages. Leur traitement est trop minime pour leur permettre des sacrifices
de temps et d'argent. Le prêtre vit de l'autel; le professeur
peut vivre de sa parole. Je souhaiterais donc que ces cours
libres fussent aussi des cours payés, afin que le maître qui
aura donné son esprit, son talent, à un second auditoire ne
rapporte pas seulement, au retour dans la famille, plus de
fatigue pour lui-même, mais aussi plus de bien-être pour
les siens. C'est ainsi qu'il en est dans tous les pays voisins,
où les savants les plus illustres ne dédaignent pas d'accepter cet usage, dont la science profite tout autant et plus
qu'eux-mêmes.

Pour sauvegarder la dignité de nos maîtres, tout en assurant à leur dévouement une récompense légitime, il
conviendrait que, dans les villes où ces lectures publiques
seraient désirées, l'autorité municipale se chargeât de tous
les soins matériels; qu'elle désignât le local nécessaire et
que, par des listes de souscription aux cours ou par une
subvention municipale, elle garantît une rétribution mi-

nima comme indemnité de déplacement et de séjour, en laissant au talent du professeur la faculté d'ajouter à ce minimum certain un éventuel qui dépendrait de la popularité du cours. Recevrait qui voudrait. Ceux que leur fortune ou leur position dispenserait de cette préoccupation des nécessités de la famille laisseraient leur part à l'œuvre, qui profiterait ainsi doublement de leur désintéressement comme de leur savoir.

Nul doute que l'usage de ces leçons payées par les villes ou par les particuliers ne puisse s'établir chez nous, comme il l'est chez nos voisins; et si une part de la recette était mise en réserve pour achat de livres, d'instruments et d'objets d'expériences ou de manipulation, en quelques années un grand nombre de nos villes se trouveraient dotées de collections précieuses; la lumière rayonnerait ainsi de proche en proche sur tout le pays, et la France monterait d'un degré dans la vie morale.

Je n'ai pas besoin d'ajouter que ces leçons particulières ne devraient jamais préjudicier au service public des facultés, qui est le premier devoir des professeurs. Elles seraient nécessairement interdites dans tous les cas où les cours réguliers et la préparation aux grades devraient en souffrir.

Je vous livre ces réflexions, monsieur le recteur, en vous remettant le soin d'étudier les besoins des localités pour stimuler leur initiative et d'aider les hommes de bonne volonté et de savoir qui, sans autre pensée que celle du bien public, s'offriraient pour cette œuvre de propagande littéraire et scientifique.

Vous voudrez bien me tenir au courant de tout ce qui

8.

serait proposé dans votre ressort à ce sujet, en n'oubliant
pas que la loi et nos règlements imposent certaines formalités qu'il est indispensable d'accomplir.

Recevez, etc.

Le ministre de l'instruction publique,

V. DURUY.

**Lettre du 15 novembre 1864 au vice-recteur de l'académie de Paris,
relative à l'emploi du temps des élèves des lycées, les jours de congé,
pendant la mauvaise saison.**

Monsieur le vice-recteur [1],

Nous entrons dans la saison où les excursions lointaines du jeudi vont se trouver fréquemment interrom-
pues pour nos élèves. Les tenir enfermés dans leurs salles
d'étude ou dans leurs préaux pendant les heures régulièrement consacrées à la promenade n'est pas moins contraire à l'hygiène que préjudiciable à la discipline. Je
voudrais voir employés à leur plaisir en même temps
qu'à leur instruction ces moments de loisir et de claus-
tration forcée.

Paris renferme des trésors dont, le plus souvent, ils
n'ont pas l'idée de profiter, faute d'avoir eu l'occasion de

1. M. le ministre a adressé cette lettre à M. le vice-recteur de l'académie de
Paris. Ce qui est vrai et applicable pour Paris l'est encore, quoiqu'à un moindre
degré, dans les grandes villes des autres académies.

les connaître. Pourquoi les riches collections de nos musées, pourquoi nos grands établissements industriels ne deviendraient-ils pas, pendant les mauvais jours de l'hiver, le but de quelques visites qui les distrairaient en les instruisant?

Le spectacle des monuments de l'art exerce sur l'esprit des plus jeunes enfants, en même temps qu'il les amuse, une action utile et féconde. L'enfant qui voit représenté sur la toile ou reproduit par le ciseau le personnage dont il vient d'apprendre l'histoire en conserve une idée d'autant plus exacte, qu'il s'y joint dans son esprit le souvenir d'une impression agréable. Même alors qu'il regarde d'un œil distrait les œuvres sévères qu'il ne peut comprendre, il en conçoit une idée de la grandeur, de la grâce ou de l'harmonie, qui demeure comme un type vers lequel se reporte instinctivement sa pensée, et qui devient la règle de son goût : ce n'est pas sans une raison profonde que tous les philosophes qui ont médité sur l'éducation recommandent de ne proposer à la vue de l'enfance que les formes les plus pures. Quant aux élèves des hautes classes, que d'utiles lumières ne trouveraient-ils pas dans ces distractions appropriées à la nature de leurs études! Dans les siècles classiques, les grandes œuvres de la littérature et de l'art s'éclairaient les unes par les autres, et nos musées sont une page incomparable de l'histoire de l'esprit humain.

D'un coup d'œil nos élèves mesureront eux-mêmes l'abîme qui sépare l'Orient de la Grèce, en voyant les monuments informes de l'art assyrien à côté des harmonieux chefs-d'œuvre des contemporains de Périclès. Il leur suffira de voir les essais des peintres du moyen âge

pour admirer de quel merveilleux essor s'est élevée la
peinture avec le génie des Raphaël et des Léonard de
Vinci.

Cette impression directe, que rien ne remplace, serait
d'autant plus profitable, qu'elle trouverait dans l'enseignement de la classe ses développements naturels. J'aimerais, en effet, à voir ces visites dirigées et préparées par
les indications des professeurs, complétées et fécondées
par leurs commentaires. Combien une leçon sur le siècle
de Louis XIV ou sur la Renaissance ne gagnerait-elle pas
en intérêt et en précision, lorsque le maître pourrait
transporter l'imagination de ses élèves devant les chefs-
d'œuvre qu'ils auraient étudiés la veille !

Outre ce complément d'instruction que les élèves iraient
chercher, sous la forme d'un plaisir, dans nos musées,
ceux des sciences trouveraient dans la visite des collections scientifiques et des grandes usines un délassement
en rapport avec l'objet habituel de leurs travaux. Ici, le
concours des professeurs serait encore plus nécessaire;
mais ils se prêteraient avec empressement, j'en ai la confiance, à accompagner leurs élèves dans quelques-unes
de ces visites, soit pour leur faire mieux comprendre, au
milieu des richesses géologiques, l'histoire des révolutions
du globe, soit pour leur démontrer, en présence des inventions de la mécanique appliquée, par quels procédés,
tout à la fois simples et puissants, l'industrie moderne a
fait passer dans son domaine les plus hautes théories de
la science.

J'aime à penser que les élèves des lettres se joindraient
parfois aux élèves des sciences et réciproquement : la
visite aurait ainsi, tantôt pour les uns, tantôt pour les

autres, un attrait de plus, l'attrait d'une certaine nouveauté, et ce serait pour tous un bon emploi des promenades de l'hiver, que ces visites d'où ils reviendraient,
le corps rafraîchi par un mouvement salutaire, l'esprit
récréé et satisfait.

Rien n'est à négliger, dans nos grands établissements
classiques, de ce qui peut faire naître chez les jeunes
gens ces habitudes de curiosité élevée qui sont le charme
de la vie, et qu'on trouve toujours le temps d'entretenir
plus tard, quand on en a de bonne heure contracté le
goût.

Recevez, etc.

Le ministre de l'instruction publique,

V. DURUY.

———————————

Rapport de S. Exc. M. le Ministre à S. M. l'Empereur, précédant le décret du 27 novembre 1864, relatif à une modification des examens du baccalauréat ès lettres et du baccalauréat ès sciences.

Sire,

Dans toute maison d'éducation bien conduite, on ne
laisse passer un élève d'une classe dans une autre qu'à
la condition d'avoir acquis dans la première les connaissances qui lui sont nécessaires pour suivre la seconde avec
profit. Le baccalauréat n'est que le dernier et le plus so-
lennel de ces *examens de passage*.

Avant de rendre un élève à sa famille et à la société, ou aux grandes écoles de l'État et aux services publics, l'Université lui demande de prouver qu'il emporte réellement du lycée ce qu'il y est venu chercher. Est-ce une masse considérable de connaissances éphémères ? Non ! Ces connaissances sont le moyen, mais non pas le but de l'éducation : le but est de cultiver l'esprit, de l'exercer, de l'assouplir par un commerce prolongé avec les maîtres de la pensée humaine. Le savoir positif, spécial, sera puisé ailleurs, dans les écoles professionnelles, où l'on forme l'ingénieur et le chimiste, le jurisconsulte et le médecin. Au lycée, on prépare l'homme. Dans cette distinction est toute la règle de notre système d'éducation nationale.

Mais si l'instruction classique, qu'avec tant de raison l'on appelle l'instruction libérale, se propose de développer harmonieusement dans l'enfant toutes les facultés de l'homme, sans songer encore à les engager dans une direction déterminée, il s'ensuit que l'épreuve destinée à constater les résultats de cette éducation générale doit être disposée de manière à convaincre le candidat qu'on regardera dans son intelligence bien plus que dans sa mémoire, et qu'il lui sera tenu moins de compte de ce savoir hâtif, qui ne résiste pas à quelques mois de loisir, que de la preuve, fournie par lui, qu'il s'est rendu familier avec les faits considérables de l'histoire, avec les grandes œuvres de l'esprit humain, avec les bonnes méthodes scientifiques, et que sur tout cela il sait parler et écrire raisonnablement.

Est-il nécessaire, pour atteindre ce but, d'obliger l'élève à reprendre au dernier moment, par un effort de mémoire désespéré, tout l'ensemble de ses études? Ce qui importe dans la vie du lycée, c'est moins la matière de l'enseignement que les qualités qui peuvent être développées dans l'esprit par l'étude; et ce sont ces qualités qu'il faut demander au candidat de montrer, bien plus que le faix, *moles indigesta rerum,* sous lequel son intelligence reste parfois ensevelie.

Le législateur de 1808 en a jugé ainsi : il ne demandait au candidat que de répondre sur les matières enseignées dans les deux classes qui sont comme le résumé et la plus haute expression de la vie scolaire, la rhétorique et la philosophie.

J'ai l'honneur de proposer à l'Empereur de revenir à l'esprit des décrets constitutifs de l'Université de France, de supprimer tout un appareil formidable de programmes, de questionnaires et de tirage au sort; de fortifier l'examen en le simplifiant; de le rendre plus paternel, tout en le rendant plus sérieux.

Ce n'est pas à dire que tout candidat sera désormais admis. Souvent les familles, trompées par d'impatientes ardeurs, cherchent moins l'intérêt bien entendu de leurs enfants que le profit à tirer immédiatement du diplôme, et des candidats malheureux oublient parfois dans leurs plaintes que, pour l'Université comme pour la société, ce diplôme ne doit pas être une complaisance, mais une vérité. Le baccalauréat, en effet, a un double caractère. Il n'est pas un concours où les plus dignes seulement emportent la couronne : il est la simple constatation d'études bien faites, et, à ce titre, le diplôme doit être accordé à tous ceux qui ont fait des études suffisamment bonnes pour mériter d'être classés parmi les hommes d'éducation libérale ; mais il est de plus, pour les grandes écoles comme pour plusieurs administrations publiques et privées, une barrière qui les défend au besoin contre les incapables : c'est la première épreuve éliminatoire à l'entrée de la vie civile, et la première leçon de moralité pratique que les jeunes gens reçoivent effectivement.

Au moment où, de toutes parts, on s'efforce de constituer l'enseignement spécial sur de larges et solides bases, pour l'industrie, le commerce et l'agriculture, il ne conviendrait pas d'abaisser le niveau auquel se mesure l'instruction nécessaire pour les autres fonctions de la société. Le peuple monte, et il se dépense aujourd'hui dans l'industrie plus d'intelligence qu'il n'en fallait autrefois au barreau.

Que ceux donc qui aspirent à servir l'État dans l'administration et la magistrature, à honorer le pays dans les lettres et les sciences, ou à conquérir la confiance publique dans les professions libérales, gardent leur avance en rendant plus sérieuses ces études premières d'où le reste de la vie dépend et que, de son côté, l'Université s'efforcera de rendre à la fois moins pénibles et plus fécondes.

Si Votre Majesté me permettait de reprendre le principe simple et clair de 1808 pour le baccalauréat ès lettres, il serait appliqué au baccalauréat ès sciences.

L'examen pour ce diplôme ne porterait que sur les matières qui formeront l'objet de l'enseignement dans la classe de mathématiques élémentaires, dont le programme sera réduit.

Si l'Empereur approuve les propositions que j'ai l'hon-

neur de lui soumettre, je prierai Sa Majesté de vouloir bien
revêtir de sa signature le projet de décret ci-joint.

Je suis avec un profond respect, Sire, de Votre Majesté
le très-humble, très-obéissant et très-fidèle serviteur,

Le ministre de l'instruction publique,

V. DURUY.

Rapport de S. Exc. M. le Ministre à S. M. l'Empereur, précédant le
décret du 27 novembre 1864, rétablissant un ordre spécial d'agrégation pour l'enseignement des langues vivantes dans les lycées.

Sire,

Votre Majesté me donna l'ordre, l'an dernier, de chercher les moyens de rendre plus efficace l'enseignement
des langues vivantes dans l'Université, pour nous relever
de l'infériorité où nous sommes, à cet égard, vis-à-vis de
l'étranger.

La réforme consista simplement à remplacer les méthodes savantes par la méthode naturelle, et à imiter au
lycée ce qui se passe dans la famille. Au lieu de retarder
l'étude des langues vivantes jusqu'à l'âge de quatorze ou
quinze ans, on la commença avec les jeunes enfants, dont
les organes plus souples se prêtent à rendre tous les sons,
et dont l'esprit encore peu exigeant retient les mots plus
aisément que les idées.

En outre, deux idiomes étrangers, l'anglais et l'allemand, étaient seuls admis dans nos lycées; mais ils l'é-
taient jusque dans les plus petits, là même où les élèves
faisaient défaut à ce double enseignement, et dans les villes
qui n'avaient aucune relation de commerce avec l'Angleterre ou l'Allemagne. Il fut décidé que le choix de la
langue vivante enseignée dans un lycée serait déterminé
par les besoins de la localité; et déjà des cours d'espagnol
sont institués dans nos provinces pyrénéennes, des cours
d'italien dans celles que baigne la Méditerranée, de même
que l'arabe algérien est enseigné au lycée d'Alger. Nos
élèves peuvent ainsi, au choix de leur famille, apprendre
un des cinq idiomes parlés autour de nous. M. le ministre
de la guerre a bien voulu donner une sanction précieuse
à cette réforme, en autorisant les candidats à l'école militaire de Saint-Cyr à présenter, pour épreuve de langue
vivante, dans l'examen d'admission, un de ces cinq idiomes, qui seront ainsi représentés dans l'armée comme
dans le pays.

L'expérience ne dure que depuis quinze mois; cependant les résultats d'une inspection minutieuse et prolongée
me donnent l'espoir qu'elle réussira.

Pour compléter cette réforme, je pense, Sire, qu'il
conviendrait de relever cet enseignement au niveau des
autres, d'abord en l'admettant au concours général de
Paris et aux concours académiques des départements,
comme le décret de Votre Majesté, en date du 27 novembre, vient de l'admettre au baccalauréat, et surtout en
relevant la condition des maîtres qui le donnent.

Les professeurs de langues vivantes de nos lycées sont
inférieurs à leurs collègues par le titre et par le traite-

ment; j'ai l'honneur de proposer à l'Empereur de constituer en faveur des plus habiles d'entre eux une *agrégation* spéciale.

Il y aurait alors pour les langues vivantes, comme pour les langues classiques, deux ordres de professeurs. Dans les lycées où le nombre des élèves exige l'entretien de plusieurs chaires, on confierait les premières classes aux maîtres qui n'ont que le certificat d'aptitude, et dont l'enseignement serait purement grammatical et pratique. A ceux qui auraient conquis le titre d'*agrégé* on réserverait les classes d'humanités. Trouvant là des élèves volontairement assidus, puisque ces cours sont facultatifs, déjà familiers avec un idiome étranger, et prêts pour la lecture des chefs-d'œuvre de Shakespeare ou de Schiller, de Dante ou de Cervantès, ils feront succéder un jour à l'étude des mots celle des formes littéraires, des sentiments et des idées, et contribueront à élargir encore, par la connaissance d'une littérature étrangère, le vaste horizon que nos études classiques ouvrent devant l'esprit.

Je suis avec un profond respect, Sire, de Votre Majesté le très-humble, très-obéissant et très-fidèle serviteur,

Le ministre de l'instruction publique,

V. DURUY.

Rapport de S. Exc. M. le Ministre à S. M. l'Empereur, précédant le décret du 4 décembre 1864, relatif à l'abolition de la division des classes d'humanités en deux sections et à la création d'un cours de mathématiques élémentaires.

Sire,

Le décret de Votre Majesté du 2 septembre 1863, qui rétablissait pour les élèves de troisième la communauté des études littéraires et scientifiques et reportait dans la classe de seconde le point de séparation, a été accueilli avec la même sympathie par le public et par le corps enseignant. Ces modifications devaient en appeler d'autres. La question posée en 1863 pour la troisième l'a été en 1864 pour la seconde, et des renseignements reçus il résulte que le vœu du corps enseignant, comme celui des familles, est que la réforme se continue et s'achève.

L'Empereur veut partout simplifier les rouages pour éviter des dépenses de force inutiles. Si quelque chose est simple en principe, avec une grande variété de moyens dans l'application, c'est l'éducation. Elle a pour but le développement harmonieux de toutes les facultés de l'esprit; pour moyens, les lettres, les sciences et la portion d'art qu'il est possible de donner à nos élèves.

Par les lettres, nous développons les sentiments affectueux, les idées morales, la raison éloquente, l'imagination, le goût du bien et du beau, et l'expérience de la vie. Par les sciences, nous faisons heureusement contre-poids aux facultés de sentiment et d'imagination, dont il faut régler et contenir l'essor; nous plions l'esprit à la discipline sévère des méthodes de raisonnement, et nous montrons par quelle voie austère et rude il faut aller chercher la vérité.

En ce moment, nos études ne sont pas combinées de manière que ce salutaire équilibre de toutes les facultés de l'esprit s'établisse. Nos élèves sont trop tôt séparés, et il n'y a pas assez de lettres pour ceux qu'on appelle les scientifiques, pas assez de sciences pour les littérateurs.

Du reste, l'organisation actuelle fléchit partout. Au 1er novembre 1864, le chiffre des élèves de la section scientifique (seconde, rhétorique et philosophie) était descendu au-dessous de 30 dans 47 lycées de province sur 69; et pour ces classes il se trouve, dans certaines maisons, autant de professeurs que d'élèves.

J'ai l'honneur de proposer à l'Empereur de laisser tomber ce qui de soi-même s'écroule; de supprimer les classes dites *seconde scientifique, rhétorique scientifique* et *philosophie scientifique*.

L'organisation normale des lycées serait à l'avenir :

1° Les classes ordinaires d'humanités, avec un enseignement scientifique plus fort, ayant pour sanction le baccalauréat ès lettres;

2° Ces mêmes classes et un cours de mathématiques élémentaires, au bout duquel se trouverait comme sanction le baccalauréat ès sciences.

Les familles qui voudraient pour leurs enfants de sérieuses études leur feraient suivre cette marche simple et sûre : après la philosophie, les mathématiques élémentaires.

Mais il faut compter, même au collége, avec les gens pressés. Ceux à qui il ne conviendrait pas de se hâter lentement seraient libres d'interrompre leurs études d'humanités pour entrer dans la première ou dans la seconde année du cours de mathématiques élémentaires, selon qu'un examen sérieux prouverait leur aptitude à suivre l'un ou l'autre cours. Ils y trouveront les études littéraires que réclament le baccalauréat ès sciences et les examens d'admission aux grandes écoles.

Au moment où le gouvernement s'occupe de développer largement dans le pays l'enseignement *professionnel* pour ceux qui ont déjà choisi leur profession, et l'enseignement *spécial*, pour ceux qui peuvent retarder de deux ou trois ans leur entrée dans l'atelier, le comptoir ou l'usine, il est nécessaire que le lycée *classique* conserve son caractère essentiel, qu'il soit le lieu où se donne l'éducation la plus libérale par la nature et l'étendue des connaissances qu'on y prend, l'éducation aussi la plus désintéressée dans son but immédiat, parce que maîtres et élèves n'y ont d'autre préoccupation que de créer la force qui ensuite met en mouvement toutes les autres, celle de l'esprit.

Si Votre Majesté voulait bien adopter les propositions qui précèdent, je la prierais de revêtir de sa signature le décret ci-joint.

Je suis avec respect, Sire, de Votre Majesté le très-humble, très-obéissant et très-fidèle serviteur,

Le ministre de l'instruction publique,

V. DURUY.

Instruction du 23 janvier 1865, résumant la jurisprudence relative aux cours publics libres.

Monsieur le recteur,

J'ai répondu jusqu'à ce jour par des instructions particulières aux nombreuses questions de législation et de procédure administrative qu'a soulevées l'extension considérable et toute nouvelle des cours publics libres.

Aujourd'hui je crois devoir vous adresser une instruction générale comprenant tous les éléments d'une jurisprudence qui s'est établie au fur et à mesure que les cas particuliers se sont présentés.

Je rappellerai d'abord les dispositions législatives qui régissent la matière. Les cours publics d'enseignement primaire et secondaire sont réglementés par les prescriptions de l'article 77 de la loi du 15 mars 1850, qui leur applique les dispositions concernant les écoles du même ordre. Pour ouvrir ces cours, il suffit donc de faire les déclarations et justifications prescrites par les articles 27 et 60 de la loi. En cas d'opposition régulière, le conseil départemental statue sans recours pour l'enseignement primaire, et, sauf appel devant le Conseil impérial, pour l'enseignement secondaire. D'ailleurs, aux termes de l'article 77, le conseil départemental peut accorder dispense des conditions légales.

Il n'a été élevé qu'un seul doute à ce sujet : on s'est demandé si, dans le cas où le conseil départemental refuserait les dispenses prévues par l'article 77, le postulant pourrait en appeler de cette décision au Conseil impérial. Je n'ai pas hésité à reconnaître que, dans ce cas, la décision du conseil départemental est souveraine et ne peut être frappée d'appel. L'article 77 de la loi, dont les termes sont déjà très-précis, est, en outre, expliqué sur ce point par le décret du 5 décembre 1850, qui porte (art. 6) que : « Les dispenses sont laissées à la discrétion du conseil départemental. »

L'article 85 de la loi du 15 mars 1850 est le seul texte applicable aux cours publics d'enseignement supérieur. Cet article porte que : « Jusqu'à promulgation de la loi sur l'enseignement supérieur, le Conseil impérial exercera, à l'égard de cet enseignement, les attributions qui appartenaient au conseil de l'Université. » Ainsi, l'article 85 se réfère à une législation antérieure dont il importe de rechercher et de préciser les dispositions.

La constitution originaire de l'Université repose, d'après le décret du 17 mars 1808, sur une double base : le pouvoir administratif remis tout entier entre les mains du grand maître, et l'attribution donnée au conseil, de veiller sur le perfectionnement des études, la police des écoles, la comptabilité et la discipline. Aux termes de l'article 54 du décret du 17 mars, c'est le grand maître qui accorde la permission d'enseigner. Une circulaire adressée en 1810 aux recteurs ne laisse subsister aucun doute à cet égard : « Désormais, y est-il dit, aucun individu, même gradué, ne pourra faire de cours public sans avoir préalablement obtenu l'autorisation du grand maître, accordée sur le rapport du recteur. » Le droit d'autorisation ainsi dévolu au ministre a subi les vicissitudes diverses de l'organisation générale de l'Université ; mais l'ordonnance du 7 décembre 1845, qui remet en vigueur, en ce qui concerne les attributions du conseil, les dispositions du décret organique de 1808, a rendu au ministre le droit d'autoriser seul les cours publics, et la loi du 15 mars 1850 n'a limité ce pouvoir qu'en ce qui concerne les cours primaires et secondaires.

Il ne saurait donc y avoir de doute sur l'état de la législation. Les cours primaires et secondaires sont régis par l'article 77 de la loi ; les cours d'enseignement supérieur relèvent du ministre seul, en vertu des dispositions combinées de l'article 85 de la loi du 15 mars 1850, de l'ordonnance du 7 décembre 1845 et du décret organique du 17 mars 1808.

J'examine maintenant les diverses questions qu'a soulevées la mise à exécution de la loi.

Et d'abord, comment distinguer les cours primaires et secondaires des cours d'enseignement supérieur ? Les cours primaires et secondaires sont essentiellement des cours d'éducation ; ils se distinguent par leur caractère élémentaire et général, ainsi que par l'âge des auditeurs auxquels ils s'adressent ; ils sont destinés, soit à des enfants ou à des jeunes gens auxquels ils offrent quelques parties de cette instruction que donnent nos écoles primaires et nos lycées, soit à des hommes faits qui sentent le besoin de combler les lacunes de leur éducation antérieure. Des programmes officiels renferment d'ailleurs les objets respectifs de ces deux ordres d'enseignement et permettent, par la comparaison, de reconnaître le caractère du cours libre qui voudrait s'ouvrir.

9.

Tous les cours qui ne sont ni primaires ni secondaires doivent être rangés dans la catégorie des cours d'enseignement supérieur, ou du moins soumis au régime légal de ces derniers cours. Sans prétendre en donner une définition rigoureuse, on peut remarquer qu'ils ont pour but, non l'étude des premières connaissances indispensables à tout homme et celles qui constituent une éducation libérale, mais qu'ils sont, soit un délassement de l'ordre le plus élevé, soit une recherche spéciale ou l'étude approfondie d'une des branches de la science. Ce qui distingue, d'ailleurs, le cours supérieur libre du cours supérieur des facultés, c'est que le dernier conserve le caractère plus austère et plus contenu d'une préparation normale aux grades universitaires que les facultés ont la mission de conférer.

Quelles conditions doivent remplir les personnes qui demandent à faire des cours publics d'enseignement supérieur? Il est évident que, dans l'intérêt même du succès de cet enseignement nouveau, les personnes qui sont appelées à y prendre part doivent offrir des garanties de maturité, d'expérience et de capacité. Ainsi autrefois, dans Athènes, à ses plus beaux jours, le droit de parler dans l'assemblée du peuple était une sorte d'office public réservé aux hommes d'un âge mûr et qui n'était accordé qu'après examen. Un poëte même ne pouvait, avant trente ans, faire représenter une pièce au théâtre. Aujourd'hui, pour être professeur de faculté, il faut aussi avoir trente ans et justifier du diplôme de docteur; on ne peut être agrégé qu'à vingt-cinq ans. Pour diriger une école secondaire libre, il faut avoir au moins le même âge et être pourvu du grade de bachelier. Ce ne sera donc pas trop exiger que

de demander vingt-cinq ans d'âge pour l'enseignement supérieur libre. Quant à la condition de grade, il paraîtrait
trop rigoureux de maintenir la jurisprudence établie par
l'ancien conseil de l'Université, qui, à une époque où les
cours libres étaient très-peu nombreux, exigeait la production du diplôme de docteur. On ne demandera pas
même d'une manière absolue le grade de licencié ; mais il
en sera tenu grand compte. L'autorisation pourra, d'ailleurs, être accordée sans justification de grade aux anciens élèves des grandes écoles de l'État, aux fonctionnaires des administrations publiques, aux membres des
sociétés savantes qui seraient présentés par ces sociétés,
aux hommes enfin qui, à défaut de services publics, offriraient une notoriété littéraire et scientifique fondée sur des
titres sérieux.

On a paru craindre un instant que l'autorisation de parler en public donnée à des professeurs de lycées ou de colléges ne nuisît au service. Ces craintes étaient sans fondement : ce sont précisément les professeurs les plus exacts
dans l'accomplissement de leurs devoirs qui ont demandé
avec le plus d'empressement à faire des cours, et il a été
constaté que ce surcroît de travail volontaire n'a pas nui à
la bonne direction des classes. Les difficultés, à cet égard,
ne pourraient tenir qu'aux personnes, et vous n'hésite-
riez pas à me fournir tous les renseignements propres à
protéger les intérêts du service contre les préoccupations
d'un enseignement extérieur.

L'admission des étrangers dans l'enseignement a été
réglementée par le décret du 5 décembre 1850 pour l'instruction primaire et secondaire. En ce qui regarde les
cours supérieurs, les étrangers rentrent dans le droit com-

mun de l'autorisation préalable donnée par le ministre;
de plus, ils sont astreints à l'obligation de justifier de leur
admission à jouir des droits civils.

La marche à suivre dans l'instruction des demandes en
autorisation de cours libres est déterminée par les règles
suivantes :

Le décret du 29 juillet 1850 a fixé la procédure relative
aux cours primaires et secondaires.

Quant aux cours supérieurs, une demande signée par
le postulant et indiquant les sujets à traiter et le local où
se feront les leçons est adressée au ministre, qui décide
sur les avis du préfet et du recteur.

Deux exceptions doivent être admises :

1° Lorsqu'il s'agit de cours faits par les professeurs de
l'Université ou par des fonctionnaires publics, tels que des
ingénieurs des ponts et chaussées et des mines, dûment
autorisés, d'ailleurs, par le ministre compétent, vous
pourrez, monsieur le recteur, après avis du préfet, accorder vous-même l'autorisation provisoire, en ayant soin
de m'envoyer immédiatement les pièces et les renseignements qui la justifient. Lorsqu'il s'agit de fonctionnaires
déjà investis de la confiance du gouvernement, on comprend qu'il soit procédé avec des formes plus rapides.

2° Il en doit être de même pour l'autorisation de leçons
dont l'objet est d'enseigner les applications spéciales et
pratiques d'une science.

Tous les autres cours, qu'ils soient faits par des professeurs isolés ou par des professeurs enseignant dans un
même local, sont soumis à la règle générale de l'autorisation ministérielle.

Il est indispensable de ne pas perdre de vue que l'autorisation porte à la fois sur la personne, sur le sujet à traiter et sur le local ; de sorte que l'autorisation donnée s'applique exclusivement à la matière indiquée et ne vaut que pour le local désigné.

Les autorisations ne sont valables que pour un an, et peuvent toujours être retirées.

On suivra, à l'égard des lectures publiques, les règles établies pour les cours d'enseignement supérieur.

L'enseignement ne pouvant porter que sur des matières scientifiques ou littéraires, il est inutile d'ajouter que, si des questions politiques ou religieuses étaient indiquées comme sujets des cours, je ne pourrais donner suite à ces demandes. En effet, l'autorisation pour les réunions politiques ressortit au ministère de l'intérieur, et les questions religieuses échappent à la compétence du ministre de l'instruction publique. Les cours et conférences que j'autorise n'ont et ne peuvent avoir d'autre but que la culture de l'intelligence, le développement du goût et les enseignements variés que fournit l'étude des lettres, de la philosophie, des sciences, de l'histoire et des arts. Toute excursion dans le champ de la polémique religieuse ou politique demeure donc absolument interdite.

Je confie à toute votre sollicitude l'exécution des dispositions qui précèdent ; vous y trouverez des règles précises pour la solution des difficultés inhérentes à l'établissement de tout régime nouveau.

L'empressement avec lequel les savants les plus honorables et les hommes dévoués au bien public ont répondu de toutes parts à l'appel qui leur était adressé est un sûr garant du succès des cours libres. Mais il importe, dans l'intérêt même du nouvel enseignement, que les règles prescrites soient fidèlement observées. Votre devoir consistera à en encourager et à en surveiller les premiers essais.

Toutes ces prescriptions ne sont, d'ailleurs, que les moyens d'exécution des principes posés dans ma circulaire du 6 avril 1864, dont je remets sous vos yeux le passage principal :

« Le ministre de l'instruction publique a le droit, d'après la législation existante, d'autoriser les cours, gratuits ou non, qui sont faits, dans un intérêt littéraire ou scientifique, pour répandre des connaissances utiles et morales au sein des classes laborieuses ou pour donner aux classes élevées une distraction élégante et profitable. Mais il ne saurait, sans dépasser les limites du pouvoir qui lui est propre, permettre des réunions où l'on n'aurait pas exclusivement en vue la propagation de l'enseignement. A plus forte raison, il n'en pourrait permettre qui prendraient un caractère politique, soit par le but qu'on se proposerait d'atteindre en dehors de la littérature, soit par la composition du personnel enseignant, qui constituerait une sorte de réclame permanente pour un parti ou pour des candidatures politiques ; soit enfin par des habitudes d'allusions détournées et de sous-entendus qui feraient du cours une provocation à peine déguisée. J'ajoute que son devoir serait de retirer immédiatement une autorisation dont le public abuserait, même sans la volonté du professeur. »

Recevez, etc.

Le ministre de l'instruction publique,

V. DURUY.

Discours prononcé par S. Exc. M. le Ministre à la distribution des prix aux élèves des cours libres d'adultes de l'Association polytechnique, le 19 février 1865.

Messieurs,

Un de mes plaisirs est d'aller, le soir, à vos cours pour entendre, à l'insu de vos maîtres et de vous-mêmes, ces leçons données avec un dévouement si désintéressé et reçues avec une déférence qui réjouit mon cœur de vieux professeur. Je vois là de jeunes ouvriers qui ont quitté leur habit de travail pour faire honneur à la science, et des hommes, déjà avancés dans la vie, qui réparent l'erreur, je dirais volontiers la faute coupable de leurs pères, en venant, à l'heure du repos et à un âge qui n'est plus celui de l'école, prendre péniblement ces connaissances qu'il leur eût été si facile et si profitable d'acquérir au temps de leur jeunesse.

Puisque vous aimez tant les leçons et que vous les recevez si bien, je reprends mon ancien métier et je vais vous conter une histoire, celle du travailleur. Ah! c'est une triste histoire, mais qui porte avec elle un grand enseignement.

Vous avez entendu parler des immenses travaux accomplis autrefois par les rois d'Égypte; mais vous a-t-on dit au prix de quelles souffrances? Pour creuser le canal de Nécos, qui ne servit à rien, cent vingt mille ouvriers périrent. Aujourd'hui, c'est l'isthme de Suez que le génie et la main de la France coupent, au profit du monde, pour réunir deux océans, et avec de telles précautions à l'égard des travailleurs, que la mortalité, parmi eux, est insensible : un pour cent environ.

Ces Pharaons d'Égypte ne comptaient pour rien la vie de leurs sujets, je vous l'accorde. Laissons donc s'écouler dix ou quinze siècles, et entrons, non pas à Sparte, où la jeune noblesse chassait à l'homme dans les campagnes trop peuplées d'Ilotes, mais à Athènes. Nous voilà au foyer où s'est allumé le flambeau qui éclaire encore le monde. C'est un peuple de héros, et qui l'ont été non-seulement contre les Mèdes et les Perses, mais contre l'ignorance et la barbarie. Là, en effet, plus qu'en aucun lieu du monde, ont vécu les maîtres de l'art et de la pensée ; aujourd'hui encore leurs œuvres incomparables nous enchantent et nous inspirent.

Mais cette belle cité, cette civilisation merveilleuse, quel sort faisait-elle aux travailleurs? A côté de Platon et de Phidias, de Sophocle et de Périclès montant radieux au Parthénon et à l'immortalité, je vois passer dans l'ombre des misérables achetés à prix d'argent et qui travaillent à coups de fouet. La glorieuse république qui remplit le monde de son nom ne compte que 15,000 citoyens, et elle a 400,000 esclaves.

Du moins, dans la cité de Minerve, les mœurs sont douces, même envers l'esclave, qui, trop maltraité par son maître, peut exiger d'être vendu à un autre.

Passons à Rome, chez ce peuple avare et dur à qui un de ses plus grands citoyens disait : « Les instruments de travail sont de deux sortes : les uns muets, la charrue, le hoyau ; les autres ayant une voix, le bœuf, le cheval,

l'esclave. » Et encore : « Le bon propriétaire vend et
n'achète pas. Qu'il vende les vieux bœufs, la vieille fer-
raille, les vieux esclaves et les esclaves malades. » Comme
ceux-ci ne trouvaient guère d'acheteurs, le maître le plus
religieux faisait porter l'esclave malade dans l'île du
Tibre, auprès du temple d'Esculape, et l'y abandonnait.
Qu'il guérît ou mourût, c'était l'affaire du dieu.

Dans le dernier âge de la république romaine, l'homme
était la denrée qui se vendait le mieux. Des extrémités
de la Gaule, de la Germanie et du pays des Scythes descendaient incessamment vers les bords de la Méditerranée
de longues files de barbares enchaînés, que les négriers
blancs livraient aux riches de l'Italie et des provinces.
Crassus en avait réuni à lui seul 20,000. Aussi, pour contenir ces foules irritées, il fallait des lois de sang et des
mœurs qui ne connaissaient point la pitié.

L'esclave n'avait rien, pas même son pécule, car le
maître pouvait le lui reprendre ; ni femme ni enfants,
car il s'accouplait au hasard, et ses petits, comme dit
Aristote, appartenaient au maître. Jamais de loisir: «Qu'il
dorme ou travaille, » disait Caton. Il ne fallait pas qu'il
pût penser. Pour les tenir par la faim, on les nourrissait à
peine. « Traite-les comme des bêtes féroces, dit un autre,
et rends leur âme vingt fois plus esclave à force de coups
d'étrivières. »

Pour un délit léger, par un caprice du maître, l'esclave
expirait sous les verges, sur la croix, ou suspendu en
l'air par des crochets de fer, livré tout vivant aux oiseaux
de proie.

Je ne parle pas du gladiateur, cet esclave destiné à
mourir sous l'épée d'un autre esclave ou sous la dent des

lions, et qu'on dressait à parer son agonie d'un geste de théâtre et d'un sourire.

Nous sommes cinq mille dans cette enceinte. Combien de nous auraient été, il y a vingt siècles, Crassus ou Caton, c'est-à-dire parmi les maîtres? Combien, parmi ces choses sans nom, qui, depuis l'entrée en servitude, duraient, je n'ose pas dire vivaient, en moyenne cinq ou six ans?

Et pourtant, ce sont ces esclaves qui ont commencé le travail industriel et la grande lutte de l'esprit contre la matière dont nous voyons les éclatants triomphes; ce sont ces mains calleuses, ces bras enchaînés et livides qui, affranchis et dirigés par les méditations puissantes de penseurs solitaires, ont mis au front de l'homme sa couronne de royauté sur le monde matériel.

A mesure, en effet, que les sociétés païennes se rapprochaient de l'heure bénie où la *bonne nouvelle* allait être répandue sur le monde, les doctrines s'épuraient et s'élevaient. « Nous sommes tous frères, » avait déjà dit Platon : « La nature vous a créés tous libres , » répétait Plaute; et l'empereur Marc-Aurèle écrivait avec son cœur un livre dont un cardinal, neveu du pape Urbain VIII, n'a pas craint de dire : « Mon âme devient plus rouge que ma pourpre au spectacle des vertus de ce gentil. »

Mais la philosophie antique ressemblait à ce traité du *Mépris des richesses* que Sénèque écrivait sur une table d'or : elle était d'un grand éclat et de peu d'efficacité. Elle montait et si bien qu'au siècle des Antonins elle s'asseyait sur le trône; mais elle ne descendait pas jusqu'à ces foules misérables de cœur et d'esprit au sein desquelles le christianisme, sorti du milieu d'un peuple qui avait

honoré le travail, vint chercher ses premiers disciples et
ses martyrs.

Il ne les sauva pas d'abord de la servitude. Le travail
dans l'empire romain resta une œuvre servile et dégra-
dante. Les manufactures impériales furent de véritables
geôles où l'ouvrier, même de naissance libre, était marqué
d'un fer rouge, de peur qu'il ne s'échappât, et puni de
mort pour une imperfection dans l'ouvrage.

L'invasion des barbares, qui désorganisa tout, désorganisa aussi l'esclavage. Le Goth et le Vandale distin-
guaient mal la saie de la toge : sous la commune oppres-
sion, le maître et l'esclave se trouvèrent rapprochés. Le
dernier devint le serf, l'*homme de la terre*, vendu encore,
mais avec le sol qu'il fécondait, avec la chaumière que
son père avait habitée et où son fils était né, avec sa
femme et ses enfants, dont le maître nouveau ne le sépara
plus.

Cet outil, *instrumentum vocale*, cette chose avec laquelle
on jouait et qu'on brisait, est donc une personne. Le serf
a une famille : il est à demi sauvé. L'Église lui ouvre ses
temples, le recueille dans ses monastères : le voilà moine,
abbé, évêque, et pour un temps il commande aux puissants de la terre. Mais un bien petit nombre monte si haut;
la foule reste courbée sous ce qui est encore la malédiction du travail. Au champ, on laboure pour le seigneur;
à la ville, on tisse ou l'on forge sous son bon plaisir, car
le travail est un droit seigneurial qu'il faut acheter.

Afin d'échapper aux exactions féodales, les artisans se
réunissent en jurandes et maîtrises. Mais les corporations,
à leur tour, deviennent une servitude. Elles limitent le
nombre des maîtres pour restreindre la concurrence; elles

augmentent la durée de l'apprentissage pour avoir moins
de compagnons et plus de travail gratuit; elles font un secret de chaque détail du métier pour entraver les industries rivales, et elles ne laissent l'ouvrier passer maître
qu'au prix d'épreuves longues et coûteuses. Au dernier
siècle encore, une *maîtrise* se vendait trois, quatre et cinq
mille livres, non compris le *chef-d'œuvre*, les cadeaux
obligés et le repas pantagruélique.

Entre elles les corporations se jalousent et se que-
rellent, et les compagnons sont comme les corporations,
le bâton toujours levé les uns contre les autres. Elles se
disputent le marché, non par la supériorité des produits,
mais par l'étendue des priviléges qu'elles se font céder.
Au lieu de se dépenser en perfectionnements utiles, leur
activité se perd en procès ruineux, et chacune estime à
l'égal d'une victoire l'achat de quelque ordonnance restrictive, que la royauté leur vend à toutes à beaux deniers
comptants.

La royauté, en effet, occupée de bien d'autres soucis,
restait volontiers à l'écart de ce monde du travail, envieux
et querelleur; mais elle y vit longtemps une source de
revenus. Comme elle avait établi un impôt sur la vanité
par la vente des lettres de noblesse, elle en établit un sur
la sottise par la vente des offices. Au dix-septième et au
dix-huitième siècle, l'industrie et le commerce furent
ainsi surchargés d'innombrables parasites qui entravèrent
les transactions et accrurent le prix de toute chose, à
raison des droits dont il fallait payer les prérogatives des
privilégiés. Il y eut « de par le roi » des jurés essayeurs
d'eau-de-vie et de bière, essayeurs de beurre et de fromage, cribleurs de blé, mesureurs de pierre, auneurs de

toile , des jurés crieurs héréditaires d'enterrements , des
contrôleurs de perruques, etc., etc. « Toutes les fois,
disait un courtisan à Louis XIV, que Votre Majesté crée
un office , Dieu crée un sot pour l'acheter. » Aussi le roi
battit monnaie avec ce travers national : à lui seul il créa
quarante mille offices.

Les règlements se multiplièrent comme les charges inutiles. On fixa la longueur, la largeur, la qualité des étoffes
et jusqu'au poids des couvertures de laine. Voici un arrêt
du 24 décembre 1670 : « Les étoffes qui ne seront pas
conformes aux règlements seront exposées sur un poteau
avec le nom du marchand et de l'ouvrier, puis déchirées
et brûlées. A la seconde récidive, l'ouvrier et le marchand
seront mis au carcan pendant deux heures. »

Un siècle plus tard , en 1760, c'est-à-dire en un temps
que nos grands-pères ont vu, un chapelier, Leprévost,
imagina de fabriquer des chapeaux avec de la soie. Le
succès attira la foule, et la foule amena la fortune ; mais
la corporation s'irrite et punit Leprévost d'une amende.
Il plaide, on le condamne. Pour déjouer la haine de ses
confrères, il achète une charge de chapelier du roi. La
corporation ne laisse pas échapper son justiciable. Un
jour les jurés entrent dans ses magasins et y détruisent
trois mille chapeaux. Il plaide encore : au bout de quatre
années de procès, l'inventeur eut permission d'exploiter
son invention ; mais il était ruiné.

Une inadvertance dans le travail , lors même qu'elle ne
devait causer aucun préjudice à l'acheteur, était punie
comme un délit. « Chaque semaine, dit un inspecteur
des manufactures, peu de temps avant 1789, chaque
semaine, pendant nombre d'années, j'ai vu brûler, à

Rouen, quatre-vingts ou cent pièces d'étoffes, parce que
le règlement sur le tissage ou sur la teinture n'avait pas
été de tout point observé, quoique l'étoffe fût donnée
pour ce qu'elle était. »

Étonnez-vous ensuite, en relisant cette triste histoire du
travail, en repassant, de mémoire, par cette voie douloureuse où, depuis soixante siècles, les classes ouvrières
ont laissé tant de sang, tant de larmes, et trouvé tant d'obstacles; étonnez-vous du vieux dicton populaire : « Notre
ennemi, c'est notre maître. »

Mais la Constituante vint qui brisa ces entraves : le
16 février 1791, votre grand jour, messieurs, l'Assemblée
nationale abolit les corporations, les jurandes, les offices
et les priviléges. L'ouvrier eut enfin la main libre, et,
quoique la République et l'Empire aient longtemps armé
cette main d'un fusil pour le salut ou la gloire de la
France, vous avez si bien travaillé depuis votre affranchissement, que la production industrielle, évaluée, il y a
quatre-vingts ans, à 991 millions, dépasse aujourd'hui
11 milliards. Et ne croyez pas que cette production ne
profite qu'au fabricant ou au consommateur. Au dix-
septième siècle, on comptait à Paris 70,632 ouvriers :
l'enquête de 1856 y a trouvé tout juste autant de patrons.

Par les réformes sociales de 1789, vous avez conquis
la liberté du travail; par vos efforts pour vous instruire,
vous cherchez à conquérir la liberté de l'intelligence. Vous
avez raison de porter de ce côté vos efforts, car là sont à
présent vos ennemis les plus redoutables : l'ignorance, les
préjugés, la passion. Faites la lumière dans votre esprit,
et vous connaîtrez mieux vos intérêts véritables.

Peut-être quelques-uns vont-ils encore vous répétant à

l'oreille : « Votre ennemi, c'est votre maître. » Avant de les écouter, surtout avant de les croire, examinez bien si le vieux dicton est toujours vrai ; car la vérité est aussi bonne pour les peuples que pour les souverains, et la flatterie ne vaut pas mieux dans la rue que dans le palais.

Après 1830, des imprudents vous poussaient à briser les machines. Vous savez maintenant qu'elles décuplent la production, qu'elles augmentent vos profits et qu'elles vous épargnent de douloureux efforts.

Après 1848, on a attaqué en votre nom le capital ; maintenant vous savez que le capital représente les fruits accumulés du travail, et qu'il est à l'industrie ce que la vapeur est à la machine, celle-ci restant inerte et inactive dès que l'autre lui manque. C'était, à dix-huit ans d'intervalle, un double suicide qu'on vous conseillait.

Les prophètes de malheur, s'il en existe encore, auraient-ils plus raison aujourd'hui ?

Il me semble que l'élu de sept millions de suffrages, que le Prince qui écrit en tête de tous ses actes : « Par la volonté nationale, » et qui affirme dans toute sa politique extérieure le droit des peuples à être consultés sur leur sort, ne ressemble pas au monarque qui disait : « L'État c'est moi, » et qui, par ces paroles, exprimait alors la réalité.

Il me semble que ce gouvernement, si soucieux de l'honneur national, et par qui la France aujourd'hui porte si haut la tête, ne s'est pas seulement plu aux armes vaillamment portées, mais que, fidèle à son origine et à son esprit, il a eu, plus qu'aucun autre ne l'eut jamais, la préoccupation des intérêts populaires.

Aux ouvriers valides il a assuré du travail par la vi→

goureuse impulsion donnée aux grandes entreprises qui changent la face de la France; et une loi vient de leur garantir le droit de débattre pacifiquement leurs intérêts.

A ceux qui n'ont que leurs bras pour débuter dans la vie de l'atelier il offre du crédit, à condition qu'ils puissent donner leur moralité en gage.

Aux malades des hôpitaux il ouvre l'Asile des convalescents, où, depuis 1855, 40,000 ouvriers ont pu prévenir une rechute et reconstituer paisiblement leur capital de force et de santé.

Au pauvre, contraint de plaider, l'assistance judiciaire; au plus petit des contribuables qui se croit grevé de quelques centimes, la faculté de mettre en mouvement la plus haute juridiction de l'État; à quiconque pense être victime d'un excès de pouvoir, le droit d'en appeler, sans frais, au conseil où l'Empereur lui-même rend la justice; à tous, des logements plus salubres, et à Paris, en moins d'un quart de siècle, quatre années gagnées sur la mort.

Les caisses d'épargne sont d'une autre époque. En 1848 il y en avait 364; aujourd'hui on en compte 485 avec 1,471,000 livrets. Mais les caisses de retraite pour la vieillesse ne datent que de 1850, et elles ont déjà 80 millions versés par 222,153 personnes, dont les derniers jours ne seront plus, comme autrefois, assombris et abrégés par l'inquiétude et la misère.

L'esprit du temps passé créait la mendicité par les moyens mêmes qu'on employait pour soulager la misère. La société moderne cherche à la prévenir en encourageant les efforts individuels, la prévoyance et le sacrifice volontaire. Elle donne l'assistance au vieillard, à l'infirme; mais elle ne consent à mettre son obole qu'à côté d'un sa-

laire noblement gagné ou dans une main d'où la maladie
a fait tomber l'instrument du travail. Elle ne détruit pas
la charité; elle la transforme par l'association fraternelle,
qui supprime l'isolement, rapproche les intérêts et unit
les cœurs. Le décret du 26 mars 1852, qui a organisé les
sociétés de secours mutuels, a été la meilleure des promesses pour l'extinction du paupérisme. Déjà se sont formées près de 5,000 sociétés, comprenant 680,000 membres et possédant plus de 34 millions.

Que cette institution se développe, que quelque autre
se fonde pour ces soldats de la paix tombés mutilés sur le
champ de bataille de l'industrie, pour la veuve, pour
l'orphelin privés du pain de chaque jour que le chef de
famille leur apportait, et l'esprit moderne comptera une
victoire de plus.

En même temps que ces réformes s'accomplissaient, un
souffle de liberté circulait dans notre législation commerciale et dans toute l'organisation administrative. Individus, communes, départements, hier encore l'Empereur,
dans un magnifique langage, les appelait tous à une activité plus large et plus féconde. Il voudrait que chacun,
s'élevant plus haut dans la vie morale, prît virilement le
gouvernement de lui-même; car il ambitionne l'honneur
d'être à la tête d'un peuple d'hommes, comme un général est fier de commander à de vaillants soldats.

Pourquoi, messieurs, suis-je entré dans ces détails?
est-ce pour flatter mon temps?

Je ne m'en cache point. A la différence de ceux qui
n'ont d'amour que pour le passé et de dures paroles que
pour le présent, je voudrais vous faire aimer cette société
moderne, animée de si généreux sentiments, qui n'é-

10.

pargne rien pour vous faire une condition meilleure, et qui est constituée de telle sorte qu'un des vôtres, jadis simple ouvrier et auditeur assidu de vos cours, Ruhmkorff, a pu, dépassant nos savants les plus renommés, conquérir le prix de 50,000 francs promis par l'Empereur pour la plus belle découverte relative à l'électricité.

Je voudrais, en vous montrant le chemin parcouru depuis quelques années, après tant de siècles de douleurs, calmer des ardeurs trop vives et des impatiences qui seraient des injustices ou des fautes; car, en tout, il faut compter avec le temps.

Surtout je voudrais faire comprendre que, dans nos mœurs et avec nos lois, le gouvernement n'a pas un intérêt personnel, égoïste, distinct de celui du peuple; qu'il est au contraire l'organe de la vie commune, l'expression la plus haute et la plus désintéressée des besoins généraux du pays.

Pour arriver à cette vérité, il faut élever sa raison au-dessus de ses passions. Il faut étendre son horizon moral par l'instruction, c'est-à-dire qu'il faut continuer à faire ce que vous faites chaque soir.

Plusieurs parmi vous se rappellent ces journées funèbres de juin 1848. Dans un moment où la lutte fratricide se trouvait suspendue, un parlementaire s'approcha d'une barricade pour demander à ceux qui l'avaient élevée ce qu'ils voulaient obtenir. Étonnés à cette question, ils se concertent pour répondre, hésitent longtemps. Enfin leur chef dit à l'envoyé : « Eh bien ! nous voulons de l'instruction pour nos enfants. Nous, nous nous battons sans savoir pourquoi; eux, au moins, on ne les mènera pas comme nous. »

J'ai recueilli cette parole, dont le souvenir m'a toujours suivi. Et moi, ministre de l'Empereur, je viens à
mon tour vous dire : Instruisez vos enfants, instruisez-
vous vous-mêmes, afin que, répondant aux vœux du
Souverain de ce libre et glorieux pays, nous sachions l'aider, chacun dans notre sphère, « à fortifier le corps et à
élever l'âme de la nation. »

Rapport à S. M. l'Empereur, précédant le décret du 4 mars 1865, portant création d'une école normale primaire d'instituteurs à Alger.

Sire,

L'enseignement primaire a déjà pris en Algérie un
développement remarquable. Écoles publiques, écoles
libres, écoles spéciales à chaque sexe et à chaque culte,
écoles mixtes, salles d'asile, ces différentes sortes d'établissements existent aujourd'hui dans la colonie, et depuis
longtemps les indigènes musulmans eux-mêmes consentent à confier leurs enfants à des maîtres français.
Mais l'imperfection des méthodes d'enseignement et surtout la difficulté de recruter des maîtres capables sont
un obstacle au progrès de notre influence sur la jeune
génération. Ces maîtres, une *école normale primaire* peut
seule les donner.

En effet, si l'on veut que les écoles destinées à recevoir

les jeunes Arabes contribuent à la propagation rapide de
la langue et des idées françaises, il est nécessaire d'y
placer des maîtres initiés à l'usage de l'arabe parlé, à la
connaissance générale des mœurs, et capables d'adapter
leurs méthodes aux habitudes intellectuelles des indigènes. Or, sans une préparation spéciale, il est évident
que les instituteurs demeureront étrangers à ces connaissances et aux procédés qu'il convient d'employer pour
rendre leur enseignement profitable à tous les enfants de
la colonie. Ces considérations nous ont conduits à proposer à Votre Majesté la création d'une école normale
d'instituteurs pour les Européens et les indigènes.

Il existe en Algérie 231 écoles primaires, dirigées par
des maîtres *laïques*, au recrutement desquels l'école normale primaire serait destinée à pourvoir. En moyenne,
on compte par an dix emplois vacants dans le personnel de
l'instruction primaire. Il suffirait donc que l'école normale reçût 30 élèves, répartis en trois années, pour
répondre aux besoins du moment. Un certain nombre d'indigènes feraient naturellement partie du personnel de la
nouvelle école, où l'éducation commune et le contact
permanent, pendant trois années, des élèves appartenant
aux deux races, produiraient les meilleurs résultats. Nous
pensons qu'il y a lieu de fixer, quant à présent, au cinquième du total des élèves, le nombre des indigènes qui
y seront admis.

Les dépenses d'installation et une notable partie des
charges annuelles de l'établissement seraient réparties
entre les budgets de l'instruction publique et du gouvernement général de l'Algérie, qui disposent, dès à présent,
de crédits suffisants. Les conseils généraux de l'Algérie

s'empresseraient certainement d'y contribuer, de leur côté, en inscrivant aux budgets provinciaux l'entretien d'un certain nombre de bourses. Ainsi se trouverait assuré le fonctionnement de l'institution projetée.

Dans ces conditions, nous n'hésitons pas, Sire, à prier Votre Majesté de vouloir bien autoriser cette création, en signant le projet de décret ci-joint. Un arrêté, concerté entre nos deux départements et le gouverneur général de l'Algérie, réglera tout ce qui se rapporte au personnel des maîtres et des élèves, à l'enseignement et à l'administration de la nouvelle école.

Nous sommes avec le plus profond respect, Sire, de Votre Majesté les très-obéissants, très-dévoués serviteurs et très-fidèles sujets,

Le ministre de l'instruction publique,

V. DURUY.

Le maréchal de France, ministre de la guerre,

RANDON.

Rapport présenté par S. Exc. M. le Ministre à S. M. l'Empereur, le 6 mars 1865, sur l'état de l'enseignement primaire en France pendant l'année 1863.

Sire,

J'ai l'honneur de placer sous les yeux de Votre Majesté l'état de l'enseignement primaire en France au 1ᵉʳ janvier 1864.

I.

Population des écoles en 1832, 1847 et 1863.

En 1832, nos écoles primaires renfermaient 1,935,624 enfants pour 32,560,934 habitants.

En 1847, il y en avait 3,530,135 pour 35,400,486 habitants.

En 1863, on en a compté 4,336,368 pour une population de 37,382,225 habitants.

En d'autres termes, en 1832, la France envoyait dans ses écoles primaires 59 élèves sur 1,000 habitants; en 1847, 99.8; en 1863, 116.

II.

Nombre d'enfants qui ne fréquentent pas l'école.

Le progrès obtenu durant les seize dernières années a été moins rapide que dans la période précédente, parce que celle-ci fut la période de création. Il est cependant considérable ; car, de 1847 à 1863, on a ouvert 8,566 écoles publiques et gagné 806,233 élèves, soit, en moyenne, 50,000 par an [1]. Aujourd'hui, il ne reste plus que 818 communes qui soient privées d'écoles ; encore la plupart de ces localités envoient-elles leurs enfants dans les écoles du voisinage.

Mais si nous prenons, comme le veulent les règlements, pour limites normales de l'âge scolaire 7 et 13 ans, nous ne trouvons dans les écoles primaires, en 1863, que 3,133,540 enfants de cet âge, sur 4,018,427 qui, d'a-près le recensement fait par les inspecteurs en 1863, doivent exister dans la France entière.

Il y aurait donc, pour les écoles primaires, un déficit de 884,887 enfants de 7 à 13 ans. L'inspection universi-taire ne la porte qu'à 692,678 ; mais elle doit rester, dans ses évaluations, au-dessous de la vérité, parce que les instituteurs n'ont pas les moyens de connaître, dans les grandes villes, le chiffre vrai des enfants qui ne fréquen-tent pas les écoles.

Du reste, quel que soit, pour les écoles primaires, le chiffre vrai du déficit d'enfants de 7 à 13 ans, il ne fau-drait pas le regarder comme exprimant le nombre de ceux qui restent complétement privés d'instruction. Il y a, en effet, un certain nombre d'enfants de cet âge qui reçoivent le premier enseignement dans la famille ou dans les classes élémentaires des établissements secondaires. En outre, beaucoup d'autres n'entrent à l'école qu'à 8 ou

---

1. Dans ce chiffre sont compris les écoles et les élèves des trois départements annexés. Dans la Savoie et le comté de Nice, les écoles publiques sont au nombre de 1,528, et les élèves des écoles publiques et libres au chiffre de 86,812.

9 ans, ou en sortent avant d'avoir accompli leur treizième
année.

Pour l'enfance, les actes de la vie religieuse règlent, en
général, la durée de la période scolaire. La première
communion, dans l'église catholique, se faisant entre 11
et 12 ans, bien peu d'enfants suivent l'école lorsqu'ils
n'ont plus le catéchisme à réciter, comme beaucoup n'y
sont venus que pour l'apprendre. Dans les pays protestants, où la première communion se fait vers 16 ans, cette
limite est aussi celle de l'âge scolaire, et ce retard, qui
prolonge en quelque sorte l'enfance, prolonge aussi l'é-
tude; c'est une des raisons qui expliquent la supériorité,
en fait d'instruction primaire, des États protestants sur
les États catholiques. Une autre se trouve dans l'obligation
religieuse imposée à tout protestant de lire assidûment la
Bible; une troisième, dans les riches dotations que le zèle
des particuliers a assurées aux écoles, surtout depuis 30
et 40 ans.

L'administration a essayé de connaître combien d'enfants de plus de 8 ans et de moins de 11 ans ont passé, en
1863, par l'école publique de garçons. Les renseignements contradictoires qu'elle a reçus ne lui permettent pas
de donner un chiffre officiel; mais elle a des raisons de
croire que le nombre des enfants de cet âge qui ne sont
pas venus à l'école, et qui par conséquent n'ont reçu
aucune instruction, n'aurait point dépassé 200,000.

III.

Instruction des enfants qui sortent des écoles.

Il ne faudrait cependant pas regarder ces 200,000 enfants comme les seuls déshérités de l'instruction primaire. Si l'on examine quelle est la durée de la fréquentation de l'école et la valeur des connaissances acquises par les élèves qui en sortent, on verra que, lors même que nous ne laisserions plus un seul enfant en dehors de l'école, nous n'aurions accompli que la moitié de notre tâche.

On vient de constater que 700,000 à 800,000 enfants ayant l'âge scolaire manquaient en 1863 à l'école, que l'on fréquente surtout de 8 à 11 ans. Même ces trois années ne sont pas, il s'en faut de beaucoup, données tout entières à l'école. Parmi ceux qui y viennent, plus du tiers, soit 34.6 p. 100, y passent moins de 6 mois. En outre, sur 657,401 élèves qui, dans l'année 1863, en sont sortis, 395,393, ou 60 p. 100, savaient lire, écrire et compter; mais 262,008, c'est-à-dire 40 p. 100, avaient inutilement passé par l'école ou en avaient emporté des connaissances insuffisantes que beaucoup d'entre eux oublieront.

En résumé, le pays dépense actuellement pour les écoles primaires plus de 58 millions et les services de 77,000 personnes (sans compter 28,000 agents gratuits) pour produire ce faible résultat de 60 enfants sur 100 sortant chaque année des écoles publiques avec l'esprit ouvert et fécondé par ces premières études qui préparent l'ouvrier intelligent et le bon citoyen. En mécanique, une machine qui ne produirait pas plus d'effet utile serait à l'instant réorganisée.

IV.

Nombre de conscrits et de conjoints ne sachant pas lire.

Nous arrivons à la même conclusion en examinant les résultats qu'on tire des registres de la conscription.

En 1862, sur 100 conscrits, il y en avait 27.49 ou près du tiers qui ne savaient ni lire ni écrire; en 1847, on en comptait 34.91; en 1830, 49.73. De même, sur 100 hommes contractant mariage, il y en avait, en 1853, 33.70 qui ne savaient point signer, et, en 1862, 28.54. Quant aux femmes, les chiffres étaient, en 1853, de 54.75, et, en 1862, de 43.26.

En moyenne, le chiffre des conjoints qui ne savent pas signer était, en 1853, de 37 p. 100, et, en 1862, de 35.90 p. 100.

Pour les conscrits, l'amélioration entre 1830 et 1848 fut considérable; en 17 ans on gagna près de 15 p. 100. Le mouvement se ralentit à partir de 1848, et le gain, pour ces années, fut moitié moindre; il n'arriva pas à 7 1/2 p. 100.

La raison de ce ralentissement est la même qui explique l'augmentation moins grande du nombre des élèves entre 1848 et 1864. Avant 1830, il n'y avait à peu près rien; la loi de 1833 créa, à vrai dire, l'enseignement primaire en France. Mais, à mesure que la lumière dut pénétrer dans des couches plus profondes, elle entra difficilement dans un milieu plus réfractaire.

Il est donc acquis que près du tiers de nos conscrits ne savent pas lire ; que 36 p. 100 des conjoints sont incapables de signer leur nom ; que plus du cinquième de nos enfants ayant l'âge scolaire, et dont l'absence de l'école a été constatée pour 1863, ou bien n'y sont pas encore allés, ou ont cessé trop tôt de s'y rendre, ou même n'y ont jamais paru ; qu'enfin, sur les quatre cinquièmes présents, la plupart, au lieu de suivre l'école pendant six ans, comme les enfants des nations agricoles et industrielles où l'instruction prospère, sont, eux aussi, entrés à l'école trop tard, la quitteront trop tôt, et, pendant leurs années de présence, ne la fréquentent guère qu'en hiver, et sans régularité.

Or, puisque l'on a mis seize années à gagner 806,233 élèves, si irréguliers dans leurs études et si mal pourvus au sortir de l'école ; puisque, dans le même nombre d'années, le chiffre des conscrits illettrés n'a diminué que de 7 1/2 p. 100, combien de temps ne faudra-t-il pas, les difficultés croissant avec le progrès même, pour amener dans les classes tous ceux qui refusent à présent d'y venir ou d'y rester, et pour réduire le nombre des conscrits illettrés au chiffre où il est en Allemagne, 2 à 3 p. 100 ? Ces lenteurs ne sont plus de notre temps et ne doivent être ni de notre pays ni du gouvernement de l'Empereur.

V.

Des rapports entre l'instruction publique et la moralité.

Nous ne pouvons laisser en friche, pendant une moitié de siècle peut-être, ce fonds précieux de l'intelligence populaire, lorsque nous voyons que les progrès de la mo-

ralité du pays suivent ceux de l'instruction publique et de
la prospérité générale. Le gain fait par les écoles coïncide
avec une perte faite par les prisons.

Le nombre *total* des accusés pour crimes, de moins de
21 ans, qui avait diminué seulement de 235, de la période décennale 1828-1837 à la période décennale 1838-
1847, a diminué de 4,152, c'est-à-dire presque 18 fois
plus, de la période 1838-1847 à la période 1853-1863[1].
De 1,172, en 1853, le chiffre *annuel* tombe à 657, en
1863.

En 1847, on comptait 115 jeunes gens de moins de
16 ans traduits en cour d'assises. En 1862, il n'y en eut
que 44.

1. Tableau de la criminalité pour la période 1853-1863.

ANNÉES.	NOMBRE des accusés pour crimes, de moins de 21 ans, poursuivis devant les cours d'assises.	NOMBRE des prévenus pour délits, de moins de 21 ans, poursuivis devant les tribunaux correctionnels.	TOTAL.
1853.	1,172	25,725	26,897
1854.	1,131	27,880	28,011
1855.	993	25,706	26,699
1856.	893	25,119	26,012
1857.	841	25,376	26,217
1858.	774	24,722	25,496
1859.	802	24,235	25,037
1860.	756	23,509	24,265
1861.	679	25,054	25,733
1862.	741	21,225	21,966
1863.	657	24,228	24,885

La moyenne totale des deux premières années de la période 1853-1863 est de 27,454
accusés et prévenus, celle des deux dernières de 23,425, ce qui donne une diminution
de près de 15 p. 100 en dix ans.

La *correctionnalisation* de certains faits réputés crimes par la loi pénale et poursuivis comme simples délits a pu être pour quelque chose dans cette grande diminution, mais ne suffit pas à l'expliquer, quand on voit que de 1847 à 1862 le nombre général des accusés a diminué de près de 46 p. 100.

Quant aux délits imputables aux mineurs de 21 ans, la progression descendante est moins régulière que pour les crimes, et s'interrompt quelquefois. De 1853 à 1863 on rencontre diverses causes d'augmentation, années de disette, accroissement normal de la population, annexion de trois départements, moyens de poursuite plus efficaces, etc. Aussi le nombre des prévenus mineurs de 21 ans, qui est de 25,725 en 1853, monte à 27,880 en 1854; à partir de cette année, il tend à s'abaisser et tombe à 24,228 en 1863.

Lors de la crise alimentaire de 1847, les départements où des désordres ont éclaté à l'occasion du prix des céréales, bien que ce prix y fût moins élevé que dans d'autres où la tranquillité n'a pas été troublée, sont précisément ceux qui comptent le plus d'habitants dépourvus de toute instruction. La crise cotonnière n'a amené aucun désordre matériel dans la Seine-Inférieure, qui occupe le 34e rang sur la liste des départements classés d'après le degré d'instruction; tandis qu'un simple changement dans la perception d'une taxe de marché vient d'être la cause d'une émeute dans la Corrèze, qui a sur cette liste le n° 80.

Enfin, en 1863, sur 4,543 individus des deux sexes et de tout âge, accusés pour crimes, on en a compté 1,756, c'est-à-dire 38 p. 100, complétement illettrés, et 1,964, ou 43 p. 100, ne sachant qu'imparfaitement lire et écrire. Sur 100 criminels, il y en a donc, en France, 81 qui n'ont réellement pas reçu le bienfait de la première instruction.

En Suisse, depuis la réforme scolaire, des prisons, qui jadis étaient pleines, sont aujourd'hui à peu près vides; à la fin de juillet dernier, il n'y avait personne dans la prison du canton de Vaud; de même, à peu près, à Zurich; à Neufchâtel, deux détenus. Dans le pays de Bade, où les grands efforts pour l'amélioration de l'instruction publique datent de 1834 et où le bien-être des populations s'accroît rapidement, le nombre des prisonniers est tombé de 1,426 à 691 dans un espace de huit ans (1854 à 1861); aussi est-on forcé de supprimer des prisons. En Bavière, diminution considérable de naissances illégitimes. Partout, en Allemagne, on constate l'existence d'un progrès analogue, et on peut l'expliquer de la même manière[1].

La prospérité générale, qui elle-même dépend des progrès de l'instruction, contribue sans doute à ces résultats heureux; mais on n'en a pas moins le droit de dire que les dépenses faites dans les écoles auront pour conséquence des économies à faire dans les prisons. Or, en France, les frais de justice s'élèvent à 25 millions.

1. « On prétend que depuis 25 ans, c'est-à-dire depuis que l'enseignement a été répandu par tout le pays, les états de statistique judiciaire ont donné 30 p. 100 de condamnations en moins. » Lettre du 27 octobre 1862, adressée à Son Exc. M. le ministre des affaires étrangères par M. le vice-consul de France à Kiel.

VI.

Réformes à opérer.

L'état de l'instruction primaire, tel qu'il résulte des faits constatés par l'enquête, demande des remèdes sérieux.

Les uns sont d'ordre administratif : améliorer les méthodes d'enseignement, accroître la valeur pédagogique des instituteurs, rendre à la fois plus énergique et plus continue l'influence de l'inspection, éveiller l'émulation des élèves et des maîtres, etc.

Les autres sont d'ordre financier : construire des écoles où il en manque ; améliorer les écoles anciennes, pour les bâtiments, le mobilier scolaire et la bibliothèque : car, dans l'école comme à l'usine, l'appropriation des locaux et l'excellence des instruments de travail ont une importance considérable ; continuer à accroître le bien-être des instituteurs, pour relever leur situation et leur dignité, ce qui donnerait le droit de leur demander de nouveaux efforts.

Enfin il est un remède particulier que beaucoup de personnes réclament, que beaucoup de pays pratiquent et qu'il faut examiner : il consiste à imposer à l'enseignement primaire le caractère obligatoire, non-seulement pour l'entrée à l'école, mais pour la durée de la fréquentation.

VII.

De l'enseignement primaire obligatoire. Historique.

Le système de l'obligation est ancien dans notre pays et de noble origine.

Aux états d'Orléans, en 1560, l'article 12 du second

cahier de la noblesse portait : « Levée d'une contribution sur les bénéfices ecclésiastiques pour raisonnablement stipendier des pédagogues et gens lettrés, en toutes villes et villages, pour l'instruction de la pauvre jeunesse du plat pays, et soient tenus les pères et mères, à peine d'amende, à envoyer lesdits enfants à l'école, et à ce faire soient contraints par les seigneurs ou les juges ordinaires. »

En 1571, les états généraux de Navarre, sur la proposition de la reine Jeanne d'Albret, rendirent la première instruction obligatoire.

Les rois Louis XIV et Louis XV, déterminés, il est vrai, par un intérêt particulier, établirent, dans les déclarations des 15 avril 1695, 13 décembre 1698 et 14 mai 1724, que les hauts justiciers seraient tenus de dresser, chaque mois, l'état des enfants qui ne suivraient pas les écoles, et que les procureurs généraux devaient statuer à cet égard.

La Convention ne fit donc que reprendre, à un point de vue général et patriotique, les prescriptions intéressées du gouvernement royal, lorsqu'elle décida, le 25 décembre 1793, que tous les enfants, dans l'étendue de la République, seraient contraints de fréquenter les écoles.

Cette prescription, comme tant d'autres de la même époque, est demeurée lettre morte; mais, pour beaucoup de personnes dont les souvenirs ne remontent pas au delà de cette date, le système de l'enseignement obligatoire, à raison de son origine supposée, est resté entaché de suspicion.

Cependant nous le trouvons établi partout autour de nous, dans les États monarchiques comme dans les sociétés républicaines.

Prusse. — Frédéric II le prescrit pour la Prusse en 1763 :
« Nous voulons que tous nos sujets, parents, tuteurs,
maîtres, envoient à l'école les enfants dont ils sont responsables, garçons et filles, depuis leur cinquième année,
et les y maintiennent régulièrement jusqu'à l'âge de treize
ou quatorze ans. »

Cet ordre royal est renouvelé dans le code de 1794 et
dans la loi de 1819 avec une pénalité sévère : l'avertissement, l'amende, la prison, même contre les parents, tuteurs ou maîtres.

D'après le règlement de la province de Silésie, l'âge scolaire s'étend de cinq à quatorze ans, avec les mêmes prescriptions. Du reste, le principe de l'instruction obligatoire
est si rigoureusement appliqué en Prusse, que le devoir
d'aller à l'école correspond au devoir du service militaire
(*Schulpflichtigkeit* et *Dienstpflichtigkeit*). Il résulte de la
statistique officielle de 1864 que sur 3,090,294 enfants en
âge de suivre les écoles primaires, 130,437 seulement n'y
sont pas venus, et que de ce nombre restreint, qui répond à
notre chiffre de 884,887, il faut déduire tous ceux qui ont
reçu l'instruction dans les écoles secondaires ou à domicile
et ceux pour lesquels il y a eu impossibilité physique ou
morale de se rendre à l'école. Aussi, dans l'armée prus-
sienne, sur 100 jeunes soldats, 3 seulement en moyenne sont
complétement illettrés. Un officier, chargé depuis douze
ans de l'instruction militaire dans la landwehr, à Potsdam,
reçut un jour trois jeunes soldats ne sachant ni lire ni
écrire. Le fait parut assez étrange pour qu'on ordonnât une
enquête; il fut reconnu que c'étaient trois fils de bateliers
qui, nés sur le fleuve, avaient passé leur jeunesse à en
descendre et remonter le cours, sans s'arrêter nulle part,

11.

Allemagne. — Pour le reste de l'Allemagne, de nombreux témoignages établissent que le système de l'obligation a été si parfaitement accepté des populations, que
l'habitude d'envoyer les enfants à l'école est entrée complétement dans les usages du pays. Ce fait est attesté notamment par un Anglais, M. Pattison, qui fut chargé en
1860 d'une enquête officielle, et cette année même, par
M. le général Morin, qui vient d'accomplir au nom de
M. le ministre du commerce une importante mission en
Allemagne, ainsi que par M. Baudouin – Bugnet, que le
ministre de l'instruction publique avait chargé de visiter
les écoles de Belgique, de Suisse et d'Allemagne.

Autriche. — Depuis 1774, l'instruction est obligatoire,
sous peine d'amende, dans tout l'empire; mais cette règle
n'est réellement observée que dans les provinces allemandes. L'amende peut être convertie en prestations. Un
certificat d'instruction religieuse est nécessaire pour entrer
en apprentissage et pour se marier, l'ordonnance du 16 mai
1807 ayant donné au curé, dans chaque paroisse, les pouvoirs les plus étendus pour la direction de l'enseignement
et l'application du système obligatoire.

Bavière. — La *schulzwang* (obligation de l'école) existe
en Bavière comme en Prusse depuis la seconde moitié
du dernier siècle, et les contrevenants encourent la prison; mais il n'arrive à personne de se mettre en état
d'y être conduit. Tout sujet bavarois accepte l'obligation.

Bade. — L'obligation a pour sanction l'amende, et, en
cas de récidive, la prison. Tous les enfants reçoivent l'in-

struction[1]. En vertu d'une loi votée l'an dernier par les
deux chambres, à l'unanimité moins deux voix, l'école,
administrée par une commission qu'élisent les pères de
famille, a ses ressources propres et ne dépend ni de l'Église
ni de l'État.

Wurtemberg. — L'instruction est obligatoire sous peine
d'amende et de prison jusqu'à quinze ans accomplis, et
toute localité composée de trente feux doit avoir une
école[2].

Saxe royale. — L'obligation existe de six à quatorze ans,
sous peine d'amende et de prison. Aujourd'hui on ne trouverait pas dans tout le royaume un seul enfant n'ayant
jamais fréquenté l'école. Voici ce que contient à cet égard
une note récente émanée de la légation de France à Dresde:

1. En 1861, un Français de Strasbourg vient chasser dans le pays de Bade. Il
veut prendre des enfants pour lui servir de traqueurs, et offre pour chacun un
florin; les parents refusent parce que c'était jour d'école.

2. « La diffusion générale et la perfection de l'instruction primaire en Wurtemberg
sont sans contredit le fait le plus remarquable et celui qui frappe le plus un étranger. Il n'est pas un paysan, pas une fille de basse-cour ou d'auberge qui ne sache
parfaitement lire, écrire et calculer... L'éducation, d'ailleurs, paraît être aussi parfaite que l'instruction primaire. Nulle part les classes laborieuses ne sont plus res-
pectueuses, plus serviables et plus empressées... On assure, en outre, que la
moralité est beaucoup plus sévère que dans plusieurs autres parties de l'Allemagne.
Enfin la piété chez les Wurtembergeois est douce, tolérante, mais sincère et générale... Pour arriver à ce résultat, le gouvernement a dû déployer autant d'énergie
que de générosité... On prétend que chaque instituteur n'a pas un traitement
moindre de 500 florins (1075 francs), ce qui permet de les choisir et de les maintenir au nombre des citoyens les plus éclairés et les plus recommandables.

« D'un autre côté, l'instruction est obligatoire jusqu'à quatorze ans. Une commission de notables surveille rigoureusement chaque école : au premier et au second
manquement d'un enfant, lui seul est responsable et puni par l'instituteur; mais au
troisième, ce sont les parents qui répondent de l'inexactitude de leurs enfants.
Lors de la conscription, on s'assure des connaissances acquises par chaque con-
scrit, et les parents sont encore responsables de la même manière lorsque leur enfant ne sait pas écrire correctement. »
(Extrait d'un livre intitulé : *De l'agriculture allemande, ses écoles, son organisation, ses mœurs,* par M. Royer, inspecteur de l'agriculture, publié en 1847
par ordre du ministre de l'agriculture et du commerce.)

« Dans les premières années de l'application de la loi du
6 juin 1835, les autorités avaient à combattre la négligence
que mettaient les parents à se soumettre au régime forcé
des écoles. Mais bientôt le bienfait d'une fréquentation
générale et rigoureuse des écoles et ses salutaires résultats
convainquirent même les récalcitrants. La génération actuelle des parents, élevée déjà sous la nouvelle loi, ne
songe pas à dérober les enfants à son application bienfaisante. C'est ainsi que la mise à exécution des dispositions
pénales a pour ainsi dire cessé. » Le ministre de S. M.
le roi de Saxe à Paris confirme ces renseignements et
ajoute : « Il a suffi de deux générations scolaires pour
opérer cette révolution, car c'est à partir de 1848 que les
plus grands efforts ont été faits. »

Nassau. — L'instruction, depuis 1817, est obligatoire
sous peine d'amende, mais gratuite, excepté pour les fournitures d'école, et on estime qu'il n'y a pas un seul individu entièrement illettré dans le duché.

Hesse ducale. — Pour chaque jour d'absence, les parents sont passibles d'une petite amende. A défaut de
payement, le total de ces amendes se convertit en journées
de travail au profit de la commune. A très-peu d'exceptions près, tous les enfants vont à l'école, et « on compte
à peine par an une absence volontaire pour chaque enfant. »

Hesse électorale. — L'instruction est obligatoire de six à
quatorze ans.

Grand-duché de Mecklembourg. — Même règle. D'après un
rapport tout récent, il ne s'est présenté, dans les derniers

temps, aucun cas où un écolier ait cherché à se soustraire à la loi.

Grand-duché d'Oldenbourg. — Même législation et mêmes résultats.

Hanovre. — L'instruction est obligatoire à partir de l'âge de six ans. On compte 1 écolier sur 7 habitants.

Grand-duché de Saxe-Cobourg-Gotha. — On y trouve l'obligation, comme dans toutes les Saxes ; et elle y date de deux cents ans.

Duché de Saxe-Meiningen. — L'enseignement est obligatoire de cinq à quatorze ans, jusqu'à la confirmation, sous peine d'amende et même de prison. Les cas de résistance sont rares, et beaucoup d'écoles n'en voient jamais.

Grand-duché de Weimar-Eisenach. — Aucun enfant ne reste privé d'instruction. L'obligation existe sous peine d'amende et de prison ; mais, depuis quarante ans, aucun enfant ne s'est soustrait entièrement au devoir de la fréquentation.

Duché d'Altenbourg (depuis 1807), **duché de Brunswick.** — Il en est de même dans ces deux duchés, avec de très-rares exemples de l'application de la pénalité.

En résumé, pour l'Allemagne, on peut dire que l'instruction obligatoire est régie par les principes suivants :

Listes d'enfants dressées par ceux qui tiennent les registres de l'état civil et remises à l'instituteur pour qu'il constate les absences ;

Registres d'absence tenus avec un soin scrupuleux par l'instituteur, qui remet la liste des absents au président d'une commission scolaire composée de pères de famille ;

Dispense pour les cas de mauvais temps exceptionnels ou à cause des grandes distances et de la moisson.

Quant aux pénalités on trouve :

1° L'admonition ou avertissement sous forme d'avis envoyé par le président de la commission scolaire;

2° Citation à comparaître devant la commission scolaire, suivie d'une exhortation du président de cette commission;

3° Plainte adressée par la commission au magistrat, qui prononce le plus souvent une simple amende de 1 fr. 50 cent., 2 ou 4 francs, laquelle est doublée en cas de récidive; dans certains cas il y va de la prison, jusqu'à une durée de vingt-quatre heures.

Aujourd'hui tout cela n'est plus que comminatoire et les pénalités ne s'appliquent presque jamais. Mais l'effet est produit; et le Français qui voyage en Allemagne pour y étudier les questions scolaires, qui voit cette fréquentation assidue, ces études complètes, cette prospérité sérieuse des écoles, repasse le Rhin avec le regret qu'il y ait de telles différences dans l'instruction primaire des deux pays.

Suède, Norwége, Danemark. — Dans ces pays, les parents qui ne font pas instruire leurs enfants sont également passibles d'amende; la confirmation est refusée à tout illettré par les ministres du culte. En 1862, sur 385,000 enfants suédois, 9,131 seulement sont restés sans instruction.

Hollande. — Les secours publics sont retirés à toutes les familles indigentes qui négligent d'envoyer leurs enfants à l'école.

Cette mesure est observée dans plusieurs villes de France; elle l'a été à Paris même, en vertu de règlements administratifs.

Suisse. — L'instruction est obligatoire en Suisse, excepté dans les cantons de Genève, Schwitz, Uri et Unterwalden.

Dans le canton de Zurich, d'après la législation de 1859, l'âge scolaire s'étend de cinq à seize ans accomplis. Non-seulement les parents et tuteurs, mais les chefs de fabrique, sont tenus, sous les mêmes peines, de mettre les enfants en état de satisfaire aux obligations de la loi, et si le père fait donner un enseignement particulier à son fils, il n'en paye pas moins à l'école publique le prix de l'écolage. Dans le canton de Berne, les jeunes soldats doivent, comme en Allemagne, prouver qu'ils savent lire, écrire une lettre, rédiger un rapport, résoudre un problème usuel d'arithmétique; si l'examen n'est point satisfaisant, ils sont obligés de suivre l'école de la caserne. On n'en trouve d'ordinaire que de 3 à 5 sur 100 qui soient dans ce cas. L'instruction des femmes est poussée tout aussi loin.

Italie. — L'instruction est gratuite et obligatoire, en principe du moins, dans le royaume d'Italie (loi de 1859), sous peine d'admonition, d'amende et de prison. Les illettrés sont frappés d'incapacité électorale. Les prescriptions relatives à l'obligation directe ne peuvent pas encore s'exécuter.

Portugal. — Les parents négligents sont passibles, depuis 1844, d'une amende et de la privation des droits politiques pour cinq ans. Mais la loi ne s'exécute encore qu'imparfaitement, les écoles étant très-peu nombreuses.

Espagne. — L'instruction a été déclarée obligatoire par la loi du 9 septembre 1857, sous peine de réprimande et d'amende.

Turquie, Principautés roumaines. — La Turquie et les Principautés roumaines ont proclamé l'obligation.

États-Unis d'Amérique. — Lors de la fondation des colonies de la Nouvelle-Angleterre, l'instruction y fut rendue strictement obligatoire par des lois qui, leur but atteint, tombèrent en désuétude. «Instruisez le peuple! dit Macaulay, tel fut le premier conseil donné par William Penn au nouvel État qu'il organisait. Instruisez le peuple! fut la dernière recommandation de Washington à la République. Instruisez le peuple! était l'incessante exhortation de Jefferson [1]. » Mais l'émigration d'Europe apportait sans cesse des éléments nouveaux sur lesquels il fallait agir. Une loi de 1850 autorisa les villes et communes du Massachusetts à prendre des moyens de coercition contre les enfants qui ne suivaient pas l'école. A Boston et dans un certain nombre de villes, les règlements faits en vertu de cette loi furent rigoureusement appliqués. On a cependant senti la nécessité d'aller plus loin. Une loi du 30 avril 1862 impose à toutes les communes du Massachusetts le devoir de prendre des mesures contre le vagabondage et le défaut de fréquentation de l'école. Tout enfant de sept à seize ans qui contrevient aux règlements établis peut être condamné à une amende de 20 dollars que les parents ont à payer, ou être placé d'office dans un établissement d'éducation ou de correction. Dans le Connecticut, une loi de 1858 refuse l'exercice du droit électoral à tout citoyen qui ne sait pas lire.

Le système de l'obligation scolaire existe même en France. Le ministre de la guerre l'applique dans les écoles régimentaires de l'armée ; le ministre de la marine

[1]. Discours prononcé en 1847 à la chambre des communes.

l'a établi à Tahiti, et le ministre de l'agriculture, du commerce et des travaux publics est chargé de le faire exécuter dans les usines.

VIII.

État de l'opinion.

Le 27 avril 1815, à la veille de l'invasion, Napoléon Ier faisait mettre à l'étude les meilleurs procédés d'enseignement primaire, « afin d'élever à la dignité d'hommes tous les individus de l'espèce humaine [1]. »

En 1844, le prince qui devait s'appeler Napoléon III reprenait cette pensée en l'agrandissant : « Le gouvernement, disait-il, devrait prendre à tâche d'anoblir 35 millions de Français en leur donnant l'instruction ; » et naguère, à Alger, l'Empereur prononçait ces belles paroles : « Qu'est-ce que la civilisation ? c'est de compter le bien-être pour quelque chose, la vie de l'homme pour beaucoup, son perfectionnement moral pour le plus grand bien. Ainsi élever les Arabes à la dignité d'hommes libres, répandre sur eux l'instruction, tout en respectant leur religion........ telle est notre mission. »

Répandre l'instruction, c'est la mission de la France en Afrique ; mais c'est aussi la mission du gouvernement en

---

1. Mirabeau avait déjà dit : « Ceux qui veulent que *le paysan ne sache ni lire ni écrire* se sont fait sans doute un patrimoine de son ignorance, et leurs motifs ne sont pas difficiles à apprécier. Mais ils ne savent pas que lorsqu'on fait de l'homme une bête brute, l'on s'expose à le voir à chaque instant se transformer en bête féroce. Sans lumières, point de morale. Mais à qui importe-t-il donc de les répandre, si ce n'est au riche ? La sauvegarde de ses jouissances n'est-ce pas la morale du pauvre ? » (*Œuvres oratoires de Mirabeau*, t. II, p. 487, *Discours sur l'éducation nationale.*) A ce discours est jointe l'analyse d'un projet de loi en cinq titres, dont le second porte : « L'enseignement primaire est gratuit. »

France : de 1844 à 1865, Napoléon III répète cette même pensée, toujours présente à son esprit.

Sur ce point, tout le monde à peu près est d'accord; mais on diffère sur les moyens. Les uns s'en fient au temps, les autres voudraient des mesures énergiques, qui ont rencontré jusqu'à présent aussi peu de sympathie que la liberté commerciale en trouvait avant le traité de 1860 avec l'Angleterre. Cependant l'instruction obligatoire a été demandée, à diverses époques, par onze conseils généraux : Haut-Rhin, Bas-Rhin, Moselle, Aisne, Nord, Pas-de-Calais, Aube, Mayenne, Charente, Gard et Drôme, et, en 1833, une commission de la Chambre des pairs, composée des ducs de Crillon et Decazes, des marquis de Laplace et de Jaucourt, des comtes de Germiny et Portalis, enfin de trois hommes qui avaient été ou qui furent ministres de l'instruction publique, MM. Girod (de l'Ain), Villemain et Cousin, disait par la bouche de ce dernier, son éloquent rapporteur : « Le paragraphe 4 de l'article 21 du projet de la Chambre des députés porte que le conseil communal arrête un état des enfants qui ne reçoivent l'instruction primaire ni à domicile ni dans les écoles privées ou publiques. Le paragraphe du projet du gouvernement allait un peu plus loin, et sa rédaction enveloppée couvrait le principe d'un appel, d'une invitation à faire à ces enfants et à leurs familles. La Chambre des députés a vu dans cet appel comme l'ombre du principe qui fait de l'instruction primaire une obligation civile; et dans la conviction que l'introduction de ce principe dans la loi est au-dessus des pouvoirs du législateur, elle a tenu pour suspect jusqu'au droit modeste d'invitation que le projet du gouvernement conférait aux comités communaux, et

elle ne leur a laissé que le droit de dresser un état des
enfants qui, à leur connaissance, ne recevraient en aucune
façon l'instruction primaire. Un tout autre ordre de pensées a été développé au sein de votre commission. Une
loi qui ferait de l'instruction primaire une obligation
légale ne nous a pas paru plus au-dessus des pouvoirs du
législateur que la loi sur la garde nationale et celle que
vous venez de faire sur l'expropriation forcée pour cause
d'utilité publique. Si la raison de l'utilité publique suffit
au législateur pour toucher à la propriété, pourquoi la
raison d'une utilité bien supérieure ne lui suffirait-elle pas
pour faire moins, pour exiger que des enfants reçoivent
l'instruction indispensable à toute créature humaine, afin
qu'elle ne devienne pas nuisible à elle-même et à la société
tout entière? Une certaine instruction dans les citoyens
est-elle au plus haut degré utile ou même nécessaire à la
société? telle est la question. La résoudre affirmativement,
c'est armer la société, à moins qu'on ne veuille lui con-
tester le droit de défense personnelle, c'est l'armer,
dis-je, du droit de veiller à ce que ce peu d'instruction
nécessaire à tous ne manque à personne. Il est contradictoire de proclamer la nécessité de l'instruction primaire
et de se refuser au seul moyen qui la puisse procurer. Il
n'est pas non plus fort conséquent peut-être d'imposer
une école à chaque commune, sans imposer aux enfants
de cette commune l'obligation de la fréquenter. Otez cette
obligation, à force de sacrifices vous fonderez des écoles;
mais ces écoles pourront être peu fréquentées, et par
ceux-là précisément auxquels elles seraient le plus nécessaires, je veux dire ces malheureux enfants des pays d'industrie et de fabriques, qui auraient tant besoin d'être

protégés contre l'avidité ou la négligence de leurs familles.
Point d'âge fixe où l'on doive commencer à aller aux écoles
et où on doive les quitter; nulle garantie d'assiduité, nulle
marche régulière des études; nulle durée, nul avenir
assuré à l'école. La vraie liberté, messieurs, ne peut être
l'ennemie de la civilisation; tout au contraire, elle en est
l'instrument : c'est là même son plus grand prix, comme
celui de la liberté dans l'individu est de servir à son perfectionnement.

« Votre commission n'aurait donc point reculé devant
des mesures sagement combinées que le gouvernement
aurait pu lui proposer à cet égard, et elle en aurait peut-
être pris l'initiative, sans la crainte de provoquer des difficultés qui eussent pu faire ajourner une loi impatiemment
attendue. Si elle n'a pas défendu le droit d'invitation,
confusément renfermé dans le projet du gouvernement,
c'est que ce droit, dépourvu de sanction pénale, n'a guère
plus de force que celui de pure statistique qui reste dans
l'amendement de la Chambre des députés. Ce droit est
bien peu de chose. Plusieurs de nous n'y ont même trouvé
que l'inconvénient de pouvoir devenir vexatoire sans pouvoir être utile. Mais la majorité de votre commission a
pensé qu'il importait de maintenir dans la loi *un germe
faible, il est vrai, mais qui, fécondé par le temps, le progrès
des mœurs publiques et le vrai amour du peuple, peut devenir
un jour le principe d'un titre additionnel qui donnerait à
cette loi toute son efficacité.* »

Si la loi de 1833, dont celle de 1850 a répété sur ce
point les prescriptions, n'avait point imposé à l'enfant
l'obligation de s'instruire, elle avait, du moins, imposé à
la commune le devoir de bâtir l'école et de payer le trai-

tement fixe de l'instituteur. L'obligation existe donc depuis trente ans pour la *communauté*; beaucoup pensent que le moment est venu de l'établir pour l'*individu* et d'exécuter enfin ce que la noble et illustre commission de la Chambre des pairs aurait voulu accomplir.

Le faible germe déposé dans la loi de 1833 pour être fécondé *par le temps, le progrès des mœurs publiques et le vrai amour du peuple,* fut sur le point d'éclore en 1849. Une loi présentée par M. Carnot établissait le principe de l'obligation, qui fut admis par la commission où siégeaient MM. Rouher, Wolowski, comte Boulay (de la Meurthe), marquis de Sauvaire-Barthélemy, Conti et Jules Simon. « C'est une grave innovation, sans doute, disait le rapporteur, M. Barthélemy-Saint-Hilaire; mais cette innovation a pour elle tant de motifs sérieux, les exemples qui nous la recommandent sont si décisifs et les conséquences en seront si fécondes, le principe en est si juste et l'application si facile, que nous n'avons point hésité à vous la proposer. » M. de Falloux retira la loi.

Au concours de 1861, sur 1,200 instituteurs, 457, c'est-à-dire 38 p. 100, demandent l'obligation scolaire et 65 seulement, ou 5 p. 100, la repoussent. Dans les départements voisins de l'Allemagne et de la Suisse, l'instruction obligatoire, mieux connue qu'ailleurs, a cessé d'être un épouvantail, et un grand nombre d'industriels, de professeurs, de propriétaires, s'obstinent à la demander par voie de pétition. Quelques manufacturiers l'imposent même aux ouvriers qui travaillent dans leurs usines, et se conforment ainsi, quelquefois à leur insu, à cette loi du 22 mars 1841 que son inexécution a fait oublier à beaucoup d'entre eux.

Ceux des adversaires de l'obligation qui rappellent
l'amour des Français pour la liberté personnelle, leur
impatience de tout joug importun, exagèrent les inconvénients qu'ils signalent, et ne voient qu'un des côtés de
cette question si complexe. Le laboureur des campagnes
et l'ouvrier des villes comprennent qu'ils ont besoin d'instruction pratique pour être réellement les maîtres intelligents de leur destinée et des fruits de leur travail; ils en
regrettent la privation pour eux-mêmes, ils en souhaitent
le bienfait pour leurs enfants, et ils sauront gré au législateur de les avoir aidés à remplir leur devoir de père. Plus
on se rapproche de ces masses profondes, dans le suffrage
desquelles l'Empereur a trouvé la mission et le pouvoir de
conserver en améliorant, plus on rencontre le désir,
tantôt vague, tantôt nettement exprimé, d'une instruction
meilleure, plus répandue et moins chère.

IX.

Objections contre l'obligation et Réponses.

Les arguments qu'on oppose au système de l'obligation
peuvent se ranger sous sept chefs différents :

1° C'est une limitation de l'autorité paternelle; l'État
n'a pas le droit de pénétrer dans la famille pour diminuer
le pouvoir de celui qui en est le chef;

2° L'obligation, pour le père, d'envoyer son fils à l'école
publique ne peut se concilier avec la liberté de conscience,
car l'enfant est exposé à y trouver un enseignement religieux contraire à la foi que son père veut lui donner;

3° Diminution de ressources pour la famille : l'enfant

du pauvre lui rend une foule de petits services qui atté-
nuent pour tous deux la misère; on gêne ainsi le travail;
on nuit à la culture; on diminue la production;

4° L'obligation sera pour le gouvernement une force
qu'il ne convient pas de lui donner;

5° Impossibilité matérielle, vu l'état présent des écoles,
d'y admettre tous les enfants;

6° Destruction de la discipline, dans les écoles, par la
présence forcée d'enfants qui se refuseront à apprendre et
troubleront l'ordre pour les autres;

7° Enfin l'obligation, si elle n'est pas accompagnée de
la gratuité, créera, par la rétribution scolaire, un impôt
nouveau et fort lourd pour le paysan et l'ouvrier.

J'omets certaines objections qui restent à la surface des
choses, telles que celle-ci : « l'obligation est contraire au
génie national, » comme si la France était le pays le moins
réglementé de la terre, ou les raisons qu'on tire d'une
pénalité impossible, lorsque l'on montre le gendarme
traînant l'enfant à l'école, le fisc vendant les meubles du
pauvre et le petit-fils forcé de quitter pour l'école le chevet
de l'aïeul malade, tandis que le père et la mère sont aux
champs à gagner le pain du jour.

Je reviens aux objections sérieuses :

1° *Limitation du droit paternel.* — La famille, sans nul
doute, préexiste à la société, et l'autorité paternelle a précédé l'autorité publique; mais la société n'a pu se former
qu'à la condition que chacun des pères abandonnât une
portion de son droit naturel et de sa liberté, en échange
de la sécurité que l'association lui donne et des avantages
de toute sorte qu'elle lui assure. Le père avait, dans la

société antique, le droit absolu de propriété sur son fils, il pouvait le tuer, le vendre comme esclave. L'enfant était alors une *chose;* il est aujourd'hui une *personne* que la loi protége, parce qu'elle voit en lui le futur citoyen; qu'elle défend, au besoin, contre le père, non-seulement dans son existence, mais dans sa liberté relative, puisqu'il ne peut être privé de cette liberté sans l'autorisation du magistrat, dans sa fortune future, puisque la loi dispose en sa faveur contre le désordre ou l'incurie des parents et lui assure, même contrairement à leur volonté, une partie de leur héritage; enfin jusque dans son éducation même, puisque l'article 444 du code Napoléon exclut le père de la tutelle « pour cause *d'inconduite, d'incapacité* ou *d'infidélité.* »

Ainsi l'enfant, devenu une personne, a conquis des droits. Or, en ce qui concerne l'école, la loi, qui cependant protége en tout le mineur, ne défend pas pour lui le plus légitime de tous les droits, celui que possède aujourd'hui toute créature humaine de n'être pas vouée, pour sa vie entière, aux ténèbres de l'esprit et de la conscience, par suite à la pauvreté, peut-être au mal. Nous faisons pour le patrimoine moral de l'enfant moins qu'il n'est fait pour son patrimoine matériel, et cependant, l'autre manquant, celui-ci reste sans valeur et bientôt se détruit.

La civilisation est le fonds commun de l'humanité. Chaque homme y a droit, ou du moins a droit d'être mis à même d'en prendre sa part. Ce n'est pas pour le riche seulement que nos villes sont assainies et qu'on y respire un air plus pur; ce n'est pas non plus au seul fils du riche, ou de celui qui est dans l'aisance, que nos écoles doivent s'ouvrir. Pour que l'homme, en effet, dans notre société, atteigne ses fins naturelles, l'instruction lui est nécessaire. Il vaudra par ses bras, mais surtout par son esprit, et il lui faut au moins cette première instruction qui d'abord lui donne les moyens de conduire lui-même ses affaires, et, en outre, place toutes les autres connaissances à sa portée, en mettant dans sa main la clef qui ouvre les trésors de l'intelligence. Le père doit donc au fils, avec les aliments du corps, ceux de l'esprit. Il ne peut pas plus l'emprisonner dans l'ignorance absolue, qu'il ne lui est permis de le séquestrer dans une chambre sans lumière et sans air. Nous avons une loi pour protéger les animaux contre la brutalité de leurs maîtres : il en faut une contre ces sévices moraux que cause l'incurie ou l'avidité d'un père aveuglé par la misère et par l'ignorance[1]; ou plutôt, il n'en faut pas, car cette loi existe.

L'article 203 du code Napoléon déclare expressément que les époux « contractent ensemble, par le fait seul du mariage, l'obligation de nourrir, entretenir et *élever* leurs enfants; » et l'article 444 exclut de la tutelle le père *incapable* de bien remplir ses devoirs envers ses enfants. Élever, c'est régler les mœurs et développer l'intelligence.

---

1. Dans un mémoire adressé au ministre de l'instruction publique, le 3 décembre 1864, par un instituteur primaire libre, il est dit : « Généreux et larges pour tout ce qui a trait au développement de l'agriculture, au perfectionnement de leurs instruments aratoires et aux races de leurs animaux reproducteurs, les pères de famille se montrent d'une lésinerie révoltante pour tout ce qui se rapporte à la culture de l'intelligence. J'ai vu, par exemple, mille fois, depuis que j'exerce mon ingrate profession à la campagne, j'ai vu des pères de famille, dans une position aisée, n'envoyer à l'école que deux ou trois mois de l'année, et très-souvent pas du tout, leurs enfants très-intelligents, parce que, disent-ils, *les mois d'école arrivent trop vite et sont trop chers à payer; nos enfants en sauront toujours assez pour manier la charrue et aiguillonner les bœufs.* Faites donc l'aumône de la gratuité à ces pères, pour qui leurs enfants ont moins de valeur que leurs champs et leurs bêtes de somme ! »

Il n'y a donc pas une loi nouvelle à faire; il suffit de déclarer que le code Napoléon, dont la lecture fait toute la solennité du mariage civil, sera désormais une vérité.

L'exécution de cet article a déjà été requise par le législateur de 1841 pour les enfants qui travaillent dans les manufactures; ce ne sera pas plus un attentat contre l'autorité paternelle de l'exécuter aux champs que dans les usines.

En résumé, il est du DEVOIR de l'État d'assurer à l'enfant le moyen de s'instruire; par suite, il est de son DROIT de prendre les mesures nécessaires pour empêcher que l'enfant retenu dans l'ignorance ne devienne un citoyen *inutile* ou *à charge* à la communauté.

2° *L'obligation serait attentatoire à la liberté de conscience.* — Il y a en France 36 millions de catholiques contre moins de 2 millions de dissidents. Les lois ne sont pas faites pour ce qui est l'exception; il suffit que la minorité trouve dans la loi toutes les garanties nécessaires à la liberté de conscience. Or l'école n'est point l'église; on y enseigne ce que les enfants de tous les cultes doivent savoir, les grandes vérités religieuses et morales que toutes les consciences acceptent. L'élève y apprend la lettre de la loi religieuse; mais l'explication du dogme appartient aux ministres des différents cultes et se fait ailleurs. Nos lois scolaires et nos règlements ont pourvu à toutes les exigences légitimes, en décidant que les élèves dissidents n'assisteraient pas aux exercices religieux, et que des ministres de leur croyance leur donneraient à part l'enseignement dogmatique. En fait, il existe très-peu d'écoles mixtes, quant à la religion, autorisées comme telles par les conseils départementaux dans les communes où plu-

sieurs cultes sont professés publiquement ; on n'en compte
que 211 sur plus de 52,000 ; d'ailleurs, dans ces écoles ,
comme dans celles où sont reçus les enfants des dissidents
isolés , ceux-ci trouveront toujours auprès de l'administration les moyens assurés de sauvegarder la foi de leurs enfants , car la tolérance religieuse est la plus précieuse conquête de la Révolution.

3° *Diminution de ressources pour la famille.* — Les arguments tirés de ce chef proviennent de l'idée païenne et
fausse que l'enfant est la propriété du père, qu'il est soumis
à toutes les sévérités antiques du *jus utendi et abutendi* ;
qu'enfin c'est un fonds qui peut être impunément exploité,
dût cette exploitation prématurée le rendre à jamais stérile.
Sans doute, l'enfant qui garde la vache pendant que le père
et la mère travaillent aux champs, ou qui va au bois faire de
l'herbe et ramasser des branchages, se trouve le soir avoir
rapporté quelque chose à la famille : gain immédiat, mais
bien petit, et qui rend impossibles les gains futurs ; car ces
journées de travail précoce diminuent pour l'avenir la valeur de la journée de l'ancien gardeur de vaches, devenu
valet de ferme et rendu incapable , par la stérilité de son
esprit, de s'élever au-dessus du dernier rang, même de
rendre tous les services que ce dernier rang comporte. Si,
au contraire , il avait été mis en état d'obtenir de son travail une rémunération plus forte, il pourrait rendre avec
usure à ses parents vieillis et fatigués ce qu'il en aurait
reçu quand il était lui-même faible et dépourvu. L'amour
filial n'est pas la voix du sang , c'est surtout le sentiment
des sacrifices que le père s'est imposés en vue d'assurer à
son enfant une condition meilleure.

Le système actuel protége la mauvaise famille, non la bonne; il encourage le père à l'insouciance, au lieu de le pousser à l'économie, à l'ordre, à la prévoyance; il favorise le gaspillage des forces naturelles de la famille et non leur développement normal : ce qui constitue tout à la fois un préjudice pour l'enfant, pour la famille bien entendue et pour la société; enfin il n'assure la liberté du père qu'en violant celle du fils, car l'obligation pour l'un d'instruire son enfant serait pour l'autre l'affranchissement d'une détestable servitude, celle de l'ignorance, peut-être de la misère qui la suit et des vices qui trop souvent l'accompagnent.

Il est très-vrai que beaucoup de familles sont trop pauvres pour se priver volontiers du travail d'un enfant qui chaque jour gagne lui-même une portion de sa chétive nourriture. Une loi sur l'instruction obligatoire aurait à ménager cet intérêt et, soit par l'intermédiaire des bureaux de bienfaisance, soit par l'institution de ces caisses d'écoles qui ont si bien réussi en Allemagne et en Suisse, elle devrait organiser pour les familles absolument nécessiteuses une assistance analogue à celle qui est donnée dans beaucoup de salles d'asile, en accordant quelques aliments, même des vêtements à ces enfants enlevés au vagabondage pour devenir écoliers. Dans certains cantons de la Suisse, une prime est assurée aux indigents dont les enfants fréquentent assidûment l'école : c'est de l'argent placé à gros intérêts.

Il est à peine nécessaire d'ajouter que l'époque et la durée de la fréquentation obligatoire seraient fixées eu égard aux nécessités de l'agriculture ou de l'industrie, et qu'il serait tenu compte, au moyen d'exemptions sagement accordées, des empêchements de force majeure résultant des distances, de la mauvaise saison ou d'autres nécessités absolues.

4° *L'obligation serait une arme dangereuse dans la main du gouvernement.* — Ceux qui parlent ainsi oublient beaucoup de choses : d'abord, que le gouvernement ne représente pas un intérêt particulier, distinct, puisqu'il est au contraire la plus haute et la plus sincère expression de tous les intérêts généraux du pays; ensuite, que l'école primaire n'est pas le lieu où les idées politiques se forment; enfin, qu'avec la loi de liberté qui nous régit, chacun garde le droit d'envoyer son fils à l'école qui lui plaît ou de ne l'envoyer à aucune, s'il est en état de faire lui-même l'instruction de son fils. Ce qui deviendrait obligatoire ce serait d'apprendre à lire, écrire et compter, non d'aller dans telle ou telle école imposée par l'État.

5° *Impossibilité de pratiquer ce système, attendu l'état des écoles.* — Ce n'est point une impossibilité, mais, sur de certains points, une difficulté qu'avec de l'argent et du temps on fera disparaître. En cas, d'ailleurs, d'empêchement matériel, l'effet de la loi sera naturellement suspendu jusqu'à ce qu'on ait fait disparaître l'obstacle.

6° *Destruction de la discipline.* — Les élèves qui rendraient impossible leur présence dans la classe en seraient exclus nécessairement. L'école, comme la société, aurait ses réfractaires. On peut en diminuer le nombre, mais la pensée qu'il en subsistera toujours quelques-uns ne doit pas plus faire hésiter pour la loi scolaire que la crainte d'avoir des déserteurs n'a détourné d'écrire la loi militaire.

7° *L'obligation créera un impôt nouveau pour le pauvre.*
— Il sera répondu à cette objection au § x, p. 188.

On présente l'esprit national comme opposé à cette contrainte morale. Tout le monde est d'accord sur les heureux effets de la loi de 1833. Il importe cependant de ne pas oublier que l'obligation financière établie par cette loi parut plus douloureuse à ceux qui devaient la subir que ne le paraîtrait aujourd'hui l'obligation de la scolarité. La première année, il fallut *imposer d'office* 20,961 communes, et on ne recula pas[1]. En 1837, les impositions d'office s'élevèrent à 33 p. 100 de la somme nécessaire. En 1839, elles frappèrent encore 4,786 communes; en 1840, 4,016. Mais la persévérance de l'administration fit entrer cette obligation dans les mœurs, et nul à présent ne songe à s'y soustraire.

En résumé, il y a pour tous les droits de justes devoirs, pour toutes les libertés des entraves légitimes. On ne craint pas de restreindre les droits des citoyens en vue d'intérêts matériels. S'agit-il des propriétaires : on oblige l'un à détruire un logement insalubre, même à blanchir la façade de sa maison; et, au nom de l'utilité publique, on force l'autre à recevoir une indemnité qui peut lui être inutile, en échange d'une propriété qu'il voudrait garder parce que son fils y est né ou que son père y est mort; tout comme en dépit du principe de la liberté des contrats, le

---

1. Les chiffres qui précèdent sont extraits du rapport présenté au roi par M. Guizot, le 15 avril 1834. Ce rapport contient le passage suivant :
« Il ne faut ni se le dissimuler ni le taire : le pays est, sous ce rapport, moins avancé qu'on ne l'a dit souvent; ses désirs ne sont point partout au niveau de ses besoins; la dépense à faire effraye; la peine à prendre rebute; et pendant longtemps encore l'autorité supérieure aura à surmonter, à force d'activité et de lumières, l'insouciance et l'ignorance d'une partie de la population... »

marchand est tenu, pour vendre, de connaître et d'appliquer le système métrique.

L'arrêté ministériel du 24 septembre 1831, pris en exécution de l'ordonnance royale du 29 avril 1831, établit, à l'article 34, que nul indigent ne recevra de secours du bureau de bienfaisance s'il ne justifie pas qu'il envoie ses enfants à l'école ou s'il refuse de les soumettre à la vaccination, et cet arrêté a été mis en vigueur dans plusieurs villes, même à Paris.

Voilà l'obligation de l'école imposée aux plus pauvres. Le législateur de 1841 a aussi rendu l'école obligatoire pour les enfants qui travaillent dans les manufactures, et l'article 203 du code Napoléon a fait du devoir d'*élever* ses enfants une des conditions du mariage.

Le principe est donc posé; il reste à l'étendre et à le généraliser, à l'aide d'une réglementation paternelle, d'une obligation morale bien plus que d'une pénalité sévère; et dans quelques années il ne se trouvera plus en France que bien peu d'intelligences demeurées absolument stériles au sein de la civilisation, dont elles entraveraient le progrès [1].

1. Le maire de Roubaix écrivait, le 23 février 1860, au préfet du Nord, une lettre dans laquelle il proposait de rendre l'instruction obligatoire en développant le principe posé par la loi du 22 mars 1841, c'est-à-dire, en décidant qu'elle s'appliquerait aux petits ateliers comme aux grandes usines, et que nul enfant n'y serait reçu s'il n'avait fréquenté assidûment une école pendant quatre ans : « Je ne crois pas me tromper, disait-il, en affirmant que la moitié de notre population ouvrière ne sait ni lire ni écrire; que la moitié ne commence à fréquenter les classes que l'année qui précède la première communion, et encore, une petite heure par jour; et remarquez, monsieur le préfet, que cette heure est principalement consacrée à apprendre les prières et à expliquer le catéchisme... On admet les enfants à la première communion à douze ans, et chaque année il s'en trouve dans les paroisses environ 800... Sur les 400 enfants qui, dans la paroisse Notre-Dame, se présentent chaque année pour la première communion, 200 environ ne connaissent pas une lettre, n'ont aucune notion du catéchisme, et bon nombre sont incapables de réciter correctement leurs prières... Ce qui existe à Roubaix existe ou à peu près pour les autres villes

Il ne suffit pas à un peuple d'être éclairé par en haut, ce qui peut lui donner une belle et noble apparence; il faut que la lumière descende jusqu'aux plus intimes profondeurs et arrive à chaque esprit, pour qu'il se forme des garanties durables d'ordre et de prospérité.

On s'assure contre la grêle et l'incendie; l'école obligatoire sera pour tous les habitants de la commune une *assurance* contre le maraudage et ses suites. On subventionne à grands frais, dans l'intérêt général, des entreprises particulières ou des services publics; l'impôt établi en vue de faciliter l'introduction du nouveau régime par l'extension de la gratuité sera la *prime* payée pour se garantir contre les délits que le vagabondage des enfants amène, et la *subvention* fournie pour développer, avec l'intelligence des classes populaires, leur puissance de production.

La bonne éducation du peuple fera donc la richesse et la grandeur morale de la France, comme la bonne discipline de l'armée fait sa force et sa sécurité. Dès lors, il ne doit pas être plus permis d'échapper à l'école qu'à la conscription. En outre, la loi scolaire qui forcera tous les Français à savoir lire et écrire sera le complément nécessaire de la loi politique qui appelle tous les Français à voter. Le pays du suffrage universel doit être celui de l'enseignement primaire universel; autrement le bulletin de

du département... Si ma proposition était adoptée, nous n'aurions plus le désolant spectacle de les voir arriver au catéchisme sans aucune instruction, n'ayant même aucune notion de ce qui est bien, de ce qui est mal. Il appartient au gouvernement de Sa Majesté de réaliser cette noble pensée en écrivant en tête de la loi : *Il faut que tous les enfants de l'Empire français, qui auront atteint l'âge de douze ans en 1865, sachent lire couramment et écrire correctement.*

« Au moment où nous allons entrer en lutte avec les industriels anglais, le gouvernement ne doit rien négliger pour développer l'intelligence de nos ouvriers, en leur donnant pendant leur enfance, au moyen de la fréquentation assidue de nos écoles pendant quatre ans au moins, une bonne instruction élémentaire... »

vote pourrait devenir aux mains des ignorants ce qu'une arme dangereuse est souvent dans la main de l'enfant.

Aux raisons théoriques, il est bon de joindre la force d'une preuve fournie par l'expérience.

Il y a un siècle, le pays de Bade était un des pays d'Allemagne les plus arriérés. A la suite des guerres de la République et de l'Empire, il sortit de sa léthargie. L'instruction obligatoire, décrétée en principe durant l'année 1803, reçut, en 1834, les plus sérieux développements, et une génération suffit pour faire du grand-duché un des États les plus prospères de l'Allemagne. La moralité et la richesse s'y sont accrues tout à la fois. Le nombre des mariages s'élève, les naissances illégitimes diminuent, et les prisons se vident. On a vu (p. 160) qu'en 1854 on y comptait 1,426 prisonniers, et qu'en 1861, il n'y en avait plus que 691. Le nombre des vols est descendu de 1,009 à 460. D'un autre côté, la prospérité matérielle du pays a pris un admirable essor. Le courant de l'émigration vers l'Amérique s'est arrêté; les avertissements en matière d'impôt ont diminué des deux tiers; le chiffre des indigents, d'un quart. Et M. le docteur Dietz, directeur du commerce du grand-duché, parlant de cette transformation extraordinaire, ajoutait : « L'instrument principal de ce développement a été bien certainement l'instruction que les classes populaires ont été obligées de prendre. »

X.

De la gratuité de l'enseignement primaire. Historique.

Si l'enseignement primaire est déclaré obligatoire, cette déclaration doit avoir pour conséquence la gratuité sur une très-grande échelle, ou la gratuité absolue.

Examinons ces deux systèmes, mais consultons d'abord l'expérience du passé et celle des nations étrangères qui sont plus ou moins entrées dans cette voie.

L'Église, qui a été longtemps dépositaire de toute science, distribuait le pain de l'esprit, comme celui de l'âme, gratuitement. Je ne parle pas des monastères, où le plus pauvre était admis et d'où il est si souvent sorti abbé ou évêque, parfois même pape, comme Grégoire VII et Sixte-Quint, mais des écoles extérieures. Les décrets des conciles, les décrétales des papes attestent le désir du clergé de multiplier les écoles gratuites en faveur des pauvres, et même d'affranchir de toute rétribution la délivrances des grades [1].

Pour l'instruction primaire, la gratuité, dans les derniers siècles, n'était pas absolue. A Paris, les écoles relevant du chantre de Notre-Dame étaient payantes ; mais dans chaque paroisse les curés avaient institué des écoles gratuites, dites de *charité*, qu'ils surent défendre contre les prétentions fiscales du chantre de Notre-Dame, à la condition, toutefois, de n'y recevoir que des enfants notoi-

---

1. Voir surtout *Décrétales* de Grégoire IX, tit. v, liv. V, *De magistris, et ne aliquid exigatur pro licentia docendi* ; un capitulaire de Théodulf, évêque d'Orléans, *Des décrets des conciles de Latran*, 1179 et 1215, etc.

rement pauvres. Dans les colléges, même défense : *Ab iis vero qui sunt in re tenui et angusta nil omnino accipiatur.*

A ces écoles de charité se rattachèrent celles qui furent ouvertes au dix-huitième siècle par diverses communautés religieuses, et notamment par la congrégation des frères de La Salle (1724), dont les statuts imposaient à ses membres l'obligation étroite de donner l'enseignement sans recevoir aucune rétribution. Dans le principe, les écoles mêmes des Jésuites étaient gratuites.

Avant 1789, la gratuité existait, sur une large échelle, pour les trois ordres d'enseignement :

Dans les universités, on ne payait pas pour les cours des facultés, mais seulement pour les examens et les diplômes, et l'on payait moins qu'aujourd'hui.

Dans les dix colléges de plein exercice que Paris possédait alors, au lieu des sept qu'il a maintenant, l'externat était, depuis l'année 1719, absolument gratuit; à présent, un dixième seulement des externes peut obtenir l'exemption des droits. Les internes payaient une pension, mais au plus bas prix possible; car l'édit de 1598 avait réglé que le taux de cette pension serait fixé annuellement, d'après le prix des denrées, dans un conseil formé du lieutenant civil, du procureur général, du recteur, des doyens et principaux, et de deux marchands de la ville. En outre, les dix colléges avaient 1,046 boursiers, presque autant que les 75 lycées de l'Université impériale[1], qui est bien loin, comme on le voit, de compter les 6,400 élèves nationaux que la loi du 11 floréal an x avait prescrit d'y entretenir.

1. Le nombre des bourses est actuellement de 1,057, divisées entre 1,588 élèves.

Lorsque la Constituante inscrivit parmi les principes de
1789 celui de la gratuité de l'enseignement primaire[1],
elle ne faisait que continuer pour l'État la grande tradition de l'Église. Celle-ci avait dominé le monde au moyen
âge par la foi; mais elle avait, pendant des siècles, rendu
cette domination assurée et paisible par deux choses : la
gratuité de son enseignement, qui lui permettait de chercher partout des intelligences, et l'élection, qui appelait
les plus dignes aux plus hautes fonctions. Comment s'étonner que la société féodale, où l'étude était honnie et l'hé-
rédité admise partout, même dans les charges publiques,
ait été gouvernée par la société religieuse, qui avait les
écoles et qui recrutait ses fonctionnaires, non d'après la
loi du sang, mais d'après celle de l'esprit!

Depuis 1789, l'État est substitué au clergé dans les services extérieurs. Il veille à côté de lui sur tous les moments
de la vie des citoyens et sur beaucoup d'actes que le clergé
autrefois réglait seul : la naissance, le mariage, les tes-
taments et la mort; il a réduit l'officialité aux choses
d'Église; il a pris à son compte le service hospitalier et
les écoles. Mais s'il a conservé à beaucoup de ces services
le caractère de gratuité que l'Église leur avait donné, il a
laissé un esprit contraire s'introduire dans l'instruction
publique, parce que le maître laïque qui a une famille a
besoin d'un budget, et que le maître congréganiste qui
n'en a point peut s'en passer, grâce aux ressources que
les communautés religieuses savent toujours trouver.

Dans les facultés, les droits ont été élevés; dans les col-

1. Titre Ier : *Dispositions fondamentales garanties par la constitution.* — « Il
sera créé et organisé une instruction publique commune à tous les citoyens, gratuite à l'égard des parties d'enseignement indispensables pour tous les hommes... »

léges, la gratuité de l'externat a été à peu près supprimée et le nombre des bourses réduit; enfin, dans les écoles du premier âge, les familles dépensent aujourd'hui près de 19 millions pour la rétribution scolaire.

Cependant l'article 24 de la loi du 15 mars 1850 assurait la gratuité à tous ceux qui ne pouvaient payer l'écolage. Les conseils municipaux appliquèrent si largement ce principe, que le chiffre des élèves gratuits, qui n'était, en 1850, que de 35 p. 100, s'éleva, en 1852, à 40 p. 100. On s'inquiéta de « cette tendance à fixer le plus bas possible le taux de la rétribution et à ouvrir gratuitement les portes de l'école à presque tous les enfants du village. » On revint à l'esprit de la loi de l'an x, qui, sans se préoccuper du nombre des indigents, édictait que l'exemption du droit ne serait accordée au plus qu'à un cinquième des élèves; et il fut décidé, en décembre 1853, que les préfets détermineraient chaque année le nombre maximum des élèves gratuits.

Depuis cette époque, un double mouvement s'est produit en vue de diminuer la part contributive de l'État dans les dépenses de l'instruction primaire. D'un côté, on a augmenté le taux de la rétribution; de l'autre, on a restreint la gratuité. Heureusement le système de l'abonnement, adopté à cette époque par un grand nombre de départements, attira et retint dans les écoles beaucoup d'enfants que ces mesures auraient écartés.

Mais bien qu'atténué dans ses effets par l'abonnement, le double mouvement ci-dessus indiqué a pris une grande intensité à partir de 1858. Avant cette époque, la moyenne de l'écolage était, par mois, de 1 fr. 19 cent.; il fut, par augmentations successives, porté au chiffre d'aujourd'hui, en moyenne 1 fr. 68 cent.; en certains lieux il monte à 2 francs, 2 fr. 50 cent. et 3 fr. 25 cent.

En 1850, les familles ne payaient, pour les écoles de garçons et mixtes, les écoles de filles et les salles d'asile, que 11,600,000 francs; elles ont dépensé, en 1863, 18,578,728 fr. 50 cent. Aussi l'État a-t-il pu faire des bonis considérables. Le crédit législatif, environ 3,500,000, était, avant 1858, intégralement dépensé. Le système de refoulement des élèves gratuits dans la catégorie des élèves payants, ou des élèves qui payaient peu dans la classe de ceux qui payent beaucoup, combiné d'ailleurs avec d'utiles réformes qui ont empêché les conseils municipaux de soustraire leurs revenus ordinaires aux dépenses de l'école et d'accorder abusivement la gratuité aux familles riches, a fonctionné avec une telle énergie que, dès l'année 1859, on eut un excédant de 703,365 francs, qui s'éleva en 1860 à 1,143,103 francs; en 1861, à 1,090,000 francs; enfin, en 1862, à 1,065,200 francs.

Grâce à ces bonis, des abus ont été supprimés et un grand bien a été accompli : on put augmenter le traitement des instituteurs. Mais, pour leur donner du pain, il fallut prendre sur celui du père de famille pauvre ou peu aisé, et une apparente prospérité cacha bien des privations.

Ces mesures financières, ce renchérissement de la denrée intellectuelle, dont l'inévitable conséquence aurait été de diminuer la population scolaire, ont été heureusement contre-balancées par l'essor de la prospérité générale et par le besoin d'instruction, devenu chaque année plus vif. Mais il en est résulté ce ralentissement dont il a été parlé aux pages 152 et 156 et qui montre que, à la différence de ce qui se passe pour un mobile soumis à l'action d'une force continue, dont la vitesse s'accroît en raison même du chemin parcouru, l'accélération a été moindre dans la période actuelle que dans la période précédente.

En vain, pour combattre cette tendance, une circulaire, en date du 24 février 1864, a rappelé à l'observation de la loi de 1850, qui prescrit d'accorder la gratuité à *tous* les enfants dont les familles sont hors d'état de payer l'écolage; le nombre des élèves gratuits admis dans les écoles est encore en beaucoup de lieux déterminé, non point par l'indigence, mais par un chiffre arbitraire, qui est proportionnel au chiffre des élèves présents ou à celui des habitants de la commune.

XI.

De la rétribution scolaire et de la gratuité en France.

Le chiffre de la rétribution scolaire, plus élevé en France qu'en aucun autre pays, constitue une charge bien lourde. Son taux moyen, par mois et par enfant, est aujourd'hui de 1 fr. 68 cent.; ce qui donne, pour l'élève qui suivrait chaque année la classe durant huit mois, 13 fr. 44 cent., et pour celui qui la suivrait pendant 11 mois, 18 fr. 48 cent. Quant au taux moyen de l'abonnement annuel, qui existe pour beaucoup de communes dans 54 départements, il s'élève encore à 10 fr. 89 cent.

A cette dépense il faut joindre celle des fournitures scolaires, qui donnent lieu à des abus que l'administration ne peut pas toujours saisir et réprimer. En ne comptant que 2 francs de fournitures scolaires par année et par

élève, on reste probablement au-dessous de la vérité dans
le plus grand nombre des cas, bien qu'on arrive, de ce
seul chef, au chiffre de plus de 4 millions.

Il est aisé de comprendre qu'une famille de paysans ou
d'ouvriers qui a plusieurs enfants ne puisse, à ce prix,
payer que pour un seul, et que, trouvant encore cet impôt
bien lourd, elle hésite à l'accepter ou ne l'accepte chaque
année que pour un temps très-court. Aussi, le principe
de la gratuité, qui était dans la nature des choses, a résisté aux mesures restrictives employées contre elle depuis
dix ans : sur les 2,399,293 élèves des écoles communales
de garçons ou mixtes, 845,531, ou 35 pour 100, sont
encore gratuits; mais, pour les autres, la rétribution
moyenne, qui n'était en 1852 que de 6 fr. 58 cent. par
tête, s'élève aujourd'hui à 8 fr. 84 cent.

Ainsi le rapport des élèves gratuits aux élèves payants
ne s'est pas maintenu au chiffre de 1852, qui était de plus
de 40 pour 100; mais s'il est redescendu à celui de 1850,
il n'est pas du moins tombé au-dessous. C'est déjà bien
assez; car une diminution de plus de 5 pour 100 sur le
nombre des élèves gratuits représente au moins 125,000
enfants.

On a vu que les 2,169,438 élèves payants, dans toutes
les espèces d'écoles, coûtent à leurs familles 18,578,728 fr.
50 cent. Il s'en faut que cette charge, qui s'élève en
moyenne à 8 fr. 56 cent. par tête pour une fréquentation
trop rare, soit supportée sans difficulté et sans murmures.
Beaucoup y échappent en n'envoyant pas leurs enfants à
l'école ou en ne les y envoyant que le moins possible.
C'est le cas pour la plupart des 800,000 enfants dont il a
été précédemment parlé.

Voici quelques observations faites par des instituteurs publics et qui révèlent les vœux des populations :

« La gratuité répondrait aux plus vifs désirs des populations rurales (Pas-de-Calais).— Je n'hésite pas à le dire, malgré tout ce que j'ai pu lire de contraire, la gratuité absolue serait un immense bienfait et certainement accueillie comme tel (Loiret). — Dans ma commune, sur 58 enfants qui ne reçoivent aucune instruction, 48 sont dans ce cas parce qu'ils ne peuvent payer la rétribution. La gratuité absolue serait accueillie par les bénédictions du peuple tout entier (Orne). — La rétribution scolaire est très-onéreuse, même pour les non indigents (Finistère). — L'instruction coûte trop cher, vous dira un brave homme; je ne suis pas sur la liste des indigents et je ne désire pas y être; quand vous prendrez un prix raisonnable, j'enverrai de grand cœur mes enfants à l'école (Loire-Inférieure). — Quels murmures en voyant augmenter chaque année le taux de la rétribution! *Plutôt que de payer cinquante sous par mois*, disent-ils, *nous préférons que nos enfants n'apprennent rien*, et ils les retirent de l'école (Aveyron). — La gratuité donnerait satisfaction aux vœux des populations des campagnes, qui envient aux villes le privilége dont elles jouissent à cet égard (Bouches-du-Rhône).—Quelque minime que soit la rétribution scolaire, elle soulève des murmures. Les villageois parlent avec envie des écoles gratuites. L'enseignement gratuit ! voilà le but auquel aspirent les populations (Corse). — Bon nombre de pères de famille, encore illettrés, disent : *C'est bien cher, 2 francs par mois, pour un enfant de huit ans qui ne sait pas encore lire; de mon temps, on payait 50 centimes ou 75 centimes pour les*

13.

commençants; aujourd'hui, c'est 1 *fr.* 50 *cent. jusqu'à huit ans, et après, c'est* 2 *fr., et plus tard,* 2 *fr.* 50 *cent. Eh bien! je n'enverrai mon fils que quelques mois à l'école* (Isère). — Lorsque, dans le département, on a porté la rétribution de 50 centimes par mois à 1 fr. 50 cent., les paysans ont dit : *Le gouvernement veut nous empêcher d'instruire nos enfants, nous les garderons* (Doubs). »

Ces citations pourraient être multipliées à l'infini. Elles révèlent le mal : il est évident que l'instruction primaire ne pourra être déclarée obligatoire, comme le veulent l'intérêt des enfants et celui de la société, qu'à la condition qu'elle soit gratuite, au moins pour le plus grand nombre.

L'article 24 de la loi du 15 mars 1850 n'est complétement exécuté ni dans sa lettre ni dans son esprit : il importerait qu'il le fût, si le moment n'était venu d'être plus libéral que la loi de 1850, même bien exécutée. Car, à côté de l'indigence déclarée au bureau de bienfaisance, il y a la misère dignement supportée, l'homme qui veut vivre de son travail, ne fût-ce qu'avec du pain noir, et qui se refuse à tendre la main, mais aussi qui, ne pouvant payer l'école pour son fils, l'abandonne au double mal de l'ignorance et du vagabondage.

XII.

De la rétribution scolaire et de la gratuité à l'étranger.

Il n'en va pas ainsi à l'étranger.

Plusieurs États ont constitué la gratuité absolue, tels que le Danemark, le grand-duché de Saxe-Cobourg-Gotha, le duché de Nassau, les cantons suisses de Neufchâtel, Lucerne, Fribourg, Vaud, Genève et Bâle-Campagne, le royaume d'Italie, les États-Unis, le Chili, etc. En Norvége, la gratuité est admise, sauf le droit pour les communes de percevoir exceptionnellement sur les parents aisés une rétribution scolaire.

Dans le grand-duché de Bade, la rétribution scolaire (loi du 3 mai 1858) est de 2 fr. 50 cent. par tête et par an dans les communes rurales et de 5 francs dans les principales villes; pour les adultes, dans les classes du soir, elle n'est que de 55 centimes à 1 fr. 10 cent. par tête et par an.

Même règlement pour le Wurtemberg.

En Prusse, l'écolage varie de 1 fr. 75 cent., chiffre des écoles des pauvres, à 6 francs par tête et par an. Dans quelques provinces du nord, l'écolage se paye non par tête d'enfant, mais par famille, pour dégréver le père qui a plusieurs enfants.

En Saxe, comme en Prusse.

En Autriche, la rétribution scolaire est fixée à un chiffre toujours minime pour les communes rurales, où elle varie de 2 à 3 francs. Dans les villes, elle s'élève jusqu'à 8 fr. 40 cent.; car le système allemand, contraire au système français, dégrève les campagnes, où les ressources font défaut, et demande davantage aux villes, où elles abondent. Trois enfants de la même famille allant à l'école exemptent les autres.

En Bavière, les familles sont taxées à proportion de leur aisance présumée et payent, par tête et par an, 3 fr. 50 cent., 7 francs ou 10 francs. Une taxe de 6 fr. 75 cent. est exigée même de ceux qui reçoivent l'instruction ailleurs qu'à l'école publique.

Dans le Hanovre, les communes rurales peuvent élever

la rétribution jusqu'au maximum de 3 fr. 75 cent. par tête et par an ; mais quelques subventions en nature sont fournies aux maîtres par les parents. Dans les villes, la rétribution est de 7 fr. 50 cent. à 15 francs par tête et par an. Lorsqu'il y a trois enfants de la même famille à l'école, le troisième ne paye que moitié.

Dans la Suisse, la rétribution est généralement fixée à 3 francs par tête et par an dans les campagnes, à 6 francs dans les villes. Elle n'est que de 2 francs dans le canton de Glaris.

Dans le canton de Berne, la gratuité existe de fait. Là où l'écolage est payé, il ne peut s'élever, par an, à plus de 1 franc par enfant ou à 2 francs par famille. Beaucoup de communes ne demandent que 1 franc comme droit d'entrée, une fois payé, pour toutes les études.

A Bâle-Ville, la rétribution annuelle est de 6 francs. Si elle n'est payée, l'enfant est envoyé d'office à l'école spéciale gratuite des indigents.

Dans Bâle-Campagne, des primes sont payées, dans certains cas, aux familles dont les enfants sont assidus.

Ainsi, dans les pays où l'instruction primaire est une préoccupation sérieuse pour les populations, le système qui prévaut généralement est celui du bon marché de l'école.

XIII.

De l'enseignement primaire considéré comme service public.

La société pourvoit gratuitement aux grands services qu'elle juge indispensable à sa sécurité, à son bien-être ou à son honneur. Elle accomplit l'œuvre avec le concours de tous, et en procure la jouissance à chacun, sans demander une rétribution au moment où l'individu en recueille le bienfait. Tels sont la justice, la religion, la défense nationale, le service de sûreté, la voirie publique, l'enseignement supérieur, excepté pour ceux qui prennent des inscriptions et des grades, les bibliothèques, les musées, les collections réunies à grands frais par l'État, etc. Pourquoi n'en serait-il pas pour l'éducation nationale comme pour la religion et pour la justice? C'était, on l'a montré, la règle qui tendait autrefois à prévaloir.

La société moderne ne peut être moins libérale pour l'instruction publique que n'avait voulu l'être l'ancien régime. Elle a, en effet, un intérêt considérable à compter le moins possible de membres inutiles et de citoyens dangereux. Or, sans parler des passions qu'on ne détruira jamais, que cependant l'éducation peut apprendre à contenir, il y a deux mauvaises conseillères : la misère et l'ignorance. La seconde traîne presque toujours la première à sa suite; en outre, plus le travail industriel et agricole demandera de secours à la science, plus celui qui n'aura que ses bras pour vivre vivra misérablement.

L'Assemblée constituante de 1789 avait compris cette nécessité de l'instruction primaire gratuite. Un rapport de l'ancien évêque d'Autun, Talleyrand-Périgord, en septembre 1791, portait :

« Il doit exister une instruction gratuite : le principe est incontestable; mais jusqu'à quel point doit-elle être gratuite? sur quels objets seulement doit-elle l'être? quelles sont, en un mot, les limites de ce grand bienfait de la société envers ses membres?

« Quelque difficulté semble d'abord obscurcir cette

question. D'une part, lorsqu'on réfléchit sur l'organisation sociale et sur la nature des dépenses publiques, on ne se fait pas tout de suite à l'idée qu'une nation puisse donner gratuitement à ses membres, puisque n'existant que par eux, elle n'a rien qu'elle ne tienne d'eux. D'autre part, le trésor national ne se composant que des contributions dont le prélèvement est toujours douloureux aux individus, on se sent naturellement porté à vouloir en restreindre l'emploi, et l'on regarde comme une conquête tout ce qu'on s'abstient de payer au nom de la société.

« Des réflexions simples fixeront sur ce point les idées.

« Qu'on ne perde pas de vue qu'une société quelconque, par cela seul qu'elle existe, est soumise à des dépenses générales, ne fût-ce que pour les frais indispensables de toute association : de là résulte la nécessité de former un fonds à l'aide des contributions particulières.

« De l'emploi de ce fonds naissent, dans une société bien ordonnée, par un effet de la distribution et de la séparation des travaux publics, d'incalculables avantages pour chaque individu, acquis à peu de frais par chacun d'eux.

« Ou plutôt, la contribution, qui semble d'abord être une atteinte à la propriété, est, sous un bon régime, un principe réel d'accroissement pour toutes les propriétés individuelles.

« Car chacun reçoit en retour le bienfait inestimable de la protection sociale, qui multiplie pour lui les moyens, et, par conséquent, les propriétés; et, de plus, délivré d'une foule de travaux auxquels il n'aurait pu se soustraire, il acquiert la faculté de se livrer autant qu'il le désire à ceux qu'il s'impose lui-même, et, par là, de les rendre aussi productifs qu'ils peuvent l'être.

« C'est donc à juste titre que la société est dite accorder *gratuitement* un bienfait, lorsque, par le secours de contributions justement établies et impartialement réparties, elle en fait jouir tous ses membres, sans qu'ils soient tenus à aucune dépense nouvelle.

« Reste à déterminer seulement dans quel cas et sur quel principe elle doit appliquer ainsi une partie des contributions ; car, sans approfondir la théorie de l'impôt, on sent qu'il doit y avoir un terme passé lequel les contributions seraient un fardeau dont aucun emploi ne pourrait ni justifier ni compenser l'énormité. On sent aussi que la société, considérée en corps, ne peut ni tout faire, ni tout ordonner, ni tout payer, puisque, s'étant formée principalement pour assurer et étendre la liberté individuelle, elle doit habituellement laisser agir plutôt que faire elle-même.

« Il est certain qu'elle doit d'abord payer ce qui est nécessaire pour la défendre et la gouverner, puisque, avant tout, elle doit pourvoir à son existence.

« Il ne l'est pas moins qu'elle doit payer ce qu'exigent les diverses fins pour lesquelles elle existe, par conséquent ce qui est nécessaire pour assurer à chacun sa liberté et sa propriété ; pour écarter des associés une foule de maux auxquels ils seraient sans cesse exposés hors de l'état de société ; enfin, pour les faire jouir des biens publics qui doivent naître d'une bonne association : car voilà les trois fins pour lesquelles toute société s'est formée ; et comme il est évident que l'instruction a toujours tenu un des premiers rangs parmi ces biens, il faut conclure que la société doit aussi payer tout ce qui est nécessaire pour que l'instruction parvienne à chacun de ses membres.

« Mais s'ensuit-il de là que toute espèce d'instruction doive être accordée gratuitement à chaque individu ? Non.

« La seule que la société doive avec la plus entière gratuité est celle qui est essentiellement commune à tous, parce qu'elle est nécessaire à tous. Le simple énoncé de cette proposition en renferme la preuve, car il est évident que c'est dans le trésor commun que doit être prise la dépense nécessaire pour un bien commun ; or l'instruction primaire est absolument et rigoureusement commune à tous, puisqu'elle doit comprendre les éléments de ce qui est indispensable, quelque état que l'on embrasse. D'ailleurs, son but principal est d'apprendre aux enfants à devenir un jour des citoyens. Elle les initie en quelque sorte dans la société, en leur montrant les principales lois qui la gouvernent, les premiers moyens pour y exister ; or n'est-il pas juste qu'on fasse connaître à tous gratuitement ce qu'on doit regarder comme les conditions mêmes de l'association dans laquelle on les invite à entrer ? Cette première instruction nous a donc paru une dette rigoureuse de la société envers tous. Il faut qu'elle l'acquitte sans aucune restriction. »

La loi de 1833 entra à demi dans cette voie. Elle ne proclama pas la gratuité de l'école en répartissant sur tous les contribuables de la commune la dépense de la rétribution scolaire, mais elle répartit sur eux et sur ceux du département, à défaut de ressources ordinaires, la dépense de la construction de l'école, du logement de l'instituteur et de son traitement fixe. Qu'ils fussent mineurs, célibataires, mariés ou veufs sans enfants, ou qu'ils fis-

sent élever leurs enfants au dehors, tous durent participer à cette dépense en proportion de leur fortune.

Faire payer par la communauté tout entière le traitement intégral et non plus le traitement fixe, ce ne serait
que faire un pas de plus dans la route ouverte par la loi
de 1833 et que celle de 1850 n'a point fermée.

On objecte que la gratuité absolue n'est pas morale, parce
qu'elle délivre le père du fardeau d'un devoir sacré. Mais
si la gratuité allége le fardeau, l'obligation l'aggrave. Si la
gratuité rend possible, ou seulement plus facile, l'accomplissement de ce qu'on appelle avec raison un devoir sacré,
l'obligation consacre ce devoir par une sanction énergique,
en exigeant du père le sacrifice du travail de son enfant.
En outre, l'objection vaudrait tout autant contre la crèche,
l'asile, l'école même, et contre le maître par qui le père
se fait remplacer auprès de son enfant. Un peu d'argent
donné ne doit pas, aux yeux des austères partisans de la
loi naturelle, passer pour l'équivalent du devoir person-
nellement accompli par le père.

Deux chiffres doivent toujours être présents à l'esprit
dans cette discussion. A côté de 3,162,070 chefs de
famille notoirement indigents ou gênés, qui ne payent
pas la contribution personnelle et mobilière, et qui auraient droit dès lors, même d'après la loi actuelle, à l'enseignement primaire gratuit, il y a 2,211,386 chefs de
famille voués au travail manuel sous ses diverses formes,
qui considéreraient sans doute comme un affront de n'être
pas portés au rôle des contributions directes, et qui sont
cependant dans une position voisine de la pénurie. La cote
personnelle et mobilière de chacun d'eux est en moyenne
de 3 fr. 02 cent. Un certain nombre payent l'impôt fon-

cier ; mais ils figurent probablement parmi ces petits propriétaires dont la cote foncière est bien inférieure à
5 francs. C'est donc rester fort au-dessous de la vérité que
de dire qu'il y a en France 2 millions d'individus payant
moins de 5 francs de contributions[1], c'est-à-dire qui,
moyennant cette somme minime, s'assurent tous les bienfaits garantis par la société à ses membres, mais qui sont
forcés de payer en outre 12 ou 15 francs, parfois 36 ou
40 francs, pour un seul de ces services, celui de l'instruction primaire.

On se plaint que la population valide déserte les campagnes pour venir encombrer les villes. Mais comment ne
viendrait-elle pas dans ces cités qu'on lui fait splendides
et où tout est réuni à grands frais pour les plaisirs des
yeux et de l'esprit? L'ouvrier y trouve un travail plus lu-
cratif et moins rude, le bureau de bienfaisance, la société
de secours mutuels, l'hôpital, souvent des exemptions
d'impôts directs, et pour ses enfants la salle d'asile et
l'école gratuites. Faisons au moins disparaître une de ces
inégalités, et donnons au paysan un de ces bienfaits, la
gratuité de l'école pour ses enfants; sa femme et lui en
garderont à l'Empereur une longue reconnaissance.

1. En 1842, sur 11,511,841 cotes foncières, il y en avait 5,448,580 au-dessous
de 5 francs. En 1848, sur 13,118,723 cotes foncières, qui représentent plus de
8 millions de propriétaires fonciers, il y avait 6,686,948 cotes au-dessous de
5 francs.
Il résulte de recherches faites par l'administration des finances, en 1861, que le
nombre total des ouvriers travaillant pour autrui, à la journée, à façon ou à la tâche,
des ouvriers travaillant seuls, des petits employés, des retraités, des petits paten-
tables, des petits propriétaires obligés de travailler comme ouvriers, des colons
vivant exclusivement du colonage ou travaillant comme journaliers, s'élevait au
chiffre de 5,373,456 chefs de famille. Sur ce nombre, 2,211,386 étaient imposés à
la contribution personnelle et mobilière et payaient, en moyenne, 3 fr. 02 cent.;
1,666,941 n'étaient pas imposés à cette contribution à cause de leur état de gêne,
bien qu'ils ne fussent pas notoirementindigents; enfin 1,495,129, notoirement indigents, étaient aussi exemptés de toute contribution.

Ainsi, il y a un intérêt social de premier ordre à mettre l'instruction primaire au nombre des grands services publics, en assurant, aux frais de la communauté tout entière, la bonne distribution de l'enseignement populaire.

XIV.

État de l'opinion.

Sur la question de la gratuité, comme au sujet de l'obligation, les opinions sont très-partagées. Les uns, qui accepteraient à la rigueur l'obligation, s'élèvent avec énergie contre la gratuité; d'autres, au contraire, qui protestent contre l'instruction obligatoire, ne verraient pas d'inconvénients graves à la rendre gratuite, et rappellent que la gratuité existe à Paris et dans un grand nombre de villes de France.

Plusieurs de ses adversaires l'accusent cependant d'être entachée de socialisme; mais il est à remarquer que ce reproche se trouve surtout dans la bouche des partisans de l'enseignement gratuit des congrégations. D'autres affirment qu'en France, principalement dans les campagnes, la gratuité, sans l'obligation, énerve l'enseignement, décourage le maître, dépeuple l'école. On répète que le paysan n'estime que ce qu'il paye, et on a souvent abusé de cette formule vague pour élever à tort le prix de l'éducation primaire[1]. Il est certain que beaucoup de ces paysans dont on parle, trouvant trop coûteuse la denrée intellectuelle, mettent en quelque sorte leurs enfants à

1. « Un fait que je constate depuis plus de vingt ans dans la classe que je dirige, et qui m'est commun avec mes confrères voisins, c'est que les enfants admis

la ration, et ne leur achètent que deux mois d'école au lieu de huit, ce qui rend illusoires les résultats momentanément obtenus par l'instituteur.

En résumé, quelques riches aiment peu la gratuité de l'école; mais les pauvres la recevraient avec reconnaissance.

Les avantages de ce régime ont été parfaitement sentis par les fondateurs catholiques ou protestants de l'instruction populaire : l'abbé de La Salle, le père Fourier, le pasteur Oberlin, etc. En France, c'est le principe de toutes les congrégations enseignantes, et ce principe a fait leur fortune.

En 1843, les congrégations enseignantes ne comptaient, en France, que 16,958 membres, dont 3,128 hommes et 13,830 femmes, et ne possédaient que 7,590 écoles, 706,917 enfants, soit 22 p. 100, ou moins du quart de la population scolaire totale, répartis de la manière suivante : 1,094 écoles publiques ou libres de frères, contenant 201,142 élèves sur 2,149,672, c'est-à-dire 9 p. 100 du nombre total des garçons; 6,496 écoles publiques ou libres de sœurs, contenant 505,775 élèves, sur 1,014,625, c'est-à-dire plus de 49 p. 100 du nombre total des filles.

---

gratuitement à l'école y viennent exactement et longtemps, jusqu'à l'âge réglementaire, c'est-à-dire 14 ans, tandis que les payants quittent le plus souvent la classe aussitôt après leur première communion, qui se fait à l'âge de 11 et 12 ans au plus tard. En ce moment, mes élèves les plus âgés, les plus instruits, les plus assidus, sont les élèves gratuits; j'en ai qui ont 13 et 14 ans et qui ne quitteront l'école que pour aller en apprentissage. Ils savent qu'ils pourront venir à l'école d'adultes pendant l'hiver; je leur donne l'instruction gratuite; ils n'ont qu'à fournir le matériel de classe : je suis certain que pas un ne manquera et que tous resteront jusqu'à la clôture; les payants, eux, y viendront peut-être, mais un mois ou deux tout au plus. » (Extrait d'une lettre de l'instituteur communal de Donnemarie (Seine-et-Marne) du 24 juin 1861.)

Aujourd'hui ces congrégations ont 46,840 membres, dont 8,635 hommes et 38,205 femmes. Leur nombre a donc à peu près triplé en vingt ans. Ils possèdent 17,206 écoles et 1,610,674 enfants, sur 4,336,368, soit 37 p. 100, ou plus du tiers de la population scolaire totale, répartis de la manière suivante, savoir : 2,502 écoles publiques ou libres de frères, contenant 443,732 élèves, sur 2,265,756, c'est-à-dire 19 p. 100 du nombre total des garçons; 14,704 écoles publiques ou libres de sœurs, contenant 1,166,942 élèves, sur 2,070,612, c'est-à-dire environ 56 p. 100 du nombre total des filles.

Ainsi, en vingt années, les religieux ont plus que doublé le nombre de leurs écoles et celui de leurs élèves : ils ont conquis près d'un million d'enfants (903,757), si bien que le rapport entre le nombre des enfants élevés par les congréganistes et celui des enfants élevés par les laïques a changé. En 1843, les congréganistes avaient moins du quart de toute la population scolaire, ou 22 p. 100 ; ils ont aujourd'hui plus du tiers, ou 37 p. 100. C'est une augmentation à leur profit de 15 p. 100.

D'où vient ce progrès considérable ? Du zèle sans doute des religieux, bien que leurs écoles, malgré de véritables succès en de certains lieux et pour de certaines parties de l'enseignement, n'aient pas encore pu prendre, dans l'ensemble des résultats, le premier rang. Il vient surtout de la gratuité, qui, dans les petites localités, ne permet pas à une école où les nécessiteux sont forcés de payer, de vivre à côté de celle où on ne leur demande rien. Aussi, pour rétablir l'équilibre, essaya-t-on, dès l'année 1853, d'obliger les frères de la Doctrine chrétienne à renoncer au principe de leurs statuts. Après de longs et vifs dé-

bats dans le sein de la congrégation, les frères se rési-
gnèrent, en janvier 1863, à reconnaître aux conseils
municipaux, qui leur assuraient un traitement fixe, le
droit de percevoir la rétribution scolaire pour le compte
de la commune. Malgré cette pression énergique, les
écoles publiques de frères ont encore près de trois fois
plus d'élèves gratuits que les écoles laïques correspon-
dantes : 73 p. 100 au lieu de 32 p. 100. Leur exemple
doit servir de leçon.

XV.

De la demi-gratuité.

Faut-il se contenter de la demi-gratuité, afin de faire
disparaître l'objection qu'il est déraisonnable d'exempter
de l'impôt scolaire ceux qui sont en état de le payer?

D'abord, pour échapper aux embarras que présente
toujours une classification officielle des citoyens en riches
et besoigneux, il est bien difficile de trouver un *cri-
terium* certain. Serait-ce l'exemption accordée à ceux
qui ne payeraient que 3 ou 5 francs d'impôt? 5 francs
n'ont pas la même valeur dans toutes les communes de
France, dans Seine-et-Oise et dans les Hautes-Alpes;
et entre deux hommes qui payent 5 francs de contribution, l'un avec un enfant, l'autre avec six, celui-là sans
famille et celui-ci avec de vieux parents à sa charge, la
différence est grande. Elle ne l'est pas moins entre le
paysan qui a acheté, en empruntant à 6 ou 8 p. 100, quelques perches de terre pour lesquelles il donne 5 francs
au percepteur et l'ouvrier agricole ou urbain, le contre-

maître d'une usine qui, avec sa paye de 4, 6, 8 ou 10 francs par jour, achète des rentes et ne contribue aux charges publiques que par les impôts de consommation.

Ensuite, lorsque par cette gratuité élargie on aura réduit le chiffre des élèves payants à un très-petit nombre de familles aisées, on aura augmenté la dépense à faire pour les écoles et, en même temps, on se sera ôté le droit, moralement, d'ajouter, pour ces familles, à l'impôt scolaire laissé à leur charge l'impôt proportionnel qu'il faudra leur demander, d'une manière ou d'une autre, pour payer, soit la totalité, soit une partie de la rétribution scolaire des élèves déclarés gratuits.

Comme le disait récemment le maire d'une ville où la rétribution scolaire, maintenue à côté de la gratuité pour les indigents, ne donne qu'un produit misérable : « Pour être généreux et libéral, j'aimerais mieux l'être tout à fait. »

Il y a peu de jours, le conseil municipal de Toulon a voté à l'unanimité le rétablissement de la gratuité absolue, abolie en 1861 dans les écoles communales, par la triple raison qu'il est impossible de dresser exactement la liste des élèves gratuits ; que beaucoup de ceux qui ont été inscrits comme payants ne peuvent réellement point payer ; qu'enfin la confection des listes, la délivrance des billets d'admission, surtout la mise en recouvrement de la rétribution, les avertissements multipliés, l'examen des réclamations, etc., exigent un travail compliqué et pénible qu'est bien loin de compenser le faible revenu versé de ce chef à la caisse municipale[1].

1. Sur les 5,802 francs à percevoir pour les trois premiers trimestres de 1864, il est encore dû à la caisse municipale 2,206 francs par 325 pères de famille, et la

A Napoléon-Vendée, à Sotteville, à Valence¹, à Saint-
Fargeau, en beaucoup d'autres lieux, mêmes réclamations, même réforme radicale.

Et l'on a raison d'agir ainsi. La loi économique est la
même partout. Abaissez les prix, la consommation sera
plus grande. Mais, en fait d'instruction, consommer c'est
produire.

« C'est en instruisant le pays, disait récemment un ministre autrichien, M. de Schmerling, c'est en instruisant
le pays qu'on le rendra fort. »

plupart de ceux qui ont payé n'ont cédé qu'à la menace des poursuites. (*Rapport
du maire de Toulon.*)

1. A Valence, où deux évêques, Mgr de Milon et Mgr de Grave, avaient fondé des
écoles gratuites, le régime de la rétribution fut substitué, en 1861, à celui de la
gratuité absolue. L'expérience faite en 1862 ne fut pas favorable. Une délibération
du conseil municipal constata que la rétribution se percevait difficilement, que les
réclamations étaient très-vives et très-nombreuses ; que la distinction entre riches
et pauvres était presque impossible à établir. Le maire écrivit au préfet le 29 septembre 1862 : « Le mécontentement public se manifeste et l'affluence à la mairie
de contribuables ayant reçu des sommations sans frais et puis des bulletins de garnison collective, sans que la plupart aient chez eux une feuille de papier où ils
sachent écrire leurs réclamations, me prouve que nous nous sommes mépris sur le
degré d'aisance de nos concitoyens..... »

A la suite de cette lettre, la question fut de nouveau portée au conseil municipal.
La commission constata que la rétribution scolaire avait fait sortir environ 300 élèves
des écoles, et ajouta : « Ceux qui cesseront de venir à l'école, ce seront ces enfants dont les parents ne peuvent être réputés indigents, principalement de la
campagne, ou les enfants de ces honnêtes ouvriers qui gagnent laborieusement
leur vie et ne voudraient pas accepter un bienfait à titre d'aumône. Certes, ce
résultat est aussi fâcheux que regrettable..... En théorie, il semble que la rétribution fait mieux apprécier le mérite de l'enseignement, et que les parents
sont d'autant plus intéressés à en faire profiter leurs enfants qu'ils payent pour
le leur procurer. En pratique, du moins le fait vient de nous le prouver, les enfants seront retenus chez eux, soit par l'impossibilité où se trouvent les parents
de faire ce sacrifice, soit par un mauvais vouloir et un calcul égoïste dont il y a
plus d'un exemple ; cette classe intermédiaire de la société, à laquelle la première éducation est si utile, si précieuse, en demeurera privée, et nous ne verrons plus nos jeunes élèves devenir, comme autrefois, les teneurs de livres de
leur famille, les correspondants de parents illettrés et les aides utiles de leur
commerce et de leur industrie. Telle ne pouvait être évidemment l'intention du législateur, encore moins celle des fonctionnaires qui ont recommandé cette mesure ; telle ne serait pas la nôtre ; nous ne voudrions pas arrêter dans notre population cet essor vers le progrès dont nous nous sommes si souvent applaudis. »

Apprenons-leur à lire, et il ne restera plus, pour obtenir des merveilles, qu'à mettre des livres utiles et bons dans les mains de ces millions de lecteurs.

Apprenons-leur à compter, et ils sauront bien vite calculer ce que coûte une révolution.

Ouvrons leur esprit, et ils reconnaîtront qu'une société comme la nôtre est l'organisme le plus délicat, mais aussi le plus redoutable ; que lorsque le travail s'y produit avec une telle activité, c'est la machine à vapeur lancée à toute vitesse, dévorant l'espace, emportant avec elle des multitudes infinies d'hommes et de choses, les conduisant à bien si la route est unie et sûre, les menant à l'abîme, à la mort, si un obstacle se rencontre qui produise un arrêt soudain.

Sire,

Un grand mouvement entraîne l'humanité à la domination du monde matériel par la science et à la conquête du bien-être par la richesse. Les nations se précipitent à l'envi dans cette lutte où l'esprit est l'arme la plus sûre. Il ne faut pas que la France, habituée à marcher à leur tête, se contente de les suivre dans l'arène nouvelle. Elle doit les y précéder encore, non plus seulement par ce qui était autrefois la mesure des nations, par le génie de ses grands hommes, mais par ce qui est devenu le niveau où se marquent la force et la grandeur des peuples, par l'intelligence et la moralité de ses classes laborieuses.

Une société est une immense pyramide ; plus la base en sera large, élevée et solide, plus les assises intermédiaires

14.

seront assurées et fortes, plus haut aussi la tête montera dans la lumière.

En résumé,

Je crois, Sire, que, pour répondre aux mémorables paroles du discours impérial du 15 février, j'ai le devoir de proposer à Votre Majesté de reconnaître et d'appliquer les principes suivants :

1° L'instruction populaire est un grand service public;

2° Ce service doit, comme tous ceux qui profitent à la communauté, être payé par la communauté tout entière;

3° Le droit de suffrage a pour corollaire le devoir d'instruction, et tout citoyen doit savoir lire comme il doit porter les armes et payer l'impôt.

Mais comme Votre Majesté tient à cet autre grand principe de faire l'éducation du pays par le pays lui-même, il y aurait lieu de donner aux conseils municipaux le droit de voter la mise à exécution de la loi proposée, en promettant l'assistance de l'État aux communes qui accepteraient la réforme, et à qui les ressources feraient absolument défaut pour l'accomplir [1].

Je suis, Sire, avec le plus profond respect, de Votre Majesté le très-humble, très-obéissant et très-fidèle serviteur,

V. Duruy.

---

1. Ces conclusions ont été adoptées; elles se trouvent inscrites dans la loi votée deux ans après ce rapport par le corps législatif, et promulguée le 10 avril 1867.

Discours prononcé par S. Exc. M. le Ministre à la réunion générale
des sociétés savantes à la Sorbonne, le 22 avril 1865.

Messieurs,

Je vous dois des félicitations et des remercîments :
Des félicitations, car l'importance de vos travaux s'est
accrue cette année, comme vos honorables présidents en
rendront tout à l'heure témoignage, et le nombre des représentants des sociétés savantes aux réunions de la Sorbonne a plus que doublé[1] : deux faits qui montrent la
vitalité de l'institution, votre dévouement à la science et
votre activité laborieuse. Il s'est même formé six sociétés
nouvelles depuis l'an dernier, et une seule, l'*Association
scientifique*, qui a réuni en quelques mois 3,500 souscripteurs, a déjà pu distribuer 21,000 francs en encouragements à l'astronomie, à la physique et à la météorologie.
J'ai pu moi-même me convaincre hier, par les lectures
que j'ai entendues, de la variété et de l'intérêt de ces
communications, qui donnent à vos réunions un charme
particulier.

Mais j'ai, de plus, à vous remercier de l'utile concours
que vous avez prêté à mon administration.

Il y a pour l'enfant deux enseignements nécessaires :

1. 425 en 1864, 900 en 1865.

celui du maître, qui ne se trouve qu'à de certaines heures; celui du livre, que l'on peut prendre à chaque instant et partout. Aussi attachons-nous une extrême importance à doter chaque classe dans nos lycées, chaque école dans nos campagnes, d'une bibliothèque scolaire.

Comme on a vu parfois l'enfant qui survient dans un ménage désuni conquérir doucement le père au travail, à l'ordre, à l'économie, à toutes les affections domestiques, on voit le livre de l'enfant, prêté aux familles par l'instituteur, exercer, lui aussi, une salutaire influence, lorsque, circulant dans la commune pendant les soirées d'hiver, il fait peu à peu pénétrer la lumière en des esprits voués jusque-là aux ténèbres. Dans le seul département de la Meurthe, on a compté 20,000 prêts de livres.

Un bon paysan m'écrivait, il y a trois mois : « Nous « sommes deux dans ma commune, M. le maire et moi, « qui lisions bien. Tous les soirs, nous réunissons les « gens du village et nous leur lisons un des livres que vous « avez donnés à l'école. Quand l'un est fatigué, l'autre « reprend; le temps passe vite, et chacun s'en retourne « content; mais le cabaretier nous boude. » En certaines villes, ce cabaretier mécontent n'allume le gaz qu'après le cours, car durant la veillée studieuse il n'aurait personne, et je suis sûr que ceux qui lui viennent ensuite font chez lui de moins longues et moins bruyantes stations.

Ces faits, messieurs, vous en disent plus que beaucoup de paroles sur l'utilité des bibliothèques scolaires, d'où résulte la nécessité de les bien composer. Pour y parvenir, j'ai appelé l'Université tout entière à m'éclairer sur les choix; et, de peur qu'il ne restât au fond des provinces quelques-uns de ces livres, modestes comme ceux qui les écrivent, utiles cependant, mais d'une utilité restreinte, et par conséquent d'autant plus grande pour les localités ou les industries qu'ils concernent, je me suis adressé à vos sociétés, et elles m'ont fourni de précieuses indications. Ce que vous avez fait une première fois, je vous demande de continuer à le faire, afin de m'aider à remplir un de mes devoirs les plus impérieux : trouver des hommes pour les mettre en lumière et des ouvrages utiles pour les populariser.

Vous avez rendu à l'Université un autre et plus important service. Vos sociétés, se substituant à l'administration qui voulait se tenir à l'écart, ont pris en main, dans beaucoup de lieux, l'organisation des cours publics[1]. Elles ont donné un utile patronage et une sage direction à cet enseignement nouveau. Souvent même elles ont fourni le professeur en même temps que le programme. Obéissant à la loi de ce temps, la science est sortie de l'ombre et du silence de ses sanctuaires pour se produire au grand jour, et la foule est accourue avide d'apprendre, charmée de voir des horizons nouveaux s'ouvrir devant elle, heureuse enfin d'entrer en possession de vérités qu'elle ne connaissait pas.

Dans les cinq mois qui viennent de s'écouler, 751 cours libres se sont ouverts sur toute la surface de la France et jusqu'en Algérie. Je ne vous parlerai pas de ceux dont cette salle même a été le glorieux théâtre, et pour lesquels les hommes éminents qui les dirigent ou qui les font ont le

1. 169 cours ont été patronnés par les sociétés savantes et 18 par les sociétés industrielles, à Montbéliard, Bordeaux, Caen, le Havre, Elbeuf, Valenciennes, Dunkerque, Arras, Cambrai, Bourg, Metz, Beauvais, Versailles, Chartres, Meaux, Blois, Strasbourg, etc.

253 cours ont été patronnés par les municipalités, 11 par les chambres de commerce ; 20 ont été organisés par les préfets, etc.

droit de réclamer le double honneur de l'initiative et du plus éclatant succès ; mais j'ai plaisir à constater qu'on a vu, dans les départements, quelques leçons réunir jusqu'à 1,200 auditeurs [1], un très–grand nombre plus de 500 [2].

Ces cours se sont répartis d'eux-mêmes d'une manière intéressante pour ceux qui veulent étudier la géographie morale de la France.

Paris mis à part, le reste de l'académie en a 101. C'est le cercle lumineux qui se forme autour de la capitale, produit par le rayonnement de ce puissant foyer.

Les riches et fécondes provinces de Picardie, de Flandre et de Normandie, fidèles à leur vieille gloire littéraire, viennent ensuite, avec 69 cours dans l'académie de Douai, 41 dans celle de Caen. L'Auvergne et la Bourgogne, deux centres autrefois de forte vie provinciale, suivent de près ; mais la vaste académie de Rennes, avec ses départements bretons, tombe à 2, moins que la Savoie, la dernière venue dans la grande famille [3].

1. A Lyon, Rouen, Riom, Caen, Châlons, etc. A Sens, il y en a eu 1,700.
2. A Poitiers, Amiens, au Mans, à Pau, Agen, Clermont, Chartres, Nice, Évreux, Reims, etc. etc.
3. Nombre des cours par académie (ceux de Paris mis à part) :

Paris.	101	Nancy.	21
Douai.	69	Poitiers.	21
Caen.	42	Strasbourg.	16
Clermont.	33	Alger.	7
Dijon.	31	Montpellier.	6
Lyon.	28	Grenoble.	5
Bordeaux.	27	Chambéry.	3
Toulouse.	26	Rennes.	2
Besançon.	23		
Aix.	22	Total.	481

Académies où des départements n'ont pas eu de cours :

Aix. . . . . Basses-Alpes et Vaucluse.
Alger. . . . . Oran.

L'enseignement a été partout sérieux, sur plusieurs
points remarquable, et nulle part, dans vos provinces, il
n'a franchi les limites au delà desquelles il eût cessé d'être
utile. Presque toujours les salles les plus vastes dont les
municipalités disposaient se sont trouvées trop petites [1].
En de certains lieux, il a même fallu recommencer le
lendemain la leçon pour ceux qui n'avaient pu l'entendre
la veille [2].

Les orateurs appartenaient à toutes les professions libérales; l'Université en a fourni la bonne part : c'était son
devoir. Grâce à M. le ministre du commerce, de l'agriculture et des travaux publics, dont la haute intelligence est
ouverte à toutes les idées utiles, trente-trois membres de
son administration, qui compte tant d'hommes éminents,
ont prêté leur concours aux conférences, et quelques-uns
ont jeté sur elles un vif éclat [3]. Cet accord est d'heureux
augure pour le double enseignement spécial et professionnel, dont nos deux administrations auront à poursuivre bientôt l'organisation.

Bordeaux........	Dordogne et Landes.
Chambéry........	Haute-Savoie.
Grenoble........	Hautes-Alpes, Ardèche et Drôme.
Montpellier......	Hérault, Lozère et Pyrénées-Orientales.
Nancy.	Meuse.
Poitiers........	Indre, Vendée, Deux-Sèvres et Vienne.
Rennes.	Côtes-du-Nord, Finistère, Ille-et-Vilaine, Maine-et-Loire
Toulouse........	Ariége, Lot et Tarn-et-Garonne. [et Mayenne.

1. A Riom, Lyon, Rouen, Blois, Chartres, Châlons, etc.
2. A Rouen, Reims, Montbéliard, Remiremont, etc.
3. Ont pris part aux cours libres : 10 membres de l'Institut; 60 professeurs des
facultés et de l'enseignement supérieur ; 184 professeurs de lycées ou de collèges;
33 ingénieurs en chef ou fonctionnaires du ministère de l'agriculture, du commerce
et des travaux publics; 8 ingénieurs civils; 9 inspecteurs et employés des lignes
télégraphiques; 8 fonctionnaires de l'ordre judiciaire; 2 officiers; 19 fonctionnaires
de divers ordres; 16 professeurs de l'enseignement libre; 104 médecins; 8 phar-
maciens; 32 avocats; 6 archivistes; 3 prêtres; 3 pasteurs; 5 architectes; 70 hommes
de lettres; 4 artistes; divers, 136.

Toutes les matières de l'enseignement supérieur ont été traitées dans ces leçons du soir qui, venant après les labeurs du jour, étaient, pour les auditeurs, à la fois un délassement et un profit [1]. Les sciences appliquées, l'économie politique, la littérature et l'histoire ont été particulièrement goûtées, et l'on a très-favorablement accueilli les études d'histoire locale : bon signe pour vous, messieurs, dont les savants travaux ont été mis à contribution. En littérature, les honneurs ont été pour les maîtres de nos deux grands siècles, en particulier pour Molière, et c'était justice. Le poëte du bon sens a encore des leçons à nous donner.

A ces cours, surtout à ceux de sciences appliquées, les classes laborieuses ont assidûment disputé la place aux classes les plus élevées de la société et, ne marchandant ni le temps ni la patience, ont parfois, au prix d'une longue attente, occupé tous les siéges [2]. Le plus souvent, on voyait les hommes éminents de la cité, députés, magistrats, généraux, préfets et maires, encourager l'orateur de leur présence. Des préfets, et je les en remercie publiquement, ont ouvert leurs salons pour donner l'hospitalité à la science, quand l'espace lui manquait ailleurs [3]. Cinquante-deux villes ont cependant fourni les locaux nécessaires ; quarante-cinq se sont chargées de tous les frais et ont inscrit un crédit nouveau à leur budget

1.

Sciences pures	172	Beaux-arts	23
Sciences appliquées	127	Hygiène	34
Littérature	171	Agriculture	19
Histoire	94	Géographie	28
Économie politique	18	Philosophie	28
Droit	28		
Archéologie	90	Total	751

2. A Melun, Châlons, Lyon, Cherbourg, etc.
3. A Strasbourg, Agen, etc.

communal pour assurer l'avenir des conférences[1]. Plusieurs ont même voté des indemnités aux professeurs qu'elles appelaient des localités voisines[2] ; et nombre de sociétés savantes, rivalisant de libéralité avec les conseils municipaux, ont appliqué à des achats d'instruments, de livres, de cartes, leur subvention départementale. Quelques-unes ont fait frapper des médailles pour consacrer l'origine et assurer le succès de « la nouvelle institution[3]. »

Un fait curieux s'est produit sur quelques points : les frais des cours ont été supportés par les professeurs eux-mêmes, et j'ai vu des membres de l'Université, malgré la modicité de leur traitement, payer non-seulement de leur esprit et de leur temps, mais encore de leur bourse, l'honneur d'accomplir le devoir, que l'Université remplit avec un patriotique dévouement, de faire l'éducation du pays et « d'élever l'âme de la nation. »

Ce n'est pas que je n'aie cherché à prévenir de pareils sacrifices. J'aurais souhaité que tous ces cours fussent payants, puisqu'il a été dit qu'on n'attache d'importance qu'à ce que l'on paye. Mais la France, qui donne si libéralement son sang pour toutes les justes causes, n'est pas plus avare de son esprit, et les conférences sont restées gratuites, comme le sont nos musées, nos bibliothèques et notre enseignement supérieur; comme pourront le devenir, d'après le nouveau projet de loi, nos pauvres écoles de village.

On pouvait craindre que cet enseignement libre ne fît

1. Nîmes, Nice, la Rochelle, etc.
2. Nîmes, la Rochelle, Rodez, Castres, Évreux, Bourg, etc.
3. Sociétés de Bourg, Chartres, etc.

tort à l'enseignement des facultés. L'effet contraire s'est produit : tous les rapports que je reçois me donnent le droit de dire que nos cours réguliers n'ont jamais été plus suivis. Les lycées y ont gagné. On s'est étonné de voir ce qui se cachait de goût et de savoir derrière leurs murs, et il s'est trouvé que les maîtres de l'enfance étaient fort en état d'enseigner les hommes. L'administration elle-même doit aux conférences de mieux connaître une partie de son personnel par les talents ignorés et les aptitudes spéciales qui se sont révélés.

Je ne prétends pas que de là vont nécessairement sortir des hommes supérieurs. La carrière du moins aura été ouverte à tous, et les conférences, qui n'exigent point les connaissances approfondies et variées que demande un cours normal, aideront peut-être à fermer la liste trop longue des inventeurs qui restent dans l'ombre et l'oubli. Quiconque aura une idée juste, n'en eût-il qu'une seule, aura la facilité désormais de la produire; quiconque fera une découverte utile pourra la montrer. A côté des théoriciens et de la grande armée du haut enseignement, seront les vulgarisateurs et les volontaires de l'enseignement libre.

La presse départementale a trouvé dans ces leçons un aliment littéraire et scientifique, qui n'a été ni sans charme ni sans utilité; et je ne vais pas trop loin en assurant qu'elles exerceront à la longue une bonne influence sur les mœurs de l'atelier, comme sur celles des salons. L'horizon de chacun s'étendant et se peuplant d'idées nouvelles, les objets restreints des préoccupations ordinaires feront place à des pensées plus variées et plus hautes. La passion est exclusive; c'est la détruire, ou du moins la transformer heureusement, que de briser les bornes étroites où elle s'enferme. La pacification des esprits est dans l'élargissement des intelligences.

Il y a dix-sept ans, que demandaient les ouvriers à ceux qui les appelaient au pied de chaires improvisées? Vous ne le savez que trop. Mais si vous voulez connaître ce qu'ils souhaitent aujourd'hui, je vais vous le dire, car j'ai eu dans les mains des lettres écrites par plusieurs d'entre eux au sujet des conférences.

L'un reprochait au maître de leur avoir raconté une histoire où ils avaient cru voir l'apologie de la force brutale... « La voie que nous suivons, disait-il, est toute différente, et l'empereur Napoléon III le comprend très-bien en faisant tous ses efforts pour répandre l'instruction dans les masses. L'homme instruit devient homme de bien. » Ce n'est pas, messieurs, le grand maître de l'Université qui parle ainsi : je cite textuellement. Un autre, au nom de ses camarades, avec lesquels il s'était entendu, traçait le programme des leçons qu'ils désiraient avoir. Après les cours scientifiques, des cours littéraires. « Pour ceux-ci, dit-il, qu'on choisisse des biographies d'hommes qui, partis de bien bas, se sont élevés bien haut; on s'intéresse à eux, ils servent d'exemple, et cela donne envie de les imiter. Qu'on nous parle de ces voyageurs qui ont découvert le nouveau monde... Qu'on nous cite les noms des hommes qui se sont dévoués pour l'humanité, des médecins qui, dans les épidémies, ont bravé la mort pour secourir leurs semblables; de ceux qui ont fondé des asiles; de tous ceux qui ont l'amour de leur prochain. »

Un troisième, félicitant le professeur de leur avoir lu une fable simple, d'une moralité touchante, ajoutait :

« Nos femmes, nos enfants, que nous amenons avec nous,
en ont emporté un bon conseil. »

Voilà les vœux qui se produisent et le changement qui
s'opère. Notre constitution a ses conséquences légitimes : le
niveau moral monte, parce que le niveau politique s'est
élevé ; plus on est citoyen, plus on est homme. C'est à
nous, membres de l'Université et des sociétés savantes, à
seconder ce mouvement. La diffusion des droits exige la
diffusion des lumières, afin que celles-ci fassent briller à
tous les yeux le devoir que Dieu a placé partout à côté du
droit, mais qui, pour bien des consciences, reste souvent
dans l'ombre.

Et, messieurs, en voyant ce goût passionné pour les
choses de l'esprit qui se manifeste au milieu du développement de la richesse et des progrès du bien-être,
ne vous semble-t-il pas entendre s'élever de tous les
points de la France une heureuse protestation contre
ceux qui reprochent à notre société de s'oublier et de se
perdre au sein du matérialisme ?

Les conférences publiques aideront, j'en ai la confiance,
à cette propagande morale. Mais l'on dit : « C'est une
mode qui passera. » Je n'en crois rien, messieurs, et je
compte sur vous pour la faire vivre.

Tous les départements, neuf exceptés [1], ont au moins
un corps savant, et vos 220 sociétés ne sont pas utiles seulement par les mémoires qu'elles rédigent, mais parce
qu'elles entretiennent la vie de l'intelligence dans leur
sein et autour d'elles. Elles alimentent le feu sacré et
l'empêchent de s'éteindre. Que chacun de vous avive la

---

1. Basses-Alpes, Ardennes, Ariège, Corrèze, Corse, Drôme, Lot, Orne, Basses-
Pyrénées.

flamme à son foyer, et peut-être un éclat nouveau bril-
lera sur la France.

Il y a eu pour le génie humain quatre époques particulièrement heureuses et fécondes, celles de Périclès, d'Auguste, de Léon X et de Louis XIV. Comme la diversité de
ces noms l'indique, la forme de gouvernement n'est pour
rien dans la production de ce rare et merveilleux phénomène. Mais chacune de ces époques a été marquée par un
concours immense des intelligences de second ordre, de
sorte que, le niveau moyen s'élevant, les esprits supérieurs purent monter plus haut.

Pourquoi Athènes fut-elle si grande au temps de Périclès? c'est que ces Athéniens, chez qui une marchande
de légumes pouvait en *remontrer* à Théophraste, étaient
moins un peuple qu'une aristocratie populaire, une foule
élégante et spirituelle, curieuse d'art, de science, de poésie, où la fortune indiquait à peine des rangs, où l'éducation, la même pour tous, n'en établissait pas.

Rome, de Cicéron à Tacite, est le point de rencontre
et comme le confluent des deux civilisations grecque et
latine : l'une donnant la grâce qui assouplit le rude génie
du Latium ; l'autre, la force qui ranime l'hellénisme
énervé. Sur la vieille Italie passe alors un courant puissant, qui remue les populations jusque dans leurs intimes
profondeurs et fait monter à la surface, tenant à la main
quelque œuvre immortelle, le fils d'un affranchi ou celui
d'un paysan, Horace ou Virgile.

Au temps de Léon X, un fait analogue se produit : le
génie moderne s'éveille au choc de l'antiquité retrouvée,
et tous, rois, princes, pontifes ou peuples, saluent la
Renaissance. « Les belles-lettres, disait le pape Jules II,

sont de l'argent aux roturiers, de l'or aux nobles, des dia-
mants aux princes. » Les roturiers voulaient déjà, comme
le pontife, de cette richesse et de cette parure. En 1529, les
Colloquia d'Érasme furent tirés à vingt-quatre mille exemplaires, tant les peuples étaient avides d'apprendre, « car,
dit un savant docteur, ils commençaient à s'apercevoir
que leurs ancêtres avaient vécu dans l'esclavage de l'esprit
comme dans la servitude du corps. »

Cette fleur délicate de l'esprit faillit périr dans les
guerres de religion. Mais, lorsque Henri IV eut ramené
la paix, le goût des lettres se ranima. Chaque grand seigneur, à l'exemple du roi, pensionna un poëte ou un écrivain. Les salons retentirent de discussions souvent pé-
dantesques : il y eut des précieuses ridicules et des femmes
trop savantes. Condé fit de mauvais vers ; Richelieu, de
détestables comédies. La ville et la cour placèrent leurs
faveurs sur des Vadius et des Trissotins. Cependant, du
milieu de ces agitations confuses, mais fécondes, se dé-
gagèrent quelques esprits supérieurs, qui demeureront
notre honneur éternel. Un homme est grand par lui-
même sans doute ; mais il l'est surtout par le piédestal
qui le porte, et ce piédestal, c'est la nation qui le forme.

L'histoire littéraire comptera-t-elle bientôt un grand
siècle de plus ? je n'en sais rien. Mais je vois, comme à
ces époques fortunées, un mouvement se produire dans
tout le corps de la nation : *Mens agitat molem*. La vieille
politique se meurt ; de nouvelles et généreuses idées la
remplacent, et ces masses populaires, qu'on appelait jadis les barbares ou la vile multitude, courent à la science ;
le gouvernement, les grands corps de l'État, le pays entier s'intéressent aux questions d'instruction publique, et

la même main qui a rejeté la Russie au delà du Danube, l'Autriche derrière le Mincio, qui a largement ouvert nos frontières au commerce du monde et nos vieilles cités aux rayons du soleil, écrit un beau livre qui eût fait la fortune littéraire du plus obscur d'entre nous.

Membres de l'Université, nous obéirons au mot d'ordre que l'Empereur nous donne d'améliorer l'individu par l'éducation; membres des sociétés savantes, nous remercierons, au nom de tous ceux qui écrivent et qui pensent, le Souverain dont les laborieux loisirs sont remplis par des travaux où il trouve une gloire nouvelle; patrons des cours publics, nous exprimerons notre gratitude au prince qui a voulu donner à la France une noble distraction et une liberté de plus.

Instruction du 15 juin 1865, relative à l'organisation, dans les lycées, d'écoles préparatoires aux écoles spéciales du gouvernement.

Monsieur le recteur,

Le Corps législatif vient de voter la loi sur l'enseignement spécial [1], et la réorganisation de cet enseignement pourra commencer à dater de la prochaine année scolaire. Par une heureuse rencontre, c'est à la même époque que cessera définitivement le régime connu sous le nom de *bifurcation*. J'aurai bientôt à vous entretenir des effets que

1. Voir à l'Appendice, nº 1, la loi du 21 juin 1865.

doit avoir la loi nouvelle. Quant aux réformes accomplies depuis deux ans dans nos lycées, vous savez qu'elles ont pour but de relever le niveau des études scientifiques tout autant que celui des études littéraires, et de conserver à ces établissements leur caractère propre d'écoles *classiques*. Je n'ai pas besoin d'ajouter que par ce mot de *classique* j'entends tout ce qui est élevé et pur comme expression et pensée, tout ce qui est sain et fortifiant pour l'esprit comme vérité et méthode, soit dans l'ordre des lettres, soit dans celui des sciences.

Mais nos lycées n'ont pas seulement à préparer pour la société des hommes dont l'esprit aura été largement ouvert et bien cultivé ; ils sont encore chargés de pourvoir au recrutement annuel des grandes écoles de l'État.

Pour cette préparation, l'Université a trouvé des émules dont la légitime et heureuse concurrence nous oblige à examiner si notre organisation actuelle est combinée de manière à conduire le plus vite et le mieux au but marqué.

En ce qui concerne les maîtres, nous n'avons pas à en souhaiter de meilleurs. Aussi les écoles libres empruntent-elles souvent leurs professeurs à l'Université. Mais nous avons le tort, que quelques-unes ne partagent point, de soumettre à un régime commun des études et des élèves qui ont un caractère et des besoins à part. L'examen pour les écoles étant spécial, la préparation doit l'être également ; car les conditions nécessaires pour se présenter à une épreuve d'aptitude générale, comme celle que constate l'examen du baccalauréat, sont très-différentes de celles qu'il faut remplir pour être en état de réussir dans un concours où les places sont en nombre déterminé.

En outre, chacun de nos lycées est ou veut être un établissement complet. Le plus petit est organisé sur le modèle du plus grand : de là une dépense de force parfois inutile. En de certaines maisons, on compte pour quelques branches d'enseignement autant de maîtres que d'élèves. L'Université s'affaiblit en disséminant ainsi son personnel et ses ressources; elle se fortifiera en les concentrant, et ici encore l'enseignement libre peut nous mettre sur la voie que nous devons suivre.

En effet, quelques-unes des écoles libres, celles qui ont le plus de vogue, ne sont que des écoles préparatoires. Au lieu de faire lentement et laborieusement des *élèves*, elles reçoivent des jeunes gens tout formés, des *candidats* qui ne leur restent qu'un an ou deux.

Puisque les lycées doivent être les maisons modèles de l'enseignement, hâtons-nous d'ajouter à toutes les qualités qu'ils possèdent, et ce sont les plus importantes, les mérites qui leur manquent; ceux-ci, pour être d'un ordre secondaire, n'en ont pas moins une influence considérable sur les résultats.

Ainsi il n'est pas nécessaire que toutes nos maisons préparent aux écoles polytechnique, militaire, navale, forestière, etc. La trop grande dissémination des candidats est une cause d'affaiblissement pour les études elles-mêmes, parce qu'une classe où ne se trouvent que deux ou trois élèves n'est point une classe : l'émulation, l'entrain, la vie, y manquent, et le succès est incertain. Aussi est-il souhaitable qu'il se produise un mouvement de concentration pour les candidats aux écoles qui se trouvent dans les maisons universitaires.

Au lieu de les laisser comme égarés au milieu des 30,000 élèves de nos 75 lycées, il faudrait pouvoir les ré-

15.

partir dans un petit nombre d'établissements,.où il nous deviendrait facile de constituer pour eux une préparation efficace avec le régime particulier qui leur est nécessaire : répétitions et interrogations multipliées ; présence continuelle d'un professeur pour répondre à toutes les questions, lever tous les doutes et remettre en marche l'élève qu'un obstacle arrêterait ; réduction de la durée de chaque classe, mais augmentation du nombre des classes ou des conférences pour chaque journée ; épreuves réitérées, de même nature que celles de l'examen véritable ; nécessité enfin d'entraîner l'élève au but, comme malgré lui, par la multiplicité et l'insistance des soins qui lui seront donnés.

Pour être bien fait, tout cela exige un personnel nombreux, expérimenté, exclusivement voué à cette tâche, et c'est pourquoi cette tâche ne peut être bien remplie que dans un nombre restreint de maisons choisies.

Je vous prie donc, monsieur le recteur, d'examiner quel est le lycée de votre ressort où, à raison des traditions établies, du nombre des élèves, de la supériorité de l'enseignement et même de la disposition des bâtiments, il vous paraîtra possible de constituer une école préparatoire aux écoles spéciales du gouvernement. J'y transporterais ceux des boursiers de l'État répandus dans votre ressort qui auraient déjà fait une première année de mathématiques élémentaires, et vous engagerez MM. les préfets à proposer aussi la translation des boursiers départementaux et communaux placés dans les mêmes conditions. Les familles des pensionnaires libres suivraient certainement cet exemple, assurées qu'elles seraient de trouver pour leurs enfants, dans cette école préparatoire, des soins qui ne

pourraient leur être donnés ailleurs avec la même sollicitude.

Vous voudrez bien m'indiquer en même temps le nombre probable d'élèves qui pourraient être ainsi réunis
sous une direction spéciale; je vous enverrai ensuite les
instructions nécessaires pour cette organisation nouvelle.

Recevez, etc.

Le ministre de l'instruction publique,

V. DURUY.

Discours prononcé par S. Exc. M. le Ministre à la distribution des
prix du Concours général des lycées et collèges de Paris et de
Versailles, le 7 août 1865.

Messieurs,

Cette année a été bonne pour notre cause, je veux
dire pour le développement des institutions scolaires de
la France.

Une loi a été proposée par le gouvernement en vue
d'améliorer le sort des institutrices et des maîtres adjoints,
de multiplier les écoles de filles et d'étendre, pour les
communes, la faculté de distribuer gratuitement ces
connaissances élémentaires sans lesquelles l'enfant s'élève
bien difficilement à la condition d'être intelligent et libre
que Dieu lui a préparée.

A toutes les époques, l'Église et l'Université ont favorisé la gratuité dans leurs écoles. Mais en aucun temps il ne s'est rencontré une société où la pratique de ce sentiment chrétien fût plus nécessaire que pour la nôtre.

L'enseignement donné par l'école est, en effet, la matière première de l'esprit. Que la foule innombrable des pauvres puisse l'acquérir gratuitement ou au plus bas prix, et l'on verra se produire, pour l'instruction générale du pays, par conséquent pour sa richesse et sa moralité, le magnifique développement que notre commerce a dû au bon marché des matières premières de l'industrie.

Notre réforme scolaire est la conséquence légitime de notre réforme politique. Quand la démocratie coule à pleins bords, c'est l'instruction qu'il faut verser à flots pressés dans ce large et puissant courant, si l'on veut en purifier les eaux et les rendre fécondes.

Une autre loi, pour créer l'enseignement secondaire du peuple, a eu l'heureuse et rare fortune de réunir au Corps législatif l'unanimité des suffrages. Elle permettra d'organiser enfin le mode d'instruction propre à un temps où la science transforme incessamment l'agriculture, l'industrie, le commerce, et que réclamait cette autre foule qui, pour mieux exécuter ou conduire les travaux des champs, du comptoir et de l'usine, veut aller plus loin que l'école, sans aller aussi haut que le lycée. Entre les deux enseignements primaire et classique, dont le caractère essentiel est d'être les mêmes partout, parce que chacun d'eux a partout la même chose à faire, se placera l'enseignement spécial, qui, par sa nature élastique et ses formes variées, répondra à la variété infinie des besoins.

Nous garderons soigneusement le régime scolaire qui
a formé les Bossuet, les Racine et les Condé, afin qu'il
nous en donne d'autres et que se perpétue, au milieu de
nous, l'aristocratie de l'intelligence. Mais nous aurons
aussi un régime, fait pour tout le monde, qui nous permettra d'aller chercher au plus profond des masses populaires ces esprits à qui il ne faut qu'un peu de lumière et
d'espace pour se fortifier, s'étendre et grandir. Combien,
faute de moyens d'instruction appropriés à leur condition
et à la nature de leur esprit, sont restés perdus dans ces
ténèbres, écrasés sous le poids d'une société dédaigneuse
ou indifférente! Quelques-uns, semblables au filon de métal
précieux qui perce à travers les couches stériles, sont arrivés
à la surface; mais vous connaissez leur douloureuse histoire; vous savez que de temps et d'efforts ils ont inutilement dépensés pour se faire jour au milieu des obstacles
dont leur route était semée. Mettre à la portée de tous l'instruction qu'il faut à chacun pour développer ses facultés
naturelles, c'est donner à notre organisation sociale son
complément nécessaire. Voilà la très-grande importance
de la nouvelle loi scolaire.

Aux actes législatifs ont répondu les efforts des particuliers. Huit cents chaires libres se sont ouvertes dans les
grandes communes pour l'enseignement supérieur, en
même temps que 187,000 jeunes ouvriers des villes et
des campagnes[1], après avoir employé le jour au travail des

1. Les classes du soir ont été suivies, pendant l'hiver dernier, par 187,172
élèves. La statistique n'en accuse pour 1863 que 125,647 : c'est donc, en un an, un
gain de 61,525 adultes. En quatre mois, 15,911 ont appris à lire, 23,380 à écrire,
40,480 à compter ; 38,839 ont appris l'orthographe, le dessin, le chant ou quelque
autre des matières facultatives du programme de l'enseignement. Le reste a développé ou fortifié l'instruction antérieurement acquise ; 6,719 seulement sont sortis
des cours complétement illettrés.

bras, sont venus, le soir, retrouver leurs vieux maîtres pour continuer l'école ou pour la recommencer, et avec une telle ardeur que, sur 23,000 qui en novembre ne savaient rien, 16,000 en mars savaient lire. Il faut, messieurs, que l'an prochain nous ayons deux ou trois fois autant de ces classes d'adultes, et nous les aurons, car la logique gouverne le monde plus qu'on ne le pense. Le peuple veut s'élever dans l'ordre moral, parce que la Constitution l'a fait monter dans l'ordre politique.

C'est pour le moraliste un beau spectacle que ce mouvement des esprits à la recherche du savoir. Mais s'il faut féliciter ces étudiants volontaires, j'ai à payer une dette légitime en rendant un public hommage à tous les hommes de cœur qui, depuis le président de cour impériale jusqu'à l'humble maître d'école de village, ont donné leur temps et leur esprit à cette œuvre, pieuse aussi, de l'éducation publique. Ah ! comme le disait tout à l'heure l'orateur latin de cette solennité, une société qui montre de tels besoins n'a pas au cœur le ver rongeur du matérialisme, ni dans la vie cette mollesse qui présage les profondes décadences.

Ainsi, messieurs, par les lois, par les mœurs, se complète harmonieusement, avec la liberté pour principe, notre système d'éducation nationale, depuis la classe primaire jusqu'à l'enseignement le plus élevé. Il n'est plus besoin de porter un costume officiel, d'être membre d'une académie ou de quelque corporation reconnue pour parler d'art, de science ou de littérature, même dans les sanctuaires accoutumés.

Mais au milieu de cette liberté, et pour la contenir par

l'exemple, pour la préserver des agitations stériles par le spectacle des travaux féconds, subsiste toujours ce grand corps que Napoléon Ier avait jeté comme un bloc de granit au milieu du courant du siècle, afin d'en régulariser les allures : cette Université de France, qui semble avoir reçu en héritage des corporations religieuses le respect de la tradition, mais sans l'immobilité; l'esprit de corps, mais en plaçant au-dessus l'intérêt public; le culte de l'idéal, mais en le cherchant dans toutes les voies de la pensée humaine; où le goût de l'étude et la dignité de la vie sont les premiers besoins ; où le dévouement au devoir est la loi commune ; qui, enfin, tient à la France ancienne par la piété des souvenirs, mais aussi à la France nouvelle par son ardente volonté de la servir et de l'aimer. Représentant l'État laïque, cette société de pères de familles, qui vivent dans le siècle et en ont l'esprit, reçoit sans arrière-pensée, le dépôt précieux des jeunes générations, avec l'unique souci de les rendre, saines et fortes, à la vie publique qui les attend.

Un éclatant témoignage lui a été tout récemment rendu par un de mes illustres prédécesseurs, qui me pardonnera aisément de le ramener pour un moment au milieu de vous : « C'est de ses écoles, dit M. Guizot, que sont sortis et que sortent tant d'hommes distingués qui portent dans toutes les carrières l'activité de la pensée, le respect de la vérité et tantôt le goût désintéressé de l'étudier, tantôt l'art habile de l'appliquer. C'est l'Université qui, au milieu du développement et de l'empire des intérêts matériels, a formé et continue de former des lettrés, des philosophes, des savants, des écrivains, des érudits; elle est aujourd'hui, parmi nous, le plus actif foyer de la vie intellectuelle, et le plus efficace pour en répandre dans la société la lumière et la chaleur[1]. »

Si telle est, messieurs, notre fonction dans la société française, combien ce rôle n'est-il pas relevé et agrandi par les conditions nouvelles de cette société! Une volonté puissante, mais qui sait se contenir pour mieux arriver au but, travaille sans relâche à l'éducation sociale de la France. L'Empereur, qui demande à tous les maîtres de la jeunesse de lui faire des hommes, demande au pays de lui faire des citoyens, parce qu'il veut être la force qui élève et non celle qui déprime.

L'État qui, jadis présent partout, se substituait à chacun, retire peu à peu sa main des affaires que les individus ou les communautés peuvent décider seuls, et le gouvernement provoque lui-même l'essor de l'initiative privée. Notre commerce accepte le libre échange, qui l'oblige à être vigilant et habile; l'industrie débat librement les questions qui la préoccupent, comme la science et l'art les problèmes qui les agitent; et des complications d'où seraient autrefois sorties vingt émeutes se dénouent paisiblement, parce que les intéressés ont été laissés face à face avec leurs intérêts, sans l'interposition de l'autorité publique, contre laquelle chacun auparavant tournait ses regrets, ses méfiances ou ses colères[2]. Nombre de questions sont ainsi rayées de la politique et renvoyées à l'enseignement économique, qui seul doit et peut les résoudre, en éclairant de part et d'autre les esprits.

Cette politique libérale, qui provoque à l'action sous la responsabilité, est, elle aussi, messieurs, un grand sys-

1. *Mémoires pour servir à l'histoire de mon temps,* tom. VII, p. 383; 1865.
2. Loi du 25 mai 1864 sur les coalitions.

tème d'éducation, et le meilleur. Mais il nous impose
de sérieux devoirs, puisque c'est à nous de préparer les
hommes qui auront à porter le lourd et précieux fardeau
de la liberté. Quand nos élèves nous auront quittés, on
leur parlera bien vite de leurs droits; parlez-leur sans
cesse de leurs devoirs. Tout en développant l'esprit
d'examen qui est le principe de la science, fortifiez dans le
cœur de chacun d'eux le sentiment du respect, l'amour
du bien et du beau, la volonté de gouverner virilement son
esprit et son corps, ce qui est le grand signe de la force et
de la dignité. Donnez-leur, en un mot, la foi en tout ce
qui honore l'humanité. C'est la foi qui sauve sur la terre
comme au ciel.

Chers élèves,

Voilà de bien graves paroles pour un jour de fête. Mais
nos fêtes sont à présent sérieuses, comme la vie l'est devenue. Autrefois, quand on ne pouvait avoir une autre
condition que celle de son père, quand chacun était établi
à demeure dans sa misère ou dans sa richesse, on vivait
au jour le jour sans

. . . . le long espoir et les vastes pensées.

Aujourd'hui, on lutte; et comme on ne naît plus magistrat
ou colonel, il faut tout conquérir par le travail. Une âpre
concurrence ne laisse passer aux premiers rangs que les
meilleurs : c'est à ce titre, chers enfants, que vous êtes ici.
Mais prenez garde! Vos émules des départements, dont,

l'an dernier, je vous annonçais l'ardeur, ont réalisé leurs promesses : ils approchent! Pour la philosophie et les mathématiques spéciales, même pour le discours latin, leurs compositions ont été cette fois remarquables ; et me voilà autorisé à laisser dans la province, auprès de leurs mères, ces pupilles de l'État, qui croyaient qu'à Paris seulement l'on fait de bonnes études. Paris n'a rien perdu, il s'en faut ; mais les départements ont avancé : c'est la France qui gagne.

Ces luttes fortifiantes du collége, vous les retrouverez, mes enfants, dans la vie, et elles vous suivront jusqu'au tombeau ; car la concurrence est devenue une loi universelle, qui domine l'existence des peuples comme les destinées particulières. Dans dix-huit mois vous verrez le concours des nations venues ici des extrémités de la terre pour se disputer la palme pacifique. Une place vous y sera réservée. Puisque la France doit montrer ce qu'elle est capable de faire dans l'industrie et les arts, il ne faut pas que l'Université reste à l'écart de ce grand combat. Mettons notre enseignement en pleine lumière et, en voyant quelle sage et intelligente direction vous recevez, on reconnaîtra, à sa marche assurée et tranquille, l'*alma mater* qui a déjà porté tant de générations sur son sein fécond.

Je préviens donc les lauréats futurs du concours général de 1867, pour Paris et les départements, que leurs travaux seront envoyés au comité de l'exposition universelle. Si l'Allemagne, l'Angleterre, l'Italie et les autres puissances veulent faire comme nous et dans des conditions égales, on verra qui est dans la meilleure voie. C'est le mot d'un des nôtres, de ce Gaulois de Tite-Live, qui défiait

au combat les plus braves de l'armée romaine... *Ostendat
eventus quæ gens... sit melior* [1].

A vos maîtres et aux savants illustres qui m'entourent, j'ai autre chose à demander. Tandis qu'on va bâtir
l'immense édifice où s'entasseront les merveilles de l'industrie, l'Empereur voudrait voir des mains fermes et
habiles dresser un autre monument, que remplirait le
génie même de la France : les sciences, les arts et les lettres racontant leurs progrès et leur histoire depuis vingt
ans, montrant les théories qui se sont produites, les idées
qui ont surgi, les faits qu'on a découverts ou expliqués, les
formes nouvelles que l'imagination et l'art ont trouvées,
en un mot, ce que la France a pensé, mis à côté de ce
qu'elle a exécuté, le travail de son esprit auprès du travail
de ses mains. Ce serait aussi un grand spectacle, plein
d'intérêt pour le passé et fécond en promesses pour
l'avenir ; car l'avenir s'appuie sur le passé pour s'élever
plus haut, et il ne peut s'y appuyer fortement qu'en le
connaissant bien [2].

Que les autres nations nous imitent, et l'exposition
morale vaudra l'exposition matérielle, avec d'aussi heureuses conséquences ; car sous les formes diverses que la
langue donne à la pensée, en chaque grand pays, se trouvent les idées qui composent le fonds commun où puise

1. A l'exposition universelle de 1867, l'Université tint parole ; mais les différences d'organisation et de méthode, dans l'ordre des études secondaires, ne permirent pas de donner suite au projet proposé : la comparaison avec les autres nations ne fut établie que pour l'enseignement primaire et elle produisit les plus heureux résultats. Chaque peuple y gagna et emporta du Champ-de-Mars quelque améliora-tion pour ses écoles. Depuis cette époque les expositions scolaires se sont multi-pliées partout, dans nos départements comme à l'étranger.
2. Ce projet fut exécuté ; voir plus loin, page 257, ce qui concerne les *Rapports sur l'état des lettres et les progrès des sciences.*

l'humanité tout entière. Ce fonds s'est-il depuis vingt ans accru ou appauvri? Nous le saurions, et le monde averti verrait de quel côté il faut porter l'effort. Souvenons-nous que c'est aux jeux Olympiques que s'est formé le génie de la Grèce.

Je ne sais si cet appel, parti du sein de l'Université de France, sera entendu ; mais, quoi qu'il arrive, faisons notre tâche.

A l'œuvre donc, vous aussi, messieurs ! Hâtez la fin des travaux entrepris ou commencez quelque ouvrage nouveau, pour augmenter nos droits à cette place d'honneur que la France, je l'espère, saura conquérir dans ce concours moral.

L'Empereur nous donne l'exemple d'une ardeur que rien ne peut lasser. Un jour, il publie un grand livre d'érudition et de philosophie historique ; le lendemain, il part pour un voyage de douze cents lieues, sous un soleil torride, afin d'étudier sur place, dans ses complications infinies, le grand problème de la France africaine, et de chercher s'il ne pourrait pas, tout en assurant la prospérité de nos colons, ranimer cette civilisation arabe qui ne s'est éteinte qu'après avoir brillé d'un vif éclat.

En se souvenant de la vieille gloire de Cordoue, de Bagdad et du Caire, qu'Alger pourrait retrouver, on a le droit d'espérer que la France, au pied de l'Atlas, comme naguère sur les rives du Pô, ici par son esprit, là par ses armes, saura relever une race antique de son abaissement séculaire et, pour la seconde fois, faire entrer un peuple nouveau dans la grande famille des nations.

Chers enfants,

Je vous disais tout à l'heure : l'année a été bonne pour l'Université ; j'ajoute que cette journée sera bonne pour vous, car vous aurez vu une image vivante de votre temps : ici, le brave maréchal, un des vainqueurs de l'Alma, qui sut préparer la chute de Sébastopol en triomphant du plus puissant allié des Russes, l'hiver ; dans cette tribune, l'ambassadeur de la Sublime Porte, qui souhaite pour son pays toute la science de l'Occident, et qui, présidant hier, au nom du Sultan, une distribution de prix dans une école de catholiques arméniens, répandait sur ces enfants, à qui ses aïeux n'auraient parlé qu'avec le sabre et la poudre, l'éloquence et la bonté du cœur ; là, notre saint archevêque, dont la parole virile ne sépare jamais la patrie de la religion, et, près de lui, ce descendant de Mahomet qui, après nous avoir vaillamment combattus au nom de sa foi, s'est fait de lui-même Français en sauvant douze mille chrétiens dans Damas [1] ; à votre tête enfin et autour de moi, quelques-uns des illustres représentants et des plus actifs promoteurs de la civilisation moderne. Gardez le souvenir de ce jour, pour qu'il vous rappelle jusqu'où l'on peut monter par l'action ou par la pensée, et aussi pour que vous n'oubliiez pas qu'il est une région élevée, tranquille et pure où, sous l'œil de Dieu, les nobles esprits se rencontrent en ne se montrant pas les différences qui les séparent, mais les généreux sentiments qui les unissent.

1. L'émir Abd-el-Kader, présent à la cérémonie.

Circulaire du 9 août 1865, relative à l'organisation, à Cluny, d'une école normale pour la préparation à l'enseignement secondaire spécial.

Monsieur le préfet,

Dans les discussions auxquelles la loi sur l'enseignement spécial a donné lieu au sein des grands corps de l'État comme dans le pays, l'opinion s'est produite qu'à cet enseignement nouveau il fallait un nouveau personnel enseignant.

A la rigueur, l'Université pourrait suffire, avec les professeurs dont elle dispose, pour répondre aux besoins des lycées où l'enseignement spécial s'établira; mais il est évident que ni les écoles normales primaires des départements, où se recrutent les instituteurs, ni l'école supérieure de Paris, qui prépare des professeurs pour les études classiques, ne pourront former les maîtres qui auront à donner, dans plus de deux cents colléges et dans les grandes écoles communales, cet enseignement intermédiaire qui, par en bas, confine à celui de l'école primaire et, par en haut, se confondra, pour l'importance des études, avec celui des lycées. Or cet enseignement exige des connaissances, des méthodes, des procédés de manipulations et d'expériences qui ne seront bien acquis que dans une école spéciale où toute application nouvelle des sciences serait immédiatement connue et expéri-

mentée, ce qui permettrait de la répandre par l'enseignement, vite et bien, dans le pays tout entier.

Aussi l'administration de l'instruction publique a l'intention d'organiser une école spéciale à Cluny, dans l'ancienne abbaye des bénédictins, où vivent encore de grands
souvenirs de piété, de science et de travail; dans une
riche province où se trouvent toutes les cultures, céréales,
prairies, vignes et bois; à proximité d'un grand centre
industriel, le Creuzot; d'un grand centre commercial,
Lyon, et non loin de Saint-Étienne et de ses mines, c'est-
à-dire dans le milieu le plus favorable à l'instruction des
élèves-maîtres.

On y entrera par un concours, car il est nécessaire
d'exiger des candidats une moyenne à peu près égale
d'instruction, pour qu'il n'y ait pas dans les études de
l'école de trop grandes inégalités. On en sortira par un
examen public, qui sera l'agrégation de l'enseignement
spécial.

L'école sera ouverte à des pensionnaires libres, afin que
tous ceux qui seront en état de profiter de ses leçons
puissent les recevoir; mais l'État y entretiendra des bourses
en faveur des maîtres qu'il aura besoin d'y recruter pour
ses lycées.

Si les villes et les départements, plus directement intéressés que l'État à la création de cette école, faisaient
comme lui, le pays se trouverait, dès l'an prochain, en
possession d'une grande institution, et le vœu du législateur pour la prompte diffusion de l'enseignement nouveau
aurait été réalisé.

La dépense à faire par les départements, en effet, serait
bien minime : pour beaucoup même elle n'entraînerait

pas l'inscription au budget d'un crédit nouveau ; car chacun d'eux, sauf un bien petit nombre, a une école normale primaire entretenue à l'aide de bourses départementales qui ne sont pas toutes utilisées et dont le nombre varie souvent. Il suffirait d'appliquer une ou deux de ces bourses à l'école spéciale, et comme l'élève ainsi entretenu à Cluny par le département pourrait n'être pas compté à l'école normale primaire, il n'y aurait, pour ainsi dire, qu'un simple virement de fonds à opérer. Ce ne serait même pas un déficit pour le personnel départemental de l'enseignement, puisque le maître momentanément perdu par le département conserverait le lien légal qui l'y attache pour dix années, et lui reviendrait après avoir pris à Cluny des connaissances qui lui permettraient de rendre de plus grands services.

Les boursiers départementaux devront-ils, comme les boursiers de l'État, être soumis au concours, ou leur suffira-t-il de justifier qu'ils ont obtenu le brevet primaire supérieur ? Pour le bon recrutement de l'école le concours vaudrait mieux ; mais, comme il entraînerait nécessairement des éliminations, plusieurs départements qui auraient constitué des bourses à Cluny pourraient se trouver sans élèves à eux dans cette école. En outre, la désignation laissée au département, et qui ne sera faite qu'après examen, aura le double effet de donner aux élèves de l'école normale primaire une vive émulation, et d'établir pour l'élève de Cluny une sorte de tutelle qui le suivra à l'école et le reprendra à la sortie.

Mais ce qui ne fait pas doute, c'est que, si l'État reste seul à constituer des bourses à Cluny pour ses besoins particuliers, cette école n'aura qu'une utilité restreinte.

Il n'en serait plus ainsi en cas du concours des départements. L'influence de la nouvelle loi se ferait bientôt sentir dans le pays tout entier, et si, d'ici à quelques années, toute ville importante possédait parmi ses maîtres un ancien élève de Cluny, cet enseignement, si bien approprié aux besoins nouveaux de notre société, se trouverait fondé.

Je suis certain que la faveur publique s'attacherait promptement à une école ainsi constituée. Quant à ses élèves, ceux d'entre eux qui subiront avec succès les épreuves de l'examen de sortie trouveront un avantageux emploi de leur savoir dans les cours spéciaux des lycées et des colléges comme professeurs; dans les écoles normales, comme maîtres adjoints; dans les grandes écoles communales, où beaucoup de villes organisent déjà, soit pour les enfants, soit pour les adultes, des cours supérieurs à ceux de l'école primaire la plus complète. En outre, l'administration de l'instruction publique prendra en très-sérieuse considération le diplôme de Cluny pour la candidature à l'inspection primaire, parce que la surveillance et la direction des cours d'adultes deviendront une des fonctions les plus importantes des inspecteurs de cet ordre. Enfin je compte demander à l'Empereur de conférer à l'agrégation spéciale de la nouvelle école une partie des avantages attachés au titre d'agrégé de l'Université.

Quant aux pensionnaires libres qui viendront à Cluny, je suis assuré que certaines administrations publiques, de grandes compagnies et l'industrie privée accepteront volontiers leurs services, en considération des garanties de connaissances spéciales que le nouveau diplôme représentera.

16.

Par toutes ces raisons, je vous prie, monsieur le préfet, de demander au conseil général de votre département la création d'une bourse à l'école de Cluny. Déjà, l'an dernier, je vous avais chargé de pressentir à ce sujet l'opinion de MM. les conseillers généraux[1], et, bien que ma communication soit arrivée à la veille seulement de la session, un grand nombre de conseils ont donné à la mesure proposée une adhésion qu'il serait opportun de traduire, cette année, en un vote effectif.

Comme l'administration désire que tous les services à Cluny soient largement dotés afin d'y fonctionner bien, sous un personnel administratif très-restreint, mais avec des professeurs excellents; comme il faut que rien ne manque pour les études pratiques, dans les laboratoires, les collections et au jardin d'expérimentation, il conviendrait de porter le prix de la bourse plus haut qu'à l'école normale primaire et de le fixer à 800 francs.

Je vous prie également de me faire connaître l'avis du conseil sur le meilleur mode de recrutement des boursiers départementaux.

Recevez, etc.

Le ministre de l'instruction publique,

V. DURUY.

1. Voyez ci-dessus, page 102.

Rapport de S. Exc. M. le Ministre à S. M. l'Empereur, précédant le décret du 26 août 1865, portant constitution d'un conseil supérieur de perfectionnement pour l'enseignement secondaire spécial.

Sire,

Une loi récemment promulguée permet enfin au gouvernement de Votre Majesté de fortifier et d'étendre l'enseignement spécial dans les établissements scolaires qui en possèdent déjà ou qui bientôt en réuniront librement les éléments. L'agriculture, l'industrie et le commerce ont un intérêt égal à cette importante création, à laquelle vont concourir toutes les forces vives du pays : l'État, les départements, les villes et les particuliers.

Au moment, en effet, où la France est appelée à lutter sur son propre marché, comme sur les places de commerce les plus lointaines, avec l'industrie du monde entier, il ne lui suffit plus d'avoir à la disposition de ses ateliers les ouvriers si heureusement doués qui les peuplent et les chefs si habiles que nos grandes usines empruntent à l'École polytechnique ou reçoivent de l'École centrale des arts et manufactures. Elle a besoin encore de nombreux contre-maîtres dont la main ait été exercée par la pratique, mais aussi dont la pensée ne soit pas restée étrangère à cette culture qu'il appartient à la théorie de donner.

L'enseignement spécial représente ce dernier élément des connaissances qu'il s'agit de répandre dans la classe moyenne des producteurs; la pratique de l'atelier peut seule fournir le premier.

Mais il sortira des écoles spéciales de futurs agricul-teurs, industriels ou commerçants, en état de comprendre la langue de la science qu'ils iront ensuite chercher dans les livres, et d'apprécier les ressources que les doctrines scientifiques fournissent au travail, dont elles augmentent la fécondité tout en diminuant les fatigues.

Rendus de bonne heure à leurs familles, ils pourront encore, avant que l'âge de la responsabilité arrive, subir toutes les épreuves de lente initiation que le travail de la main exige pour se convertir en une sorte d'instinct per-fectionné. Cette instruction, d'un caractère encore général dans sa spécialité, sera de plus la meilleure des prépa-rations pour les jeunes gens qui voudront achever leur enseignement professionnel dans les écoles d'application technique dont Votre Majesté a donné l'ordre à M. le ministre des travaux publics de lui soumettre l'organi-sation.

L'atelier de la France, après la tutelle nécessaire des corporations, maîtrises et jurandes, avait à chercher sa constitution nouvelle : le siècle actuel la lui aura donnée. En tête, les élèves des grandes écoles et des cours supé-rieurs de l'enseignement spécial ; dans la région moyenne, les nouveaux sous-officiers de l'industrie, capables de comprendre les instructions de leurs chefs et d'en assurer l'exécution; partout, cette population d'ouvriers propres à tous les travaux de la force intelligente, de la précision et du goût, que les cours spéciaux auront aussi en partie formés.

Cet enseignement ne peut prétendre à embrasser dans

chaque école l'étude de toutes les matières et de toutes les forces que l'agriculture, l'industrie manufacturière et le commerce mettent en jeu. Lui imposer cette tâche encyclopédique serait préparer sa ruine. Son programme est fondé sur un principe, l'éducation des classes industrielles ; et ce programme indique une méthode, la science étudiée dans ses applications. Il a donc une véritable unité, et il importera de lui conserver ce caractère dans les grandes écoles publiques. Mais il n'est pas impératif ; il doit même rester assez flexible dans l'exécution pour se plier, selon les circonstances et les lieux, aux besoins des populations, qui sont tantôt attirées par les travaux de la campagne, tantôt par ceux des industries urbaines, et dont nous augmenterons la puissance de production et le bien-être en les rendant capables de comprendre et de réaliser, dans les œuvres de l'industrie ou de l'art industriel, ici la pureté des formes, là l'heureuse combinaison des couleurs, ailleurs les conceptions de la mécanique, les progrès soudains de la chimie ou les découvertes lointaines des voyages et des sciences naturelles.

Pour atteindre ce but mobile et multiple, un programme uniforme ferait obstacle. Tout en résistant aux entraînements et aux caprices, il doit être permis de céder aux exigences fondées sur la nature des choses. C'est pour cela que la loi a sagement décrété l'établissement d'un conseil de perfectionnement auprès de chaque grande école spéciale, dans le but d'y préparer et d'y maintenir cette pondération nécessaire entre les études des élèves et les besoins de leur avenir. Ces conseils me signaleront, pour les maisons de l'État, les modifications à

introduire dans les cours, et leur vigilance préviendra
ou corrigera les erreurs de détail inséparables d'une
entreprise aussi complexe. Mon intention serait de cen-
traliser leurs efforts par la création d'un conseil supérieur de perfectionnement placé auprès de mon administration.

La surveillance de l'école normale de Cluny lui serait
confiée. Il prendrait connaissance de tous les documents
de nature à intéresser le nouvel enseignement, soit qu'ils
me fussent adressés par les recteurs et les inspecteurs,
soit qu'ils fussent fournis par des missions accomplies à
l'étranger.

L'étude de ces divers éléments et leur appréciation par
le conseil supérieur de perfectionnement prépareraient
les décisions que je serais appelé à proposer à Votre Majesté ou à soumettre au conseil impérial de l'instruction
publique.

C'est ainsi que toute expérience serait mise à profit, et
que les succès ou les mécomptes de chacune des écoles
profiteraient à toutes. Le bien irait se propageant et se
fortifiant; le mal serait arrêté dès son origine ou corrigé
à la source même.

L'entreprise que Votre Majesté m'a ordonné de poursuivre est grande, les moyens d'exécution sont restreints
encore. Une solution pratique, heureuse et prompte est
pourtant aussi nécessaire que désirée; c'est pour l'obtenir
que j'aimerais à m'appuyer sur la bonne volonté et les lumières des hommes les plus dévoués et les plus compétents.

Si Votre Majesté daignait m'encourager dans cette voie,
j'aurais l'honneur de soumettre à son approbation le décret

qui constitue le conseil supérieur des écoles d'enseignement spécial et qui en désigne les membres.

Je suis avec le plus profond respect, Sire, de Votre Majesté le très-humble et très-obéissant serviteur,

Le ministre de l'instruction publique.

V. DURUY.

———◇———

Instruction du 2 novembre 1865, relative à l'établissement des classes communales d'adultes.

Monsieur le recteur,

Si après deux années d'expérience il est permis d'affirmer que l'essai des conférences littéraires et scientifiques ou cours libres d'enseignement supérieur répondait à un besoin sérieux et ne doit pas son succès à l'attrait passager de la nouveauté, il n'est pas moins certain que les classes d'adultes et les cours primaires du soir, dont le germe existait déjà, ont pris pendant la même période un développement considérable. L'administration a le devoir de favoriser et de surveiller le développement de cet enseignement extérieur, auxiliaire précieux et, dans certains cas, complément indispensable de l'enseignement des écoles du jour.

Quel sera, dans ce mouvement, le rôle de l'Université?

Le savoir de ses maîtres, leur expérience des meilleures méthodes, l'autorité que leur donne la grande habitude d'enseigner, tout semble les appeler à prendre part aux efforts tentés pour répandre l'instruction dans le peuple et souvent à les diriger. Les membres de l'enseignement primaire ont organisé, l'hiver dernier, 7,844 cours d'adultes ayant réuni près de 200,000 auditeurs. Ces chiffres, quelque considérables qu'ils soient déjà, ne sont que le début d'une progression qui ne semble pas devoir s'arrêter ; j'ai l'espoir qu'ils seront doublés l'hiver prochain. D'un autre côté, des membres de l'enseignement secondaire ont créé, sur plusieurs points, des cours pratiques destinés à compléter l'instruction de ceux qui ont dû quitter trop tôt l'école pour l'atelier. De tels cours existaient, de longue date, à Paris et dans quelques villes de province, par les soins d'associations bienfaisantes qui comptent un grand nombre de membres appartenant à l'enseignement public. Je serais heureux d'apprendre que cet exemple est imité ; que les maîtres de l'enseignement secondaire rivalisent de zèle avec les instituteurs pour le développement de l'instruction générale, et que ces deux branches de la grande famille universitaire se rapprochent pour le bien public, les uns donnant au pays la contribution volontaire de leur temps et de leur peine, les autres continuant la tradition de ces maîtres renommés que notre histoire scolaire nous montre se dévouant à l'éducation des plus petits.

En ce qui concerne les voies et moyens relatifs à la création de classes communales d'adultes, l'administration est impuissante à y pourvoir directement : l'État doit consacrer toutes ses ressources à remplir les obligations

qui résultent pour lui des lois sur l'instruction primaire.
Mais déjà plusieurs conseils généraux, ainsi qu'un grand
nombre de municipalités, ont inscrit à leur budget facultatif les crédits nécessaires pour subvenir aux frais indispensables, créer des prix ou donner des encouragements, souvent même pour assurer à l'instituteur une rémunération
bien méritée. Sur plusieurs points, de généreux citoyens
prennent à leur charge la dépense des cours ou fondent
des prix destinés à récompenser les élèves. De son côté,
l'administration, pour faciliter cette extension de l'enseignement populaire, s'empressera d'adopter toutes les
mesures conciliables avec l'intérêt du service. En outre,
elle tiendra compte aux instituteurs directeurs de cours
d'adultes, pour l'avancement et les récompenses honorifiques, du zèle dont ils auront fait preuve et des résultats
qu'ils auront obtenus.

Il est bien entendu d'ailleurs que l'administration ne
prescrit rien, n'impose à personne un surcroît de travail :
l'Université doit avoir ses missions contre l'ignorance,
comme le clergé a les siennes contre l'idolâtrie; mais l'esprit de sacrifice et de charité a d'autant plus d'énergie
qu'il est plus spontané et plus libre : le dévouement ne se
décrète pas. Toutefois il est à présumer, monsieur le recteur, que vous serez fréquemment consulté sur l'organisation des nouveaux cours; votre intervention sera presque
toujours efficace pour aplanir les difficultés de diverse
nature qui pourraient en entraver l'organisation et le
succès. Votre concours et vos bienveillants conseils seront
acquis à tous, sans distinction ; à l'égard des membres du
corps enseignant, vous agirez par vous-même ou par vos
subordonnés de manière à manifester les sympathies de

l'autorité supérieure pour une œuvre qu'elle veut encourager, sans exercer aucune pression sur les volontés.

Afin de prévenir tout embarras dans l'instruction des affaires, je crois nécessaire de vous rappeler la législation à laquelle sont soumis actuellement les cours d'adultes. Les règles suivantes résultent de la loi du 15 mars 1850 (art. 54, 55 et 77) et de la loi du 21 juin 1865.

Les écoles d'adultes ou classes régulières du soir, ayant pour objet les matières de l'enseignement primaire qui sont déterminées par l'article 23 de la loi du 15 mars 1850 et par l'article 9 de la loi du 21 juin 1865, sont communales ou libres. Il en est de même des cours primaires ou secondaires, qui sont assimilés par l'article 77 de la loi de 1850 aux écoles des degrés correspondants.

Les écoles ou classes communales d'adultes sont celles qu'un instituteur public ouvre, gratuitement ou non, dans le local de l'école, avec ou sans le secours d'une subvention de la commune, du département ou de l'État. Pour ouvrir une école ou classe communale d'adultes dans ces conditions, l'instituteur doit obtenir une autorisation du conseil départemental ; mais le préfet peut toujours la lui accorder d'urgence à titre provisoire. Cette autorisation n'a pas besoin d'être renouvelée chaque année. Les préfets en conseil départemental pourront, sous la réserve de l'examen ultérieur de la question par le conseil impérial, autoriser les instituteurs qui voudront ouvrir une classe du soir à réduire d'une heure la durée de la classe du jour pour tout le temps pendant lequel cette classe du soir sera suivie. L'obligation de tenir un cours d'adultes ne peut, en aucun cas, être imposée aux instituteurs. Sont également considérées comme établissement *communal* les classes ou écoles d'adultes fondées et entre-tenues aux frais de villes.

Tout ce qui vient d'être dit des écoles ou classes com-munales d'adultes, établies à titre permanent au moins pour une saison, et répétant en quelque sorte le soir pour les illettrés l'enseignement de l'école du jour, s'applique également aux cours primaires ou secondaires commu-naux, c'est-à-dire à des séries plus ou moins longues de leçons, soit gratuites, soit payées, ouvertes sous les auspices des municipalités et portant sur une ou plusieurs des matières contenues dans le programme de l'enseignement primaire, ou dans celui de l'enseignement secondaire spécial (articles 23 de la loi du 15 mars 1850 et 9 de la loi du 21 juin 1865). Les cours d'orphéons, lorsqu'ils sont faits par l'instituteur ou qu'ils ont lieu dans le local de l'école avec l'autorisation de l'administration mu-nicipale, rentrent dans la catégorie des cours primaires communaux.

L'école ou classe d'adultes *libres* est celle qu'ouvre, en vertu de la loi et à la suite d'une déclaration faite à la mairie, un Français âgé de vingt et un ans et muni du brevet de capacité ou d'un titre équivalent. La classe d'adultes qu'ouvrirait un instituteur communal ailleurs que dans son école et sans subvention ne pourrait être qu'une école libre; mais cet instituteur devrait être muni d'une autorisation spéciale du préfet.

Les écoles d'adultes ouvertes dans des locaux privés et sans le concours des villes par des professeurs de lycées ou de colléges seraient aussi des écoles libres, soumises à la déclaration préalable. Lorsqu'il s'agit d'une réunion de personnes, professeurs ou autres, qui veulent fonder une

de ces écoles du soir, la déclaration faite par une d'elles
est suffisante ; les autres maîtres sont considérés, au point
de vue légal, comme les adjoints du premier.

Quant aux cours primaires *libres*, la législation est la
même. Les conditions d'âge et d'aptitude sont imposées
également à l'auteur de la déclaration ; mais une dispense peut lui être accordée par le conseil départemental.

Dans les campagnes, l'enseignement porte d'abord, pour
les hommes faits comme pour les enfants, sur les matières qu'on appelle obligatoires; cependant un maître instruit, ayant affaire à des élèves en âge de réfléchir et de
raisonner, saisira les occasions de leur communiquer, avec
les connaissances élémentaires, toutes celles qui peuvent
les aider pour la conduite de leurs travaux ou le règlement de leurs intérêts. Dans les centres populeux, l'accroissement du bien-être et de la richesse, l'extension du
commerce, le perfectionnement des arts et de l'industrie,
ont amené, pour le plus grand nombre, le besoin impérieux d'un enseignement intermédiaire qui, sans pousser
jusqu'à la démonstration théorique des sciences, en fasse
néanmoins connaître les découvertes et en vulgarise les
principales applications. Ce besoin de la société moderne,
auquel le vote unanime de la loi du 21 juin 1865 a donné
pour les établissements scolaires une éclatante consécration, peut-il rester, en ce qui concerne les adultes, longtemps encore négligé? Évidemment non! Aussi voyons-
nous dans les villes de médiocre importance, comme dans
les cités de premier ordre, à Paris, à Lyon, à Nantes, à
Brest, comme à Corbeil, à Guebwiller, à Vitry-le-François
et sur cent autres points, tantôt les municipalités, tantôt
les particuliers isolés ou réunis, organiser à l'envi des

cours pratiques pour l'instruction des ouvriers. Partout où il existe un lycée, un collège, ou même une école supérieure municipale, les maîtres universitaires seront des premiers sollicités de prêter leur concours à l'œuvre de l'enseignement populaire; le plus souvent, ils l'offriront d'eux-mêmes.

L'administration sait que le temps consacré à ces obligations de dévouement n'est point dérobé aux devoirs du fonctionnaire; cependant, afin d'éviter les excès d'un zèle qu'elle ne veut point d'ailleurs réglementer, elle conseille aux professeurs de ne point ajouter à leurs travaux ordinaires plus de deux heures de cours par semaine. La conscience du bien accompli et la reconnaissance publique les récompenseront d'abord de leurs soins. En France, l'honneur est la première des rémunérations; l'autorité supérieure n'oubliera point les autres et témoignera, d'une manière effective, sa satisfaction aux membres de l'enseignement secondaire public qui se seront le plus distingués par les succès obtenus dans l'enseignement intermédiaire des adultes.

Les frais d'installation de ces cours d'enseignement spécial, de même que ceux des classes primaires du soir, ne peuvent rester à la charge de ceux qui donnent déjà gratuitement leur savoir et leur temps. Ordinairement les communes s'empressent de fournir des locaux convenables, éclairés et chauffés à leurs frais. Quelquefois les organisateurs ont trouvé dans de libres souscriptions des ressources qui leur ont permis encore de sanctionner les études faites sous leur direction par des prix décernés avec solennité. Enfin on a vu les élèves eux-mêmes se cotiser pour réaliser, sur leurs modiques salaires, la somme

destinée à couvrir les dépenses du cours, sacrifice utile
dont ils comprennent qu'ils seront largement dédom-
magés.

L'établissement d'une bibliothèque est la condition du
succès de tout enseignement. Sur ce point, monsieur le
recteur, vous ne craindrez pas de stimuler trop vivement
le zèle des autorités locales. Le devoir de toute municipalité est d'établir, dès qu'elle le peut, une bibliothèque
publique : elle assure ainsi aux citoyens, avec les moyens
de se rendre plus instruits et meilleurs, une précieuse
ressource contre l'ennui, contre la paresse et contre
l'attrait des distractions mauvaises. L'administration supérieure voit dans la propagation des bibliothèques scolaires un des grands intérêts moraux de notre époque, et
270,000 volumes distribués par elle dans l'espace de
quatre ans, l'existence actuelle de près de 5,000 bibliothèques organisées sous son impulsion et par ses soins,
montrent sa ferme volonté de mettre à la portée de tous
les connaissances jadis réservées à un petit nombre de
privilégiés.

De l'emploi simultané de ces divers moyens, modestes
en apparence, mais puissants par le concours de toutes
les bonnes volontés, quelque chose de grand doit sortir,
et nul ne peut prédire ce qu'il est réservé au pays de produire dans les sciences, dans les arts, dans l'industrie, le
jour où non-seulement il n'y aura plus d'illettrés, mais où
chacun saura ce qui lui est utile pour exercer sa profession, régler sa vie et se mêler, avec un esprit mûri par
l'étude, aux choses de son temps. Le progrès moral suit
le progrès de l'intelligence. Le foyer et la place publique
profiteront des leçons de la chaire et du livre. Défrichons

donc les esprits : c'est dans les terrains incultes que poussent les plantes inutiles ou nuisibles.

Recevez, etc.

Le ministre de l'instruction publique,

V. DURUY.

Rapport de S. Exc. M. le Ministre à S. M. l'Empereur, relatif à la participation du Ministère de l'instruction publique à l'Exposition internationale de 1867, approuvé le 8 novembre 1865.

Sire,

L'idée des expositions périodiques est une idée toute française. Elle date de Louis XIV pour les beaux-arts, de la Révolution pour l'industrie ; et la France, après l'avoir jetée dans le monde, l'a sans cesse agrandie afin de la rendre plus féconde.

Vous vouliez déjà, Sire, il y a seize ans, convier tous les peuples à ces grandes solennités[1]. Ce fut l'Angleterre qui réalisa cette pensée et vit la première exposition internationale.

Le palais d'Hyde-Park n'avait reçu, en 1851, que des objets fournis par la nature elle-même ou par l'industrie

---

1. A l'occasion de l'exposition de 1849, une circulaire fut adressée, le 10 février 1849, par le ministre de l'agriculture aux chambres de commerce pour les consulter sur l'opportunité d'admettre les produits étrangers.

humaine. En 1855, l'Empereur décida que les deux anciennes expositions françaises seraient réunies : l'art fut placé à côté de l'industrie.

Au milieu des magnificences étalées à Londres en 1862, on reconnut que le plus précieux des instruments de travail était encore l'homme, et qu'on augmenterait la valeur productive de l'ouvrier en augmentant sa valeur intellectuelle. La commission anglaise créa une classe spéciale de l'enseignement populaire ; pour le même objet la commission impériale vient d'en établir deux.

Les expositions internationales tendent à devenir la représentation complète de la société moderne dans tous ses modes d'activité. Après avoir placé l'art à côté de l'industrie, qu'il embellit et relève, Votre Majesté voudrait mettre la science pure auprès des applications, qui n'en sont que la manifestation extérieure. En même temps que l'Empereur fait étudier les questions qui pourront conduire à trouver l'organisation que le monde industriel n'a cessé de chercher, depuis la destruction des jurandes, vous désirez, Sire, qu'on demande aux sciences morales et politiques ce qu'elles ont produit depuis vingt ans pour améliorer l'état de la société; aux lettres françaises, ce qu'elles ont fait « pour élever l'âme de la nation ».

Le moyen de réaliser cette pensée est simple. Que l'Empereur daigne autoriser le ministère de l'instruction publique à être exposant. Si ses produits tiennent peu de place sous une forme bien modeste, ils n'en fixeront pas moins l'attention, et je ne crains pas de dire que plusieurs survivront aux triomphes de leurs plus brillants voisins, puisqu'en eux, bien plus encore qu'en ceux-ci, se trouvera contenu l'esprit de la France.

Je me suis déjà assuré du concours d'hommes considérables qui présenteront, dans une série de rapports signés de leur nom, afin que chacun garde l'honneur comme la responsabilité de son œuvre :

1° Les progrès accomplis en France dans les sciences mathématiques, physiques et naturelles depuis vingt ans, c'est-à-dire depuis l'ère des grandes expositions;

2° Les progrès accomplis par les sciences morales et politiques dans leurs applications aux besoins de la société ;

3° Le rôle des lettres françaises, qu'on étudierait moins au point de vue de la forme, ce qui est la tâche de la critique littéraire, que dans leurs effets sur l'éducation générale du pays. Car, au palais de l'exposition, au milieu de ces produits matériels qui sont une promesse de bien-être, les arts libéraux ne peuvent entrer que pour dire ce qu'ils apportent aux peuples, non pas seulement de nobles distractions, mais encore de force et de dignité morale.

L'Empereur, qui étend sa sollicitude du simple enseignement de l'école primaire aux plus hautes spéculations de la science, ne peut donner à celles-ci un encouragement plus efficace que ce tableau des efforts, des grandeurs et même, sur de certains points, des défaillances de l'esprit de la France.

S'il convenait aux nations étrangères de faire un semblable examen sur elles-mêmes, ce ne serait plus seulement des inventions de chacune que toutes profiteraient : par la comparaison des progrès obtenus en des lieux divers dans l'ordre scientifique et moral, chaque peuple serait mis sur la voie de progrès nouveaux, le niveau de

17.

la civilisation générale monterait, et une garantie de plus
serait donnée à la paix du monde.

Je suis avec un profond respect, Sire, de Votre Majesté
le très-humble, très-obéissant et très-fidèle serviteur,

Le ministre de l'instruction publique,

V. DURUY.

———

**Lettre du 1ᵉʳ décembre 1865 au Commissaire général de l'Exposition
universelle, relative à la participation du Ministère de l'instruction
publique à l'Exposition universelle de 1867 et à la publication de
Rapports sur les progrès des sciences et l'état des lettres.**

Monsieur le commissaire général,

J'ai l'honneur de vous informer qu'en vertu de l'approbation donnée par l'Empereur à mon rapport du 8 novembre, le ministère de l'instruction publique participera
directement à l'exposition universelle de 1867, en y
apportant les œuvres de nature diverse que comporte la
mission dont il est chargé.

Il présentera d'abord les meilleurs procédés d'ordre
matériel qui servent à l'instruction des enfants et des
adultes dans les écoles primaires publiques ; et pour
qu'on puisse en constater la valeur, il fera connaître les
résultats mêmes de l'enseignement.

En outre, il déposera une série de rapports qui montreront, d'une part, les découvertes théoriques des sciences d'où procèdent tous les perfectionnements de l'industrie; de l'autre, les améliorations morales et les réformes administratives ou économiques dues à l'influence des idées que la littérature propage, que l'histoire vérifie dans le passé, et dont les sciences politiques provoquent l'application dans le présent.

C'est dans les classes 89 et 90 que seraient placés les objets qui peuvent, en parlant aux yeux, permettre d'apprécier l'état de l'enseignement.

Parmi ces objets se trouveront des travaux exécutés par les élèves eux-mêmes : dessins, lavis, modelages, etc., qu'il est d'usage de produire à chaque exposition, et dont les plus remarquables ont toujours valu des récompenses aux écoles qui les avaient envoyés.

Les précautions les plus sévères seront prises par mon administration, dans les écoles publiques, pour que ces objets représentent avec une scrupuleuse fidélité le travail propre des élèves, sans assistance étrangère, et par conséquent ce qu'ils seront réellement en état d'exécuter le jour où ils seront abandonnés à eux-mêmes. Ce sera la mesure véritable de l'enseignement primaire.

Les rapports sur les principales œuvres produites par l'esprit français depuis vingt ans dans l'ordre intellectuel et dans l'ordre social trouveront aussi leur place naturelle dans la classe 90, qui fait partie de ce X^e groupe où la commission impériale a réuni ce qui intéresse le progrès matériel et moral des populations.

Ces rapports devront faire connaître :

1° Les progrès accomplis en France par les sciences mathématiques, physiques et naturelles ;

2° Les progrès accomplis par les sciences morales et politiques dans leurs applications aux besoins de la société ;

3° Le rôle des lettres françaises qu'on étudierait moins au point de vue de la forme, ce qui est la tâche de la critique littéraire, que dans leurs effets sur l'éducation générale du pays.

Des hommes qui sont la lumière et l'honneur du sénat, du conseil d'État, de l'Institut et du haut enseignement ont bien voulu se charger de rédiger ces rapports. Devant parler au nom de la science française en présence des savants de l'univers, dans une enceinte où chacun sera juge de tous et tous de chacun, ils s'élèveront sans peine à la sérénité de l'historien impartial, et, même à l'égard de leurs propres travaux, déposeront devant leurs pairs un témoignage dégagé de tout intérêt personnel.

Les anciens mettaient la sagesse à rechercher le beau, le vrai et le juste. Les rapports diront si l'antique formule est celle de la sagesse moderne ; si les lettres françaises, fidèles à la grande tradition de Corneille et de Molière, cherchent toujours le beau pour propager le bien et sont encore une école de mœurs, comme les sciences positives et les sciences morales sont une école de vérité et de justice.

Avant d'indiquer la classification des matières comprises dans les trois divisions mentionnées plus haut, je crois utile, monsieur le commissaire général, de vous communiquer quelques explications relatives à l'étendue et à l'objet de ce travail.

Il importe de remarquer d'abord qu'il ne s'agit pas de rédiger un résumé encyclopédique des connaissances humaines. Procéder ainsi, ce serait s'exposer à manquer le but en le dépassant. L'intervalle qui nous sépare de 1867 ne suffirait pas pour compter toutes les richesses intellectuelles de l'humanité.

Ce sera déjà une assez lourde tâche que de mesurer leur accroissement depuis le commencement de la période que la génération contemporaine remplit de ses travaux, alors même qu'on ne recueillerait que les faits considérables et les résultats bien avérés. Il ne s'agit pas, en effet, d'écrire l'histoire complète de chaque branche des connaissances humaines depuis vingt ans. Les efforts inutiles, les expériences avortées, les hypothèses non vérifiées, toutes ces scories de la science que l'érudition ramasse avec curiosité doivent être laissées à l'écart avec les faits qui n'auraient pas un caractère d'utilité ou d'intérêt général.

Nous ne songeons pas davantage à nous charger de faire pour les pays étrangers ce travail, même contenu dans les limites de temps et de matières que je viens d'indiquer. Nous ne pourrons sans doute, en parlant de nos progrès, nous abstenir de toucher à ceux des nations voisines. Une solidarité étroite unit aujourd'hui les travaux scientifiques et les préoccupations morales des différents peuples. Tantôt la même idée germe spontanément dans plusieurs contrées à la fois ; tantôt une invention, trouvée d'un côté de la frontière, n'a porté tous ses fruits que grâce à un perfectionnement accompli de l'autre côté. D'ailleurs, plusieurs peuples suivront peut-être notre exemple ; il faut leur laisser l'honneur de prononcer sur eux-mêmes un jugement impartial et autorisé. La France, dans les rapports dont il s'agit, se propose de s'occuper exclusivement d'elle-même, sauf les exceptions qui seront

indispensables pour mettre dans le travail la clarté et la
justice nécessaires.

Le ministère de l'instruction publique de France use
de la liberté laissée par le programme si large de la commission impériale à tous ceux qui voudront, comme lui,
exposer dans la classe 90 ; et la classification qu'il présente
doit être considérée comme une simple indication des
travaux qui vont être exécutés.

Le programme des matières à traiter dans les rapports
dont il s'agit est arrêté, en principe, de la manière suivante :

1° *Progrès accomplis par les sciences mathématiques, physiques et naturelles.*

Sciences mathématiques. — Géométrie ; analyse ; mécanique ; astronomie ; géodésie.

Sciences physiques. — Physique ; chimie.

Sciences naturelles. — Géologie et paléontologie ; botanique ; zoologie ; anthropologie ; physiologie générale ;
médecine et chirurgie ; hygiène ; économie rurale et art
vétérinaire.

2° *Progrès accomplis par les sciences morales et politiques
dans leurs rapports avec les besoins de la société.*

Droit public.
Droit administratif.
Législation civile et pénale.
Économie politique.
Droit des gens.

3° *Rôle et tendance des lettres françaises.*

Littérature, poésie, théâtre.
Doctrines philosophiques.
Travaux historiques.
Découvertes archéologiques.

Autour de cette collection de rapports [1] seront rangés des objets choisis de manière à indiquer les résultats les plus intéressants des missions scientifiques et des recherches archéologiques accomplies, dans la même période, sous les auspices de l'administration de l'instruction publique.

Recevez, etc.

Le ministre de l'instruction publique,

V. DURUY.

1. Voyez à l'Appendice la liste et le titre des Rapports publiés.

Instruction du 14 février 1866, modifiant la formule de l'engagement décennal et rappelant les obligations imposées aux membres du corps enseignant pour avoir droit à la dispense du service militaire.

Monsieur le recteur,

Au moment où vont avoir lieu les opérations néces-saires pour la formation du contingent de la classe de 1865, je dois veiller, en ce qui me concerne, à l'exécution régulière de l'article 79 de la loi du 15 mars 1850, relatif à la dispense du service militaire accordée aux jeunes gens qui contractent l'engagement de se vouer pendant dix ans à l'enseignement public.

D'après une jurisprudence admise jusqu'à l'époque du dernier tirage par les ministères de la guerre et de l'instruction publique, les membres des associations religieuses obtenaient cette dispense alors même qu'au lieu de se vouer réellement à l'enseignement public, ils ne se propo-saient de servir que dans les écoles libres ou privées entre-tenues par l'association.

Obligé de revenir sur une interprétation contraire, sui-vant moi, au texte comme à l'esprit de l'article 79 et au principe de l'égalité devant la loi, je dois mettre un terme à des incertitudes que la rédaction actuelle de la formule d'engagement décennal, annexée à la circulaire du 18 dé-cembre 1850, laisserait subsister avec tous leurs inconvé-nients.

Je vous adresse en conséquence, à la suite de la présente

circulaire, une formule nouvelle qui, à partir de ce jour, servira de modèle pour les engagements de cette nature, et d'après laquelle ceux que vous auriez déjà reçus avant le prochain tirage devront être modifiés.

Les jeunes gens qui voudront profiter de la dispense devront s'engager à se vouer pendant dix ans à l'enseignement public *dans un établissement public d'instruction,* c'est-à-dire dans une école communale, un collége communal, un lycée, etc. Un changement analogue sera introduit dans les formules accessoires et dans la teneur du certificat annexé à la circulaire du 24 novembre 1857. Ces diverses formules sont jointes à la première.

C'est au département de la guerre qu'incombe la charge d'assurer l'exécution de la loi sur le recrutement de l'armée, et notamment de conserver aux dispensés des classes antérieures le bénéfice des décisions prises à leur égard par les conseils de révision en présence d'engagements contractés sous l'empire de la jurisprudence alors en vigueur; mais, ainsi que le rappelle une dépêche qui m'est adressée, à la date du 10 février courant, par Son Exc. M. le maréchal ministre de la guerre, il appartient au ministre de l'instruction publique de régler, conformément à la loi, les termes dans lesquels l'engagement décennal doit être contracté devant les recteurs. « Votre Excellence a pensé, porte cette dépêche, que ces jeunes gens devaient être tenus d'exercer dans une école communale, et elle a écrit aux recteurs pour que la formule de l'engagement décennal fût modifiée dans ce sens. Il vous appartenait de provoquer cette modification au certificat d'engagement que les jeunes gens sont tenus de produire devant le conseil de révision pour pouvoir être

admis au bénéfice de la dispense, et les instructions adressées à cet effet aux recteurs rentraient complétement dans
vos attributions. »

J'ajoute, monsieur le recteur, qu'aux termes des circulaires en date des 18 décembre 1850 et 24 novembre 1857,
vous devez vérifier, chaque année, avec le plus grand soin,
si les dispensés continuent à remplir les conditions de leur
engagement, faire connaître à MM. les préfets ceux qui
l'auraient rompu avant l'expiration des dix années, et enfin
dresser le certificat jugé nécessaire par M. le ministre de
la guerre pour la délivrance du congé de libération.

Ces points établis, je crois opportun, monsieur le recteur, de vous rappeler brièvement les raisons énoncées
précédemment qui me déterminent à modifier, dans les
termes que j'indique, la formule de l'engagement décennal.

L'article 79 de la loi du 15 mars 1850 porte :

« Les instituteurs adjoints des écoles publiques,

« Les jeunes gens qui se préparent à l'enseignement
« primaire public dans les écoles désignées à cet effet,

« Les membres ou novices des associations religieuses
« vouées à l'enseignement ou reconnues comme établis-
« sements d'utilité publique...

« Sont dispensés du service militaire, s'ils ont, avant
« l'époque fixée pour le tirage, contracté devant le rec-
« teur l'engagement de se vouer pendant dix ans à l'*ensei-
« gnement public*, et s'ils réalisent cet engagement. »

Les trois catégories énumérées au commencement de
cet article sont évidemment soumises à la même condition
précise et absolue : se vouer pour dix ans à l'*enseignement
public* et réaliser cet engagement. Les membres ou novices

des associations religieuses y sont tenus comme les laïques.
Il s'agit donc uniquement de savoir quel est le sens du
mot *enseignement public,* c'est-à-dire de déterminer le
caractère de l'école dans laquelle un instituteur doit servir
pour remplir l'engagement qu'il a contracté. Or, les écoles
libres ne font pas partie de l'enseignement primaire public.
Cet *enseignement public,* le seul en faveur duquel la loi
accorde une dispense, est, en ce qui concerne l'instruction primaire, celui qui est donné aux frais de la municipalité, du département ou de l'État, dans les écoles
publiques communales, par des instituteurs que nomme,
suspend, déplace et révoque l'administration, et qui remplissent ainsi, sous la direction, le contrôle et l'inspection
des autorités scolaires, une fonction publique rétribuée.

Tout Français arrivé à l'âge de vingt ans doit à l'État le
service militaire pendant une période déterminée. Les
jeunes gens placés dans les catégories indiquées par l'article 79, et qui s'engagent *au service de l'État* pour dix ans
dans l'*enseignement public,* sont considérés comme payant
leur dette au moyen d'un autre service public. Or, l'instituteur privé, congréganiste ou laïque, est-il au service de
l'État? Non. Il exerce une profession honorable, libérale,
mais privée, et rien ne peut le dispenser dès lors, quant
au service militaire, du devoir d'acquitter sa dette envers
l'État. La dispense du service militaire n'a pas été inscrite
dans la loi pour conférer un privilége aux personnes qui
embrassent la profession d'instituteur libre. Si on accordait cette dispense aux instituteurs libres congréganistes,
comment la refuserait-on aux instituteurs libres laïques?
Eux aussi, en ouvrant une école libre, soit comme individus, soit en qualité d'agents d'une société laïque recon-

nue comme établissement d'utilité publique, ou même d'un consistoire protestant ou israélite, pourraient se considérer comme voués à l'*enseignement public*, en ce sens qu'ils contribuent à donner au public, sous une forme quelconque, l'enseignement dont il a besoin. Il ne s'agit pas ici d'une simple hypothèse. Ainsi que vous l'indiquait ma dépêche du 17 juillet 1865, c'est par des demandes en dispense du service militaire, formées par des instituteurs libres protestants et israélites, que mon attention a été appelée sur cette grave question d'égalité devant la loi.

Les principes dont je dois aujourd'hui assurer l'application n'ont été méconnus ni par l'exécution donnée autrefois à l'article 109 du décret du 17 mars 1808 sur l'organisation de l'Université, ni par l'immunité accordée, aux termes de l'article 15 de la loi du 10 mars 1818, aux frères des Écoles chrétiennes, à une époque où n'existait pas encore la distinction, créée par la loi de 1833 et confirmée par la loi de 1850, entre l'école libre et l'école publique. Ils ont été expressément consacrés, sous l'empire de la loi du 21 mars 1832 sur le recrutement de l'armée, et de la loi du 28 juin 1833, par un avis du conseil royal de l'instruction publique en date du 8 novembre 1833, et par un arrêt de la cour de cassation du 12 juin 1847.

Voici le texte de ces deux documents, dont l'importance est considérable.

L'avis du conseil royal de l'instruction publique est ainsi conçu :

« La loi du 21 mars 1832 sur le recrutement de l'armée, « en désignant comme dispensés les membres de l'instruc- « tion publique, ne saurait être appliquée à l'instituteur

« privé, pas plus dans l'instruction primaire que dans
« l'instruction secondaire. Le principe de la liberté de
« l'enseignement devant étendre beaucoup la faculté
« d'ouvrir des écoles, il y aurait un véritable abus à pro-
« curer le bénéfice de la dispense à quiconque pourrait
« s'établir instituteur privé.

« Il importe, dès lors, de bien déterminer ce qui con-
« stitue le titre d'instituteur communal. Cet instituteur
« est celui qui occupe le local consacré par la commune
« à l'instruction primaire ou qui reçoit d'elle un traite-
« ment quelconque. »

Cet avis du conseil royal de l'instruction publique n'établit aucune distinction, en ce qui touche l'impossibilité
d'obtenir la dispense, entre les instituteurs privés congréganistes et les instituteurs privés laïques.

L'arrêt de la cour de cassation, en date du 12 juin 1846,
est beaucoup plus formel dans le même sens. Il s'agissait
d'un membre de l'institut des frères de Sion-Vaudemont,
qui exerçait en qualité d'*instituteur libre* dans une commune du département de l'Aube, et auquel on contestait,
par cette raison, le droit d'être dispensé du service militaire.

« Attendu, dit la cour de cassation, que l'article 14 de
« la loi du 21 mars 1832 sur le recrutement de l'armée
« comprend parmi les jeunes gens qui doivent être con-
« sidérés comme ayant satisfait à l'appel, et comptés nu-
« mériquement en déduction du contingent, ceux qui,
« étant membres de l'instruction publique, auraient con-
« tracté, avant le tirage au sort, l'engagement de se vouer
« à la carrière de l'enseignement ;

« Attendu que les dispositions de cet article sont limi-

« tatives et ne peuvent profiter qu'à ceux dont la position
« y est expressément prévue ; qu'il faut donc, pour qu'un
« instituteur ait droit à être dispensé du service militaire,
« qu'il fasse partie de l'instruction publique ; qu'à
« l'époque où cette loi est intervenue elle ne pouvait être
« invoquée que par des instituteurs primaires enseignant
« avec l'autorisation spéciale de l'Université, sans laquelle
« nul ne pouvait alors tenir école ;

« Attendu que la loi du 28 juin 1833, en organisant
« l'enseignement primaire libre, a distingué entre les
« écoles primaires privées et les écoles primaires publi-
« ques, et n'a rangé dans cette catégorie, par son article 8,
« que les écoles entretenues en tout ou en partie par les
« communes, les départements ou l'État ; que les institu-
« teurs qui tiennent ces écoles sont les seuls qui soient
« membres de l'instruction publique et qui puissent
« revendiquer le bénéfice de l'article 14 de la loi du 21
« mars 1832 ;

« Attendu, en fait, que Jean-Baptiste Panot est institu-
« teur privé ; qu'ainsi c'est avec raison que la cour royale
« de Colmar a jugé qu'il n'était pas dispensé du service
« militaire. »

Le texte de l'article 79 de la loi de 1850, plus explicite
encore que celui de l'article 14 de la loi de 1832, donne
une force nouvelle à l'avis du conseil royal et à l'arrêt de
la cour de cassation.

Recevez, etc.

Le ministre de l'instruction publique,

V. DURUY.

Rapport de S. Exc. M. le Ministre à S. M. l'Empereur, précédant le décret du 28 mars 1866 relatif à l'extension de la gratuité dans les écoles primaires.

Sire,

Le projet de loi sur l'enseignement primaire, soumis en ce moment au corps législatif, contient des dispositions destinées à faciliter l'établissement de la gratuité complète dans les communes qui s'imposeront des sacrifices pour l'obtenir ; mais il maintient pour les autres communes les principes sur lesquels les lois de 1833 et de 1850 ont fondé le régime des écoles payantes. De nouveaux faits, constatés pendant l'année qui vient de s'écouler, établissent que l'application de ces principes eux-mêmes est souvent entravée.

Aux termes de l'article 24 de la loi du 15 mars 1850, « l'enseignement primaire est donné gratuitement à tous les enfants dont les familles sont hors d'état de le payer. » L'article 45 de la même loi porte : « Le maire dresse, chaque année, de concert avec les ministres des différents cultes, la liste des enfants qui doivent être admis gratuitement dans les écoles publiques. Cette liste est approuvée par le conseil municipal, et définitivement arrêtée par le préfet. » Le désir de réprimer certains abus a fait introduire dans le décret du 31 décembre 1853 une disposition restrictive. En vertu de l'article 13 de ce décret, le préfet fixe d'avance, chaque année, pour les admissions gratuites de l'année suivante, un maximum qui ne peut être dépassé. Les deux premiers paragraphes de cet article sont ainsi conçus : « A la fin de chaque année scolaire, le préfet, ou par délégation le sous-préfet, fixe, sur la proposition des délégués cantonaux et l'avis de l'inspecteur de l'instruction primaire, le nombre *maximum* des enfants qui, en vertu des prescriptions de l'article 24 de la loi du 15 mars 1850, pourront être admis gratuitement dans chaque école publique pendant le cours de l'année suivante. La liste des élèves gratuits, dressée par le maire et les ministres des différents cultes, et approuvée par le conseil municipal, conformément à l'article 45 de la loi du 15 mars 1850, ne doit pas dépasser le nombre ainsi fixé. »

Ma circulaire aux préfets, du 24 février 1864, disait en termes formels : « L'Empereur, dans sa constante sollicitude pour les classes laborieuses, ne veut pas qu'un seul enfant reste privé d'instruction pour cause d'indigence de sa famille ; » et plus loin : « Vous seconderez les intentions généreuses du gouvernement impérial en inscrivant sur les listes de gratuité, comme le veut la loi, tous les enfants dont les familles sont hors d'état de payer les mois d'école. » Malgré cette circulaire, le *maximum* dont il s'agit a provoqué des plaintes et soulevé des difficultés. L'étude des récentes délibérations des conseils généraux constate les vœux qui s'élèvent de plusieurs côtés en faveur d'une extension de l'admission gratuite, et les obstacles qu'a souvent opposés à cette extension la nécessité de déterminer d'avance le *maximum* des admissions possibles pendant l'année future.

Au moment où ce *maximum* allait être fixé pour 1866,

j'ai cru devoir, le 7 octobre dernier, rappeler à MM. les préfets ma circulaire du 24 février 1864 et leur adresser de nouvelles recommandations, dont ils ont tenu compte en fixant le *maximum* d'une manière assez large pour prévenir toute réclamation légitime. J'ajoute que le maintien d'une entrave qui exagère les difficultés du régime de la gratuité restreinte tendrait à exercer sur les communes une véritable pression en faveur de la gratuité absolue.

Or, il n'entrera jamais dans les vues du gouvernement de Votre Majesté de propager par des moyens artificiels et par des expédients détournés l'application d'un système qui, d'après le projet de loi, ne doit s'introduire dans les communes où il prévaudra que par la volonté libre et réfléchie des conseils municipaux. Mais il y avait à se demander s'il fallait conserver plus longtemps dans le décret réglementaire du 31 décembre 1853 une disposition devenue à peu près inutile. Conformément à l'avis du conseil d'État, je crois devoir proposer à Votre Majesté l'abrogation pure et simple des paragraphes 1 et 2 de l'article 13 de ce décret.

Tel est le but de la rédaction nouvelle qui serait substituée à l'ancien article 13. Une disposition additionnelle au projet de loi sur l'enseignement primaire, destinée à concilier l'intérêt des familles indigentes avec celui des instituteurs, empêchera que l'extension de la gratuité devienne jamais pour ceux-ci la cause d'une diminution de traitement.

Si Votre Majesté approuve ma proposition, je la prie de revêtir de sa signature le projet de décret ci-joint.

Je suis avec le plus profond respect, Sire, de Votre

18.

Majesté le très-humble, très-obéissant et très-fidèle serviteur.

Le ministre de l'instruction publique,

V. DURUY.

<hr />

**Instruction du 6 avril 1866, relative à l'organisation de l'enseignement
secondaire spécial.**

Monsieur le recteur,

J'ai l'honneur de vous adresser le plan général des
études qui composeront l'enseignement spécial, et les
divers documents relatifs à l'exécution de la loi du 21 juin
1865 ; ce sont :

1° Les programmes d'enseignement :

2° Le tableau de la répartition des matières entre les
diverses années d'études;

3° Des instructions sur la méthode à suivre pour cet
enseignement nouveau ;

4° Un arrêté, en date du 6 mars 1866, sur la composition des jurys chargés de délivrer les diplômes institués
par la loi ;

5° Un arrêté du même jour, sur la composition des
conseils de perfectionnement créés par les articles 3 et 5
de la loi du 21 juin 1865;

6° Un décret, en date du 6 mars 1866, pour la création
de l'école normale où se formeront les maîtres propres à
ce nouvel enseignement;

7° Un décret, en date du 28 mars 1866, qui règle les conditions financières pour les maîtres de l'enseignement spécial et qui établit en leur faveur une agrégation particulière ;

8° Un arrêté du même jour, déterminant les conditions de l'agrégation pour l'enseignement spécial ;

9° Un arrêté du 6 mars 1866, concernant les bourses pour l'enseignement spécial [1].

I. *Des programmes.* — Je n'ai rien à vous dire, monsieur le recteur, sur les programmes : ils parleront d'eux-mêmes. Publiés une première fois, à titre provisoire, au mois d'octobre 1863, ils sont restés en expérience durant deux années.

Après avoir recueilli les observations des proviseurs et des principaux, des inspecteurs d'académie et des recteurs, l'administration a refondu une partie de ces premiers programmes, en a rédigé de nouveaux, et les a soumis au contrôle du conseil supérieur de l'enseignement spécial, puis à celui du conseil impérial de l'instruction publique. C'est avec cette double sanction qu'ils vont entrer aujourd'hui dans nos écoles, et j'espère qu'ils donneront bientôt naissance à beaucoup de bons livres substantiels et courts, qui commenceront enfin la vraie littérature du peuple [2].

II. *De la distribution des matières d'études entre les années d'enseignement.*—En examinant comment ces programmes se répartissent entre les diverses années d'enseignement, vous reconnaîtrez, monsieur le recteur, que le plan géné-

---

1. L'ensemble de ces documents forme un volume in-4° de 488 pages.
2. Plus de deux cents volumes ont été publiés en trois ans par les principales librairies classiques, sur les diverses matières de ces programmes.

ral des nouvelles études diffère essentiellement de celui
des études classiques.

Lorsqu'un élève entre au lycée, c'est pour en suivre
successivement toutes les classes. Nous sommes donc assurés de son attention et de son travail pour sept ou huit
ans, et nous disposons nos méthodes en conséquence.
Presque tous les fruits de l'enseignement classique seraient
perdus pour celui qui n'achèverait pas le cours entier des
études du lycée. Mais l'enseignement spécial a été institué
en faveur des enfants qui ne peuvent disposer d'un aussi
gros capital de temps et d'argent. Beaucoup n'iront pas
jusqu'à la fin des cours; quelques-uns même n'y resteront qu'une année ou deux. Il a donc fallu distribuer les
matières de cet enseignement de telle sorte que chaque
année d'études formât un tout complet en soi, et que les
plus indispensables fussent placées dans les premiers
cours, afin que, si les exigences de la vie forçaient un
élève à quitter prématurément le collége ou le lycée
spécial, il fût assuré d'en emporter, à quelque époque
qu'il en sortît, des connaissances immédiatement utiles.
Les études des diverses années consacrées à cet enseignement formeront ainsi comme un ensemble de cercles concentriques, d'un rayon plus grand à chaque cours nouveau.

Vous remarquerez encore, monsieur le recteur :

Que l'enseignement littéraire et les exercices occupent
plus de place dans les premières années, et que l'importance des études scientifiques va croissant avec l'âge des
élèves ;

Que le dessin, cette écriture de l'industrie, a constamment quatre heures par semaine dans les trois premières
années et six dans les deux dernières ;

Que la durée commune des classes est réduite à une
heure, afin de n'épuiser ni les forces des maîtres ni l'attention des élèves ;

Qu'enfin ces programmes, préparés pour l'enseignement spécial dans les lycées et les colléges, ont été
développés de manière à pouvoir servir de sommaires
dans les cours supérieurs des classes d'adultes et à aider
les maîtres qui donnent, en ce moment, à la France
entière un si mémorable exemple de dévouement patriotique.

Je n'ai pas besoin d'ajouter que ces programmes ne
sont pas obligatoires pour toutes les écoles d'enseignement spécial ; car, en mettant à part certains cours qui
seront partout nécessaires, le caractère fondamental de cet
enseignement sera de varier selon les besoins de chaque
localité. C'est pour ce motif que l'article 3 de la loi a créé
un conseil de perfectionnement, dont les avis auront toujours une autorité considérable.

Je ne crois pas qu'il soit possible de mettre l'*atelier* dans
l'*école*, du moins dans les nôtres ; mais je pense qu'on peut
faire au collége et au lycée spécial l'éducation de la main,
comme on y fera, par la musique, celle de l'oreille, par
le dessin, celle des yeux, par la gymnastique, celle du
corps tout entier. Je trouverais donc excellent qu'on habi-
tuât les élèves à manier quelques outils, non pas en vue
de leur apprendre un métier, mais afin que leur main,
exercée à tenir le marteau ou la lime, le rabot du menui-
sier ou le ciseau du tourneur, fût prête pour les travaux
de l'apprentissage, comme leur esprit le sera pour ceux
du bureau ou du laboratoire.

III. *Des méthodes.* — L'enseignement spécial sera caractérisé par ses programmes; il le sera aussi par ses méthodes. J'appelle votre attention la plus sérieuse sur le
document où se trouvent exposées les méthodes qui devront être suivies pour chaque branche d'études. Vous
recommanderez aux professeurs de ne jamais mettre en
oubli qu'il ne s'agit point, dans l'école spéciale, de préparer, comme au lycée classique, des hommes qui fassent
des plus hautes spéculations de la science ou des lettres
leur étude habituelle, mais des industriels, des négociants,
des agriculteurs, dont beaucoup d'ailleurs, étendant par
l'expérience de la vie cette instruction en apparence plus
étroite, sauront rejoindre ceux qui auront cherché pour
leur esprit un développement plus large dans des études
plus désintéressées.

Depuis le cours préparatoire jusqu'à la dernière année
de l'enseignement spécial, il faudra diriger constamment l'attention des élèves sur les réalités de la vie;
les habituer à ne jamais regarder sans voir; les obliger à se rendre compte des phénomènes qui s'accomplissent dans le milieu où ils sont placés, et leur faire
goûter si bien le plaisir de comprendre, que ce plaisir
devienne un besoin pour eux; en un mot, développer
dans l'enfant l'esprit d'observation et le jugement, qui
feront l'homme à la fois prudent et résolu dans toutes
ses entreprises, sachant gouverner ses affaires et lui-
même.

En même temps que les sciences appliquées mettront
son esprit dans cette voie pratique, les cours de littérature, d'histoire et de morale lui donneront le goût de
s'élever au-dessus des réalités du monde physique pour

arriver au beau, au bien et à Dieu, d'où viennent et en qui se confondent toutes les perfections.

IV. *Des diplômes*. — Le quatrième document est l'arrêté pris en exécution des articles 4 et 6 de la loi du 21 juin 1865, relatifs à la délivrance du diplôme de fin d'études aux élèves de l'enseignement spécial et du brevet de capacité à ceux qui voudront ouvrir une maison pour cet enseignement.

Par la création du diplôme de fin d'études, l'enseignement spécial trouvera la sanction qui jusqu'à cette heure lui a manqué. Cette consécration aura même un double effet : elle engagera les élèves et leurs familles à conduire jusqu'à leur terme des études qui forment un ensemble bien déterminé, et elle amènera promptement l'opinion publique à attacher une sérieuse importance à un brevet qui, pour certaines administrations publiques ou particulières, pour des chefs d'usines, de grandes fermes ou de maisons de commerce, offrira plus de garanties d'aptitude immédiate que le diplôme de bachelier.

Vous remarquerez, monsieur le recteur, que la loi n'autorise la délivrance du brevet de capacité, pour l'ouverture d'une école spéciale, qu'aux candidats âgés de dix-huit ans au moins. La loi du 21 juin 1865 a voulu marquer une différence entre le diplôme d'élève, qui consacre des études faites, et le brevet de maître, qui donne le droit d'enseigner.

La composition des deux jurys est aussi différente : l'un est départemental, pour qu'il ne soit pas imposé aux élèves de déplacement coûteux ; l'autre est académique, pour que l'épreuve ait plus d'importance et de solennité.

V. *Du conseil de perfectionnement*. — Les articles 3 et 5 de la loi du 21 juin 1865 instituent un conseil de perfectionnement près de chaque établissement public d'enseignement spécial.

Deux choses ont été faites pour donner à ces conseils une action efficace sur les études : d'abord, ils auront, en vertu de l'arrêté du 6 mars 1866, des attributions très-sérieuses ; ensuite, leurs membres seront choisis parmi les notabilités du lieu, et la présidence en est expressément réservée au maire, afin que les influences municipales puissent agir librement dans ces questions scolaires, qui intéressent avant tout les pères de famille, et qui, pour le nouvel enseignement, sont aussi des questions d'intérêt local. Non-seulement ce conseil donne son avis sur les matières du programme général qu'il importe d'étendre ou de restreindre, selon les besoins de la localité [1], mais il vérifie l'état des collections et de la bibliothèque ; il facilite aux élèves la visite des manufactures, des usines et des exploitations agricoles ; il peut assister aux classes et aux divers examens ; enfin il dresse, chaque année, un rapport au ministre sur la marche de l'enseignement.

Ce conseil a une autre prérogative importante ; chaque année, des sommes considérables sont employées à faire l'éducation d'enfants, souvent orphelins, dont les pères, par leurs services, ont bien mérité du pays, ou qui montrent d'heureuses dispositions que la société a intérêt à développer. Mais les sacrifices que l'État, les départements et les communes s'imposent pour préparer à la société des membres utiles sont parfois perdus, parce que ces jeunes

---

1. Ce passage répond à l'objection qui a été tirée de l'étendue des programmes. On les a faits très-complets pour qu'il fût possible d'y choisir ce qui convenait à chaque localité

gens, qui ont vécu jusqu'à dix-huit ans sous une tutelle vigilante, sont privés de toute direction dès leurs premiers pas dans la vie réelle, c'est-à-dire à l'époque la plus critique de leur existence, quand le collége qui a abrité leur enfance ouvre ses portes devant eux et les jette dans l'inconnu.

Il y a un contre-sens à faire de longs et coûteux efforts pour créer une force qu'on abandonne à elle-même au moment où elle a le plus besoin d'être contenue et dirigée pour produire tous ses effets utiles.

Afin de soustraire les élèves de l'enseignement spécial à ce danger, le conseil de perfectionnement sera aussi un comité de patronage. Tout élève qui mériterait un avertissement à la fois paternel et sévère pourra être appelé par le chef de l'établissement devant le comité de patronage ; mais les boursiers seront plus particulièrement l'objet de sa sollicitude. Dans la dernière année d'enseignement, il étudiera leurs aptitudes, donnera à leur travail la direction la plus utile à leurs intérêts et cherchera à leur ouvrir l'accès de la maison où ils trouveront le meilleur et le plus fructueux emploi de leurs facultés.

A cet effet, chaque comité local sera en rapport avec le conseil supérieur qui siége au ministère de l'instruction publique et qui, connaissant à la fois les besoins et les demandes, pourra souvent satisfaire aux uns comme aux autres, et aider l'élève sortant à trouver l'emploi immédiat des connaissances acquises.

Les corporations d'autrefois étaient pour l'industrie une gêne, mais pour les industriels une garantie. L'entrave a disparu avec les jurandes ; il serait bon que la garantie subsistât. On la retrouverait sans doute, et sous la meilleure forme, avec cette organisation d'un patronage s'exerçant au profit des élèves des écoles spéciales [1].

VI. *Création d'une école normale pour l'enseignement spécial.* — Quand l'empereur Napoléon Ier voulut relever les études classiques, il fonda l'école normale supérieure, d'où sont sortis tant d'hommes célèbres et qui fait encore la force de l'Université. Lorsqu'un de mes illustres prédécesseurs entreprit, il y a trente-trois ans, d'organiser enfin l'instruction du peuple, il créa ces écoles normales des départements qui donnent à l'enseignement primaire ses meilleurs maîtres, comme au pays et à l'Empereur leurs serviteurs les plus dévoués. Si depuis quarante ans l'enseignement spécial, essayé sous les noms les plus divers, n'a pas réussi encore à se fonder définitivement, une des raisons de l'échec a été l'absence d'un personnel de professeurs particulièrement formés pour cet enseignement. La création d'une école normale d'enseignement spécial fera cesser cette insuffisance, et l'Université sera bientôt en état de donner aux lycées, aux colléges, aux grandes écoles communales, des maîtres capables de seconder le mouvement industriel du pays par l'enseignement de toutes les applications des sciences.

Cette école aura, ainsi que l'enseignement lui-même, un caractère mixte. Il sera pourvu à son recrutement au moyen de bourses fondées par l'État, comme à l'école normale classique; mais elle aura aussi des bourses départementales, comme les écoles normales primaires. Des villes,

1. Beaucoup de conseils de perfectionnement ont déjà très-heureusement exercé cette prérogative. Voir au *Bulletin administratif du ministère de l'instruction publique* les divers exposés faits au conseil supérieur de l'enseignement spécial.

des particuliers, en ont déjà créé ; et elle pourra recevoir des pensionnaires libres.

Les boursiers de l'État entreront à l'école spéciale à la suite d'un concours ; les boursiers départementaux, après un concours ou un examen dont les autorités départementales détermineront les conditions. Les premiers resteront, après le cours d'études et pour toute la durée de l'engagement décennal, à la disposition de l'État ; les seconds seront remis aux départements et aux communes qui auront fait les frais de leur instruction. Les fonctions et les besoins de l'enseignement sont assez variés pour que tout élève sortant de l'école spéciale soit assuré de trouver un bon et fructueux emploi des connaissances qu'il y aura acquises.

Quelques personnes auraient voulu établir cette école à Paris ; je la trouve mieux placée aux champs. Les bons professeurs n'y manqueront pas plus qu'ils ne manquent à soixante et douze lycées de province, et les élèves trouveront à Cluny d'excellentes conditions d'étude, sans les dangereuses séductions d'une grande ville, où peuvent se prendre des goûts incompatibles avec les habitudes modestes et la vie austère d'un maître de l'enfance.

VII. *Décret sur le régime financier pour l'enseignement spécial.* — Trois causes ont arrêté jusqu'ici le développement de l'enseignement spécial. Il manquait d'un personnel approprié aux besoins : la création d'une école normale pourvoit à cette nécessité. Les traitements étaient d'une malheureuse insuffisance : le décret adopté par le conseil d'État permettra de relever ces traitements et d'assurer aux maîtres la dignité de la vie extérieure, qui est indispensable à la dignité même de la fonction. Enfin, les maîtres

étaient retenus dans une condition inférieure : l'arrêté
dont il me reste à parler fera disparaître cette infériorité.

VIII. *Agrégation spéciale.* — Pour avoir de bons maîtres,
il ne suffit pas, en effet, de leur donner l'instruction
qu'ils auront à répandre et d'assurer à leurs services une
rémunération en rapport avec celle dont jouissent les
autres fonctionnaires de l'instruction publique; il faut
encore honorer leur condition en la relevant à tous les
yeux, et ouvrir à leur légitime ambition l'accès des titres
et des distinctions dont l'Université dispose en faveur du
mérite éprouvé.

C'est pour répondre à cette pensée que l'agrégation
spéciale a été créée, afin que cet ordre d'enseignement ait,
comme tous les autres, son couronnement. La même
mesure a été prise l'an dernier, par les mêmes motifs, en
faveur des langues vivantes et des littératures étrangères.

IX. *Bourses pour l'enseignement spécial.* — La loi du
21 juin 1865 ayant fait de l'enseignement spécial une
branche de l'enseignement secondaire, il est juste que le
bénéfice des bourses impériales, départementales et communales puisse être accordé à des élèves méritants que
leur famille, leur vocation ou leur fortune ne destinent
pas aux carrières dont les grandes écoles ouvrent l'entrée.
Une combinaison, d'ailleurs à la fois paternelle et utile,
sera celle qui permettra de récompenser le père dans les
enfants, sans diriger en quelque sorte fatalement ceux-ci
vers des professions qui, par les sacrifices ultérieurs
qu'elles supposent, ne sont pas toujours en harmonie avec
la condition de modestes serviteurs de l'État. En outre,
les études spéciales sont moins longues que les études

classiques ; il sera donc possible de créer avec une somme égale plus de bourses, c'est-à-dire de venir en aide à un plus grand nombre de familles. Enfin , les élèves qui jouiront de ces bourses spéciales seront mieux assurés de profiter, dès la sortie du lycée ou du collége, des connaissances qu'ils y auront acquises, sans que l'accès des hautes études soit interdit à ceux que des dispositions remarquables signaleraient à la sollicitude particulière de l'administration.

J'espère , monsieur le recteur , que par l'ensemble de ces mesures se trouvera enfin fondé l'enseignement secondaire du peuple. Il est temps de nous hâter. Dans la lutte pacifique, mais redoutable, qui est engagée entre les peuples industriels, le prix n'est pas réservé à celui qui disposera de plus de bras ou de capitaux, mais à la nation au sein de laquelle les classes laborieuses auront le plus d'ordre, d'intelligence et de savoir.

La science continue ses découvertes et met chaque jour au service de l'industrie des agents nouveaux qui la secondent; mais, pour être bien appliqués, ces agents délicats ou puissants veulent être habilement maniés. Voilà pourquoi le progrès industriel est aujourd'hui étroitement lié au progrès scolaire, et comment les questions que l'Université a la tâche d'étudier et de résoudre ont acquis une si grande importance, même pour la prospérité matérielle de la France.

Si quelqu'un doutait du caractère de la révolution qui s'accomplit, il n'aurait qu'à regarder la Suisse, ce pays de lacs et de montagnes, que la nature a fait si beau, mais en lui refusant toutes les conditions d'une contrée industrielle; terre aimée des artistes et des poëtes, mais sans port, sans fleuve navigable, sans canaux et sans mines. Cependant du milieu de ces rochers stériles il sort chaque année assez de produits pour payer les importations, notamment les 200 millions de marchandises que la France à elle seule vend à ce peuple, qui n'avait autrefois d'autre industrie que la guerre mercenaire; et il s'y forme assez d'habiles gens pour qu'on trouve dans toutes les villes marchandes du monde la colonie suisse au premier rang, et dans toutes les grandes maisons de commerce des employés intelligents venus de Bâle, de Zurich ou de Neufchâtel.

Mais en Suisse le dernier des manouvriers sait lire, et personne n'y abandonne l'école avant quinze ou seize ans.

Agréez, etc.

Le ministre de l'instruction publique,

V. DURUY.

Rapport de S. Exc. M. le Ministre à S. M. l'Empereur, précédant le décret du 7 avril 1866 relatif aux insignes des titres honorifiques de l'Université.

Sire,

Aux termes des décrets du 17 mars 1808 et du 24 décembre 1852, les insignes trois et quatre fois séculaires de l'Université doivent être brodés sur le costume officiel en palmes d'or ou d'argent, selon que le titulaire est officier de l'instruction publique ou officier d'académie. Ces palmes sont donc à la fois un titre et une décoration.

Mais pour la classe la plus nombreuse des fonctionnaires de l'Université, pour les instituteurs, elles n'ont
jamais été qu'un titre, puisqu'ils n'ont point de costume
officiel sur lequel les palmes puissent être brodées.

En outre, depuis que les questions d'enseignement sont
devenues, sous le gouvernement de Votre Majesté, l'objet
de la sollicitude générale, le ministre a dû témoigner,
par la concession des palmes universitaires, sa gratitude
envers des personnes qui, bien qu'étrangères au corps
enseignant, l'avaient aidé à mieux accomplir sa tâche.
Nos palmes furent alors portées à côté des ordres les plus
illustres, sur de brillants uniformes. Des généraux, des
sénateurs, des députés, des conseillers d'État, se parent
de cette décoration pacifique, et la réserve avec laquelle
on l'accorde semble en relever la valeur.

Mais l'usage en a modifié la forme extérieure. On en a
peu à peu réduit les premières dimensions, qui n'étaient
compatibles qu'avec la robe universitaire. Au lieu d'être
brodée sur le ruban même, elle s'y est suspendue. Je prie
Votre Majesté de vouloir bien, en signant le décret ci-joint,
régulariser cette coutume, qui permettra à un instituteur
de village de gagner par de bons services l'insigne que
le ministre de l'instruction publique s'honore de porter
dans les cérémonies officielles, comme les maréchaux de
France portent la médaille militaire que Votre Majesté
confère aux simples soldats.

Je suis avec un profond respect, Sire, de Votre Majesté
le très-humble, très-obéissant et très-fidèle serviteur,

Le ministre de l'instruction publique,

V. DURUY.

Discours prononcé par S. Exc. M. le Ministre à la réunion des sociétés
savantes à la Sorbonne, le 7 avril 1866.

Messieurs,

Je suis heureux d'offrir à la science départementale une
cordiale hospitalité dans notre vieille maison de Sorbonne.
Ici, vous foulez le sol de notre plus ancienne histoire.
Nous sommes à deux pas du palais des Césars, nous touchons presque à l'église de Clovis, et c'est Philippe
Auguste qui fonda sur cette colline l'*Étude de Paris*,
saint Louis qui lui donna le nom que nous portons
encore, Richelieu qui lui bâtit sa demeure, celle où vos
travaux viennent de s'accomplir. Vous êtes donc assis au
foyer même de la civilisation française, là où la rudesse
barbare s'est assouplie sous l'influence des lettres latines,
où l'esprit de la France s'est formé pour les hautes et puissantes spéculations. Il est juste qu'il vienne se retremper
à sa source. Ici, messieurs, vous êtes chez vous.

Je sais que ce temps de production hâtive ne semble pas
favorable à vos patientes études. Nous autres écrivains,
artistes, chercheurs de vieux souvenirs ou d'idées nouvelles, nous sommes, en face de l'industrie et de ses miracles, comme le penseur égaré dans la campagne, qui voit
soudain la machine de feu arriver sur lui et passer, rapide
et bruyante, avec les multitudes d'hommes et de richesses

qu'elle emporte après elle. Il se sent bien faible auprès de tant de force, bien humble devant ce triomphe de la matière; mais, la redoutable et magnifique apparition évanouie, il répète tout bas le mot de Pascal sur ce *roseau pensant* que le monde écraserait en vain, et il se dit que toute cette puissance vient de l'esprit, que l'esprit produit ces merveilles par la science, que la science elle-même n'est féconde que lorsqu'elle a les lettres pour compagnes.

Cette union est pour vous, messieurs, chaque année, plus heureuse, parce que vous êtes de ceux qui regardent la vie comme nous ayant été donnée à cette fin, que chacune des minutes dont elle se compose soit échangée contre une parcelle de vérité. Les mémoires lus, l'année dernière, dans vos deux sections de philologie et d'histoire viennent d'être publiés. Ce volume atteste un sérieux progrès, et ce que j'ai entendu, ce que j'ai appris des lectures faites en ces derniers jours, me donne l'assurance que ce progrès continuera.

Pourquoi la section des sciences ne publierait-elle pas, elle aussi, ses travaux? L'œuvre de la civilisation est double : il faut trouver la vérité, mais il faut aussi la répandre.

On disait qu'en vous appelant à Paris nous voulions empiéter sur votre liberté. Vous avez compris que le ministre de l'instruction publique, fidèle à sa mission, ne poursuivait qu'un but lorsqu'il vous invitait à ces réunions annuelles, celui de mettre en pleine lumière tout ce qui se cache de savoir, d'esprit et de goût au sein de vos compagnies. Cette centralisation d'un jour a pour effet une décentralisation réelle, puisque c'est l'œuvre patiemment

19.

élaborée au fond des provinces qui est appelée à se produire sur un théâtre plus retentissant.

La nouvelle organisation de la section des sciences, les
libres élections qui ont constitué ses trois bureaux, et
qu'il serait bon d'étendre, l'an prochain, aux deux autres
sections d'histoire et d'archéologie, le recours aux sociétés elles-mêmes pour désigner à l'avance les mémoires
dont il est donné ici lecture, tout vous prouve notre désir
de respecter votre indépendance. Nous ne nous réservons
que le droit d'applaudir les premiers à vos succès.

Le gouvernement de l'Empereur sait bien que les lettres
et la science vivent de liberté, et il désire que Paris n'enferme pas dans son enceinte tout le travail intellectuel de
la France. Pour mon compte, je n'oublie pas, messieurs,
que les hommes qui ont été l'honneur de la Grèce ancienne
et du monde n'étaient point tous d'Athènes, bien que
l'histoire les ait tous groupés autour du plus illustre des
Athéniens, et que Rome n'a vu naître dans ses murs qu'un
seul de ses grands écrivains, celui qui fut en même temps
son plus grand homme de guerre et de politique. Je sais
encore que l'Italie, au temps de la renaissance, a dû sa
gloire à ce phénomène heureux, que chacune de ses cités
lui donnait un historien ou un poëte, un érudit ou un
artiste; et la séve féconde n'était point tarie parce que
Rome couronnait Pétrarque au Capitole.

Vous apportez ici vos travaux pour les soumettre au jugement de vos pairs; vos présidents vont tout à l'heure nous
en montrer l'importance, et je ne veux pas empiéter sur
leurs prérogatives. Mais, de plus, vous êtes les représentants de ce mouvement heureux qui produit comme une
grande Université libre à côté de l'Université officielle. Il

est donc tout naturel que je rende compte, à ceux qui contribuent à faire la science, des efforts de ceux qui aident à la propager.

L'an dernier, je vous parlais de ces conférences au succès desquelles vous aviez tant contribué, soit en les organisant sur beaucoup de points, soit en y prenant vous-mêmes la meilleure part. J'ai, cette année, à vous adresser les mêmes remercîments. Quelques-uns disaient de ces cours qu'ils ne seraient qu'une mode fugitive : ils ont duré cependant, et, le premier élan passé, il s'est trouvé que les leçons étaient plus nombreuses et meilleures, qu'elles attiraient toujours la foule, comme dans cette enceinte même, où notre unique souci est de restreindre une affluence trop considérable ; qu'enfin plusieurs sont devenues, après cette expérience, des cours complémentaires régulièrement institués auprès de nos facultés.

On redoutait, pour ces cours libres, l'invasion de la politique ; car chez nous, grâce à tant de révolutions, il est reçu que la politique est la plus facile des sciences. Ceux qui n'ont encore rien à dire débutent vaillamment par elle, ne voyant pas qu'elle doit venir la dernière, puisqu'elle est la réunion de toutes les autres et le résumé de l'expérience de toute la vie.

C'est ainsi qu'en jugeait la plus libre des cités grecques, Athènes, qui exigeait pour l'orateur politique la maturité de l'âge avec des épreuves sévères, et qui eut, au moins pour un temps, le singulier bonheur de trouver sur ce point ses simples citoyens d'accord avec ses grands philosophes, Glaucon avec Socrate.

Si nous n'avons pas su nous donner encore toutes les mœurs de la liberté, bien que nous en voulions toutes les

lois, le gouvernement prépare les unes et les autres, alors
même qu'il use d'une prudence que la loi d'ailleurs lui
impose. Il a suffi de refuser ou de reprendre un bien
petit nombre d'autorisations pour assurer aux lectures
publiques le caractère exclusivement scientifique ou littéraire qu'elles doivent conserver, si elles veulent être
utiles, et pour faire contracter l'habitude, difficile peut-
être à des orateurs français en face de foules nombreuses,
de se contenter d'être des hommes d'esprit, de savoir,
quelquefois d'éloquence, sans se faire des hommes de
parti. Chacun apprend par cet effort à se faire le gardien
vigilant de sa parole et son propre censeur : bonne manière
de s'exercer à la liberté, en comprenant que le droit de
tout dire n'est pas le droit de ne rien respecter.

L'éducation du pays se fera mieux ainsi et plus sûrement, car les lentes croissances font seules les choses qui
durent. C'est la loi du monde physique, comme celle du
monde moral; c'est la loi que Dieu lui-même s'est donnée, puisque pour former notre globe, ce grain de poussière, il semble s'être complu à subir la lenteur des améliorations progressives.

A côté des 900 chaires libres d'enseignement supérieur
qui se sont élevées dans les différentes parties de l'Empire
est venu se placer un enseignement plus modeste, mais
encore plus nécessaire. Il y a huit mois, je disais à cette
même place : « Nous avons eu cette année plus de 7,000
« cours d'adultes; il faut que l'an prochain nous en ayons
« deux ou trois fois autant, et nous les aurons. » L'affirmation était téméraire; elle est pourtant demeurée au-
dessous de la vérité : c'est 25,000 cours qui ont eu lieu
cet hiver pour des adultes de tout âge. Quelle somme de

notions utiles a été ainsi répandue sur le pays ! Il ne faudrait pas en diminuer l'importance en ne considérant que
le seul chiffre des conscrits restés illettrés ; car les départements avancés comptant un nombre beaucoup plus
grand de ces cours que les départements demeurés en
arrière [1], il en résulte qu'on a bien plus ajouté aux connaissances déjà acquises par d'anciens élèves qu'on n'a
donné les connaissances premières à un grand nombre
d'élèves nouveaux. Aussi l'effort doit-il porter à présent
sur ces pays réfractaires, où la volonté de faire ne supplée
peut-être pas assez à l'insuffisance des moyens d'agir.

Cependant, même à ne voir que le chiffre des conscrits
illettrés, l'ignorance recule. Nous avons conquis sur elle,
en chacune des deux dernières années, presque le double
du terrain qu'elle cédait, année moyenne, sous le gouvernement de juillet, alors que l'instruction primaire était
dans la ferveur et la force de son premier établissement.
Que ce mouvement continue, et avant dix ou douze ans
le vœu de l'Empereur sera accompli : nous n'aurons plus
un ouvrier dans nos villes ou dans nos campagnes qui ne
sache tenir ses comptes, écrire ses lettres et chercher,
dans quelque bon livre, soit d'utiles connaissances pour
sa profession, soit ces plaisirs du cœur et de l'esprit qu'il
apprendra à mettre au-dessus des jouissances grossières
du corps.

L'utilité de ces leçons du soir frappe tous les yeux, et
cependant on ne mesure peut-être pas à leur juste valeur
les services qu'elles rendent. La France dépense, chaque

1. Les sept premiers départements qui ont moins de 5 p. 100 d'illettrés ont en
moyenne 457 cours d'adultes ; les 26 derniers, où le nombre des illettrés varie de
33 à 66 p. 100, n'en ont compté en moyenne que 167.

année, plus de 60 millions pour l'instruction primaire.
L'intérêt de cet énorme capital, c'est l'instruction et l'éducacation des enfants. Mais par l'habitude à peu près générale de faire quitter l'école après la première communion,
c'est-à-dire entre onze et douze ans, cette instruction primaire est bien vite perdue pour un grand nombre d'élèves.
Les souvenirs s'effacent, les notions acquises disparaissent, et les germes déposés dans le cœur par l'éducation
périssent. Que, sur vingt enfants, dix-neuf aient plus ou
moins passé par l'école, qu'importe? si, lorsqu'ils arriveront à l'âge d'hommes, le nombre de ceux qui savent lire
se réduit à quinze, à douze, à moins encore! Sur la somme
employée chaque année à l'entretien des écoles primaires,
un tiers ou un quart, soit 15 à 20 millions, sont donc dépensés aujourd'hui sans résultat.

Que fait la classe d'adultes? Pour les uns, elle tient lieu
de l'école même; pour les autres, elle conserve et développe le fruit des travaux du premier âge. Employant, le
soir, le matériel et le personnel du jour, elle double sans
frais le nombre des écoles; elle rend féconde la première
dépense faite par le pays; elle tire du même capital un
second intérêt. Cette considération touchera, je l'espère,
ceux qui regardent surtout au côté économique des choses.

Mais au prix de quel dévouement ces résultats ont-ils
été obtenus? La France a le droit d'être fière de ses instituteurs; et l'Empereur, même avant la fin de cette brillante campagne, a voulu, du haut du trône, féliciter de
leur courage ses soldats de la paix. Comme leurs frères
de l'armée, qui ne comptent jamais l'ennemi, ils se sont
jetés sur l'ignorance, sans souci de la peine ni des fatigues. Il leur avait été dit que la France avait une tache au

front, que c'était à eux de l'effacer, et ils se sont promis de la faire disparaître. Dévouement difficile, car il est de tous les jours; il s'accomplit dans l'ombre, et beaucoup ont pensé qu'il devait rester pour eux sans autre récompense que le noble et viril sentiment du devoir accompli.

Mais non, il n'en sera pas ainsi. Le pays s'est ému. L'Empereur a donné le signal : les départements, les communes, les particuliers, y répondent, et les dons se multiplient. Une subvention plus large permettra sans doute au ministre de l'instruction publique de régulariser ce service nouveau, et de réaliser enfin pour l'enseignement des adultes ce qu'on a fait, il y a trente-trois ans, pour l'enseignement des enfants. Alors nos braves instituteurs n'auront pas l'estime publique pour seul dédommagement de leurs généreux efforts.

Comment se fait-il, messieurs, qu'en ce lieu consacré aux plus hautes études, que devant des hommes occupés à poursuivre les recherches les plus ardues de la science, je vienne parler si longuement d'écoles de village ?

D'abord, il m'eût été difficile de ne pas saisir la première occasion de rendre publiquement hommage à un dévouement dont les preuves touchantes m'arrivent chaque matin.

Ensuite il ne vous est point indifférent, pour la prospérité même de vos savantes compagnies, que des multitudes d'hommes étudient, apprennent et s'éclairent. Ils forment la réserve où la science puisera. Repassez dans vos souvenirs les noms les plus illustres de nos annales scientifiques ou littéraires, combien n'en trouverez-vous pas qui appartenaient à de simples ouvriers, mis en état, par une volonté persévérante ou une rencontre heureuse, de venir siéger parmi les plus savants !

J'ai une autre raison de vous en parler, c'est que beaucoup d'entre vous ont pratiqué le mot de l'Évangile : ils sont allés aux petits, ils ont fait ou organisé des cours d'adultes. Tout à l'heure, je vais remettre la médaille d'or, récompense d'un travail de haute analyse mathématique, à un professeur de faculté qui est descendu de sa chaire et de ses savantes méditations pour enseigner les premières règles du calcul à des ouvriers, et je suis fier de pouvoir ajouter que bien d'autres, dans l'Université, ont donné le même exemple; que beaucoup ont fait celte aumône du cœur et de l'esprit, la plus difficile de toutes comme elle est la meilleure.

Enfin, c'est un signe des temps, c'est une preuve de l'esprit vraiment chrétien de notre société, comme des libérales et généreuses préoccupations de l'Empereur, que de savants hommes, de hauts fonctionnaires, un ministre, ne puissent se réunir pour parler de science, sans qu'au milieu d'eux surgisse bientôt l'image du peuple, qu'ils veulent appeler à la vie morale.

Rapport de S. Exc. M. le Ministre à S. M. l'Empereur, précédant le décret du 9 mai 1866, relatif à la réorganisation de l'Académie des sciences morales et politiques.

Sire,

Le décret impérial du 14 avril 1855, en créant, dans l'Académie des sciences morales et politiques de l'Institut impérial de France, une nouvelle section sous le titre de *Politique, administration, finances,* et en portant ainsi à quarante le nombre des membres titulaires de cette Académie, a eu pour but d'y faire représenter d'une manière plus spéciale des sciences dont la culture est un des principaux objets de son institution, et d'établir un plus juste équilibre entre la composition de cette classe et celle des autres classes de l'Institut.

Cette mesure, motivée par l'importance des études auxquelles se consacre l'Académie, a été, après plusieurs années d'expérience, considérée comme susceptible de quelques améliorations.

Votre Majesté a bien voulu autoriser l'Académie à examiner et à indiquer elle-même les modifications qui lui sembleraient utiles.

Parmi les inconvénients que la pratique a fait reconnaître, l'Académie signale, en premier lieu, la disproportion numérique entre la nouvelle section, qui compte dix membres, et les cinq autres sections, qui n'en ont que six ; en second lieu, l'acception vague des termes : *Politique, administration*, qui, dans leur signification habituelle, peuvent susciter des prétentions peu conformes au caractère exclusivement scientifique de l'Académie, et qui, d'un autre côté, se trouvent déjà compris, mieux définis et plus exactement circonscrits, dans les attributions des deux sections intitulées, l'une : *Législation, droit public et jurisprudence*, l'autre : *Histoire générale et philosophique ;* enfin, l'inconvénient de séparer les finances de l'économie politique, dont elles sont une branche essentielle.

En conséquence, considérant qu'on ne pouvait faire trois sections séparées de la *politique*, de l'*administration* et des *finances*, et que leur réunion en un même groupe n'était pas suffisamment justifiée, l'Académie a été d'avis : 1° que la répartition des membres de la sixième section dans les cinq autres, auxquelles leurs études les rattachent par un lien naturel, constituerait une meilleure distribution de ses travaux ; 2° qu'il conviendrait de compléter le titre de la quatrième section, *Économie politique et statistique*, en y ajoutant le mot *finances*.

Cette nouvelle disposition, qui maintiendrait le double avantage de l'accroissement du nombre des membres de l'Académie des sciences morales et politiques et de l'existence des spécialités introduites par le décret du 14 avril 1855, ne serait qu'une application, sous une autre forme, de ce même décret amendé et perfectionné.

Cette modification pourra sans doute présenter une difficulté temporaire pour la détermination du passage des membres de la sixième section dans les sections anciennes; mais la similitude et la variété des vocations scientifiques entre lesquelles il n'existe pas, selon la remarque de l'Académie elle-même, une ligne de démarcation aussi nettement tracée qu'on pourrait le supposer, contribueront à aplanir cette difficulté.

Ce ne serait là, d'ailleurs, qu'un inconvénient transitoire, auquel il ne faudrait pas sacrifier un avantage durable.

Ces considérations, Sire, m'ont paru dignes d'être soumises à la haute appréciation de Votre Majesté, et, si Elle daigne les approuver, j'aurai l'honneur de la prier de vouloir bien revêtir de sa signature le projet de décret ci-joint, ayant pour objet :

1º De supprimer la sixième section de l'Académie des sciences morales et politiques;

2º De donner à la quatrième section le titre de : *Économie politique et finances; statistique;*

3º De répartir les membres actuels de la sixième section entre les autres sections de la même Académie.

Je suis avec le plus profond respect, Sire, de Votre Majesté le très-humble et très-obéissant serviteur,

Le ministre de l'instruction publique,

V. DURUY.

Discours prononcé par S. Exc. M. le Ministre à la distribution des
prix de l'Association philotechnique, à Paris, le 27 mai 1866.

Messieurs,

Vous venez chercher ici les récompenses méritées par
vos veillées studieuses de l'hiver; mais il ne vous déplaît
pas qu'une leçon se mêle encore à votre fête. Je ne vous
parlerai ni de la nécessité ni de la moralité du travail.
Vous en savez autant que moi sur ce sujet, et vous n'aimez pas les longues dissertations sur des vérités de sens
commun. Mais l'exemple vous frappe, vous êtes promptе-
ment saisis par la contagion d'une bonne action, d'une
idée généreuse ou d'une noble ardeur. Eh bien! c'est un
exemple d'ardeur généreuse que je veux vous montrer
pour soutenir et accroître la vôtre.

Je viens de connaître d'une manière précise les résultats, pour nos 89 départements, de la campagne scolaire
qui s'est terminée il y a deux mois. Je vous les communi-
querai, car c'est un des droits essentiels d'un peuple
libre d'être tenu au courant de ses affaires, comme c'est
le besoin d'un gouvernement national, dont toutes les
pensées n'ont d'autre mobile que le bien public, d'appeler
l'attention sur ses actes. Cette déférence envers l'opinion
ne serait pas un devoir, qu'elle serait encore le plus habile
calcul, car la discussion éclaire et l'assentiment raisonné
du pays donne une force nouvelle à ceux qui ont la gestion de ses intérêts.

Vous vous souvenez des paroles mémorables prononcées par l'Empereur à l'ouverture de la session législative de 1865. Pour donner au suffrage universel sa dignité, pour pousser énergiquement la France dans les œuvres de la paix, il voulait que tout citoyen sût écrire son bulletin de vote, que tout ouvrier pût tenir ses comptes, et que chacun fût en état de lire quelque ouvrage utile à sa profession ou à son esprit. On pensait autrefois que l'ignorance était un gage de sécurité : je ne suis pas sûr qu'au fond de quelque province reculée on ne trouverait pas encore de ces amoureux du passé, comme on y rencontre les restes informes des usages, des idées et des terreurs des vieux âges. L'Empereur, qui ne connaît point ces défaillances, regarde, au contraire, l'instruction du peuple comme la meilleure garantie de l'ordre public et de la prospérité nationale.

La France, comme toujours, a répondu à son appel. On a redoublé de zèle, dans les écoles, en faveur des enfants, qui, de leur côté, y sont venus plus nombreux. Mais les enfants, c'est l'avenir, et le présent restait chargé d'un arriéré d'ignorance qui est pour lui une faiblesse et une entrave : plus de 30,000 maîtres [1] se sont mis résolûment à l'œuvre ; ils ont ouvert dans 22,987 communes 22,980 cours d'adultes pour les hommes, 1,706 pour les femmes ; au total, 24,686 écoles nouvelles, où chacun d'eux a donné, en moyenne, 150 heures de leçon.

Ces cours ont été suivis par 42,567 femmes et par 552,939 hommes, dont le plus grand nombre était arrivé à l'âge où l'expérience de la vie fait sentir vivement le

---

1. 30,222 instituteurs, maîtres adjoints ou institutrices, régents de colléges, professeurs de lycées, même de facultés, etc.

regret de l'instruction négligée ou perdue. On y a même
rencontré des vieillards. « Ma petite-fille se marie au
printemps, disait un octogénaire, je veux me donner le
plaisir de signer à son contrat. » Ainsi nous avons dépassé
de beaucoup le demi-million d'élèves que je n'osais entre-
voir dans mes espérances les plus hardies, puisque nous
sommes arrivés au chiffre de près de six cent mille auditeurs (595,506).

En même temps, par les donations des départements, des
villes et des particuliers, il s'est opéré en faveur des écoles
un mouvement de fonds d'un million, et cent vingt mille
de ces élèves volontaires ayant tenu à rétribuer leurs maîtres, la somme totale acquise en quatre mois à l'instruc-
truction primaire s'est élevée à près de quatorze cent mille
francs[1]. La pensée, écrite au projet de loi sur l'instruction primaire, de créer une caisse des écoles n'était donc
pas une utopie, ainsi que quelques-uns l'avaient cru ; car
cette caisse a été remplie avant même d'être constituée, et
j'espère bien que le courant des libéralités scolaires ne
tarira pas.

Cependant plus des trois cinquièmes de ces cours
(15,275) ont été gratuits. Quatre mille instituteurs (4,150)
ont même payé de leur bourse le chauffage, l'éclairage,
les fournitures de classe et jusqu'aux livres nécessaires

---

1. Le produit de la rétribution scolaire payée par 123,778 adultes a été de
414,940 francs ; viennent ensuite : 1° les subventions votées par les conseils
municipaux, 656,164 francs ; 2° les subventions votées par les conseils généraux,
72,767 francs ; 3° les libéralités particulières, 125,760 francs ; 4° les sommes payées
par 4,150 instituteurs pour couvrir les frais de chauffage, d'éclairage et autres,
90,999 francs. C'est une somme totale de 1,360,630 francs, à laquelle il faut ajouter
la subvention de l'État, représentée par la valeur encore inconnue des médailles
et des livres distribués au nom de l'Empereur, du Prince Impérial et du ministère. On compte 3,666 conseils municipaux, sur 23,947, qui ont contribué à la
dépense. Chacun de ces 3,666 conseils a donc voté en moyenne 180 francs.

aux élèves. C'est 91,000 francs qu'ils ont ajoutés au don
de leur savoir, de leur fatigue et de leur temps. Le denier
de la veuve n'était pas plus méritoire.

Ce dévouement, qui restera dans la mémoire du pays,
a trouvé déjà dans le bien accompli sa première et plus
précieuse récompense. Il s'est présenté aux cours 249,199
élèves, ou ne sachant absolument rien (c'était le cas de
78,464), ou ne possédant que d'une manière très-imparfaite les connaissances les plus élémentaires de l'école du
premier âge. Or 62,212 ont appris à lire, 102,132 ont
appris en outre à écrire, enfin 194,102 savent aujour-
d'hui compter. Pour les autres (346,307), ils ont perfectionné les connaissances premières ou acquis des connaissances nouvelles : l'orthographe, le dessin, l'arpentage, la
tenue des livres, l'arithmétique appliquée et des éléments
de géométrie, de sciences physiques, d'histoire, de géographie et de musique vocale [1]. Voilà le gain fait en quatre
mois par la France.

Tout cela peut être encore vague et confus dans l'esprit
de quelques-uns de ces élèves de la dernière heure, et de
nouveaux efforts seront nécessaires pour ordonner, classer
et bien affermir des notions prises si rapidement. Mais,
contre l'opinion commune, l'instruction des adultes, qui
n'exige, on vient de le voir, pour principale mise de fonds
que le dévouement des instituteurs, marche bien plus vite
que celle des enfants.

Ils arrivaient préparés par une sorte d'éducation intérieure qui s'était faite en eux, à leur insu, par le dévelop-

[1]. Ont suivi les cours de dessin, 22,340 adultes; de géométrie et d'arpentage,
56,059; de sciences physiques, 8,386; de tenue de livres et d'arithmétique appliquée au commerce et à l'industrie, 33,282; de chant, 13,950.

Discours. 20

pement propre de la vie, par le contact des hommes et des choses, et qui ne demandait pour s'épanouir au dehors que la parole d'un maître intelligent. Que de fois n'ai-je pas vu à vos cours le recueillement de ces auditeurs aux mains brunies par le travail, leur curiosité avide et la légitime fierté qu'ils éprouvaient en se sentant devenir plus hommes, au moment où ils sentaient qu'une vérité de plus entrait en leur esprit, ou qu'une corde, jusqu'alors muette, vibrait dans leur cœur!

L'esprit de l'enfant est une lande inculte qu'il faut défricher péniblement et longuement; celui de l'adulte est un sol où l'air et le soleil ont accumulé des forces productives. Qu'on ouvre le sillon, et la semence répandue aussitôt lève et fleurit.

Aussi est-ce avec bonheur que le gouvernement a vu la prodigieuse extension des cours d'adultes se produire au moment où il organise l'enseignement spécial, qui, d'un côté, confine à l'école primaire, et, de l'autre, touche à nos grands enseignements. Désormais, sans sortir du cercle des études professionnelles, on pourra s'élever, par échelons successifs, des notions les plus élémentaires aux connaissances les plus difficiles, avec la certitude, à quelque degré qu'on s'arrête, qu'on aura monté en dignité morale, puisqu'on aura éclairé son esprit, et en puissance d'action, puisqu'on aura acquis plus de moyens pour maîtriser la fortune.

Dans l'industrie domine aujourd'hui le principe de la libre concurrence. Le succès est pour les produits les plus beaux, en même temps que les plus économiques, et ces produits-là viennent des ouvriers les plus habiles; mais comme la science et l'art ont pénétré dans toutes les branches du travail industriel, les ouvriers les plus habiles sont ceux dont l'intelligence naturelle a été nourrie et développée par l'instruction. L'esprit mène la main. Vous prenez donc, messieurs, à l'école les outils nécessaires pour gagner une place meilleure dans l'atelier. Aussi n'ai-je pas été surpris lorsqu'un d'entre vous est venu me raconter qu'il devait un poste de contre-maître aux leçons de dessin suivies par lui cet hiver.

On y gagne bien autre chose. Un soir que j'assistais en curieux à une leçon, un des auditeurs se lève et me dit : « Monsieur le ministre, je vous ai reconnu, et je profite de « votre présence pour témoigner devant vous, au nom de « mes camarades, notre reconnaissance envers notre pro-« fesseur. C'est la seule chose que nous puissions lui « donner ; mais nous la lui donnons de bon cœur. » Et tous d'applaudir. Le maître fut heureux ce soir-là, et le ministre aussi.

Ces cours servent donc à tous ceux qui les suivent ; j'ajoute qu'ils ne nuisent à personne, car chacun y conserve l'amour de sa profession en y trouvant les moyens de tirer d'elle un parti meilleur.

L'ébéniste, l'orfévre, le serrurier qui dessine ; le mécanicien, l'horloger, l'arpenteur qui calcule ; le peintre, le teinturier, le potier qui fait des manipulations chimiques, gagnent à ces leçons un profit certain ; et l'ouvrier agricole qui aura appris par l'étude des engrais à bien traiter les fumiers, par l'hygiène rurale à bien tenir l'écurie, la basse-cour et l'étable, par l'horticulture à mettre au jardin les espèces les plus productives de fruits et de légumes, n'ira pas demander à la ville un salaire plus fort, parce qu'il saura le gagner à la ferme, dans cette rude

20.

mais bienfaisante vie des champs qui fait les robustes
santés et les vertes vieillesses.

Le bien-être aujourd'hui est en rapport avec l'intelligence. Celui qui n'a que ses bras pour vivre vit mal. C'est
une force mécanique que la plus petite machine remplace
avantageusement, et il ne sortira qu'à grand'peine des bas-
fonds où le manouvrier végète. Comme l'esclave dont Homère disait que la servitude lui a ôté la moitié de son
âme, l'ignorant n'est aujourd'hui qu'une moitié d'homme.
C'est lui qui, aux époques d'égarement, brise les machines, bouleverse les chemins de fer, détruit les fils télégraphiques, incendie les usines et tarit les sources du
travail; c'est lui encore qui laisse grandir dans son cœur
les sentiments haineux et dans son esprit les erreurs fatales; qui écoute les conseils insensés, qui tente les révolutions inutiles, et ne sait pas que c'est lui surtout qui
les paye douloureusement par l'arrêt subit de la production.

Laissez-moi vous conter une légende du vieux temps.
Dans une ville de Hollande habitait un vieux savant qui,
par sa science profonde, avait soumis les puissances in-
fernales. Il disait un mot, et tout objet lui devenait un
serviteur empressé. Un jour, il s'absente en laissant l'ordre
à son élève de laver la maison. Celui-ci avait entendu le
mot du maître. Il ordonne à un bâton d'aller à la rivière
lui chercher de l'eau. Le bâton part et revient avec deux
seaux remplis. Au premier, au second, au troisième
voyage, l'enfant est enchanté. Mais le bâton va toujours,
la salle est inondée, la maison va l'être, et l'enfant a oublié l'autre mot magique, celui qui peut arrêter ce zèle
redoutable. De colère, il brise le bâton; les deux mor-

ceaux continuent le même office, le danger redouble, l'enfant est désespéré. Heureusement le maître revient et tout s'arrête.

Voilà l'ignorance, messieurs, et voilà la science. Celle de nos jours ne prétend plus agir sur les démons, mais elle s'asservit la matière et lui commande de supprimer le temps et l'espace, de percer les montagnes et de dompter l'Océan. Elle a sacré l'homme roi de la création matérielle ; elle fait plus : en l'affranchissant des idées fausses qui assiégent son esprit, des erreurs qui troublent sa raison, des ténèbres qui voilent la lumière de son âme, elle fait l'homme vraiment libre.

On a dit qu'il était dangereux de pousser les hommes vers les sommets de la science. D'abord, tous ne les graviront pas ; ensuite, il est des degrés dans le savoir, et ce n'est pas de l'instruction prise dans les cours d'adultes ou dans les nouvelles écoles spéciales qu'on pourra dire qu'elle déclasse. Elle soutient, au contraire, elle fortifie et fait avancer plus vite, mais dans la voie qu'on a choisie. En augmentant la capacité de production de ceux qui la reçoivent, elle assure à chaque profession son développement normal. Or, avec nos mœurs et nos lois, il n'est pas de carrière où l'on ne puisse, sans la quitter, conquérir l'estime publique, souvent l'aisance ou même la fortune, parfois les honneurs et le pouvoir que donne la confiance du prince ou du pays.

L'Angleterre a des maisons d'industrie et de commerce où, depuis deux cents ans, le fils succède au père. Elles ont agrandi le cercle de leur activité ; la richesse leur est venue ; mais le même nom reste dans la maison, seulement il s'y ajoute quelquefois un titre de baronnet, de lord-maire ou de membre de la chambre des communes. On a même vu, dans cette aristocratique Angleterre, le petit-fils d'un tisserand devenir le chef du parti de la noblesse, avant d'être le premier ministre de la reine et, pour l'histoire, un des grands hommes d'État de l'époque contemporaine. Ainsi ce n'est pas dans la France seule que coule et monte le flot démocratique ; mais, en Angleterre, il se règle et se contient de lui-même. A l'esprit d'innovation on sait joindre l'esprit de tradition. On n'y rougit ni de son père ni de son métier, et ce n'est que par exception que l'on commet la folie de laisser improductif le capital d'expérience, de relations, de bonne renommée, qu'un père a laborieusement conquis, pour courir les aventures et tenter de faire souche nouvelle.

En France, la continuelle préoccupation est de déserter la maison paternelle pour arriver à l'honneur de servir l'État, même dans le plus petit emploi. Depuis trois siècles, une partie considérable de la société française tourne vers ce but ses efforts et la destinée de ses enfants. Notre système d'éducation, exclusivement classique, l'y poussait. Chacun voulait être de robe courte ou de robe longue. Grâce à ce concours de toutes les forces vives vers les fonctions publiques, l'État est arrivé chez nous à être le cœur, l'intelligence et la main du pays ; il a pensé et agi pour tous.

Il en est résulté la plus complète organisation administrative qui jamais ait été vue, et, pour l'État, une force immense. Mais l'activité nationale prend maintenant les formes les plus diverses, et le gouvernement voudrait voir refluer vers les carrières où elle s'exerce les talents et les aptitudes qui jadis ne venaient qu'à lui seul. Un changement dans l'éducation nationale doit répondre à ce changement dans les données du problème social. C'est pourquoi le gouvernement ajoute à l'école primaire, qui n'intéresse que l'homme, les cours d'adultes, qui servent à la profession; à l'enseignement classique, qui ouvre les fonctions publiques et les carrières libérales, l'enseignement spécial, qui rendra plus féconde l'activité industrielle du pays. En un mot, à une évolution sociale correspond une évolution dans le régime de l'enseignement; car un système d'éducation rationnel, approprié à tous les besoins du pays, est une force de conservation en même temps que de progrès, tandis qu'un système illogique est une cause nécessaire de troubles et d'avortements.

Notre France, messieurs, est bien grande; grâce à cette politique à la fois libérale et ferme, à cette main forte et sûre qui stimule et qui retient, nous avançons sans rencontrer les abîmes. Nous sommes allés à Sébastopol, et nous n'avons point repassé la Bérésina; nous sommes allés à Solférino, et nous n'avons pas trouvé derrière nous les champs funèbres de Leipzig. L'aigle, dont les serres s'étaient usées à force de vaincre, dont l'aile puissante avait été brisée par l'orage, a repris sa force et son vol glorieux; mais il protége et ne menace point. A l'intérieur, chaque jour, tombe une entrave et naît une liberté: hier, c'était le monopole que remplaçait la concurrence, et la défense de vous réunir qui disparaissait devant le droit pour vous de discuter librement vos intérêts; aujourd'hui ce sont les départements qui reçoivent d'importantes prérogatives; demain ce sera la commune, et, à tout moment, c'est quelque formalité onéreuse ou gênante qui se brise, pour laisser les mouvements plus libres à ce peuple dont l'Empereur veut émanciper l'esprit et le travail, sans permettre que la licence empiète sur la liberté.

Unissons-nous, messieurs, pour seconder le Souverain dans une des nobles tâches qu'il s'est données : la rédemption du peuple par l'éducation. L'étude aussi est un culte et l'école est un temple, car la science mène à Dieu, puisqu'elle conduit, dans l'ordre physique, à la vérité, et dans l'ordre moral, à la justice.

Circulaire du 1er juin 1866, relative aux documents concernant l'enseignement secondaire spécial, et aux propositions à soumettre aux conseils généraux en faveur de l'école normale de Cluny.

Monsieur le préfet,

J'ai l'honneur de vous adresser l'ensemble des documents qui intéressent l'organisation du nouvel enseignement secondaire spécial. J'appelle particulièrement votre attention sur la circulaire qui en résume l'esprit et en montre le but. Vous reconnaîtrez qu'il s'agit de mettre en usage des méthodes plus promptes que celles de l'enseignement classique et de répandre des connaissances d'une utilité plus immédiate ; que cet enseignement, en un mot, prépare les élèves à remplir les diverses professions de l'industrie, du commerce ou de l'agriculture, sans exiger d'eux une dépense trop forte de temps et d'argent.

Vous remarquerez aussi, monsieur le préfet, que l'enseignement spécial occupe désormais, comme l'enseignement classique, une place régulière et honorée dans l'ensemble de notre système d'éducation ; qu'il a ses examens publics, son agrégation, ses diplômes, ses conseils de perfectionnement et de patronage, enfin tout ce qui peut garantir la force des études et en élever successivement le niveau. Ces mesures concilieront à l'enseignement spécial la confiance des familles, en même temps que celle des chefs de manufactures ou d'administration, qui n'hésiteront plus à demander leurs employés à des écoles dont l'organisation a été calculée de manière à fournir au commerce, à l'agriculture et à l'industrie des auxiliaires intelligents.

Les recteurs vont s'occuper de réorganiser l'enseignement spécial dans les lycées et colléges, d'après les instructions et les programmes contenus dans le volume que j'ai l'honneur de vous adresser.

Ces programmes, destinés à inaugurer des méthodes nouvelles dans l'enseignement usuel des sciences et des connaissances économiques, ont été préparés par les soins du conseil supérieur de l'enseignement spécial et approuvés par le conseil impérial de l'instruction publique. Aussi est-ce un devoir pour moi d'exprimer ici ma reconnaissance envers les éminents esprits qui ont donné à l'administration un si précieux concours pour l'accomplissement d'un travail dont l'avenir dévoilera l'heureuse fécondité.

Les professeurs chargés de l'enseignement spécial dans les lycées et les colléges, les maîtres des grandes écoles communales et ceux des cours d'adultes trouveront dans ces programmes et dans les instructions qui les précèdent des directions sûres et tout à la fois complètes et simples.

Mais la question capitale n'est ni dans les méthodes, ni dans les programmes, ni même dans l'organisation ; elle est avant tout dans le personnel enseignant. Nous ne ferons rien de considérable, rien qui réponde aux vœux et aux besoins du pays, si nous n'avons pas des hommes dont l'esprit soit formé pour les connaissances qu'ils auront à répandre, dont le cœur sente, jusqu'à la passion, l'importance de la mission qu'ils seront appelés à remplir. Or, pour préparer et régler ces vocations, pour former les maîtres dont nous avons besoin, il faut une maison où tout soit établi en vue du but que nous poursuivons.

Cette conviction, qui se fortifie de l'expérience fournie depuis 1811 par l'école normale pour l'enseignement classique et depuis 1833 par les écoles normales primaires, m'a déjà dicté les circulaires du 13 août 1864 et du 9 août 1865, relatives à la création de l'école normale de Cluny.

Vous n'avez pas oublié, monsieur le préfet, que la ville de Cluny a cédé à l'État les magnifiques bâtiments de son ancienne abbaye ; qu'elle a voté une somme de 70,000 francs pour le rachat des parties aliénées de ce domaine ; qu'enfin le département de Saône-et-Loire consacre 100,000 francs pour les appropriations.

Cette fondation a ainsi reçu, dès l'origine, le caractère communal et départemental qui lui convient, et que le vote des conseils généraux, dans leur dernière session, a consacré.

L'État prend sa part de la dépense. Il emploiera à

l'achèvement des appropriations et à l'achat du mobilier usuel et scientifique une somme considérable, dont une partie figure au budget de cette année. Il aura, en outre, à sa charge l'entretien des professeurs, des boursiers impériaux et du collége spécial qui sera placé à côté de l'école, afin que les élèves-maîtres, tout en étudiant pour eux-mêmes, apprennent déjà à enseigner. Mais les besoins de l'État étant limités au recrutement du personnel des lycées, il n'enverra à l'école normale de Cluny qu'un nombre relativement restreint d'élèves ; les départements, au contraire, et les villes sont intéressés à en envoyer beaucoup.

Les villes, en effet, possèdent 251 colléges communaux, où l'enseignement spécial réunit déjà 12,000 élèves et en aura bientôt un plus grand nombre. Ces 251 colléges ont besoin de maîtres expérimentés, formés par une préparation particulière qu'ils ne peuvent trouver qu'à Cluny. De leur côté, les départements entretiennent 77 écoles normales primaires, dont il importe de fortifier et de relever l'enseignement, si l'on veut que les instituteurs qui en sortiront soient au niveau de la tâche qu'ils auront à remplir. Enfin, on a compté en France, cet hiver, près de 25,000 cours d'adultes, qui ont été suivis par 600,000 élèves de tout âge. Aujourd'hui, on travaille surtout dans ces cours à combler les lacunes laissées par l'enseignement du premier âge ; mais il viendra un moment où les écoles primaires, après avoir reçu tous les enfants de sept à treize ans, livreront aux directeurs des cours d'adultes des élèves dont il faudra non pas refaire, mais étendre et compléter par l'enseignement spécial les études premières. A voir l'ardeur qui entraîne les populations, il est permis d'espérer que ce moment est moins éloigné qu'on n'aurait pu le croire. Il est du devoir du gouvernement de signaler cette nécessité prochaine, et de chercher avec les autorités départementales et communales les moyens d'y pourvoir.

Vous voyez, monsieur le préfet, combien la prospérité de l'école normale de Cluny importe aux départements. Les conseils généraux l'ont compris l'an dernier ; ils le comprendront encore mieux cette année, après le magnifique élan des cours d'adultes, et lorsque l'esprit et le but du nouvel enseignement ont été nettement marqués par la publication de ses méthodes et de ses programmes. En conséquence, je vous invite à appeler de nouveau l'attention bienveillante du conseil général de votre département, dans sa prochaine session, sur cette importante affaire.

Il a été voté, l'année dernière, cinquante-cinq bourses départementales ; mais le cours normal des études étant de deux ans pour le plus grand nombre des élèves, et même de trois pour ceux qui viseront à l'agrégation spéciale, il conviendrait que le conseil général votât au moins une seconde bourse, afin qu'il n'y eût pas d'interruption, et que, tous les ans, l'école pût rendre à chaque département un maître éprouvé. On recevra, au 1er octobre 1866, à Cluny autant d'élèves départementaux qu'il a été constitué de bourses par les conseils généraux. Mais, au mois d'octobre 1867, ces élèves passeront en seconde année, et il convient de s'occuper, pour cette époque, du recrutement de la première. Les conseils généraux, qui ont témoigné une sympathie si vive au nouvel enseignement, n'ont pas voulu que son école normale fût organisée de manière à n'agir que par intermittence.

Ils ont pensé, au contraire, qu'elle devait, comme toutes

les écoles analogues, l'école normale supérieure, l'école polytechnique, l'école centrale, etc., recevoir chaque année des élèves et rendre chaque année des maîtres par un courant régulièrement établi. J'espère donc que le conseil général de votre département régularisera définitivement une libéralité dont la première démonstration, l'année dernière, a déjà permis de constituer avec confiance tout le système de l'enseignement secondaire spécial.

Recevez, etc.

Le ministre de l'instruction publique,

V. Duruy.

———————

Instruction du 2 juillet 1866, relative à l'exécution du décret du 2 juillet 1866, concernant le régime des écoles normales primaires.

Monsieur le recteur,

Parmi les 600,000 élèves qui se sont pressés, l'hiver dernier, aux cours d'adultes, il s'en est trouvé 154,000 qui ont demandé à leurs maîtres un enseignement supérieur à celui que détermine le premier paragraphe de l'article 23 de la loi du 15 mars 1850.

En outre, l'article 9 de la loi du 21 juin 1865, relative à l'enseignement secondaire spécial, autorise les maîtres des écoles primaires à joindre à l'enseignement des matières facultatives déterminées par le paragraphe 2 de l'article 23 de la loi du 15 mars 1850 la tenue des livres, les éléments de la géométrie, le dessin d'ornement et d'imitation, et, dans les localités où ce sera nécessaire, les langues vivantes.

Les faits et la loi nous imposent donc l'obligation de fortifier l'enseignement donné dans les écoles normales.

Cependant je ne crois pas qu'il soit nécessaire de publier de nouveaux programmes. Ceux du 31 juillet 1851 me semblent pouvoir servir encore de base à l'enseignement; mais il sera facile de les étendre, selon les besoins, à l'aide des programmes qui viennent d'être arrêtés pour l'enseignement secondaire spécial, et que le *Bulletin administratif* a mis déjà dans les mains de chaque directeur. Ils ont été rédigés dans un esprit de simplicité qui doit être celui de l'enseignement des écoles normales primaires, et ils sont précédés d'instructions qui seront bonnes à suivre dans tous les établissements d'instruction élémentaire.

En outre, ils ont été, à dessein, très-développés, afin que chaque école spéciale pût y trouver ce qui lui sera nécessaire et y puiser dans la mesure qui lui conviendra, sous la direction de son conseil de perfectionnement. Que les écoles normales fassent de même. La force des études n'y est point partout égale : quelques écoles conduisent la plupart de leurs élèves au brevet complet; d'autres n'en mettent qu'un petit nombre en état de répondre pour une partie des matières facultatives, et une grande inégalité existe partout dans les résultats des examens. Un programme général et uniforme ne serait tel que sur le papier; par la force des choses, il variera nécessairement d'un département à l'autre : mieux vaut alors laisser à chaque directeur la liberté de choisir, sous votre contrôle, la portion des programmes de l'enseignement spécial qu'il jugera utile d'emprunter. Vous auriez soin de me faire, à ce sujet, un rapport que je soumettrais en substance au conseil impérial.

Il me suffira donc, monsieur le recteur, de vous adresser le tableau de la répartition des matières entre les trois années d'études.

Celui qui avait été prescrit par le règlement du 24 mars 1851 rejetait dans la troisième année toutes les matières facultatives. Il en résultait, pour les études comme pour l'esprit des élèves, un encombrement fâcheux. Beaucoup de plaintes légitimes se sont élevées à cet égard. Il est juste d'y faire droit. Le fardeau, plus également réparti, sera plus facilement porté.

Le premier cours, celui d'*instruction religieuse,* est fait par l'aumônier, sous le contrôle de l'autorité diocésaine : je n'ai donc point à en parler.

J'introduis dans le tableau un cours de *pédagogie.* Je sais que pour faire un bon maître il n'y a pas de règle qui vaille un bon exemple, et cet exemple est donné chaque jour par les professeurs. Cependant il est d'utiles observations à présenter aux élèves-maîtres sur l'éducation physique, intellectuelle et morale, sur la discipline de l'école, même sur son installation matérielle. Mes circulaires en date des 1er septembre 1865 et 17 mai 1866 vous ont déjà invité, monsieur le recteur, à instituer des conférences de sortie pour les élèves arrivés au terme de leurs études. Mais ce n'est pas assez de quelques conseils, même donnés avec l'autorité qui vous appartient. La matière est assez étendue et assez importante pour mériter un cours véritable et régulier durant la troisième année. Chaque école rédigera, sous vos inspirations, son programme pour ce cours ; vous me l'enverrez, et j'examinerai s'il y aura lieu d'en tirer un programme commun à toutes les écoles normales de l'Empire.

Je vous prie de recommander à MM. les directeurs de veiller avec l'attention la plus sérieuse sur l'*écriture* et la *lecture*. Les élèves devraient, en sortant de l'école, être arrivés à la perfection pour ces deux exercices, et il s'en faut qu'ils méritent tous cet éloge. L'écriture, si soignée autrefois par nos vieux maîtres d'école, a été souvent négligée par nos instituteurs d'aujourd'hui, comme un mérite secondaire. Il en a été de même pour la lecture. Attachons-nous à faire perdre à nos élèves-maîtres toute prononciation vicieuse et tout mauvais accent. Ils n'y gagneront pas seulement un parler plus agréable, ce qui pourtant est déjà quelque chose, mais leur esprit profitera des efforts qu'ils feront pour prononcer correctement, car on ne lit bien que ce que l'on a parfaitement compris.

Dans le cours de *français,* beaucoup de maîtres abusent de la grammaire et croient avoir tout fait quand ils ont mis dans la mémoire de leurs élèves un grand nombre de règles, de distinctions et de mots techniques. Insistez pour que, dans cette étude, on évite les abstractions et les subtilités, pour qu'on s'attache aux applications et aux exemples, surtout aux exemples que fournissent la lecture et l'explication des grands écrivains. C'est par là que la langue, avec ses principales règles, ses finesses et ses idiotismes, s'apprend bien mieux que dans les grammaires.

Dans le cours d'*histoire*, on ira droit aux grands hommes et aux grands événements, dont on retrouve partout le souvenir dans nos arts comme dans notre littérature, et on négligera cette multitude de faits qui surchargent la mémoire sans rien dire à l'esprit et au cœur. Ce cours aura, dans la troisième année, deux conclusions : l'une sera le tableau succinct de notre constitution politique, parce qu'il faut que les hommes chargés de l'éducation du peuple connaissent les institutions qui nous régissent; l'autre sera l'exposé sommaire de notre organisation économique, parce qu'il est bon que les maîtres de l'enfance puissent redire à leurs élèves que la loi du travail domine aujourd'hui la société tout entière; que c'est le travail qui produit la richesse, l'esprit d'ordre qui la conserve, l'esprit de bienfaisance qui l'honore; qu'enfin notre société moderne, fondée sur la justice, est encore animée de cet amour du bien qui fait aller au-devant de toute douleur pour essayer de la guérir, de toute amélioration pour la réaliser, de toute réclamation légitime pour lui donner satisfaction.

Pour la *géographie,* beaucoup de cartes faites au tableau noir ou à main levée; étude approfondie du département; connaissance détaillée de la France; connaissance plus sommaire de l'Europe et des autres parties du monde. Un petit nombre de leçons seront données, comme suite du cours de géographie, à l'explication des grands phénomènes astronomiques : la forme et le double mouvement de la terre, avec l'inégalité des jours et la succession des saisons; la lune et le soleil, avec l'explication des marées et des éclipses; les planètes et leur différence avec les comètes et les étoiles. Un bon maître saura tirer parti de ces véri-

tés magnifiques pour agrandir l'imagination et l'intelligence de ses élèves et leur montrer Dieu présent dans l'immensité et l'ordre harmonieux de la création.

Dans le cours d'*arithmétique* et des éléments de *géométrie*, on ne s'arrêtera point aux difficultés de théorie ; mais
on insistera sur les applications pratiques.

Pour la *tenue des livres*, ce n'est pas à l'école normale
qu'on l'apprendra d'une manière complète. Il sera bon,
cependant, que les instituteurs qui en sortiront connaissent
les expressions les plus usitées dans le commerce, les livres
obligatoires, les livres auxiliaires et la tenue de ces livres
en partie double ; car il est urgent de propager dans nos
campagnes les procédés d'une bonne comptabilité agricole. Même dans une culture ordinaire et dans un simple
ménage il est utile de pouvoir se rendre compte, à tout
moment, de la situation de ses affaires. L'esprit d'ordre,
la moralité même, y gagneront, et nos instituteurs ont
le devoir de répandre autour d'eux tout ce qui peut
accroître le bien-être et la dignité de vie des populations
rurales.

Beaucoup d'entre eux sont secrétaires de mairie. Ils ont
à rédiger les *actes de l'état civil* et des pièces d'*administration* et de *comptabilité communale*. Une erreur commise dans
ces actes entraîne parfois les plus sérieuses conséquences
et peut faire naître des procès ruineux. Il faut donc que
nos instituteurs sachent les formalités à remplir, les
termes précis à employer pour les actes de naissance, de
mariage et de décès, les règles à suivre pour le budget de
la commune et les principaux règlements de la police municipale.

Je n'ai rien à dire sur les notions de *physique*, de *chimie* et d'*histoire naturelle* applicables aux usages de la vie, si ce n'est que le titre même indique dans quel cercle le professeur doit se renfermer.

L'école normale ne vise pas à former des agriculteurs ; mais on doit pouvoir y prendre sur les terres et les eaux, sur les amendements et les engrais, sur les prairies artificielles et le drainage, sur les animaux domestiques, les constructions rurales et les instruments aratoires, des notions générales qui permettront aux élèves devenus maîtres de suivre avec intérêt les opérations d'un comice agricole, de lire avec profit un livre d'*agriculture* et de donner au besoin un bon conseil. On aime ce que l'on comprend bien. Quand ils seront en état de se rendre compte des phénomènes agronomiques, ils se plairont mieux aux champs et feront aisément que leurs élèves s'y plaisent davantage.

Mais on peut faire plus à l'école normale, même à l'école primaire, pour l'*horticulture*, car 27,000 de nos écoles sont pourvues d'un jardin. Les fruits et les légumes entrent pour plus du tiers dans l'alimentation générale du pays. Ils représentent donc une valeur considérable, et cette valeur sera facilement accrue, dans une très-grande proportion, par la propagation d'espèces meilleures et de procédés de culture et de taille perfectionnés. Sans s'éloigner de son école et sans perdre de temps, l'instituteur peut joindre à son jardin un rucher d'abeilles, une basse-cour, je n'ose dire une étable. L'élève des volailles, la production des œufs, du lait, du beurre et du fromage, tout en ajoutant à son bien-être, augmenteront la nature des services qu'il peut rendre à sa commune, s'il se fait, pour cette industrie ménagère, le propagateur des leçons reçues à l'école

21.

normale ou des enseignements recueillis dans les livres
et dans les comices agricoles.

La loi du 15 mars 1850 range parmi les connaissances
qu'il est bon de donner aux élèves-maîtres des instructions
élémentaires sur l'*industrie* et l'*hygiène*. L'industrie a des
formes si variées et s'exerce sur tant de matières différentes, que le cours demandé par la loi doit être restreint,
pour être utile, aux principales industries du département.
La visite des usines qui se trouveront à proximité de
l'école, les explications que le professeur donnera sur les
travaux qui s'y accomplissent, sur les transformations que
la matière y subit, seront la continuation et la confirmation des leçons faites à l'école normale sur les sciences
physiques et l'histoire naturelle.

L'hygiène n'est aussi qu'une application de ces mêmes
sciences. Si, depuis moins d'un siècle, la moyenne de la
vie s'est accrue en France de plus de douze années, c'est
parce qu'on a mieux compris l'influence qu'exercent sur
la santé de l'homme la nature et la disposition des lieux
qu'il habite, les variations de température qu'il subit, les
altérations de l'air qu'il respire, des eaux qu'il boit, des
aliments dont il se nourrit, enfin les habitudes de propreté
personnelle et domestique, l'emploi bien réglé de la vie
et la tempérance en tout, même dans le travail. Il est aussi
une hygiène particulière pour l'enfant et pour l'école,
sur laquelle le professeur insistera particulièrement. L'instituteur à qui l'on aura présenté ces considérations dans
un ensemble bien ordonné ne les oubliera plus; il se trouvera en état de donner les premiers soins pour les accidents qui se produisent fréquemment dans les écoles, et
de vulgariser parmi les populations rurales une foule de

notions nécessaires pour conserver la santé, développer les forces physiques et éloigner tant de maladies qui naissent de l'imprudence ou de l'ignorance. Mais il n'oubliera pas que la meilleure hygiène est celle de l'âme : la santé du corps tient à celle de l'esprit.

La *musique* instrumentale et le *chant* touchent à cette double hygiène. Ils ajoutent à la pompe des cérémonies religieuses ; mais ils habituent aussi à des mœurs plus douces. Au lieu de se chercher et de se réunir pour des plaisirs grossiers ou violents, on s'assemblera pour un plaisir délicat et relevé. La fable antique d'Orphée, calmant par les sons de sa lyre les monstres des bois, est toujours une vérité. Les écoles normales peuvent beaucoup pour répandre le goût de la musique. Ne laissez pas, je vous prie, monsieur le recteur, en dehors de votre sollicitude cette partie de l'enseignement. Afin d'en assurer la bonne direction, j'ai organisé une inspection spéciale de ce service.

Le *dessin* est indispensable pour tous les ouvriers des manufactures : c'est l'écriture de l'industrie. Il ne sera même pas inutile dans les écoles rurales, car il donne de l'exactitude au coup d'œil de l'enfant, de la souplesse et de l'habileté à sa main, en même temps qu'il forme son goût et développe en lui le sentiment du beau.

Dans beaucoup de communes de la Suisse, il existe une *gymnastique* publique qu'on voit au plus bel endroit du village. Je voudrais qu'il en fût de même en France. Tâchons au moins de mettre une gymnastique à l'école. Les enfants et les études s'en trouveront mieux ; mais nous n'y réussirons qu'en commençant par l'avoir à l'école normale, car ces écoles sont notre grand instrument de propagande pour les améliorations à introduire dans l'éducation nationale, et j'ai l'ambition, pour les maîtres qu'elles forment, de les voir devenir, chacun dans sa commune, le missionnaire de toutes les idées utiles et saines.

Après vous avoir entretenu des programmes, j'ai encore, monsieur le recteur, à vous parler des élèves et des maîtres.

La loi de 1833 avait fixé à dix-huit ans l'âge auquel on pouvait obtenir le brevet de capacité. Comme on était admis alors à seize ans à l'école normale, et que l'on y restait deux ans, c'était logique. Depuis la mise à exécution de la loi de 1850 on n'admet personne à l'école normale avant dix-huit ans, tout en permettant à ceux qui n'y viennent point de prendre le brevet à cet âge. Il en résulte que le jeune homme qui veut passer par l'école normale de son département pour y prendre une instruction meilleure se trouve dans cette situation singulière que, au moment où il en sort, ses émules sont en avance sur lui de deux ou trois années de service public, et qu'à ce titre ils ont privilége pour l'avancement.

Cette fâcheuse condition imposée aux élèves-maîtres a nui au bon recrutement des écoles. On a d'ailleurs remarqué que les élèves plus jeunes sont en général meilleurs, parce que leur caractère est plus malléable. A dix-huit ans, en effet, les habitudes sont déjà prises et certaines tendances assez développées pour que les trois années d'école ne puissent pas toujours opérer la réaction désirable. Il y a donc avantage à abaisser l'âge d'admission, et, en fait, cela arrive souvent à l'aide de dispenses. Il vaut mieux que ce soit en vertu du droit. Un décret

dont je vous envoie copie permet d'admettre les élèves
à l'école normale dans le cours de leur dix-septième
année [1].

D'un autre côté, le décret du 24 mars 1851 et la circulaire du 31 octobre 1854 ont supprimé le concours pour
l'admission des élèves et l'ont remplacé par une enquête
que chaque inspecteur primaire fait dans son arrondissement. Il en résulte des appréciations où la justice peut
faire défaut. Tel candidat, placé le premier dans un arrondissement, est souvent moins avancé que tel autre placé
au dernier rang dans l'arrondissement voisin : le premier
est admis, quoique incapable ; le second est refusé, bien
que suffisamment préparé.

Aussi, frappé de cette anomalie, a-t-on, dans quelques
départements, cherché à l'éviter en réunissant les aspirants pour leur faire subir un examen en commun. Nous
ferons ainsi, et, tout en conservant d'une manière rigoureuse les enquêtes sur la conduite, la moralité, le caractère, l'aptitude, la vocation des candidats, nous établirons
un concours dont les conditions seront déterminées d'une
manière précise par un programme d'examen.

Dans l'intérêt d'un bon recrutement des professeurs des
écoles normales, il y a lieu de modifier aussi les conditions
faites à ces fonctionnaires. Ils resteront soumis à l'obligation de suivre la plupart des exercices des écoles normales ;
mais ils auront plus de temps, plus de liberté, pour
accroître leur instruction, préparer les leçons destinées
aux élèves, corriger soigneusement tous les devoirs et étu-

1. Une circulaire du 19 mai 1868 a autorisé les préfets à admettre des élèves
ayant accompli leur seizième année, non plus au 1er janvier, mais au 1er octobre de
l'année où ils se présentent aux examens.

dier les perfectionnements apportés dans les procédés d'enseignement.

Cette amélioration ne peut être réalisée qu'en les déchargeant d'une partie de la surveillance. Elle sera partagée entre eux et les élèves – maîtres de troisième année, qui, devant bientôt quitter l'école pour être maîtres à leur tour, se prépareront ainsi à l'usage honnête de la liberté et au sentiment d'une responsabilité sérieuse.

Les exercices de l'école annexe forment le principal moyen d'éducation pédagogique des élèves–maîtres. A ce compte, l'école annexe devra être une école modèle et son directeur un des instituteurs les plus distingués. Il n'en est pas toujours ainsi. Le directeur de l'école annexe n'est pas classé comme les autres maîtres adjoints ; il ne jouit pas des avantages de logement, de nourriture, de blanchissage et de chauffage assurés à ses collègues. Il faut donner à ce fonctionnaire la position que, dans l'intérêt du service, il doit occuper, afin de pouvoir appeler à la tête de l'école un des meilleurs instituteurs du département.

Pour mettre toutes ces dispositions en vigueur, il y a eu nécessité de refondre le règlement général des écoles normales. C'est l'objet du décret ci-joint, que le conseil impérial a adopté dans sa session de décembre 1865, et auquel Sa Majesté a bien voulu accorder sa sanction. Un arrêté relatif aux examens que doivent subir ceux qui aspirent au brevet de capacité complète cet ensemble de mesures, sur lequel j'appelle, monsieur le recteur, votre sollicitude la plus vigilante.

Par la réorganisation des études dans les écoles normales, et, comme conséquence, dans les écoles primaires, par l'immense développement des cours d'adultes, par la création de l'enseignement secondaire spécial, nous aurons répondu aux besoins du pays, qui veut plus d'instruction, parce qu'il sait que l'instruction est aujourd'hui la condition nécessaire de sa prospérité matérielle et morale.

Recevez, etc.

Le ministre de l'instruction publique,

V. DURUY.

———

Discours prononcé par S. Exc. M. le Ministre, le 15 octobre 1866, lors de l'inauguration du lycée d'enseignement secondaire spécial de Mont-de-Marsan.

Messieurs,

J'ai tenu à venir moi-même inaugurer le premier lycée spécial fondé dans l'Empire. Lorsque je proposai, il y a trois mois, de donner une direction nouvelle aux études de votre vieux collège, je trouvai bien des incrédules, et les prophètes de malheur ne manquèrent pas pour dire que cette grande maison ne serait qu'une grande solitude. Aujourd'hui elle est trop petite. On ignorait le plan des nouvelles écoles; en l'étudiant, on s'étonna de reconnaître qu'il répondait à d'impérieuses nécessités.

Les lettres classiques ont formé l'esprit français. Dans ses moments de défaillance, c'est encore à cette source féconde qu'il pourrait se retremper, et si nous voulons ne pas voir s'altérer chez nous la pureté du langage, le

dessin correct de la forme, le bon sens exquis de la pensée, il nous faut rester fidèles aux grands anciens.

Mais, dans notre société affairée, tous n'ont pas la faculté ou le loisir de s'oublier longtemps à la suite de
Platon et d'Horace. Lorsque la religion, la philosophie et
la science parlaient latin; lorsque Condé allait en Sorbonne prendre part à des soutenances de thèses latines,
et que Mme de Sévigné lisait Tacite dans l'original; lorsque,
enfin, le livre le plus populaire des dernières années de
Louis XIV pouvait être pris pour une traduction d'Homère
ou de Virgile, alors il y avait un seul système d'éducation,
celui des lettres anciennes, et l'on ne comptait dans
l'État que ceux qui pouvaient les apprendre.

Aujourd'hui, des multitudes jadis sans nom veulent
arriver à la vie de l'intelligence, parce qu'elles ne peuvent
plus vivre seulement de leurs bras. C'est par centaines de
milliards que se compte la valeur des produits de l'agriculture et de l'industrie, et, grâce aux machines que la
science a trouvées, la force musculaire de l'homme n'est
qu'un appoint dont l'industrie se passe déjà et dont l'agriculture apprendra chaque jour aussi à se passer davantage.

Je visitais, avant de venir ici, une usine, celle même
qui a fabriqué une partie du mobilier de votre lycée. Sur
trois mille ouvriers, je n'en trouvai pas dix qui eussent
à faire un travail de force. Mais que d'adresse toujours
attentive, que d'intelligence toujours alerte chacun d'eux
avait à déployer à tous les instants du jour ! Ce n'est plus
l'homme qui peine et souffre dans sa chair, c'est la matière
domptée qui gémit à sa place.

Combien sont-ils qui ont à faire ce labeur intelligent?
une armée immense, à qui nos grandes écoles ont donné,

dans les ingénieurs, d'admirables généraux et de savants
capitaines., mais où trop souvent font défaut les sous-
officiers qui mènent les soldats, je veux dire les contre-
maîtres qui remplacent au besoin les chefs. Cependant, à
cette heure où, par la liberté du commerce, la lice est
ouverte à tous, il s'agit de défendre vaillamment le marché
français et de disputer le marché étranger aux producteurs de l'univers. Une des conditions du succès sera de
ne pas rester en arrière des peuples qui nous ont déjà
prévenus et dépassés pour le développement intellectuel
des classes laborieuses.

La France compte dans ses lycées et collèges 44,000
élèves classiques, qui assurent un large recrutement aux
professions libérales, et dans ses écoles primaires 5 millions d'enfants, qui ne vont guère au delà des connaissances élémentaires, quand ils y arrivent. Entre les uns et
les autres se trouve un abîme, qu'un petit nombre, doués
de facultés exceptionnelles, parviennent seuls à franchir.
Sur cet abîme il faut jeter un pont : l'enseignement spécial nous en donnera le moyen.

Ne croyez pas, messieurs, que cet enseignement soit
une idée mise au monde tout récemment par quelques
esprits novateurs : elle date de loin ; ce qui lui donne pour
auxiliaire le temps, sans lequel on ne fait rien qui dure ;
elle a même des patrons illustres, et parmi eux celui qu'a
célébré toute la poésie mythologique du dix-septième
siècle, et qui dans Versailles, grâce à Lebrun et à Racine,
eût pu se croire dans Athènes. Louis XIV se plaisait aux
belles formes de l'art ancien ; mais, quand il faisait « son
métier de roi, » il apercevait souvent au-dessous des coutumes régnantes les nécessités nouvelles, et lui, le dieu

des modernes classiques, il reprochait à l'Université d'alors de ne pas enseigner à ses élèves les sciences d'application. Un des plus puissants esprits philosophiques donnait en même temps la formule précise de cette pensée : « Les professions manuelles, disait Leibnitz, devraient « être dirigées par de vrais savants, et ces savants seraient « véritablement les précepteurs du genre humain. »

Tout le dix-huitième siècle voulut cette réforme. Qu'était-ce que la colossale entreprise de l'*Encyclopédie*, si ce n'est un immense effort pour vulgariser la science?

Après le grand roi et les philosophes, la magistrature elle-même s'émut de ce désaccord entre l'enseignement et la société. A la veille de 1789, le parlement chargea le président Rolland d'Erceville de rédiger un plan d'éducation qui donnât satisfaction aux besoins nouveaux, et les paroles du sage magistrat semblent encore écrites pour nous. Il terminait un long plaidoyer en faveur de ce que nous appelons aujourd'hui l'enseignement spécial, par ces mots :

« Je ne crains pas d'avancer que, dans les collèges, le « plus grand nombre des jeunes gens perdent le temps « qu'ils y passent, les uns pour avoir appris ce qui leur « était inutile et quelquefois nuisible de savoir ; les au- « tres, pour n'avoir pas été instruits de ce qu'il leur aurait « été essentiel d'apprendre. Ce n'est point la faute de la « nature : elle est plus libérale qu'on ne pense. C'est la « faute de l'éducation si tous les hommes ne sont point « en valeur. Les principes de fertilité sont cachés dans « des friches qui n'attendent qu'une main habile pour « produire les fruits les plus abondants [1]. »

1. Rolland d'Erceville disait encore : « Parmi les jeunes gens réunis dans le

De ces friches, la Révolution voulut faire sortir des hommes en décrétant un vaste système d'instruction qui aurait répandu dans tout le peuple « les connaissances indispensables aux artistes et ouvriers de tous genres. » Les écoles centrales ne réussirent pas. Fourcroy et Cuvier auraient souhaité en sauver au moins le principe; mais avec Fontanes l'Université prit une direction contraire, et, malgré les efforts faits depuis cinquante ans par les hommes les plus éminents que le ministère de l'instruction publique a vus à sa tête ou dans ses conseils, nous marchions naguère encore dans la route suivie par les anciennes universités.

Serons-nous plus heureux que nos prédécesseurs? L'avenir le dira; mais il me sera bien permis d'ajouter que ma confiance est entière. Sans la foi, messieurs, on ne réussit à rien, et je l'ai pour cette œuvre : c'est donc une première condition de succès. Ajoutez que je puis compter, pour le conseil, sur toutes les notabilités du pays; pour l'action, sur toute l'Université de France. Avec de tels auxiliaires, il n'y a pas de témérité à se promettre la victoire.

Vous connaissez l'organisation de l'enseignement spécial; il n'est pas hors de propos d'en résumer ici les principaux caractères.

___

même collége, j'en vois dont la destinée doit être aussi variée que leur naissance et leur fortune. Les connaissances nécessaires aux uns peuvent être inutiles pour les autres, et la différente portée des esprits, la variété des talents et des goûts, ne permettent pas à tous d'avancer d'un pas égal et d'avoir de l'attrait pour les mêmes sciences. Faut-il que celui qui n'a ni goût pour l'étude des langues ni besoin de les cultiver reste sans culture et sans instruction? Les écoles publiques ne sont-elles destinées qu'à former des ecclésiastiques, des magistrats, des médecins et des gens de lettres? Les militaires, les marins, les commerçants, les artistes, sont-ils indignes de l'attention du gouvernement? Et parce que les lettres ne peuvent se soutenir sans l'étude des langues anciennes, cette étude doit-elle être l'unique occupation d'un peuple instruit et éclairé? »

Son but est la diffusion des connaissances fondamentales et usuelles.

Enseignement moral et religieux, langue et littérature française, histoire et géographie, calcul, comptabilité et législation usuelle : voilà d'abord le fonds commun que tout le monde devra prendre. Le fils du négociant, de l'industriel ou de l'agriculteur y ajoutera, selon ses besoins, les langues vivantes, le dessin, les applications pratiques des mathématiques, de la chimie, de la physique et celles de l'histoire naturelle, qui, à elle seule, fournit les matériaux de tous les arts usuels et les plus belles formes pour le développement des arts plastiques.

Le caractère propre de l'enseignement spécial est donc la variété, à la différence de l'enseignement classique, qui est et doit être uniforme d'un bout à l'autre de la France. Tous les lycées se ressemblent ; toutes les écoles spéciales devront différer, car l'enseignement y sera déterminé par les nécessités locales. J'ai même poussé ce principe jusqu'à répartir les diverses matières de l'enseignement dans les cinq années d'études, de telle sorte que l'enfant contraint de s'arrêter après la première, la seconde ou la troisième année, emportera cependant de l'école spéciale des connaissances immédiatement utiles. Je l'ai dit déjà : c'est un ensemble de cercles concentriques, mais d'un diamètre toujours plus grand, que l'élève parcourt successivement, en trouvant d'abord les leçons qui lui sont le plus indispensables. S'il va jusqu'au bout, il saura plus et mieux ; s'il s'arrête en chemin, il ne lui arrivera pas, du moins, de tout perdre, comme l'élève qui abandonne le lycée latin à la quatrième ou à la troisième. Les études classiques ressemblent à une voûte qui ne peut servir qu'après qu'on en a posé la clef, et cette clef ne se pose que dans les grandes classes de rhétorique et de philosophie.

La formule qui rendrait le mieux la pensée du nouveau plan d'études serait donc celle-ci : « A chacun selon ses besoins et selon ses aptitudes. »

Pour assurer cette liberté d'allures au nouvel enseignement, pour être certain que chaque localité aura les études qu'il lui faut, il a été créé à côté de toute école spéciale un conseil de perfectionnement qui, composé des notabilités industrielles et commerciales de la ville, est présidé de droit, non par un membre de l'Université, mais par le maire, organe naturel de tous les pères de famille de la cité. Ce conseil a été investi d'attributions importantes : il choisit dans l'ensemble des programmes officiels ce qui lui convient; il assiste aux classes; il prend part aux examens; il surveille les collections; il cherche pour les élèves sortants le meilleur emploi de leurs aptitudes, et chaque année il adresse un rapport au ministre. L'influence locale peut donc s'exercer librement; c'est la plus large décentralisation scolaire.

De huit à onze ans, l'élève suit les cours primaires; de douze à seize, les cours spéciaux, terminés par un examen public devant un jury départemental, qui délivre, lorsqu'il y a lieu, un diplôme que le ministre décerne au nom de l'Empereur, et qui, je n'en doute pas, trouvera promptement faveur dans l'industrie comme auprès des grandes administrations.

Ainsi, pour les enfants qui n'ont pas à dépenser un gros capital de temps et d'argent, on commencera par le nécessaire. Je sais bien que le luxe de l'esprit n'est jamais du superflu. Mais ce luxe, nos grands lycées nous le donneront. Si même, parmi les élèves de l'enseignement spécial, il s'en trouve que le vœu des familles ou d'heureuses dispositions portent vers l'étude des langues anciennes, des leçons particulières les prépareront d'avance à suivre, après l'examen spécial, un cours de latinité qui, en un an ou deux, les conduira certainement à l'un des baccalauréats, peut-être à tous les deux, et, par conséquent, aux grandes écoles du gouvernement, comme à toutes les professions libérales. Pour ceux-là on finira, au lieu de commencer, par les études classiques, et celles-ci pourront aller d'autant plus vite qu'elles trouveront des esprits préparés par une culture savante et variée. Je ne me berce pas en ce moment de vaines illusions. L'élève qui, cette année, est sorti le premier de l'école polytechnique n'a pas suivi, au lycée de Versailles, une autre route, bien qu'elle ne fût pas encore assurée et ferme comme elle l'est aujourd'hui.

Vous voyez, messieurs, qu'en acceptant cette transformation pour votre lycée, vous l'aurez ouvert à la fois aux deux catégories d'élèves dont je parlais tout à l'heure : à ceux qui ne veulent que le nécessaire; à ceux aussi qui, après avoir acquis ces connaissances pratiques, désireront aller plus loin et monter plus haut. Voilà l'explication de l'éclatant succès que vous avez obtenu. Je n'oublie pas que pour l'assurer il a fallu encore le dévouement actif de ceux qui, à Mont-de-Marsan, ont pris en main cette œuvre, et je leur en adresse mes publics remercîments.

Déjà votre exemple est suivi à Mulhouse, à Forbach, à Sainte-Marie-aux-Mines, à Bruyères, à Parthenay, à Lectoure, à **Tournus**, à **Montélimar** ; il le sera bientôt à **Cognac**, à **Clermont-Oise** et dans vingt autres villes où le changement se prépare, car ce changement est la seule voie de salut pour le plus grand nombre de nos 251 colléges communaux.

Savez-vous ce qu'ils coûtent annuellement? plus de 11 millions[1]; — ce qu'ils rapportent? 253 bacheliers ès lettres[2].

Nous sommes toujours le pays de La Fontaine, où tout marquis veut avoir des pages. Au lieu d'exécuter les sages conseils que Fourcroy leur donnait au commencement du siècle, les colléges ont voulu rivaliser avec les lycées, avoir autant de classes et un aussi nombreux personnel[3]. Les villes fléchissent sous le poids de subventions qui écrasent leurs finances, et les maîtres, trop multipliés, ont des traitements souvent dérisoires.

On comptait sur la rétribution scolaire. Mais les études latines ne conviennent qu'à un nombre restreint d'élèves. Le collége spécial aura une sphère d'attraction bien plus étendue : il continue l'école primaire et s'adresse, par conséquent, aux multitudes qui en sortent. Beaucoup viendront à lui qui ne seraient pas allés au collége classique. Les revenus s'élèveront avec le nombre des élèves, et les maîtres, moins nombreux, pourront être plus convenablement rétribués sans charge pour les villes.

Puisque nous allons avoir un nouveau système d'études,

---

1. 11,100,063 fr. 84 c.
2. C'est le chiffre des élèves admis cette année. Il faudrait y ajouter 123 bacheliers ès sciences, que les colléges spéciaux formeront tout aussi bien, et 420 élèves que les colléges ont donnés aux lycées. Mais ce dernier chiffre représente à peine un peu plus de 1 p. 100 de la population scolaire de nos grands établissements. L'idée que les colléges sont la pépinière des lycées n'est donc pas exacte.
3. 2,500 professeurs, soit, en moyenne, un pour 13 élèves.

ayons aussi un nouveau régime disciplinaire. D'ici à deux années, grâce à l'école de Cluny, les maîtres ne manqueront pas pour instruire les élèves que j'attends ; mais les bâtiments actuels feront assurément défaut pour les loger, si nous voulons appliquer à l'enseignement spécial le régime de casernement des lycées. C'est ce qui vous arrive à vous-même, monsieur le proviseur. Sans la libérale concession de M. le préfet et de la société d'Agriculture, vous ne sauriez où mettre vos enfants.

Au delà du Rhin, les gymnases n'ont point d'internes. Les élèves du dehors sont confiés à des familles de la ville ; logés et nourris par elles, ils ne demandent que l'instruction à l'école publique. Ce serait une coutume excellente à introduire dans nos petites villes, où les bâtiments scolaires sont tous insuffisants, et qui pourrait se combiner heureusement avec le régime que je développe dans un lycée d'externes de Paris : le demi-pensionnat ; combinaison heureuse de la vie de famille et de la vie du lycée, à égale distance de notre casernement scolaire et de l'indépendance absolue de l'élève allemand.

Je reconnais qu'en France les mœurs ne sont pas dans cette voie. C'est à nous d'agir sur elles pour les y amener. Si vous, monsieur le proviseur, vous veniez à bout de le persuader aux familles de cette ville et de la campagne, vous auriez dans un mois les quatre cents élèves que votre lycée actuel ne peut contenir.

Je résume, messieurs, ces trop longues explications.

Entre nos deux grands systèmes d'enseignement, qui sont nécessairement uniformes, celui de l'école primaire, où l'enfant, en apprenant à lire, écrire et compter, reçoit son baptême d'être intelligent, et celui du lycée, où le

jeune homme se prépare à la plus haute culture littéraire
et scientifique, la loi du 21 juin 1865 a placé un troisième
système d'études, varié comme les besoins, libre dans sa
marche pour se plier à toutes les nécessités et mis sous
l'influence directe des représentants de la cité. Pour ce
système d'enseignement, l'administration ne se réserve
que de fournir son expérience, ses méthodes perfectionnées, ses habiles professeurs, ses concours qui stimulent le
zèle des maîtres comme celui des élèves, et ses récompenses
publiques.

Ne vous semble-t-il pas, messieurs, que de cette façon
la France aura désormais un large et très-logique régime
d'éducation nationale?

Par l'extension de l'instruction primaire, nous payerons
la dette de la patrie à tous ses enfants ; par les progrès de
la haute culture intellectuelle, nous assurerons ce qui est
pour la France une question d'honneur et la plus chère de
ses traditions ; par le développement de l'enseignement
spécial, nous répondrons à une nécessité impérieuse de la
nouvelle organisation du travail. L'instruction ira ainsi
au-devant de tous et de chacun, sans déclasser forcément
personne, mais en élevant tout le monde dans sa condition : l'ouvrier des champs et de la ville, par l'école primaire ; l'industriel, le négociant et l'agriculteur, par le
collége spécial ; le magistrat, le savant, le lettré, par
le lycée classique et nos écoles supérieures. Comme le
souhaitait le sage magistrat dont je vous citais tout à l'heure
les paroles, nous irons à tous les degrés de l'échelle sociale
pour mettre « l'homme en valeur. » C'est un capital, et le
plus précieux de tous, qui dort aujourd'hui dans une
partie considérable de la population, celle qui forme

22.

cependant notre grande réserve de force et d'intelligence, et vous savez que la constante pensée de l'Empereur est « de fortifier le corps et d'élever l'âme de la
nation. »

Pour vous, messieurs, vous aurez le bénéfice et l'honneur d'avoir commencé cette réforme salutaire et réalisé
un vœu des grands corps de l'État, qui souhaitaient que
chaque ordre d'enseignement eût ses maisons particulières. Votre lycée sera par la date le premier lycée spécial
de l'Empire; il le sera, je l'espère aussi, par l'excellence
des études qui s'y feront [1].

***

**Rapport de S. Exc. M. le Ministre à S. M. l'Empereur, précédant le
décret du 12 janvier 1867, modifiant le titre des régents des colléges.**

Sire,

Le titre de régent, attribué par le décret du 17 mars 1808
aux fonctionnaires chargés de l'enseignement dans les colléges communaux, a été maintenu jusqu'à ce jour; mais
on s'est demandé souvent s'il ne conviendrait pas de le
remplacer par le titre de professeur, employé dans les
lycées.

---

1. Ces espérances ont été justifiées. Dès l'année 1868, le lycée de Mont-de-Marsan
obtenait quinze nominations, dont cinq prix, au concours académique, un premier
prix et un accessit au concours général des départements; sur 9 candidats qu'il présentait au baccalauréat, 8 étaient admis.

On conçoit que les colléges, qui sont des établissements communaux, et les lycées, qui appartiennent à l'État, soient désignés par des noms distincts; mais il n'existe pas entre les régents et les professeurs une démarcation aussi tranchée. Les uns et les autres sont nommés par le ministre et doivent être pourvus de grades. Les régents ont quelquefois le titre d'agrégé, comme les professeurs des lycées. Enfin, chaque année, un certain nombre de régents passent dans les lycées, dont ils assurent le recrutement.

Dans cette situation, et en considérant surtout que la loi du 15 mars 1850 admet indifféremment, pour désigner les fonctionnaires des colléges communaux, le titre de professeur et celui de régent, et qu'ainsi elle permet à l'administration d'adopter l'un ou l'autre, j'ai pensé qu'il y avait lieu de renoncer à une appellation qui a vieilli et qui semble isoler, en les rejetant à un rang inférieur, des maîtres pleins de zèle, dont l'Université tire d'excellents services. A l'avenir, les régents des colléges porteraient, comme leurs collègues des lycées, le titre de professeur.

Si Votre Majesté approuve cette proposition, je la prie de vouloir bien revêtir de sa signature le projet de décret ci-joint.

Je suis avec le plus profond respect, Sire, de votre Majesté le très-humble, très-obéissant et très-fidèle serviteur.

Le ministre de l'instruction publique,

V. DURUY.

Rapport de S. Exc. M. le Ministre à S. M. l'Empereur sur l'état de l'instruction primaire au 1ᵉʳ janvier 1866. (20 février 1867.)

Sire,

Au commencement de l'année 1865, j'eus l'honneur de soumettre à Votre Majesté le résultat d'une laborieuse enquête : *l'État de l'instruction primaire en France au 1ᵉʳ janvier* 1864.

J'exprimais alors le vœu que cette enquête pût être renouvelée périodiquement. Les développements qu'a pris le service de l'enseignement primaire durant les dernières années, la nécessité de répondre aux désirs du pays, dont l'attention est si heureusement éveillée sur ce grand intérêt, m'ont décidé à recommencer ce travail dans ses parties principales pour les années 1864 et 1865.

Si l'administration avait différé cette nouvelle étude, elle aurait pu signaler à l'intérêt de Votre Majesté des progrès plus considérables. Mais le pays a besoin de connaître le chemin parcouru pour savoir ce que ses sacrifices lui rapportent, et d'apprécier, en quelque sorte, chaque jour la distance qui le sépare encore du but, afin de redoubler d'efforts et d'y toucher plus tôt.

En 1863, sur 37,510 communes, 818 étaient dépourvues d'écoles primaires; aujourd'hui il n'y en a plus que 694 qui se trouvent dans ce cas, bien qu'on ait créé 38 com-

munes nouvelles. En deux ans, 162 communes ont donc
satisfait aux obligations imposées par la loi.

Le nombre des établissements publics d'instruction primaire s'est accru de 1,054, car nous constatons une augmentation, sur l'année 1863, de 243 écoles de garçons ou
communes aux deux sexes, de 662 écoles de filles et de
149 salles d'asile.

Les écoles libres ont aussi augmenté de nombre; mais
il s'est produit dans cet ordre d'enseignement des faits
tout particuliers. Le chiffre des écoles libres laïques de
garçons s'est élevé de 2,572 à 2,864, et celui des écoles
libres congréganistes de 536 à 646, soit de 292 pour les
premiers et de 110 pour les seconds, autrement dit de
10.9 p. 100 pour les laïques et de 20.5 p. 100 pour les
congréganistes; au total l'augmentation est de 402 établissements. Mais on compte 369 écoles de filles de moins
qu'en 1863 : or, cette diminution porte exclusivement sur
l'enseignement libre laïque des filles, qui a perdu 654
écoles, tandis que l'enseignement libre congréganiste a vu
le nombre des siennes s'accroître de 285 établissements [1].

Un fait analogue s'est produit au sujet des salles d'asile,
dont le total s'est élevé de 3,308 à 3,572, augmentation
qui se répartit de la manière suivante entre les deux ordres
d'établissements : 193 en faveur des congréganistes,
71 seulement en faveur des laïques.

Malgré cette diminution pour un ordre d'établissements, il se trouve, en résumé, que la France, en deux
ans, a fondé 1,202 maisons scolaires et qu'elle a appelé

[1]. En 1865, il y avait 853 établissements congréganistes de plus qu'en 1863, savoir : 114 écoles tenues par des frères, et 739 écoles ou salles d'asile dirigées par
des sœurs. Les élèves réunies dans les écoles de filles sous la direction des sœurs
forment environ les deux tiers de la population des écoles de filles de tout l'Empire.

135,014 élèves de plus dans ses écoles. L'enseignement public a gagné 1,054 établissements et 92,532 enfants, l'enseignement libre 148 établissements et 42,882 enfants. C'est un puissant effort.

La séparation des sexes ne s'est opérée que dans 68 communes, preuve nouvelle de l'urgence de la loi pendante devant le corps législatif [1].

Les résultats de l'année 1866, la plus favorable à l'extension de la gratuité, n'ont pu être compris dans les calculs de la nouvelle statistique. Mais, si l'on compare les résultats constatés au 31 décembre 1865 avec ceux du 31 décembre 1863, on trouve pour la première époque 1,917,074 élèves gratuits, au lieu de 1,816,640 pour la seconde, soit une augmentation, en deux ans, de 100,434 dans le nombre des élèves admis gratuitement aux écoles. Sans cette extension donnée à la gratuité, 100,000 enfants n'auraient pas reçu l'instruction primaire, ou ne l'auraient obtenue qu'en payant une rétribution scolaire de près de 1 million. La gratuité a donc été un dégrèvement d'impôt de somme égale accordé à 80 ou 100,000 familles nécessiteuses.

La gratuité absolue existe dans 7,889 établissements scolaires, soit 309 de plus qu'en 1863. Ils reçoivent plus de 1 million d'enfants, ce qui donne pour chacune

1. On pourrait s'étonner que la création de 662 écoles communales de filles n'eût amené la séparation des sexes que dans 68 communes. Cela vient : 1° de ce qu'un certain nombre d'écoles communales nouvelles existaient déjà à l'état d'écoles libres et que par conséquent, dans les communes où ces transformations ont eu lieu, la séparation était déjà établie ; 2° de ce que des écoles nouvelles ont été créées dans des communes qui étaient déjà pourvues d'écoles de filles, mais en nombre insuffisant pour les besoins de la population ; 3° de ce que d'autres écoles de filles ont été créées dans des hameaux en vertu de dons ou legs, et que ces écoles n'ont pas amené la séparation des sexes au chef-lieu de la commune qui était trop éloigné pour que l'école créée au hameau pût recevoir les filles du chef-lieu.

de ces écoles 127 élèves, preuve qu'elles se trouvent surtout dans les grandes villes et dans les communes riches.
La loi nouvelle facilitera les moyens de faire participer
aussi les populations rurales pauvres au bienfait de la
gratuité et au dégrèvement d'impôt qui en est la conséquence.

En ce qui concerne spécialement l'extension de la
gratuité dans les écoles publiques, elle a marché parallèlement dans les établissements entièrement gratuits et
dans les établissements payants. En 1863, il y avait
4,929 écoles primaires publiques gratuites qui recevaient
643,072 élèves; en 1865, le nombre de ces écoles s'élevait à 5,250[1] et elles renfermaient 662,340 élèves. C'est une
augmentation de 321 établissements et de 19,268 élèves.
Il y avait, en 1863, 669,197 enfants admis gratuitement dans les écoles publiques payantes, en vertu de l'article 24 de la loi du 15 mars 1850; en 1865, ce nombre
s'élevait à 704,020, c'est-à-dire à 34,823 de plus
qu'en 1863.

L'enquête a établi que, sur près de 4 millions d'enfants
âgés de 7 à 13 ans qui existent en France, un peu moins
de 700,000 n'ont pas paru dans les écoles primaires. Mais
comme, d'autre part, il a été constaté que 440,000 seulement ont été, en 1865, complétement privés d'instruction,
il en résulte que 250,000 environ ont reçu l'instruction
primaire à domicile ou dans les établissements d'instruction secondaire[2], ou bien encore qu'ils étaient soit

---

1. Au 1er janvier 1867, le nombre des écoles publiques entièrement gratuites a
atteint le chiffre de 5,550, c'est-à-dire 300 de plus qu'en 1865, et 621 de plus
qu'en 1863.

2. La statistique pour 1863 fixait le chiffre de cette double catégorie d'enfants à
180,000.

infirmes, soit dans l'impossibilité matérielle de suivre l'école. Dans ce nombre, il faut aussi comprendre pour un chiffre considérable les enfants qui avaient passé sept ans et n'étaient pas encore entrés en classe, ou qui avaient quitté l'école avant leur treizième année.

Non-seulement nous avons eu plus d'enfants dans les écoles, mais ils y sont restés plus longtemps. En 1865, la moitié des élèves a passé l'année entière à l'école; il y en avait moins en 1863, seulement 47 p. 100.

Aussi les non-valeurs scolaires ont-elles diminué. On les évaluait, en 1863, à 40 p. 100; elles ne sont plus que de 34 p. 100 aujourd'hui.

Ces chiffres n'expriment pas encore toutes les conquêtes scolaires des deux années qui font l'objet de cette étude.

Au 1er janvier 1864, on comptait en France 5,623 cours d'adultes. Ce chiffre avait plus que quadruplé dans l'hiver de 1865-1866, et il vient de s'accroître encore. Au 15 décembre 1866, nous comptions 3,794 cours de plus que l'année dernière, dans 1,502 communes qui n'en avaient pas auparavant : au total, 28,546 classes du soir, qui ont sans doute atteint en ce moment le chiffre de 30,000. L'Empereur me permettra de lui rappeler que les cours d'adultes de l'an dernier ont été suivis par 600,000 personnes, sur lesquelles plus de la moitié ont acquis pour la première fois, ou repris en les complétant, les connaissances indispensables que donne l'école primaire.

Afin de connaître approximativement la masse d'ignorance qui existe dans le pays et sur laquelle nous avons à agir par les cours d'adultes, j'ai fait relever dans toutes

les mairies de l'Empire le nombre des époux qui,
en 1866, n'ont pu signer leur nom sur les registres de
l'état civil. La moyenne est pour les hommes de 25.88
p. 100, pour les femmes de 41.02 p. 100; moyenne
générale, 33.45 p. 100. Mais les chiffres particuliers à
certains départements accusent, à l'égard de l'instruction,
une situation déplorable, puisqu'il s'en trouve qui comptent jusqu'à 51, 61, 67 hommes, et jusqu'à 75 et
80 femmes sur 100, qui n'ont pu signer leur acte de
mariage.

Ces chiffres douloureux démontrent l'opportunité de
la loi qui va créer 8,000 écoles de filles et améliorer toutes
les autres par les avantages assurés aux institutrices; qui
donne des adjoints aux écoles nombreuses, pour y soulager le maître et y fortifier l'enseignement; qui fera
pénétrer l'instruction dans les derniers hameaux, et, en
consacrant l'existence des cours d'adultes, mettra à la
portée de tous le moyen de réparer, même dans l'âge mûr,
l'erreur de la famille ou l'incurie de la jeunesse; qui
enfin, poussant l'enfant et l'adulte vers des écoles mieux
tenues, plus nombreuses et partout accessibles au pauvre,
réalisera votre vœu, Sire, que l'assistance promise par les
lois de 1833 et de 1850 aux citoyens indigents soit
également garantie aux communes dont les sacrifices ne
suffiraient pas à assurer à leurs populations nécessiteuses
la gratuité de l'instruction primaire, cet instrument indispensable de tout perfectionnement moral comme de tout
progrès professionnel.

A l'administration restera le soin de multiplier les écoles
normales pour les institutrices et d'y améliorer l'instruction; de perfectionner les méthodes en rendant partout

l'enseignement plus pratique, plus fécond et mieux
approprié aux besoins des populations rurales ; enfin, de
relever les écoles de filles de l'infériorité où elles sont :
car ces jeunes filles seront un jour des mères, et c'est sur
les genoux de la mère que l'enfant doit prendre ses premières leçons.

Je suis, Sire, avec le plus profond respect, de Votre Majesté le très-humble, très-obéissant et très-fidèle serviteur.

Le ministre de l'instruction publique,

V. DURUY.

———o———

**Discours prononcé au Corps législatif par S. Exc. M. le Ministre, dans
la discussion générale du projet de loi sur l'enseignement primaire.** (Séance du 2 mars 1867.)

Messieurs,

Je prie la chambre de permettre que la première parole
que je porte à cette tribune soit une parole de reconnaissance pour l'accueil qui a été fait par elle à la loi présentée naguère par le ministère de l'instruction publique.
Cette unanimité de vos suffrages a donné à mon administration la force de faire sortir en quelques mois des
landes de Gascogne un magnifique établissement, de la
solitude de Cluny, une grande école qui sera, j'espère,

bientôt sans rivale dans le monde, et de semer sur toute la surface de l'Empire les germes féconds de l'enseignement nouveau que vous avez voulu fonder. (Très-bien! très-bien!)

Je tiens, messieurs, à mettre la loi que nous allons discuter sous la protection de ce souvenir.

Et pourquoi n'en serait-il pas ainsi? Les questions qui s'agitent au ministère de l'instruction publique sont des questions de père de famille..... (C'est vrai! Très-bien! très-bien!) des questions qui passent au-dessus ou au-dessous, comme on voudra, des dissentiments politiques.

Plusieurs voix. Au-dessus! au-dessus!

M. le ministre. Au-dessus !... J'accepte très-volontiers.

Sur quelques bancs que nous soyons assis dans cette chambre, nous sommes tous réunis dans la même sollicitude pour cet intérêt si cher, celui de nos enfants, celui de l'avenir du pays. (Marques nombreuses d'assentiment.)

Les discours qui ont été prononcés hier, messieurs, me permettent de conserver cette espérance. Plusieurs orateurs ont même exprimé une pensée identique. Je les en remercie du fond du cœur. Un seul orateur, — je ne sais quelle sera son intention dernière, — a prononcé, et contre l'Université, et contre celui qui a l'honneur d'être placé en ce moment à sa tête, des paroles d'une amertume extrême et que je ne puis pas m'empêcher de considérer comme un réquisitoire. (C'est vrai! Très-bien! très-bien!)

Pour ce qui me concerne, messieurs, je passerai très-facilement à côté de toutes ces accusations. Il est évident que l'honorable M. Kolb-Bernard et moi nous sommes contemporains de deux âges différents du monde, que nous parlons la même langue sans parvenir à nous comprendre. (On rit.) Cela se voit souvent, s'est vu hier, et se verra encore demain. (Mouvement.)

Cependant les dissentiments ne devraient pas aller, ce me semble, jusqu'à autoriser des paroles comme celles-ci :

« ..... Un absolutisme central, voilà ce que l'Université « veut constituer... Elle est agitée par des rêves d'omni- « potence;... c'est un panthéisme politique... » (Excla- mations et rires.)

Voilà un bien gros mot.

Quelques membres. Nous n'avons pas entendu cela hier.

M. le baron Vast-Vimeux. Autrement nous aurions protesté contre de pareilles paroles.

M. le ministre. A la différence des orateurs habituels, je suis très-heureux de ces interruptions, puisqu'en réalité elles s'adressent non pas à l'orateur qui parle en ce mo- ment, mais à celui qui parlait hier.

Cependant, messieurs, vous voudrez bien comprendre qu'il ne me soit pas possible, dans la situation que j'occupe, de laisser peser sur un grand corps des accusations ainsi formulées.

Voix diverses. Très-bien, très-bien! Vous avez raison! Parlez ! parlez !

M. le ministre. « Panthéisme politique !... » Vraiment, je ne comprends pas ce mot-là. Je sais qu'il est de mode aujourd'hui de le jeter à la tête des gens sans s'être bien rendu compte de ce qu'il veut dire, et je pourrais peut-être répondre à l'honorable M. Kolb-Bernard que, si le panthéisme est la confusion, il nous a prononcé hier un discours très-panthéiste..... (On rit), car j'y ai trouvé tant de choses, que je ne saurais répondre à tout aujourd'hui.

Mais l'Université qui vous a élevés, messieurs, n'est pas seulement « le panthéisme politique, » elle est encore « le « communisme moral conduisant au communisme so- « cial!... » (Exclamations et rumeurs diverses.)

M. Roulleaux-Dugage. Nous n'avons rien entendu de tout cela hier.

M. le ministre. C'est écrit au *Moniteur;* il y a donc obligation pour moi, puisque cela ne tombera pas dans l'oubli, d'y répondre de la seule manière dont il convienne de répondre à de pareilles allégations : en les citant de façon à ce que tous les honnêtes gens les entendent. (Très-bien!)

« Le résultat net de cet enseignement, » — je continue la citation, — « c'est, en bas, la menace incessante de « l'anarchie; en haut, la nécessité du despotisme. » (Ah! ah!) Voilà, dit-on, les deux choses que nous voulons et que nous enseignons. (Nouvelles exclamations.)

Je cite encore : « On prépare ces congrès d'étudiants qui « proclament la négation de Dieu, la sainteté de la force, « la souveraineté du meurtre, l'amour de l'humanité « fonctionnant à l'aide de la guillotine. » (Oh! oh!)

Voix nombreuses. Si on avait entendu, on aurait protesté.

M. le ministre. Sans doute, il s'est trouvé des hommes et des temps pour de telles doctrines et on en a vu les sinistres conséquences. Mais depuis quand une grande société n'a-t-elle pas au-dessous d'elle des bas-fonds honteux où s'agitent, soit les passions mauvaises, soit les rêveries insensées? depuis quand, sous les choses les plus respectables, ne se trouve-t-il pas des choses immondes? Mais ces étudiants du congrès de Liége, qui étaient cinq sur dix mille, qui est-ce qui les a frappés disciplinairement afin que des doctrines déplorables ne demeurassent pas impunies? et qui, pour cela, a repris la vieille législation de l'Université, si excellente, parce qu'elle est à la fois paternelle et ferme : c'est celui qui a l'honneur, messieurs, de vous parler en ce moment (Très-bien! très-bien!), et qui a quelque droit de s'étonner qu'on l'accuse de préparer de nouveaux congrès de Liége!...

Évidemment, messieurs, si tout cela était vrai, nous nous trouverions, — je vous demande pardon de ce rapprochement, mais les extrêmes se touchent, — dans la situation des Animaux malades de la peste :

> Un loup, quelque peu clerc, prouva par sa harangue
> Qu'il fallait dévouer ce maudit animal,
> Ce pelé, ce galeux, d'où venait tout le mal.

L'Université, messieurs, dans le discours d'hier, c'est ce pauvre diable :

> Rien que la mort n'était capable
> D'expier son forfait. On le lui fit bien voir.

Il est certain qu'on voudrait arriver à la même conclusion; car le discours tout entier de l'honorable orateur tendait nécessairement à cette conséquence : une seule chose est bonne : l'enseignement donné par des associations que moi, messieurs, je respecte infiniment, mais qu'on défend fort mal; une seule chose est mauvaise : l'enseignement donné par l'Université; donc il faut remplacer l'une par les autres.

Puisque j'ai commencé par des citations, permettez-
m'en une encore, messieurs.

L'honorable M. Kolb-Bernard a fait un singulier changement, que je ne m'explique pas, à des paroles que j'ai
prononcées et qu'il m'a fait l'honneur de reproduire. J'ai
dit quelque part, un jour, et je ne retire aucun de ces
mots-là : « L'étude aussi est un culte et l'école est un
« temple; car la science mène à Dieu, puisqu'elle conduit
« dans l'ordre physique à la vérité et dans l'ordre moral à
« la justice. » (Très-bien! très-bien!) Or, messieurs,
dans la citation faite hier, on a supprimé tout simplement ces mots : « mène à Dieu » (Ah! ah!), et l'on m'a
fait dire : « la science mère de la vérité et de la justice. »

Vous voyez que l'on supprime dans mes paroles cette
notion de Dieu, comme on la supprime dans nos intentions et dans nos enseignements. Voilà une façon de citer
que l'on n'a pas dans l'Université.

Je pourrais ainsi, messieurs, si je prenais chaque alinéa
de ce long discours, opposer une vérité à une assertion
erronée, et répondre à chacune des insinuations par une
déclaration catégorique d'un sentiment contraire. Mais je
n'abuserai pas des moments de la chambre pour recommencer sur un ton apologétique cette revue rétrospective
qu'on a faite hier sur un ton différent : c'est un procès
entendu et définitivement jugé.

L'Université n'est pas, messieurs, l'État enseignant,
mais la société enseignante. Se reconnaissant elle-même
dans ces écoles, la société y envoie ses enfants auprès de
maîtres qu'elle estime, qu'elle sait pénétrés de son esprit,
ayant les mêmes aspirations et animés du besoin de donner

Discours.   23

une éducation nationale. Pour cela nous n'exerçons aucune contrainte. Et comment pourrions-nous contraindre les familles à amener dans nos lycées et colléges les 70,000 enfants qu'elles nous confient?

On parle toujours du monopole universitaire; mais il y a longtemps qu'il a disparu, et on semble ignorer sous quelle législation nous vivons! Comment! pour ouvrir une école secondaire ou primaire il n'est besoin aujourd'hui que de deux choses : 1° avoir pris ce brevet de capacité qu'il est si facile d'obtenir, puisqu'il suffit au candidat de prouver qu'il possède les connaissances dont il se propose de faire l'objet de son enseignement; 2° de déposer au rectorat ou à la mairie une déclaration qu'il a l'intention d'établir une école. Si, dans l'espace d'un mois, le recteur n'a pas fait opposition dans l'intérêt des mœurs publiques, l'école, de plein droit, est ouverte.

Tout citoyen, en France, peut donc aujourd'hui fonder une maison d'enseignement secondaire ou d'enseignement primaire et, depuis votre loi du 21 juin 1865, une maison d'enseignement secondaire spécial, sans avoir autre chose à faire qu'à montrer deux morceaux de papier, un brevet et une déclaration.

Et quel est le juge de l'opposition faite dans l'intérêt des mœurs publiques et qui ne peut être faite que dans cet intérêt-là? c'est un conseil parfaitement indépendant, le conseil départemental.

Cette législation, vous le voyez, messieurs, renvoie bien loin l'idée et le mot de monopole universitaire, et il faut véritablement une persistance étrange pour s'en servir encore aujourd'hui. Ce mot-là est un revenant de 1845 (Mouvement), qui vient se perdre et s'égarer au milieu de nous. Non, messieurs, il n'existe pas de monopole universitaire; ce qui existe, au contraire, pleinement et absolument, c'est la liberté de l'enseignement : en jouit qui veut en jouir. (Nombreuses marques d'approbation.)

Voulez-vous maintenant savoir comment cette législation libérale est appliquée? Vous avez fait, il y a dix-huit mois, une grande loi d'enseignement, celle dont je parlais en commençant. Quels en sont les effets au point de vue de la liberté scolaire? Vous avez, messieurs, supprimé les barrières qui existaient entre l'enseignement primaire et l'enseignement secondaire. Les associations religieuses étaient cantonnées, enfermées non-seulement par l'esprit de leurs statuts, par leur règle, par le vœu de leur fondateur, mais par la loi civile elle-même, dans l'enseignement primaire. Vous leur avez ouvert les portes de l'enseignement secondaire spécial. Cette loi n'a que quelques mois d'existence; on ne peut l'avoir encore oublié, et cependant on parle de monopole.

A mes yeux, le point fondamental de cette loi est l'article 3, et ce n'est pas pour le besoin de la cause que je le dis; je n'ai cessé de le répéter depuis le jour où vous l'avez voté. Cet article 3 constitue auprès de chaque maison où l'enseignement secondaire spécial est donné un conseil de perfectionnement.

Vous m'avez laissé le droit de composer ce conseil; comment l'ai-je fait? en y appelant, non pas les universitaires, mais toutes les notabilités industrielles, commerciales, agricoles, de la localité.

A qui la présidence a-t-elle été donnée? à un agent de l'administration départementale ou du ministère? Non : au maire de la ville, c'est-à-dire au représentant des pères de famille de la cité. Le maire est président de droit. (Très-bien ! très-bien !)

Et ici je répète encore ma question : Où donc est l'esprit de monopole dans ces décisions et dans ces mesures ?

Il y a plus, messieurs : de temps à autre il arrive qu'un conseil municipal demande à changer la nature de l'enseignement de son école communale, à remplacer des laïques par des congréganistes ou des congréganistes par des laïques.

Dans ces cas, où pourraient se montrer tout particulièrement les intentions hostiles de l'administration centrale, les instructions données sont celles-ci : « Assurez-vous que « le vœu du conseil municipal est bien l'expression des « vœux de la majorité des citoyens, des pères de famille, « et agissez en conséquence. » Sept fois sur dix, l'ordre parti du ministère de l'instruction publique a été de remplacer un instituteur laïque par un instituteur congréganiste, parce qu'il avait été évident pour moi que c'était le vœu librement exprimé, sans pression ni contrainte, de la majorité de la population.

Non, messieurs, vous ne verrez pas en cela l'esprit de monopole ! Vous y verrez tout autre chose : le respect de ce qu'il y a de plus respectable dans le monde, l'autorité paternelle. (Approbation.)

Pour mon compte, si l'on me forçait d'envoyer mes enfants à une école qui ne me conviendrait pas, sous un maître qui me serait suspect, je dirais que c'est la tyrannie la plus abominable. (Nombreuses marques d'adhésion.) Or, ce que je ne voudrais pas pour moi, n'ayez garde de croire, messieurs, que jamais je l'impose à d'autres. (Très-bien ! très-bien !)

Et puisque, prétend-on, ce monopole existe, puisque cette guerre faite par l'Université a de si terribles conséquences, nous allons trouver sans doute dans les chiffres la preuve de cette lutte acharnée, sourde ou éclatante, prenant toutes les formes, se présentant sur tous les points du territoire.

Eh bien! messieurs, voici les chiffres :

En 1840, les associations religieuses avaient dans leurs écoles 22 p. 100 de toute la population scolaire de l'Empire; aujourd'hui, elles en ont 38 p. 100.

En 1840, les maîtres de l'enfance étaient représentés, pour l'enseignement congréganiste, par le chiffre de 20 p. 100; ils le sont aujourd'hui par celui de 43 p. 100.

Qu'on ose dire encore que la liberté d'enseignement n'existe pas.

Je ne répondrai plus qu'à une seule chose, à la partie du discours de l'honorable M. Kolb-Bernard où l'Université est accusée de vouloir exclure systématiquement l'enseignement religieux de ses écoles.

Je demande s'il y a une seule de nos maisons d'enseignement qui n'ait sa chapelle, son aumônier, deux quand cela est nécessaire, son service divin, son instruction religieuse, la surveillance des évêques?

Chaque année, j'accompagne le prélat éminent que nous avons le bonheur de posséder à la tête de ce grand diocèse, et je suis témoin de la satisfaction qu'il éprouve de voir les sentiments qui animent et nos administrations scolaires et tous les enfants qui nous sont confiés.

On cite en preuve un programme de morale qui aurait été insidieusement élaboré pour être glissé dans l'enseignement spécial, et, au moyen de cette morale purement humaine, y tenir lieu de la morale chrétienne.

Messieurs, je ne connais pas deux morales, je n'en connais qu'une, celle qui est descendue de la montagne consacrée par nos traditions. (Très-bien! très-bien!)

Un membre. Il y a montagne et montagne.

Un autre membre. Ne confondons pas! (On rit.)

M. Glais-Bizoin. La morale qui vient d'en haut : c'est compris.

M. Ernest Picard. Nous demandons la morale en action surtout.

M. le ministre. Je disais que nos écoles spéciales sont constituées absolument sur le même patron que nos écoles classiques, qu'elles ont les mêmes exercices religieux, les mêmes instructions; seulement, comme il s'agit d'enfants qui doivent quitter les cours vers seize ans, et à qui il était impossible de demander de la métaphysique et de la logique, on a cru faire une chose bonne et pieuse que de ne pas les laisser sortir de ces cours spéciaux sans leur donner au moins la portion du cours de philosophie qui comprend la morale. Il est indispensable que, dans cet enseignement des sciences appliquées, la littérature, l'histoire, la morale, viennent faire un contre-poids nécessaire à ce qu'il pourrait y avoir peut-être de dangereux dans le développement purement scientifique des esprits. (Vive approbation.)

Et maintenant, messieurs, ce programme a été rédigé dans une assemblée où siégeaient cinq évêques, dans une commission qui était présidée par l'éminent prélat dont j'ai parlé tout à l'heure; et les cinq évêques non-seulement l'ont voté, mais ont exprimé leur très-vive satisfaction qu'un tel contre-poids fût placé dans l'enseignement spécial. Il est vrai que Monseigneur de Paris, qui a le cœur viril autant que l'esprit, me disait à ce sujet : « Ce ne « sont pas les esprits forts dont j'ai peur ce sont les esprits « faibles; donnons donc à tous la nourriture des forts. » (Sensation. — Très-bien! très-bien!)

On a encore représenté l'Université comme étant sans cœur. On n'ose pas dire sans intelligence, car les preuves du contraire éclatent partout dans ses œuvres, dans les hommes qu'elle produit; mais on lui enlève le cœur, c'est plus facile que de lui ôter l'esprit.

On nous dit : « Oh! sans doute, vous avez de très-« savants hommes, vous donnez bien l'instruction; mais « quant à l'éducation, vous n'y entendez rien. » Messieurs, je proteste de la façon la plus énergique contre une pareille assertion. Ce n'est pas seulement le ministre de l'instruction publique qui vous parle ainsi, c'est l'homme qui a été trente ans professeur, qui pendant trente années a vécu avec les enfants et la jeunesse, et qui vous déclare qu'il n'est pas possible de séparer ces deux choses. (Très-bien! très-bien!)

Eh quoi! chercher sans relâche à redresser les esprits, à purifier les cœurs, à enlever des uns les idées fausses, des autres les sentiments mauvais, cela, messieurs, ce ne serait pas de l'éducation? Eh bien! voilà le travail de nos professeurs de la première à la dernière heure de leur vie scolaire. (Très-bien! très-bien!)

Je vous en supplie, croyez-en un homme qui a longtemps vécu dans ce milieu qu'on ne connaît pas; ne pensez point que le professeur digne de ce nom puisse jamais ne faire qu'une seule de ces deux choses.

— Comment! on racontera les annales de l'histoire, on fera passer sous les yeux des enfants les événements, les personnages, en les accompagnant tous, faits et acteurs, d'un jugement, et on ne formera pas le sens moral par les condamnations qui seront portées contre les actions mauvaises, par les éloges qui seront décernés aux nobles dévouements.

Mais, messieurs, c'est une morale en action que l'enseignement de l'histoire! Ah! si cet enseignement ne devait être qu'une nomenclature sèche et aride de dates, de faits, de batailles, je ne l'aurais jamais donné!

Et la littérature? Nous faisons vivre nos enfants pendant sept ou huit ans avec ce que l'esprit humain a trouvé de plus parfait, avec les pensées les plus magnifiques, les sentiments les plus exquis et les plus délicats, et nous ne faisons pas de l'éducation! Mais est-ce que nous ne savons les garder tout ce temps que pour leur apprendre les gérondifs et les supins? (On sourit.) Les sciences qui montrent à leurs yeux éblouis toutes les splendeurs du ciel et toutes les magnificences de la terre n'ont-elles pas, elles aussi, leur poésie, leur grandeur morale et sainte? Tout ce qui élève rapproche de Dieu. C'est pour cela que nous mettons sous les yeux de nos élèves ce qui peut leur dire sans cesse : *Sursum corda!* (Vive et générale adhésion.)

Au nom de l'Université, je repousse énergiquement de pareilles accusations; elles sont offensantes pour un grand corps qui mérite votre confiance comme celle du Souverain, et dont ces paroles malheureuses ne parviendront pas à attiédir le zèle ni à ralentir le dévouement.

Il me reste à parler de deux ou trois questions qui ont été agitées dans les autres discours prononcés hier.

Je commence par remercier les honorables orateurs de l'assentiment qu'ils ont donné à la loi, car si les uns demandent un peu plus, les autres quelque chose de différent, je ne rencontre nulle part de divergences sérieuses, ni des objections de fond : ce qui me permet de rester dans la confiance et dans l'espoir que j'exprimais au commencement de la séance.

Il y a surtout deux questions qui, étant en dehors des articles de la loi, ne reviendront sans doute pas dans la discussion, et sur lesquelles cependant vous désireriez peut-être que le gouvernement s'expliquât : je veux parler de la nomination des instituteurs par les préfets et de l'enseignement supérieur des filles.

Messieurs, lorsque je suis arrivé au ministère, je croyais que je n'avais rien de mieux à faire que de proposer à l'Empereur de changer l'organisation actuelle : l'expérience, jusqu'à présent, m'a guéri, et si cette organisation n'existait pas, je serais bien capable aujourd'hui de l'inventer.

Si vous enlevez la nomination des instituteurs aux préfets, à qui la donnerez-vous? A la commune? elle est trop près. Au recteur? il est trop loin. Il a quelquefois neuf départements à gouverner, et dans ce cas il aurait sous ses ordres un personnel de 7 ou 8,000 personnes. A l'inspecteur d'académie? Mais ici, messieurs, nous arrivons à des impossibilités de toute nature. L'inspecteur est le subordonné du recteur. Du jour où il est investi d'un pouvoir propre, parfaitement indépendant de l'autorité rectorale, il sera recteur lui-même, un de ces 89 recteurs départementaux que vous avez renversés (Très-bien!), que vous avez renversés aux applaudissements de tous les amis de l'enseignement public, car c'était l'amoindrissement des études dans tout l'Empire. (Très-bien! — Mouvements divers.)

Quel est l'état de choses en ce moment? Le préfet ne peut faire une nomination que sur le rapport écrit de l'inspecteur d'académie. L'inspecteur d'académie, chef des choses scolaires dans le département, a donc l'instruction; le préfet, la décision. Mais si le préfet décide mal, il a un chef à son tour, car le préfet est l'agent direct du ministre de l'instruction publique, qui exerce ses pouvoirs dans cette sphère de l'activité préfectorale avec une attention scrupuleuse.

Tous les mois je reçois le tableau des mutations qui ont été opérées dans les départements, avec les motifs à l'appui, et il ne se prononce pas une seule révocation sans qu'il me soit adressé un rapport spécial avec les motifs qui légitiment la décision. Si je ne me trouve pas suffisamment éclairé, je demande un rapport plus complet; au besoin, je fais une enquête, j'envoie un inspecteur général. Cela m'est arrivé, messieurs. Il y a donc toute garantie de bonne et prompte justice.

Comment voulez-vous que ce ne soit pas le préfet qui ait une pareille charge? Remarquez d'abord que la meilleure partie de l'enseignement primaire reste au recteur, puisque ce haut fonctionnaire, ayant les méthodes et l'enseignement, ne laisse au préfet que la nomination.

Dans ses tournées de révision le préfet voit les écoles; dans son contrôle du budget municipal il s'assure si l'on fait des fonds un emploi convenable pour le service de l'enseignement primaire; il reçoit et il révise la liste de gratuité; il préside le conseil départemental; il adresse au

conseil général un rapport sur tous les services du département. Est-ce que vous ne voyez pas, messieurs, que
grâce à ces attributions si diverses, à cette nécessité de se
tenir au courant de tous les intérêts matériels et moraux
de ses administrés, le préfet n'est pas autre chose que le
père de famille de son département?... (Interruptions sur
les bancs à la gauche de l'orateur.)

Voix nombreuses. Très-bien!

M. Granier de Cassagnac. Le préfet qui ne l'est pas est
un mauvais préfet.

M. Glais-Bizoin. C'est un commissaire de police!

M. le ministre. L'honorable M. Glais-Bizoin me fait
l'honneur de me dire que c'est de la police...

Plusieurs membres. Non, non, ce n'est pas ce qui a été
dit!

M. Glais-Bizoin. Je voulais dire que le préfet était un
homme politique.

Un membre. C'est un préfet de police.

M. le président Walewski. J'engage M. le ministre à ne
pas répondre aux interruptions.

M. le ministre. C'est ainsi que, comme citoyen ou
comme ministre, j'ai compris le rôle des préfets dans
les départements. (Approbation.)

Je répète que, comme citoyen, voilà ce que j'ai toujours pensé que devait être un préfet, et j'ajoute que,
comme ministre, je n'ai pas encore vu le contraire;
jamais je n'ai rencontré ce que vous appelez la police dans
les affaires de l'enseignement. (C'est vrai! — Très-bien!
très-bien!)

On a parlé des nombreuses mutations qui sont faites;
on a exagéré les chiffres, messieurs, et on a oublié la cause

de la plupart des mutations : c'est l'avancement des instituteurs.

Plusieurs voix. C'est évident!

M. le ministre. On change un certain nombre d'instituteurs, parce qu'il faut les faire avancer. Un maître, au
début, est nommé dans une commune peu importante
avec un traitement minime; s'il montre de l'aptitude, du
dévouement, de l'intelligence, on le place ensuite dans
une école plus difficile, mais qui rapporte davantage.

Le nombre des mutations disciplinaires est relativement
peu considérable. Quant aux révocations, il n'y en a pas
annuellement une par département, et leur nombre depuis
quelques années va en diminuant d'une manière progressive et constante; ce qui révèle une amélioration véritable
qui n'est pas le produit de circonstances accidentelles.

J'arrive à l'autre question que j'indiquais tout à l'heure:
l'enseignement supérieur des filles. Mais je m'aperçois
que j'ai oublié un vœu présenté hier par l'honorable
M. Delamarre, que je ne saurais trop remercier de ses
paroles bienveillantes pour le ministre, et, ce qui me
touche bien plus encore, pour les instituteurs.

L'honorable M. Delamarre voudrait que le traitement
de retraite des instituteurs fût, au moyen d'une indemnité, porté de la moyenne de 103 francs, taux où il est
aujourd'hui, à la moyenne de 365 francs, afin qu'ils
soient assurés au moins d'un franc de retraite par jour.

Vous sentez bien que le gouvernement serait très-heureux de s'associer à un pareil vœu, et il cherchera ce qu'il
sera possible de faire dans le sens de cette amélioration si
souhaitable. (Très-bien! très-bien!)

Il est un autre vœu que je formerais moi-même.

A la différence des fonctions civiles et militaires, où l'on voit augmenter son traitement à mesure qu'on avance en âge, pour l'instituteur, au contraire, plus le poids des années et des fatigues s'accumule sur lui, et plus, bien souvent, il descend dans la hiérarchie des traitements, parce qu'il passe d'une école nombreuse et pénible à tenir à une école où ses forces suffisent, mais où son traitement est moindre. Or la retraite est calculée d'après la moyenne des six dernières années; on demande qu'elle soit réglée d'après les six meilleures.

Il y a là évidemment une idée de justice à laquelle le gouvernement est profondément sympathique, mais qui serait une dérogation à la loi générale sur les retraites, et qui demande par conséquent une étude particulière. (C'est juste! Très-bien!)

L'honorable M. Carnot insistait, lui, et je l'en remercie, sur l'enseignement supérieur ou professionnel des filles. Je partage tous ses sentiments à cet égard. Nous n'avons pour les filles que l'école primaire; il faut davantage.

Cet autre enseignement, l'initiative privée l'a réalisé sur certains points. Nous avons pour les filles des classes laborieuses un certain nombre d'écoles professionnelles. Ces jours derniers j'en visitais une qui, sauf un local très-insuffisant, — parce que cela s'est fait avec les ressources restreintes de la charité privée et du dévouement, — paraît résoudre le problème de l'enseignement professionnel des filles.

Dans cette maison, qui ne reçoit que des externes, voici ce que j'ai trouvé : la matinée est employée à perfectionner les études de l'école primaire; le soir, toute l'école, composée de deux cents jeunes filles, se trouve partagée en cinq ou six ateliers : dans celui de couture, l'on fait de la lingerie de ménage ; dans celui du commerce, j'ai trouvé des cahiers admirablement tenus, une comptabilité très-bien comprise, toutes les opérations de commerce parfaitement établies. Une des élèves, par exemple, prend le rôle de négociant de Bordeaux, tandis qu'une autre est à Saint-Pétersbourg ; elles échangent entre elles des lettres d'affaires et toute la correspondance commerciale. Elles se mettent ainsi en mesure de tenir les écritures et la correspondance d'un négociant. Toutes apprennent l'anglais ; plusieurs étaient en état de converser dans cette langue.

Bien que l'école ne fonctionne que depuis trois ans, douze de ces jeunes filles ont été déjà placées dans des maisons de commerce pour y tenir soit la caisse, soit les livres, et elles ont trouvé dans ces emplois honorables, à l'abri de toutes les séductions, de toutes les tentations mauvaises, des traitements à l'aide desquels elles peuvent préparer leur dot et attendre tranquillement le moment où elles deviendront d'excellentes femmes de ménage, de bonnes mères de famille. (Très-bien ! très-bien !)

Dans une autre division de la même école on apprenait le dessin pour arriver à exercer deux arts charmants, de nature à pouvoir être pratiqués par la jeune fille à côté de sa mère, ou par la mère entre son mari et ses enfants au foyer domestique : la gravure sur bois, la peinture sur porcelaine.

Voilà un spécimen d'école professionnelle pour les filles, et ces sortes d'écoles seraient parfaitement placées dans toutes les grandes villes commerçantes de l'Empire.

Mais pour les filles de la classe riche ou aisée il faut autre chose, un enseignement plus littéraire qu'elles puis-

sent aller prendre accompagnées de leurs mères : ce seraient des cours libres, comme il en existe déjà quelques-
uns. On a prononcé ici-même les mots de lycées de
jeunes filles : ce serait chose d'exécution bien difficile et
peu souhaitable.

J'accepte bien les internats pour les garçons ; ils ont
besoin d'une éducation virile, d'une discipline sévère et
surtout de cette action des caractères se heurtant et s'assouplissant les uns contre les autres, cette éducation,
enfin, de la cour du lycée, qui, à de certains égards, est
aussi nécessaire que celle de la classe, parce qu'elle adou-
cit les aspérités et fait faire dès l'enfance l'apprentissage
de la vie. La jeune fille, elle, est quelque chose, je ne dis
pas de tellement fragile, mais de si délicat, et que nous
devons entourer de tant de précautions et de réserves, que
l'idée de séparer une fille de sa mère m'inquiète et m'afflige. (Nombreuses marques d'adhésion.)

Je n'inclinerais donc pas à constituer des internats de
jeunes filles, comme nous avons des internats de garçons.
Mais, vous le voyez, messieurs, la voie est ouverte : exter-
nats pour les cours professionnels, cours libres pour un
enseignement plus élevé, ceux-ci ayant leur consécration
dans des examens sérieux, tels que ceux de l'hôtel de ville
de Paris, dont la renommée est assez grande pour que
nombre de familles riches soumettent leurs enfants à
cette épreuve, non pas, à coup sûr, dans l'intention de
faire d'elles des institutrices, mais pour qu'elles y trouvent le couronnement et la sanction de leurs études. (C'est
vrai!)

Je voudrais maintenant, messieurs, vous dire un mot
de la loi, car hier et aujourd'hui nous avons tourné tout

autour d'elle sans y entrer. (C'est vrai!) J'ai été obligé de
suivre au moins les honorables préopinants sur quelques-
uns des points qu'ils ont touchés, et bien que le très-
excellent rapport qui vous a été distribué ne me laisse rien
à ajouter sur l'esprit, sur les tendances morales, sur les
nécessités de la loi, je vous demande la permission de placer à côté de chacune de ses dispositions un chiffre qui
me permette de vous en faire saisir toute la portée.

M. Malézieux, qui a dit hier de si excellentes choses,
dont je lui suis très-reconnaissant, vous a fait l'historique
de l'enseignement primaire; je n'y reviendrai pas.

Un mot seulement, mais rien qu'un mot, sur les lois de
1833 et de 1850. Ce sont des lois d'organisation. Celle de
1867 sera aussi une loi d'organisation, mais elle sera de
plus, et c'est son caractère particulier, une loi de justice,
de réparation et d'humanité. (Très-bien!) C'est donc une
loi tout à fait selon notre temps, ce temps si calomnié, et
qui vaut infiniment mieux que ceux qui l'ont précédé.
(Assentiment.) Comme loi d'organisation, la loi de 1867
va créer 8,000 écoles de filles et 2,000 écoles de hameaux,
c'est-à-dire faire pénétrer l'instruction jusque dans les
coins les plus reculés de l'Empire. Elle va instituer 13,000
maîtresses d'ouvrage à l'aiguille, et MM. Malézieux et
Carnot ont trop bien tracé le rôle qu'une bonne ménagère
peut remplir au foyer domestique pour y rendre la maison
douce à son mari et bonne pour ses enfants, que je ne
crois pas devoir y revenir. Je dirai seulement qu'à mes
yeux ce n'est pas une petite chose que l'organisation, au
sein de l'enseignement primaire et dans toutes nos écoles
de filles, de ces travaux à l'aiguille qui contribueront à
introduire plus de décence et d'ordre dans la maison; car

je suis de ceux qui pensent qu'il y a certaines qualités qui tiennent à l'habit qu'on porte, et que des haillons sur le corps, c'est souvent bien de la misère dans l'esprit. (Mouvement. —C'est vrai! c'est vrai!)

Vous allez augmenter le nombre des instituteurs adjoints, ces auxiliaires indispensables de tout bon enseignement; vous allez consacrer l'existence des cours d'adultes. Mais vous faites davantage au point de vue de l'humanité : vous allez améliorer en la consolidant la situation de 15,000 institutrices, vous allez assurer le sort aujourd'hui très-incertain de 14,000 adjoints, dont le traitement et par conséquent l'existence dépendent du bon vouloir de la commune ou de l'instituteur titulaire. Vous allez légaliser le décret de 1862, qui a assuré à 35,000 instituteurs titulaires des *minima* de traitement que les communes et les départements se refusent quelquefois à compléter, parce que la loi n'en a pas encore sanctionné les dispositions financières.

Vous garantissez par l'article 7 une indemnité aux 30,000 instituteurs ou institutrices qui dirigent des cours d'adultes.

Enfin,— et ceci répondra à quelques objections qui ont été faites, à quelques désirs qui ont été exprimés,— vous donnerez la possibilité aux autorités municipales et départementales d'élever le traitement des instituteurs d'après leur mérite, et de sauvegarder, par conséquent, un principe qui est excellent dans l'éducation comme partout, le principe d'émulation.

Voilà ce que la loi propose pour les maîtres.

Que fait-elle maintenant pour les élèves et pour les familles? Les lois antérieures n'avaient songé qu'à l'indigence des citoyens, la loi nouvelle songe à l'indigence des communes.

On vous disait hier qu'il existe 8,000 écoles ayant la gratuité absolue, et qu'un million d'élèves les fréquentent. Mais où sont ces écoles, où se trouve ce million d'élèves? Dans les grandes villes, dans les cités riches. S'il y en a ailleurs, c'est qu'il s'est rencontré là un homme bienfaisant qui a fait un legs permettant d'ouvrir une école gratuite. Les populations rurales, et surtout les populations les plus pauvres, sont exclues du bénéfice de la gratuité.

Vous vous plaignez de voir les villes attirer à elles tous les ouvriers des campagnes. Mais vous entassez dans les villes tout ce qui peut les y appeler... (C'est vrai! c'est vrai!) Ils y trouvent, dans leurs maladies, la gratuité de l'hospice et les médecins les plus habiles; ils y ont, s'ils sont blessés ou infirmes, la société de secours mutuels; ils y gagnent un salaire qu'ils estiment plus élevé qu'aux champs, ce qui n'est pas toujours vrai (Très-bien!); une vie qu'ils croient moins rude, ce qui est souvent encore une erreur (C'est vrai!); ils jouissent des magnificences que les grandes villes déploient pour eux comme pour nous. Et vous voulez qu'ils ne quittent pas les champs, où rien de pareil ne les retient! Donnez donc à ces travailleurs infatigables qui nous nourrissent, et qui sont la vraie force de la France (Assentiment), force militaire, force politique; donnez-leur la possibilité d'avoir au moins un de ces innombrables bienfaits que vous entassez, et avec raison, autour des ouvriers des villes. (Nombreuses marques d'approbation.)

Eh bien! d'après le projet de loi, lorsque les communes seront allées jusqu'au bout de leurs sacrifices possibles, lorsqu'elles auront employé leurs ressources ordinaires et extraordinaires, leurs 3 centimes spéciaux et les 4 centimes extraordinaires que vous demandez encore, si elles ne peuvent avec tout cela arriver à former le modeste traitement de l'instituteur, c'est qu'elles seront d'une indigence constatée, évidente; alors, suivant l'inspiration d'une saine politique, l'État fera pour elles ce que de gros revenus permettent aux grandes villes de faire pour les enfants de leurs ouvriers.

On parle beaucoup de dégrèvement : en voilà un (C'est vrai! c'est vrai!); et il ne se trompe pas d'adresse, car il ne profite aux riches sous aucune forme, puisqu'il va directement aux plus pauvres : c'est de la charité chrétienne, et de la meilleure. (Nouvelles marques d'assentiment.)

Mais, pour tout cela, quelle sera la dépense? A peine un peu plus de la moitié de la somme qu'un citoyen des États-Unis vient de donner, lui vivant, chose rare! (Sourires) aux écoles de son pays. Ce sera à peu près la somme que la seule ville de Paris dépense pour ses écoles : 6 millions! C'est le chiffre que vous aurez à inscrire au budget de l'État, par exercices successifs, car la loi ne pourra pas être exécutée instantanément.

M. Eugène Pelletan. Voilà l'éducation républicaine! Pourquoi ne faites-vous pas de cela l'objet d'une proposition immédiate?

M. le ministre. On fait ce qu'on peut, monsieur Pelletan. A chaque jour sa peine. (Très-bien! très-bien!)

M. Eugène Pelletan. L'interruption que je me suis permise n'a rien qui vous soit contraire, monsieur le ministre.

M. le ministre. Je crois, messieurs, qu'en votant cette loi vous ferez acte de bons citoyens, et que vous attacherez au cœur des populations un souvenir durable et reconnaissant. (Marques nombreuses d'assentiment.)

La chambre voudra-t-elle me permettre maintenant, pour clore ces trop longues paroles... (Non! non! pas trop longues!) que je n'ose appeler un discours...

Un membre. On vous écoute avec plaisir.

M. le ministre....... De lui donner quelques explications personnelles. (Parlez! parlez!)

Une loi, messieurs, vaut par son texte; elle vaut aussi par l'esprit qui préside à son exécution. (C'est vrai!)

Il importe donc, ce me semble, avant la discussion des articles, qu'il ne reste aucun nuage, aucun doute dans l'esprit de personne, je ne dirai pas sur les désirs, mais sur les sentiments intimes de l'administration qui sera chargée d'exécuter votre loi.

Il y a deux ans, j'ai soutenu la thèse de la gratuité absolue de l'enseignement primaire. Ce que je pensais il y a deux ans, je le pense encore aujourd'hui. Seulement, j'ai trop longtemps vécu dans l'histoire, j'ai trop étudié les hommes et les choses du passé pour ne pas savoir que l'absolu n'existe ni dans la politique ni dans l'administration. (Très-bien! très-bien!)

D'ailleurs, si l'on voulait bien prendre la peine de lire le rapport auquel il a été fait allusion hier, dans une pensée peu charitable... (Rires), peut-être... (Nouveaux rires)... on y trouverait qu'après avoir commencé par des prémisses hardies, c'est possible, le rapport se terminait par des conclusions qui l'étaient infiniment moins. En effet, ces conclusions demandaient que la réforme proposée fût, — je prie qu'on me passe ce barbarisme, — *municipalisée.* Qu'est-ce autre chose que l'article 8 du projet de loi actuel ? (Mouvements divers.) Il n'y a donc aucune contradiction entre l'auteur du rapport du 6 mars 1865 et celui qui est très-heureux de voir la loi présente arriver devant vous.

J'ajoute, messieurs, que les partisans de la gratuité absolue sont désintéressés d'une autre manière : le jour où l'Empereur a bien voulu signer le décret du 28 mars 1866, confirmatif de circulaires antérieures, il leur est resté bien peu de choses à demander. Avec ce décret nous rentrions dans l'esprit des lois de 1850 et de 1833, qui font une condition absolue de la gratuité de l'école accordée aux enfants des familles qui sont hors d'état de payer la rétribution scolaire. Le décret du 28 mars 1866 déchira celui du 31 décembre 1853, qui avait marqué une digue que la gratuité ne pouvait jamais franchir et avait substitué à une question d'humanité une opération d'arithmétique.

Voulez-vous connaître le résultat de ce changement dans la jurisprudence administrative que vous avez approuvée, messieurs ? car, si j'ai bonne mémoire, ce changement a rencontré une parfaite sympathie sur tous les bancs de cette chambre. (Oui! oui! C'est vrai!) Ce résultat a été d'augmenter de plus de 100,000 le nombre des élèves admis gratuitement dans les écoles de l'Empire! Or, cent mille élèves gratuits...; mais, messieurs, c'est le dégrèvement d'un million pour les familles nécessiteuses. (C'est vrai! Très-bien! très-bien!)

Puisque vous m'admettez à vous faire une confession publique, laissez-moi toucher à un gros mot, « l'obligation , » qui a soulevé des tempêtes. Mais il arrive parfois que la tempête pousse le navire au port. (Mouvement.) Et si vous avez eu raison de ne pas vous montrer favorables à cette pensée, peut être qu'en y regardant de près vous trouverez que je n'ai pas eu absolument tort de vous la proposer.

Qu'est-ce, en effet, messieurs, que ces 30,000 cours d'adultes qui se sont réunis cet hiver, si ce n'est le suffrage universel décrétant la nécessité, l'obligation de l'enseignement populaire?

Quelques voix. C'est très-vrai ! C'est très-juste!

Une voix. C'est l'obligation morale.

M. *le ministre.* Oui, l'obligation morale.

Qu'est-ce que ces curés qui s'en vont prendre les luminaires de l'église pour les porter à l'école qui manque de moyens d'éclairage ? Qu'est-ce que ces maires de village qui me demandent l'autorisation de remplacer l'instituteur malade, épuisé ou absent? Qu'est-ce que ces multitudes infinies qui, par le vent, par la pluie, par des chemins effondrés, accourent en nombre si grand aux écoles du soir? Qu'est-ce que tout cela, si ce n'est le peuple répétant de sa grande voix les paroles qui sont sorties du cœur autant que de l'esprit du souverain : « Dans le pays du suffrage universel, tout citoyen doit savoir lire et écrire » ?

Et, après tout, il ne me fâche pas que mon pays soit arrivé comme d'un bond ou, du moins, ait presque touché au point où se trouvent les nations étrangères, non pas sous la force coercitive de la loi descendant d'en haut, mais par l'élan spontané et libre du patriotisme et de l'honneur montant d'en bas. (Vives et nombreuses mar-

ques d'approbation suivies d'applaudissements. — M. le
ministre, en se rasseyant à son banc, est entouré d'un
grand nombre de députés qui viennent le féliciter.)

(*Extrait du* Moniteur).

———————

**Discours prononcé au Corps législatif par S. Exc. M. le Ministre
dans la discussion ouverte sur l'article 18 de la loi sur l'enseignement primaire, relatif à la dispense du service militaire. (Séance
du 11 mars 1867.)**

Messieurs,

Je regrette profondément cette discussion. Elle n'est pas
bonne pour ceux qui l'ont provoquée, car je suis assuré
que la chambre ne donnera pas son assentiment à l'amendement qui est proposé. (Mouvements divers.)

M. Plichon. J'espère bien que si !

Un membre. J'espère bien que non !

M. le ministre. Je vais plus loin, et je demande pardon
à l'avance à la chambre s'il y a quelque témérité dans mes
paroles (Non ! non !), cette discussion, je ne la crois pas
bonne, même pour la chambre, car c'est un symptôme
nouveau de ces déviations étranges qui se sont produites
depuis quelques années dans l'esprit public.

Si vous invoquiez vos souvenirs, vous verriez que, sauf à

un certain moment, parmi tous ceux qui vous ont précédés depuis soixante ans dans cette enceinte, il n'en est
pas un qui eût proposé ce qui vous est demandé aujour-
d'hui, c'est-à-dire de venir dans le pays de l'égalité, dans
le pays qui a fait sa grande révolution aux cris de : « à
bas les priviléges! » de venir reconstituer le privilége...
(Très-bien! très-bien! Mouvements divers.)

M. le marquis d'Andelarre. C'est, au contraire, au nom
de l'égalité qu'on le demande.

M. le ministre. Privilége! c'est-à-dire ce que repousse le
sentiment le plus vif et le plus profondément enraciné
dans le cœur de nos populations.

Messieurs, je suis honteux d'être forcé de faire ici une
leçon d'histoire. (Mouvement.) J'aurais désiré vous épargner l'ennui d'un long débat. La question est si simple,
que quelques mots me semblaient devoir la trancher. Mais
après ce qui vient d'être exposé dans un langage où l'élégance s'unit à une grande élévation de sentiments, et bien
que je respecte profondément les convictions de l'honorable
préopinant, il m'est impossible de ne pas dire que les
documents ont dû lui manquer pour qu'il soit venu apporter à cette tribune des assertions historiques que je
suis obligé de déclarer radicalement erronées. (Mouvement.)

M. Glais-Bizoin. Ces convictions sont toutes nouvelles.
Ce sont les convictions d'un néophyte.

M. le ministre. Le grand argument, messieurs, dont on
se sert, c'est que celui qui a l'honneur de vous parler
en ce moment a détruit une jurisprudence vieille de près
de soixante ans.

Cela est complétement à côté de la vérité, je demande

pardon de ces mots; mais il faut bien les placer à la suite
des faits qui les appellent.

Il y a pour l'histoire de l'instruction primaire en France
deux périodes très-distinctes :

La première s'étend de 1808 à 1833; je dirai mieux
de 1808 à 1830 : car la loi de 1833, qui était en germe
déjà dans le projet de 1829, n'est que le résultat des
efforts de l'opinion publique et de l'action de tous les
pouvoirs pendant les trois années qui ont précédé sa
promulgation.

Dans la première période, les écoles publiques et les
écoles libres sont à peu près confondues, et on ne voit
pas bien où sont les limites des compétences. Il est cependant une chose qui doit jeter un certain jour sur la question qui nous occupe, c'est de savoir à quelles conditions
servaient les frères des Écoles chrétiennes, et laissez-moi,
au moment où je prononce pour la première fois leur
nom, vous dire, messieurs, que je rends parfaite justice à
leurs efforts. (Très-bien!) Personne mieux que le ministre
de l'instruction publique ne peut témoigner des excellents
résultats qu'ils produisent, parce que personne plus que
lui ne les voit aussi souvent à l'œuvre. (Très-bien!) J'aurais bien, il est vrai, quelques réserves à faire pour
certaines parties de leur enseignement, qui ne me
semblent pas à la hauteur des autres. C'est affaire de
temps et d'améliorations successives; ces détails, d'ailleurs, se perdent dans un ensemble qui, je le répète,
pour leurs bonnes écoles, est excellent. (Très-bien! très-
bien!)

Il faut bien, messieurs, permettre à celui qui a la
charge de veiller sur cette sainte cause de l'éducation na-

tionale d'exiger beaucoup, et de demander encore, alors
même que beaucoup lui a été déjà donné. C'est le sens
de la réserve que je faisais tout à l'heure.

Je vous parlais, messieurs, des conditions dans lesquelles les frères des Écoles chrétiennes ont été placés de
1808 à 1830 ?

Voici l'article 109 du décret du 17 mars 1808 :

« Les frères des Écoles chrétiennes seront brevetés, » —
ce brevet, messieurs, c'était une commission véritable !
— « et autorisés par le grand maître, qui fixera leurs sta-
« tuts intérieurs, les admettra au serment, leur prescrira
« un habit particulier, et fera surveiller leurs écoles. »

Est-ce que ce sont là, messieurs, les caractères de l'é-
cole libre, tels que les a entendus la loi de 1850 ? Est-ce
que ce ne sont pas, au contraire, tous les caractères de
l'école publique ? Eh bien ! c'est à raison de ces conditions
acceptées par les frères des Écoles chrétiennes, et qui faisaient d'eux de véritables fonctionnaires publics, qu'ils
ont joui de la dispense accordée aux fonctionnaires publics
de l'enseignement.

La preuve s'en trouve dans l'instruction du 27 octobre
1811, signée par le grand maître de l'Université du temps,
M. de Fontanes ; je cite textuellement :

« L'exemption du service militaire n'est accordée aux
« élèves de l'école normale, professeurs, régents, maî-
« tres d'étude, ou frères des Écoles chrétiennes, qu'à la
« condition de rester au moins pendant dix ans attachés
« à l'Université impériale », à cette Université impériale, messieurs, dont vous venez tout à l'heure de constater les droits sur les Frères.

En 1818 s'éleva une discussion, la seule, à ma connaissance, qui se soit, à cet égard, produite dans une chambre française.

M. Ruinart de Brimont, dans la séance du 30 janvier 1818, proposait d'assimiler les frères des Écoles chrétiennes aux élèves de l'école normale ; il insistait pour qu'aucun engagement ne leur fût imposé.

Ainsi, en 1818, dans la pensée même des auteurs de la proposition, les frères des Écoles chrétiennes n'avaient pas tous la dispense ; ceux-là seulement en bénéficiaient qui remplissaient les conditions énumérées plus haut dans l'instruction de 1811.

Cet amendement fut appuyé par MM. de Peyronnet, de Villèle et Benoist.

M. de Barante se leva pour le combattre, et voici ses paroles :

« Le système de votre loi est de donner l'exemption du « service militaire à celui qui rend lui-même à l'État « des services dont l'État a besoin. La question résul- « tant de l'amendement est celle-ci : Donnera-t-on aux « frères des Écoles chrétiennes un privilége d'exemption « sur les autres instituteurs primaires? Je ne pense pas « que cela s'accorde avec le principe de la loi. »

Ce que M. de Barante disait en 1818, je pense, mes- sieurs, que vous le direz en 1867. (Marques nombreuses d'assentiment.)

M. Royer-Collard, président du conseil royal de l'in- struction publique, établit lui-même très-nettement la distinction entre le service public et ce qui n'était pas le service public. Je suis obligé de prendre cette périphrase, parce que la nature de chaque école n'était pas alors par- faitement déterminée.

« Il est ici question, disait-il, de deux engagements :
« l'un que j'appellerai domestique et l'autre avec l'État.
« Le premier ne doit pas être pris en considération.
« C'est envers l'État que s'engagent les élèves de l'école
« normale ; car l'Université, c'est la puissance publique
« appliquée à la direction de l'instruction publique.

« L'engagement de ces élèves est le véritable motif de
« l'exemption qu'on leur accorde. Les frères ne peuvent
« être exemptés comme personnes religieuses ; ils se sont
« engagés à certaines pratiques et à une obéissance envers
« des supérieurs que la loi ne connaît pas ; ils ne peuvent
« l'être que comme personnes *vouées à un service public sous*
« *l'autorité du chef de ce service.* » (Très-bien ! très-bien !)

Je pense, messieurs, que vous direz en 1867 ce que
Royer-Collard disait en 1818, en pleine Restauration.
(Oui ! oui ! très-bien !)

Messieurs, les documents, les circulaires, se succèdent
dans le même sens ; j'en ai un sous la main signé du nom
de Cuvier.

Mais 1830 arrive, et il se prépare aussitôt un changement complet dans l'organisation des écoles primaires.
L'action des idées nouvelles se fait sentir dès le commencement de l'année suivante. Dans une circulaire du
mois de janvier 1831, M. de Montalivet, reprenant la
pensée de M. Royer-Collard, la précise, et définit enfin
avec rigueur ce que c'est que l'école communale, l'école
publique.

« Vous reconnaîtrez, monsieur le recteur, que le prin-
« cipe admis de la liberté de l'enseignement devant
« étendre beaucoup la faculté d'ouvrir des écoles, il y
« aurait un véritable abus à procurer le bénéfice de la dis-

« pense à quiconque pourrait s'établir instituteur pri-
« maire. »

« Il importe dès lors de bien déterminer ce que l'on
« doit entendre par l'instituteur communal. »

Vous le voyez, messieurs, nous sommes dans le vif de la
question qu'on a portée devant vous.

« Un instituteur communal est celui qui occupe le local
« consacré par la commune à l'instruction primaire ou
« qui reçoit d'elle un traitement quelconque ; c'est encore
« celui en faveur de qui le conseil municipal fixe la rétri-
« bution mensuelle que doivent payer les élèves ; qui est
« tenu de recevoir les enfants indigents que lui adresse le
« maire de la commune, celui enfin chez qui tout père
« de famille a le droit d'envoyer son enfant ; c'est, en un
« mot, l'instituteur qui tient l'école publique de la com-
« mune. »

La loi de 1832 sur le recrutement fut rédigée sous l'influence des idées dont vous voyez la trace si bien accusée
dans la circulaire de M. de Montalivet. Cette loi organique
de l'armée n'accorde la dispense du service militaire
qu'aux seuls *fonctionnaires* qui prennent l'engagement de
servir pendant dix ans dans l'instruction publique.

La loi de 1833 renouvelle les mêmes prescriptions.

A partir de ce moment, on ne connaît plus ni congréganistes ni universitaires ; on ne connaît, on ne nomme
que l'instituteur public ou l'instituteur libre, par la raison
que la loi de 1833 venait de fonder enfin la liberté des
écoles. Plus de distinction de robe ni de lieu d'origine. On
ne demande pas à l'instituteur d'où il vient ni quel costume il porte, mais où il va. Allez-vous dans une école
communale :... vous êtes un instituteur public. Allez-vous

dans une école libre : vous êtes un instituteur privé. Dans
cette dernière situation, la loi ne vous doit aucune reconnaissance ; elle n'accorde pas la dispense du plus lourd des
impôts pour une spéculation particulière.

Voix nombreuses. Très-bien ! très-bien !

M. le ministre. Voyons maintenant, messieurs, quel a
été le caractère de la jurisprudence, et si l'exécution de la
loi a été conforme à son texte et à son esprit.

Messieurs, je pourrais vous lire un grand nombre de
documents ; il me suffira de vous indiquer la date précise
de chacun. Je les tiens, d'ailleurs, à la disposition de
tous les membres de cette chambre qui désireraient en
prendre connaissance.

« Décision conforme du conseil royal, en date du 8 novembre 1833 et du 25 février 1835 ;

« Arrêt conforme de la cour de cassation en 1847. »

Je devrais, messieurs, dans l'intérêt de la cause que je
défends, vous citer cet arrêt très-remarquable et fortement motivé. (Citez ! citez !) Il est un peu long ; d'ailleurs,
il a été produit dans une autre enceinte à propos d'une
discussion dont je m'étonne qu'aucun écho n'ait retenti
jusqu'ici, au moins dans les souvenirs de l'honorable
préopinant : car cette discussion a rempli deux séances du
Sénat de la façon la plus brillante, et s'est terminée par
un vote unanime, moins cinq voix, en faveur de la thèse
que j'essaye de soutenir. (Oui, bien ! très-bien !)

La cour de cassation, qui était libre de ne juger que par
un moyen de forme l'appel porté devant elle, n'a pas
voulu user de la plus petite partie seulement de ses pouvoirs ; elle est allée jusqu'au fond de l'affaire, pour déclarer que par cela seul que le sieur Pénot, congréganiste,

exerçait dans une école privée, il était déchu du droit de revendiquer la dispense du service militaire.

Un membre. Et c'était parfaitement juste !

M. le ministre. Entre ces deux dates, 1833 et 1847, je trouve une lettre d'un de mes plus illustres prédécesseurs, M. Villemain. Interrogé par le supérieur d'une congrégation qui lui demandait si la dispense pouvait être accordée à un certain frère, M. Villemain, ministre de l'instruction publique, répond par une lettre du 5 septembre 1842, après délibération en conseil royal : « Il « faut engager M. le supérieur général à chercher sur « le-champ au frère *** une place d'instituteur *com-* « *munal;* sinon il perdra tout droit à la dispense du ser- « vice militaire. »

Vous le voyez, messieurs, actes législatifs, loi organique du recrutement militaire, loi organique de l'enseignement primaire, décisions du conseil royal, arrêt de la cour de cassation, lettre ministérielle, tout établit le sens de la loi et le caractère de la jurisprudence. (Très-bien ! très-bien !) Du droit bien établi, de la jurisprudence bien constatée, allons à l'usage qui passe quelquefois à côté de la loi. J'ai voulu saisir le fait lui-même dans sa manifestation maté- rielle : j'ai envoyé aux Archives de l'Empire prendre au hasard, dans les dossiers, quelques-uns des engagements contractés par les membres des congrégations, et qui étaient adressés, avant la loi de 1850, au conseil royal alors chargé d'accepter l'engagement décennal.

On a rapporté vingt ou trente de ces engagements pour les années 1841, 1843, 1849, et sur le plus grand nom- bre il s'est trouvé cette déclaration : « Je m'engage à ser- « vir pendant dix ans dans les écoles *communales.* »

Ainsi, messieurs, le fait est d'accord avec la jurisprudence, comme la jurisprudence était d'accord avec la loi. (Oui! oui! Très-bien!) Ce qui ne veut pas dire qu'il n'y ait pas eu des tolérances administratives.

J'arrive maintenant à la loi de 1850. L'honorable M. Chesnelong a très-éloquemment parlé de l'esprit, des tendances de cette loi et des dispositions qui animaient ses auteurs.

Pour toute réponse, j'en lirai deux ou trois lignes qui feront crouler, j'en demande pardon à l'honorable M. Chesnelong, toute son argumentation :

« *Chapitre III. Section 1re. Des écoles.*

« Art. 17. La loi reconnaît deux espèces d'écoles pri-
« maires :

« 1° Les écoles fondées et entretenues par les com-
« munes, les départements ou l'État, et qui prennent le
« nom d'écoles publiques ;

« 2° les écoles fondées et entretenues par des parti-
« culiers ou des associations, et qui prennent le nom
« d'écoles libres. »

Rien de plus clair : jamais texte législatif ne s'est exprimé d'une façon qui permît moins les hésitations et dût causer moins d'embarras ; j'ajoute que toute l'économie de la loi de 1850 reposait sur cette distinction de l'école publique et de l'école privée. Toute l'administration, toutes les compétences, toutes les juridictions, tous les droits qu'exerce le ministre ou ceux qu'il ne peut pas exercer, tout cela est fondé et réparti d'après cette distinction.

On dit qu'au lendemain de cette loi elle a été exécutée dans un sens contraire aux articles que je viens de vous lire. Alors que signifie donc la lettre dont je vais donner lecture à la Chambre. Le supérieur des frères des Écoles chrétiennes, le vénérable frère Philippe, pour qui on ne saurait avoir trop d'estime et de respect, avait consulté le ministre de l'instruction publique touchant la dispense du service militaire.

M. de Parieu répond, à la date du 10 janvier 1851 ; c'était, messieurs, au lendemain de la loi :

« Monsieur le supérieur général, j'ai reçu la lettre que « vous m'avez fait l'honneur de m'écrire le 30 décembre « dernier, dans laquelle vous présentez des observations « relatives à l'application de l'article 79 de la loi orga- « nique sur l'enseignement, en ce qui touche les frères de « votre institut....

« Vous jugerez comme moi, monsieur le supérieur « général, que les termes de la loi sont précis, qu'ils ne « donnent lieu à aucune interprétation, et que, par con- « séquent, les frères qui dirigent des écoles privées ne « peuvent être exemptés du service, tant qu'ils restent « dans cette position. Pour qu'il en fût autrement, il serait « indispensable qu'une nouvelle disposition législative fût « adoptée. Jusque-là, il ne me serait pas permis d'au- « toriser les recteurs à accepter les engagements, quel « que soit d'ailleurs mon désir de venir en aide aux « membres de votre institut. »

Cette lettre ne laisse aucun doute sur le sens que le premier ministre chargé d'exécuter la loi de 1850 atta- chait à ses prescriptions.

Une autre lettre de M. de Parieu à un recteur conduit à la même conclusion, qui se déduit également d'une cir- culaire du même ministre, en date du 10 octobre 1850, et d'une autre de M. Fortoul, à la date du 18 septembre 1852.

La jurisprudence, après 1850, a donc été ce qu'elle
était auparavant, sauf une dérogation à ces principes qui a
eu lieu en 1859, en vertu d'une lettre particulière, signée,
il est vrai, du ministre, mais à laquelle il ne fut donné ni
publicité ni sanction officielle.

Cependant des réclamations s'élevaient de divers côtés.
Ainsi les instituteurs libres de la ville de Paris adres-
sèrent à l'administration un long mémoire où ils se décla-
raient ruinés par la concurrence qu'on leur faisait, à l'abri
d'un privilége dont ils ne pouvaient pas jouir. Des conseils
presbytéraux, des consistoires israélites, sollicitaient le
partage du privilége des frères. Des abus étaient signalés :
on trouvait exempté du service militaire, comme instituteur public, un individu qui ne savait ni lire ni écrire,
et qui était depuis cinq ans employé dans une congrégation aux derniers offices de la domesticité. Des préfets,
des recteurs, demandaient une règle pour mettre fin aux
pratiques différentes qui s'étaient introduites, car la lettre
à laquelle je faisais allusion tout à l'heure avait reçu,
dans un livre qui n'avait aucun caractère officiel, une
publicité que je ne m'explique pas.

Alors, messieurs, j'ai regardé la loi et j'y ai vu ce qui y
est écrit en caractères si nets. J'ai consulté les précédents, la jurisprudence, l'histoire qu'on vient de me forcer de refaire devant vous, et j'ai cru qu'il n'y avait rien
autre chose à faire que de penser et d'agir comme avaient
agi et pensé MM. de Barante, Royer-Collard, Cuvier, de
Vatimesnil, de Montalivet, Guizot, Villemain, de Parieu
et Fortoul. (Très-bien ! très-bien !)

Voilà, messieurs, l'historique de cette question. J'espère que pour vous il ne restera plus rien de ces assertions

que la loi, la jurisprudence et des actes mêmes étaient contraires à ce que la circulaire du 14 février 1866 a demandé
aux recteurs de faire en les chargeant d'exécuter la loi,
selon son esprit et selon son texte. (Très-bien! très-bien!)

Qu'a-t-il été fait? La chose la plus simple du monde.
On avait voulu user d'une équivoque pour échapper à la
loi; l'administration, qui a besoin de sincérité, a voulu
faire disparaître l'équivoque, qui ne vaut pas mieux en
politique qu'en littérature, afin que chacun sût bien ce
qu'il avait à faire, et jusqu'où son droit pouvait aller? A
la formule qui détermine l'engagement de servir dix ans
dans l'enseignement public et de réaliser cet engagement,
on a ajouté un seul mot qui contient tout l'esprit de la loi
et l'explique pour ceux mêmes qui ne voudraient pas la
comprendre, l'obligation de réaliser l'engagement décennal dans une *école publique.*

J'arrive maintenant, messieurs, à l'amendement lui-
même.

Cet amendement ressemble à certaines divinités hin-
doues qui ont eu des incarnations successives.

La première forme sous laquelle il s'est présenté est
l'amendement de l'honorable baron de Ravinel. Il est net
et clair : « Tous les congréganistes seront dispensés du
« service militaire. » (Rires.)

Un membre. Rien que cela?

M. le ministre. Cela, messieurs, c'est le privilége sans
phrases.

La seconde forme est l'amendement des honorables
MM. d'Andelarre et de Grouchy : « Les congréganistes et
« les universitaires sont dispensés du service militaire,
« dans *quelque école* qu'ils remplissent leur engagement. »

25.

Au nom de l'Université, je réponds, messieurs, non point par le *timeo Danaos,* mais par un refus du présent qu'on veut lui faire. L'Université vit trop de la vie nationale pour vouloir d'un privilége. Elle ne demande que le droit commun.

Comme l'expliquait tout à l'heure l'honorable M. Chesnelong, la troisième forme de l'amendement a les apparences d'un libéralisme fort capable de tenter et de séduire. Je dis les apparences, messieurs, car lorsqu'on regarde au fond, on n'y trouve pas la réalité. Cette fois, l'Université est renfermée dans l'école publique : elle ne s'en plaint pas, c'est là qu'est sa place ; mais on donne le privilége à toutes les congrégations et, de plus, aux associations laïques reconnues d'utilité publique.

Seulement il est bon de savoir quelle part sera faite du privilége entre ces deux sortes d'associations, les unes religieuses, les autres laïques.

Nous avons dix-huit congrégations enseignantes, comprenant environ 10,000 membres, et il existe, si je suis bien renseigné, trois associations laïques, seulement, qui n'ont pas de membres enseignants ou qui n'en ont qu'un très-petit nombre.

M. le marquis d'Andelarre. Elles ont tort !

M. le ministre. Sans doute, elles ont tort; mais les choses sont ainsi : je dois les prendre telles qu'elles sont.

Une de ces associations est fort respectable et très-importante, la société protestante qui a fondé une école normale à Courbevoie ; la seconde est la société pour l'instruction élémentaire, dont un de vos collègues, l'honorable M. Marie, est président (Mouvement) ; la troisième est une société analogue pour le département du Rhône.

Je pense que la société protestante serait charmée de recevoir le privilége qui lui est offert. Cependant je dois dire que l'esprit de justice qui anime les représentants de cette société les a empêchés de mettre une grande insistance à obtenir cette dérogation à la loi commune.

Quant à l'honorable M. Marie, je ne sais s'il tient à ce droit de faire lui-même des dispensés militaires.

De tout cela il résulte que, d'un côté, vous avez dix-huit congrégations enseignantes, ayant un personnel extrêmement nombreux à qui cet avantage sera très-agréable, et, de l'autre, un très-petit nombre de personnes laïques qui pourraient en user.

Vous voyez que l'amendement proposé est bien le même que celui dont je parlais en premier lieu; seulement le privilége se masque ici d'un peu de libéralisme. (Mouvements divers.) Au fond, c'est lui qu'il s'agit d'inscrire dans la loi où il n'a jamais été.

L'honorable M. Chesnelong a repris l'argument que la reconnaissance d'utilité publique confère aux sociétés qui l'ont obtenue le caractère d'établissements publics, et à leurs membres les prérogatives inhérentes au service public. J'en demande pardon à l'honorable membre, mais c'est une équivoque qui n'est digne ni de lui ni de vous.

Qu'est-ce donc qu'une société reconnue d'utilité publique? Quel est le motif qui fait demander cette reconnaissance d'utilité publique? Quelle est la raison qui la fait accorder? Le pays, représenté par le conseil d'État, estime que, vu l'emploi fait par certains hommes de leurs loisirs, de leur dévouement ou de leur fortune, il y a lieu de constituer une personne civile et de créer, en quelque sorte, un citoyen de plus, mais immortel celui-là, ou qui du moins, ne mourant pas, peut recevoir sans cesse et conserver toujours.

Voilà le but de la reconnaissance d'utilité publique.

Or, est-ce là ce qui constitue le fonctionnaire de l'État, l'instituteur public par exemple? Non, messieurs; c'est la nomination par l'autorité publique; c'est le serment reçu par l'autorité publique; c'est le traitement fourni ou garanti par l'autorité publique; c'est l'inspection, et par conséquent la direction de l'enseignement faite par l'autorité publique dans le sens réclamé par l'intérêt général.

Voilà ce qui constitue l'instituteur public, et il n'y a pas à se tromper sur son caractère.

D'ailleurs, l'école libre et l'école publique représentent deux intérêts parallèles, qui se rapprochent quelquefois assez pour pouvoir se combattre. Nos dossiers sont pleins d'affaires où nous voyons l'école libre se constituer comme une machine de guerre pour contrebattre et détruire l'école communale.

Quelques membres. Souvent! souvent!

M. le marquis d'Andelarre. Pas le moins du monde!

M. le ministre. Je vous demande mille pardons, monsieur le marquis; je pourrais citer les lieux, les circonstances où l'école libre, dans le but de répondre aux vœux de quelques personnes, a été cependant instituée pour faire le vide dans l'école communale, et y a réussi.

Plusieurs membres. C'est parfaitement vrai!

M. le marquis d'Andelarre. Supprimez la liberté alors!

M. le ministre. Il ne s'agit pas de supprimer la liberté; c'est le contraire, puisque la liberté ici supprime la chose publique.

Je disais en commençant que je regrettais cette discussion....

Un membre à la gauche de l'orateur. Nous ne la regrettons pas, nous.

M. le ministre. Je la regrette, car je suis forcé d'arriver à dire des choses que j'aurais préféré n'avoir pas à porter à cette tribune.

Quelques membres. Dites!

M. le ministre. Dans les associations religieuses, comme dans toutes les grandes corporations, il y a des éléments excellents et d'autres qui ne le sont pas. Il y a dans les congrégations....

M. le vicomte de Grouchy. Partout!

M. le ministre. C'est ce que je viens de dire : dans l'Université, comme dans les congrégations enseignantes, nous avons nos plaies, nos misères. Ainsi donc ce que je vais vous dire ne diminue en rien le respect, la vénération que nous devons avoir surtout pour certaines congrégations et particulièrement pour celle des frères des Écoles chrétiennes, qui sont si justement populaires. (Très-bien! très-bien!)

Mais je suis forcé de mettre sous vos yeux des chiffres d'où il y a, pour la discussion présente, certaines conséquences à tirer.

Croyez-vous, messieurs, que tous ceux qui entrent dans une congrégation religieuse y soient appelés par l'impulsion irrésistible de la vocation? Oui pour le plus grand nombre, non pour tous, et j'en tire la preuve de ce qui va suivre. J'ai relevé sur les obituaires des congrégations les chiffres de la mortalité. Si je m'en étais tenu à ces chiffres, nous serions en face de quelque chose d'épouvantable; car dans une de ces congrégations j'ai trouvé, pour un espace de dix années, 1,049 décès, qui se répartissent de la manière suivante : 508 relatifs à des membres âgés de 30 à 80 ans et au delà, et 541, c'est-à-dire plus de 50 pour 100, concernant des membres âgés de 16 à 30 ans, ou une mortalité presque quadruple de celle qui frappe la société civile pour cette époque de la vie. On pouvait croire à une situation bien affligeante; en examinant de près, une explication s'est présentée : c'est qu'il y a dans les congrégations beaucoup de membres jusqu'à 30 ans, et qu'il s'en trouve infiniment moins après cet âge, comme il arrive, par exemple, à l'armée.

Alors on est conduit à cette conclusion forcée, c'est qu'un certain nombre de congréganistes sont entrés temporairement dans la congrégation pour ne pas aller au régiment. (C'est cela! Bruits divers.) Ceux-là, et je ne parle que de ceux-là, font une spéculation très-peu héroïque, qui n'est pas non plus toujours très-chrétienne, car un autre chiffre me force à penser que, parmi ces jeunes hommes qui sont venus se réfugier ainsi contre la loi de recrutement sous l'habit du religieux, il y en a quelques-uns qui n'étaient pas même poussés dans cette voie par le sentiment admirable de dévouement au devoir, de piété et de charité chrétienne dont tant de leurs confrères sont animés. En examinant le chiffre des révocations prononcées en 1865 et 1866, on trouve qu'il y a eu en 1865 deux révocations sur mille pour les laïques et quatre pour les congréganistes; en 1866, pour les laïques moins de deux, pour les congréganistes quatre et demi.

Vous le voyez, messieurs, c'est plus du double. Évidemment, cette différence doit provenir de ce qu'il entre dans les congrégations quelques hommes qui n'y sont pas entraînés par le sentiment de l'abnégation chrétienne, mais par cette autre chose que je suis bien forcé d'appeler une spéculation contre le recrutement. (Mouvements en sens divers.)

Maintenant, messieurs, voulez-vous serrer de plus près la question de l'amendement? J'arrive à ce résultat qu'il remet dans les mains des dix-huit chefs de congrégation et, je le reconnais aussi, dans celles des trois présidents des sociétés laïques, un droit que le Souverain lui-même ne possède pas.

Le service public en effet, messieurs, se délimite lui-même : lorsque l'administration de l'instruction publique ouvre les portes de l'école normale supérieure de Paris, par exemple, aux élèves que le concours y amène, elle établit à l'avance le chiffre des admissions d'après la prévision des besoins. Il en est de même pour les écoles normales primaires.

L'intérêt public, encore une fois, est à lui-même sa propre règle. Mais l'intérêt privé, où s'arrêterait-il? (C'est cela!)

Et si vous accordez à un chef de congrégation, que je tiens bien volontiers pour l'homme le plus respectable du monde, si vous lui accordez le droit de faire autant de dispenses militaires que bon lui semblera ?...

M. Guéroult. Il n'y aura plus d'armée!

M. le ministre. Combien n'en fera-t-il pas, à la veille d'une guerre ou sous l'action d'une législation que vous rendrez peut-être bientôt plus exigeante... (Interruption). Le nombre de ces dispensés sera tel, qu'ils pourront faire partir à leur place au régiment, à l'armée, à la bataille, des hommes qui sans eux n'auraient point quitté leurs foyers, des soldats en congé renouvelable, des soutiens de famille....

Voix nombreuses. C'est cela! c'est très-exact!

M. le ministre. Des soutiens de famille dont le conseil de révision, si je ne me trompe, ne peut pas porter le chiffre au delà de deux pour cent.

En résumé, et en vous demandant pardon de cette trop longue discussion... (Non! non! Très-bien! très-bien!)... je répète ce que j'ai eu l'honneur de vous dire en commençant, que j'étais assuré à l'avance que vous ne pourriez pas sanctionner de votre vote la consécration d'un privilége, la dérogation au droit commun. L'amendement qui vous est soumis, voilà un an que nous le connaissons : le gouvernement le repousse, le conseil d'État le condamne ; deux de vos commissions, deux commissions spéciales, l'année dernière celle des 100,000 hommes, cette année celle de l'enseignement primaire, c'est-à-dire vous-mêmes, le rejettent, et le Sénat, après deux jours d'une discussion brillante et approfondie...

M. le vicomte de Grouchy. Peu importe le Sénat!

M. le ministre. J'entends l'honorable M. de Grouchy me dire : « Peu importe le Sénat! » je ne suis pas de cet avis. L'opinion des orateurs qui ont pris la parole dans cette question, dont les uns ont été la lumière du conseil d'État, les autres la gloire de la magistrature, m'importe beaucoup, et me confirme dans la mienne. (Très-bien! très-bien!)

Enfin, messieurs, derrière tous les pouvoirs publics il y a le pays, qui, avec son vieux bon sens gaulois, ne comprendra jamais un privilége en cette matière, ni qu'avec trois aunes de drap noir ou gris un chef de communauté puisse faire, en dehors du service public, un dispensé militaire. (Très-bien! très-bien. Bruits divers et prolongés.) (*Extrait du* Moniteur.)

———◆———

Discours prononcé au Sénat par S. Exc. M. le Ministre, dans la discussion générale du projet de loi sur l'enseignement primaire. (Séance du 29 mars 1867.)

M. le ministre, de sa place. Voulez-vous me permettre, messieurs, de dire deux mots qui faciliteront peut-être la discussion ultérieure de la loi. Je ne viens pas répondre aux paroles que vient de prononcer l'honorable M. Rouland. Je désire seulement donner quelques explications sur deux points qu'il a traités : la gratuité absolue et les ressources financières de la loi, parce qu'il m'a paru qu'il subsistait encore quelques incertitudes que je voudrais dissiper.

Plusieurs voix. On n'entend pas ; à la tribune ! *M. le ministre monte à la tribune.*

J'aurais voulu éviter l'honneur redoutable de monter à cette tribune pour parler devant des hommes qui comme vous, messieurs, ont conquis le droit de siéger dans cette enceinte par la grandeur ou l'éclat de leurs services, par leur dévouement au prince et à la patrie. Vous le voulez, j'obéis, et j'arrive aux très-courtes observations que j'avais à présenter.

Je commence par remercier l'honorable gouverneur de la banque de France de l'assentiment complet qu'il veut bien accorder à la loi; mais il ne me semble pas avoir donné son vrai sens à la disposition qui est relative à la gratuité absolue, telle que la loi nouvelle l'établit. Ce n'est pas l'application d'une théorie, mais la généralisation d'un fait existant. Nous comptons aujourd'hui en France 8,000 écoles gratuites, contenant 1 million d'enfants. Si la gratuité est mauvaise, il faudrait s'occuper de fermer au plus vite ces écoles et de renvoyer ce million d'élèves. (Non! non!) Elle n'est donc ni mauvaise, ni immorale, ni illogique, comme cela a été dit en d'autres temps et en d'autres lieux.

Mais où existe-t-elle cette gratuité absolue? Dans les grandes communes urbaines, à Paris, à Lyon, à Marseille, à Bordeaux, partout où il y a des ressources financières suffisantes pour construire l'école, payer l'instituteur et fournir à toutes les dépenses.

Or cette gratuité accordée aux enfants des classes ouvrières dans les villes est refusée aux enfants des populations rurales même les plus pauvres, excepté dans quelques petites communes, où, grâce à l'intervention d'un homme bienfaisant, il y a eu un legs, une donation, pour établir la gratuité de l'école.

Quelle a été dans la loi que vous discutez la pensée du gouvernement? Elle est facile, messieurs, à reconnaître: c'est une pensée éminemment humaine et juste, et après ces mots-là, je n'ose pas ajouter une pensée politique, bien qu'il soit vrai de dire que la politique de l'Empereur, c'est la justice mise partout et en tout. (Vive approbation.)

Qu'est-ce donc que la loi propose? De faire arriver aux populations rurales les plus pauvres le bénéfice de la gratuité dont jouissent les communes urbaines les plus riches. Voilà tout l'article 8 de la loi, et je n'ai pas besoin de le commenter davantage. Ainsi donc la loi décide que quand une commune n'aura pu parvenir, moyennant les trois centimes spéciaux et les quatre centimes additionnels, à réunir le faible traitement de l'instituteur (et vous m'accorderez qu'une telle commune est bien misérable), alors le département et l'État viendront charitablement à son aide. Et que sera cette assistance? Évidemment ce que serait un dégrèvement d'impôt accordé aux plus pauvres parmi nos concitoyens.

La gratuité, dans ces conditions, est une question de bienfaisance et d'humanité.

Il n'est pas nécessaire d'insister plus longtemps dans une assemblée telle que celle-ci, et je passe à l'autre point que j'indiquais en commençant.

Nous ne sommes pas allés à l'aventure en ce qui concerne les conséquences financières de la loi. Il y a déjà six mois que l'administration a demandé à tous les préfets de considérer la loi actuelle comme étant en pleine exécution et d'examiner quelles dépenses elle nécessiterait. Tous les comptes ont été faits ; ils forment un gros dossier que M. le secrétaire général du ministère de l'instruction publique qui siége au banc des commissaires du gouvernement a dans les mains, et qu'il est prêt à mettre sous les yeux du Sénat. Les prévisions sont aussi exactes qu'on peut le souhaiter, puisque les 89 administrations départementales ont fait tous leurs efforts pour arriver à la vérité financière. Cette vérité, c'est que quand la loi qui vous est présentée sera complétement exécutée, lorsque les 8,000 écoles de filles seront construites et peuplées de leurs enfants et de leurs institutrices, lorsque les 13,000 maî-tresses de travaux à l'aiguille que la loi va instituer pour répandre dans les campagnes des habitudes excellentes, lorsque les maîtres adjoints et les maîtresses auxiliaires auront été installés dans les écoles trop nombreuses pour les diviser et assurer aux enfants des soins meilleurs, quand, enfin, il aura été satisfait à toutes les heureuses prescriptions que le Corps législatif a votées, alors le budget de l'État pour l'instruction primaire sera doublé. Il faudra, en effet, une somme de six à sept millions pour l'entière exécution de la loi en ce qui concerne les charges du trésor.

On demandera peut-être si cette somme est prête? Non, messieurs, elle ne l'est pas, et par une excellente raison, c'est que la loi elle-même ne peut être exécutée dès qu'elle sera devenue exécutoire. Est-ce que l'on va faire sortir de terre instantanément toutes ces écoles nou-velles et trouver les institutrices, les maîtres adjoints qu'il y faudra placer? Est-ce que toutes les dépenses imposées par la loi pourront être faites au lendemain de sa promul-gation? Évidemment il s'écoulera plusieurs années avant que les derniers crédits deviennent nécessaires. Si les pres-criptions de la loi de 1833 ne sont pas remplies partout à l'heure où je parle, puisque nous avons 680 communes où quelques-unes de ses dispositions ne s'appliquent pas encore, je ne puis me flatter, bien que nous soyons dans un temps où les choses vont vite, que la loi nouvelle soit intégralement exécutée avant deux ou trois ans, peut-être davantage.

Vous voyez, messieurs, que nous avons du temps pour

pourvoir aux dépenses. Je conviens que la somme de
500,000 francs, inscrite comme amorce de la dépense
future au budget de 1868, qui y restera, je l'espère, qui
même sans doute sera augmentée, ne suffira qu'incomplétement aux premiers besoins; mais le troisième centime
départemental, dont la loi autorise la perception, mettra
immédiatement à la disposition des préfets et du ministre
de l'instruction publique trois millions à ajouter à la contribution de l'État.

L'honorable M. Rouland a traité aussi un point de l'histoire des dispensés militaires qui appartiennent à des congrégations. Je ne rentrerai pas à sa suite dans cette discussion. Je suis trop vivement touché de l'adhésion qu'il
veut bien donner à la loi, trop heureux de voir le sentiment vraiment politique qui anime un ancien ministre et
l'empêche d'examiner quelle main nouvelle présente ce
qu'il approuve, pour vouloir rentrer dans une discussion
qui rabaisserait un débat de principe à une question de
personnel.

Je me contente de recueillir et de garder l'assentiment
de l'honorable M. Rouland à ce qu'il nomme l'interprétation nouvelle. Il me suffit de vous rappeler, messieurs,
que, comme cour suprême de cassation ou d'interprétation, vous avez, l'an dernier, justifié la mesure prise par
celui qui a l'honneur de diriger en ce moment l'administration de l'instruction publique, et que l'autre grand
pouvoir législatif a repoussé à une majorité très-considé-
rable, non pas une nouvelle interprétation, — vous aviez
rendu la première irrévocable, — mais un amendement
qui aurait modifié la loi elle-même. (Très-bien! très-bien!)

(*Extrait du* Moniteur.)

Discours prononcé par S. Exc. M. le Ministre à la réunion des Sociétés savantes à la Sorbonne, le 27 avril 1867.

Messieurs,

Je crois être l'interprète fidèle de vos sentiments en exprimant d'abord notre commune gratitude aux savants auteurs des trois rapports que vous venez d'entendre et qui montrent avec tant d'autorité la variété comme l'importance de vos travaux.

Permettez-moi d'en résumer en quelques mots les traits essentiels. Je serai court.

Les sciences ont leurs trois médailles d'or, et ce n'est pas trop. Je suis malheureusement incapable d'apprécier par moi-même la valeur des mémoires qui ont mérité à M. Mathieu une de ces trois récompenses. Il me suffit de savoir que nos géomètres reconnaissent leur importance pour que je me réjouisse avec vous de voir les mathématiques pures, cette clef d'or qui ouvre toutes les sciences, faire au milieu de vous de vaillantes recrues. Quelques-uns disent à l'étranger que cette partie de la haute culture scientifique baisse en France et que nos illustres mathématiciens n'auront pas de successeurs. Je remercie M. Mathieu de se mettre au nombre de ceux qui veulent recueillir ce précieux héritage. Il nous faut prouver aux prophètes de malheur que la séve généreuse qui a nourri le génie de

Descartes et de Pascal, de d'Alembert et de Laplace, pour
ne parler que de nos grands morts, n'est pas encore près
de tarir en France.

Votre comité a décerné la médaille d'or des sciences
naturelles à M. Cotteau, pour des travaux qui le classent
au nombre des maîtres dans la paléontologie. Cette étude,
qui depuis un demi–siècle a jeté dans la circulation
scientifique plus de faits et d'idées qu'aucune autre, est
une science toute française. Après avoir révélé, avec
Cuvier, les innombrables générations d'êtres ensevelies
dans les diverses couches du globe et créé cette grandiose
histoire de la terre qui précède toutes les autres, elle vient,
par les découvertes faites à Abbeville et dans les grottes
du midi de la France, de rattacher l'homme lui-même
à cette antique histoire, qui semblait naguère n'avoir eu
pour agents que les puissants pachydermes et les redoutables carnivores disparus aujourd'hui de la surface de
notre sol.

Trois médailles d'argent sont accordées à d'autres
mémoires de géologie. Félicitons-nous, messieurs, de voir
cette science si bien représentée au sein de vos sociétés
départementales, auxquelles d'ailleurs elle semble appartenir de droit.

M. Corenwinder a conquis la même place par de très-
nombreuses recherches de chimie agricole. Vous ne sauriez, messieurs, trop encourager ces travaux. Si les industriels ont produit les merveilles que l'Exposition montre
avec tant d'orgueil, c'est que la science s'est appliquée
depuis cinquante ans à dérober pour eux à la nature
quelques-uns de ses secrets et à saisir pour leur usage
quelques-unes de ses forces. Malgré de persévérantes

Discours.   26

études, dont les résultats sont dès à présent acquis à l'agriculture, nos laboureurs n'ont pas encore reçu de la science, du moins dans la même mesure, cette heureuse assistance qui transformera le travail des champs comme elle a transformé déjà celui de l'atelier. Pour nous, au sein de l'Université, nous sommes prêts à répandre rapidement dans tout le pays, par l'enseignement, les découvertes qu'on saura faire.

Vous me permettrez, messieurs, de noter parmi vos lauréats pour la médaille d'argent les deux écoles normales de Parthenay et de Perpignan, qui se font remarquer entre toutes par l'exactitude de leurs observations météorologiques et de leurs calculs. Ces observations et ces calculs ne demandent pas une science bien profonde; mais ils exigent de l'ordre dans l'esprit, de la précision dans le travail, de la netteté dans l'expression des faits, toutes qualités qui, loin de détourner nos jeunes maîtres de leur voie, les y affermissent.

La section d'archéologie a partagé le prix dont elle dispose entre un *Répertoire archéologique* et un mémoire sur les *habitations lacustres* de la Savoie. De même que la section, je serais fort embarrassé de choisir entre deux ouvrages différents par le caractère, égaux par le mérite. Que M. Quentin me permette cependant, non pas une préférence, mais une curiosité plus pressée pour l'ouvrage de son émule, qui exploite une veine dont personne en France, jusqu'à ce jour, n'avait sondé l'étendue.

Voyez, messieurs, comme vos patientes études, qui ne s'adressent qu'aux êtres et aux choses brisés depuis des siècles par la mort, sont cependant vivantes et fécondes! En 1853, le docteur Keller retire du lac de Zurich des

objets avec lesquels on commence la restitution de toute
une époque perdue de la vie de nos pères, et dans le même
temps la découverte de dessins gravés sur des ossements
de rennes reporte notre pensée vers un âge du monde où
les siècles se comptent comme pour nos civilisations
modernes les années. Ainsi, au moment où les paléonto-
logistes retrouvent la première page de notre histoire,
voici les archéologues qui se mettent déjà à en écrire la
seconde avec des documents inattendus.

De telles études veulent être encouragées. Répondant
au désir de votre savant rapporteur, M. le marquis de
La Grange, je promets à M. Rabut de lui fournir les
moyens de continuer et d'étendre ses recherches. Je saisis cette occasion d'annoncer aussi à l'assemblée que le
vœu exprimé par elle l'an dernier, pour l'observation
en 1874 du passage de Vénus sur le disque du soleil, a été
pris en très-sérieuse considération par les deux administrations de la marine et de l'instruction publique. M. l'ami-
ral Rigault de Genouilly a bien voulu prescrire déjà l'exécution des mesures préliminaires. Cette grande expédition
scientifique au pôle sud sera un des faits mémorables de
votre histoire et un des plus importants services que vos
réunions annuelles auront rendus à la science.

La section d'histoire poursuit avec une laborieuse persévérance la mission qu'elle s'est donnée de préparer la
publication d'un dictionnaire topographique de la Gaule,
œuvre immense où l'histoire et la philologie feront une
riche moisson, mais œuvre aussi qui n'aurait pu être entreprise sans vous, messieurs, et qui avec vous s'accomplira,
puisqu'en moins de huit années quinze de ces diction-
naires départementaux, y compris ceux de l'Aisne et de

26.

l'Aude que le comité couronne cette année, ont pu être
déjà publiés ou préparés pour l'impression. L'idée a été
mûrie, la méthode établie et éprouvée, l'impulsion donnée; tout ira plus vite maintenant, et dans peu d'années,
je l'espère, la France aura un monument d'érudition que
nul autre pays ne possédera.

Quand je songe que trois cents sociétés savantes et peut-
être quinze à vingt mille personnes sont occupées à ces
travaux sévères, je n'écoute plus que d'une oreille dis-
traite ceux qui prétendent que le goût des études sérieuses
se perd au milieu de nous.

Cette armée de savants forme la démocratie de la
science, dont l'Institut est le sénat. Comme l'autre, elle
est forte par le nombre, vaillante par le courage; comme
elle encore, elle est la réserve précieuse où la France trouvera les hommes dont elle a besoin pour élever sans cesse
le niveau de ces études désintéressées qui sont le luxe
d'un grand peuple.

J'en fournirais aisément la preuve si je pouvais vous
présenter aussi le résumé des lectures et des discussions
qu'on a entendues durant ces quatre jours de votre session
de 1867; car j'aurais alors à montrer ce qu'il a été apporté
dans ces longues séances de science véritable, d'aperçus
ingénieux, de recherches patientes, et combien de par-
celles de vérité ont été par vous recueillies dans le torrent
des âges, semblables à ces paillettes d'or que d'infatigables
chercheurs ravissent au cours des grands fleuves. Mais
eux, c'est le besoin ou l'avidité du gain qui les tient
enchaînés à leur travail; vous, c'est l'amour désintéressé
du vrai, c'est le sentiment pieux que la terre de France
est faite de la poussière de nos pères, et qu'en lui deman-

dant les secrets qu'elle recèle, vous remplissez comme un devoir filial envers les générations qui nous ont précédés et qui nous ont faits ce que nous sommes.

Le patriotisme se compose de souvenirs. Vous entretenez donc, messieurs, et vous ranimez par ce culte du passé une des forces vives du pays, celle qui a fait sa puissance et qui assurera sa grandeur indestructible.

Instruction du 12 mai 1867, relative à l'exécution de la loi du 10 avril 1867, concernant l'enseignement primaire.

Monsieur le préfet,

J'ai l'honneur de vous envoyer un certain nombre d'exemplaires de la loi du 10 avril 1867 [1] sur l'enseignement primaire.

Cette loi, destinée à donner une plus vive impulsion à l'instruction primaire publique et à combler les lacunes que présentait l'enseignement des filles, est d'avance acceptée comme un bienfait par les populations. Qu'elle soit exécutée comme elle a été comprise, et la France, qui a dépassé toutes les nations pour l'extension des droits politiques du peuple, ne laissera bientôt à aucune autre l'honneur de prétendre au premier rang pour l'instruction populaire.

Afin d'arriver à une exécution prompte et complète de

1. Voir cette loi à l'Appendice.

cette loi, je crois devoir appeler votre attention sur les
principales dispositions qu'elle contient.

Écoles de filles. — En principe, il est à désirer que
toutes les communes aient une école spéciale à chaque
sexe; mais la loi n'a pas cru pouvoir imposer cette obligation aux communes qui ont moins de 500 âmes. Cette
limite se justifie par deux motifs : 1° les communes au-
dessous de 500 âmes fourniraient un si petit nombre
d'enfants à chaque école, que la classe, partagée en plusieurs divisions, comme l'exigent non-seulement les règlements, mais l'âge même des enfants, serait privée de
toute émulation, et que l'enseignement y deviendrait
presque individuel; 2° les dépenses d'une telle organisation, qui retomberaient en grande partie à la charge des
départements et de l'État, absorberaient sans utilité réelle
des ressources qui doivent être mieux employées. Tous
vos efforts pour la création de ces écoles devront donc se
porter en premier lieu vers les communes où la population, plus nombreuse, fournit aux écoles mixtes un plus
grand nombre d'enfants, et dans lesquelles, par conséquent, le mélange des sexes présente le plus d'inconvénients. Si toutes les communes de plus de 500 âmes pouvaient organiser immédiatement une école de filles et faire
ainsi de leur école mixte une école spéciale aux garçons,
nous n'aurions qu'à nous en féliciter; mais nous ne pouvons espérer qu'il en sera ainsi; profitons au moins de
toutes les circonstances favorables pour assurer à la loi
l'exécution la plus rapide qui pourra lui être donnée.

Vous voudrez bien, monsieur le préfet, constater
d'abord quelles sont les communes de votre département

auxquelles la loi s'applique, et les mettre en demeure
de se conformer à ses prescriptions ; vous vous attacherez
à reconnaître celles d'entre elles qui peuvent s'y soumettre
sans de trop grandes difficultés, et vous insisterez pour
qu'elles prennent sur-le-champ les dispositions que commande la création d'une école spéciale de filles.

Si ces communes, pour se dispenser de créer une école
publique, voulaient y suppléer par une école libre, le
conseil départemental, qui doit statuer sur leur demande,
ne perdra pas de vue que les intérêts d'une école libre,
quelque recommandable qu'elle soit, ne doivent pas être
une considération déterminante. Il faut que cette école,
pour justifier la faveur qui lui serait accordée, tienne
réellement lieu d'une école publique, et pour cela qu'elle
se soumette à l'inspection, comme le veut l'article 17
de la loi nouvelle, mais surtout que l'instruction des
jeunes filles pauvres y soit assurée. La circulaire du
24 décembre 1850 avait prévu le cas où une école libre
refuserait de recevoir gratuitement les jeunes filles indigentes, et elle déclarait qu'alors l'instituteur communal
ne serait pas déchargé de son devoir d'instruire les filles
pauvres ; à plus forte raison, l'école étant autorisée à
tenir lieu d'école publique, le conseil départemental doit-
il stipuler l'admission des enfants pauvres, dont la liste
devra être dressée conformément à l'article 45 de la loi du
15 mars 1850. Il n'y a en cela aucune atteinte à la liberté
de l'enseignement, car les écoles libres auront toujours la
faculté de renoncer à la faveur qui leur aura été faite.
Mais si on ne leur imposait pas cette obligation, l'école
communale resterait forcément mixte, puisqu'elle conti-
nuerait de recevoir les jeunes filles pauvres. Il sera bon

toutefois que les conseils départementaux prennent les
précautions nécessaires pour que ces écoles, après avoir
assuré leur prospérité en recevant toutes les jeunes filles
de la commune, ne puissent renoncer tout d'un coup à
tenir lieu d'écoles publiques et ne se placent ainsi en
dehors des conditions premières. Il y aurait là un dommage pour les familles pauvres, que l'expérience ordonne
de prévoir. Les conseils départementaux devront donc
avoir sous les yeux le traité passé entre la commune et la
directrice de l'école libre.

L'article 4 divise les institutrices communales en deux
classes, mais il ne fixe pas le nombre des institutrices qui
devront faire partie de la première. Il vous appartient de
statuer à cet égard, sur la proposition de M. l'inspecteur
d'académie. Vous serez nécessairement limité jusqu'à un
certain point, sous ce rapport, par les ressources des communes et du département. Cependant, l'État devant combler le déficit, vous ne vous croirez pas obligé de maintenir dans la deuxième classe des institutrices qui, par
leurs services, leurs charges de famille et leur isolement,
mériteraient un avancement. Ce sera en outre une prime
que vous réserverez aux institutrices pourvues du brevet,
et qui, d'un autre côté, en seraient dignes par la supériorité de leur enseignement. Il y a tout lieu de croire,
d'ailleurs, que ces institutrices jouiront déjà d'émoluments supérieurs aux *minima* déterminés par la loi, et qu'à
cet égard vous n'éprouverez pas d'embarras.

Travaux à l'aiguille [1]. — Quant aux écoles qui devront
rester, à un titre quelconque, communes aux deux sexes,

1. Pendant la discussion du projet de loi au Corps législatif, le ministre expliqua
qu'il existait déjà 3,500 maîtresses de travaux d'aiguille; qu'il en faudrait 9,500 nou-

il y aura lieu d'y confier immédiatement la direction des travaux à l'aiguille à une femme, conformément à l'article 1er, § 2, de la loi.

Vous ne sauriez, monsieur le préfet, procéder à ce choix avec trop de circonspection. Lorsque l'instituteur sera marié et père de famille, votre choix devra naturellement s'arrêter sur la femme, la fille ou la sœur de l'instituteur, si elle est réellement en état de donner de bonnes leçons de couture aux enfants. Dans le cas contraire, il faudra désigner, autant que possible, une mère de famille, dont l'âge, la conduite et la tenue seront de nature à inspirer le respect. La maîtresse des travaux d'aiguille n'est chargée par la loi que de cette partie de l'enseignement; mais il serait à désirer que cette personne pût assister aux classes et à la sortie des jeunes filles. Sa seule présence sera tout à la fois une garantie pour les maîtres et pour les élèves; enfin, quoiqu'elle ne doive prendre aucune part à l'enseignement donné par l'instituteur, elle le remplacera utilement au point de vue de l'ordre, dans les rares occasions où celui-ci sera obligé de s'absenter de sa classe. C'est ainsi que beaucoup des inconvénients des écoles mixtes pourront disparaître, et que les familles n'hésiteront plus à y envoyer les jeunes filles. Sans doute une semblable tâche exigera une plus longue présence, de la part de la maîtresse, que n'en exigeraient de simples leçons de couture; mais il y a lieu de remarquer que, pendant les classes, la maîtresse pourra se livrer, soit au travail d'entretien du linge et des vêtements de sa

velles, et que, une fois toutes ces nominations faites, les jeunes filles, dans les écoles mixtes tenues par des instituteurs, se trouveraient placées sous la surveillance d'une femme.

famille, soit à la confection des vêtements dont elle se
chargerait par état; ces travaux, exécutés sous les yeux
des jeunes filles, ne contribueraient pas peu, d'ailleurs,
à leur en inspirer le goût, tout en développant leur
adresse.

Le traitement qui devra être attribué à cette maîtresse
variera nécessairement selon les localités, le temps qu'elle
consacrera à l'école et sa position personnelle. Attribué à
la femme de l'instituteur, il pourrait être une charge
moins lourde pour la commune, tout en contribuant au
bien-être du ménage de l'instituteur.

Veuillez, monsieur le préfet, examiner avec soin la
situation des communes auxquelles la nouvelle loi est
applicable, et inviter, selon les cas, les conseils municipaux, dans leur prochaine session, à délibérer, soit sur
la création des écoles spéciales de filles, soit sur le choix
du local où elles pourront être établies, soit enfin sur le
traitement qui devra être alloué à la maîtresse des travaux
d'aiguille. MM. les maires auront soin, pour faciliter ce
dernier vote, d'indiquer aux conseils municipaux la personne sur laquelle ils se proposent d'appeler votre choix.
Toutefois, monsieur le préfet, je vous recommande de ne
prendre à cet égard un parti définitif qu'après vous être
assuré que la personne présentée est réellement en état
de donner d'utiles leçons : il ne faut pas nous exposer à
céder aux sentiments de commisération qui pourraient
porter quelques maires à confier cette tâche à des personnes dans le besoin, mais peu capables. Ainsi donc,
soit qu'il s'agisse de la femme ou de la fille de l'instituteur, soit qu'il s'agisse d'une étrangère, l'inspecteur
primaire sera appelé à vous donner son avis, après

avoir pris toutes les précautions nécessaires pour s'é-
clairer.

Quant au choix du local, qu'il s'agisse d'une location,
d'une appropriation ou d'une construction, je vous recommande de vous montrer facile. Les règles prescrites pour
les écoles de garçons doivent évidemment être appliquées
aux écoles de filles, en ce qui concerne la salubrité; vous
ne devez donc vous départir en rien, sous ce rapport, de
la juste sévérité que vous apportez ordinairement à
l'examen des plans qui vous sont soumis. Mais lorsqu'il
n'y aura aucun intérêt de ce genre en péril, et que des dispositions qui ne vous satisferaient pas complétement vous
seront présentées, vous les accepterez plutôt que d'exposer
la commune à rester sans école de filles. La création d'une
école de ce genre est un bienfait si grand que, pour l'acquérir, il faut se résigner à sacrifier quelques-unes de ces
formalités minutieuses, mais prudentes, qui, excellentes
pour les temps ordinaires, deviennent une gêne inutile au
moment où il faut installer un grand service en usant de
toutes les bonnes volontés et de toutes les circonstances
favorables. Sans doute, il serait préférable, surtout lorsqu'il s'agit d'une construction, d'établir les choses dans les
meilleures conditions possibles et en prévision de l'avenir; mais nous serions loin de compter autant d'écoles, si
dans l'origine, et en exécution de la loi de 1833, on avait
apporté dans l'approbation de ces constructions la rigueur
qu'on y a mise depuis. Commençons par établir le mieux
que nous pourrons les écoles de filles; lorsque les populations en auront vu les bons effets, elles ne reculeront pas
devant les sacrifices que leur commandera la nécessité
d'une amélioration. Mais si vous pouvez ne pas vous mon-

trer exigeant quant à la manière de construire, vous ne devez jamais transiger, je le répète, sur les points qui inté-ressent la santé des élèves et des maîtresses.

Fixation du nombre des écoles de garçons et de filles dans les communes. Écoles de hameau. — Il est souvent arrivé que des communes, occupant une assez grande étendue de terrain, ne satisfaisaient pas à leurs obligations scolaires par l'entretien d'une seule école. Les habitants deman-daient en vain qu'il en fût établi une seconde; leur réclamation ne trouvait pas d'écho au sein du conseil municipal, pris souvent tout entier dans la partie de la commune qui n'était pas en souffrance. L'administration avait beau rappeler à ces conseils que la loi les obligeait à entretenir une ou plusieurs écoles primaires, ils restaient sourds à des recommandations qui n'étaient appuyées d'aucune mesure coercitive. Ce n'est pas, d'ailleurs, le seul cas où il y aurait lieu d'agir sur des conseils munici-paux. Il est arrivé qu'une maison scolaire, construite il y a vingt ans, est devenue insuffisante par suite de l'aug-mentation du nombre des élèves, et que, pour éviter la dépense d'une seconde école, on a limité, chaque année, le nombre des nouveaux élèves qui seraient admis et de ceux des anciens qui seraient conservés : d'où il résultait que des enfants en âge de suivre les classes attendaient longtemps leur tour d'admission, et que d'autres, qui auraient eu tout intérêt à y prolonger leur séjour, étaient obligés d'en sortir; quelquefois la liste des enfants à admettre gratuitement était réduite outre mesure, afin de laisser de la place aux élèves payants et de ménager les ressources de l'instituteur. L'article 2 de la loi met un terme à cette fâcheuse situation. Ce sera désormais le conseil départemental qui fixera le nombre des écoles à entretenir par les communes, et, ce nombre étant fixé, l'entretien des écoles deviendra obligatoire. Vous aurez donc le droit, dans ce cas, d'imposer d'office les communes. Je n'ai pas besoin de dire que vous ne pourrez obliger la commune à fournir aux instituteurs nouveaux un traitement supérieur aux *minima* déterminés par l'article 10 de la loi.

Avant de fixer le nombre des écoles à entretenir, le conseil départemental devra avoir sous les yeux :

1° Le plan topographique de la commune, indiquant l'emplacement de l'école existante et celui de l'école à ouvrir ;

2° Un état certifié du chiffre de la population, indiquant le nombre exact des enfants aptes à fréquenter l'école demandée, et qui ne peuvent, vu la distance, se rendre à l'école existante ;

3° Une copie résumée du budget de la commune ;

4° Une délibération du conseil municipal indiquant, s'il y a lieu, la raison de son opposition à la création de la seconde école ;

5° L'avis du délégué cantonal et de l'inspecteur primaire ;

6° Le rapport de l'inspecteur d'académie et votre propre proposition.

Il en sera de même lorsqu'il s'agira de l'établissement d'une école dans un de ces hameaux dont les habitants contribuaient jusqu'ici aux dépenses de l'école communale, sans pouvoir y envoyer leurs enfants. Ces petites agglomérations de population, trop longtemps dédaignées par certains conseils municipaux, représentants exclusifs des

intérêts du chef-lieu de la commune, ne seront plus privées
du bienfait de l'enseignement. Vous aurez donc à examiner la situation des communes qui comptent dans leur
circonscription un ou plusieurs hameaux, et à vous informer si la distance qui sépare ces hameaux est réellement
un obstacle à la fréquentation de l'école. Si MM. les délégués cantonaux veulent bien vous aider dans cette
recherche et s'entendre à cet effet avec MM. les inspecteurs primaires, ils pourront vous fournir, à cet égard,
d'utiles renseignements, car, mieux que personne, ils
sont en état d'apprécier les besoins des populations au
milieu desquelles ils vivent. Une fois la nécessité d'une
école de hameau reconnue, vous inviterez le conseil municipal à délibérer sur les moyens de l'établir. Une école de
ce genre, qui sera presque toujours mixte et peu nombreuse, se prêtera à toutes les formes d'organisation. Il
est, sans doute, à désirer qu'elle puisse être ouverte toute
l'année dans les mêmes conditions que les écoles ordinaires; mais il faudra se garder de repousser les combinaisons qui s'éloigneraient du règlement des écoles et que de
véritables nécessités commanderaient. Ainsi, l'école de
hameau pourra être tenue par une femme ou par un
homme. Ici, elle ne sera ouverte qu'à telles ou telles heures
de la journée; là, que pendant telle ou telle partie de
l'année. Le but que la loi se propose n'est pas d'établir une
uniformité impossible, mais de mettre à la disposition des
familles des moyens certains d'instruction. Dans quelques
départements où la population des hameaux abandonne
presque tout entière la plaine pour se retirer, l'été, dans
les montagnes avec les troupeaux, l'instituteur suit la
population et réunit où il peut et comme il peut, à de cer-

taines heures, les enfants pour leur donner les leçons dont ils ont besoin. Il y a certes dans cet arrangement, dans cette classe en quelque sorte vagabonde, une déviation considérable de la règle ordinaire ; mais, loin de blâmer cet état de choses, on doit au contraire s'en féliciter, puisqu'autrement les enfants seraient totalement privés d'instruction. Les diverses combinaisons auxquelles on pourra s'arrêter seraient mauvaises, pour la plupart, dans les centres où une école régulière peut être tenue ; mais dans les hameaux éloignés, privés de voies de communication, elles deviendront un véritable bienfait. Le conseil départemental fera donc bien, lorsqu'il s'agira de déterminer les cas où il devra être établi des écoles de hameau dans les communes, de constater les besoins des populations et d'autoriser tous les arrangements propres à assurer l'instruction des enfants. Ce point est l'affaire capitale ; tout le reste doit y être subordonné.

Instituteurs adjoints et institutrices adjointes chargés d'une école de hameau. — Le choix de l'instituteur ou de l'institutrice adjointe à qui ces écoles de hameau devront être confiés vous appartient incontestablement. Vous pouvez donc prendre ces maîtres ou maîtresses, soit parmi les aspirants au brevet de capacité, soit parmi les habitants des hameaux qui vous présenteraient des garanties suffisantes d'instruction et de moralité. Il ne faut même pas exiger, dans ces petites écoles, qu'on y enseigne toute la partie dite obligatoire du programme. Que les enfants, aujourd'hui complétement étrangers aux plus simples connaissances primaires, y apprennent la lecture, l'écriture, les quatre règles, et on aura déjà fait beaucoup.

Quant aux écoles de hameau qui auraient tous les caractères d'une véritable école, je ne verrais que des avantages
à ce que vous choisissiez le maître ou la maîtresse parmi
les candidats brevetés. Elles seraient ainsi des postes utiles
de début pour les élèves des écoles normales primaires.
Ces maîtres seront naturellement placés sous la surveillance morale et la direction de l'instituteur communal.

*Logement et traitement des instituteurs et institutrices
adjoints chargés d'une école de hameau.* — L'article 3 de la
loi veut que la commune fournisse à l'instituteur ou à
l'institutrice adjointe dirigeant une école de hameau un
local convenable, tant pour leur habitation que pour la
tenue de la classe, ainsi que le mobilier de classe et un
traitement. Il va sans dire que ces conditions doivent être
rigoureusement remplies dans les communes où ces écoles
de hameau seront tenues d'une manière régulière et permanente.

J'ajoute que la construction d'une maison d'école y
serait très-désirable, parce qu'il y aurait là un service
public qui ne pourrait que se développer. Il est probable,
en effet, que ces hameaux se peupleront de plus en plus
lorsque les habitants y trouveront les ressources nécessaires pour l'éducation de leurs enfants. Je serais donc
disposé à favoriser ces constructions par la concession de
secours qui, dans certains cas, pourraient être accordés
dans une proportion plus forte que celle que je suis obligé
de m'imposer aujourd'hui.

Pour les petits hameaux, où il faudra se contenter
d'une location, vous aurez soin de n'y laisser installer
l'école que si le local choisi présente les conditions de salu-

brité nécessaires ; mais vous ne vous montrerez pas difficile pour les autres conditions : vous n'exigerez point,
par exemple, que l'instituteur adjoint ait son logement
dans la même maison que la classe. Cela sera préférable, si les localités le permettent ; mais il ne faut pas
que des arrangements de ce genre deviennent un obstacle
sérieux à la création de l'école.

Rien ne s'oppose, au surplus, à ce que des communes
se réunissent pour l'entretien d'écoles de hameau ; il y a
telles circonstances locales où des hameaux, établis à une
grande distance de leur chef-lieu, se trouvent, quoique
faisant partie de communes différentes, assez rapprochés
pour que les enfants puissent aller de l'un dans l'autre ;
il se peut aussi que, chaque hameau ayant son école, il y
ait intérêt à faire dans l'un une école spéciale de garçons
et dans l'autre une école spéciale de filles. Des arrangements analogues peuvent même être convenus, sauf votre
approbation, entre deux communes limitrophes. Toutes
ces combinaisons sont admissibles lorsqu'il y a avantage
évident pour les familles, et je ne doute pas que les conseils départementaux n'y aient égard ainsi que vous.

*Choix des instituteurs adjoints chargés des écoles de
hameau.* — Il est à désirer que les écoles de hameau, où
les jeunes instituteurs feront utilement leurs premières
armes, puissent aussi servir de transition aux instituteurs
fatigués et qu'on songerait à admettre à la retraite. Quand
ces instituteurs ne peuvent plus tenir des écoles nombreuses, ils suffiraient peut-être encore à donner des
leçons de lecture, d'écriture et de calcul à un petit nombre
d'enfants. Malheureusement, en adoptant cette mesure,

vous exposeriez les instituteurs à éprouver une perte considérable, si leur pension était réglée d'après le dernier traitement dont ils jouissaient dans ces hameaux. Il y a, toutefois, un moyen d'obvier parfois à ce grave inconvénient. Tel instituteur, par exemple, ayant droit à la retraite, pourrait encore rendre des services dans une petite école de hameau. Au lieu de le nommer immédiatement à ce dernier poste, proposez son admission à la retraite, puis, la pension étant liquidée, remettez–le en activité dans un hameau. Aux termes de l'article 28 de la loi du 9 juin 1853 sur les pensions civiles, la pension de ce maître remis en activité sera suspendue pendant tout le temps de son nouveau service; il la retrouvera lorsqu'il sera définitivement obligé de se reposer, ou, s'il a intérêt à demander une nouvelle liquidation, il en aura le droit, aux termes de l'article précité, lequel est ainsi conçu :

« Art. 28. Lorsqu'un pensionnaire est remis en activité,
« le payement de sa pension est suspendu.

« Lorsqu'il est remis en activité dans un service diffé-
« rent, il ne peut cumuler sa pension et son traitement
« que jusqu'à concurrence de 1,500 francs.

« Après la cessation de ses fonctions, il peut rentrer en
« jouissance de son ancienne pension ou obtenir, s'il y
« a lieu, une nouvelle pension basée sur la généralité de
« ses services. »

Comme, selon toute probabilité, le traitement alloué à l'instituteur d'une école de hameau sera supérieur à sa retraite, il y aura toujours avantage pour l'instituteur à prolonger son activité, puisqu'il n'aura plus à craindre que cette prolongation ait pour résultat de réduire sa

pension. Je ne sais encore ce que les circonstances permettront de faire pour améliorer la retraite des instituteurs; mais, en attendant, le moyen que je vous indique
pourra être quelquefois employé utilement dans l'intérêt
des maîtres comme dans celui des écoles de hameau.

Vous n'oublierez pas, dans tous les cas, monsieur le
préfet, que le dernier paragraphe de l'article 2 de la loi
exige que les délibérations du conseil départemental, relatives à la fixation du nombre des écoles à établir dans une
commune et à la création des écoles dans les hameaux,
soient soumises au ministre de l'instruction publique.
Vous voudrez donc bien m'adresser, lorsqu'il y aura lieu,
vos propositions à ce sujet, accompagnées de la délibération du conseil départemental et de toutes les pièces qui
auront été mises sous ses yeux.

Adjoints et adjointes dans les écoles communales. —
Enfin, monsieur le préfet, la loi soumet également à
l'approbation du ministre de l'instruction publique les
délibérations des conseils départementaux relatives à la
désignation des écoles de filles auxquelles devront être
attachées des institutrices adjointes. On pourrait croire,
au premier abord, que l'article 2 de la loi du 10 avril,
ne mentionnant que les écoles de filles, ne vous impose
pas la même obligation en ce qui concerne les écoles de
garçons. Ce serait une erreur. L'article 34 de la loi du
15 mars 1850 contient, à l'égard des écoles de garçons,
une disposition analogue à celle qui est contenue dans le
deuxième paragraphe de l'article 2 de la loi du 10 avril
pour les écoles de filles. L'article 5 de la loi du 10 avril
règle le traitement des adjoints, et l'article 14 porte qu'il

27.

sera pourvu à ces dépenses, comme à celles qui résultent
de la loi de 1850, au moyen des ressources énumérées
dans l'article 40 de ladite loi ; il en résulte que, les mêmes
dispositions s'appliquant également aux instituteurs adjoints et aux institutrices adjointes, vous aurez à m'adresser les mêmes pièces justificatives dans l'un et l'autre cas.

Il n'a pas été possible de fixer d'avance le chiffre de la
population scolaire au delà de laquelle un maître ou une
maîtresse adjointe serait nécessaire. Cette nécessité peut
varier selon des circonstances dont il a paru préférable
de laisser l'appréciation au conseil départemental. Telle
école qui ne réunit pas plus de 60 enfants, mais où l'enseignement reçoit tous les développements prévus par la
loi, exigera la présence d'un adjoint, plutôt que telle
autre école qui comptera 80 ou 100 enfants auxquels la
partie obligatoire seule de l'instruction primaire sera enseignée. Tel maître, jeune et actif, suffira pour 80 écoliers, tandis que tel autre, déjà âgé ou maladif, succom-
berait à la fatigue que lui imposeraient 50 ou 60 enfants.
Ce sont toutes ces circonstances qui détermineront le conseil départemental ; mais il ne perdra pas de vue que la
dépense résultant de cette adjonction sera garantie par le
département et par l'État, si les ressources de la commune n'y suffisent pas, et qu'elle ne devra leur être imposée qu'en cas d'absolue nécessité. J'aurai à parler plus
loin de quelques questions relatives au système financier
qui va régir l'instruction primaire ; mais je ne dois pas
négliger ici de vous recommander cette bonne et sage
économie, qui, ne reculant devant aucun sacrifice utile,
s'arrête devant des dépenses qui ne sont point suffisamment justifiées.

Attribution d'une partie de la rétribution scolaire aux adjoints et adjointes. — Je n'ignore pas que l'article 6 de la loi du 10 avril a excité quelque émotion parmi un certain nombre d'instituteurs. Cet article permet au conseil départemental d'attribuer à la formation du traitement des adjoints une partie de la rétribution scolaire, laquelle jusqu'à présent a appartenu aux instituteurs, et ceux-ci ont pu craindre de voir ainsi diminuer leur revenu. J'ai hâte de vous donner à cet égard les explications propres, je l'espère, à dissiper toute espèce d'inquiétude. Et d'abord, dans l'état actuel des choses, il n'y a que 1,013 instituteurs adjoints des écoles laïques qui soient rétribués sur les fonds communaux; les autres, au nombre de 1,710, sont payés par les instituteurs eux-mêmes. Ceux-ci n'ont donc rien à perdre. Quant aux premiers, dont la plupart ne pourraient partager le produit de la rétribution scolaire avec un adjoint, sans voir leur revenu s'amoindrir d'une manière injuste; la loi ne peut leur être contraire, puisqu'elle a pour but l'amélioration des écoles et du sort des maîtres, et qu'elle devra être exécutée conformément à son esprit. La participation des adjoints au bénéfice de la rétribution scolaire n'aura donc lieu que dans ces grandes écoles où la présence d'un ou de plusieurs adjoints attire un grand nombre d'enfants.

Il est évident que la prospérité d'une semblable école n'est pas uniquement due à l'instituteur directeur, mais aux sacrifices votés par le conseil municipal pour lui adjoindre des maîtres expérimentés, et qu'il ne serait pas juste que cette prospérité pesât lourdement sur les finances de la commune au seul profit de l'instituteur, alors peut-être que ses adjoints, c'est-à-dire les auteurs mêmes de

sa fortune, seraient réduits aux *minima* déterminés par
l'article 5. Un système qui rappelle celui de la loi actuelle
a prévalu dans l'enseignement secondaire en ce qui concerne la répartition de l'éventuel dans les lycées. Le conseil départemental fixera équitablement, sur la proposition du conseil municipal, la part du traitement des
adjoints qui doit rester à la charge de la commune, et
vous aurez soin, monsieur le préfet, de veiller à ce que
cette part de la rétribution scolaire ne vienne pas en déduction des dépenses des écoles, mais demeure affectée, soit
au traitement, s'il y a lieu, de nouveaux maîtres adjoints,
soit à l'augmentation de ceux de ces maîtres qui auraient
bien mérité. On aura donc soin, dans tous les cas, de
fixer la part communale de telle sorte qu'elle ne réduise
pas les revenus de l'instituteur et que la prospérité de
l'école ne devienne pas pour lui une cause d'amoindrissement. La disposition transitoire de l'article 11 garantit
d'ailleurs les situations acquises.

Logement des instituteurs et des institutrices adjoints.
— Le logement, dû par la commune aux adjoints et aux
adjointes, sera donné, toutes les fois que le local le permettra, dans le bâtiment même de l'école, à la condition
toutefois qu'il n'en résulte aucune gêne pour l'instituteur
ou sa famille. Dans le cas contraire, il leur sera alloué une
indemnité de logement, et la délibération du conseil municipal portant fixation de cette indemnité sera soumise à
votre approbation, car il s'agira d'une dépense qui pourra
tomber à la charge du département ou de l'État.

Cours d'adultes. — Je n'ai point à rappeler l'extension
extraordinaire donnée depuis deux ans aux cours

d'adultes par les instituteurs. La loi ne pouvait demeurer indifférente à de tels efforts et à de semblables résultats, qui démontraient, par l'exemple, la possibilité de doter la France d'un nouvel ordre d'enseignement. Elle a donc voulu tout à la fois assurer aux maîtres une récompense bien méritée et faire de ces cours d'adultes, dont l'existence avait été jusque-là si précaire, l'objet d'une institution permanente, destinée à compléter l'œuvre de l'école du jour et assimilée, au point de vue financier, à l'ensemble des services scolaires. Par son article 7, la loi a décidé qu'une indemnité pourrait être accordée par le ministre de l'instruction publique, sur la proposition du préfet, après avis du conseil municipal, aux instituteurs qui dirigent des classes du soir. Tout en soutenant ainsi les cours d'adultes, la loi conserve à leurs directeurs la liberté qui a donné à cette grande œuvre des deux dernières années son caractère de spontanéité. Elle ne contraint pas les instituteurs : elle se borne à aider leur initiative et celle des communes. La quotité de l'indemnité accordée pourra dépendre du crédit affecté par le budget aux besoins de l'instruction primaire, et je ne puis dès à présent vous faire connaître le chiffre total à raison duquel vous devrez, dans votre département, fixer le montant des allocations individuelles; mais, sans prétendre payer un dévouement qui cherche avant tout sa récompense dans la conscience du devoir accompli et dans l'estime publique, j'espère que les efforts combinés des particuliers, des communes, des départements et de l'État, prouveront aux directeurs des cours d'adultes que, dans notre état social, une bonne action se trouve souvent avoir été encore un bon calcul. Si, à mon grand regret, l'indemnité qui sera allouée aux instituteurs ne compense pas complétement les peines qu'ils se seront données, il leur restera la satisfaction de savoir que la société demeure leur obligée. Ce sentiment les soutiendra dans la continuation de leur œuvre excellente.

Il est dit dans l'article 7 que des indemnités pourront être accordées aux instituteurs et institutrices dirigeant une classe communale d'adultes établie en conformité du paragraphe 1er de l'article 2 de la loi. Or, ce paragraphe 1er porte que le nombre des écoles à établir dans une commune sera fixé par le conseil départemental, sur l'avis du conseil municipal. Il importera donc que les cours d'adultes dont il s'agira d'indemniser les directeurs aient été ouverts en vertu d'une délibération du conseil municipal et d'une décision du conseil départemental; en un mot, que ce cours ait un caractère d'institution communale.

L'État ne pouvait prendre l'engagement de contribuer à tous les cours qui auraient pu être fondés par l'initiative privée; mais, s'il n'est tenu de soutenir que les cours communaux d'adultes, il s'efforcera volontiers de venir en aide à ceux des cours privés qui rendraient d'incontestables services. Quoi qu'il en soit, monsieur le préfet, il importe que vous ne perdiez pas de vue les dispositions que je viens de vous rappeler, et que, chaque année, vous invitiez les conseils municipaux à délibérer, dans leur session du mois de février, sur l'ouverture ou l'entretien des cours d'adultes, en même temps qu'ils délibéreront sur les dépenses d'entretien des écoles du jour, et vous aurez soin, s'il s'agit d'une création nouvelle, de soumettre au conseil départemental la partie de la délibération relative aux

cours d'adultes, afin qu'il puisse procéder conformément
au premier paragraphe de l'article 2.

Personnel des instituteurs primaires. — Avant de passer
à un autre article de la loi, je dois, monsieur le préfet,
vous entretenir encore du personnel des instituteurs. Lors
de la discussion de la loi du 10 avril, des vœux ont été
émis au Corps législatif pour l'amélioration de leur sort.
On a demandé, soit que les changements de destination
fussent moins fréquents, soit qu'une indemnité de déplacement leur fût accordée lorsqu'ils sont envoyés dans un
autre poste, soit que l'obligation de leur fournir un mobilier personnel fût imposée aux communes au même titre
que le mobilier de classe. Tous ces vœux sont légitimes;
mais le gouvernement de l'Empereur les a en grande
partie devancés. C'est ainsi que le décret du 19 avril 1862
accorde une indemnité de 100 francs à tout élève-maître
d'une école normale primaire qui va prendre la direction
d'une école; que le décret du 4 septembre 1863 alloue aux
communes qui veulent acquérir un mobilier personnel
pour leur instituteur une somme égale à la moitié de la
dépense; enfin, qu'une instruction ministérielle en date du
26 août 1862 vous a recommandé de n'opérer parmi les
instituteurs primaires que les mutations indispensables,
et surtout de ne les effectuer que dans un intérêt scolaire
ou dans l'intérêt de l'instituteur lui-même, à moins que le
changement n'ait le caractère d'une peine disciplinaire.
Les instituteurs doivent donc être assurés du désir
qu'éprouve le gouvernement d'étendre, autant que possible, l'effet des mesures qu'il a provoquées. En attendant,
il verrait avec une vive satisfaction les conseils généraux

attribuer à des dépenses de ce genre, soit la partie disponible des centimes spéciaux qu'ils sont autorisés à affecter
aux dépenses obligatoires de l'instruction primaire, soit
une partie de leurs centimes facultatifs. Quant à moi, je
continuerai de secourir les communes qui doteront leurs
écoles du mobilier personnel de leur instituteur, et vous
pourrez provoquer de la part des conseils municipaux une
dépense si utile.

En vous entretenant de la gratuité de l'enseignement,
je vous entretiendrai au surplus encore du sort des instituteurs ; car les mesures relatives à l'extension de la gratuité se
rattachent essentiellement à la question de leur traitement.

*De la gratuité dans les écoles soumises à la rétribution sco-
laire.* — Deux écueils doivent être évités en ce qui concerne l'admission gratuite, dans les écoles payantes,
d'enfants qui seront dispensés d'y solder la rétribution
scolaire. D'un côté, il serait contraire au vœu de la loi d'y
recevoir à titre gratuit des enfants appartenant à des
familles aisées ; mais, d'autre part, le texte comme l'esprit
de la loi seraient méconnus, si l'entrée gratuite de l'école
pouvait être refusée à des enfants pour lesquels cette gratuité est nécessaire. Des précautions doivent être prises à
ce double point de vue, afin d'empêcher les abus. Celles
qu'avait prescrites le décret du 31 décembre 1853, dans
une pensée d'économie pour le trésor, par l'établissement
d'un *maximum,* dépassaient le but : un décret du 28 mars
1866 a dû intervenir pour le modifier. La désignation
pure et simple des admissibles par le conseil municipal,
ainsi que le réglait la loi du 28 juin 1833, ouvrait la porte
à l'abus contraire.

Sans insister sur ces faits anciens, je me borne à vous rappeler, monsieur le préfet, que la législation existante respecte tous les droits et vous permet d'empêcher qu'on les méconnaisse. L'article 24 de la loi du 15 mars 1850 accorde l'admission gratuite aux enfants qui ne peuvent payer la rétribution scolaire; l'article 45 de la même loi vous charge d'arrêter la liste de gratuité dressée par le maire et le ministre du culte et approuvée par le conseil municipal. La loi nouvelle, par son article 10, sur lequel j'aurai à revenir, organise un système financier d'après lequel l'extension de la gratuité, dans l'école payante, ne peut jamais nuire à l'instituteur. Je n'ai pas besoin de vous rappeler que l'intérêt du trésor ne doit pas être oublié, lorsqu'il impose le devoir de repousser des prétentions mal fondées; mais vous savez aussi quelles sont les vues libérales du gouvernement de l'Empereur. Ce n'est pas au moment où la loi permet d'accorder des subventions pour établir la gratuité absolue qu'on pourrait oublier la nécessité d'appliquer sans rigueur l'article 24 de la loi du 15 mars 1850; vous tiendrez compte de la situation des familles, du nombre des enfants, et vous ouvrirez l'école à tous ceux dont les familles, sans être dans la catégorie légale des indigents, ont réellement besoin, pour fréquenter l'école, du bienfait de la gratuité.

Les lois de 1833 et de 1850 ne considéraient la gratuité absolue de l'enseignement pour tous les élèves qui fréquentent une école que comme une exception en quelque sorte de luxe, que les communes riches pouvaient se permettre, si leur budget leur en fournissait les moyens. Il avait été établi que, dans ce cas, ni le département ni l'État ne pouvaient intervenir, attendu qu'en renonçant à

la ressource que devait leur procurer la rétribution scolaire, ces communes auraient fait retomber le déficit au
compte du département et de l'État. Mais l'expérience a
prouvé qu'un assez grand nombre de familles renonçaient
à envoyer leurs enfants dans les écoles plutôt que d'endos-
ser en quelque sorte la livrée de la misère en sollicitant
leur inscription sur les listes de gratuité; et la loi a voulu
donner aux communes où ces abstentions menaçaient de
devenir trop nombreuses les moyens de rendre leurs écoles
entièrement gratuites. En outre, la justice, comme la
saine politique, voulait que le bénéfice de la gratuité complète de l'école ne fût pas accordé seulement aux habitants des grandes villes, où se trouvent déjà réunis tant
de secours pour les classes laborieuses, mais que les
communes rurales pauvres, celles où il y a un grand
nombre de cultivateurs peu aisés, pussent, elles aussi,
acquérir cet avantage, qui correspondra pour elles à un
dégrèvement d'impôt. Tel est le but de l'article 8 de la loi
nouvelle.

Aux termes de cet article 8, les communes qui voudront
rendre leurs écoles entièrement gratuites commenceront,
en cas de besoin, par s'imposer un véritable sacrifice:
elles devront voter, en sus des trois centimes exigés par la
loi de 1850, et avec le concours des plus imposés, quatre
autres centimes extraordinaires au principal des quatre
contributions directes. Ce sacrifice ne leur créera pas toutefois, par le fait même, un droit au concours du département et de l'État; mais il leur donnera l'aptitude légale à
recevoir, sur la proposition du conseil départemental, des
subventions du département et de l'État, dans les limites
des crédits annuellement votés par les conseils généraux

ou portés, à cet effet, au budget du ministère de l'instruction publique.

Lorsqu'une commune voudra rendre son école entièrement gratuite, elle devra donc en exprimer le vœu dans une délibération motivée. Vous placerez cette délibération sous les yeux du conseil départemental, en lui faisant connaître, s'il y a lieu, l'état du crédit qui aura été voté par le conseil général et en lui indiquant : 1° le montant de la subvention à demander, dans ce cas, aux fonds départementaux, défalcation faite du produit des quatre centimes nouveaux à voter par la commune ; 2° le montant de la subvention à demander à l'État. Si le conseil départemental émet un avis favorable à la proposition du conseil municipal, vous inviterez ce dernier à délibérer, à l'aide des plus imposés, sur l'imposition extraordinaire des quatre centimes, laquelle imposition figurera sur le budget municipal, à la suite de l'imposition des trois centimes, et vous me transmettrez le dossier avec votre proposition. La délibération du conseil départemental, favorable ou contraire, sera dans tous les cas portée à ma connaissance.

Vous aurez donc, monsieur le préfet, à mettre tous les ans sous les yeux du conseil général, en l'invitant à voter, avec les deux centimes existant déjà, le troisième centime de même nature créé par l'article 14 de la loi pour les dépenses ordinaires des écoles de garçons et de filles, les délibérations prises par les conseils municipaux dans leur session de mai, qui auront été approuvées par le conseil départemental, et ayant pour but de placer leurs écoles sous le régime de la gratuité absolue. Le conseil général délibérera et votera, s'il le juge convenable, une somme destinée à contribuer à l'entretien de ces écoles. Je m'efforcerai, de mon côté, de faire ouvrir au budget de mon ministère le crédit à l'aide duquel je pourrai combler le déficit prévu, et je vous ferai connaître jusqu'à concurrence de quelle somme vous devrez compter, pour assurer cette dépense, sur le concours de l'État. Vous pourrez alors répartir les fonds départementaux et les fonds de l'État entre celles des communes où le conseil départemental reconnaîtra l'utilité de la mesure. Il se pourrait que cette transformation de certaines écoles dût être ajournée, faute de fonds ; le conseil départemental, dans ce cas, devra commencer par les plus petites communes, où le nombre des pères de famille placés dans une position précaire ou gênée est relativement le plus considérable, et dans lesquelles l'État n'aura à assurer les traitements des instituteurs que jusqu'à concurrence des *minima* mentionnés dans le dernier paragraphe de l'article 9. Par ce moyen, nous viendrons d'abord en aide aux plus pauvres populations, et nous pourrons faciliter la gratuité dans un plus grand nombre de communes. Il sera, toutefois, nécessaire de n'accorder et de ne conserver le bienfait de ces subventions qu'aux communes dans lesquelles les enfants en âge et en état d'aller à l'école y seront régulièrement envoyés. Il faut que les communes sachent que l'État renoncerait à assurer le bénéfice de la gratuité, si l'école n'était pas suivie.

Du traitement des instituteurs et du taux de la rétribution scolaire. — L'article 10 apporte une notable amélioration à la condition d'un grand nombre d'instituteurs en activité de service. Indépendamment des 200 francs du traitement fixe et du produit de la rétribution scolaire qui leur appartient déjà, il leur assure un traitement éventuel calculé à raison du nombre d'élèves gratuits présents à l'école. Ce traitement éventuel variable, qui ne se composera, en réalité, que du produit de la rémunération payée à la place des familles indigentes, et pour leur compte, par la commune, dans la limite des trois centimes spéciaux, puis par le département et l'État, viendra nécessairement, dans les communes où l'instituteur jouit d'un traitement supérieur au *minimum,* en augmentation de ce traitement; il protége l'instituteur contre le préjudice qui pouvait résulter jusqu'ici de l'extension de la gratuité dans l'école payante ; il est garanti à l'instituteur, vous le voyez, aussi efficacement que les *minima* qu'il dépasse.

La rémunération payée pour les élèves gratuits ne sera pas toutefois fixée au même taux que celle qui est établie pour les élèves payants. Il ne serait pas juste que la commune, qui assure déjà un traitement fixe à l'instituteur, n'obtînt pas une diminution du prix d'écolage pour les élèves qu'elle envoie gratuitement dans les écoles. Vous aurez donc, monsieur le préfet, à fixer tous les ans le taux de cette rémunération, après avoir pris l'avis du conseil départemental et du conseil municipal, et vous aurez soin, tout en calculant le produit de cette rétribution de manière à offrir à l'instituteur un avantage certain, de ne pas surcharger outre mesure les communes ou l'État. Cette attribution qui vous est conférée est des plus importantes. Par la fixation du taux du traitement éventuel, il vous appartient d'améliorer la situation du maître et de récompenser son zèle.

Quant au taux de la rétribution scolaire à percevoir dans les écoles non gratuites, il continuera d'être fixé, conformément à l'article 15 de la loi du 15 mars 1850, par le conseil départemental, sur l'avis des conseils municipaux et des délégués cantonaux; mais l'article 12 de la nouvelle loi vous ouvre, ainsi qu'aux maires des communes, un recours devant le ministre de l'instruction publique contre cette fixation. Il y a lieu de croire qu'il sera rarement fait usage de cette faculté; il se pourrait cependant que le conseil départemental, en vue d'établir une certaine uniformité absolue que la loi ne commande ni ne prévoit, appliquât à de petites communes, dont il n'aurait pas suffisamment apprécié la situation particulière, un taux de rétribution scolaire peu en harmonie avec la pauvreté des habitants, et que le maire crût devoir réclamer; vous auriez, dans ce cas, à me communiquer la délibération qui serait prise à ce sujet par le conseil municipal, ainsi que le nouvel avis émis par le conseil départemental sur cette délibération; le tout accompagné de votre avis personnel, afin que je puisse statuer en parfaite connaissance de cause. Il me paraît utile de communiquer d'abord le pourvoi du maire au conseil départemental, parce qu'il arrivera souvent que ce conseil y fera droit et que le pourvoi sera, par conséquent, retiré. Enfin, monsieur le préfet, vous pourrez, de votre côté, me déférer, s'il y avait lieu, les délibérations du conseil départemental. J'aime à penser que la bonne entente qui règne entre vous et le conseil départemental rendra presque toujours mon intervention inutile.

A l'égard des instituteurs qui ne jouissent en ce moment que du *minimum* de traitement, la loi nouvelle ne changera leur condition que si, en attirant dans leur école un grand nombre d'élèves gratuits, ils parviennent, par le jeu du traitement éventuel, à dépasser ce même *minimum*. Dans le cas contraire, l'État se bornera, comme par le passé, à maintenir leurs traitements au taux au-dessous duquel ils ne doivent pas descendre.

Dans tous les cas, il importe que les traitements des instituteurs placés à la tête d'écoles devenues gratuites ou restées dans les conditions premières ne puissent être inférieurs à la moyenne de leurs émoluments pendant les trois dernières années. Il se pourrait, en effet, que les conseils municipaux de communes où, par l'effet de la rétribution scolaire, le *minimum* est dépassé tentassent de rendre leurs écoles gratuites en votant les quatre centimes exigés par la loi et en ramenant les traitements de leurs instituteurs au *minimum* légal ; ce qui aurait pour conséquence de décharger les familles aux dépens des maîtres. L'article 11 vous donne le droit de déjouer ces combinaisons, et de porter d'office au budget municipal la somme nécessaire pour conserver à l'instituteur le traitement dont il jouit en moyenne depuis trois ans.

Je n'ai pas besoin d'ajouter que cette garantie établie par la loi ne signifie pas que le traitement accordé à un instituteur expérimenté, comme prix de bons et longs services, sera nécessairement donné à un débutant qui deviendrait son successeur.

Quant aux communes qui pourvoient sans le secours du département et de l'État aux dépenses de l'instruction primaire, l'article 13 leur confère le droit d'assurer à leur instituteur ou institutrice un traitement fixe invariable et de percevoir dans ce cas, pour leur compte, le produit de la rétribution scolaire. Cette faculté n'est consentie que dans l'intérêt des instituteurs, qui sont ainsi mis à l'abri des variations qu'éprouve souvent, pour des causes qui leur sont étrangères, le produit de la rétribution. Mais il se pourrait que des administrations fussent tentées de se procurer ainsi des ressources budgétaires en allouant à l'instituteur un traitement inférieur à ce produit. Rien dans la législation précédente n'interdisait cette manière de procéder : aussi a-t-on vu des exemples de l'abus que je viens de vous signaler. En exigeant que les délibérations soient soumises à votre approbation, après avis du conseil départemental, la loi nouvelle, sans proscrire une combinaison qui a l'avantage d'assurer le payement régulier du traitement de l'instituteur, vous fournit les moyens de repousser les arrangements contraires à ses intérêts. Les frères des Écoles chrétiennes reçoivent tous des traitements fixes, et, depuis quelques années seulement, ils ont consenti à laisser percevoir dans leurs écoles une rétribution scolaire pour le compte des villes. On pourrait, comme on le fait quelquefois lorsqu'il s'agit des instituteurs laïques, supposer qu'étant assurés de leurs revenus, ils ne s'imposent aucun effort pour attirer les élèves ; il n'en est rien cependant, et l'expérience prouve que, tout en étant pécuniairement désintéressés dans la question, les frères tiennent à honneur d'avoir des écoles nombreuses. J'aime à croire que les instituteurs laïques, animés de la même ambition, ne trouveraient pas dans la sécurité qui leur serait assurée un motif pour laisser s'affaiblir leur zèle. Dans tous les cas, vous apprécierez les faits en conseil départemental, et l'on n'oubliera pas qu'il est à la fois juste et conforme aux règles d'une bonne administration que le fonctionnaire qui avance en âge et accroît ses titres à la confiance des familles, des communes et de l'État puisse aussi compter sur plus de bien-être. Certains départements, notamment celui du Nord , qui ont établi le traitement fixe pour leurs instituteurs, ont eu soin de diviser ces traitements en classes différentes, de telle sorte qu'un instituteur plus méritant a le légitime espoir d'être aussi mieux rétribué, d'obtenir un avancement sur place et de ne pas voir son revenu diminuer avec ses forces aux approches de la vieillesse. C'est un exemple que je propose à vos méditations.

Caisse des écoles. — Je ne saurais trop vous recommander, monsieur le préfet, l'institution d'une caisse des écoles dans les communes. Cette caisse, destinée à encourager et à faciliter la fréquentation de l'école, peut avoir les plus utiles résultats. Créée sous l'inspiration du conseil municipal, alimentée par les souscriptions des personnes les plus dévouées au bien public, elle peut suppléer à l'insuffisance des ressources communales pour un grand nombre de dépenses qui, sans être obligatoires, sont d'une utilité incontestable. Il ne suffit point, par exemple, en certains cas, d'ouvrir gratuitement la porte de l'école : l'expérience prouve que beaucoup d'enfants admis à cette condition se dispensent d'y paraître, ou y paraissent si irrégulièrement qu'ils n'en profitent réellement pas. Cela tient à plusieurs causes que la caisse des écoles peut faire disparaître. Le besoin qu'ont les parents des services de leurs enfants : la caisse leur allouerait des secours à la condition de l'envoi régulier des enfants à l'école. Ces enfants manquent de vêtements : elle leur en donnerait.

28.

Ils n'ont pas le moyen de se procurer des livres et du
papier : elle leur en fournira. Ne peut-elle encore récompenser par quelque don les enfants les plus assidus;
accorder des prix en dehors de ceux du conseil municipal,
ou en doubler la valeur ; aider certaines familles à payer
l'écolage; donner à l'instituteur lui-même, soit une gra-
tification, soit les livres dont il aurait besoin pour l'instruction de ses élèves ou la sienne propre; ou enfin
souscrire en son nom à des recueils périodiques qui le
tiendraient au courant des méthodes nouvelles et des pro
grès de la science?

Les ressources de la caisse des écoles auront donc un
emploi très-varié; mais ces ressources, il faut se les
procurer, et, dans ce but, une bonne organisation des
caisses des écoles est nécessaire. Je ne crois pas cependant, monsieur le préfet, qu'il y ait lieu de leur donner
à toutes la même forme et de les soumettre aux mêmes
règles. Ces établissements, qui devront beaucoup à l'initiative privée, n'ont besoin que d'un règlement de travaux intérieurs dont vous pourrez donner le modèle sans
prétendre l'imposer. Ce règlement, qui conférera au
maire la présidence de la commission administrative,
laissera aux membres de la commission le choix de son
vice-président et de son secrétaire ; il pourra désigner, parmi les fonctionnaires publics, des membres de
droit ou décider que tous les membres seront soumis à
l'élection; il pourra partager les souscripteurs en membres
titulaires et en membres honoraires, donnant ou ne donnant pas aux uns et aux autres le droit d'assister aux réunions générales avec voix consultative ou délibérative,
selon que les circonstances locales paraîtront devoir être

le plus conformes aux intérêts de la caisse ; il pourra fixer le taux de la souscription ou en autoriser l'acceptation à quelque somme qu'elle s'élève ; il pourra rendre les souscriptions annuelles et même permettre d'accueillir celles qu'on offrirait à la commission administrative , à des conditions qui ne seraient pas onéreuses pour la caisse ; il pourra autoriser la commission à déléguer ses pouvoirs, dans telle ou telle limite , à un comité, ou lui réserver l'administration directe de la caisse ; enfin il se prêtera à toutes les combinaisons qui pourraient attirer le plus grand nombre possible de souscripteurs.

Je ne puis en ce moment prendre aucun engagement quant à la participation des fonds de l'État à l'alimentation de ces caisses ; mais mon vif désir est de pouvoir bientôt leur venir en aide. Mon intention serait donc de leur accorder, par exemple, soit tous les deux ans, soit annuellement, une somme égale au dixième du chiffre total des souscriptions. Cette somme serait versée entre les mains du percepteur, receveur municipal, que la loi charge gratuitement de ce service , et qui pourra dès lors être membre de droit du comité.

Veuillez donc, monsieur le préfet, inviter les conseils municipaux à délibérer sur cette création dans leur prochaine session du mois de mai courant, en leur faisant remarquer que ces caisses n'ont d'autre but que de leur venir en aide en intéressant à la prospérité des écoles un plus grand nombre de personnes, et en se chargeant des menus frais auxquels les ressources financières de la commune ne pourraient subvenir.

Vous voudrez bien m'envoyer à part, soit la délibération même, si elle présente quelque intérêt, soit une copie des

statuts que vous auriez approuvés. Je désire enfin que vous
me teniez régulièrement au courant de la création de ces
caisses, et que vous m'adressiez pour quelques-unes d'entre
elles des propositions de secours. Je m'empresserai d'y
faire droit aussitôt que cela me sera possible. Vous aurez
enfin à mettre ces délibérations, avec un résumé des votes,
sous les yeux du conseil général, et à l'inviter à voter la
somme qu'il croira nécessaire pour contribuer à l'établissement et à l'entretien des caisses des écoles. Il va sans dire
que le conseil général pourra indiquer d'avance la destination précise ainsi que le mode de distribution de ces
fonds, mais qu'il ne devra y affecter aucune partie des
centimes spéciaux consacrés aux dépenses de l'instruction
primaire, si l'insuffisance de ces centimes le forçait déjà
de recourir aux subventions de l'État. Les caisses des
écoles, partout où elles existent, notamment dans le
deuxième et le dix-neuvième arrondissement de Paris, ont
efficacement aidé à combattre l'ignorance et à diminuer le
nombre des illettrés. Elles sont en honneur en Suisse, où,
par un touchant usage, les nouveaux époux déposent le
jour des noces, dans la caisse des écoles, une sorte d'offrande à l'enfance.

Inspection des écoles libres tenant lieu d'écoles publiques.
— L'article 36, paragraphe 4, de la loi du 15 mars 1850
porte ce qui suit :

« Le conseil académique peut dispenser une commune
« d'entretenir une école publique, à condition qu'elle pour-
« voira à l'enseignement primaire gratuit, dans une école
« libre, de tous les enfants dont les familles sont hors d'état
« d'y subvenir. Cette dispense peut toujours être retirée.»

Cette disposition de la loi était incomplète. En donnant à quelques écoles libres les avantages assurés aux écoles publiques, et en ne les soumettant pas aux mêmes règles, on leur conférait un véritable privilége, puisque l'État renonçait à leur susciter la concurrence d'une école publique, et qu'il ne lui était pas possible de s'assurer si l'enseignement qui y était donné aux enfants répondait réellement à leurs besoins. Le même article disait, il est vrai, que la dispense d'entretenir une école publique donnée à une commune pouvait toujours être retirée ; mais, à ma connaissance, il n'a jamais été usé d'office de cette faculté, même en présence d'abus qu'il eût été facile de prévoir. Quelques instituteurs ou institutrices, qui dirigeaient des écoles libres tenant lieu d'écoles publiques, prétendaient limiter le nombre des élèves gratuits qu'ils devaient recevoir ; d'autres voulaient avoir le choix de ces enfants ; d'autres, et c'est le plus grand nombre, surtout parmi les écoles de filles, réunissaient les enfants pauvres dans la partie la plus mal disposée de leur local et leur donnaient une instruction insuffisante, réservant tous leurs soins pour les élèves payants. Ces écoles, ordinairement patronnées par des personnes riches et influentes, et appartenant pour la plupart à des communautés religieuses, ne tardaient pas à recevoir des donations ou des legs qui en assuraient l'existence et les rendaient complétement indépendantes. Aucune chance de succès n'était ainsi réservée à l'établissement d'écoles publiques, et les communes subissaient avec résignation un état de choses qui était assez souvent contraire aux intérêts bien entendus de la population comme aux sentiments de l'autorité municipale. L'article 17 de la nouvelle loi, en soumettant ces écoles à l'inspection comme les écoles publiques, a donc fait un acte de protection et de justice. Désormais, on pourra s'assurer si l'école libre, dont la seule présence est un obstacle à l'existence d'une école publique, la remplace en effet, et si elle satisfait complétement aux obligations qu'elle a contractées. L'inspection de ces écoles ne devra donc plus se borner à constater, comme la loi l'exige à l'égard des écoles libres, si l'enseignement n'y est pas contraire à la morale, à la constitution et aux lois ; elle devra s'assurer si tous les enfants y reçoivent l'instruction que leur offrirait une école publique, et si tous y sont l'objet des mêmes soins. Cette inspection, j'ai à peine besoin de le dire, ne sera jamais tracassière, et, tout en recommandant la suppression des abus qu'elle pourrait rencontrer, elle n'oubliera pas qu'elle est en présence d'écoles qui rendent de véritables services, surtout dans les communes pauvres, et ont un droit particulier à la protection de l'État.

Recours des instituteurs contre l'opposition faite à l'ouverture des écoles libres. — Au surplus, l'article 19 de la nouvelle loi, comme toute la pratique de l'administration, témoigne assez du respect de l'autorité envers la liberté de l'enseignement pour qu'il soit inutile de l'affirmer ici de nouveau. L'article 18 de la loi du 15 mars 1850 donnait au conseil départemental le droit de juger, à bref délai, contradictoirement et sans recours, l'opposition faite par vous à l'ouverture d'une école primaire libre ; l'article 64 de la loi admettait au contraire, et, dans le même cas, lorsqu'il s'agissait d'un établissement d'instruction secondaire, un appel de la décision du conseil départemental devant le conseil impérial de l'instruction publique, dont la loi a fait le gardien suprême de la liberté d'enseignement. Une semblable différence ne pouvait se comprendre. Vainement pourrait-on dire que les écoles primaires étant beaucoup plus nombreuses que les écoles secondaires, le conseil impérial de l'instruction publique eût été appelé à statuer sur un trop grand nombre de pourvois : une semblable raison, et je n'en connais pas d'autres, n'est pas admissible, et je suis étonné que les personnes qui tiennent le plus à la liberté de l'enseignement n'aient pas été frappées depuis longtemps des inconvénients d'une semblable législation. Ce n'est pas, je me hâte de le dire, que MM. les préfets aient obtenu des conseils départementaux la confirmation d'actes susceptibles d'être réformés par le conseil impérial : je rends, sous ce rapport, pleine justice aux jugements qui ont été prononcés; mais ces jugements ont été souvent contestés par les parties intéressées, et nul ne pouvait comprendre dans ce cas que la loi leur refusât la garantie qu'elle accordait au simple bachelier voulant ouvrir une école secondaire libre; cette différence de brevets ne leur paraissait pas devoir entraîner une inégalité des droits du citoyen devant la loi. Il n'en sera plus de même désormais. Vous devrez donc, monsieur le préfet, lorsque vous notifierez à un instituteur le jugement du conseil départemental, confirmatif de votre opposition à l'ouverture d'une école, lui faire savoir que la loi lui accorde dix jours pour se pourvoir, à dater de la notification de la décision du conseil départemental. Cet appel devra être déposé à la préfecture et il en sera donné un récépissé. Vous me transmettrez le tout avec les pièces à l'appui, et vous y joindrez non-seulement la décision frappée d'appel du conseil départemental, mais toutes les pièces qui vous auront déterminé à former votre opposition. Vous voudrez bien aussi me donner les explications que vous jugerez convenables sur le pourvoi même de l'instituteur. Ces pourvois seront soumis au conseil impérial dans sa première session; mais ils ne seront pas suspensifs, l'article 29 de la loi du 15 mars 1850 n'étant à cet égard modifié en quoi que ce soit par la loi du 10 avril 1867.

Les instituteurs libres ne peuvent recevoir des enfants des deux sexes sans l'autorisation du conseil départemental. — L'article 15 de la loi du 15 mars 1850 donnait au conseil départemental le droit de déterminer *les cas où les communes pouvaient provisoirement établir ou conserver* des écoles primaires où seraient admis des enfants de l'un et l'autre sexe. Cette disposition était conforme au principe d'après lequel il devait être établi des écoles différentes pour chaque sexe. Cependant l'article 52 de la même loi portait qu'aucune école *publique ou libre* ne pouvait, sans l'autorisation du conseil académique, recevoir des enfants des deux sexes, s'il existait dans la commune une *école publique ou libre de filles;* ce qui impliquait, sinon une contradiction manifeste, du moins une certaine confusion. En effet, l'article 15 supposait qu'une commune ne pouvait établir une école mixte sans l'autorisation du conseil académique, et l'article 52 lui donnait le droit d'établir cette même école s'il n'y avait pas d'école publique ou libre dans la même commune. Malheureusement, la première disposition ne s'appliquait qu'aux écoles publiques, alors que la dernière s'appliquait également aux écoles libres : ainsi, tandis qu'en vertu de l'article 15 la

commune ne pouvait établir une école publique mixte
sans l'autorisation du conseil académique, l'école libre
pouvait se rendre mixte, à la seule condition qu'il n'y eût
pas d'école publique ou libre *de filles* dans la commune.
La circulaire du 24 décembre 1850 avait donné à cette
disposition de la loi une interprétation contraire à cette
prétention; mais elle a été contestée, et, en l'absence
d'un texte précis, des écoles libres ont pu réunir des
enfants des deux sexes et, par conséquent, perpétuer un
état de choses auquel le gouvernement s'efforce de mettre
un terme, et le continuer dans les conditions qui présentent le moins de garanties. L'article 21 de la nouvelle loi
ne permet plus le moindre doute : il soumet l'école libre
qui veut recevoir des enfants des deux sexes à l'obligation
d'en obtenir préalablement l'autorisation. Il ne faut pas
oublier que des communes peuvent être dispensées d'entretenir une école publique, à la condition de pourvoir à
l'enseignement gratuit des enfants pauvres dans une école
libre, et que ces écoles, la plupart du temps uniques dans
la commune, ne suppléeraient qu'imparfaitement à l'absence d'écoles publiques, si elles ne pouvaient être autorisées à recevoir les deux sexes ou si elles n'y consentaient
pas; mais, hors ces cas, les écoles libres dirigées par un
instituteur ne doivent recevoir que les garçons, et les filles
ne doivent être admises que dans les écoles dirigées par des
institutrices. Vous voudrez donc bien, monsieur le préfet,
donner les ordres nécessaires pour mettre un terme à un
état de choses que l'esprit de la loi de 1850 condamnait, et
contre lequel la loi nouvelle édicte une pénalité. Il va sans
dire que, si vous vous trouviez en présence de quelques faits
particuliers dignes d'être pris en considération, vous auriez

soin d'en référer au conseil départemental et de lui proposer le maintien, au moins provisoire, de l'organisation qui
aurait appelé votre attention. Le vœu du législateur est de
prévenir le danger des écoles mixtes : il a fait de grands
efforts et il impose de grands sacrifices au pays dans ce
but ; mais, en admettant l'intervention du conseil départemental, la loi a permis de tenir compte de toutes les
circonstances qu'elle n'avait pu prévoir et qui seraient de
nature à intéresser le développement de l'instruction
primaire.

*De l'âge d'admission des enfants dans les écoles publiques,
lorsqu'il y a une salle d'asile dans la commune.* — Je crois
devoir appeler d'une manière toute particulière votre
attention sur l'article 21 de la loi. Cet article ne permet
à aucune école publique ou libre de recevoir, sans l'autorisation du conseil départemental, des enfants au-dessous
de six ans, s'il existe dans la commune une salle d'asile
publique ou libre.

Selon l'usage que fera le conseil départemental de la
faculté qui lui est ainsi conférée, cette disposition produira
les effets les plus salutaires ou aura pour quelques écoles
des résultats désastreux. Il importe de se rendre un compte
très-exact de la pensée qui l'a dictée et de l'esprit dans
lequel elle doit être exécutée.

Les salles d'asile sont une institution qu'on ne saurait
trop encourager. Considérées d'abord comme des établissements en quelque sorte de bienfaisance, destinées à venir
en aide aux familles pauvres qui ne pouvaient se livrer
hors de leur domicile à des travaux indispensables, sans
abandonner leurs jeunes enfants sur la voie publique ou

sans les tenir enfermés, hors de toute surveillance, dans de pauvres logis, les salles d'asile n'ont pas tardé à être partout appréciées comme un puissant moyen d'éducation. Repoussées d'abord par le clergé, qui en avait méconnu l'utilité, exclusivement dirigées par des laïques, les congrégations religieuses de femmes répugnant à se charger d'élever des petits garçons, les salles d'asile ont triomphé de tous les obstacles, conquis l'appui du clergé et attiré à elles un si grand nombre de communautés religieuses, qu'aujourd'hui 2,609 salles d'asile, sur 3,572, sont dirigées par des sœurs. Mais ici, comme en toutes choses, il faut se garder de l'exagération, et les succès des salles d'asile ont failli en compromettre l'avenir. Au lieu de se borner à donner les premières connaissances utiles et qui doivent être l'objet d'un enseignement verbal, on a tenté, dans quelques établissements, d'y développer l'instruction et d'en faire ainsi de véritables écoles. Il faut cultiver de bonne heure l'intelligence des enfants, mais on doit se garder de la fatiguer et de l'appauvrir à jamais par des efforts prématurés.

Des précautions ont donc été prises pour conserver à ces petites maisons d'éducation le caractère qui leur est propre. D'autres dangers les ont encore menacées. Ici, tel instituteur libre, ayant à soutenir la concurrence redoutable d'une école publique, et craignant qu'au sortir de la salle d'asile les familles ne fussent amenées à placer leurs enfants dans cette école, les attirait dès leur plus jeune âge et les soumettait à un régime qui leur était très-défavorable. Or, la loi n'ayant établi aucune pénalité à cet égard, on ne pouvait que difficilement s'opposer à cet état de choses, et une foule d'enfants, au lieu d'aller à l'asile, où se font des exercices propres à leur âge, s'étiolaient sur les bancs de l'école, assistant à des leçons qu'ils ne pouvaient comprendre, obligés à un profond silence pendant de longues heures et privés de l'air et du mouvement si indispensables à leur âge.

L'article 21 de la loi permettra de mettre un terme à de pareils abus et de punir les maîtres qui persisteraient à les perpétuer.

Mais ici, monsieur le préfet, vous rencontrerez d'autres inconvénients que vous ne négligerez pas de signaler, dans l'occasion, au conseil départemental. Lorsqu'une commune n'a pu établir une salle d'asile à côté de son école publique, et lorsque cette école est exposée à la concurrence d'une école libre, la directrice de l'école libre, en vue d'y attirer tous les enfants, ouvre dans une salle particulière ce qu'elle appelle une salle d'asile, puis revendique le droit exclusif d'y recevoir les enfants au-dessous de six ans, se réservant de les faire passer dans l'école au fur et à mesure qu'ils atteignent l'âge d'y être admis. On conçoit qu'un semblable procédé tende à tarir en peu de temps la source du recrutement de l'école publique, à qui il est défendu de recevoir des enfants au-dessous de six ans. L'institutrice libre jouit, dans ce cas, d'un véritable privilége, sans grand profit pour les enfants, mais au grand détriment de l'école publique, comme de la commune, qui voit diminuer, chaque jour, le produit de la rétribution scolaire. C'est ainsi qu'on est quelquefois arrivé à faire supprimer l'école publique ou à la remplacer par l'école libre qui, à l'aide de l'asile, avait préparé et réalisé sa ruine.

Dans quelques départements on a reconnu ce danger,

et les règlements particuliers des écoles n'ont imposé aux écoles publiques l'obligation de fermer leurs portes aux enfants au-dessous de six ans que s'il y avait dans la commune une salle d'asile *publique*. Mais alors des précautions ont dû être prescrites pour que les plus jeunes enfants fussent soumis dans l'école à un régime particulier, et pour qu'on leur donnât toutes facilités de prendre plus longtemps et plus librement leurs ébats au grand air. La loi nouvelle, exclusivement favorable en ce point aux salles d'asile, étend sa prescription au cas où il y aurait une salle d'asile libre dans la commune, et cette prescription aura de sérieux avantages partout où la salle d'asile formera un établissement spécial, qui ne sera pas destiné à frapper de mort l'école publique. L'article 21, prévoyant toutefois la possibilité d'un abus de ce genre, permet au conseil départemental d'autoriser les écoles publiques à recevoir des enfants au-dessous de six ans, même en présence d'une salle d'asile, et elle laisse à ces conseils la libre appréciation des circonstances dans lesquelles ils croiront devoir accorder ces autorisations. Il vous appartiendra donc, monsieur le préfet, d'examiner, le cas échéant, les considérations qui pourraient motiver les exceptions à la règle, et vous n'hésiterez pas à protéger, s'il y avait lieu, les écoles publiques contre des tentatives menaçantes et intéressées.

Il y aura toutefois, monsieur le préfet, des précautions à prendre pour que l'intérêt des enfants ne soit jamais, dans ce cas, sacrifié à celui des écoles publiques. Il conviendra donc de prescrire pour les écoles publiques les dispositions propres à y assurer aux enfants les bienfaits de la salle d'asile, et à ce sujet, monsieur le préfet, je crois devoir vous entretenir des essais heureux qui ont déjà été faits dans quelques établissements pour y rendre presque insensible la transition de l'asile à l'école.

Dans les salles d'asile, de petites classes entremêlées de mouvements divers, de chants, d'exercices variés et d'instructions ne durant jamais plus de dix minutes ; point de leçons apprises par cœur, point de devoirs écrits, mais des récits moraux faits par la directrice et qui servent de texte à de fréquentes interrogations ; de longues récréations pendant lesquelles des jeux sont organisés en plein air et ont pour but de développer tout à la fois les forces physiques et l'intelligence des enfants. Rien de tout cela ne se retrouve dans les écoles où les enfants entrent en sortant de l'asile. De longues classes, précédées et suivies de longues études ; des récréations courtes, trop souvent même pas de récréations ; l'obligation de faire d'interminables pages d'écriture qui ne parlent pas toujours à leur esprit, d'apprendre par cœur des leçons de grammaire, des règles de calcul, et de faire des devoirs dont ils ne comprennent pas encore le but. On conçoit facilement que ce passage sans transition d'un régime très-doux à un régime qui est trop sévère ne soit pas facilement accepté par tous les enfants, et qu'un certain nombre viennent s'engourdir dans un profond ennui sur les bancs de l'école. Tous les enfants, sans exception, aiment l'asile et s'y rendent avec empressement ; se rendent-ils tous avec le même plaisir à l'école ?

Nous aurons une sérieuse réforme à introduire dans ce régime ; en attendant, il conviendrait, monsieur le préfet, là où les enfants au-dessous de six ans seraient autorisés à rester dans les écoles publiques, d'y organiser pour eux

une petite division qui emprunterait aux asiles quelques-
uns de ses procédés, et dont le régime serait combiné de
telle sorte qu'en modifiant légèrement celui de la division
supérieure, la transition s'opérât presque insensiblement.
Je sais que cette modification aux règlements d'études, à
laquelle la femme chargée, dans les écoles mixtes, des
travaux à l'aiguille pourrait être utilement employée, ne
peut être faite sans l'intervention de M. le recteur de l'académie, qui a particulièrement sous sa direction ce qui concerne l'enseignement proprement dit : aussi je compte appeler prochainement son attention sur ce point important.

*Des engagements décennaux et de la dispense du service
militaire.* — J'ai peu de chose à vous dire relativement à
l'article 18 de la loi concernant les engagements décennaux
et la dispense du service militaire. Mes circulaires des
17 juillet 1865, 14 février[1] et 17 mars 1866 ont eu pour
but et pour résultat de mettre un terme à un abus qui
constituait un privilège exorbitant au profit des associations religieuses vouées à l'enseignement. La loi de 1850
n'avait accordé la dispense du service militaire qu'aux
personnes qui contractaient l'engagement de remplacer
les sept ans de service militaire par dix ans de services
rendus dans l'enseignement public, et qui réalisaient cet
engagement. Or, les écoles libres tenues, soit par des
laïques, soit par des congréganistes, étant des établissements particuliers et essentiellement mobiles, subissant
toutes les chances bonnes ou mauvaises des spéculations
privées, et s'ouvrant et se fermant à la volonté de ceux qui
les entreprenaient, ne pouvaient conférer aux maîtres qui

1. Voyez ci-dessus, page 266.

Discours. 29

les dirigeaient ou à ceux qui y étaient employés le caractère de fonctionnaires publics; par conséquent, leurs services ne pouvaient être assimilés aux services rendus dans
les écoles communales.

La loi nouvelle, consacrant ce principe, y a fait toutefois une légitime exception : elle permet de réaliser l'engagement décennal dans les écoles libres tenant lieu d'écoles
publiques, mais uniquement dans celles de ces écoles qui
auront été désignées pour remplir cette mission par le
ministre de l'instruction publique, après avis du conseil
départemental. Ainsi se trouve modifié le troisième paragraphe de l'article 15 de la loi de 1850. Aux termes de cet
article, le conseil départemental dispensait une commune
d'entretenir une école publique et laissait à cette commune le soin de traiter avec une école libre pour y
assurer l'admission gratuite des enfants indigents; il faudra
désormais que cette école libre soit spécialement désignée
par le ministre, sur la proposition du conseil départemental. S'il en était autrement, l'instituteur titulaire, non
plus que ses adjoints, ne saurait être considéré comme
remplissant les conditions de l'engagement. Quant à ces
derniers, qui continueront d'être nommés et révoqués par
les instituteurs, le nombre en sera déterminé par le conseil
départemental, afin de prévenir les abus qui auraient pu
très-aisément se produire, et ils devront être agréés par
vous. Tout instituteur adjoint qui n'aurait pas été nommé
avec votre agrément, soit par l'instituteur laïque, soit par
le supérieur de la congrégation dont il fait partie, ne
serait pas dans une situation régulière au point de vue de
l'engagement décennal et perdrait son droit à la dispense.

La loi de 1850 permet aux élèves des écoles normales

primaires, aux novices des associations religieuses légalement reconnues et aux instituteurs adjoints des écoles publiques de contracter un engagement décennal, à charge de
le réaliser dans un établissement public. Le deuxième paragraphe de l'article 18 de la loi nouvelle concède la même
faveur aux instituteurs adjoints des écoles libres désignées
pour tenir lieu d'écoles publiques. Cette extension d'un privilége précieux montre le désir du gouvernement et du législateur de favoriser tous ceux qui servent l'intérêt général.

En résumé, monsieur le préfet, je vous recommande
d'exécuter la loi nouvelle avec un esprit ennemi des vaines
formalités et des restrictions inutiles. Vous ne devrez rien
négliger des garanties que cette loi assure à l'État, c'est-à-
dire à la société; mais vous n'exigerez rien au delà, et
vous aurez soin, dans toutes les circonstances où il y aurait
lieu d'interpréter telle ou telle disposition, de vous inspirer des principes de liberté qui sont l'esprit même de
cette circulaire.

L'œuvre que la loi du 10 avril nous donne le devoir et
l'honneur d'accomplir nécessitera, monsieur le préfet,
beaucoup d'efforts et de persévérance; mais je suis assuré
d'avance de votre concours le plus résolu et de votre
dévouement le plus actif pour répondre à la confiance de
l'Empereur, au vœu des grands corps de l'État et à un des
intérêts les plus pressants du pays : car nul doute aujour-
d'hui qu'avec une instruction bien appropriée aux besoins
de chacun on ne forme véritablement des hommes, de
plus habiles ouvriers et de meilleurs citoyens.

Recevez, etc.

Le ministre de l'instruction publique,

V. DURUY.

29.

Discours prononcé par S. Exc. M. le Ministre à la distribution des
prix de l'Association polytechnique, le 19 mai 1867.

Messieurs,

Au lieu de vous faire un discours, je vous citerai quelques chiffres à côté desquels toute éloquence pâlirait.
Vous êtes ici comme les représentants des élèves de tous
nos cours d'adultes. En vous rendant compte des résultats
de notre dernière campagne scolaire, c'est à eux tous que
je m'adresse; et, puisque l'industrie étale en ce moment
au palais de la paix ses pompes triomphantes, il est juste
que le corps enseignant de France, dont les œuvres tiennent si peu de place dans l'espace, mais en prennent une
si grande dans la pensée, connaisse, lui aussi, et montre,
non sans une certaine fierté, ceux de ses travaux dont
l'importance a pu être exactement constatée.

Le succès des cours d'adultes parut, l'an dernier, si extraordinaire, que, dans l'esprit de tout le monde, cet élan
magnifique devait être suivi d'une lassitude générale qui
ferait perdre bien vite la plus grande partie du terrain
gagné. Maîtres et élèves, au contraire, ont redoublé de
dévouement comme de courage, et leur nombre s'est
encore accru d'un tiers.

40,000 instituteurs, ou 10,000 de plus que l'an dernier, ont ouvert librement 32,383 écoles du soir; 830,000 adultes, au lieu de 595,000, y sont accourus.

Parmi eux, plus du tiers étaient complétement illettrés ou n'avaient que ces connaissances imparfaites qui ne permettent pas de faire usage du peu que l'on sait. Or, 23,000 seulement sont sortis de ces cours, malgré leur bonne volonté, tels qu'ils y étaient entrés. Tous les autres, c'est-à-dire plus de 800,000, se sont élevés d'un ou de plusieurs degrés dans l'échelle du savoir. Calculez, d'après cela, de combien s'est accrue en quelques mois la puissance de production de la France, puisque désormais les progrès de l'industrie seront proportionnels aux progrès de l'instruction générale.

Personne ne dira plus que ces cours sont une affaire de mode et que cette mode passera. Il faut bien reconnaître dans cette persévérance, qui d'année en année se marque davantage, une de ces résolutions arrêtées et fortes qu'un peuple n'abandonne pas.

Remarquez, messieurs, que, contrairement à ce qui arrive si souvent en France, le mouvement part cette fois d'en bas, comme la séve qui monte dans les grands chênes. Le peuple, sur un mot énergique et bref de l'Empereur, s'est levé pour courir aux écoles, comme il se lèverait tout entier, s'il était besoin, pour courir aux frontières.

Près de 13,000 instituteurs ont encore donné gratuitement leur cœur et leur esprit à cette œuvre : 9,000 ont même dépensé pour elle 235,000 francs prélevés sur leur pauvre traitement; mais 10,000 conseils municipaux ont tenu à honneur, cette année, d'aider les autres directeurs de cours; et, au total, on a, en dehors de toute subven-

tion de l'État, réuni une somme de près de deux millions[1]. C'est le décime de guerre contre l'ignorance.

Je ne vous demande point grâce pour toute cette arithmétique à laquelle, autrefois, les ministres de l'instruction
publique n'étaient point condamnés. Il faut bien sortir du
pays légal, dans les lettres comme dans la politique : la
démocratie a brisé les vieilles formules d'éloquence académique, comme celles du vieux droit social.

Mais je tiens à ce que vous soyez bien assurés que les
résultats présentés ont été établis sans complaisance. Des
examens scrupuleux ont été faits à l'entrée et à la sortie
des cours par les instituteurs, sous le contrôle des chefs
dévoués de ce laborieux service. Voulez-vous un exemple
du soin sévère qui est mis dans cette enquête? Je lis dans
un rapport officiel pour un seul département : « En 1865,
le dimanche 5 mars, une épreuve écrite a eu lieu dans
chaque cours d'adultes. Le texte de la composition, choisi
par le recteur, avait été envoyé sous pli cacheté. La présence des maires, des curés, des délégués cantonaux, a
garanti la loyauté du concours, dont toutes les conditions
avaient été réglées par une circulaire spéciale. 1,267 compositions avaient été envoyées à l'inspecteur d'académie ;
371 se sont trouvées sans une seule faute. En 1866, le
dimanche 11 février, le nombre des concurrents est triple,
4,880 : 980 copies sans faute. En 1867, le dimanche
24 février, 5,158 adultes, tous ouvriers de la terre, de
l'usine ou de l'atelier, affrontent le combat : 1,409 copies
irréprochables. L'écriture, l'orthographe, le calcul, sont
en progrès, la moralité aussi; car ces braves jeunes

1. 1,860,287 francs.

gens, pour la plupart, ne consentent à concourir que pour donner à leurs maîtres une preuve de reconnaissance. »

Vous conterai-je, maintenant, quelques-uns de ces traits qui vous ont émus l'an dernier? Je prends au hasard de mes souvenirs. Ici, une fillette de dix ans amène sa mère à l'école du soir et lui apprend elle-même à lire. La fille, en ce moment, n'avait pas moins de respect pour sa mère ; mais celle-ci, à coup sûr, avait plus d'amour pour son enfant. Là, un ouvrier malade et retenu au lit fait néanmoins les devoirs de la semaine et les envoie au maître. Un autre paye un remplaçant à l'atelier durant l'heure de la classe, afin de ne pas manquer la leçon.

Dans une région du Midi, où les passions sont ardentes comme le soleil qui en brûle les campagnes, où les haines sont invétérées, les violences habituelles, un inspecteur écrit : «Plusieurs curés m'ont fait connaître que bien des inimitiés avaient cessé à l'occasion des cours d'adultes. L'habitude de se trouver assis côte à côte, la nécessité de se rencontrer et de parcourir ensemble le même sentier par tous les temps et durant les nuits d'hiver, la moralité que l'instituteur sait faire sortir des morceaux choisis de lecture, de dictée ou d'histoire, tout cela contribue au rapprochement des âmes et à l'abdication des rancunes. Ces résultats sont si bien connus, qu'un jeune prêtre attaché à une cure de canton, mais chargé de desservir, le dimanche, une paroisse éloignée, ayant appris que la maladie empêcherait l'instituteur de tenir l'école du soir dans ce village divisé par de vieilles querelles, voulut l'ouvrir lui-même. Il lui fallait traverser de nuit, par de mauvais sentiers, une montagne et des bois. Le retour avait lieu de onze heures à minuit. Pendant quatre mois, il fit ce double trajet. «Je voulais, disait-il, instruire et réconcilier : j'ai atteint mon but.»

Au Creuzot, on ne connaît plus, dans l'immense usine, l'ivrognerie ni les rixes. La paternelle prévoyance des chefs suffit seule à gouverner ce peuple de 10,000 ouvriers. «Un de nos plus sûrs moyens d'action, me disait récemment l'honorable président du Corps législatif, c'est l'école.»

Vous voyez, messieurs, que je n'ai pas tort de rappeler souvent le lien étroit qui rattache l'instruction publique à la moralité du pays, comme je vous montrais tout à l'heure celui qui l'unit à sa prospérité matérielle.

Aussi vous ne vous étonnerez pas de m'entendre dire que, par l'effet de plusieurs causes, dont l'instruction populaire est une des plus puissantes, les mœurs en France s'adoucissent et s'améliorent. De 1850 à 1865, les crimes ont diminué de près de moitié, les délits d'un tiers[1], bien que la police soit de jour en jour plus vigilante à sauvegarder les intérêts et la sécurité des citoyens, bien que la répression soit plus active et que plusieurs lois d'ordre civil édictées depuis seize ans aient puni des délits nouveaux[2].

1. Le chiffre exact est pour les crimes, en 1850, de 2 accusés sur 10,000 habitants ; en 1865, de 1 plus un dixième sur 10,000. Pour ce même nombre de 10,000 habitants, il y avait, en 1850, 64 prévenus; il n'y en avait plus que 45 en 1865.

Voici, du reste, les chiffres officiels donnés par les comptes généraux de la justice en France pour les trois dernières périodes quinquennales :

1850-1855.	1 accusé sur 5,055 habitants.
1856-1860.	1 —	6,758
1861-1865.	1 —	8,215
1865.	1 —	8,256

Quant aux prévenus, les chiffres qui représentent leur nombre pour les trois mêmes périodes quinquennales sont : 245,146; 207,420; 172,020, et, pour l'année 1865, 168,913.

2. Lois qui ont introduit des délits nouveaux dans la législation pénale : loi sur

A cette décroissance progressive des délits et des crimes
répond nécessairement une marche ascensionnelle de la
moralité publique.

L'Empereur est fier sans doute des victoires de Sébastopol et de Solférino, plus encore de celle que le génie de la
France gagne en ce moment à l'Exposition universelle ;
mais je ne sache pas qu'il y ait au monde un plus beau
triomphe que celui qui est remporté sur la passion et sur
le vice ; et je ne trouve point, dans toute la série des
siècles, un prince qui ait pu, comme le nôtre, se donner la
joie de dire : « Sous mon règne, j'ai vu la moralité du
peuple doubler. » Et puisqu'au général revient la responsabilité de la défaite, qu'à lui remonte aussi l'honneur de
la victoire. Ce sera justice, car jamais il ne s'est rencontré
de prévoyance plus ingénieuse à découvrir tout ce qui
peut relever la condition morale et matérielle des classes
laborieuses.

Les économistes avaient depuis longtemps enseigné que
le savoir féconde le travail ; que l'aisance, fruit du labeur
honnête et de l'ordre, est bonne conseillère ; qu'enfin,
dans nos sociétés modernes, les conditions du succès sont
telles pour le plus grand nombre, et je dirais pour tous, si
je ne devais exclure les fortunes soudaines, — qu'il est
difficile que la richesse publique se développe sans que la
moralité générale augmente. Cependant des esprits cha-
grins, ennemis de leur temps et par conséquent d'eux-
mêmes, repoussent ces raisons et refuseront de croire à
ces chiffres, qui sont rigoureusement tirés des greffes de

les timbres-postes, 16 octobre 1849 ; sur les fraudes commerciales, 27 mars 1851 ;
sur le roulage, 30 mai 1851 ; sur les cabarets, 9 décembre 1851 ; sur l'interdiction
du séjour de Paris et de Lyon aux repris de justice, 9 juillet 1852, etc.

la justice du pays. Laissez-les dire, messieurs, et marchez
en avant : c'est devant nous qu'est la lumière.

Je me rappelle, à ce propos, un récit d'un auteur
inconnu, qui me frappa dans mon enfance et que je n'ai
pas oublié.

Sur les bords de l'Hypanis, disait-il, se trouvent des
insectes qui ne vivent que la moitié d'un jour. Un d'eux,
né le matin et arrivé sur le soir à la décrépitude, avait
vu, dans sa jeunesse, le soleil au plus haut du ciel, la
plaine inondée de lumière et de chaleur, les fleurs épa-
nouies, l'air embaumé, et maintenant l'ombre et le froid
descendaient sur la terre. Triste, désespéré, il assemble
ses arrière-neveux : il leur parle de ces beaux temps à
jamais écoulés, où tout était grâce et beauté, force et
grandeur. Mais voici des ténèbres qui s'approchent, les
sources de la vie qui se glacent. La nature se voile, l'esprit s'éteint, les forts et les sages s'en vont.

Il y a toujours, messieurs, de ces habitants des rives de
l'Hypanis, qui ne regardent qu'en arrière. L'avenir, comme
le présent, les trouvera sur son chemin. Ils jouent dans
l'ordre social le rôle de l'élégie dans la littérature, et il est
bon, pour la variété des nuances et l'harmonie poétique
de l'ensemble, de conserver tous les genres.

Les hommes de mâle courage ne connaissent pas ces
craintes puériles et ont plus de justice ; ils battent des
mains aux progrès qui s'accomplissent. Écoutez les étrangers accourus dans nos murs et que les magnificences de
Paris y retiennent. Nos arts les séduisent ; nos industries
les attirent ; ils ont même été frappés de ce grand mouvement scolaire dont nous sommes les témoins surpris et
charmés, et, à l'Exposition universelle, ils ont voulu en

porter eux-mêmes témoignage. Le jury international du
dixième groupe, que préside le vénérable baron Liebig, un
des savants les plus illustres de l'Allemagne, ne connaissait que les résultats obtenus l'an dernier dans nos cours
d'adultes. Cependant, à l'unanimité et par acclamation, il
a voté une médaille d'or, non point pour nos écoles, que
beaucoup d'écoles étrangères dépassent encore, mais pour
les instituteurs de France : récompense éclatante d'un
dévouement sans égal.

Ils ont reçu, presque en même temps, une autre couronne par ce vote, unanime aussi, des grands corps de
l'État en faveur de l'enseignement primaire. L'Empereur
a désiré que les cours d'adultes, spontanément créés sur
toute la surface de l'Empire par l'ardeur des élèves et des
maîtres, devinssent une institution permanente : la loi du
10 avril 1867 leur a donné place dans notre organisation
scolaire. Courage donc! dirai-je à tous ces vaillants soldats
de la paix. L'Empereur est content de vous; le pays
applaudit à vos efforts, et les représentants des nations
étrangères s'unissent à nous pour déclarer que vous avez
bien mérité du prince et de la patrie.

Discours prononcé par S. Exc. M. le Ministre à la distribution des
prix de la Société lyonnaise pour l'enseignement professionnel des
adultes, le 23 juin 1867, à Lyon.

Messieurs,

Je visitais pour la première fois, il y a cinq ans, votre
belle cité ; j'admirais la ville prédestinée, mollement étendue sur le penchant de ses collines et au bord de ses deux
fleuves, qui me rappelaient, l'un par sa calme et féconde
lenteur, l'autre par sa fougue puissante, le caractère des
peuples dont ils font la fortune et la joie, dont ils ont fait
souvent aussi la terreur.

Mais que de fois n'étais-je pas venu, par la pensée, dans
l'antique métropole d'où la civilisation romaine et la religion catholique se sont élancées à la conquête des Gaules !

D'ici, nous pourrions voir les lieux où s'élevaient le
temple gigantesque de Rome et d'Auguste, précédé de
l'image colossale de la Gaule avec les soixante statues des
cités celtiques, et l'amphithéâtre où Blandine, la jeune
esclave chrétienne, « allait à la mort comme à un festin de
noces. »

Au moyen âge, votre ville reste la plus haute expression
des temps nouveaux, comme elle avait été, à l'époque
antérieure, la plus haute expression des temps anciens.
Elle est d'abord capitale d'un royaume barbare, et avec
son archevêque, « souverain temporel par la grâce de

Dieu, » avec ses chanoines qui s'intitulent comtes et devaient être tous de noble race, elle est le type le plus complet de la féodalité ecclésiastique. Commune, elle a eu ses luttes orageuses des gens de métiers contre les vassaux du chapitre pour la défense des « bonnes coutumes. » Ville royale, c'est dans ses murs que nos rois ont trouvé les clefs de la vallée du Rhône et l'accès de la Méditerranée. La Gaule n'est devenue la France que le jour où Lyon a mis la fleur de lys dans ses armes,

Vous m'excuserez, messieurs, si je reviens avec vous vers ces âges reculés. C'est pour moi une vieille et chère habitude. L'histoire nous donne la joie de revivre un moment avec nos pères, et, d'ailleurs, dans le présent n'y a-t-il pas toujours beaucoup du passé?

En étudiant le rôle historique de votre cité, une chose, par exemple, me frappe : c'est l'esprit libéral et sagement novateur de sa bourgeoisie. En plein moyen âge, elle était déjà une ville moderne. La *marchandise,* comme on disait alors, c'est-à-dire le commerce, n'y faisait pas déroger. Tout le monde en vivait, mais librement, du moins jusqu'au dix-septième siècle, sans aucun de ces priviléges étroits des jurandes et maîtrises qui étaient ailleurs de si lourdes entraves.

Aussi les marchands étrangers venaient-ils en foule se fixer dans la ville hospitalière, et c'est à Lyon que fut organisé le premier établissement de crédit qu'ait eu la France. Quand Louis XI eut encore doté la ville de ce tribunal de commerce si bien nommé la *Conservation,* dont les sentences, exécutoires pour le royaume entier, faisaient loi en tout pays, Lyon devint et est resté jusqu'à la Révolution notre grande place financière.

Cette bourgeoisie libérale et intelligente n'oublia ni les besoins de l'esprit ni les devoirs de la charité : car elle ouvrait gratuitement ses écoles aux écoliers pauvres, et dès le commencement du seizième siècle elle fondait l'*Aumône générale*, une des gloires de Lyon.

Vous êtes demeurés, messieurs, fidèles à ces traditions: nulle autre ville en France ne peut rivaliser avec vous pour l'importance des établissements scolaires ou hospitaliers; vos peintres, vos sculpteurs, ont fait école, et parmi vos ouvriers on trouverait de véritables artistes. Vos cours d'adultes sont les aînés de ceux de Paris, comme votre société d'instruction primaire, qui compte 8,000 élèves, est antérieure aux créations de 1833; et, bien avant la loi de l'enseignement spécial, vous aviez établi votre belle école de la Martinière, plus récemment l'école centrale lyonnaise et la société d'enseignement professionnel, dont nous célébrons en ce moment la fête. Tout cela signifie que vous avez été des premiers à comprendre cette grande vérité que, la nature étant désormais contrainte par la science de nous prêter ses forces les plus redoutables pour accomplir à notre place les travaux les plus pénibles, le travailleur a été relevé de sa condition de manœuvre, mais condamné à étendre chaque jour et à fortifier son esprit. C'est la rançon que la science lui impose pour le rachat des souffrances physiques qu'elle lui épargne.

Aussi, tandis que vos pères, il y a trente-cinq ans, demandaient des fusils qui, dans la guerre civile, ne font que des victimes douloureusement pleurées de quelque côté qu'elles tombent, vous, à présent, vous demandez des leçons et des livres qui font l'ouvrier habile et préparent l'honnête homme.

Alors, il est vrai, on parlait de la « vile multitude ; » on s'écriait à propos de vous-mêmes : « Les barbares sont aux portes ! » et on embastillait votre ville. Aujourd'hui, les fils des « barbares » sont des citoyens paisibles, et la main même de l'Empereur renverse les monuments de défiance pour ne laisser debout que cette enceinte, qui serait la cuirasse de Lyon contre l'étranger, sans compter, ce qui vaut mieux que les plus fortes murailles, de vaillantes poitrines d'hommes où ne battrait pas un cœur efféminé.

Puisque sur mille points vous avez été des précurseurs, soyez-le encore pour les graves problèmes qui nous agitent. Faites, par exemple, que ce soit ici, sous les auspices d'un prince qui, dans l'héritage du premier des Napoléons, a trouvé comme un legs pieux une affection singulière pour votre ville, faites que ce soit ici que se scelle la réconciliation de la liberté et du pouvoir : de la liberté, qui suscite, développe et féconde toutes les facultés dans l'homme, toutes les forces de production dans l'industrie, l'art et la science ; du pouvoir, qui, au nom et dans l'intérêt de la société tout entière, empêche, la loi à la main, ces libertés multiples et fortes d'envahir les unes sur les autres, de se combattre, de se détruire.

Remplacez les anciennes défiances, les soupçons inquiets, les craintes injurieuses, par un sentiment plus juste de la réalité. Que la liberté vous apparaisse comme l'ordre en mouvement, le pouvoir comme une délégation faite par la liberté même pour assurer sa marche et défendre les droits de tous en contenant les excès de quelques-uns. Dites-vous bien que le gouvernement n'est autre chose, de nos jours, que l'organe puissant et nécessaire de la vie nationale : en face de l'étranger, sentinelle avancée du

pays; en face de la nation, gardien vigilant de son honneur ainsi que de ses intérêts, et, avec le concours des
grands corps de l'État, promoteur actif de toutes les satis-
factions à donner aux besoins légitimes.

Si je pouvais vous ouvrir un de ces conseils auxquels
il m'est donné d'assister, vous y verriez un prince dont
l'esprit est incessamment tendu vers le bien public, qui
cherche avec passion les abus à supprimer, les réformes à
introduire, les idées nouvelles à féconder, les sentiments
généreux à faire passer dans la loi ou dans l'administration. Je voudrais vous le montrer présidant hier encore le
conseil d'État pour faire discuter devant lui une grande
loi d'humanité, celle qui assurera une tranquille vieillesse
aux invalides du travail. Vous reconnaîtrez là, messieurs,
l'opiniâtre persévérance du prince qui ici même, il y a
dix-sept ans, écrivait de sa main sur le registre d'une
société de secours mutuels : « Plus de misère pour l'ou-
« vrier malade ni pour celui que l'âge a condamné au
« repos; » et vous comprendrez que le jury international,
sur la proposition de ses membres étrangers, ait voulu
décerner la plus belle de ses couronnes à l'exposant impérial du dixième groupe, « au Souverain sans cesse préoc-
« cupé de l'amélioration morale et matérielle des popu-
« lations de son empire. »

Vous, Lyonnais, vous savez bien que ces paroles, sorties
d'une bouche étrangère, ne sont pas une flatterie officielle ; car ce prince, vous l'avez vu, dans les crises redoutables de la nature ou de l'industrie, accourir au milieu de
vous, soulager les misères, réparer les ruines, et chaque
fois, en partant, laisser derrière lui un bienfait : soit la
défense de votre ville contre les inondations et le rachat

des péages de vos deux fleuves; soit vos rues assainies, vos places, vos promenades multipliées, et la verdure, les fleurs, cette joie des yeux et de l'âme, portées dans vos quartiers les plus pauvres. Au moment où s'ouvre l'asile de Longchêne, vous n'oublierez pas, dans vos souvenirs reconnaissants, la belle et gracieuse souveraine qui donne, à cette heure même, à vos convalescents la preuve touchante d'une sollicitude égale au courage que naguère elle montrait en face de la mort sous ses formes les plus hideuses et les plus menaçantes [1].

Ces actes ne proviennent pas seulement d'une bonté qui s'épanche sans effort de cœurs bien faits, ils sont aussi la conséquence nécessaire de notre régime politique.

Énumérez, en effet, messieurs, les lois et les institutions que l'Empereur a conçues ou encouragées :

Pour développer les travaux publics en faveur de ceux qui vivent de leurs bras [2] et rapprocher le salaire du capital [3];

---

1. 1852. Ouverture de la rue Impériale avec une subvention de 4 millions accordée par l'État, restauration de l'Hôtel de ville. — De 1854 à 1858, construction d'un hôpital à la Croix-Rousse, création d'un dépôt de mendicité. — Inondations de 1856 : visite de l'Empereur, qui distribue de sa main 250,000 francs, ajoute 100,000 francs aux 300,000 provenant des crédits législatifs, et fait commencer les travaux de défense de la ville et de la banlieue contre les inondations. — 1860, rachat du péage des ponts du Rhône, ouverture de la rue de l'Impératrice, commencement du lycée de Saint-Rambert, inauguration du palais de la Bourse par l'Empereur. — 1865, rachat du péage des ponts de la Saône. — 1866, crise commerciale : 300,000 francs sont mis à la disposition des bureaux de bienfaisance; constitution de la société coopérative des tisseurs de Lyon, à laquelle l'Empereur fait prêter 300,000 francs par la société du Prince Impérial, en ajoutant 300,000 francs pris sur sa cassette; création par l'Impératrice d'un asile à Longchêne pour les convalescents de Lyon.

2. D'après la lettre impériale du 28 juillet 1866, la somme des travaux publics effectués chaque année par l'État, les départements et les communes peut être évaluée à 400 millions; il doit en rester moitié à peu près, soit 200 millions, pour les salaires.

3. Constitution, en 1866, sous la forme des sociétés anonymes, de la Caisse centrale des associations coopératives, où l'Empereur verse 500,000 francs. Loi sur les sociétés.

Discours.   30

Pour faciliter à l'ouvrier, qui donne sa probité en gage, les moyens d'utiliser sa force ou son adresse[1] et de joindre au crédit l'épargne qui fait entrer avec elle le bien-être et la joie dans la mansarde[2] ;

Pour diminuer les causes et les effets désastreux de la maladie qui s'abat sur un chef de famille[3], ou des crises commerciales qui éclatent sur toute une classe de travailleurs[4] ;

Pour aider l'enfance[5], soutenir la vieillesse[6] et ménager les forces renaissantes du vaillant ouvrier que le mal a vaincu[7], ou assurer du pain à celui qu'un accident exile de l'atelier[8] ;

1. Création, en 1862, de la société du Prince Impérial : *Prêts d'honneur faits au travail.*

2. Développement donné aux caisses d'épargne, dont l'établissement se fait progressivement dans toutes les communes, et qui passent, de 1851 à 1866, du chiffre de 565,995 livrets (1 déposant sur 61 habitants), avec un encaisse de 135 millions, au chiffre de 1,644,703 livrets (1 déposant sur 22 habitants), avec un encaisse de près de 500 millions.

3. Assainissement des villes; loi de 1850 sur les logements insalubres; cités ouvrières, encouragées par un fonds de dotation de 10 millions; maisons ouvrières; allocation, en 1851, de 500,000 francs pour encourager la création de bains et lavoirs; augmentation du nombre des hôpitaux; création, dans 43 départements, de la médecine cantonale gratuite.

4. Réorganisation, par le décret-loi du 26 mars 1852, avec un fonds de dotation de 10 millions, des sociétés de secours mutuels, qui comptent aujourd'hui 800,000 membres et possèdent 40 millions. Développements donnés aux établissements généraux de bienfaisance, placés sous le patronage de l'Impératrice; augmentation du nombre des bureaux de bienfaisance; société centrale de sauvetage des naufragés sous la protection de l'Impératrice (17 novembre 1865).

5. Orphelinat du Prince Impérial (décret du 22 avril 1862) ; développement des sociétés de charité maternelle, des salles d'asile et des crèches, placées sous le patronage de l'Impératrice; création de la maison Eugène-Napoléon pour les enfants malades; établissement dit *des Pupilles de la marine,* à Brest (15 novembre 1862) ; extension de la gratuité dans les écoles communales.

6. Caisse des retraites pour la vieillesse : depuis sa fondation, en 1850, 256,000 dépôts y ont versé plus de 95 millions; augmentation du nombre des hospices.

7. Asiles pour les convalescents et les convalescentes, près de Paris et de Lyon (décret du 8 mars 1855) : 70,000 environ ont été reçus déjà dans ceux de Vincennes et du Vésinet.

8. Projet de loi sur la caisse des invalides du travail (1867) ; société de secours aux blessés militaires. (Décret du 23 juin 1866.)

Enfin pour garantir ses intérêts [1], élever son intelligence, satisfaire ses besoins moraux [2].

En face de tant de mesures favorables aux intérêts populaires, quelques-uns d'entre vous diront sans doute que les préoccupations du gouvernement impérial ont pour principal objet le soulagement des classes laborieuses.

Ils diront vrai, messieurs; mais il est à cela deux raisons : la première, c'est que les ouvriers de la ville et des champs forment la masse du peuple; que l'intérêt du plus grand nombre est, depuis 1789, la loi des sociétés modernes; qu'enfin les grands cœurs vont naturellement aux faibles, aux pauvres, aux déshérités. La seconde, c'est que la bourgeoisie, qui possède l'expérience et les capitaux, c'est-à-dire les fruits du travail accumulés par l'ordre et accrus par l'intelligence, qui tient les usines et les grandes exploitations rurales, qui remplit les professions libérales et l'administration, est assez habile et assez forte pour conduire ses affaires elle-même et faire sa condition; tandis que le peuple, incertain dans ses désirs, inexpérimenté dans ses entreprises, a besoin qu'une main amie lui montre la voie où il sera bon pour lui d'entrer, abaisse les barrières et déblaye le chemin des obstacles amoncelés par les siècles, par les préjugés et par l'esprit de routine, qui est, en industrie, la cause de tant de malaises, en politique, celle de tant de révolutions.

1. Loi de 1851 sur l'assistance judiciaire ; loi du 25 mai 1864 sur les coalitions.
2. Loi sur l'enseignement primaire (10 avril 1867) et sur l'enseignement spécial (21 juin 1865); cours d'adultes (près de 33,000 en 1867); conférences publiques; conférences créées par l'Impératrice à l'asile de Vincennes; création de 8,322 bibliothèques scolaires, et, depuis 1850, de 9,000 écoles. — Dépenses faites par l'État, de 1849 à 1866 inclusivement, pour l'instruction primaire (matériel et personnel): 117 millions ; amélioration du sort des instituteurs. — Dépenses faites par l'État, de 1849 à 1866 inclusivement, en faveur des cultes : 793 millions, dont 101 million pour le matériel ; amélioration du sort des desservants.

30.

D'ailleurs, où le peuple finit-il ? où la bourgeoisie commence-t-elle? Offrir à l'un les moyens de s'élever, n'est-ce pas faire monter l'autre? Chaque année des milliers d'ouvriers passent contre-maîtres ou patrons et arrivent à l'aisance, tandis que l'on rencontre des fils ou petits-fils de patrons ruinés, redevenus ouvriers. Ce mouvement ascendant et descendant que déterminent les lois générales du travail, de l'ordre et de la moralité, c'est la séve qui circule dans le corps social pour en renouveler incessamment la vie, la force et la fécondité.

Les ouvriers commencent à comprendre ce caractère du gouvernement impérial. Comme ils savent à présent que ce sont eux surtout qui payent les frais des révolutions, ils ne songent plus aux émeutes, réclamations violentes et vaines qui ont tant de fois ensanglanté votre ville. Ils mettent leur confiance dans une constitution où ils ont leur place, dans un prince qui s'est donné la noble tâche d'employer son pouvoir même à créer les mœurs de la liberté, et ils attendent une amélioration à leur sort de trois moyens puissants : l'instruction, qui rend le labeur plus productif; la moralité, qui économise les fruits du travail; la discussion pacifique des intérêts, qui produira la lumière sur des questions encore obscures.

L'histoire du travail est un drame dont nous connaissons les trois premiers actes : le travail à coups d'étrivières de l'esclave antique, le travail forcé du serf au moyen âge, le travail salarié des temps modernes. Devons-nous en attendre un quatrième, le travail librement associé au capital et l'harmonie établie entre les trois grands agents de la production : l'intelligence, le capital et le salaire, enfin associés ou confondus sous les mille formes que cette association peut recevoir de la libre et loyale adhésion des contractants? C'est le secret de l'avenir. Lyon, comme Paris, Mulhouse, Guebwiller et vingt autres villes, en tente déjà l'expérience. Puisse chacun, dans la recherche de ces combinaisons délicates, avoir toujours présente à l'esprit la virile parole prononcée naguère par M. le ministre du commerce. « Pour le succès des sociétés ouvrières, il faut une somme de vertus bien supérieure à la somme des capitaux ! »

Ce mot prouve que les historiens ne sont plus seuls à constater le caractère moral que l'industrie moderne prend chaque jour davantage, et qui lui manquait absolument dans les anciens temps. Le luxe du riche retombe à présent en pluie d'or sur le pauvre qui travaille, et cependant l'aisance ne peut venir à l'ouvrier (mais alors elle lui arrive sûrement) qu'à la condition qu'il ajoute au travail l'économie dans son ménage, l'ordre dans ses mœurs, la prévoyance dans sa conduite, toutes vertus dont le bénéfice sera pour l'État autant que pour l'ouvrier.

A ce compte, messieurs, l'auxiliaire le plus sûr, pour ces progrès pacifiques, est celui que vous avez trouvé : l'instruction. Ce n'est pas que j'imagine qu'il se cache dans les vingt-cinq lettres de l'alphabet une vertu magique, par laquelle soient immédiatement transformés ceux qui les possèdent : mais je suis persuadé qu'il y a, pour le plus grand nombre des hommes, un lien nécessaire entre l'esprit qui s'éclaire et le cœur qui se purifie. Le maître d'école ne met qu'une clef dans la main de ses élèves, clef de plomb, qui plie, se fausse et reste inutile ou dangereuse pour quelques-uns ; mais pour d'autres, clef d'or, ouvrant les portes qui conduisent à tout, et d'abord au juste, à l'honnête. Instruisons donc les enfants dans les écoles primaires, qu'il faut multiplier ; les adultes dans les classes du soir, qu'il faut conserver et accroître ; les jeunes filles dans les écoles professionnelles, qu'il faut fonder ; celles qui n'ont pas besoin d'un état dans des cours supérieurs, qu'il faut ouvrir. Enfin, pour l'enfant, pour la femme, augmentons le temps de l'étude, diminuons celui du travail.

Naguère, par ordre de l'Empereur, le ministre du commerce annonçait au Sénat la présentation prochaine d'une loi sur le travail des enfants et des femmes dans les manufactures. Vous ne vous étonnerez pas, messieurs, que le ministre de l'instruction publique, parlant dans une grande ville industrielle, renommée par son esprit d'initiative et ses sentiments chrétiens, vienne réclamer pour l'école, fût-ce aux dépens de l'atelier. Il obéit aux désirs du prince, comme aux devoirs de sa charge, quand il vous dit : Si les dures nécessités de la vie obligent d'envoyer la femme et l'enfant à l'usine, que ce soit le plus tard possible. Chercher à faire de la femme une bonne ouvrière, c'est bien ; mais donner à son mari des habitudes et un salaire qui la dispenseraient de vivre au dehors, ce serait mieux encore. Elle est la providence intérieure ; qu'elle travaille au foyer domestique ; qu'elle se livre aux soins du ménage et des enfants ; qu'elle prépare à celui qui peine et fatigue pour tous un joyeux retour : voilà la tâche que Dieu lui a faite. L'enfant est l'espoir de la famille et de la patrie ; mais la femme est la famille même. Soutenons leur faiblesse, ménageons leurs forces et ne laissons pas l'industrie, pour s'enrichir plus vite, lever une dîme funeste sur la santé de l'un et la moralité de l'autre.

Ce vœu sera compris dans une ville où le travail est organisé de manière à conserver à la vie de famille sa force et sa dignité. Puisse-t-il être entendu des représentants de l'univers industriel, rassemblés en ce moment à Paris pour constater toutes les victoires de l'esprit sur la matière. S'ils unissaient leurs efforts pour provoquer une convention sainte qui, égalisant les conditions du travail entre les nations, comme on égalise entre elles les conditions du trafic, ferait limiter, en tout pays, les efforts demandés à l'enfant et à celles qui doivent être des mères, ils ajouteraient une gloire nouvelle à cette Exposition, dont le succès, grâce au ciel, n'a pu être souillé par un abominable attentat.

Puis, après que les princes et les empereurs seraient partis avec les multitudes accourues sur leurs pas; quand les royales magnificences auraient cessé, à la place du colossal monument, on pourrait élever l'image d'une femme et d'un enfant tendant à l'industrie leurs mains reconnaissantes. Force serait bien alors de dire que la civilisation, qui produit tant de merveilles, n'a pas seulement toutes les puissances de l'esprit, mais encore toutes les tendresses du cœur, et que le gouvernement qui les provoque est bien, dans la large et belle acception du mot, un gouvernement populaire [1].

1. Le lendemain, à une séance de l'académie impériale des sciences, belles-lettres et arts de Lyon, à laquelle il assistait, S. Exc. M. le ministre prononça quelques paroles pour montrer que le gouvernement ne bornait pas sa sollicitude aux études primaires ou professionnelles.

« Hier, dit-il, je m'adressais aux élèves que la population ouvrière fournit à l'enseignement professionnel : c'était un devoir à remplir pour le représentant d'un gouvernement qui a été fondé par le suffrage universel, et auquel il convient par cela même d'éclairer ceux qui le pratiquent. Mais est-ce à dire que d'autres grands intérêts soient laissés dans l'oubli ?

« Peut-on penser surtout que le neveu de celui qui a dit : « Si Corneille vivait,

Instruction complémentaire du 30 juin 1867, relative à l'exécution de la loi du 10 avril 1867, concernant l'enseignement primaire.

Monsieur le préfet,

Ma circulaire du 12 mai dernier, en vous transmettant un certain nombre d'exemplaires de la loi du 10 avril 1867, vous faisait connaître dans quel sens le gouvernement entendait que cette loi fût interprétée et les mesures préparatoires que vous aviez à prendre pour arriver à la mettre à exécution, du moins dans la mesure du possible, à partir du 1ᵉʳ janvier prochain.

je le ferais prince, » ait pu méconnaître l'importance du haut enseignement, et qu'il ne souhaite pas ardemment le développement des études nobles et désintéressées? Lui-même n'en donne-t-il pas l'exemple? N'est-ce pas à l'histoire, à la philosophie, qu'il a employé les rares moments de loisir que lui laisse le pouvoir. Il compte parmi les historiens, les érudits, les penseurs éminents de ce temps-ci.

« Ne craignez donc pas que le gouvernement ne veuille exercer son action qu'en faveur des seules masses populaires. Il sait que les hautes études sont le luxe nécessaire d'un pays tel que le nôtre et que, s'il n'appartient qu'à Dieu de susciter les grands hommes, il est de son devoir, à lui, de préparer le milieu le plus favorable au développement du génie. Comment y pourra-t-il mieux réussir qu'en mettant au premier rang de ses préoccupations les questions d'instruction supérieure?

« Il souhaite ardemment le progrès des sciences et des lettres, et la ferme résolution de l'Empereur est d'assurer à la science française tous les moyens de travail, afin de lutter avantageusement contre la science étrangère, dont les conquêtes sont menaçantes pour notre vieille renommée. La haute culture de l'esprit est aussi la mesure de la puissance d'une nation, et ce n'est pas seulement par la base, mais par l'élévation, qu'on juge un édifice.

« L'instruction primaire est une base large et solide; par elle tous nos concitoyens sont munis des armes les plus indispensables dans le combat de la vie. Mais le progrès, c'est aux sociétés savantes de le produire par les hommes éminents qu'elles renferment. Aussi le gouvernement est-il bien résolu à favoriser leur développement et il est désireux de ranimer par tout l'Empire les anciens foyers d'activité intellectuelle. Cette grande cité peut donc, messieurs, compter sur son concours le plus empressé. »

Déjà plusieurs préfets ont appelé les conseils municipaux à délibérer sur les points qui doivent être préalablement soumis à ces assemblées locales ; mais comme les instructions dont je viens de parler plus haut ont pu arriver tardivement à quelques-uns de vos collègues, je crois devoir rappeler ici, très-succinctement, les questions qui tout d'abord doivent être examinées par les conseils municipaux, puis par les conseils départementaux, afin que chaque préfet ait, en temps utile, les éléments du travail qu'il est appelé à mettre sous les yeux du conseil général, et que ce dernier puisse, à son tour, voter les fonds nécessaires pour couvrir les dépenses que la loi du 15 mars 1850 et la loi nouvelle mettent à la charge des budgets départementaux.

Vous voudrez donc bien, monsieur le préfet, dès la réception de cette circulaire, et si vous ne l'avez pas déjà fait, provoquer les délibérations des conseils municipaux de votre département :

1° Sur le nombre d'écoles spéciales aux garçons, mixtes, spéciales aux filles, de hameau et de cours d'adultes, qu'il y a lieu d'ouvrir ou de conserver dans chaque commune.

Si la population de la commune est supérieure à cinq cents âmes et que des raisons majeures puissent justifier une exception, qui d'ailleurs devra être fort rare, le conseil municipal pourra demander à être dispensé d'entretenir une école spéciale de filles.

2° Sur le chiffre du traitement à allouer aux directeurs et aux directrices des écoles de hameau, s'il doit y en avoir dans la commune ;

3° Sur l'opportunité d'affecter une portion de la rétribution scolaire au traitement des instituteurs adjoints et des institutrices adjointes ;

4° Sur le chiffre de l'indemnité à accorder aux directeurs et aux directrices des cours d'adultes communaux ;

5° Sur l'établissement, s'il y a lieu, de la gratuité absolue dans les écoles publiques ;

6° Sur la fixation du taux de rétribution destiné à déterminer le traitement éventuel de l'instituteur et de l'institutrice. Je saisis cette occasion pour rappeler que ce traitement éventuel, même lorsqu'il procure à l'instituteur ou à l'institutrice un émolument total supérieur aux *minima* garantis, leur est assuré pour l'année courante, comme ces *minima* eux-mêmes, par la commune, le département et l'État. Qu'il s'agisse, par exemple, d'un instituteur pour lequel s'ajoutent au traitement fixe de 200 francs, 1° un produit de rétribution scolaire soldé par 34 élèves payants à 12 francs et égal à 408 francs ; 2° un traitement éventuel qui, calculé à raison de 10 francs par élève gratuit en vertu d'une fixation faite par le préfet, qui peut la modifier chaque année, donnerait, pour 36 gratuits, 360 francs : le total de ces éléments, qui atteint 968 francs, dépasse de 268 l'ancien *minimum* de 700 francs. Cet excédant, si la commune est pauvre, si les trois centimes spéciaux de la commune font défaut, sera garanti intégralement, comme le reste, par le département et l'État ;

7° Sur la conversion, si le conseil municipal juge à propos de la demander, du traitement composé de l'instituteur et de l'institutrice en un traitement fixe. Cette conversion ne pourra être demandée qu'autant que la commune n'aura recours ni au département ni à l'État pour couvrir la dépense de ses écoles.

En vous transmettant les délibérations prises par les conseils municipaux, chacun de MM. les maires aura le soin de vous indiquer celles des innovations consacrées par la loi du 10 avril 1867 qui ne pourraient, par un motif qu'on devra vous faire connaître, recevoir leur application à partir du 1er janvier.

Toutes ces questions, sauf celle inscrite sous le n° 4 et sur laquelle je statuerai après proposition de votre part, seront transmises sans aucun retard au conseil départemental, qui prendra une décision sur les n°s 1 et 3 et donnera son avis sur les n°s 2, 5, 6 et 7.

Toutefois le conseil départemental pourra être saisi dès à présent des questions suivantes :

1° Désignation des écoles libres dans lesquelles l'engagement décennal pourra être réalisé ;

2° Désignation des écoles dans lesquelles il devra y avoir un ou plusieurs adjoints ou adjointes.

Les délibérations des conseils municipaux et du conseil départemental réunies entre vos mains, vous aurez à prendre les décisions que la loi laisse à votre autorité. En ce qui concerne la division en deux classes des institutrices communales et des instituteurs adjoints, M. l'inspecteur d'académie vous fera des propositions écrites en s'inspirant des instructions du 12 mai dernier.

Quant aux délibérations du conseil départemental qui doivent recevoir mon approbation, vous voudrez bien opérer de la manière suivante :

Les délibérations relatives au nombre d'écoles à ouvrir ou à maintenir dans chaque commune devront être résumées dans un état en double expédition, conforme au modèle ci-joint, comprenant : 1° le nom des communes ;

2° la population ; 3° le chiffre des écoles à ouvrir, avec indication, dans des colonnes différentes, du genre de chaque école. Une expédition de cet état, certifiée conforme aux délibérations du conseil départemental, vous sera retournée revêtue de mon approbation.

Les délibérations relatives à la désignation des écoles dans lesquelles il y aura lieu de recevoir un ou plusieurs adjoints ou adjointes seront également résumées dans un état en double expédition, dont le modèle est également ci-joint, et qui fera connaître : 1° le nom de la commune ; 2° le chiffre d'élèves admis dans l'école ; 3° le nombre de maîtres ou de maîtresses à adjoindre à l'instituteur ou à l'institutrice titulaire. Expédition de cet état, certifiée par vous comme le précédent, vous sera également retournée avec mon approbation.

Les dossiers que vous aurez à me transmettre pour les communes qui demanderont l'établissement de la gratuité absolue devront être composés :

1° D'une délibération du conseil municipal votant en principe la mesure projetée ;

2° D'une délibération du conseil départemental portant avis de cette assemblée ;

3° De la délibération portant vote de l'imposition extraordinaire de quatre centimes ;

4° De votre avis personnel faisant connaître les charges qui incomberaient au département et à l'État.

Ma décision vous sera notifiée immédiatement.

Toutes ces formalités remplies, vous aurez par devers vous, monsieur le préfet, les éléments nécessaires pour établir votre travail des dépenses présumées de l'exercice de 1868.

Ici trouve place une observation que je vous ai déjà faite dans ma circulaire du 12 mai, mais que je crois néanmoins utile de reproduire.

Beaucoup de communes, soit faute de locaux disponibles, soit par l'impossibilité dans laquelle vous serez de trouver immédiatement le nombre nécessaire d'institutrices, soit enfin par tout autre motif que vous aurez d'ailleurs à apprécier, ne pourront, dès la première année, se conformer aux prescriptions de la loi. Vous devrez donc tenir compte, dans vos prévisions de dépenses, des cas où forcément un délai devra être accordé aux communes pour remplir toutes leurs obligations légales.

Vos états de dépenses présumées seront établis, pour cette année et pour l'année prochaine, sur les formules ci-jointes, bien qu'elles soient destinées à servir de modèles pour l'impression des états de liquidation des dépenses d'après la loi nouvelle. A partir de 1869, l'état de liquidation de l'exercice précédent, auquel vous ajouterez, s'il y a lieu, une feuille supplémentaire indiquant les changements présumés, fera connaître au conseil général le montant des dépenses de l'instruction primaire auxquelles il faudra pourvoir l'année suivante.

En plaçant sous les yeux du conseil général l'état des dépenses à faire en 1868 et en l'invitant à voter, conformément à l'article 14 de la loi du 10 avril dernier, les trois centimes spéciaux destinés au service de l'instruction primaire, vous voudrez bien, monsieur le préfet, appeler l'attention de cette assemblée sur les services que cette loi doit rendre à nos populations et sur les efforts que chacun, dans la sphère d'action qui lui est dévolue, doit faire pour seconder les vues du gouvernement de l'Empereur. Si les résultats à obtenir sont immenses, nous ne devons pas nous dissimuler que les obstacles sont nombreux, et qu'au premier rang de ceux-ci il faut placer la question financière. Sans doute, en imposant aux départements le sacrifice d'un troisième centime, le législateur a créé, pour l'exécution de son œuvre, une ressource précieuse; mais il n'ignorait pas qu'elle serait loin d'être suffisante, et il a surtout compté sur le bon esprit qui anime les conseils généraux, et sur leur dévouement aux populations qu'ils représentent, pour assurer, avec le concours de l'État, à un service si digne de l'intérêt de tous la dotation sans laquelle les efforts les plus persévérants resteraient peut-être stériles. Les assemblées départementales sont surtout appelées, dans la pensée du législateur, à contribuer par des prélèvements volontaires sur leurs ressources disponibles, 1° au développement des cours d'adultes, qui comportent, en dehors de l'indemnité garantie aux instituteurs, plusieurs dépenses accessoires; 2° à la gratuité absolue des écoles primaires, lorsqu'elle sera demandée par les conseils municipaux, conformément aux vœux des populations, et acceptée par le conseil départemental et l'administration comme utile et opportune au double point de vue du dégrèvement des charges locales et du progrès de l'instruction.

Les cours d'adultes, monsieur le préfet, ont en ces derniers temps fait des progrès qui ont dépassé toutes les espérances et donné des résultats devant lesquels les plus incrédules ont dû s'incliner. Aussi l'entretien de ces cours, une fois créés conformément à la loi nouvelle, constitue-t-il désormais pour les communes, les départements et l'État une dépense obligatoire au même titre que les dépenses des autres écoles publiques. Mais les ressources communales, départementales et législatives ne pourront faire face, dans un grand nombre de cas, à tous les frais d'un service qui a pris une si grande extension, et je ne doute pas que les conseils généraux ne me mettent à même, par une allocation spéciale prise en dehors des trois centimes départementaux, de compléter l'œuvre si heureusement commencée, en accordant des subventions suffisantes pour les dépenses accessoires autres que celles dues aux maîtres et qui, bien que non prévues par l'article 14 de la loi, n'en sont pas moins indispensables.

Je vous serai obligé de m'accuser réception de cette circulaire et de vous occuper immédiatement des différents points qu'elle traite.

Recevez, etc.

Le ministre de l'instruction publique,

V. Duruy.

Discours prononcé par S. Exc. M. le Ministre à la distribution des prix du concours général des lycées et collèges de Paris et de Versailles, le 7 août 1867.

Chers élèves,

Notre solennité habituelle, la fête de l'enseignement national, reçoit cette année un éclat inattendu. L'Empereur a voulu que son fils applaudît aux succès de ceux qui ont triomphé dans le concours général des lycées et collèges de la France. C'est un honneur qui s'adresse à toutes les écoles publiques de l'empire. L'Université reconnaissante remercie le souverain de la faveur qui lui est aujourd'hui accordée; et ceux qui forment ici l'élite de la jeunesse française saluent, au nom de leurs camarades absents, le Prince Impérial, qui vient chercher parmi eux des émules, et, parmi leurs professeurs, des maîtres.

Lorsqu'une telle marque de confiance nous est donnée, c'est le moment, messieurs, de nous examiner nous-mêmes, et de rechercher si nous sommes bien dans la voie que nous traçait, il y a soixante ans, le chef de la dynastie des Napoléons.

Messieurs,

J'assistais naguères à une réunion de savants venus de toutes les régions du monde pour prendre part à la fête de la civilisation moderne. Il y avait là des hommes déjà illustres, de grands chimistes, d'éminents physiciens. C'étaient comme les chefs de cette vaillante aristocratie de la science qui, depuis un siècle surtout, livre aux puissances mystérieuses de la nature cette bataille sans trêve où la matière, vaincue par l'esprit, a laissé aux mains de l'homme, comme autant de trophées, des armes et des forces nouvelles.

On s'entretenait des conquêtes récentes, de celles qu'on espérait encore, des moyens de les préparer; et tous reconnaissaient que, pour développer l'esprit scientifique et en assurer la fécondité, il fallait faire dans l'éducation nationale une très-large part aux *humanités*.

En parlant ainsi, ces savants hommes ne faisaient que répéter le mot de Fourier : « Voulez-vous former un habile mathématicien, commencez par de fortes études littéraires; » ou celui de Napoléon qui, mieux encore, disait : « Les mathématiques sont une des applications de l'esprit; mais les lettres sont l'esprit même. »

Qu'est-ce donc que ces *humanités*, auxquelles on reconnaît un tel privilége? un ensemble d'études très-longues et dont on oublie bien vite une grande partie; qui sont sans profit immédiat, inutiles même en apparence, et qui cependant forment le système le plus rationnel d'une haute éducation, parce qu'elles sont la meilleure gymnastique de l'intelligence, parce qu'elles prennent successivement les facultés de l'enfant et du jeune homme pour les exercer une à une et les combiner ensuite en cet ensemble harmonieux qu'on appelle la *raison*; parce qu'enfin elles gravent profondément dans le cœur la règle morale, qui est indispensable « au bon ménage de la vie, » comme disaient nos pères.

Permettez, messieurs, que je montre en quelques traits rapides cette organisation scolaire, qui a résisté à bien des chocs et qui, dans son ensemble, tiendra bon contre toutes les attaques : car elle procède d'une vue nette de la nature de l'esprit et des conditions mêmes de la société française.

Vous n'avez pas besoin, messieurs, d'être confirmés dans la pensée que vous faites une œuvre nécessaire ; mais il n'est pas inutile de prouver, une fois de plus, que nous avons raison, devant vous, chers élèves, qui nous donnez votre intelligence à former, et par conséquent votre avenir à faire.

Dès les premières classes du lycée, l'élève reçoit une instruction différente de celle qui est donnée à l'enfant du même âge dans l'école primaire. Celui-ci aura bien vite besoin de ses bras pour vivre : il lui faut des connaissances usuelles qui puissent être immédiatement utilisées. L'autre a devant lui le temps, peut-être l'aisance, même la fortune. Rien ne le presse ; on peut donc, avec lui, travailler lentement à poser les larges et solides bases d'un édifice qui devra s'élever plus haut.

L'enfant, dit La Bruyère, nous apporte sa mémoire « toute neuve, prompte et fidèle, alors que l'esprit et le cœur sont encore vides de passions, de soins et de désirs. » Quel usage en faire ? Il a peu de mots, peu d'idées à son service : qu'il commence donc par l'étude des mots et des idées d'autrui ; mais, dans cette étude, trouvons le moyen d'éveiller en lui une autre faculté, l'intelligence, et de l'exercer doucement sans l'accabler.

Voilà pourquoi nous lui enseignons une langue mère de la sienne, dont il est assez près pour que la difficulté ne

dépasse point ses forces, assez loin pour qu'un effort lui soit
nécessaire. Le latin remplit admirablement ces conditions :
car c'est à Rome que nous devons notre langue, nos lois,
une partie de nos idées et de nos institutions. Aussi, pour
bien apprendre le français, pour savoir le vrai sens des
mots et les nuances les plus délicates de l'expression, pour
dégager la grammaire naturelle que l'enfant porte en son
esprit, et que, sans y songer, sa mère lui a donnée avec
ses caresses, il n'est rien, messieurs, qui vaille le thème
latin.

C'est la raison de nos classes élémentaires, où l'élève se
rend maître des mots, et de nos classes de grammaire, où
il étudie l'agencement normal des propositions. On y fait
une œuvre très-philosophique : car, à chaque instant, on
y ramène l'enfant du mot à l'idée ; obligé à regarder dans
son esprit, il apprend, sans qu'il s'en doute, à analyser
les notions confuses que le monde extérieur y jette incessamment.

Et de quoi nous servons-nous pour ce travail? des traits
les plus heureux que nous fournissent la religion, l'histoire, la poésie, les lettres ; de sorte que, tout en formant
l'instrument de la pensée, nous composons, des matériaux
les plus purs, la pensée elle-même.

Mais l'enfant a grandi ; une séve féconde circule en ses
veines ; le sentiment devient plus délicat et plus vif ; l'imagination s'anime et se colore ; la puissance créatrice appa-
raît : c'est le printemps de la vie. Comme la fleur qui s'en-
tr'ouvre et laisse échapper ses premiers parfums, l'esprit
se répand au dehors en vagues mais généreux désirs, et le
cœur qui déborde jette à tous les vents du ciel les pré-
mices de la vie.

31.

Cette force précieuse et redoutable, nous nous en emparons pour la contenir et la diriger. Notre élève prend alors la robe virile, et, introduit dans l'assemblée des esprits supérieurs, il commence ce commerce intime que Descartes appelait « une conversation avec les plus honnêtes gens des siècles passés, et même une conversation étudiée, dans laquelle ils ne nous découvrent que les meilleures de leurs pensées. »

Mais nous lui demandons plus qu'une attention docile et qu'une admiration discrète : il faut qu'il apprenne à penser avec les maîtres de la pensée humaine ; il faut qu'il apprenne à écrire avec les maîtres dans l'art de bien dire. Il étudie leurs procédés de composition ; il cherche à surprendre le secret de leurs beautés. Tour à tour il analyse et recompose. Il s'exerce à trouver, sous l'entassement calculé des ornements oratoires, l'idée elle-même dans sa nudité, pour la bien saisir et en éprouver la force ou la justesse, puis à replacer sur elle, d'une main de jour en jour plus assurée, toutes les parures dont quelque grand artiste l'avait revêtue. Nous le forçons même, malgré sa faiblesse, à se prendre corps à corps avec les maîtres, pour qu'à leur contact passe en lui une étincelle du feu sacré. Nous ne prétendons pas qu'il rivalise d'élégance et d'harmonie avec Horace, Virgile et Racine ; de force avec Thucydide, Démosthènes et Corneille ; de noblesse, de sérénité calme et puissante avec Tite-Live et Bossuet ; de passion éloquente avec Tacite et Pascal ; de bon sens exquis avec Molière ; de finesse, de grâce et de clarté avec Térence, La Fontaine et Voltaire ; mais nous espérons qu'à force de vivre avec ces beaux génies, il gardera quelque chose de leurs dons divins.

Parmi ces études multiples et variées de traductions, d'analyses et de composition, il en est une que plusieurs condamnent, bien qu'elle ait son rôle dans le développement des facultés : c'est le vers latin. L'Université s'obstine à le conserver, parce qu'avec lui elle règle l'essor de l'imagination poétique, un des dons charmants et dangereux de la jeunesse. En cherchant la justesse brillante ou la pointe acérée de l'expression, ce qui est le propre du vers latin, en s'habituant à enfermer une pensée ou une image en une phrase concise, l'élève peut acquérir deux des précieuses qualités de l'art d'écrire; et, en même temps, le travail qu'il s'impose pour donner la mélodie à son style lui fait comprendre et aimer la prosodie musicale, qui se trouve même dans l'œuvre des grands prosateurs.

Toute la vie du lycée se résume dans la *rhétorique,* notre grande classe littéraire. On n'y fait plus, grâce à Dieu, l'étude minutieuse des figures de pensées et des figures de mots : la litote et l'hypotypose, la synecdoque et l'hypallage. Toute cette scolastique est allée rejoindre l'ancienne. On a laissé les mots pour les choses, pour le style même, pour les nobles pensées, la raison éloquente, la passion contenue, assuré qu'on était que les figures viennent d'elles-mêmes à qui sent vivement et se laisse remuer jusque dans les profondeurs de son être par l'enthousiasme du beau, du bien et du vrai.

La classe de rhétorique réunit toutes ses forces pour un de ses exercices, le discours. Il a ses détracteurs comme le vers latin. C'est, dit-on, un genre faux et passé de mode. Je sais bien, messieurs, que les lauréats que nous allons couronner ne sont pas des Démosthènes, même celui qui va remporter le prix d'honneur ; mais où trouver un exercice plus propre à mettre en jeu toutes les facultés de l'esprit ? Il faut que l'orateur, n'eût-il que dix-huit ans, ait beaucoup appris. Son intelligence doit être un riche trésor de faits et d'idées que la raison discute, combine et dispose, que l'imagination recouvre de ses grâces, que la passion pénètre de sa chaleur, que l'enthousiasme, enfin, précipite vers une conclusion irrésistible.

Convaincre, voilà le but de l'orateur ; et comme pour l'atteindre il faut le concours de toutes les facultés, mettant en œuvre, du moins dans nos écoles, toutes les saines raisons, le discours est pour nous le plus puissant moyen d'éducation intellectuelle et morale.

Il a un précieux auxiliaire, l'histoire, que Bossuet appelait « la maîtresse de la vie » et « la lumière de la prudence civile. »

L'histoire est le dépôt de l'expérience du genre humain. Mais son utilité ne se borne pas aux leçons qu'elle donne et à la précoce maturité d'esprit qu'elle assure ; elle a encore cet avantage, qu'elle habitue ceux qui l'écrivent à parler la langue véritable des affaires humaines, et par là elle fournit un utile contre-poids aux tendances passionnées et aux entraînements littéraires du discours. Démosthène savait par cœur Thucydide.

Arrivée à ce point, l'œuvre semblerait accomplie et l'éducation achevée. Mais cet esprit muni de grâce et de force, nous le plaçons encore sous la rude discipline des sciences, afin que leurs méthodes austères éprouvent et fortifient les facultés viriles que nous n'avions jusqu'alors touchées qu'en passant. Il apprend avec elles à *observer*, c'est-à-dire à regarder pour comprendre ; à *expérimenter*, c'est-à-dire à s'assurer de la vérité entrevue ; à *raisonner* enfin sur des abstractions, pour s'habituer à dégager l'accessoire du principal, le contingent du nécessaire, ce qui passe de ce qui demeure éternellement. C'est déjà le cours de philosophie.

Là, le jeune homme qui, dans les classes précédentes, avait vécu au milieu des faits et des images, coordonnant les uns, animant les autres, mais restant toujours comme à la surface de la pensée, pénètre au cœur de l'intelligence pour en découvrir le mécanisme mystérieux. Il se cherche lui-même ; il trouve Dieu en lui, comme dans l'harmonie des mondes, et, sous Dieu, la loi morale qui lui impose le joug glorieux du devoir, sans lequel il n'y a de liberté légitime et durable ni pour l'individu ni pour la société.

Voilà notre système d'éducation classique, que la sagesse des siècles a constitué et qu'aucun régime, chez les nations étrangères, ne surpasse.

Ajoutez-y les langues vivantes, qui sont une nécessité moderne ; les arts, représentés par le dessin et la musique ; la gymnastique, pour le développement du corps, que les Grecs, nos maîtres en tout, se gardaient bien de négliger. Afin de donner place aux exercices nouveaux, rendez les leçons plus courtes et les récréations plus longues ; ayez une discipline moins automatique, pour avoir dès la jeunesse une responsabilité plus virile, et vous constituerez le régime le mieux approprié, dans son ensemble, au but proposé à nos communs efforts.

Ce but n'est pas, comme certains affectent de le croire, d'enseigner à parler latin ou grec, de créer dès le collége des chimistes ou des historiens, mais d'apprendre à penser et à écrire, en un mot, de faire des hommes, et c'est pour cela que nos études s'appellent les *humanités*.

Mais c'est pour cela aussi que beaucoup d'années leur sont nécessaires. On leur reproche cette dépense de temps, car nous sommes en un siècle de hâte extrême. Pour un grand nombre, la nature se voile sous la fumée de l'usine, ou l'esprit se dessèche au souffle énervant de l'industrie littéraire. On écrit pour vivre, ce qui est bien légitime, mais ce qui conduit quelques-uns à écrire sans penser, puis à remplir le vide de leur pensée par tout autre chose que le vrai, le beau et l'honnête.

Tout cela, messieurs, relève notre rôle à nous, gardiens obligés du goût, des patientes études et des grandes traditions littéraires. C'est pour que vous, chers élèves, vous détourniez les yeux des œuvres précipitées ou malsaines, que nous passons de longues heures à vous faire méditer une ode d'Horace ou quelques vers de Virgile, comme le sculpteur, pour éloigner ses élèves des beautés douteuses, les met en face de la Vénus de Milo.

Restez fidèles à ces belles études du lycée, et que votre esprit, comme le vase où a été versée une précieuse liqueur, en garde à jamais le parfum salutaire. Peut-être sera-t-il donné à quelques-uns d'entre vous d'aller rejoindre le groupe encore nombreux, Dieu merci, des amants désintéressés de la muse austère ; mais à chacun de vous il sera toujours permis, quelle que soit sa destinée, de revenir de temps à autre vers les amis de sa jeunesse. Faites-le, et vous trouverez, dans l'âge mûr, plus de charme encore et d'attrait à leur commerce. C'est l'exemple qui vous est donné du haut du trône par un prince dont les lettres et la science occupent les rares loisirs, et c'est le conseil qu'en terminant je vous adresse par la voix aimée de votre Cicéron : « Hæc studia adolescentiam alunt, senectutem « oblectant, secundas res ornant, adversis perfugium ac « solatium præbent, delectant domi, non impediunt foris; « pernoctant nobiscum, peregrinantur, rusticantur. »

Le grand orateur avait dû aux lettres le charme de la vie, la puissance dans l'État, la consolation dans l'exil ; elles lui ont donné mieux encore, l'immortalité !

Monseigneur,

Nos fêtes sont sérieuses, même dans la joie. Votre Altesse Impériale s'en est aperçue à ce long discours. Que cependant elle me permette encore un mot.

Il y a un mois, Prince, aux applaudissements trois fois répétés d'une assistance où le monde entier avait ses représentants, vous portiez à l'Empereur le prix que le jury des nations avait décerné au protecteur ardent et résolu des classes laborieuses. Aujourd'hui, c'est le fils de l'historien de César, de l'impérial écrivain, qui a si souvent exprimé de nobles pensées dans le plus beau langage; c'est l'héritier du premier trône de l'univers, qui vient décerner leurs couronnes aux vainqueurs dans les luttes de l'esprit, à ceux qui l'aideront un jour à bien servir la patrie.

Que ces deux fêtes, Prince, restent dans votre mémoire. L'une vous rappellera les persévérants efforts de votre illustre père pour diminuer la misère du peuple, l'autre sa sollicitude pour élever le génie de la France.

Lettre adressée, le 22 août 1867, au préfet du Morbihan, relativement à l'établissement d'un lycée d'enseignement secondaire spécial
à Napoléonville.

Monsieur le préfet,

Le lycée de Napoléonville est un des plus anciens établissements de l'Université. Fondé presque en même temps
qu'elle par l'empereur Napoléon, qui en avait marqué la
place et qui lui avait assuré une large dotation, il fut
ouvert en 1809, et prit dès ses débuts le caractère qu'il a
gardé jusqu'à ces dernières années. C'était un lycée purement classique, lycée d'internes et surtout de boursiers,
où l'enseignement était exclusivement dirigé en vue des
carrières libérales. En 1809, il eut 143 élèves. L'année la
plus prospère fut 1811, où le chiffre s'éleva à 178, mais
avec 78 boursiers impériaux. Cette prospérité, qui tenait
à la proportion inusitée des bourses, ne se maintint pas
quand leur nombre diminua. En 1840, l'effectif était
tombé à 99. Il s'est relevé, grâce à l'organisation de l'enseignement spécial, qui compte déjà 49 élèves sur les 159
que le lycée renferme. Dans ce nombre ne se trouvent que
30 boursiers de l'État.

Malgré ces chiffres relativement faibles, on reconnaît,
quand on examine de près les résultats obtenus, que le

1. Ainsi répartis : 23 externes, 32 pensionnaires libres, 53 boursiers de l'État et
35 boursiers communaux.

lycée de Napoléonville a répondu au vœu de son fondateur. Pour la force des études, pour les succès obtenus
dans les examens du baccalauréat et dans les concours
d'admission aux écoles, il s'est maintenu, toute proportion gardée, au nombre de nos bons établissements secondaires. Les esprits les plus éclairés de l'arrondissement,
tous les hommes de cette partie de la Bretagne qui font
profession d'aimer les institutions modernes, qui les défendent dans les conseils ou qui se distinguent dans les
carrières libérales, ont puisé dans les murs du vieux
cloître des Ursulines cet esprit de conciliation et de
mesure, ce libéralisme sage et pratique qui font régner
aujourd'hui la concorde et l'amour de la grande patrie là
où tant de préjugés et de vieilles haines désolaient autrefois la famille et la société. Le lycée de Napoléonville a
été pour le centre de la Bretagne ce que les routes straté-
giques ont été pour le Bocage vendéen : il a fait passer la
lumière.

Mais les temps changent, et les meilleures institutions
sont celles qui peuvent, sans réformes trop brusques,
s'approprier aux besoins nouveaux. Les bases de nos
institutions politiques se sont élargies; le second empire a
mis sa force et sa grandeur dans l'assentiment de la nation
tout entière et, par conséquent, dans la confiance des
classes populaires; il faut aussi élargir les bases de notre
système d'enseignement, le rendre plus pratique et étendre
à toutes les couches de la démocratie l'influence civilisatrice et libérale que les précédents gouvernements ont
exercée en faveur de la bourgeoisie. Le travailleur ne peut
plus être en quelque sorte un outil, une machine; il faut
qu'il soit amené désormais à comprendre ce qu'il fait;

ce qu'il veut faire, et comment il doit le faire. Le temps
est venu où le premier devoir de l'État est de donner à
la démocratie, par l'éducation progressive de l'école, la
virilité intellectuelle et morale qui lui est nécessaire pour
remplir pacifiquement ses destinées politiques et sociales.

Les humanités, les fortes études théoriques pour les
sciences et pour les lettres, qui demandent beaucoup de
temps et d'argent, resteront le privilége des classes élevées ou des esprits d'élite, et il importe à la grandeur de
la France qu'elles ne perdent rien de leur éclat. Mais il
faut pour les enfants des classes intermédiaires et du
peuple un enseignement supérieur à celui que donnent
les écoles du premier âge, un enseignement secondaire,
élevé et fort, tout en restant plus restreint, plus pratique que l'enseignement classique, et qui, sans détourner trop longtemps les élèves de l'atelier, du comptoir
ou de la ferme, leur apprenne à connaître et à aimer
leur pays, leur enseigne toutes les grandes choses de l'histoire et toutes les conquêtes de la science, leur montre
enfin comment l'homme, en utilisant les lois découvertes
par les savants, peut agir sur la nature physique, transformer de mille façons la matière, changer les résistances
en forces actives et les matériaux bruts de la terre en
sources de richesse et de bien-être.

L'Empereur voudrait que dans l'empire chacune des
régions géographiques bien caractérisées par la nature de
leur sol ou de leur industrie eût une de ces grandes écoles
d'enseignement secondaire, spécialement appropriée aux
besoins de la localité. Tandis que Cluny, au centre d'un
pays à la fois commercial, industriel et agricole, forme
des maîtres pour la France entière, Mulhouse, dans l'est,

a déjà son collége spécial pour ses besoins particuliers ; Mont-de-Marsan, dans le sud-ouest, ne suffit plus, quoique agrandi, aux demandes des familles ; Alais, dans un magnifique bassin houiller et métallurgique, va devenir une pépinière féconde pour les populations de la vallée du Rhône ; d'autres établissements, divers par l'organisation intérieure, mais tous conçus en vue du même but, seront successivement ouverts au midi et au nord. Sa Majesté désire que la Bretagne ait aussi son grand établissement d'enseignement spécial en vue de son industrie particulière, c'est-à-dire de l'agriculture. En plaçant à Napoléonville ce centre d'une nouvelle action civilisatrice, on ne fera que développer les vues du fondateur de la ville elle-même et de son lycée.

Ce lycée gardera son nom et ses anciennes prérogatives. On y trouvera comme autrefois, avec une distribution nouvelle des exercices, l'enseignement qui conduit aux deux baccalauréats, aux écoles spéciales et aux carrières libérales. Mais à côté de cet enseignement des humanités et des théories de la science se placera un enseignement pratique fortement organisé et approprié aux besoins spéciaux de l'agriculture dans la péninsule armoricaine.

Pour assurer le succès de cette entreprise scolaire, je ne reculerai devant aucune des dépenses que les ressources budgétaires me permettront d'effectuer. Quelques-unes des bourses données aujourd'hui à l'enseignement classique dans le lycée de Napoléonville seront reportées sur le nouvel enseignement ; j'abaisserai le prix de l'externat surveillé, de manière que tous les externes puissent prendre part aux diverses séries d'exercices pratiques. Enfin je favoriserai de tout mon pouvoir l'institution des

chambriers, qui est entrée si profondément dans les habitudes bretonnes. Ces robustes campagnards passeront la
journée entière au lycée ou dans ses dépendances, dans
les études, dans les classes, les laboratoires; mais au lieu
de l'internat, qui est nécessairement d'un prix élevé, ils
trouveront pour une somme très-modique, auprès des
familles de la ville, la nourriture et le logement qui sont
en rapport avec les habitudes de leurs parents. Déjà on
m'assure que quelques-uns des pensionnats de Napoléonville seraient disposés à servir d'intermédiaires entre le
lycée et les familles. Je donnerai mon assentiment à
toutes les mesures qui pourront rendre cet accord plus
facile.

J'ai l'espoir que les populations bretonnes comprendront l'importance de l'institution qu'il s'agit d'inaugurer
et qu'elles me viendront en aide pour la faire prospérer.

Je compte sur le concours efficace des autorités municipales de Napoléonville, et aussi sur votre zèle, monsieur
le préfet, pour obtenir des communes la fondation si peu
onéreuse de bourses d'externes ou de chambriers (50 francs
par an).

Recherchez dans chaque village les enfants qui, à
l'école primaire, ont fait preuve d'intelligence et d'ardeur
pour l'étude, et par des encouragements, des secours bien
ménagés, faites-leur ouvrir les portes de la nouvelle école.
Vous transformerez ainsi, chaque année, en forces intelligentes, actives et fécondes pour le pays, des esprits qui
se seraient peut-être toujours méconnus et que la routine
eût condamnés à l'impuissance. A leur sortie du lycée, où
toutes les études de l'enseignement spécial auront eu pour
but les applications à l'agriculture, les élèves de Napo-

léonville retourneront porter dans leurs villages des connaissances qu'ils y propageront et des pratiques dont
l'exemple, heureusement contagieux, exercera bien vite la
meilleure influence sur l'agriculture bretonne.

MM. les députés des départements bretons et plusieurs
membres du conseil général du Morbihan auxquels j'ai
soumis ce plan, il y a quelques mois, l'ont hautement
approuvé. M. le ministre de l'agriculture veut bien s'y
associer en créant auprès du lycée de Napoléonville une
ferme-école, qui servira de champ d'expériences pour les
élèves du lycée.

L'accord est donc unanime, et les deux ministres de
l'agriculture et de l'instruction publique prendront largement, au nom de l'État, leur part dans ces dépenses
fructueuses. Je dois espérer que le conseil général du
Morbihan ne refusera pas de considérer le nouveau lycée
de Napoléonville comme une institution départementale,
méritant d'obtenir des représentants du département une
assistance particulière. Il y aura, en effet, à faire en plusieurs exercices des dépenses qui exigent, ce me semble,
le triple concours de la commune, du département et de
l'État.

Les bâtiments du vieux couvent des Ursulines suffisent à
peine au service d'un pensionnat de soixante-cinq à
soixante-dix lits. Il faudra de nouveaux dortoirs, de nouvelles classes et de nouvelles salles d'étude, des laboratoires
pour les manipulations de chimie agricole, des galeries
pour les collections d'histoire naturelle, les instruments
de physique et les modèles réduits des principaux instruments et des machines employés dans l'agriculture.
Limitée à ses seules ressources, l'administration de l'in-

struction publique ne pourrait subvenir à tous ces besoins. Je crois donc pouvoir compter, monsieur le préfet, sur la bonne volonté du conseil général.

Je ne me fais pas d'illusion sur les difficultés que nous allons rencontrer. Je sais que dans ce rude pays de Bretagne, l'âme des habitants a quelque chose du granit qui les porte; mais je sais aussi que, la dure enveloppe une fois percée, la bonne semence jette dans ce sol des racines vigoureuses et persistantes. Agissons donc avec confiance et résolution, monsieur le préfet; le bon sens pratique des populations, l'excellence du but à atteindre, les résultats que nous avons le droit d'espérer, tout nous viendra en aide pour fonder la nouvelle école centrale de la Bretagne.

De mon côté, je vais procéder sans retard à l'organisation du personnel et des études, afin que l'institution nouvelle fonctionne régulièrement à la rentrée des classes.

Recevez, etc.

Le ministre de l'instruction publique,

V. DURUY.

Instruction du 8 octobre 1867, relative aux moyens de propagation
des bibliothèques scolaires.

Monsieur le recteur,

L'augmentation rapide du nombre des bibliothèques
scolaires doit être la conséquence du développement des
cours d'adultes et du progrès général de l'instruction primaire. Le merveilleux élan des populations et l'admirable
dévouement de nos instituteurs aboutiraient à une décep-
tion, si l'adulte à qui l'on vient d'apprendre à lire ne
trouvait pas près de lui et à portée de sa main le moyen
d'utiliser et de développer encore la faculté qui lui a été si
heureusement donnée.

Le complément nécessaire d'un cours d'adultes est une
collection de bons livres propres à entretenir les sentiments généreux, à répandre les notions utiles, à faire
aimer le travail. Ces livres ne seront pas là seulement pour
être mis à la disposition de l'adulte aux jours de loisir:
dans les classes du soir, une lecture bien choisie coupe-
rait agréablement les exercices, et, tout en reposant
l'élève, fournirait une occasion de lui apprendre beaucoup de choses utiles par les réflexions et les commentaires qui, naturellement, accompagneraient la lecture du
maître.

L'œuvre des bibliothèques scolaires a déjà produit
d'excellents résultats : dix mille bibliothèques environ

Discours.   32

offrent aux cultivateurs et aux ouvriers des lectures saines
et instructives ; mais il faudrait en porter le nombre de
dix mille à trente-sept mille pour que chaque cours
d'adultes eût la sienne ; et, en admettant qu'une somme
de 100 francs, au minimum, fût suffisante pour fonder la
bibliothèque scolaire d'un village, la dépense totale, pour
les vingt-sept mille créations de ce genre, s'élèverait à près
de 3 millions. Un crédit annuel de 200,000 francs, s'il
était inscrit au budget, ne permettrait d'atteindre le but
désiré qu'après beaucoup d'années. Mais il me semble,
monsieur le recteur, qu'au moyen d'une combinaison fort
simple la création si utile d'une bibliothèque annexée à
chaque cours d'adultes peut avoir lieu très-rapidement
cette année même. C'est par l'accord de l'initiative individuelle et de l'action gouvernementale que se réalisent
en France un grand nombre d'améliorations nécessaires.
Si, dans chacune de nos classes du soir, l'instituteur
ouvrait en même temps que les cours une souscription
pour fonder la bibliothèque, peu d'élèves hésiteraient à
lui apporter leur modeste offrande. Ces élèves, en effet,
ne sont pas, comme ceux de l'école du jour, des enfants
encore à la charge de leur famille : ce sont des hommes
qui savent gagner leur vie et pour lesquels il ne serait pas
difficile de prélever dans l'année sur leur salaire un franc
ou deux, ou seulement quelques centimes par mois pour
constituer à leur profit commun une bibliothèque. Le dernier hiver a vu huit cent trente mille auditeurs se presser
dans les classes du soir ; il faudrait demander bien peu à
chacun pour arriver à dépasser le chiffre de un million
de francs.

Veuillez donc, monsieur le recteur, donner des instruc-

tions à MM. les inspecteurs d'académie pour que les instituteurs soient avisés de ce projet dès la rentrée des classes
et invités à y prêter leur concours. Je ne doute pas qu'il
ne se trouve dans beaucoup de communes des hommes
amis du progrès qui voudront, par une contribution personnelle, encourager une œuvre aussi morale.

L'argent réuni, il resterait à acheter les livres ; j'en ai
fait examiner beaucoup et je vous enverrai la liste de ceux
que la commission formée à cet effet au ministère a jugés
les plus utiles. Cette liste n'est ni complète ni irrévocable.
L'expérience fera peut-être découvrir dans quelques-uns
de ces ouvrages des défauts qui engageront à les effacer du
catalogue, tandis qu'il s'ouvrira à d'autres que nous pouvons avoir oubliés ou qui paraîtront dans la suite. Depuis
longtemps, en effet, j'ai invité la librairie à publier en
petits volumes à bas prix des ouvrages sains de pensée et
de forme, enseignant par des exemples et des récits le respect de la loi, l'amour du pays, le sentiment du devoir,
tout ce qui élève l'esprit en un mot et rapproche l'âme de
son Créateur. Je considère aussi comme utiles à placer
dans les bibliothèques scolaires des traités renfermant des
conseils profitables à l'ouvrier des champs ou de la ville,
à quelque industrie qu'il appartienne, et des renseignements dont chacun profitera pour tirer un parti meilleur
de son travail, apporter plus de bien-être au foyer domestique et s'élever dans sa condition.

Bon nombre d'ouvrages de ce genre ont été publiés ;
d'autres le seront, surtout si la librairie voit ce nouveau
débouché s'ouvrir devant elle. Alors, au lieu d'une littérature parfois malsaine et vivant de scandale, ou jetant
l'esprit au milieu d'aventures et d'idées qui ne sont ni de

32

notre temps ni de nos mœurs, les personnes vouées au travail manuel auront des livres bien appropriés à leurs besoins moraux et professionnels, et la plupart de ces livres n'en seront pas moins intéressants ou utiles pour d'autres lecteurs. L'Allemagne et l'Angleterre ont déjà cette littérature populaire qui nous fait encore défaut ; de petits traités économiques jetés à profusion au sein des classes laborieuses, en leur faisant comprendre leurs véritables intérêts, ont préservé certains comtés d'Angleterre de ces émeutes qui ont éclaté là où cet enseignement a manqué.

Je pourrai ensuite servir aux instituteurs d'intermédiaire auprès des éditeurs ; et la librairie, à peu près certaine d'avoir à livrer un chiffre considérable d'exemplaires de chaque ouvrage indiqué sur le catalogue recommandé, pourra me les livrer pour le compte des bibliothèques à des prix inférieurs à ceux qui sont fixés pour un exemplaire pris isolément. Plusieurs éditeurs m'ont déjà donné l'assurance qu'ils étaient prêts à entrer dans cette voie. Chaque école bénéficierait ainsi des avantages qui ne peuvent être accordés qu'aux achats en gros.

La plupart des livres dont je viens de parler sont d'une utilité générale ; mais il en faut qui répondent aussi aux besoins locaux. Les instituteurs, les inspecteurs primaires d'arrondissement, les inspecteurs d'académie, devront vous signaler les livres qui, suivant les localités, seraient plus particulièrement utiles. Vous me soumettriez, monsieur le recteur, ces indications. C'est ainsi que la société de belles-lettres et d'agriculture de Mont-de-Marsan va mettre au concours la composition d'un petit livre sur l'*économie rurale* des Landes, laquelle diffère absolument de l'économie rurale de la Beauce ou de l'Auvergne.

Cet ouvrage, lu l'hiver prochain dans les deux cents cours d'adultes du département, répandra nécessairement parmi les cinq mille ouvriers ruraux qui s'y pressent une foule de notions dont ils pourront tirer immédiatement parti, à leur grand profit et à celui du département tout entier.

Les livres non reliés se dégradent rapidement ; mais le prix d'une reliure serait souvent, pour les ouvrages dont nous nous occupons, supérieur à celui du livre même : il ne faut donc pas songer à acheter des livres reliés, à moins que la librairie ne trouve le moyen de donner au volume une forte couverture sans beaucoup en augmenter le prix. En attendant, tenez la main à ce que l'atelier de reliure que je vous ai invité à établir dans les écoles normales y fonctionne régulièrement, pour que tous nos instituteurs sachent faire ce travail, qui s'apprend si vite et qui demande si peu d'outils, de temps et de dépense. J'ai vu avec regret, dans certaines écoles où j'ai récemment passé, qu'on n'avait pas encore tenu compte de ces prescriptions, qui datent cependant du 14 octobre 1865.

Recevez, etc.

Le ministre de l'instruction publique,

V. DURUY.

Instruction supplémentaire du 17 octobre 1867, relative à l'exécution de la loi du 10 avril 1867, concernant l'enseignement primaire [1].

Monsieur le préfet,

Pour compléter les instructions que je vous ai adressées au sujet de l'exécution de la loi du 10 avril 1867 sur l'enseignement primaire, je dois vous entretenir, d'une part, de ce qui concerne spécialement la gratuité absolue ; d'autre part, du classement qui doit être établi entre les dépenses obligatoires résultant de cette loi, au point de vue de leur imputation successive sur les ressources communales et départementales et sur les fonds de l'État.

Gratuité absolue. — Un certain nombre de communes, voulant assurer la gratuité absolue de leurs écoles, ont voté l'imposition extraordinaire de quatre centimes prévue par l'article 8 de la loi du 10 avril 1867 , et déjà quelques conseils départementaux ont donné un avis favorable à l'exécution de cette mesure ; enfin beaucoup de préfets constatent, dans leurs derniers rapports trimestriels, les vœux des populations en faveur de la gratuité, et plusieurs m'ont demandé s'ils devaient comprendre dès maintenant le montant des impositions votées à cet effet par les conseils municipaux dans les rôles qui seront mis en recouvrement à partir du 1er janvier prochain.

1. Voir, page 405, l'Instruction du 12 mai 1867.

En se pénétrant de l'esprit de la loi du 10 avril dernier,
on doit reconnaître que cette mise en recouvrement immédiat serait au moins prématurée dans les départements
où les communes doivent recourir aux subventions de
l'État, mais que rien ne s'oppose à ce que ces impositions
soient mises en recouvrement là où elles suffiraient à la
dépense, soit seules, soit avec l'aide des subventions votées
à cet effet par le conseil général. L'article 8 de ladite loi
porte qu'en cas d'insuffisance des ressources affectées à la
gratuité absolue de l'enseignement, une subvention peut
être accordée à la commune *sur les fonds départementaux,
et, à leur défaut, sur les fonds de l'État, dans les limites du
crédit spécial porté annuellement à cet effet au budget du
ministère de l'instruction publique.* Pour déterminer approximativement le chiffre de ce crédit, il fallait attendre
le résultat des votes des conseils municipaux, et le budget
du ministère de l'instruction publique, voté avant l'époque
où ces conseils se sont réunis, ne pouvait contenir encore,
pour 1868, aucun crédit spécial applicable à la gratuité
absolue de l'enseignement ; il ne me serait donc pas possible d'accorder dès aujourd'hui aux communes qui en
auraient besoin les subventions sur lesquelles elles devraient compter. J'espère que, lors de la présentation du
budget rectificatif de 1868, cette lacune sera comblée ;
mais j'ignore encore dans quelle mesure, la loi laissant à
cet égard tout pouvoir au législateur. Il convient néanmoins
de préparer dès à présent l'exécution de la loi, de telle
sorte que les crédits puissent être employés aussitôt qu'ils
seront mis à ma disposition. Vous aurez donc soin, monsieur le préfet, de classer les communes qui ont déjà voté
les quatre centimes et celles qui les voteront, soit dans

leur session de novembre prochain, soit dans celle de février 1868, suivant l'importance de leurs besoins. C'est
aux populations pauvres que la loi a voulu assurer le bénéfice de la gratuité de l'enseignement. C'est donc par les
communes les plus intéressantes à ce point de vue que
nous commencerons la distribution de nos subsides.

Lorsque vous aurez ainsi classé les communes dans
l'ordre de leurs besoins, et lorsque le conseil départemental aura approuvé non-seulement les demandes des conseils
municipaux, mais encore le classement de ces demandes,
vous voudrez bien m'envoyer le tableau que vous en aurez
dressé. Je pourrai alors, aussitôt que je connaîtrai le
montant du crédit voté par le Corps législatif, en faire la
répartition entre tous les départements et vous indiquer
les communes qui devront y participer. Il va sans dire que
les fonds de l'État ne doivent supporter cette dépense qu'à
défaut des fonds départementaux, et que, par conséquent,
les départements dont les conseils généraux n'auraient
voté que la portion des trois centimes spéciaux départementaux strictement nécessaire pour subvenir aux dépenses ordinaires d'entretien des écoles, et qui, bien
qu'ayant ainsi à leur disposition les fonds libres provenant
de ces trois centimes, auraient omis ou refusé de voter
une subvention pour la gratuité absolue, pourraient se
voir refuser l'avantage de participer au fonds spécial
porté au budget de l'État en faveur de cette gratuité. Le
bienfait de la gratuité que la loi a pour but d'assurer aux
populations pauvres serait, il est vrai, ajourné à mon
grand regret dans ces départements; mais la responsabilité
de cet ajournement ne saurait remonter jusqu'à l'État : elle
s'arrêterait nécessairement au conseil général.

Je ne saurais trop vous recommander, monsieur le préfet, de donner une grande attention à l'ordre de classement des communes qui réclameront, en vue de la gratuité, les subsides de l'État. Si toutes ne peuvent être
immédiatement secourues, il importe que les bienfaits de
l'État viennent trouver celles qui en ont un plus pressant
besoin, et que cette première répartition soit faite de telle
sorte que les communes qui pourraient en être exclues
n'aient, par comparaison, aucun motif légitime de
plainte.

Dépenses ordinaires et obligatoires. — Après avoir ainsi
préparé l'emploi du crédit spécial qui sera porté au budget
rectificatif de 1868 pour assurer la gratuité absolue de
l'enseignement là où elle sera accordée, je dois me préoccuper en même temps du crédit nouveau nécessaire pour
faire face à celles des dépenses obligatoires qui dès 1868
peuvent et doivent être, conformément à la nouvelle loi,
supportées par la commune, le département et l'État. Il y
a des départements pour lesquels le concours de l'État ne
sera pas réclamé en 1868; mais pour beaucoup d'autres
une subvention sera indispensable. Les 500,000 francs
portés au budget de 1868, et votés en quelque sorte *pour
mémoire,* ne permettront certainement pas d'organiser tous
les services auxquels ils sont applicables, et en vue du
budget rectificatif je chercherai, au moyen des éléments
fournis par les préfets, à déterminer la mesure dans
laquelle il serait urgent d'augmenter immédiatement ce
crédit. Mais abstraction faite de toute augmentation ultérieure, et afin de retarder le moins possible l'exécution
de la loi, il convient de déterminer ceux des services obli-

gatoires auxquels il sera pourvu en premier lieu, soit dans
la limite des ressources communales et départementales,
soit subsidiairement dans les limites du crédit porté au
budget de l'État. Tous les services améliorés ou créés par
la loi ont un caractère également obligatoire; mais comme
on ne peut tout organiser à la fois, il y a lieu de s'occuper
aujourd'hui en première ligne de ceux de ces services qui
ont en outre un caractère d'urgence et que nous sommes
certains de pouvoir assurer à partir du 1er janvier prochain.

Compléments de traitements. — Et d'abord il est de
principe qu'avant de construire à nouveau il faut consolider et entretenir ce qui existe. Commençons donc par
consolider les établissements existants en assurant aux
instituteurs et aux institutrices, dont les revenus scolaires
pourraient être affectés par l'admission d'un plus grand
nombre d'élèves gratuits dans l'école payante, un traitement égal à la moyenne des émoluments scolaires légaux
touchés par eux pendant les trois dernières années 1864,
1865 et 1866; il y a là une dette véritable, une question
d'équité résolue par l'article 11 de la loi, et qui domine
toutes les autres. La loi de 1867 comporte l'application
large et libérale du principe d'admission gratuite, posé par
la loi de 1850; tous les enfants pauvres et ceux des familles
gênées pour lesquelles la rétribution scolaire est un pesant
fardeau doivent être admis gratuitement dans les écoles;
mais la loi de 1867 n'a pas voulu que ce fût aux dépens
des instituteurs. Lorsqu'il s'agit de communes où l'instituteur n'atteint pas le minimum de 600 ou 700 francs,
l'extension de la gratuité, grâce au jeu du complément

légal, n'affecte pas la position de l'instituteur. Il doit en
être de même dans les autres communes, et c'est pour
cela que la loi accorde dorénavant à l'instituteur, en sus
du produit de la rétribution scolaire payée par les parents,
un traitement éventuel payé par la commune, le département ou l'État et calculé à raison du nombre d'élèves gratuits qu'il reçoit dans son école; c'est pour cela encore
qu'à titre de disposition transitoire, et au delà même du
chiffre de ce traitement éventuel, la loi garantit aux instituteurs et institutrices, en exercice au moment de la promulgation de la loi, un traitement égal à la moyenne des
trois dernières années.

Il va sans dire cependant que cette moyenne n'est garantie à l'instituteur qu'autant que le dommage qu'il pourrait
éprouver résulterait directement de l'exécution de la loi
et qu'il resterait dans la même commune. Ainsi, qu'une
école libre de garçons ou de filles ouverte dans la commune lui enlève un certain nombre d'élèves payants, l'instituteur éprouvera un dommage; mais ce dommage ne
résultera ni de la création d'une école communale de
filles ni de celle d'une école de hameau, et, par conséquent, la loi nouvelle y sera étrangère. Mais si, par suite
de ces circonstances, le dommage qu'il éprouve fait tomber
son traitement au-dessous des *minima* de 600 et de 700
francs mentionnés dans le quatrième paragraphe de l'article 10 de la loi, l'instituteur ou l'institutrice aura droit,
non plus à la moyenne de son traitement pendant les trois
dernières années, mais au complément prévu par l'article
précité, et destiné à lui assurer l'un des *minima* déterminés. Qu'au contraire, un instituteur qui recevait
l'année dernière quarante élèves payants soit contraint

aujourd'hui de recevoir dix d'entre eux gratuitement, il pourra légitimement prétendre au bénéfice de l'article 11, puisque la transformation de dix élèves payants en dix élèves gratuits fera tomber son traitement au-dessous de la moyenne des trois dernières années. C'est à vous qu'il appartient d'apprécier équitablement toutes ces circonstances et de ne porter sur vos états de dépenses pour compléments de ce genre que les instituteurs qui y auront des droits incontestables.

La disposition transitoire de l'article 11, comme l'article 10 lui-même dont il va être parlé, ne doit s'appliquer qu'aux institutrices en exercice au moment de la promulgation de la loi dans les communes de 500 habitants et au-dessus.

Au même rang que l'application des dispositions transitoires de l'article 11 je place, en ce qui concerne les institutrices, l'application de l'article 10 de la loi qui leur garantit un traitement d'au moins 400 francs. La création de nouvelles écoles de filles dans les communes de 500 âmes peut être entravée par différentes causes. Toute la sollicitude de l'administration ne fera point, par exemple, que les maisons d'école nécessaires soient construites en quelques mois. Puisque la loi de 1850 n'est pas encore complétement exécutée à cet égard, nous ne pouvons espérer que celle de 1867 le soit au lendemain du vote. En attendant que les obstacles prévus disparaissent, obéissons du moins aux injonctions de l'article 10 en assurant, sur les ressources disponibles, aux institutrices titulaires communales en exercice *dans des communes de plus de 500 âmes* à la date du 10 avril 1867 le *minimum* qui leur est désormais garanti. C'est l'application de l'article 10 de la loi nouvelle. Ces institutrices doivent, aux termes de l'article 4, être divisées en deux classes, et je vous ai fait savoir par ma circulaire du 12 mai comment il me paraissait convenable de faire cette classification. Je n'ai donc ni à revenir sur ce point ni à vous donner à ce sujet de nouvelles instructions. Je désire, toutefois, que vous m'adressiez l'état des écoles de filles en activité; cet état contiendra d'abord les écoles de première classe, puis celles de seconde, et indiquera les motifs de la préférence donnée aux premières. Comme les dispositions de l'article 40 de la loi de 1850 sont applicables dans les limites des *minima* aux écoles communales de filles aussi bien qu'aux écoles communales de garçons ou mixtes, les mêmes règles leur seront appliquées. Il y a lieu cependant de remarquer que l'obligation d'entretenir une école spéciale de filles n'incombe qu'aux communes de plus de 500 âmes, et que les départements et l'État n'ont aucune obligation à l'égard des écoles déjà existantes dans les communes d'une population inférieure. Je chercherai volontiers, plus tard, à venir en aide à ces communes, si les ressources du budget le permettent, au moyen de quelques subventions; mais je ne puis prendre envers elles aucun engagement.

Cours d'adultes. — Notre attention et nos secours doivent se porter avec une vigilance égale sur les cours d'adultes, dont la dépense, désormais obligatoire, devra figurer immédiatement après les compléments de traitement. Les instituteurs ont conquis, par leur zèle et leur désintéressement, une place spéciale au budget pour ces établissements qui ont excité tant d'intérêt en France; une prévision du budget de 1868 consacre à l'entretien et au développement de ces cours, en sus des ressources communales et départementales indiquées par la loi de 1867, une somme de 500,000 francs, et l'article 7 de cette loi porte qu'une indemnité fixée par le ministre de l'instruction publique, après avis du conseil municipal et sur la proposition du préfet, peut être accordée annuellement aux instituteurs et institutrices dirigeant une classe communale d'adultes payante ou gratuite, consacrée par le vote du conseil départemental, sur l'avis du conseil municipal.

Les indemnités dues aux instituteurs directeurs de cours d'adultes, une fois fixées par le ministre, sont des dépenses nécessaires imputables, en vertu de l'article 14, sur les fonds de la commune, du département, de l'État, et notamment sur le troisième centime départemental obligatoire créé par la loi du 10 avril 1867 pour les dépenses ordinaires et permanentes de l'enseignement primaire.

Par ma lettre du 12 mai dernier, je vous ai fait savoir dans quel esprit il convient de mettre à exécution cette partie si importante de la loi; je dois vous entretenir aujourd'hui des moyens pratiques à employer pour y pourvoir d'urgence. En 1866, sur 595,506 élèves adultes, on en a compté 123,778 qui ont payé, pour les cours du soir, une rétribution volontaire de 414,940 francs. L'année suivante, au 1ᵉʳ avril 1867, le nombre des adultes payants n'était que de 81,846 sur 829,555, et la rétribution payée par eux est descendue à la somme de 285,185 francs.

Il faut reconnaître que dans un grand nombre de localités l'admission gratuite aux cours d'adultes est une condition nécessaire de leur fréquentation assidue. Ce fait constaté, de quelle manière convient-il d'organiser la rémunération de l'instituteur? L'indemnité promise et garantie par la loi doit-elle être un traitement éventuel calculé, comme pour l'école du jour, à raison du nombre d'élèves reçus gratuitement chaque mois dans l'école? Je ne l'ai pas pensé : les adultes qui viennent à la classe du soir peuvent avoir l'intention de suivre seulement un ou plusieurs cours; tel élève qui vient chercher à la classe du soir les leçons théoriques nécessaires pour la pratique de sa profession ne peut être contraint d'assister aux leçons de lecture ou d'écriture ; tel autre qui ne sait pas encore bien lire ou écrire ne peut être tenu d'assister à des leçons de géométrie ou de grammaire. Dans de petites communes, à raison du nombre des élèves, l'instituteur, privé d'adjoint, peut être obligé de les diviser en catégories pour les réunir à des jours différents. Je dois ajouter que ce mode de rémunération, appliqué d'une manière absolue à des adultes qui ne seraient à la classe du soir que des spectateurs oisifs, pourrait devenir une source d'abus.

Il résulte de ces considérations que l'allocation garantie à laquelle aura droit le directeur d'un cours d'adultes communal régulièrement établi sous votre contrôle devra consister en une indemnité fixe. Quel en sera le montant? Cette allocation garantie devra se composer de deux éléments : le remboursement d'une dépense absolument indispensable et la rémunération personnelle de l'instituteur. Du jour où la loi a donné une existence légale aux cours d'adultes, elle a implicitement entendu que les moyens matériels de tenir la classe du soir seraient assurés.

Je ne puis donc m'empêcher de considérer au moins les frais d'éclairage de la salle comme devant être nécessairement remboursés à l'instituteur. Il m'a paru, d'un autre côté, quant à la rémunération personnelle, qu'il serait

injuste d'adopter le même chiffre pour toutes les classes
d'adultes, et qu'il convient, au contraire, d'avoir égard
d'une manière générale, et par une appréciation d'ensemble, au nombre d'élèves qui suivent le cours, au
nombre de mois et jours par semaine pendant lesquels il
s'ouvre, à l'objet, à l'étendue, à la qualité de l'enseignement, au zèle du maître, aux succès qu'il obtient. J'ajoute
que l'indemnité ainsi accordée a beaucoup moins le caractère d'un traitement que celui d'un dédommagement ou
d'une récompense publique. Tels sont les motifs qui me
déterminent à poser en principe que cette portion de l'indemnité ne descendra pas au-dessous d'un minimum de
50 francs, et qu'elle pourra être portée, sur votre proposition, à un chiffre supérieur, qui toutefois ne pourra pas
dépasser 100 francs. Dans le cas où le cours serait payant,
le produit de la rétribution scolaire s'imputerait sur l'indemnité garantie, et viendrait ainsi réduire, jusqu'à due
concurrence, la somme qui est à la charge de la commune,
du département et de l'État. Bien que la loi réserve au ministre la fixation de l'indemnité, il est évident que, ne pouvant songer à statuer par décision individuelle et isolément
sur chacun des cours d'adultes auxquels la loi devra être
appliquée, je devrai le plus souvent accepter dans leur
ensemble les propositions faites par les préfets. Les observations qui précèdent devront vous servir de règle pour
l'appréciation des droits des instituteurs. J'espère bien que
ces allocations officiellement garanties n'auront pas pour
effet de tarir la source des libéralités particulières, communales et départementales, qui pour 1867 se sont élevées
au chiffre total de 1,337,441 francs, savoir : 1,145,304
francs votés par les conseils municipaux, 121,415 francs

donnés par les particuliers et 70,722 francs accordés par
les conseils généraux. Je dois répéter encore, au sujet de
l'allocation garantie, que l'État n'intervenant, pour ce
qui le concerne, qu'à défaut des ressources communales
et départementales indiquées à l'article 14 de la nouvelle
loi, vous devrez épuiser ces ressources avant de proposer
le prélèvement de ces indemnités sur les fonds de l'État.

En suivant l'ordre que j'ai indiqué ci-dessus, nous
trouvons en troisième lieu la création des emplois de
maîtresses des travaux à l'aiguille dans les écoles mixtes.
Pour les localités où il n'est pas possible de dédoubler
immédiatement l'école mixte en créant une école spéciale
de filles, il faut la perfectionner, c'est-à-dire y offrir aux
familles non-seulement les moyens de donner aux jeunes
filles l'habitude de la couture domestique, si utile dans
les ménages des campagnes, mais toute la sécurité que
doit inspirer la présence d'une femme dans l'école. Les
écoles mixtes doivent avoir une maîtresse des travaux à
l'aiguille, et le traitement de ces maîtresses, fixé par vous,
sera compris dans les dépenses générales d'entretien des
écoles primaires et imputable, après l'indemnité des directeurs de cours d'adultes, sur les ressources indiquées par
l'article 14 de la loi. Si ces ressources avaient été déjà
épuisées par les dépenses auxquelles elles doivent d'abord
pourvoir, une subvention de l'État vous serait accordée à
cet effet; vous voudrez bien dresser, sur un tableau spécial, la liste des emplois de maîtresses d'ouvrage à créer
dans votre département. En vue du cas où, par l'insuffisance des ressources du budget de l'État, je me verrais
obligé de faire un choix entre les écoles mixtes où il conviendrait d'installer une maîtresse d'ouvrage, je vous prie

d'inscrire en tête de votre liste les communes qui auront des droits réels à la préférence, ne perdant pas de vue que les autres seront dotées un peu plus tard.

Viendront ensuite les écoles de filles à créer dans les communes au-dessus de cinq cents habitants. Je n'ai à cet égard aucune instruction particulière à vous donner, car il s'agit ici d'écoles communales pour lesquelles on devra procéder comme on l'a fait jusqu'à présent pour les écoles communales de garçons.

Nous aurons enfin à pourvoir à la création des emplois de maîtres adjoints et de maîtresses adjointes dans les écoles de garçons et de filles, à la création d'écoles de hameaux et d'écoles ordinaires nouvelles dans les communes qui en comportent deux ou plusieurs, et enfin à l'organisation des caisses des écoles. Je ne puis, à cet égard, que vous inviter à vous reporter à mes instructions du 12 mai dernier. J'attache la plus grande importance à ce que toutes ces dispositions de la loi puissent être promptement exécutées ; mais, limités comme nous le sommes par le crédit porté au budget, nous devons diriger nos efforts vers les points où nos ressources nous permettent d'espérer un succès immédiat.

J'ai fait dresser néanmoins pour chacun de ces services des modèles de tableaux que je vous prie de me renvoyer avec les indications qu'ils sont destinés à recevoir, afin que je puisse connaître l'ensemble des dépenses auxquelles il y aura lieu de pourvoir, soit d'urgence, soit successivement.

Recevez, etc.

Le ministre de l'instruction publique,

V. Duruy.

Instruction du 30 octobre 1867, relative aux dispositions complémentaires de la loi du 10 avril 1867, en ce qui concerne l'enseignement des filles[1].

Monsieur le recteur,

Je vous ai adressé déjà les instructions nécessaires pour l'exécution de la loi du 10 avril 1867 : il me reste à vous entretenir de dispositions qui en seront le complément naturel.

En organisant l'enseignement primaire des filles, en décidant la création de 10,000 écoles nouvelles, la loi du 10 avril 1867 a répondu à des vœux unanimes. Aussi la sollicitude de tous les pouvoirs publics est-elle acquise à la bonne et prompte exécution de cette loi.

Mais pour construire ou louer les bâtiments nécessaires, pour trouver le personnel qui saura donner la meilleure direction à ces écoles, il faudra du temps et de l'argent. Tandis qu'on étudie les plans et qu'on prépare les ressources, nous pouvons, monsieur le recteur, nous occuper de donner satisfaction, non plus à la loi elle-même, mais à des vœux qui ont été exprimés durant la discussion au sein du Corps législatif, qui répondent au désir même du gouvernement, et dont la réalisation n'exige ni une dépense bien sérieuse ni un temps bien considérable.

1. Voir, page 405, l'Instruction du 12 mai 1867.

33.

Classes de persévérance. — Il est malheureusement entré dans les mœurs du pays que l'école primaire soit abandonnée par ses élèves dès qu'ils ont fait leur première communion, c'est-à-dire vers leur douzième année, tandis qu'ils ne la quittent, dans les pays protestants, qu'entre quinze et seize ans, époque de leur grand acte religieux, la confirmation. Il est bien à souhaiter qu'on puisse reprendre au profit de l'école, sinon pour tous les enfants, au moins pour un certain nombre d'entre eux, moins pressés de gagner un mince pécule, ces trois ou quatre années où les forces physiques ont encore besoin d'être ménagées, et durant lesquelles l'esprit serait muni de connaissances qui ne courraient plus le risque d'être oubliées, comme il arrive trop souvent pour celles de l'école primaire. L'enseignement religieux a le catéchisme de persévérance, qui ne laisse pas s'égarer et se perdre les fruits des premières instructions : il nous faudrait aussi des classes de persévérance.

On réussira à en établir par les exhortations des maîtres auprès des enfants et des familles, pour décider les uns et les autres à une prolongation de la vie scolaire; par la propagande qui se fait de tous côtés en faveur de l'instruction, à raison des avantages matériels et moraux qu'elle assure; par les concours qu'on établirait entre ces écoles de persévérance, dont les prix pourraient être ajoutés, dans les communes rurales, à ceux des comices agricoles, dans les villes, à ceux des sociétés industrielles. Enfin la caisse des écoles, là où l'on saura la fonder dans de bonnes conditions, pourra favoriser la formation des classes de persévérance par des primes et des encouragements donnés à ceux qui continueront leurs études pour les fortifier et les étendre.

Grâce, en effet, au mouvement que nous admirons, le nombre des enfants qui restent en dehors de l'enseignement diminue chaque jour, de sorte que, pour un certain nombre de départements, nous sommes déjà bien près du moment où les encouragements et les efforts devront porter moins sur les enfants qu'il faut pousser à l'école que sur ceux qu'il faut y retenir.

Cours professionnels. — Ces classes de persévérance ne nécessiteront ni des méthodes nouvelles ni de nouveaux programmes, puisqu'on n'y enseignera que les matières dites *facultatives*. Or, pour ces études que la loi du 15 mars 1850 a énumérées, que celle du 21 juin 1865 a précisées et accrues, il existe des instructions toutes rédigées, des programmes tout faits : ce sont ceux des écoles normales et des premières années de l'enseignement spécial ; il suffit d'y puiser.

Vous savez, en effet, monsieur le recteur, que l'enseignement spécial a pour point de départ l'enseignement primaire habituel et qu'il en forme, dans ses premiers cours, le développement logique. Je ne saurais, en outre, insister trop sur ce point, que le trait caractéristique de l'enseignement spécial est de se conformer aux besoins des industries qui dominent là où il est donné. Ce qui serait emprunté à ses programmes pour les écoles de persévérance devrait donc être pris dans le sens des nécessités locales ; on assurerait ainsi à ces écoles un caractère véritablement professionnel.

On pourrait même, dans les villes d'une population

considérable, faire prédominer dans une des écoles communales les études qui conduisent au commerce, comme la calligraphie, le calcul mental , la tenue des livres, la comptabilité, les écritures commerciales et quelques notions de législation usuelle ; dans une autre, celles qui mèneraient aux industries dominantes, telles que le dessin d'ornement ou le dessin géométrique, le dessin des machines, certaines connaissances chimiques ou mécaniques, etc., afin que les élèves et les maîtres fussent mieux répartis selon leurs besoins et selon leurs aptitudes.

Le personnel enseignant ne ferait pas plus défaut que les programmes , puisque nos quatre-vingts écoles normales, dont les études ont été réformées, livrent, chaque année, aux écoles publiques mille ou douze cents instituteurs. Un certain nombre d'entre eux seront désormais en état de bien donner cet enseignement intermédiaire pour lequel l'école de Cluny forme , de son côté, d'habiles directeurs.

Dans beaucoup de cas , ces mesures n'entraîneront d'autre dépense que celle qui serait nécessaire pour dédommager les maîtres d'un surcroît de travail ou assurer le traitement de maîtres nouveaux appelés à faire des cours dans les écoles où l'enseignement dépasserait la mesure des forces d'un seul instituteur.

Tout ce qui vient d'être dit des écoles de persévérance et des écoles professionnelles s'applique aux écoles de filles comme à celles de garçons, avec la différence qu'amènerait dans les études la différence des sexes et, par suite, celle de certains travaux.

Ainsi, pour les filles, il faudrait qu'elles pussent apprendre dans les écoles rurales : la couture domestique,

la tenue des écritures de ferme, le calcul mental, des notions d'agriculture et d'économie rurale appropriées à la
localité, la conduite d'un verger, d'un jardin, d'une
basse-cour, quelques principes d'hygiène de famille, etc.;
— dans les écoles urbaines : la couture industrielle, le
dessin d'ornement et le dessin industriel, les écritures
commerciales, le calcul, l'hygiène, et, selon les lieux,
quelques-uns des arts professionnels qu'une fille peut
pratiquer près de sa mère, la peinture sur porcelaine, la
gravure sur bois, la broderie d'art; enfin, partout, la langue française et l'histoire nationale.

Je sais bien qu'à l'égard de ces écoles professionnelles
de filles le personnel enseignant serait sur plusieurs
points, et en bien des lieux, insuffisant; mais il se formera peu à peu. Il ne peut être question, d'ailleurs, de
créer soudainement un grand nombre de ces écoles, et je
suis assuré qu'en cherchant bien on trouvera le moyen
de satisfaire aux premiers besoins.

En résumé, monsieur le recteur, je vous demande :

1° D'user de toute votre influence auprès des autorités
municipales, qui agiront ensuite sur les familles, pour
retenir le plus longtemps possible les enfants à l'école,
afin de diminuer le chiffre énorme des non-valeurs scolaires, qui s'élève à 34 p. 100; c'est une perte annuelle de
vingt millions de francs que fait la France, puisque les
soixante millions qu'elle dépense pour instruire les enfants du peuple ne profitent qu'aux deux tiers d'entre
eux. L'emploi de livres impropres à l'enseignement,
l'usage de méthodes défectueuses, sont pour beaucoup
assurément dans ce résultat fâcheux; mais il provient
surtout de l'abandon prématuré de l'école;

2° D'inviter les municipalités, partout où le succès semblera possible, à organiser pour les enfants de la classe ouvrière des écoles professionnelles où, tout en perfectionnant leur instruction primaire, ils acquerront des connaissances qui leur permettront de gagner un salaire plus élevé ;

3° D'organiser auprès de ces écoles un comité de patronage qui soit comme la seconde famille de ces jeunes filles, et qui s'occupera de leur trouver, pour le jour de la sortie de l'école, du travail dans les conditions les meilleures de rémunération et de moralité.

Par les écoles de persévérance, qu'on peut établir partout, puisqu'elles ne sont que la continuation de l'école primaire ; par les écoles professionnelles, qui peuvent se confondre avec les premières, ou, dans les communes riches, devenir l'objet de fondations spéciales, on aura donné à l'enseignement primaire et professionnel des jeunes filles de la classe ouvrière tous les développements désirables.

Enseignement secondaire des filles. — Mais il reste une chose considérable à faire : il faudrait fonder l'enseignement secondaire des filles, qui, à vrai dire, n'existe pas en France [1].

1. Au Corps législatif, dans la séance du 2 mars 1867, M. le ministre de l'instruction publique avait, en réponse à un discours de M. Jules Simon, prononcé les paroles suivantes, relativement à l'établissement d'un enseignement secondaire des filles : « J'ai eu l'honneur de le dire à la Chambre, en exposant le double besoin qui existe pour l'enseignement des filles : le mot *supérieur* trouble les idées ; l'enseignement supérieur, pour nous, c'est le collége de France et les facultés. Or il ne peut s'agir de cela pour les filles, et je ne puis non plus appeler cet enseignement un enseignement primaire, puisqu'il va beaucoup au delà.

« Cet enseignement a été établi sur quelques points du territoire, dans certaines grandes villes, par l'initiative privée ; ces louables tentatives méritent d'être encouragées : le gouvernement est disposé à donner ces encouragements dans la me-

C'est au foyer domestique, dans le sanctuaire de la famille, que la jeune fille reçoit l'éducation du cœur et les premiers enseignements de la religion. Son instruction religieuse se poursuit et s'achève à l'église ou au temple, sous la direction des ministres de son culte. Mais pour fortifier son jugement et orner son intelligence, pour apprendre à gouverner son esprit et à se mettre en état de porter avec un autre le poids des devoirs et des responsabilités de la vie, sans sortir du rôle que la nature lui assigne, il faut à la femme une instruction forte et simple, qui offre au sentiment religieux l'appui d'un sens droit et aux entraînements de l'imagination l'obstacle d'une raison éclairée.

Cette instruction forte et simple, il est bien rare de la trouver aujourd'hui en France. Que de plaintes ne s'élèvent point sur la difficulté de donner aux jeunes filles une instruction en rapport avec le rang qu'elles occuperont un jour dans la société et avec celle que reçoivent leurs frères dans les écoles de l'État et dans les établissements libres! Les choses en sont venues à ce point que les élèves-maîtresses des écoles normales, destinées pour la plupart à enseigner dans les campagnes, ont une instruction plus complète que beaucoup de jeunes filles auxquelles la naissance et la fortune assigneront une place dans la société la plus éclairée; le simple brevet de capacité pour l'instruction primaire est devenu la preuve d'une éducation

sure de ses ressources. S'il était inscrit au budget du ministère de l'instruction publique un crédit à cet effet, nous soutiendrions ces écoles ou d'autres analogues par des subventions, comme nous soutenons les colléges communaux; ou peut-être ferions-nous directement, ce qui serait plus difficile, mais ce qui serait tout aussi nécessaire, des cours qui servissent de modèles, afin que l'enseignement des filles ait ce que l'enseignement des garçons possède, des maisons où l'on améliore les méthodes et où l'on élève le niveau des études. »

soignée : les jeunes filles le recherchent dans les familles les plus soucieuses de l'instruction, sans autre but que de constater qu'elles se sont élevées au-dessus du niveau de l'ignorance générale.

Aujourd'hui, bien des mères de famille désireraient garder leurs filles auprès d'elles, afin de présider elles-mêmes à leur éducation, au développement de leur caractère : il leur faut se séparer d'elles, parce qu'elles n'ont sous la main aucun moyen d'instruction ; elles les confient au pensionnat, tout en regrettant que l'enseignement n'y dépasse guère la portée des études primaires. Beaucoup de jeunes filles, lorsqu'elles rentrent à la maison paternelle, vers leur quinzième année, seraient heureuses de trouver à leur portée un enseignement complémentaire, de s'occuper utilement, pour le présent et pour l'avenir, pendant trois ou quatre ans, c'est-à-dire jusqu'à l'époque où des devoirs plus graves s'imposeront à elles. Cette précieuse ressource, cet emploi salutaire des années les plus difficiles et les plus inoccupées de la jeunesse, leur est presque partout interdit. Quelques familles privilégiées ont recours à des maîtres particuliers ; elles confient leurs enfants à nos professeurs les plus distingués des lycées ou à des cours établis dans quelques grandes villes ; mais c'est une exception, un enseignement de luxe auquel ne peuvent prétendre le plus souvent ceux qui en comprennent le mieux la valeur.

Puisque les familles les plus favorisées par la fortune n'hésitent point à appeler auprès d'elles des maîtres particuliers pour leur confier l'instruction des jeunes filles, pourquoi ne point généraliser ce qui est resté jusqu'à présent une sorte de privilége ? Pourquoi laisser se consumer dans les efforts d'un enseignement individuel des forces vives et un dévouement qui peuvent être si facilement utilisés au profit du plus grand nombre? Pourquoi, enfin, ne pas constituer un véritable enseignement secondaire des filles offrant les plus sérieuses garanties et placé sous le patronage des personnes qui ont dans chaque ville une autorité et une influence incontestées? Le besoin d'un enseignement plus élevé est si généralement reconnu, l'organisation que j'ai en vue est si simple, si peu coûteuse, et peut donner de tels résultats, que je n'hésite pas à vous charger d'en préparer le succès.

L'enseignement secondaire des filles est et ne peut être que l'enseignement spécial qui vient d'être constitué pour les garçons par la loi du 21 juin 1865, et d'où les langues mortes sont exclues.

Cet enseignement, caractérisé par la combinaison d'une instruction littéraire générale, de l'étude des langues vivantes et du dessin, avec la démonstration pratique des vérités scientifiques, peut, en effet, s'il est convenablement approprié à sa destination nouvelle, devenir l'enseignement classique des jeunes filles de quatorze à dix-sept ou dix-huit ans.

Les méthodes, les programmes employés pour les uns seront facilement utilisés pour les autres. Il n'y a rien à créer : tout existe; il s'agit seulement d'en faire l'application aux études des jeunes filles, avec les différences que comportent leur condition et leurs besoins.

Ainsi l'enseignement secondaire des filles formerait un ensemble régulier, divisé en trois ou quatre années, chacune de six ou sept mois d'études, avec une ou deux leçons par jour, des devoirs remis par les élèves, corrigés par les maîtres, et des compositions mensuelles.

On ne passerait d'un cours à l'autre qu'après un examen sérieux.

Le cours complet aurait pour sanction et pour couronnement la délivrance, par le jury départemental ou académique, des diplômes que la loi du 21 juin 1865 a institués.

Les programmes seraient arrêtés et la surveillance des cours serait faite par les membres du conseil de perfectionnement que la loi du 21 juin 1865 a créé, et dont le maire a, dans chaque ville, la présidence. Enfin les cours ne seraient point publics; mais la jeune fille y serait conduite par sa mère, sa gouvernante ou sa maîtresse de pension, qui assisteraient aux leçons.

Ces cours, s'adressant aux familles aisées ou riches, seraient nécessairement payants : 15 ou 20 francs par mois.

De la somme ainsi trouvée il serait fait deux parts : les deux tiers ou les trois quarts formeraient la rémunération des professeurs; le reste serait mis en réserve pour former un fonds qui servirait aux dépenses du matériel et à la création de bourses d'externat en faveur de jeunes filles pauvres qui montreraient une vocation décidée pour les hautes études et pourraient se préparer dans ces cours à donner elles-mêmes un jour l'enseignement secondaire.

Le local serait une salle de l'hôtel de ville ou de quelque édifice communal; car cet enseignement devrait être établi sous le patronage, le contrôle et la direction des autorités municipales, c'est-à-dire de ceux qui sont les représentants légaux de tous les pères de famille de la cité.

Quant aux maîtres et aux moyens d'enseignement, ils sont tout prêts. Les membres de l'enseignement secondaire, qui ont déjà la confiance des familles, puisque soixante-dix mille enfants leur sont confiés dans les lycées et les colléges, peut-être même quelques membres des facultés, n'hésiteraient pas à prêter leur concours, s'il était réclamé, et, dans ce cas, je les autoriserais à employer pour ces cours extérieurs tout le matériel scientifique du lycée.

Vous voyez, monsieur le recteur, qu'il n'y aurait besoin, pour cette œuvre considérable, ni de bâtir de nombreuses maisons, ni de créer un nouveau personnel, ni de constituer à grands frais un matériel scientifique ; il suffirait d'appliquer le principe qui a si bien réussi pour les cours d'adultes : le matériel et le personnel de l'enseignement secondaire seraient utilisés deux fois ; frères et sœurs auraient les mêmes maîtres. Je vous disais, il y a deux ans, à propos des cours d'adultes : « En employant, le soir, le matériel et le personnel du jour, nous doublons sans frais le nombre des écoles, nous rendons féconde la première dépense faite par le pays, nous tirons du même capital un second intérêt. » On pourra dire la même chose de la combinaison proposée ; seulement, plus heureux que les instituteurs, qui ont dû attendre le prix de leur dévouement, les membres de l'enseignement secondaire trouveraient immédiatement la récompense de leur zèle, puisque les nouveaux cours seront payants.

En tout ceci, monsieur le recteur, nous n'avons rien à entreprendre par nous-mêmes. C'est une œuvre de persuasion à poursuivre auprès des autorités municipales et des familles. Qu'elles le veuillent, et dans quelques semaines, sans dépenses ni de l'État, ni du département, ni de la commune, l'enseignement supérieur des filles sera fondé dans les quatre-vingts villes qui ont un lycée et dans les deux cent soixante qui possèdent un collège : nos trois mille professeurs sont tout prêts.

Recevez, etc.

Le ministre de l'instruction publique,

V. DURUY.

Rapport de S. Exc. M. le Ministre à S. M. l'Empereur, précédant le décret du 21 décembre 1867, relatif à la fondation de prix au concours général des départements, en faveur de l'enseignement secondaire spécial.

Sire,

L'enseignement spécial est aujourd'hui complétement organisé. Il compte 17,000 élèves : c'est le quart de toute la population scolaire des lycées et collèges. Il a ses programmes, ses examens, ses diplômes, et jusqu'à une discipline particulière. L'école de Cluny forme ses professeurs, qui ont leur agrégation distincte. Des conseils de perfectionnement approprient les études aux besoins des localités, et des comités de patronage veillent sur les élèves. Certains établissements lui sont exclusivement consacrés ; d'autres lui ont fait place à côté de l'enseignement classique. L'œuvre voulue par Votre Majesté est donc accomplie. Il ne reste plus qu'à assurer la marche régulière et le développement de la nouvelle institution.

Mais on peut lui donner des encouragements qui lui manquent encore. Il en est un dont l'efficacité a déjà été éprouvée pour les études classiques, et que je viens demander à Votre Majesté d'accorder aux études spéciales : je veux parler du concours général des lycées et collèges des départements, concours créé il y a trois ans, et qui, chaque année, révèle son heureuse influence. En établissant ainsi une généreuse émulation entre tous les établissements d'instruction publique, nous avons stimulé le zèle des maîtres et des élèves par la perspective prochaine de récompenses vivement désirées; le niveau des études en a été relevé jusque dans les établissements les moins importants. Il me paraîtrait bon de faire profiter les études spéciales de ce moyen d'émulation.

Si ce genre d'enseignement n'est pas, comme les humanités, le même dans toutes les maisons ; si nous avons dû lui donner une extrême flexibilité, pour qu'il pût s'appliquer à tous les besoins locaux, la variété de ses formes recouvre un fonds commun de sciences et de littérature sur lequel le concours peut s'établir entre tous les établissements publics.

Aujourd'hui, la fortune industrielle du pays dépend de trois études principales : le dessin géométrique, la mécanique et la chimie. Le dessin géométrique, on l'a dit souvent, est une langue que tous ceux qui prennent part au travail industriel, ouvriers ou ingénieurs, doivent savoir lire et écrire. La mécanique transforme l'industrie tout entière. La chimie a doublé depuis trente ans la richesse du pays et nous promet la solution de presque toutes les grandes questions agricoles. Or., ce sont là les trois objets principaux de notre enseignement des sciences appliquées; je voudrais donc les voir figurer au concours général et en consacrer l'importance à tous les yeux par la fondation de deux grands prix : un de dessin géométrique et de mécanique, l'autre de physique et de chimie.

D'autre part, les études littéraires, qui visent plus haut encore, puisqu'elles ont pour but de développer l'intelligence elle-même, s'unissent, dans l'enseignement spécial, à l'étude des notions usuelles du droit et des éléments de ces sciences économiques dont on s'accorde aujourd'hui à vanter l'heureuse influence. Un prix serait donc accordé à l'histoire de la littérature française, aux études de législation usuelle ou aux sciences économiques. Les sujets seraient choisis, pour la première fois, dans les programmes de la troisième année d'études, la seule qui existe encore pour la plupart des établissements. L'an prochain, ils seraient pris dans ceux de la quatrième et dernière année.

En prévenant le vœu des familles, en leur accordant la vive satisfaction de voir leurs enfants concourir à ces luttes de l'intelligence, où le succès est un heureux gage pour l'avenir, Votre Majesté marquerait une fois de plus l'intérêt qu'elle daigne porter à une création qui appartient à son règne.

Si Votre Majesté approuve ma proposition, je la prie de vouloir bien revêtir de sa signature le projet de décret ci-joint.

Je suis avec le plus profond respect, Sire, de Votre

Majesté le très-humble, très-obéissant et très-fidèle serviteur,

Le ministre de l'instruction publique,

V. DURUY.

———◇———

Rapport de S. Exc. M. le Ministre à S. M. l'Empereur, précédant les décrets du 26 décembre 1867, relatifs à l'augmentation des traitements dans l'administration académique, dans les facultés et dans les lycées.

Sire,

Depuis quelques années, le pays et le gouvernement demandent beaucoup aux fonctionnaires de l'instruction publique. Il y aurait justice à reconnaître leur dévouement en augmentant des traitements dont quelques-uns sont restés au même chiffre depuis la fondation de l'Université. D'impérieuses et patriotiques nécessités s'opposent, pour le moment, à la réalisation de légitimes espérances. Cependant la prospérité croissante des lycées impériaux me donne le moyen de pourvoir aux besoins les plus urgents, ceux des fonctionnaires dont les traitements sont le moins élevés, et j'ai l'espoir qu'en proposant à Votre Majesté les notables améliorations contenues aux décrets ci-joints, je ne dépasserai pas les limites où la prudence oblige de se renfermer.

Discours.   34

Près de la moitié des professeurs de Paris sont divisionnaires : c'est dire qu'ils n'ont ni le titre ni le traitement
de leur emploi. Beaucoup sont exposés à arriver à l'âge
de la retraite sans avoir obtenu ce grade de professeur
titulaire qui est la légitime ambition de chacun, parce
qu'on y trouve honneur et sécurité avec un traitement
supérieur.

L'article 1ᵉʳ du projet de décret, qui constitue une quatrième classe au traitement fixe de 3,000 francs, permettra de titulariser immédiatement un grand nombre
de divisionnaires. Tous ceux des fonctionnaires de cet
ordre qui n'arriveront pas dès cette année au titre ver-
ront, par l'article 2, leur situation améliorée; plusieurs
même d'entre eux obtiendront une augmentation qui dé-
passera le tiers de leur traitement fixe.

En outre, la barrière presque infranchissable qui s'élevait devant le divisionnaire, à raison de l'extrême lenteur de l'avancement parmi les titulaires, se trouvera
abaissée. Au bout de trois ans, en effet, un divisionnaire
de la première classe pourra recevoir le titre de son emploi, et il ne faudra plus désormais compter sur la
retraite d'un collègue pour aspirer au titulariat. La durée
et la valeur des services feront monter rapidement la plupart des divisionnaires de la première classe au grade
qui est considéré comme le couronnement de la carrière
professorale, et ils seront aussitôt remplacés dans la
classe qu'ils quitteront par des membres de la classe inférieure.

Des avantages analogues sont faits par l'article 4 aux
divisionnaires des départements. Ces fonctionnaires pourront voir leur traitement fixe arriver, par des augmenta-

tions successives, au chiffre de celui du professeur titulaire de troisième ordre.

Par une disposition générale dont profiteront à la fois
les titulaires, les divisionnaires et les chargés de cours
dans les lycées des départements, le minimum de l'éventuel est élevé à 1,000 francs. Cette mesure remplace et
étend l'amélioration accordée aux chargés de cours par le
décret du 19 juin 1867. A l'avenir, le minimum sera :

Pour un professeur titulaire de 3ᵉ classe, de 3,000
francs ;

Pour un professeur divisionnaire et un chargé de cours,
de 2,200 francs.

Ainsi, dans le cours de deux années, Votre Majesté aura
pu, sans accroissement de crédits et grâce à l'économie
apportée dans tous les services :

Élargir les cadres de la 1ʳᵉ et de la 2ᵉ classe du professorat dans tous les lycées ;

Améliorer la situation des maîtres élémentaires ;

Assurer, dans un court délai, le titulariat à un grand
nombre de professeurs divisionnaires de Paris ;

Augmenter tous les traitements inférieurs du corps
enseignant dans les lycées des départements ;

Ouvrir aux maîtres répétiteurs un plus facile accès vers
le professorat, par la création, dans les départements,
d'écoles normales secondaires, et, à Paris, par l'extension donnée aux préparations à la licence et à l'externat
de l'École normale supérieure ;

Élever enfin, à Paris, le traitement des inspecteurs
d'académie et des inspecteurs primaires.

Quant à l'enseignement supérieur, qui a de si grands
besoins, je ne sais encore si les propositions contenues

34.

au projet de budget pour augmenter les traitements fixes
des professeurs des facultés pourront être admises cette
année. En attendant, une sérieuse amélioration serait
produite par l'élévation à 1,000 francs du chiffre minimum de l'éventuel des facultés des sciences et des lettres, dont quelques-unes n'ont qu'un éventuel de 500 à
600 francs.

L'administration académique compte aussi des fonctionnaires dont il est absolument nécessaire de relever
les émoluments. Les traitements des secrétaires d'académie devraient être accrus de 500 francs, avec la possibilité de l'avancement sur place. Les commis d'académie,
qui ne reçoivent aujourd'hui que 1,400 ou 1,800 francs,
mériteraient, par le nombre et l'importance des services
qu'ils rendent, de voir les deux classes entre lesquelles
ils sont répartis dotées de traitements qui varieraient de
1,600 à 2,000 francs.

En attendant un vote du Corps législatif sur les augmentations que réclament l'enseignement supérieur et l'administration académique, j'espère pouvoir, avec les ressources propres de mon budget, faire face pendant
l'année 1868 aux dépenses que je propose avec d'autant
plus de confiance à Votre Majesté, qu'elles s'appliquent
surtout à de modestes traitements.

J'ose espérer que l'Empereur voudra bien approuver
ces propositions et signer les projets de décrets ci-joints.

Je puis assurer à Votre Majesté que l'Université reconnaissante gardera la mémoire de ces bienfaits, avec le
souvenir du jour où l'Empereur a voulu que le Prince
impérial participât à nos études et à nos solennités.

J'ai l'honneur d'être avec le plus profond respect,

Sire, de Votre Majesté le très-humble, très-obéissant et très-fidèle serviteur,

Le ministre de l'instruction publique,

V. DURUY.

————•◦•————

Instruction du 31 décembre 1867, relative à l'organisation de l'enseignement agricole et horticole dans les écoles primaires rurales et dans les écoles normales primaires.

Monsieur le préfet,

Je vous ai déjà fait connaître les diverses mesures proposées par la commission qui a été chargée de préparer l'organisation et le développement de l'enseignement agricole dans les écoles normales, les classes d'adultes et les écoles primaires rurales[1].

J'ai soumis au conseil impérial de l'instruction publique,

1. Le 4 février 1867, le ministre de l'instruction publique avait écrit au ministre de l'agriculture, du commerce et des travaux publics la lettre suivante :

« Je vous ai entretenu de l'enquête scolaire que je fais faire par les soins des « recteurs et des inspecteurs d'académie, au sujet des moyens à employer pour « répandre le mieux et le plus promptement possible les connaissances agricoles « dans notre pays. Je mets au service de cette pensée nos quatre-vingts écoles nor- « males, qui ont toutes un terrain plus ou moins grand pour des expériences d'hor- « ticulture et même d'agriculture ; nos 40,000 écoles primaires, dont 27,000 ont un « jardin potager ; nos 30,000 cours d'adultes, où de très-utiles notions pourraient « être données à des hommes en âge et en état d'en tirer immédiatement parti ; « même nos établissements d'enseignement secondaire spécial, où se fait un cours « d'agriculture, que je cherche à combiner avec celui des écoles normales ; enfin , dans sa dernière session, celles de ces propositions sur lesquelles, avant de statuer, je devais prendre son avis.

Je vais successivement passer en revue les propositions

« ceux d'enseignement supérieur, où se trouvent des chaires de chimie agricole qui « ont déjà rendu de très-sérieux services. »

A la suite de cette lettre, il fut formé une commission composée de membres appartenant aux deux ministères qui fit les propositions suivantes :

1° Organiser immédiatement, partout où les circonstances le permettront, un cours d'agriculture et d'horticulture approprié au département, dans celles des écoles normales où ce cours n'a pu être encore régulièrement établi ;

2° Créer dans chaque département un emploi de professeur d'agriculture, qui serait chargé de l'enseignement agricole dans l'école normale, le lycée ou le collége, et des conférences qui pourraient être faites aux instituteurs et aux cultivateurs ; assurer au titulaire de cet emploi un traitement convenable, payé sur les fonds du ministère de l'agriculture et sur ceux du ministère de l'instruction publique ; choisir les professeurs d'agriculture parmi les candidats qui seraient dès à présent jugés dignes, et, afin de les recruter pour l'avenir, choisir parmi les meilleurs élèves de la troisième année des écoles normales ceux qui auraient une aptitude spéciale pour cet enseignement ; les envoyer pendant deux ou trois ans dans une école d'agriculture ;

3° Provoquer et encourager l'annexion d'un jardin aux écoles normales et aux écoles primaires rurales qui n'en possèdent pas encore, afin d'exercer les enfants à la pratique de l'horticulture ; instituer des promenades agricoles une fois par semaine, avec un objet d'études qui corresponde aux travaux de la saison ;

4° Modifier le règlement des écoles primaires communales du département, de telle sorte que, dans chaque commune, l'on puisse, par la fixation des heures de classe et de l'époque des vacances, concilier les exercices classiques avec les travaux des champs ;

5° Recommander aux préfets de placer, autant que possible, les instituteurs possédant des connaissances spéciales d'agriculture dans les contrées où ces connaissances peuvent être plus particulièrement utilisées ;

6° Recommander aux instituteurs des communes rurales de donner, par le choix des dictées, des lectures et des problèmes, une direction agricole à leur enseignement, soit dans la classe du jour, soit dans celle du soir ; enfin leur recommander de faire de temps en temps dans leurs cours d'adultes, après les leçons ordinaires d'écriture, de calcul et d'orthographe, des lectures agricoles accompagnées d'explications et de conseils ;

7° Fixer un programme général d'enseignement agricole qui serait approprié, dans chaque département, aux conditions de la culture locale ;

8° Faire inspecter annuellement les écoles normales par les inspecteurs généraux de l'agriculture, ainsi que quelques écoles rurales dans chaque département ;

9° Provoquer et encourager des concours annuels entre les élèves, soit des écoles primaires, soit des cours d'adultes, et, indépendamment des questions ordinaires de l'enseignement classique, leur donner en même temps à résoudre des questions agricoles ; s'efforcer d'assurer aux instituteurs, pour ce dernier objet et en dehors des récompenses honorifiques ordinaires, une rémunération réglée d'après le nombre des élèves admis au concours et d'après le degré et le nombre des récompenses obtenues par eux.

de la commission et vous indiquer les solutions qui leur sont données.

« 1° Modifier le règlement des écoles primaires, de
« telle sorte que dans chaque commune on puisse, par
« la fixation des heures de classe et de l'époque des va-
« cances, concilier les exercices classiques avec les tra-
« vaux des champs. »

Cette proposition a été unanimement approuvée. Le conseil impérial a pensé qu'en l'adoptant on parviendrait facilement à établir un certain accord entre l'enseignement classique donné par l'instituteur rural et cette éducation agricole pratique si importante dont la direction appartient naturellement au père de famille. Or, voici comment cet accord pourrait se faire.

Pendant les six mois d'hiver où les travaux de la culture sont le moins urgents, l'école serait ouverte, pour tous les enfants du village, le matin et l'après-midi. Le reste de l'année, les deux classes par jour prescrites par le règlement ne seraient suivies que par les enfants les plus jeunes, les moins capables d'un labeur sérieux. Les autres, plus âgés et par conséquent plus propres à un travail utile, n'auraient par jour, durant l'été, qu'une seule de ces classes, dont l'heure, fixée par le conseil départemental, s'accordera le mieux avec les ouvrages de la campagne. Le reste de la journée, ces enfants seraient à la disposition de leur famille pour les travaux de l'agriculture. Aucune règle générale ne saurait être tracée d'avance à ce sujet; mais les autorités locales seront toujours consultées, afin que le conseil départemental puisse prendre en parfaite connaissance les mesures qui se concilieront le mieux avec les besoins de la culture dans chaque pays.

Je vous adresse une ampliation de l'arrêté que j'ai pris
en conseil impérial pour modifier dans ce sens le règlement actuel des écoles publiques.

La mesure proposée par plusieurs préfets pour combattre dans nos villages la désertion des classes de l'enseignement primaire pendant l'été nécessitera de la part des
conseils départementaux la désignation officielle des écoles
qui, se trouvant surtout fréquentées par des enfants de
cultivateurs et d'ouvriers agricoles, devront être soumises
aux règlements ruraux; quant aux écoles peuplées d'enfants d'ouvriers industriels et d'artisans, elles auront aussi
leur régime spécial, qui pourra varier selon les besoins
des localités.

Il a été constaté, à l'exposition universelle, que ce système est appliqué en Prusse et en Saxe avec le plus grand
succès. C'est même, en partie, au moyen de semblables
dispositions que, dans ces contrées, l'enseignement primaire a pu se généraliser au point de réduire à 1 pour 100
le nombre de ceux qui ne savent ni lire ni écrire.

L'article 77 de la loi du 15 mars 1850 permet au conseil départemental de dispenser du brevet et des autres
prescriptions légales les personnes qui, au lieu de fonder
des écoles primaires libres proprement dites, voudraient
seulement ouvrir des cours primaires. Le préfet peut
même, en cas d'urgence, autoriser provisoirement. Grâce
à cette disposition, les manufacturiers peuvent créer dans
leurs usines un enseignement à la fois technique et général, approprié aux besoins des apprentis et des ouvriers.
On voit que, pour les cours de toute nature comme pour
les écoles communales, la législation en vigueur ne gêne

par aucune entrave les combinaisons nouvelles réclamées par l'agriculture et l'industrie.

« 2° Fixer un programme général d'enseignement agri-
« cole, qui sera approprié dans chaque département aux
« conditions de la culture locale. »

Une des principales causes qui s'opposent à l'introduction de l'agriculture dans nos classes, c'est l'absence de
programme déterminé s'appliquant à cet enseignement.

Si l'on examine les nombreux ouvrages qui traitent de
l'agriculture, on voit combien, dans le vaste champ de la
science agricole, les auteurs diffèrent sur les principes
qu'il convient de présenter à l'étude des enfants et des
jeunes gens de la campagne. Les questions données par
l'un comme fondamentales sont à peine indiquées par
un autre; un troisième les passe complétement sous
silence. Celui-ci insiste sur la culture des plantes saccha-
rifères, celui-là sur les mûriers, un autre sur telle ou telle
fourragère plus ou moins connue. Les uns se placent à un
point de vue spécial, et alors l'ouvrage ne peut être utile
que dans des circonstances particulières ou dans une localité déterminée; les autres se placent à un point de vue
tellement général, qu'en voulant parler de tout ils ne
peuvent rien dire de véritablement pratique.

D'un autre côté, tous les instituteurs n'ont pas fait de
l'agriculture une étude spéciale, de manière à pouvoir
l'enseigner, et l'état actuel des choses à cet égard ne peut
guère les décider à entreprendre une étude dont les principes ne sont pas encore fixés comme matière d'enseignement.

Si on leur présente un ensemble de principes certains,

renfermés dans un programme déterminé, ils seront bientôt en état de faire un cours utile et qui produira des
résultats avantageux.

Comment procède-t-on dans les établissements d'instruction spéciale organisés par l'État ou par la ville en
vue de favoriser les progrès de telle ou telle industrie? On
commence par inscrire au programme les lois fondamentales de la science que l'on veut enseigner ; puis choisis-
sant, parmi les applications, celles qui ont un rapport
direct avec l'industrie pour laquelle l'établissement est
créé, on les étend, on les développe, et l'on forme ainsi des
jeunes gens qui, ajoutant l'expérience aux principes
acquis, peuvent devenir des hommes utiles à eux-mêmes
et à la société.

Telle est la marche à suivre pour l'enseignement de
l'agriculture. Donner d'abord les principes fondamentaux,
vrais partout et toujours : la connaissance des terrains, des
amendements, des engrais, des assolements, etc. ; puis laisser aux autorités scolaires le soin de compléter le programme par les faits particuliers à l'agriculture de chaque
localité. Voilà dans quel esprit a été rédigé le programme
de l'enseignement agricole que j'ai soumis à l'examen du
conseil impérial et dont je vous transmets un exemplaire.
Ce programme servira de base à l'enseignement donné
dans les écoles normales et dans les écoles primaires rurales, après qu'on y aura fait, pour chaque localité, les
additions ou les retranchements jugés nécessaires par le
conseil départemental, sur l'avis des sociétés d'agriculture.

Pour l'enseignement dans nos écoles rurales, il est très-
essentiel qu'en traitant chaque question l'instituteur évite

les termes scientifiques complétement étrangers aux enfants : il faut que chaque phénomène soit exposé de la manière la plus simple, la plus pratique; mais, tout en évitant l'appareil scientifique, on peut faire pénétrer dans nos campagnes les règles et les habitudes d'une culture perfectionnée dont la science a pu souvent établir les principes et que l'expérience a confirmée. Le succès de l'enseignement agricole dans les écoles rurales primaires dépendra donc bien plus de la mesure dans laquelle il sera fait, de la forme sous laquelle il sera présenté, que de la série des questions qui y seront traitées, et ce résultat ne pourra être obtenu que par de bons ouvrages élémentaires servant de développement à ce programme général, et surtout appropriés aux besoins de chaque localité. Vous ne sauriez donc, monsieur le préfet, trop recommander au conseil général de votre département d'encourager la publication de petits traités ayant cette destination simple et pratique.

« 3° Organiser immédiatement, partout où les circon-
« stances le permettront, un cours d'agriculture et d'hor-
« ticulture approprié au département, dans celles des
« écoles normales où ce cours n'a pu être encore réguliè-
« rement établi. »

Pour que les instituteurs ruraux puissent s'occuper utilement de l'enseignement agricole, il faut qu'ils y soient préparés eux-mêmes, dès l'école normale, par un cours d'agriculture et par des leçons pratiques d'horticulture.

Une ou deux fois par semaine, un professeur donnera dans l'amphithéâtre, aux élèves réunis de deux ou trois divisions, une leçon d'agriculture et en exigera la rédaction, qui sera considérée comme exercice de composition française. De plus, afin de joindre au précepte l'exemple pris sur le terrain, il accompagnera les élèves dans la promenade du jeudi et leur fera visiter les fermes les plus intéressantes des environs.

Voilà pour l'enseignement agricole proprement dit.

Quant aux exercices d'horticulture, le professeur ou un maître adjoint y consacrera une partie des récréations dans le jardin de l'école normale.

Il est impossible de renfermer dans un cadre tout à fait déterminé le programme d'agriculture que les écoles normales devront adopter. Ce programme, dont je vous adresse le modèle, sera arrêté par le conseil départemental, sur l'avis de la société d'agriculture ou du comice agricole du département. L'enseignement comprendra, suivant les cas, les éléments de l'agriculture, de l'horticulture, de l'arboriculture et de la sylviculture théoriques et pratiques; chacune de ces parties recevra plus ou moins de développement, selon que le département est agricole, horticole, arboricole ou sylvicole, ou pourrait le devenir avec avantage. Des notions de botanique, de physique et de chimie feront partie des cours; mais en appuyant principalement sur leurs applications à l'hygiène et à la salubrité des habitations des hommes et des animaux, malheureusement si méconnues dans nos villages. La partie des mathématiques qui y est déjà enseignée devra être surtout appliquée à l'arpentage, au nivellement, à l'irrigation et au drainage; les estimations des terres et des récoltes ne seront point négligées, car elles sont d'une utilité journalière.

Il y a tout lieu d'espérer que, si cet enseignement est donné par des professeurs pénétrés de la nécessité de se conformer aux besoins des localités, les intérêts de l'agriculture et des populations rurales seront pleinement satisfaits en peu d'années.

« 4° Créer dans chaque département un emploi de pro-
« fesseur d'agriculture, qui sera chargé de l'enseignement
« agricole dans l'école normale, le lycée ou le collége, et
« des conférences qui pourront être faites aux instituteurs
« et aux cultivateurs; assurer au titulaire de cet emploi
« un traitement convenable, payé, dans des proportions
« déterminées, sur les fonds du ministère de l'instruction
« publique et sur ceux du ministère de l'agriculture; choi-
« sir les professeurs d'agriculture parmi les candidats qui
« seront dès à présent jugés dignes, et, afin de les recruter
« pour l'avenir, choisir, parmi les meilleurs élèves de la
« troisième année des écoles normales, ceux qui auront
« une aptitude spéciale pour cet enseignement, les en-
« voyer pendant deux ou trois ans dans une école d'agri-
« culture. »

La création d'un emploi de professeur d'agriculture dans chaque département est une mesure des plus importantes : elle doit être l'objet de nos plus vives préoccupations, car de la solution de cette question dépendent, en grande partie, le succès et l'avenir de l'enseignement agricole.

Pour remplir dignement et utilement leur mandat, il est indispensable que les professeurs d'agriculture joignent l'expérience à la science, la pratique à la théorie.

Ils auront le titre de professeurs départementaux et

seront choisis principalement parmi les élèves diplômés sortis des écoles régionales d'agriculture, où quelques-uns de nos meilleurs élèves-maîtres pourront être envoyés dans ce but; cependant on pourra, après examen, admettre des hommes qui, ayant étudié les sciences, les ont appliquées à l'agriculture de leur pays et sont devenus des hommes agricoles. Vous voudrez bien me faire connaître à cet égard les ressources de votre département. Je serais heureux que le conseil général s'associât à ce projet en votant une partie du traitement du professeur d'agriculture : car ce n'est qu'en combinant les efforts et les ressources des départements et de l'État que nous pourrons arriver promptement à un résultat utile.

L'enseignement agricole ne doit pas se borner à l'école normale : il doit encore suivre les instituteurs sortis de cette école, afin de réveiller le zèle de quelques-uns, de remettre en mémoire les matières que plusieurs auraient oubliées et de les tenir tous au courant des progrès de la science.

A cet effet, le professeur départemental organisera, sous votre direction et avec le concours et la surveillance de l'inspecteur d'académie ou des inspecteurs primaires, des cours publics ou des conférences dans les chefs-lieux d'arrondissement, de canton, et dans les communes importantes, où seront convoqués les instituteurs de la circonscription ; il choisira de préférence les jours de foires et de marchés ou les dimanches, de manière à avoir, outre les instituteurs, le plus grand nombre d'auditeurs possible. Dans ces cours, il traitera, soit de l'application générale de la science, soit un sujet spécial intéressant plus particulièrement les agriculteurs de la localité ou ayant un intérêt d'actualité, en terminant toujours par l'indication des meilleurs journaux et ouvrages pouvant être lus avec le plus de fruit.

Au moment des travaux de la moisson, de labour et d'ensemencement, il leur exposera les avantages des machines, instruments et outils nouveaux dont l'emploi est le plus économique.

Je m'occupe en ce moment, de concert avec mon collègue de l'agriculture, de l'organisation de ce service, au sujet duquel je vous adresserai prochainement de nouvelles instructions.

« 5° Provoquer et encourager l'annexion d'un jardin
« aux écoles normales et aux écoles primaires rurales qui
« n'en possèdent pas encore, afin d'exercer les enfants à
« la pratique de l'horticulture; instituer des promenades
« agricoles une fois par semaine avec un objet d'études
« qui corresponde aux travaux de la saison. »

On est unanime pour demander l'annexion d'un jardin à toutes les écoles normales et à toutes les écoles primaires rurales qui n'en possèdent pas encore.

Ce projet ne semble soulever aucune difficulté sérieuse; car une location d'un demi-hectare (100 à 200 francs de dépense) suffirait pour chaque école normale, et une location de 10 ares (20 à 30 francs de dépense annuelle) pour chaque école primaire rurale. Dans beaucoup de communes, le jardin de l'école pourra être établi à peu de frais sur quelque terrain public inoccupé.

Afin d'assurer l'exécution de ces dispositions, j'ai décidé qu'à l'avenir aucun plan d'école rurale ne sera accepté, si ce plan ne présente pas de jardin, soit annexé à l'école, soit en dehors de la commune, mais à portée du maître et des élèves.

En ce qui concerne les promenades agricoles, il n'y a pas lieu d'exiger qu'elles aient lieu rigoureusement toutes les semaines; mais il convient de les recommander et de les encourager d'une manière toute spéciale.

« 6° Recommander aux instituteurs des communes « rurales de donner, par le choix des dictées, des lectures « et des problèmes, une direction agricole à leur ensei- « gnement, soit dans la classe du jour, soit dans celle « du soir; enfin leur recommander de faire de temps en « temps dans leurs cours d'adultes, après les leçons « ordinaires d'écriture, de calcul et d'orthographe, des « lectures agricoles accompagnées d'explications et de « conseils. »

Ce système de fusionnement de l'enseignement agricole avec toutes les branches de l'enseignement primaire, au moyen de dictées, de lectures, de problèmes parfaitement appropriés, est le seul favorable et le seul utile.

En prenant la direction de cet enseignement, l'instituteur se gardera bien de se poser en professeur d'agriculture. Vainement dirait-il qu'il a reçu, soit à l'école normale, soit ailleurs, un enseignement approprié aux leçons qu'il doit donner; les cultivateurs se mettraient en garde contre des nouveautés dont l'utilité ne leur serait pas d'abord démontrée. C'est en commençant par leur citer des exemples bien choisis que l'instituteur les préparera à en accepter la théorie et à en faire l'expérience. Beaucoup d'instituteurs ont échoué dans leur mission pour n'avoir pas su la remplir avec modestie et pour être sortis du cadre qu'elle leur traçait.

L'instruction primaire agricole sera d'autant plus efficace qu'ils l'enseigneront avec plus de sens pratique et le plus simplement possible. Aussi leurs soins devront-ils porter particulièrement tant sur la connaissance des lois générales de l'industrie agricole que sur les intérêts moraux et matériels qui s'y rattachent, c'est-à-dire sur ce que l'on peut appeler l'éducation agricole, plutôt que sur la science proprement dite.

Dans quelques départements, les instituteurs ont établi des conférences qui ont lieu le soir à la maison communale, une fois ou deux par semaine en hiver. Dans ces réunions, l'instituteur fait des lectures agricoles et provoque, de la part des assistants, la communication des faits intéressants qu'ils ont observés. Lui-même, sans se poser en professeur, ajoute, à l'occasion, quelques explications scientifiques élémentaires; il résout aussi des problèmes d'arithmétique appliqués à l'agriculture. Enfin la soirée se termine par les chants de l'orphéon. J'appelle votre attention sur l'organisation de ces conférences.

Du reste, il ne peut y avoir là rien que de facultatif, et même cette œuvre doit être soumise aux mesures de prudence qu'exige la tenue des classes d'adultes.

« 7° Recommander aux préfets de placer, autant que
« possible, les instituteurs possédant des connaissances
« spéciales d'agriculture dans les contrées où ces con-
« naissances peuvent être plus particulièrement utili-
« sées. »

Je n'ai rien, monsieur le préfet, à ajouter à cette recom-

mandation. Il convient que vous encouragiez les efforts
des instituteurs qui se sont occupés de l'agriculture, en
les plaçant dans les postes les mieux rétribués et où ils
pourront mettre en pratique leurs études spéciales.

« 8° Provoquer et encourager des concours annuels
« entre les élèves, soit des écoles primaires, soit des cours
« d'adultes, et, indépendamment des questions ordinaires
« de l'enseignement classique, leur donner en même
« temps à résoudre des questions agricoles; s'efforcer
« d'assurer aux instituteurs, pour ce dernier objet et en
« dehors des récompenses honorifiques ordinaires, une
« rémunération réglée d'après le nombre des élèves admis
« au concours et d'après le degré et le nombre des récom-
« penses obtenues par eux. »

Pour que les maîtres soient mis en situation de propager l'enseignement agricole, la première des conditions
est, je vous l'ai dit, que les écoles soient pourvues d'un
jardin ou d'un champ. L'état des finances communales,
les répugnances et les préjugés locaux, présentent des
obstacles qu'avec le temps et le concours de l'État et des
départements on parviendra à vaincre, si les expériences
faites et si les exemples donnés sur certains points, dans
les écoles des communes qui auront pris l'initiative de ce
mouvement, obtiennent quelque retentissement.

En vue de donner à ces exemples un éclat susceptible
d'exciter l'émulation des autres communes, il est désirable
que le conseil départemental introduise l'élément agricole
au sein des délégations cantonales instituées par la loi du
15 mars 1850. Les lauréats des concours régionaux pourront, à cet égard, fournir à l'administration une précieuse

assistance, ne fût-ce qu'en invitant, comme ils le feraient, je n'en doute pas, les enfants des communes voisines à visiter leur exploitation sous la direction de leur instituteur.

Les hommes dont je parle sont avant tout des hommes pratiques. Ayant obtenu leurs succès par le développement ou l'amélioration des cultures spéciales au pays, ils ne sauront passer, aux yeux des cultivateurs, pour des théoriciens ou des rêveurs ; et le contrôle qu'ils exerceront sur l'enseignement agricole des instituteurs sera de nature à surmonter la défiance instinctive que les habitants de la campagne professent pour ceux qui ne vivent pas de leur vie et ne partagent pas leurs travaux.

L'établissement de concours annuels entre les élèves, soit des écoles primaires, soit des classes d'adultes, paraît aussi devoir produire d'heureux résultats. Il me suffira de vous citer, comme exemple, ce qui a été fait à ce sujet dans quelques départements, et notamment dans le canton de Beaulieu (Corrèze).

Chaque année, l'un des derniers jeudis de l'année scolaire, un concours général a lieu sous la direction et la surveillance du comice agricole cantonal. Les six meilleurs élèves de chaque école, choisis par l'instituteur, sont appelés à y prendre part. L'épreuve est orale et écrite. Elle se fait devant un jury désigné à cet effet par le comice agricole, auquel se joignent les maires du canton et toutes les personnes notables qui veulent bien assister à ces exercices. Pendant que, sous la surveillance de quelques membres du jury, les concurrents rédigent leur composition écrite sur des questions choisies le matin

35.

même par la commission, chacun d'eux est appelé successivement dans une pièce voisine et subit un examen
oral devant le jury, auquel sont adjoints les instituteurs avec voix délibérative. Les questions ont aussi été
choisies le matin et sont les mêmes pour tous. Des numéros conventionnels de 1 à 10, indiquant le mérite
comparatif des réponses, sont attribués à chacune
d'elles. Les compositions écrites sont corrigées d'après
le même système, sans qu'on connaisse le nom du concurrent.

Il résulte de cette double opération un chiffre total
pour chaque concurrent et, pour chaque école, un
chiffre total aussi, se composant de tous les numéros
attribués aux six élèves de chaque école.

Les trois instituteurs dont l'école obtient ainsi les
trois numéros les plus élevés reçoivent un diplôme
d'honneur et une prime de 100 francs, de 50 francs et
de 25 francs.

Les six élèves qui ont obtenu les numéros les plus élevés reçoivent chacun un diplôme, un bon ouvrage d'agriculture et une prime de 10 francs. En dehors de ces primes, un premier et un second prix, dits *prix d'école,* sont
décernés dans chaque école aux deux élèves qui ont obtenu
les meilleurs numéros après les six lauréats du concours
général : ces prix consistent en un ouvrage d'agriculture.

Afin de perpétuer, pour ainsi dire, les avantages de
cette institution, en favorisant la continuation des études
agricoles chez les adultes, le comice agricole ouvre
encore un concours spécial, dans les mêmes conditions,
à tous les lauréats des précédents concours, quel qu'en

soit le nombre, qu'ils suivent ou non les cours de l'école.

Celui d'entre eux qui obtient le numéro de mérite le plus élevé reçoit *le prix d'honneur des vétérans*. Il consiste en un diplôme, une médaille en argent grand module, un ouvrage d'agriculture et une prime de 10 francs.

Celui qui obtient le numéro 2 reçoit un diplôme, un ouvrage d'agriculture et une prime de 10 francs.

Les quatre vétérans qui se rapprochent le plus des deux premiers reçoivent chacun un ouvrage d'agriculture. Ils peuvent concourir indéfiniment.

Tous les concurrents n'appartenant pas à la commune chef-lieu sont hébergés aux frais du comice.

La distribution de toutes ces primes et distinctions se fait, aussi solennellement que possible, à la fête agricole.

Le comice de Beaulieu obtient d'excellents résultats de cette organisation. Depuis plusieurs années, les concurrents font preuve, pour la plupart, de connaissances agricoles pratiques parfaitement raisonnées; plusieurs présentent même aux examinateurs les registres de la comptabilité agricole de leur petite propriété, tenus conformément aux principes expliqués dans l'ouvrage qu'ils ont entre les mains, et résolvent de vive voix et sans hésitation les problèmes les plus ardus de cette partie si essentielle de l'art agricole.

Si de semblables concours s'établissaient dans votre département, je m'efforcerais de mettre un certain nombre de prix à votre disposition.

Permettez-moi, monsieur le préfet, d'insister en terminant sur celles des mesures qui doivent avant tout fixer votre attention :

1° Restreindre l'enseignement agricole populaire, en le spécialisant d'après les cultures dominantes dans chaque localité ;

2° Inviter le conseil départemental à formuler un programme spécial à votre département ou aux principales régions agricoles qui le composent ;

3° Faire entrer ce programme dans celui des matières qui seront enseignées à l'école normale du département et sur lesquelles devra porter l'examen pour le brevet de capacité, quand les aspirants exprimeront le désir d'être interrogés sur l'agriculture et l'horticulture ;

4° Admettre, dans la pratique, que le maître dont les aptitudes pour cet enseignement auront été constatées obtiendra sur tous les autres un rang de priorité, et sera de préférence désigné pour la direction des meilleures écoles ;

5° Agir sur les communes en vue d'obtenir qu'elles annexent à la maison d'école un jardin, un champ suffisant, pour que le maître puisse y donner cet enseignement ;

6° Donner des auxiliaires efficaces aux instituteurs en introduisant l'élément agricole au sein des délégations cantonales, au moyen des lauréats des concours agricoles et notamment des concours régionaux.

Telles sont, monsieur le préfet, les mesures dont vous aurez d'abord à vous préoccuper. Le reste viendra ensuite.

Je vous prie de me tenir exactement au courant de ce que vous aurez fait pour organiser, d'après mes instructions, l'enseignement agricole dans les établissements publics d'instruction primaire de votre département et des résultats qui auront été obtenus.

Recevez, etc.

Le ministre de l'instruction publique,

V. DURUY.

———————

Instruction du 31 janvier 1868, relative à l'application de l'article 17 de la loi du 10 avril 1867, concernant la dispense du service militaire.

Monsieur le préfet,

L'article 17 de la loi du 10 avril 1867 soumet à l'inspection complète, comme les écoles publiques, les écoles libres qui en tiennent lieu, et l'article 18 de la même loi charge le ministre de l'instruction publique, après avis du conseil départemental, de désigner parmi ces écoles celles dont les maîtres, directeurs ou adjoints, seront admis à contracter l'engagement de se vouer pendant dix ans au service de l'instruction publique et dans lesquelles cet engagement, qui procure la dispense du service militaire, pourra être réalisé.

Les demandes qui m'ont été adressées au sujet de l'application de cet article me donnent lieu de craindre que l'esprit de la loi n'ait pas été partout bien compris; je crois donc devoir vous adresser à ce sujet quelques instructions.

Antérieurement à la loi du 10 avril 1867, et en présence d'abus qu'il ne m'était pas possible de tolérer, j'avais dû rappeler que, d'après l'article 79 de la loi du 15 mars 1850, la dispense du service militaire ne pouvait être accordée et maintenue qu'aux maîtres exerçant dans les écoles publiques, à l'exclusion de ceux qui sont employés dans les écoles libres.

L'étude des questions soulevées à l'occasion de l'article 79 de la loi du 15 mars 1850, pendant la préparation de la loi du 10 avril 1867, amena le gouvernement et le Corps législatif à reconnaître, d'un commun accord, que cet article pouvait comporter certaines modifications. En exécution du paragraphe 4 de l'article 36 de la loi du 15 mars 1850, un certain nombre de communes ont été dispensées par les conseils départementaux d'entretenir une école publique, à condition de pourvoir à l'enseignement primaire gratuit, dans une école libre, de tous les enfants indigents. La dispense dont il s'agit a été accordée, tantôt parce que la commune, manquant de ressources et ne pouvant établir une école publique, n'aurait eu sans cette dispense aucun moyen de faire donner l'instruction à ses enfants pauvres ; tantôt parce qu'il y avait dans la commune une bonne école libre établie avec un caractère permanent par une fondation, ouverte gratuitement à tous les enfants, et qui pouvait tenir lieu d'une école publique. Il parut dès lors que les maîtres employés dans ces écoles libres y rendaient des services qu'on pouvait assimiler à ceux des instituteurs publics, et la loi décida en conséquence que l'engagement décennal pourrait être contracté et réalisé dans celles de ces écoles qui seraient désignées à cet effet. La loi accorde la même faveur à une autre catégorie d'établissements primaires ; il existe, en effet, en dehors des écoles libres auxquelles s'applique le paragraphe 4 de l'article 36 de la loi du 15 mars 1850, certaines écoles libres subventionnées. Des écoles sont ouvertes avec le concours des deniers publics dans de grands établissements agricoles, industriels ou pénitentiaires ; elles peuvent être assimilées aux écoles publiques quant à la surveillance de l'État et quant à la possibilité, soit d'y contracter, soit d'y réaliser l'engagement décennal.

Telle est la pensée de la loi : elle a voulu, dans un but d'équité, déduire une conséquence nouvelle du principe posé par l'article 79 de la loi du 15 mars 1850 ; mais elle n'a pas eu l'intention de conférer à des écoles libres qui ne tiendraient pas réellement la place d'écoles publiques un privilége contraire à l'esprit de notre législation.

Il importe donc, monsieur le préfet, que les conseils départementaux, appelés à donner leur avis sur les demandes qui pourraient être formées à ce sujet par les directeurs de quelques écoles libres se pénètrent bien du vœu de la loi. Ce n'est pas pour favoriser tel ou tel établissement que la loi du 10 avril 1867 a permis d'étendre ainsi la dispense du service militaire ; c'est uniquement pour assurer aux populations les avantages qu'elles retirent, d'une manière permanente et régulière, de la présence d'écoles libres revêtues d'un caractère spécial par une certaine assimilation aux écoles publiques. S'il en pouvait être autrement, si cette faveur exceptionnelle de la dispense du service militaire pouvait être accordée à une école libre sans consistance, placée hors des conditions qui en font l'équivalent d'une école publique, l'avantage ainsi octroyé abusivement pourrait un jour être retiré à cette école. Que deviendraient alors les maîtres qui y exerçaient? Leur position serait gravement compromise : car, cessant aussitôt d'appartenir à une école dispensée, ils seraient immédiatement repris pour le service militaire. Le conseil départemental reconnaîtra donc la nécessité de ne donner un avis favorable qu'aux demandes formées en faveur d'établissements rendant les mêmes services que les écoles publiques.

L'article 17 de la loi soumet à l'inspection complète non-seulement les écoles libres qui tiennent lieu d'écoles publiques en vertu d'une délibération prise par le conseil départemental conformément au paragraphe 4 de l'article 36 de la loi du 15 mars 1850, mais encore celles qui reçoivent *une subvention de la commune, du département ou de l'État*. Ces subventions sont, en fait, bien plus souvent accordées aux écoles de filles qu'aux écoles de garçons; mais l'article 17 de la loi donne à cette circonstance, en ce qui touche ces dernières écoles, une importance considérable. C'est une raison pour que le conseil départemental se rende un compte très-exact de la situation des choses. Il importe qu'il connaisse le chiffre de la subvention et surtout qu'il sache dans quel but elle a été accordée. S'agit-il seulement de venir en aide à un instituteur recommandable, d'encourager de louables efforts, de donner un témoignage d'intérêt et de sympathie par une subvention peu élevée : il n'y aurait pas là un motif suffisant pour que l'école libre fût désignée comme pouvant procurer la dispense du service militaire aux maîtres qui y donnent l'enseignement à titre privé, recevoir et conserver des engagements décennaux. S'agit-il, au contraire, d'une école libre largement dotée par la commune, inscrite d'une manière permanente au budget municipal comme une indispensable auxiliaire de l'école publique : cette école libre, subventionnée dans de pareilles conditions, pourra être assimilée à l'école publique au point de vue de l'engagement décennal.

En un mot, monsieur le préfet, la loi, en étendant à quelques écoles libres la dispense du service militaire accordée aux écoles publiques, ne déroge point aux principes consacrés par la législation antérieure : elle les applique, au contraire, d'une manière plus complète en étendant la dispense à l'exécution, même indirecte, d'un service public. Il ne s'agit donc ici ni d'une faveur ni d'une préférence accordée à des écoles libres privilégiées ou à telle ou telle catégorie d'instituteurs privés ; notre but commun doit être de réserver les avantages d'une assimilation exceptionnelle aux écoles qui la comportent.

Lors donc qu'une demande de ce genre sera soumise au conseil départemental, ce conseil, avant de donner son avis, devra être mis en mesure de savoir :

1° S'il n'y a point d'école publique dans la commune ou si les écoles publiques n'y sont pas en nombre suffisant, et pourquoi la loi n'y a pas encore été exécutée (loi du 10 avril 1867, art. 2, § 1er) ;

2° Si l'école libre reçoit des enfants qui ne pourraient être admis dans aucune école publique ou libre, soit de la commune, soit d'une commune voisine, et quel est le nombre de ces enfants ;

3° Si l'école libre supplée réellement à l'insuffisance des écoles publiques et si elle ne leur fait pas plutôt concurrence ;

4° Combien l'école libre reçoit d'élèves gratuits ;

5° Quel est le nombre des maîtres adjoints que l'école doit avoir. Au point de vue de la dispense du service militaire proprement dit et en tenant compte de la pratique habituelle, il convient d'admettre qu'un maître adjoint n'est indispensable dans une école que lorsqu'elle compte plus de 60 élèves, et qu'au-dessus de 120 élèves un maître adjoint doit être admis pour chaque nouvelle fraction de 60 élèves au moins. Ce nombre n'a pas été fixé par la loi ; mais un seul maître adjoint paraît suffisant pour une école de 60 élèves. La règle admise en ce qui concerne les dispenses relatives au service de la garde nationale mobile ne peut s'appliquer ici ;

6° Quelle est la quotité de la subvention accordée à l'école libre par la commune ou le département ;

7° Combien d'enfants de la commune ou du quartier ne vont pas à l'école, soit parce qu'ils n'y peuvent trouver place, soit pour toute autre cause.

Le conseil départemental ne perdra pas de vue que la dispense d'entretenir une école publique, accordée en vertu de l'article 36 de la loi de 1850, pouvant toujours être retirée, la faveur concédée à une école libre, en ce qui touche l'engagement décennal, doit être essentiellement temporaire. D'un autre côté, on s'éloignerait complétement du but de la loi si, par ce seul fait qu'une école libre aurait obtenu d'un conseil municipal une certaine subvention, elle pouvait se flatter d'obtenir, à titre permanent, la faculté de faire dispenser du service militaire les maîtres qu'elle attirerait par l'appât d'une semblable faveur, et si elle pouvait s'en faire ainsi un moyen de triompher d'écoles rivales, L'autorisation de conserver des dispensés doit être

la consécration d'une situation tout à fait favorable et non
pas un moyen de recruter, peut-être à bas prix, de jeunes
maîtres, qui se trouveraient déjà presque suffisamment
rémunérés par la dispense du service militaire et qui pourraient même ne pas remplir de fonctions d'enseignement.
Les écoles libres désignées en vertu de l'article 18 de la
loi de 1867 ne devront jamais être considérées comme une
sorte de refuge contre le service militaire.

Enfin, monsieur le préfet, il importe qu'aucun engagement contracté par un maître adjoint dans une école libre
ne soit soumis à l'acceptation de M. le recteur qu'accompagné d'un certificat délivré par vous et attestant :

1° Que le contractant a été nommé à telle date maître
adjoint dans telle école, soit par l'instituteur, s'il s'agit
d'une école laïque, soit par son supérieur, s'il s'agit d'une
école de frères ;

2° Que cette nomination vous a été soumise et que vous
y avez donné votre agrément, conformément à l'article 34
de la loi du 15 mars 1850, rendu, à cet égard, applicable
aux écoles libres par l'article 18 de la loi du 10 avril 1867 ;

3° Que le nombre des maîtres adjoints dans cette école
n'excède pas le nombre fixé par le conseil départemental,
conformément à la règle établie ci-dessus, et que ces
maîtres remplissent des fonctions d'enseignement ;

4° La date de la décision ministérielle qui autorise l'école
libre à conserver des maîtres qui contracteront et y réali-
seront leur engagement décennal ;

5° L'indication de la destination donnée au maître qui
a été remplacé dans l'école par le contractant.

J'envoie à M. le recteur de l'académie dans le ressort
de laquelle votre département est compris une copie de

cette lettre, et je l'invite à se conformer aux dispositions qu'elle contient, en se concertant avec vous pour en assurer l'exécution.

Recevez, etc.

Le ministre de l'instruction publique,

V. DURUY.

———————

Circulaire du 25 mars 1868, relative à l'exécution du décret du 11 janvier 1868, concernant l'institution de maîtres répétiteurs auxiliaires au lycée du chef-lieu de chaque académie.

Monsieur le recteur,

Le décret du 11 janvier 1868, portant création, au lycée du chef-lieu de chaque académie, d'emplois de maîtres répétiteurs auxiliaires, répond à un besoin qui a préoccupé depuis vingt ans les diverses administrations de l'instruction publique.

L'ordonnance du 6 décembre 1845 porte en son article 1er : « Il sera établi dans les villes possédant des facultés, qui seront ultérieurement désignées, des écoles normales secondaires, destinées à pourvoir les colléges royaux de maîtres d'étude et de maîtres élémentaires, et les colléges communaux de maîtres d'étude et de régents. »

Cette création, restée jusqu'ici à l'état de projet, va se réaliser enfin avec une importance que le projet primitif ne lui assignait pas. Aux termes de l'ordonnance de 1845, les écoles normales secondaires n'avaient pour objet que de recruter le personnel des régents et des maîtres d'étude. Dans le décret de janvier dernier, elles serviront en outre :

1° A former, pour les lycées, des chargés de cours et des candidats à l'agrégation ;

2° A soulager les maîtres répétiteurs dans leur pénible tâche, en permettant à l'administration de leur donner quelques heures de loisir pour l'étude et la fréquentation des cours préparatoires à la licence ;

3° A mettre à la disposition du recteur, pour le remplacement immédiat des professeurs et maîtres d'étude qui viennent à manquer sur un point quelconque du ressort académique, des suppléants intérimaires.

Depuis quelques années, l'école normale de Paris, bien qu'on eût augmenté le nombre de ses élèves, ne suffisait plus aux nécessités du service, incessamment accrues par la création de lycées nouveaux et par les développements donnés à l'enseignement public. Les écoles normales secondaires, avec un rôle plus modeste, lui serviront d'annexes et de succursales.

Je ne vous dis rien, monsieur le recteur, des dispositions contenues aux articles 2 et 3 du décret, relativement aux conditions de nomination des maîtres auxiliaires, à leur service et à leur traitement. Les règles établies à cet égard par le décret sont d'une application facile, et la dépense sera peu élevée.

Les professeurs de faculté sont chargés des conférences

à faire aux écoles normales secondaires. Ils trouveront là
un auditoire digne d'eux; non pas un de ces auditoires
flottants qui écoutent une leçon en passant, mais des
élèves assidus, studieux et capables de faire honneur,
dans les épreuves de la licence, au zèle et au talent de
leurs professeurs.

Vous examinerez, monsieur le recteur, s'il ne serait
pas possible d'attirer à ces conférences, à côté des maîtres
auxiliaires, quelques professeurs et maîtres d'étude du
voisinage. Au besoin, et pour venir en aide à ces fonctionnaires, vous entreriez en négociation avec les compagnies de chemins de fer, à l'effet d'obtenir pour eux des
prix réduits. Cette concession a été faite avec un généreux
empressement par l'administration du chemin de fer du
Nord; elle peut s'obtenir ailleurs. Enfin, dans l'intérêt
des candidats à la licence, à l'école normale supérieure
ou à l'agrégation, qui seraient trop éloignés du chef-lieu
académique pour venir aux conférences de faculté, on
pourrait essayer un enseignement à distance, consistant à
faire passer aux professeurs de faculté les devoirs de ces
candidats, et ensuite à renvoyer à ceux-ci les devoirs corrigés, le tout par l'entremise du recteur. C'est ce qui se
fait dans l'académie de Douai, au grand profit d'un certain nombre de jeunes gens que leur résidence loin des
facultés laissait jusqu'ici sans aide et sans direction pour
leurs travaux.

Il appartient aux facultés, dans chaque ressort, de
s'associer de plus en plus aux efforts de l'administration
en variant les formes de leur enseignement, en y faisant
participer le plus grand nombre possible de personnes,
en lui imprimant, au besoin, sans que la science ait rien

à y perdre, un caractère didactique et pratique. Ce n'est pas au moment où des sacrifices considérables vont être faits, je l'espère, en leur faveur, que l'autorité supérieure pourrait douter de leur dévouement.

En définitive, monsieur le recteur, il s'agit d'améliorer dans les lycées et dans les colléges, par des moyens très-simples et qui ont réussi là où on les a tentés, le service de l'enseignement, de la surveillance et des suppléances éventuelles. Je vous prie de me seconder dans cette entreprise, qui promet à l'Université les meilleurs résultats, et de m'informer prochainement de ce que vous aurez fait pour entrer dans mes vues.

Recevez, etc.

Le ministre de l'instruction publique,

V. DURUY.

Conclusion du Rapport sur la Statistique de l'Enseignement secondaire en 1865, présenté à S. M. l'Empereur par S. Exc. M. le Ministre [1]. (Mars 1868.)

Sire,

Les faits exposés dans le long travail qui vient d'être soumis à Votre Majesté démontrent que l'instruction secondaire n'a pas cessé d'être l'objet de la plus vive sollicitude du gouvernement impérial, et que là, comme dans les autres branches de l'enseignement, les progrès ont été considérables. J'en résume ici les traits principaux.

Nombre des lycées. — Le nombre des lycées, qui n'était que de 35 en 1809, de 38 en 1830, de 53 en 1848, est aujourd'hui porté à 81. Ce sont donc 28 lycées qui ont été créés de 1848 à 1867.

Les seuls départements qui en soient encore privés sont ceux des Basses-Alpes, des Hautes-Alpes, des Ardennes, de l'Ariége, du Cantal, de la Corrèze, de la Creuse, de la Drôme, d'Eure-et-Loir, de la Lozère, de l'Oise, des Pyrénées-Orientales, de la Haute-Savoie, de Seine-et-Marne et des Vosges. Mais, dans ces départements, des colléges communaux bien organisés, ou tout près d'eux des lycées impériaux, donnent satisfaction à tous les besoins pour l'enseignement secondaire.

1. *Statistique de l'Enseignement secondaire en 1865*, 1 vol. in-4°. Paris, Imprimerie impériale, 1868.

Installation matérielle. — Nous n'avons que 16 lycées qui aient été construits en vue de leur destination présente ; les autres, occupant d'anciens couvents, n'avaient pu être qu'incomplétement appropriés aux besoins nouveaux. Un grand effort a été fait depuis quelques années. Les lycées y ont employé la plus grande partie des réserves qu'ils avaient faites à une époque où les objets de consommation étaient d'un prix moins élevé ; les villes et les départements les ont secondés de leur concours. Les lycées Saint-Louis et Bonaparte, à Paris ; ceux d'Agen, d'Amiens, d'Angoulême, de Bourges, de Coutances, de Douai, de Limoges, de Marseille, de Montpellier, de Moulins, d'Orléans, de Poitiers, de Rennes, de Rouen, de Reims, de Tournon, ont été l'objet de travaux considérables qui en ont fait des établissements presque entièrement nouveaux. Dans la plupart des autres, des améliorations notables ont été opérées : on s'est attaché à y faire pénétrer l'air et la lumière, à donner les proportions réclamées par l'hygiène aux salles habituellement habitées par les élèves, à leur procurer des cours de récréation spacieuses et bien exposées, etc. Le mobilier scolaire et le mobilier usuel ont été presque partout renouvelés. Des commissions locales d'hygiène, instituées auprès de chaque académie, et la commission centrale établie à Paris sous les yeux du ministre surveillent avec une sollicitude attentive tout ce qui peut intéresser la santé et le bien-être de nos élèves. Les médecins inspecteurs du service de santé militaire ont bien voulu nous prêter le concours de leurs lumières, et visiter dans leurs tournées nos établissements au point de vue de l'hygiène.

36.

Petits collèges. — J'aime à rappeler aussi une innovation précieuse pour le développement physique des plus jeunes enfants, qui, dans les villes populeuses, se trouvent exposés à bien des influences morbides, contre lesquelles ils ne peuvent réagir. On a créé pour eux des établissements spéciaux placés à la campagne, dans les meilleures conditions hygiéniques, avec un régime approprié à leur âge. Les classes y sont courtes et les récréations nombreuses. Les lycées de Bordeaux, de Lyon, de Marseille, de Montpellier, de Nice, possèdent déjà cette utile annexe. La succursale qu'avait à Vanves le lycée Louis-le-Grand a été érigée en lycée séparé sous le patronage du Prince Impérial; il compte, dans ses belles et récentes constructions, près de 800 internes, et l'administration a dû s'imposer la loi de ne point dépasser ce nombre, malgré les demandes nombreuses des familles.

Dans un grand nombre de lycées, on a pu construire sur place, grâce à l'étendue des terrains dont on disposait, de petits collèges complétement isolés et dont quelques-uns ont une véritable importance; dans les autres, on a établi des quartiers séparés pour les plus jeunes enfants. Ainsi les soins physiques que réclame le jeune âge excitent au plus haut degré la préoccupation constante de l'administration, et, sous ce rapport, des résultats considérables ont été obtenus.

Aussi l'état sanitaire, en tant qu'il peut être accusé par la mortalité, est-il excellent.

D'après les recensements officiels, les décès moyens annuels pour les garçons de 10 à 18 ans dans la population française sont de 0,54 p. 100. Or les lycées n'ont perdu en 1865 qu'un élève sur 505[1] : ce qui donne une proportion presque trois fois moins forte.

Aussi la confiance des familles s'accroît et l'internat augmente.

Il n'y avait que 112 internes, en moyenne, dans les colléges royaux en 1842; les lycées en ont aujourd'hui 160, avec trois fois plus de demi-pensionnaires, 43 au lieu de 14 par lycée.

Enseignement classique. — Notre plan d'études exigeait aussi de profondes réformes. L'intention de Votre Majesté était de doter la France d'un système d'éducation qui, sans répudier les traditions du passé, répondît aux besoins de la société moderne. Bien des essais ont été tentés depuis quatre-vingts ans pour résoudre ce difficile problème. J'ai pu, à mon tour, soumettre à l'approbation de Votre Majesté des mesures qui jusqu'à présent ont produit d'heureux résultats, parce qu'elles procèdent, il me le semble du moins, d'une vue simple et nette des choses.

La France a deux besoins impérieux : elle veut donner à tous ses enfants les connaissances élémentaires qui sont indispensables à un homme et à un citoyen : c'est le rôle de l'école primaire; et elle veut assurer à ceux qui se proposent d'apprendre davantage l'instruction la mieux appropriée à leur future condition :

A celui que ses dispositions naturelles désignent pour les professions libérales ou qui ne veut aborder la vie active qu'avec un esprit fortifié par de brillantes et de sévères études, l'enseignement classique;

---

1. La moyenne des cinq années 1862-1866, parmi lesquelles se trouve une année de choléra, donne 1 décès pour 499 élèves.

A ceux qui parcourront les carrières de l'industrie, de l'agriculture ou du commerce, l'enseignement spécial.

Ces deux enseignements, réunis à la base et imparfaitement séparés au sommet, étaient comme ces corps à deux têtes qui n'ont qu'une vie languissante. Ils ont été complétement séparés, afin que chacun fût plus fort en ayant sa vie propre et son libre développement.

Cette suppression du système connu sous le nom de *bifurcation* a été faite à l'unanime satisfaction des familles et de l'Université. La philosophie a repris son nom et sa place au sommet de l'enseignement classique. Une étude nouvelle, celle de l'histoire contemporaine, a été instituée ; les matières des différents cours ont été revues de manière à mieux en définir le but et à rendre la marche de l'élève plus sûre ; l'enseignement des langues vivantes a pris le caractère pratique qu'il doit avoir. Le baccalauréat, débarrassé d'exigences inutiles, est devenu à la fois plus facile pour les bons élèves et plus difficile pour ceux qui, sans préparation suffisante, comptaient surtout réussir par des efforts de mémoire.

Ce retour aux anciennes traditions classiques a été aussitôt marqué par un accroissement considérable de la population scolaire et par l'élévation du niveau des études. En deux ans, les lycées ont gagné 3,482 élèves ; les deux grandes classes de rhétorique et de philosophie, que la bifurcation avait dépeuplées, en ont aujourd'hui 733 de plus qu'en 1864, et parmi eux on compte 193 vétérans. Ce sont des chiffres pleins de promesses pour l'avenir.

Quant aux études mêmes, les doyens des facultés des lettres sont unanimes à reconnaître que nous sommes revenus aux époques les plus prospères, que même sur certains points les élèves d'à présent ont l'avantage. Les doyens des facultés des sciences ont, de leur côté, constaté une amélioration dans les épreuves scientifiques. Ces témoignages sont confirmés par les faits, je veux dire par les résultats des deux concours généraux de Paris et des départements, comme par le chiffre des admissions aux grandes écoles.

Enseignement spécial. — L'enseignement spécial, ainsi séparé de l'enseignement classique, pouvait enfin être régulièrement constitué.

Depuis longtemps on se plaignait de la direction trop exclusivement littéraire et théorique donnée à notre système d'instruction. Richelieu et Louis XIV avaient reconnu la nécessité d'un enseignement plus varié, plus pratique et mieux en rapport avec les besoins nouveaux. A la suite de l'enquête faite sous le règne de Louis XV sur l'état de l'instruction publique, on le réclama avec force; la Convention en posa le principe; le Premier Consul en voulut l'application, que le Prince Louis-Napoléon demandait encore en 1842. On se borna à des essais timides et partiels. Cet enseignement vient enfin de prendre régulièrement place dans le plan général de nos études. Créé par la loi du 21 juin 1865, qui eut l'heureuse fortune de réunir au Corps législatif et au Sénat l'unanimité des suffrages, il a été organisé partout, sans nuire nulle part aux études classiques, et l'affluence des élèves à dépassé toutes les prévisions.

L'école normale de Cluny, établie dans les vastes bâtiments des Bénédictins, assure le recrutement du professorat nécessaire à ce nouvel enseignement. Elle offre cette singularité, que ses collections technologiques ont été fournies par l'industrie, qui a voulu concourir par ses dons volontaires à une œuvre dont elle comprenait toute l'importance. Le conseil général de la Seine vient de s'associer généreusement à cette idée par le vote d'une subvention de 10,000 francs.

Nombre des élèves. — La confiance des familles a répondu aux efforts de l'administration pour améliorer les études et les conditions matérielles des lycées. Le nombre des élèves était, au 31 décembre 1865, de 32,630, et, au 1er novembre 1867, de 36,112; on n'en comptait que 21,049 en 1850. C'est, de 1850 à 1867, en dix-sept années, une augmentation pour les maisons de l'État de 72 p. 100.

Les collèges communaux et les établissements libres ont également vu s'accroître leur population scolaire. Le nombre des élèves des collèges communaux était de 26,584 en 1842, et de 33,038 en 1865, bien qu'il y ait eu, à cette dernière époque, 61 collèges communaux de moins et malgré la transformation en lycées des plus importants de ces établissements.

Le nombre des élèves dans les établissements libres était de 31,816 en 1842, et de 77,906 en 1865. C'est depuis la loi de 1850 que s'est manifestée cette augmentation, qui a profité surtout aux établissements ecclésiastiques.

Ces résultats généraux sont une suffisante réponse à ceux qui prétendent que l'état de l'instruction publique est inférieur dans la France actuelle à ce qu'il était avant la Révolution. En laissant à part l'instruction primaire, qui de nos jours a été comme créée de toutes pièces, on est autorisé à dire, d'après tout ce qui précède, que, pour l'enseignement secondaire, la comparaison entre les temps antérieurs à la Révolution et le dix-neuvième siècle ne laisse aucun doute sur la supériorité des progrès accomplis sous la haute impulsion de Votre Majesté. En 1865, en effet, nous avions 140,253 élèves dans les maisons d'enseignement secondaire, soit le double du chiffre qui a été donné pour 1789.

Répartition des élèves entre l'enseignement public et l'enseignement libre, entre les maisons laïques et les maisons ecclésiastiques. — Ces 140,253 élèves se répartissaient, en 1865, de la manière suivante :

29,852 dans les lycées et 32,495 dans les collèges, soit 62,347 pour l'enseignement public[1] ; 43,009 dans les établissements libres laïques et 34,897 dans les établissements libres ecclésiastiques, soit 77,906 pour l'enseignement libre.

A un autre point de vue, les trois quarts des élèves secondaires, ou 105,356, se trouvent dans les maisons laïques ; un quart environ, ou 34,897, dans les maisons ecclésiastiques.

Si l'on réunissait aux 34,897 élèves des maisons ecclésiastiques les 23,000 élèves des petits séminaires, dont beaucoup n'entrent point dans les ordres, on arriverait au chiffre de 57,897 élèves dans les maisons ecclésiastiques, ce qui porterait la proportion à plus du tiers.

Effets de la loi du 15 mars 1850 sur l'enseignement libre. — Il est intéressant de suivre les effets produits sur l'en-

1. Dans ces chiffres de 29,852 élèves pour les lycées et 32,495 pour les collèges communaux ne sont pas compris les élèves des institutions et pensions suivant en qualité d'externes les classes de ces établissements ; ils sont au nombre de 2,778 pour les lycées et de 543 pour les collèges communaux. Total des élèves suivant les cours des lycées ou collèges : 65,668.

seignement secondaire par la loi du 15 mars 1850, en
dehors des lycées et colléges.

Au 1er octobre 1850, date de la mise à exécution de la
loi du 15 mars 1850, on comptait 914 établissements
particuliers, le plus grand nombre laïques, qui renfermaient 52,906 élèves.

Au 1er mars 1854, moins de quatre années après, le
chiffre des établissements libres s'élevait à 1,081, dont
825 laïques avec 42,462 élèves et 256 ecclésiastiques
avec 21,195 élèves : au total, 63,657 élèves.

Au 31 décembre 1865, il n'y a plus que 935 établissements libres, dont 657 laïques (43,009 élèves) et 278
ecclésiastiques (34,897 élèves), réunissant un total de
77,906 élèves.

En décembre 1867, le nombre des maisons libres est
encore tombé du chiffre de 935 à celui de 909, mais
avec une augmentation de 507 élèves : 78,413 au lieu
de 77,906[1].

1. Maisons congréganistes :

NOMBRE DES MAISONS. — NOMBRE DES ÉLÈVES.					
En 1854.		En 1865.		En 1867.	
Éta-blisse-ments.	Élèves.	Éta-blisse-ments.	Élèves.	Éta-blisse-ments.	Élèves.
Jésuites	11	2,818	14	5,074	14	5,331
Maristes	13	1,449	15	2,255	15	2,205
Lazaristes	1	159	2	331	2	341
Basiliens, picpuciens, doctrinaires, prêtres de l'Adoration-Perpétuelle, prêtres des Sacrés-Cœurs de Jésus et de Marie, frères de Saint-Joseph	8	859	12	1,815	21	2,950
Totaux	33	5,285	43	9,475	52	10,827

En résumé, de 1854 à 1865 (les documents font défaut pour les années 1850-1853), les maisons libres laïques et les écoles diocésaines placées sous l'autorité directe des évêques sont restées dans un état stationnaire. Les premières n'ont gagné, dans ces onze années, que 547 élèves (43,009 en 1865 au lieu de 42,462 en 1854) ; les secondes, que 1,056 (9,107 au lieu de 8,051). Mais le nombre des maisons laïques a diminué de 168.

Dans le même espace de temps, les congrégations enseignantes ont fondé 10 maisons nouvelles (43 au lieu de 33) et ont augmenté leur population scolaire de 79 p. 100 (9,475 au lieu de 5,285).

Les maisons dirigées par des prêtres séculiers ont passé du chiffre de 156 à celui de 165, avec 7,859 élèves en 1854 et plus du double, ou 16,315, en 1865.

Au total, dans l'espace de onze années, les laïques ont perdu, dans l'enseignement libre, 168 maisons, tout en gagnant 547 élèves ; tandis que les ecclésiastiques ont fondé 22 maisons nouvelles et acquis 13,702 élèves.

Mais l'équilibre est rétabli entre ces deux ordres d'écoles par l'enseignement public (lycées et colléges), qui, dans le même espace de temps, a gagné 13 maisons et 19,228 élèves.

Il résulte de ces chiffres que, depuis 1854, il n'y a eu de progrès que pour les écoles de l'État et pour celles du clergé, deux sortes d'établissements qui, à des titres différents, méritent le respect et la confiance, mais à propos desquels on ne saurait dire que la liberté d'enseigner existe dans sa plénitude, puisque pour les uns ce sont les autorités scolaires, pour les autres les autorités

ecclésiastiques qui règlent directement ou indirecte-
ment les méthodes et les programmes. Il y a décadence, au contraire, pour les institutions privées, qui
cependant représentent la vraie liberté scolaire, puisqu'elles sont régies au gré de ceux qui les fondent ou les
dirigent.

Ainsi, entre les deux grandes forces collectives de l'État
et de l'Église, tend à disparaître, dans l'ordre scolaire,
l'action privée des citoyens. Mais, comme il est dans le
plan de la politique générale de l'Empereur de susciter
partout l'initiative des citoyens, l'administration de l'instruction publique s'est donné pour règle de favoriser les
efforts faits par les particuliers dans cette industrie de
l'éducation, qui est la première de toutes. Elle soutient de
ses encouragements les institutions privées; elle aide à la
formation de sociétés indépendantes pour les écoles professionnelles ou secondaires de garçons et de jeunes filles;
elle autorise enfin l'ouverture de cours libres et de conférences auprès des facultés, afin que, la liberté se trouvant
partout, partout aussi se montrent la concurrence et
l'émulation d'où naît le progrès.

Admissions aux écoles. — Il n'est pas possible d'apprécier la valeur de l'enseignement dans les deux sortes de
maisons, laïques et ecclésiastiques, par les chiffres comparés des réceptions aux examens du baccalauréat.
L'administration ne sait pas d'où viennent les candidats
qui se présentent devant les facultés; mais il n'en est plus
de même quant aux jeunes gens qui se sont fait inscrire
pour l'admission aux grandes écoles spéciales.

Il résulte du relevé des admissions aux grandes écoles:

1° Que les huit lycées et colléges de Paris et de Versailles, la maison de Sainte-Barbe comprise, ont eu :

29 admissions sur   43 à l'école normale ;
81   —   sur 145 à l'école polytechnique ;
70   —   sur 301 à Saint-Cyr ;
11   —   sur   76 à l'école navale ;
15   —   sur   38 à l'école forestière ;
119   —   sur 233 à l'école centrale ;
___
325

2° Que les lycées et colléges des départements et les
autres établissements de l'État ont eu :

14 admissions à l'école normale ;
48   —   à l'école polytechnique ;
147   —   à Saint-Cyr ;
47   —   à l'école navale ;
10   —   à l'école forestière ;
49   —   à l'école centrale ;
___
315

3° Que, pour celles des écoles libres laïques qui ne
fréquentent pas les lycées et pour les études domestiques,
il y a eu :

1 admission à l'école polytechnique ;
15   —   à Saint-Cyr ;
4   —   à l'école navale ;
6   —   à l'école forestière ;
43   —   à l'école centrale ;
___
69

4° Que les maisons ecclésiastiques ont eu :

15 admissions à l'école polytechnique;
69 — à Saint-Cyr;
14 — à l'école navale ;
7 — à l'école forestière;
22 — à l'école centrale, y compris 2 élèves des frères de la Doctrine chrétienne.

127

Au total :

640 admissions pour les établissements de l'État, sur un nombre total de 836;
69 pour les maisons libres laïques et les études domestiques;
127 pour les maisons congréganistes.

836

Il résulte de ce tableau que l'enseignement laïque, avec 75 p. 100 de la population scolaire, compte 85 p. 100 des admissions, et que l'enseignement des maisons ecclésiastiques, avec 25 p. 100 du chiffre total des élèves, a obtenu 15 p. 100 des admissions.

Dépenses de l'enseignement secondaire. — Le prix moyen de la pension d'un élève dans les lycées est de 739 francs, soit 34 francs de plus qu'en 1842 : augmentation bien faible et hors de proportion avec le renchérissement général de toutes choses.

Il est dans les colléges de 649 francs : c'est une aug-

mentation de 265 francs sur le prix de 384 francs qui
était payé en 1842.

Ainsi on peut dire que les lycées n'ont pas augmenté
leurs prix, tandis que les colléges ont notablement élevé
les leurs.

Au total, les dépenses de l'enseignement secondaire
s'élèvent à 64,464,572 fr. 81 c., dont moins de 3 millions
fournis par l'État, près de 59 millions par les familles,
environ 3 millions par les communes, et seulement
171,000 francs par les départements.

Cependant le lycée peut à bon droit être considéré
comme un établissement utile au département tout entier :
car il en est peu où plus de la moitié des élèves internes
ne soient étrangers à la ville qui renferme le lycée. S'il
n'existait point, les familles du département seraient for-
cées d'aller chercher plus loin, avec des dépenses plus
grandes et des séparations plus douloureuses, l'instruction
qu'elles désirent pour leurs enfants. Il serait juste alors
que les départements prissent une part moins insignifiante
dans les dépenses faites au profit de trois intéressés et que
deux seulement supportent, la commune et l'État.

Administration financière des lycées. — La gestion économique des lycées donne lieu à un mouvement de
fonds qui atteint près de 20 millions, ou, en moyenne,
250,000 francs par lycée. Cette gestion est aux mains des
économes, sous la surveillance des proviseurs et le contrôle des inspecteurs d'académie, des recteurs et des inspecteurs généraux. Toutes les pièces comptables subissent
en outre l'examen de la cour des comptes.

La subvention de l'État pour les lycées était en moyenne

de 29,019 francs en 1842 ; elle n'était plus en 1865 que de 22,331 francs. C'est une diminution d'un quart.

Cette subvention de l'État est indispensable : car, en moyenne, un élève nécessite une dépense de 829 francs, tandis qu'il n'apporte que 739 francs ; d'où une insuffisance de 90 francs par élève, qui représente un déficit annuel de près de 1,600,000 francs.

En 1850, les cinq lycées de Paris coûtaient à l'État 281,000 francs : ils se passent aujourd'hui de subvention.

Après le tableau des progrès accomplis, il reste à indiquer sommairement les améliorations qui sont à l'étude.

Améliorations matérielles. — Il faut mettre en première ligne l'achèvement des travaux commencés pour l'installation matérielle des lycées. Les familles sont, sous ce rapport, plus exigeantes qu'on ne l'était autrefois, et c'est un devoir pour l'administration de donner à la jeunesse des demeures où elle trouve tout ce qui peut fortifier le corps en même temps que développer l'intelligence.

La restauration de nos lycées est encore bien incomplète ; de grands travaux restent à effectuer, et il serait superflu de les énumérer tous. Je me bornerai à rappeler que le premier lycée de l'Empire, celui de Louis-le-Grand, est encore dans un état de dégradation et de délabrement qui afflige le regard et nuit au service ; que les lycées d'Angers, de Bordeaux, de Brest, de Dijon, de Lyon, de Metz, de Nancy, de Nice, de Nîmes, de Rouen, de Strasbourg, de Toulouse, ne répondent ni à l'importance des villes où ils sont situés, ni aux besoins de l'éducation publique, et que dans un grand nombre d'autres il y a des améliorations considérables à exécuter.

La ventilation constante des locaux habituellement occupés par les élèves, tels que les salles d'étude, les dortoirs, est d'une extrême importance. Toutes les questions qui se rattachent à ce difficile problème sont étudiées, et déjà des essais ont eu lieu dans un grand nombre de lycées; tout fait espérer qu'on arrivera bientôt à assurer le renouvellement de l'air, la nuit comme le jour, par des moyens simples et efficaces.

Le régime intérieur, notamment la nourriture et l'habillement, a été sensiblement amélioré depuis quelques années. Je me préoccupe des perfectionnements qui pourraient encore y être apportés.

La gymnastique, si utile au développement des forces physiques, fait partie de notre système d'éducation publique, mais d'une manière insuffisante; il faut la développer : l'article 9 de la nouvelle loi sur l'armée m'y aidera. Pour que ces exercices ne soient pas interrompus pendant l'hiver, des gymnases couverts sont indispensables, et ils manquent presque partout. J'ai l'intention de pourvoir à cette lacune dès que les ressources dont je dispose le permettront.

Pour l'exécution de tous ces travaux, il serait nécessaire d'assurer au ministère de l'instruction publique des ressources particulières : car des engagements considérables, que je ne puis évaluer à moins de 4 millions, ont été pris avec les villes, et, pour faire face à ces dépenses extraordinaires, il faudrait un crédit ayant le même caractère. La subvention ordinaire des lycées ne serait plus alors en partie détournée de son emploi normal, qui est l'amélioration des études, de la condition des professeurs et de l'état des collections scientifiques.

Nécessité de rendre les récréations plus longues et plus multipliées. — Un point me paraît exiger une réforme prochaine. L'ancienne Université n'aimait pas les récréations; la nouvelle n'a rien changé à ce système. Il y aurait lieu, ce me semble, de modifier quelque peu l'ordre des exercices et de distribuer autrement la journée de nos élèves. Je voudrais des classes moins longues et des récréations plus nombreuses, remplies par des exercices qui développent les forces et l'agilité. Le travail n'y perdrait rien et la santé y gagnerait. Dans le plan d'études de l'enseignement spécial, la durée des classes a été abrégée, et l'expérience a déjà prouvé que les études étaient loin d'en souffrir. Il existe une grande diversité sous ce rapport entre nos lycées, par suite d'anciennes traditions et d'habitudes locales. Dans quelques-uns il n'y a que trois récréations, durant ensemble une heure et demie, ce qui fait une journée de travail beaucoup trop longue. La durée des études et des classes varie, en effet, de onze heures quarante-cinq minutes dans les lycées de Saint-Louis, Agen, Lyon, Mâcon, Saint-Étienne, Tours, etc., à dix heures vingt minutes dans celui de Chaumont, dix heures quinze minutes à Orléans, etc. Partout elle est supérieure à la journée des ouvriers dans les manufactures de Paris; il faut y ajouter encore la veillée facultative qui suit le souper pour les élèves de la division supérieure. Les enfants, dit-on, ne travaillent pas durant ces longues heures: pourquoi, s'il en est ainsi, les condamner à une immobilité qui n'est point de leur âge, et ne pas faire profiter leur corps du temps qui n'est pas utilisé pour leur esprit?

Nécessité d'avoir des classes et des études plus courtes.
— Nul doute que ce régime n'ait des conséquences
fâcheuses pour la constitution physique des jeunes gens.
Comment expliquer, par exemple, qu'un quart des élèves
de l'école polytechnique et de l'école normale soient
obligés de porter lunettes et que leur taille soit au-dessous
de la moyenne [1] ? Les excès de travail, l'étude prolongée, le
mauvais éclairage des salles et leur aération insuffisante
sont sans doute la cause d'un mal qui, dans les mêmes
circonstances, a pris en Allemagne de grandes proportions.

Pour faire place, dans notre éducation nationale, aux
langues vivantes, au dessin, à la musique, à la gymnastique,
qui doivent y entrer pour une part plus grande que celle
qui leur est faite, et cependant ne point mutiler les études
classiques ; pour trouver dans la journée scolaire le temps
qui doit être réservé aux jeux et aux exercices du corps, il
faut, de toute nécessité, réduire la durée des classes et des
études. Cela peut être obtenu en donnant des devoirs plus
courts, qui, par cela même, seront mieux faits, et des
leçons moins longues, qu'on apprendra mieux et qu'on
réciterait surtout au quartier. Débarrassée de la dictée du
devoir, qui serait autographié, des curiosités de syntaxe et
de prosodie, qui sont inutiles, de la récitation des leçons,
pour laquelle le professeur ne prendrait que peu d'instants,
excepté quand il voudrait former la prononciation et le
débit, la classe deviendrait moins longue, au grand profit
des enfants, dont l'attention, d'ailleurs, est incapable de
se soutenir pendant deux heures, puisque celle d'un

1. A l'école polytechnique, 67 élèves sur 280 ont une taille inférieure à 1m,658,
moyenne générale en 1863 et 1864 pour tous les jeunes gens de vingt ans.

37.

homme fait se fatigue d'une leçon de faculté qui dépasse soixante minutes.

A l'étude, on ne ferait plus ces cahiers de corrigés que les élèves ne consultent pas, ces interminables rédactions d'histoire, où ils copient des chapitres entiers de leurs livres, ces cartes de géographie qu'ils mettent des heures à remplir par le tracé minutieux de cours d'eau, de montagnes et de localités dont ils ne sauront jamais les noms [1].

Sur tout cela, on peut gagner beaucoup de temps. Il suffit d'ailleurs d'indiquer le but : l'habileté des maîtres saura bien trouver les meilleurs moyens d'y arriver. Déjà, au lycée du Prince-Impérial et dans les petits colléges des grands lycées, on est parvenu à distribuer la journée d'une manière mieux appropriée à l'âge des plus jeunes enfants; le même travail est à faire pour les moyens et pour les grands élèves. Je me propose de faire étudier à ce sujet un règlement général qui concilie les exigences du travail avec les exercices et les récréations nécessaires pour la santé.

Si l'Allemagne a sur nous l'avantage pour ses écoles primaires, qui sont cependant égalées dans nos départements de l'est, pour ses *Realschulen*, que nous dépasserons bientôt, peut-être même pour quelques-unes de ses universités si peuplées et si vivantes, l'Angleterre fait mieux que nous, dans ses écoles classiques, pour certains

---

1. On ne veut pas dire qu'il ne serait jamais demandé aux élèves de *refaire* le devoir avec les corrections du maître recueillies verbalement : ce qui obligerait l'enfant à être attentif en classe et réfléchi dans son travail à l'étude; on trouve excellentes une courte rédaction d'histoire, qui serait un exercice de français, et une carte rapidement tracée et contenant les seuls détails que la mémoire de l'élève puisse et doive garder.

côtés de l'éducation. L'enfant, plus libre que le nôtre, y apprend plus tôt, à ses risques et périls, l'usage de la liberté. La grande affaire n'y est pas de charger l'esprit d'une masse de connaissances, mais, tout en l'assouplissant et le fortifiant par l'étude, de lui donner, pour maître sévère et résolu, la volonté. Par là, l'école anglaise est mieux que la nôtre l'apprentissage de la vie.

Nous ne pouvons changer soudainement nos habitudes scolaires, qui sont d'ailleurs en rapport avec notre organisation sociale; mais il ne serait pas impossible d'emprunter quelque chose à ces mœurs des écoles d'outre-Manche : j'entends le bien, non le mal, qui y est grand sur de certains points. C'est une étude à faire et que rendra facile un excellent rapport sur les écoles anglaises qui vient d'être rédigé par MM. Demogeot et Montucci, à la suite d'une mission accomplie par eux en Angleterre et en Écosse.

Enseignement classique. — « Cette organisation scolaire « a résisté à bien des chocs, et, dans son ensemble, tien- « dra bon contre toutes les attaques; car elle procède « d'une vue nette de la nature de l'esprit et des conditions « mêmes de la société française[1]. » Il n'y a donc rien d'essentiel à y changer. Cependant on peut regretter, à certains égards, une uniformité qui ne répond pas assez à la différence des esprits. Un élève de troisième, par exemple, est contraint de faire des vers latins, quand son aptitude s'y refuse; il n'en fait que de détestables, et court le risque de prendre la poésie latine en dégoût. Tous n'arrivent pas à une connaissance du grec suffisante

1. Discours à la distribution des prix du concours général du 7 août 1867.

pour en sentir les beautés littéraires, et un temps considérable est perdu à des études qui sont fort belles, mais
qui pour beaucoup restent stériles. Loin de supprimer
aucun de ces exercices, auxquels j'attache un grand prix,
je voudrais les fortifier, et pour cela cesser, après une
expérience suffisamment répétée, de les imposer à ceux
qui y sont absolument rebelles, afin de concentrer pour
ceux-là toute la force d'attention et de travail sur une
seule des deux grandes langues classiques. Le latin serait
ainsi mieux appris; sa littérature, écho et reflet éclatant
de la littérature grecque, qui y a passé presque tout
entière, en serait mieux connue; et le grec, objet alors
de soins tout particuliers, serait plus largement enseigné
et mieux appris.

Pour opérer cette réforme, faudrait-il séparer les cours
par nature d'études et répartir les élèves, non plus
comme aujourd'hui d'après le numéro de la classe, mais
par ordre de force dans les facultés principales? C'est
un régime dont on entrevoit à la fois les difficultés d'exécution dans les grands lycées, mais aussi les avantages
pour les élèves. Il n'empêcherait pas, en effet, les esprits
les mieux doués de suivre tous les cours, tandis qu'il
favoriserait le travail sérieux et utile des élèves ordinaires, qui, incapables d'embrasser des études trop com-
plexes, pourraient, en concentrant leurs efforts, tirer un
parti meilleur du temps qu'ils passent au lycée classique.
C'est ainsi que les langues vivantes, le dessin et la musique, *obligatoires* dans les classes de grammaire, afin que
l'aptitude des enfants y soit éprouvée, deviennent *facul-*
tatifs dans les classes d'humanités, et l'on repousse résolûment des seconds cours ceux qui n'ont rien voulu ou

rien pu faire, pour ces matières spéciales, dans les premiers.

Je me contente, pour le moment, d'appeler l'attention sur ces idées, sans demander à Votre Majesté de rien prescrire encore. Mais je crois qu'il y a urgence à introduire dans notre plan d'études classiques quelques modifications, calculées de manière à n'en point altérer le caractère, et cependant à diminuer le poids de travail et d'étude qui pèse sur la tête d'un futur bachelier. Le baccalauréat pourrait, dans ce cas, avoir, à côté des matières obligatoires de l'examen ordinaire, les matières facultatives sur lesquelles le candidat voudrait être interrogé. On suit cet usage en Angleterre, et il y fait merveille.

C'est le système qui est pratiqué en France même pour les diplômes de l'enseignement spécial comme pour le brevet supérieur dans l'instruction primaire. Ce ne serait donc pas une nouveauté. Force, d'ailleurs, serait bien de s'y résigner, si un examen attentif amenait à constater que le fardeau imposé à la jeunesse s'accroît sans cesse par l'augmentation des objets d'enseignement. Les sciences, les langues vivantes, l'histoire, la géographie, le dessin, la musique, la gymnastique, prennent, par la force des choses, une place de plus en plus grande. Il n'est pas possible de toujours ajouter sans retrancher jamais; autrement, l'instruction devient superficielle par le peu de temps accordé à chaque faculté. Déjà cette délicate et importante question a préoccupé les esprits sous la Restauration, lorsqu'on a songé à changer la direction de notre système d'études. Je la reprendrai pour en faire l'objet d'un examen approfondi. La discussion publique, éveillée sur ces idées, aidera sans doute à trouver la bonne solution.

Extension de l'enseignement spécial. — Cet enseignement n'existe encore., au moins dans sa forme la plus complète, que sur quelques points. Destiné d'abord à donner plus rapidement que l'enseignement classique une culture générale à l'esprit des enfants, ensuite à le pénétrer des notions spéciales que réclame la diversité des branches du commerce et de l'industrie, il se compose d'une partie fixe et d'une partie qui se plie aux besoins des localités. Il faut l'étendre et le propager.

Aux fondations de l'an dernier, Cluny, Mont-de-Marsan et Mulhouse, l'année présente ajoutera celles du lycée agricole de Napoléonville et du collége métallurgique d'Alais. Mais il serait à souhaiter qu'indépendamment des cours spéciaux faits dans les lycées et les colléges, chaque région géographique de l'Empire, bien caractérisée par la nature de son sol ou de son industrie, eût une de ces grandes écoles d'enseignement spécial, appropriée à ses besoins.

Traitements universitaires. — La situation si modeste des membres de l'Université a été déjà notablement améliorée, grâce à la sollicitude de Votre Majesté. Les professeurs titulaires et divisionnaires, les chargés de cours, les maîtres de langues vivantes, les maîtres élémentaires, ont obtenu des augmentations de traitement. Cependant je dois confesser que le traitement des membres du corps enseignant n'est en rapport ni avec les difficultés de la tâche qui leur est imposée, ni avec les conditions de la vie matérielle.

Fondation, pour les maîtres répétiteurs, d'écoles normales secondaires. — Il est un ordre de fonctionnaires, dans les lycées, qui méritent une attention particulière : je veux parler des maîtres répétiteurs. Ce qui pour eux presse le plus, ce n'est peut-être pas d'augmenter leurs appointements, mais de leur assurer plus de temps pour leurs études personnelles, plus de facilité pour arriver aux grades universitaires. Leur fonction doit être un emploi de passage, un stage pour s'élever plus haut. La création d'écoles normales secondaires, essayée avec succès à Douai, va être étendue à toutes les académies. Les maîtres répétiteurs y trouveront, avec la preuve de la sollicitude paternelle de l'Université, le moyen d'entrer rapidement dans les rangs du professorat.

Des colléges communaux; nécessité d'y réduire le personnel pour y augmenter les traitements. — C'est dans les colléges communaux que sont les plus grandes souffrances; nombre de professeurs trouvent à peine le pain de chaque jour dans la rémunération que reçoivent leurs modestes mais très-utiles services. Il y a nécessité non-seulement de maintenir, mais de fortifier ces établissements, qui font partie intégrante de notre système d'instruction publique, et qui, depuis la renaissance des études en France, n'ont reçu de l'État qu'une aide insuffisante : toutefois il faudrait trouver, pour la plupart d'entre eux, de meilleures conditions d'existence.

Lors de la discussion à laquelle donna lieu la loi du 11 floréal an x, les colléges communaux, appelés alors écoles secondaires, furent caractérisés comme représentant l'instruction des petites villes et des jeunes gens qui n'étaient point appelés à parcourir le cercle entier des études dans les lycées et les écoles spéciales. Ils devaient y puiser des connaissances utiles à une foule de professions. L'enseignement des colléges, réglé d'après les besoins locaux, admettait une grande variété d'études, avec un très-petit nombre de professeurs.

C'était là, en effet, le véritable caractère des colléges communaux; on le méconnut plus tard, lorsqu'on voulut modeler leur organisation sur celle des lycées. On multiplia les chaires pour avoir, même dans les petits colléges, un enseignement régulier et complet; mais on fut obligé, pour se donner cette satisfaction, de n'allouer à chacune qu'un traitement insuffisant.

On tenta, en 1839 (ordonnance du 26 janvier), de porter remède à ce mal. Les colléges communaux furent divisés en deux classes : dans la première, les traitements des régents durent être de 1,400 à 1,800 francs; dans la seconde, de 1,200 à 1,500 francs. Mais ce n'était qu'un vœu dont la réalisation dépendait de la bonne volonté des communes, et l'insuffisance des ressources municipales empêcha sur beaucoup de points l'exécution de l'ordonnance. Ces fixations d'ailleurs, déjà très-modiques en 1839, seraient complétement insuffisantes aujourd'hui, et elles ne sont pas même atteintes dans un grand nombre de colléges.

Cependant les villes tiennent beaucoup à leurs colléges et s'imposent de grands sacrifices pour leur entretien. Il ne faut donc attribuer qu'au défaut de ressources l'insuffisance des traitements des maîtres et les conditions trop souvent mauvaises de l'installation matérielle et du mobilier scolaire.

Cet état de choses appelle la sollicitude sérieuse de l'administration. Les colléges communaux méritent son intérêt par les services qu'ils rendent à l'enseignement. Placés à la portée des familles, ils font pénétrer le goût de l'instruction dans les plus petites localités, et ils n'éloignent pas les enfants du foyer paternel. En venant à l'aide des villes, l'État obtiendra d'elles de nouveaux efforts.

Depuis longtemps l'État, sauf quelques concessions de locaux, ne faisait plus rien pour les colléges communaux, lorsqu'en 1846 un fonds d'encouragement de 100,000 fr. fut inscrit au budget en faveur de ces établissements. Ce fonds, porté par des augmentations successives à 223,000 francs, vient d'être élevé au chiffre de 300,000 francs pour l'exercice 1868. On ne peut encore considérer cette allocation comme définitive; toutefois elle permet déjà de se mettre sérieusement à l'œuvre.

D'après les règles en usage, les fonds de l'État sont en grande partie affectés à l'entretien de chaires dont il paye directement les traitements aux titulaires. Ce mode a l'inconvénient d'immobiliser les subventions, puisqu'on ne peut les supprimer ni les diminuer sans mettre immédiatement en question le traitement même du professeur. Il convient de maintenir aux traitements du personnel le caractère de dépense communale et aux subsides de l'État celui de subvention ou d'encouragement extraordinaire : c'est la voie où je voudrais entrer.

La moyenne des traitements dans les colléges communaux n'est aujourd'hui, pour les chaires de grammaire, que de 1,391 francs; pour les chaires d'humanités, de 1,643 francs; pour les chaires de sciences, de 1,656 fr.

Dans quelques colléges, les traitements tombent à
1,000 francs, à 800 francs et même au-dessous.

On comprend qu'il en soit ainsi avec le luxe de personnel que les villes se donnent. Nous comptons 139 colléges ayant chacun moins de 50 élèves classiques, et n'en
réunissant au total que 3,782; ils n'en ont pas moins
582 professeurs : c'est un maître pour 6 élèves [1].

Ce nombreux personnel écrase les finances municipales, et le budget municipal se venge en n'allouant que
de misérables traitements. Tout le monde y perd, ville
et professeurs; et les études n'y gagnent point, d'abord
parce qu'avec de tels émoluments on ne saurait trouver les
maîtres les plus expérimentés, ensuite parce que ces classes
de 2, 3, 4, 6 élèves ne sont point des classes véritables :
les élèves n'y peuvent avoir d'entrain, et il est bien difficile
que le zèle du professeur s'y soutienne longtemps.

Les études, en effet, dans nos lycées et colléges, sont
placées entre deux maux : des classes trop nombreuses,
où les élèves échappent à l'action du professeur, et des
classes qui ne le sont pas assez, où toute émulation disparaît. L'ancienne législation y avait pourvu : le règlement
du 19 frimaire an xi, pris en exécution de la loi du 11 floréal an x, voulait qu'il y eût un professeur pour 25 élèves,
sans reconnaître à ce professeur le droit de n'enseigner
qu'une seule chose.

Il y a donc de sérieuses modifications à faire dans l'intérêt des villes, des études et des professeurs.

1. A considérer l'ensemble de tous les colléges, on trouve que leurs 15,943 élèves
classiques ont 1,828 professeurs, ou 1 pour moins de 9 élèves. Il n'en est pas de
même dans l'enseignement spécial, qui, ayant des classes moins divisées, compte
1 maître pour 28 élèves; ni pour l'enseignement primaire, qui, par la même raison,
en a 1 pour 27.

Qu'on diminue le personnel en augmentant les traitements, il y aura bénéfice pour le budget municipal comme
pour les professeurs. On peut d'ailleurs conduire la réforme de manière à ne mettre en péril les intérêts d'aucun
des fonctionnaires dont l'emploi serait supprimé.

Dans tel collége où la rhétorique a 6 élèves, la classe
dure deux heures, comme dans la rhétorique de Louis-le-
Grand, qui en a 80. Qu'on fasse la classe plus courte, et
les élèves passeront à d'autres exercices, tandis que le professeur ira à un autre enseignement.

Ce qui était dit plus haut au sujet des lycées est bien
plus vrai des colléges. Le principe actuel est le classement
par numéro de salle; groupons d'après les forces, et nous
aurons de meilleures études, parce que la queue de la
classe, comme on dit au lycée, n'arrêtera plus la tête, et
que cette queue, séparée du tronc, se formera à elle-même
une tête nouvelle. C'est un phénomène psychologique qui
s'est produit toutes les fois qu'on l'a voulu.

Le lycée de Mont-de-Marsan, qui avait l'an dernier
61 élèves classiques appartenant à toutes les classes habituelles, a marché avec trois professeurs de latin et a eu des
succès au concours académique comme à l'examen du baccalauréat. Dans l'école de Sorèze, qui a jeté un certain
éclat, on suivait un régime analogue. Le système a donc
déjà pour lui quelques expériences.

Si le désir, très-respectable, d'avoir un collége sur le
patron des grands lycées de Paris empêche les municipalités d'entrer dans la voie proposée, les 300,000 francs
donnés par l'État, les 2,256,422 francs dépensés par les
villes, ne feront pas disparaître ce mal douloureux qui a
été appelé la misère en habit noir. D'une manière ou d'une

autre, il y a urgence d'améliorer une situation vraiment pénible pour des hommes investis de fonctions publiques. Il conviendrait de fixer au moins :

Pour les chaires de grammaire, un minimum de 1,600 francs, avec faculté de s'élever à 2,200 francs;

Pour les chaires d'humanités et de sciences, un minimum de 1,800 francs, avec faculté d'arriver à 2,400 francs.

Le personnel des colléges communaux n'est pas divisé en classes qui assurent aux professeurs une amélioration progressive méritée par leurs services. Pour obtenir un traitement plus élevé, il faut être transféré, s'il y a des vacances, dans un autre établissement. L'avancement sur place est donc impossible, et tout principe d'émulation disparaît. Il serait à souhaiter que cette organisation fût établie; mais le budget des villes est librement voté par elles. On ne peut donc leur imposer ces dépenses, à moins que le ministre n'en fasse la condition du concours de l'État. Je demande à l'Empereur l'autorisation d'entrer dans cette voie.

Il faut aussi améliorer l'installation matérielle des colléges, qui, sur un grand nombre de points, laisse à désirer. Les administrations municipales comprennent l'importance de ces améliorations dans l'intérêt de la santé des enfants, et se montrent disposées à les entreprendre ; mais souvent les ressources font défaut à leur bonne volonté. Il est bon que l'État concoure alors à la dépense, à la condition toutefois que ces subventions extraordinaires ne perdent pas le caractère exceptionnel qu'elles doivent conserver, et qu'elles soient réglées sur les sacrifices des villes elles-mêmes.

Des bourses. — Les moyens de gratuité dont on dispose pour l'enseignement secondaire sont moins nombreux aujourd'hui que dans l'ancienne société, moins nombreux même que ne le voulait le fondateur de l'Université. Ils consistent en 1,594 bourses impériales, au lieu de 6,400 que Napoléon Ier voulait fonder. Les bourses communales et départementales sont au nombre de 915 dans les lycées et de 302 dans les colléges communaux (bourses entières ou parties de bourses). Il faut y joindre les exemptions de frais d'externat, au nombre de 1,342 dans les lycées et de 2,223 dans les colléges communaux. Malgré l'accroissement de la population et du nombre des serviteurs de l'État, malgré la nécessité croissante de compenser la faiblesse des traitements et des retraites pour les fonctionnaires de l'ordre civil et militaire, en prenant au compte de l'État la charge d'élever les fils de ceux qui l'ont bien servi et qui sont morts à la peine, le nombre des boursiers a diminué. Les 77 lycées de 1865 en ont 97 de moins que les 46 colléges de 1842. A cette dernière époque, chaque collége royal avait en moyenne 36 boursiers ; chaque lycée aujourd'hui n'en a plus que 21, c'est-à-dire 15 de moins. Aussi les ressources actuelles sont-elles bien loin de suffire pour donner suite à toutes les demandes. Les crédits alloués au budget permettent de faire, en moyenne, 300 nominations par année, et il y a chaque année plus de 2,500 demandes régulièrement inscrites et fondées sur des titres sérieux.

Telles sont les vues qui dirigent l'administration de l'instruction publique dans les questions d'enseignement secondaire ; telles sont ses préoccupations laborieuses pour répondre aux désirs de Votre Majesté, qui regarde le progrès de l'éducation nationale comme un des plus chers intérêts de son gouvernement.

Je demande à l'Empereur l'autorisation de livrer à la publicité ce pénible et consciencieux travail, pour appeler la discussion et la lumière sur des questions dont la solution importe à la grandeur morale du pays.

Je suis avec le plus profond respect, Sire, de Votre Majesté le très–humble, très-obéissant et très–fidèle serviteur.

Le ministre de l'instruction publique,

V. DURUY.

━━━━━◦━━━━━

Discours prononcé par S. Exc. M. le Ministre à la réunion des Sociétés savantes à la Sorbonne, le 18 avril 1868.

Messieurs,

Je ne vous parlerai pas de vos travaux. Les rapports que vous allez entendre vous diront quelle en a été, cette année, l'étendue et la fécondité. Mais puisque j'ai la bonne fortune de voir rassemblés en aussi grand nombre, dans cette enceinte, les hommes qui, sur tous les points de la France, consacrent leurs loisirs aux études sévères, permettez–moi que je vous entretienne d'une question générale, qui se lie d'ailleurs à vos préoccupations habituelles, celle de la haute culture littéraire et scientifique dans notre pays.

En songeant à cette réunion, l'idée m'est venue de re-lire les conseils que le grand chancelier d'Angleterre don-nait au roi Jacques Ier pour l'avancement et la dignité des sciences [1].

Nous n'avons plus à craindre, comme au temps de Bacon, ce qu'il appelait le dédain superbe des politiques et la jalousie craintive des théologiens, *theologorum zelo-typiam et politicorum supercilium*. Le théologien véritable honore à présent la science, dont chaque découverte ajoute à l'idée de la grandeur divine, et il n'est plus nécessaire d'écrire pour les politiques le beau livre : *De la royauté de l'homme par l'interprétation de la nature.*

Mais, si nous ne trouvons qu'un intérêt de curiosité historique dans ces pages où Bacon défend les savants contre des ennemis qui n'existent plus, nous méditerons avec profit celles où il expose les besoins de la science et les moyens de leur donner satisfaction. Éternelle jeunesse du bon sens! ces paroles vieilles de deux siècles et demi sont encore aujourd'hui les meilleures à répéter.

L'enquête qui s'achève dans le recueil des rapports sur les progrès des sciences et l'état des lettres, Bacon la réclamait, et il aurait voulu qu'elle fût faite périodique-ment : *Tanquam lustrum condatur doctrinarum et census excipiatur, quæ ex illis locupletes sint, quæ autem inopes et destitutæ.*

Nos savants se plaignent de l'insuffisance du budget : Bacon demandait à Jacques Ier que les hommes qui pénè-trent les secrets de la nature fussent récompensés comme

1. *De augmentis et dignitate scientiarum.*

Discours. 38

ceux qui découvrent les secrets de la politique ; et par là il entendait la sagesse qui prévoit et la volonté qui exécute ce que réclame le meilleur gouvernement des sociétés.

Nous regrettons que nos laboratoires ne soient encore ni assez nombreux ni assez pourvus : il déclarait que, pour faire avancer la science, on devait, sans ménager la dépense, appeler à son aide Vulcain et Dédale, c'est-à-dire fourneaux et machines.

Pour les lettrés, il voulait des bibliothèques munies des meilleures éditions, anciennes ou modernes ; pour les savants, des réunions comme celles de ce jour, et d'étroites relations « avec les diverses académies du monde, afin que, par les sciences, il s'établît entre les hommes une noble et généreuse fraternité. »

Ces conseils et bien d'autres, dont l'exécution semblait à Bacon *une entreprise royale,* ne furent guère entendus du roi Jacques, qui avait plus de curiosité frivole pour les vaines disputes de la scolastique que de goût sévère pour les viriles occupations de l'esprit.

Le prince qui nous gouverne n'a besoin que personne lui rappelle les droits de la science et des lettres. Il fait mieux que les honorer, il les cultive avec éclat. Les lettrés, les savants, trouvent près de lui un accès facile ou de nobles encouragements : il suit leurs travaux, il provoque leurs recherches, il visite leurs laboratoires ; car il estime une découverte à l'égal d'une victoire, et toute grande œuvre de l'esprit est à ses yeux un service rendu à la société même.

Le budget de cette année porte les marques effectives de la faveur impériale pour les hautes études. Si le Corps législatif acceptait les propositions du gouvernement qu'il à lui-même provoquées dans ses précédentes sessions, le crédit pour l'enseignement supérieur s'accroîtrait notablement.

Des principes nouveaux seraient appliqués.

La répartition des professeurs de faculté en trois *classes*, avec une sérieuse augmentation de traitement pour les deux premières, donnerait à chacun l'espérance de voir sa situation s'améliorer à mesure que les années et le travail pèseront sur lui d'un poids plus lourd.

L'*avancement sur place* le dispenserait d'aller chercher dans une faculté lointaine un peu de bien-être au détriment de ses affections, de ses intérêts de famille et de l'influence qu'il avait justement acquise au milieu des témoins et quelquefois des admirateurs de ses travaux.

Pour les savants qui honorent nos établissements de premier ordre et qui consacrent à une *seule* chaire leur temps et leur intelligence, un traitement plus fort leur donnerait une partie des bénéfices du cumul, que l'État doit permettre, mais non pas encourager. La science y gagnerait doublement : car il y aurait, sans nouvelles créations, plus de chaires pour les savants, et chacun d'eux aurait plus de temps, de force et de liberté d'esprit à mettre dans un seul enseignement.

Ceux que la nature a doués de l'esprit d'invention et de découverte ont besoin de *laboratoires de recherches*. Pour former, en effet, ce que j'appellerai les mœurs scientifiques, ce n'est pas assez du public qui suit les cours, il faut encore des écoles particulières où la tradition s'établisse et se conserve, où les forces de chacun soient doublées par l'exemple, les conseils et l'assistance de tous. En un mot, il faut un lieu où se trouvent réunis les instru-

38.

ments les plus perfectionnés, où l'on attirera auprès du maître de jeunes hommes intelligents, dévoués à la science, capables de la bien servir, et qui, groupés autour du chef comme sa famille scientifique, le seconderont dans ses études et entreprendront sous sa direction des travaux personnels.

Ainsi se sont formées dans l'atelier d'un peintre illustre ou d'un sculpteur renommé ces écoles qui, pour les arts, ont jeté un si grand éclat.

Le budget présenté porte un crédit nouveau, faible encore, mais qui s'accroîtra, je l'espère, pour la création de ces *laboratoires de recherches*. Alors tout savant que signalerait l'importance de ses œuvres serait assuré d'obtenir le moyen d'en accomplir de plus considérables.

Vous avez vu ici même le nouveau laboratoire de physique et quels moyens de travail y ont été mis à la disposition des élèves et des maîtres. Son installation est d'hier, et déjà on y a trouvé des faits nouveaux qui se sont révélés presque d'eux-mêmes, parce que toutes les forces de la matière dont l'homme a pu se saisir sont là, agissant sans cesse, isolées ou réunies, devant des yeux qui savent voir et des esprits qui savent comprendre.

L'an passé, les étrangers s'étonnaient de l'installation défectueuse de nos établissements scientifiques, et en songeant à cet esprit français si ingénieux, si clair, qui, au besoin, sait avoir la patience dont Newton faisait la première condition du génie, plusieurs se demandaient avec une généreuse inquiétude ce qu'on ne pourrait pas attendre de nos savants, s'ils étaient mieux armés pour le grand combat contre la nature. Plaçons donc à côté de nos chaires d'histoire naturelle, de physiologie, de méde-

cine, de physique et de chimie, des *laboratoire d'enseignement* où se trouvent les ressources nécessaires pour multiplier les expériences, de sorte que la *théorie* soit sans
cesse contrôlée et fortifiée par les exercices *pratiques*. Le
prochain budget accroît la dotation pour le matériel des
facultés, et j'ai la ferme espérance que les sciences médicales n'auront bientôt plus à envier le magnifique institut
physiologique qui vient d'être élevé, au prix de trois millions, sur les bords de la Néva.

Voilà, messieurs, les motifs des demandes du gouvernement aux budgets de cette année. Espérons qu'elles
pourront être accueillies, car les dépenses de cette nature
sont la source de la richesse publique.

La science n'est-elle pas aujourd'hui la force qui crée
toutes les autres? Rappelez-vous, messieurs, ces innombrables engins, ces puissants appareils qui, à l'exposition
dernière, remplissaient un vaste espace de bruit, de mouvement et de gigantesques efforts. Une seule machine les
mettait en action.

Ainsi fait la science. Au commerce, elle donne la vapeur
et la télégraphie électrique; à l'industrie, les machines-
outils, qui domptent la matière, et les analyses chimiques,
qui la transforment. Pour l'agriculture, elle renouvellera
le travail de la ferme, comme elle a renouvelé celui de
l'usine. Déjà les plus délicates conceptions de la théorie
ont mis sur la voie de perfectionnements inattendus et
féconds. Qu'est donc ce que la science demande à côté de
ce qu'elle donne?

Pour les lettres, l'action du gouvernement est impuissante. Il n'est pas de combinaison administrative ou de
crédit budgétaire capable de faire naître un grand poëme,

un traité de philosophie ou une pièce de théâtre qui sur-
vive à la mode du jour. L'esprit souffle où il lui plaît, et
« les monuments plus durables que l'airain » se bâtissent
tout seuls.

Mais, par quelques-unes de ses branches, la littérature
se rapproche de la science proprement dite, en ce sens
qu'elle a besoin, elle aussi, de moyens matériels pour
faire son œuvre. Il faut, par exemple, à l'historien, au
philologue, à l'économiste, à l'archéologue, etc., *des
moyens permanents et sûrs d'information* qui empêchent de
recommencer des recherches inutiles, ou qui fassent jaillir
la lumière de la contradiction des idées.

Ces moyens sûrs d'information, l'érudit les aura dans
des bibliothèques qui recevraient plus exactement toutes
les publications importantes, et dans des recueils périodiques où se trouveraient l'annonce et parfois l'analyse
des travaux exécutés dans les deux mondes.

Nos savants ne voyagent pas assez, parce que nous igno-
rons les langues étrangères : et pourtant nous ne vivons
plus à l'époque où, tout grand livre de science s'écrivant
en français ou en latin, nos érudits pouvaient suivre, du
fond de leur cabinet, les progrès de la science européenne.
Nous sommes en train d'apprendre les idiomes étrangers ;
et l'Empereur serait trompé dans un de ses vifs désirs, si
d'ici à quelques années les élèves de nos écoles ne faisaient
tomber une barrière que le développement des littératures
nationales a élevée, et qui finirait par isoler et amoindrir
l'esprit de la France. Il y aurait donc à instituer des *missions* pour de jeunes savants, qui, au sortir de nos grandes
écoles, iraient se mêler au mouvement de la science chez
nos voisins, écouter les maîtres illustres, étudier leurs

méthodes, leurs procédés ; qui, en un mot, achèveraient à l'étranger leur éducation scientifique et y noueraient des relations utiles pour le reste de leur carrière.

J'omets beaucoup d'autres mesures à prendre en de grands établissements : dans nos seize académies de province, pour les constituer chacune en un tout plus homogène et plus vivant ; dans nos cinquante facultés départementales, pour changer quelques-uns de leurs auditeurs de passage en élèves assidus et dévoués ; enfin pour soutenir des sciences qui grandissent ou en encourager qui semblent fléchir.

On signale un ralentissement en France dans le développement de certaines études. L'Allemagne, l'Angleterre, nous disputeraient, assure-t-on, en quelques points, la primauté d'honneur à laquelle nous étions accoutumés. Je n'en crois rien ; mais il convient d'agir comme si cette défaillance était réelle : gouvernement ou particuliers, nous devons faire servir toutes nos forces à l'œuvre du progrès scientifique.

Pour sa part, le gouvernement a imprimé une impulsion aussi forte qu'il l'a pu donner aux études du premier et du second degré. L'Empereur avait dit : « Multiplions l'instruction sous toutes les formes. » Cette parole a été entendue des maîtres et des disciples. L'enseignement primaire a été fortifié et agrandi, l'enseignement spécial fondé. Grâce au bienveillant concours du ministre du commerce, les meilleures et les plus simples notions d'horticulture deviendront usuelles dans les écoles. L'hygiène, la gymnastique, y auront bientôt leur place ; et déjà dix mille bibliothèques fournissent aux instituteurs de puissants auxiliaires dans leur guerre à l'ignorance. Pour

les jeunes filles, les écoles du premier âge se multiplient
et l'on a organisé des cours d'instruction secondaire qui
dureront. Pour les adultes, il s'est ouvert des classes du
soir en tel nombre qu'on a pu y compter près d'un million
d'hommes.

Mais c'est par les travaux les plus élevés de l'esprit
que se marque le niveau des civilisations. Aussi, tandis
que le gouvernement, secondé par les grands corps de
l'État, attestait par deux lois importantes, de nombreux
décrets et des institutions nouvelles, son zèle résolu pour
le progrès intellectuel et moral du peuple, il marquait sa
sollicitude pour les hautes études en multipliant, sur tous
les points du territoire, des conférences libres de science
ou de littérature, en ouvrant les maisons de l'État, des
départements ou des communes à tous ceux qui avaient
sur ces matières une idée à produire ou des faits nouveaux
à montrer, en excitant par ses récompenses l'ardeur des
recherches et la libre expansion de l'esprit scientifique.
Il a une telle foi dans le triomphe nécessaire de la vérité,
qu'il ne redoute même pas l'erreur; il croit tant à la puissance de la raison, qu'il est convaincu que les bonnes
causes n'ont rien à craindre des faux systèmes. C'est pourquoi il respecte la liberté philosophique, même dans ses
écarts, tant que la loi commune ou les règlements particuliers à de grands corps n'en sont pas offensés.

Messieurs, dans le champ de la pensée humaine, on
peut concevoir deux cercles concentriques : l'un d'un
rayon plus court, l'autre dont le diamètre se perd dans
l'infini. Le premier contient des vérités accessibles à nos
sens et à nos calculs; l'observation, l'expérience, l'induc-
tion et l'analyse mathématique y résolvent les problèmes

et y découvrent les lois de la matière : c'est le domaine inviolable de la science, qui, à chaque génération, l'affermit et l'étend, mais d'où elle ne saurait sortir, d'après Newton lui-même, sans perdre à l'instant son caractère, ses méthodes et sa certitude. Dans le second se rencontrent et parfois se heurtent le sentiment, la raison pure, la foi : c'est la religion de l'idéal et du divin. La philosophie les y cherche et la religion les y trouve.

Ces deux mondes de l'idéal et du réel devraient se rapprocher sans se confondre ; car la science, elle aussi, vient de Dieu, puisqu'en donnant à l'homme cette curiosité insatiable, cette ardeur de connaître qui lui rend la possession de la vérité aussi nécessaire que l'air qu'il respire et que le pain qui le nourrit, il a voulu que nous pénétrions, par les seules forces de notre intelligence, les mystères de la création matérielle.

Avec les vérités morales que l'histoire et la philosophie lui découvrent, l'homme efface les vieilles injustices et réorganise les sociétés sur un plan plus chrétien ; avec les vérités physiques, il supprime l'espace et se rit de l'Océan, il perce les montagnes et sépare les continents, il lutte contre les influences funestes de la nature et fait reculer la mort.

Mais parfois aussi ces vérités puissantes l'éblouissent et l'aveuglent, comme la vendange trop forte enivre le vigneron. Il oublie à quelles conditions sévères la nature livre ses secrets. Il quitte les voies étroites, mais sûres, de la méthode expérimentale ou géométrique, et il arrive à des affirmations qui cessent d'être légitimes, parce que ce ne sont plus l'expérience ou le calcul qui les fournissent. Alors la guerre s'allume entre les hommes de la foi et

ceux de la science, sortis chacun du domaine qui leur
est propre, et l'on entend les éclats retentissants de colères bruyantes et vaines.

Tous ces bruits s'éteindront ; le temps en a fait taire
bien d'autres. Vous le savez, messieurs, vous dont la
plupart passent leur vie à étudier l'histoire des sociétés
troublées autrefois des mêmes passions et qui ne sont
plus qu'une poussière silencieuse. Déjà un écrivain qui a
autorité en ces matières et qui sait regarder, sous les agitations de la surface, jusqu'au fond des choses, déclare,
après une minutieuse enquête, que les doctrines spiritualistes gagnent du terrain dans la littérature philosophique[1];
j'ai le droit de dire qu'elles n'en perdent pas, et j'ajoute
qu'elles n'en perdront point dans les écoles de l'État.

Du reste, ces luttes devraient continuer, qu'il ne faudrait pas nous en plaindre. La rivalité aujourd'hui ne
peut plus produire qu'une émulation féconde, et il ne
doit pas déplaire, après tout le bruit fait par les *manieurs
d'argent*, de voir les esprits s'éprendre, même avec passion, de ces graves problèmes.

Ils agitent l'Europe entière. Et vous, messieurs, qui lut-
tez avec tant d'ardeur contre l'erreur et l'ignorance dans
les sciences de l'histoire ou dans celles de la nature, vous
qui poursuivez en tout le triomphe de l'esprit sur la matière, soyez encouragés et soutenus par le grand spectacle
que le monde nous offre.

Jamais le champ de la science n'a eu d'aussi nombreux
et vaillants défricheurs. A cette ardeur des savants répond
le zèle des gouvernements. Il est à peine une tribune
législative où ne se discute en ce moment quelque loi ou

1. M. Ravaisson, *La Philosophie en France au dix-neuvième siècle.*

grande institution scolaire, et partout le peuple, comme il le fait en France à la voix de l'Empereur, se lève pour courir aux écoles. On ne doit pas s'étonner si, parmi les anciens pasteurs des peuples, qui les gardaient à l'ombre des cathédrales, quelques-uns s'inquiètent et veulent les retenir. Et pourtant la science humaine ne se propose pas de les détourner du sanctuaire : elle demande seulement que, tout en écoutant la voix douce et sainte qui leur parle depuis dix-huit siècles, ils entendent aussi la voix nouvelle qui est la seconde révélation de Dieu par la science.

Discours prononcé au Sénat par S. Exc. M. le Ministre, au sujet d'une pétition relative à la liberté de l'enseignement supérieur. (Séance du 23 mai 1868.)

Messieurs les sénateurs,

M. le cardinal de Rouen vient de vous répéter l'éloquent discours qu'il avait prononcé à l'avant-dernière séance. Ce sont les mêmes arguments, les mêmes faits; Son Éminence n'a voulu tenir aucun compte des dénégations formelles qui lui avaient été adressées avec preuves à l'appui[1]. Je suis donc obligé de le suivre de nouveau dans la voie où il est rentré.

---

1. Discours de M. Charles Robert, secrétaire général du ministère de l'instruction publique, commissaire du gouvernement, séance du 22 mai.

Mgr de Bonnechose avait dit avant-hier que la majorité des professeurs de la faculté de médecine de Paris était matérialiste. Il maintient aujourd'hui cette affirmation malgré les documents produits à cette tribune, et contre l'opinion de M. le sénateur Dumas, qui a été quinze ans professeur à cette école, qui en connaît bien l'esprit, et a voulu joindre sa protestation à la mienne.

Qu'il y ait à l'école de médecine un professeur au sujet duquel des soupçons sérieux de matérialisme puissent être élevés, c'est possible ; je n'ai pas à regarder dans le for intérieur. Ce qui m'importe, ce dont j'ai la surveillance, c'est l'enseignement.

Or, je ne croirai pas à un enseignement matérialiste, tant qu'on ne m'en apportera pas des preuves ; et remarquez, messieurs les sénateurs, que je ne demande pas seulement qu'on me les apporte, je vais les chercher (Très-bien ! très-bien !), puisqu'un inspecteur de l'académie de Paris est particulièrement attaché au service de l'école, comme il y en a, du reste, auprès de toutes les facultés.

Eh bien ! quoique je reçoive de fréquents rapports, jamais il ne m'en est venu qui constatât que M. le professeur Robin eût fait une leçon matérialiste. La rumeur m'arriva un jour que cela avait eu lieu ; j'ai prié le professeur de venir à mon cabinet. Vous savez le reste ; j'ai déjà eu l'honneur de vous faire connaître sa dénégation formelle, et la déclaration qu'il ne se reconnaissait pas le droit de sortir du cercle scientifique, c'est-à-dire du cercle des vérités démontrables et démontrées. Or, le matérialisme n'est ni une vérité démontrée ni une vérité démontrable.

Quant au chef d'accusation qu'on tire du *Dictionnaire de Nysten,* je dois dire à Mgr de Bonnechose qu'il fait bon marché du droit qui appartient à tout citoyen de publier librement ses opinions, en se conformant aux lois. J'ai eu l'honneur de lui prouver déjà que je ne sais par quel moyen je pourrais interdire la lecture des livres qu'il leur plaît de choisir à des jeunes gens, qui déjà sont des hommes en pleine jouissance de leurs droits civils et politiques, puisque l'âge moyen des docteurs en médecine est de vingt-sept à vingt-huit ans, et qui pensent par eux-mêmes plus souvent que d'après leurs maîtres. Un d'eux, celui dont la thèse a été annulée, a déclaré lui-même qu'il tenait sa doctrine, non pas de ses professeurs, mais de son père. Sont-ils réunis dans une maison placée sous l'autorité, la surveillance et la responsabilité de l'État? Non, ils sont épars dans la grande ville, et leur conduite hors des cours appartient à une autre juridiction que celle de l'Université. Il en est de même des ouvrages; le ministre de la justice a seul action contre eux : c'est à lui d'examiner s'il doit, oui ou non, les poursuivre.

Si du lecteur que je ne puis atteindre je passe à l'auteur, j'accorde qu'un professeur, qu'un membre de l'Université n'a pas une indépendance absolue pour ses écrits, du moins une indépendance aussi grande qu'un autre citoyen, parce qu'en franchissant le seuil de l'Université il aliène une partie de sa liberté en échange des priviléges qu'il reçoit. J'accorde encore que si certains écrits peuvent diminuer d'une façon notable et particulière la considération du corps dont l'auteur est membre, les autorités scolaires peuvent intervenir : d'abord la faculté ; ensuite le conseil académique, puis le conseil impérial. Ce sont là des juridictions disciplinaires ayant un droit un peu vague, comme celui d'une autorité paternelle, un droit par conséquent très-compréhensif, et pouvant saisir des cas où la loi de droit commun est silencieuse.

La question est de savoir si la collaboration de M. le professeur Robin à ce *Dictionnaire de Nysten*, vieil ouvrage arrivé aujourd'hui à sa douzième édition, peut mettre en mouvement la juridiction disciplinaire à défaut de la juridiction de droit commun au nom de laquelle on n'a pas cru devoir intervenir. Jusqu'à présent nous ne l'avons pas pensé, et aujourd'hui encore nous ne le pensons pas.

Pour terminer ce qui concerne M. Robin, je répète que s'il enseignait le matérialisme, je n'hésiterais pas à faire mon devoir. (Très-bien! très-bien!)

Ne dites donc pas, monseigneur, que le ministre est désarmé. Les statuts de l'Université sont nombreux; ils ont été faits à des époques très-différentes et souvent fort troublées : on a par conséquent pourvu à tout. Nous avons les moyens d'arrêter un professeur qui sortirait des limites légitimes de son enseignement; mais pour ses publications, nous ne pouvons agir que dans la mesure que je viens d'indiquer.

Mᵍʳ de Bonnechose est revenu aux thèses. Après en avoir trouvé jusqu'à quatre, il en a découvert deux autres : cela fait six... Vous avez trouvé six thèses, monseigneur. Eh bien! je vous dis, moi, que vous n'en avez pas assez compté. Cherchez bien dans la collection tout entière, et vous en trouverez cent peut-être. (Mouvement.) Vous en trouverez dès 1808...

M. Quentin Bauchart. Même en remontant à M. de Fontanes.

M. Lacaze. Et dans les universités du moyen âge.

M. le ministre de l'instruction publique. Messieurs, je ne veux pas méconnaître ce qu'il y a de blâmable dans les thèses signalées, mais je crois qu'il ne faut pas exagérer la portée de ces faits.

J'ai reçu ce matin même une lettre d'un ancien étudiant, âgé aujourd'hui de cinquante ans. Elle est curieuse, mais trop longue pour cette discussion ; je n'en citerai qu'un passage. L'auteur, voulant montrer comment se tempèrent les vivacités de la jeunesse, m'écrit :

« Je puis citer à cet égard mon propre exemple. Élevé dans les idées du dix-huitième siècle, après six ans de fortes études scientifiques et médicales, j'étais franchement matérialiste à vingt-cinq ans. En 1833, je soutins ma thèse sur *la vie universelle*, la plus matérialiste qui ait jamais été présentée à la faculté de Paris, que présidait Broussais. J'avais publié, en 1832, des éléments de physique générale dans le même sens. Je n'avais rencontré ni Dieu ni l'âme ; je les niais formellement et avec une conviction profonde.

« En poursuivant mes études sans lutte et sans parti pris, j'ai constaté qu'au-dessus et en dehors de la matière et de ses mouvements il existait nécessairement un principe créateur de l'une et de l'autre, une cause supérieure d'où se déduisaient tous les phénomènes subséquents. J'ai donc trouvé spontanément Dieu principe créateur, et l'âme comprenant le créateur et la création.

« A vingt-cinq ans, le savant qui reconnaissait ces deux essences me semblait un fou ou un hypocrite ; à cinquante ans, celui qui ne les reconnaît pas me paraît un ignorant ou un sot. »

Eh bien ! messieurs, il me semble à moi aussi que beaucoup de jeunes gens sont dans la même situation morale. Quand l'esprit fermente et bouillonne, avant que l'expérience soit arrivée, il y a bien des témérités d'idées et de langage. On se sent en possession de quelques vérités; on se hâte témérairement de conclure, et on arrive à des affirmations qui effrayent votre sagesse. Mais vous voyez par cet exemple comme tout cela passe, et rapidement.

Cependant on a fait de ces thèses un chef d'accusation d'une extrême vivacité contre l'école de médecine de Paris, et on l'a étendu à d'autres facultés avec une promptitude et une facilité de généralisation qui étonnent, parce qu'il semble qu'elles ne devraient appartenir qu'à cet âge dont je parlais tout à l'heure.

Le Sénat vient d'avoir un nouvel exemple de cette fâcheuse précipitation à conclure, et il demandera avec moi qu'il soit mis plus de maturité en des accusations qui peuvent être redoutables. J'en demande pardon à l'honorable préopinant, mais le fait qu'il a apporté à cette tribune m'oblige à dire que Mgr de Rouen, qui a si bien connu et pratiqué autrefois les devoirs de la magistrature, qui sait comment une enquête doit se poursuivre, c'est-à-dire contradictoirement, en entendant tous les intéressés, n'aurait pas dû, peut-être pour lui-même, pour la cause qu'il défend, pour le pétitionnaire et pour la pétition qu'il soutient, se hâter si vite d'accepter pour vrai un fait invraisemblable.

S. Ém. le cardinal de Bonnechose. Je ne connais ce fait que d'hier soir.

M. le ministre de l'instruction publique. Il est publié dans le *Journal des Villes et Campagnes* de ce matin, et voici en quels termes.

S. Ém. le cardinal de Bonnechose. Les témoins sont venus me trouver hier soir.

M. le ministre de l'instruction publique. Permettez, vous n'avez que la moitié de l'instruction, la moitié de l'enquête, vous avez fait entendre vos témoins; laissez-moi faire entendre les miens et d'abord le journal que je cite. Il faut dégager la moralité de ce débat.

Voici ce que dit le *Journal des Villes et Campagnes :*

« Puisqu'on nie des faits que nous avons affirmés ;

« Puisqu'on se permet des insinuations qui nous lassent à la fin;

« Nous dirons dorénavant tout ce qui arrivera à notre connaissance, et nous commençons aujourd'hui :

« Mercredi dernier, au moment où M. Quentin Bauchart disait que le matérialisme n'avait jamais parlé à l'école de médecine, le matérialisme s'affirmait encore au cours de thérapeutique. Le professeur traitait de l'alcool; après avoir cité une phrase d'une thèse spiritualiste, il ajouta :

« Ah ! oui, je suis de ceux qui se félicitent de creuser « des ornières sur ce terrain-là, et mon désir serait d'avoir « réussi à *les creuser assez profondes pour que l'âme y dispa-* « *rût, qu'il n'en fût plus question,* et qu'il ne restât plus en « Europe un seul savant et un seul médecin *fantaisiste.* »

« Le fait nous est raconté ce matin même et affirmé par un docteur en médecine, honorable entre tous, frère d'un éminent professeur à la faculté de droit, scandalisé sans doute de toutes ces négations trop intéressées.

« S'il le faut, nous sommes autorisé à dire le nom de ce témoin, dont la parole ne saurait être contestée.

« Cette fois, est-ce clair? »

Non, messieurs, cela n'est pas clair !

Autrefois monseigneur, en recevant cette déposition, aurait appelé l'inculpé. C'est ce que j'ai fait, et voici la lettre de ce professeur de thérapeutique, qui n'est autre que M. Sée, lequel continue à être poursuivi des mêmes calomnies.

Je prie le Sénat de vouloir bien écouter attentivement ces détails.

Un sénateur. Nous écoutons très-attentivement.

D'autres sénateurs. Parlez ! Parlez !

M. le ministre de l'instruction publique. C'est tout le travail de la pétition et des pétitionnaires qui est pris là sur le fait. Voici la lettre du professeur :

« Monsieur le ministre,

« Après avoir opposé en silence le plus profond dédain aux calomnies intéressées dont le Sénat a déjà fait justice, je viens, au moment suprême, vous signaler un dernier mensonge, qui a été inventé comme un dernier argument.

« Dans mon avant-dernière leçon, étudiant les effets de l'alcool sur l'organisme, je cherchais à démontrer que ses effets sont principalement de l'ordre physico-chimique. Les vitalistes.... »

Vous voyez, messieurs, pourquoi M. le secrétaire général vous parlait tant hier des vitalistes.

« ... Les vitalistes, au contraire, disent dans une thèse récemment reçue sur l'alcoolisme que l'alcool agit sur l'économie par des vibrations insensibles, des oscillations invisibles.

« Comme mon esprit se refuse à voir ou à entendre des phénomènes insensibles, je complétai ma démonstration en intervertissant les termes de la thèse, qui veut que la médecine soit un art et non une *science.*

« J'affirmai que la médecine expérimentale, que la médecine vraiment scientifique, qui n'a rien à démêler avec l'*art* et la fantaisie, que cette médecine creusera des ornières assez profondes pour que l'*art* (et non l'*âme*) y disparaisse complétement.... (On rit.)

« Or voici que dans un journal bien informé (*Journal des Villes et Campagnes* du 23 mai) on a sténographié et imprimé l'*âme*, au lieu de l'*art*, et on m'accuse de vouloir faire disparaître l'âme.

« Mais il paraît que la logique n'est pas la qualité dominante du journal indiqué ; car, citant encore mes paroles, il dit : « Je désire qu'il ne reste plus en Europe ni un « seul savant ni un seul médecin fantaisiste. »

« Cette deuxième phrase serait pour tout le monde absolument incompréhensible, si j'avais incriminé l'âme, qui n'a certes rien de commun avec la fantaisie.

« Il faut donc que mon bienveillant auditeur ait l'oreille bien dure ou l'âme bien basse pour commettre une pareille erreur.

« Veuillez agréer, monsieur le ministre....

« *Signé :* Professeur SÉE. »

M. Quentin Bauchart. Qui a signé l'article du *Journal des Villes et Campagnes ?*

M. le ministre de l'instruction publique. M. Léopold Giraud, l'auteur de la pétition. (Mouvement.)

M. Mérimée. Toujours le même !

M. le ministre de l'instruction publique. Et c'est avec de

39.

pareilles accusations, ramassées ténébreusement, sans contrôle, sans enquête contradictoire, ou, comme on vous le disait hier, sans citation de l'ouvrage où se trouveraient les opinions incriminées par les pétitionnaires, même sans indication de nom d'auteur, c'est avec tout cela qu'on somme le ministre de l'instruction publique de prononcer des révocations, des licenciements d'école! Il n'aura pas cette précipitation de conduite. Il sait qu'il a dans les mains des intérêts très-graves, l'honneur d'un corps qui lui-même est l'honneur de la France, et il n'agira jamais qu'après mûre réflexion, quoiqu'il soit parfaitement décidé à agir résolûment, s'il était malheureusement forcé de le faire. (Très-bien! très-bien!)

Messieurs, je voudrais que nous pussions en finir avec tous ces faits particuliers....

Plusieurs sénateurs. Oui! c'est vrai!

M. le ministre de l'instruction publique.... avec ces faits qui se produisent ici d'une manière fâcheuse, parce qu'ils amènent des discussions indignes du Sénat. Vous êtes un corps politique, messieurs; vous n'êtes ni une académie ni un concile, on vous l'a déjà dit. (Très-bien!) Vous n'êtes pas en mesure de faire, durant une discussion générale, cette enquête, cet examen attentif et minutieux, qui seraient nécessaires pour arriver à la vérification des faits.

M. Lacaze. C'est pour cela que nous voulons renvoyer au gouvernement.

M. le ministre de l'instruction publique. Nous verrons cela tout à l'heure. Messieurs, je viens à la vraie question : elle a été posée dès le premier jour, et, d'après quelques paroles qui ont été prononcées hier par S. Ém. le cardinal de Besançon, je crois qu'on a l'intention de reprendre cette thèse générale; puisque je suis en ce moment à la tribune, je la traite dès à présent.

On nous dit : Le matérialisme nous déborde, le matérialisme envahit la société française, et le point de départ de cette invasion, c'est l'Université. Si j'ai bien compris les quelques paroles de M⁣ᵍʳ Mathieu, c'est là le sens des explications qu'il comptait donner aujourd'hui, et qu'il donnera peut-être.

Messieurs, il est une doctrine avec laquelle l'Université ne peut pas vivre : c'est le matérialisme. Il en est une autre sans laquelle l'Université ne saurait exister, c'est le spiritualisme. (Très-bien! très-bien!)

Je m'explique.

Qu'entends-je, messieurs, par ce mot de *spiritualisme*? La croyance qu'il y a dans l'homme autre chose que des combinaisons chimiques; la croyance qu'il y a dans la création autre chose que de la matière et de la force. (Très-bien! très-bien!)

Le spiritualisme, signe de la dignité de l'homme, cachet de sa royauté, est aussi la condition indispensable de son perfectionnement moral, et par conséquent il est le principe même de l'éducation. (Nouvelle approbation.)

Si tout est matière, tout est force aveugle et fatale, et comment voulez-vous que le professeur aille porter son esprit au milieu de ces fatalités qui feraient sombrer devant elles la liberté morale et la responsabilité? Quoi qu'en disent certaines écoles, qui ne se sauvent de leur doctrine que par une inconséquence, matérialisme et éducation sont deux termes contradictoires.

Messieurs, j'ai vécu trente années au plus épais des

rangs universitaires, et je déclare que jamais je n'ai trouvé un matérialiste parmi les professeurs des lycées ou des colléges.

Et maintenant ce spiritualisme universitaire, de quels éléments se compose-t-il? Des croyances particulières à chacun, qui sont le domaine du for intérieur, sur lequel je n'ai pas juridiction; ensuite, des idées générales de morale et de spiritualité qui, sous des dogmes divers, forment le fonds commun et incontesté de tous les cultes reconnus par l'État et qui se résument en ces deux grands mots : l'âme et Dieu.

Voilà la religion dont la constitution impose le respect à tous ceux qui sont chargés de l'éducation de la jeunesse ; et inspirer à cette jeunesse le respect sous toutes les formes est pour l'Université la première loi, le premier devoir.

Telle est, messieurs, la doctrine : voyons maintenant si les faits sont d'accord avec elle.

Et d'abord nos lycées et nos colléges ne ressemblent pas à d'autres maisons si bien closes, qu'aucun regard n'y pénètre. Nos maisons d'éducation sont ouvertes à tout venant.

Vous avez voté à l'unanimité la loi sur l'enseignement spécial. Un article de cette loi établit un conseil de perfectionnement à côté de chaque lycée ou collége. Comment avons-nous composé ces conseils? Des notabilités de chaque ville, et la présidence, nous l'avons donnée au maire.

Or les membres de ces conseils peuvent pénétrer chaque jour dans les colléges et lycées, provoquer des examens, soumettre à leur contrôle les leçons et les exercices scolaires. Et remarquez que ces surveillants de toutes les heures ne sont pas des universitaires, c'est-à-dire ces hommes sur lesquels on veut faire peser le soupçon d'athéisme; ce sont les pères mêmes de la cité. (Mouvement d'adhésion.) Eux qui voient tout, ils verraient aussi les abus qu'on suppose, si ces abus existaient, et ils n'ont rien signalé dans les quatre ou cinq cents rapports qu'ils m'ont déjà adressés.

D'ailleurs, n'avons-nous pas dans nos lycées cinq cents aumôniers que nous recevons des mains des évêques, qui restent sous leur surveillance doctrinale, et qui assurément parleraient, s'ils avaient à parler? J'irai plus loin, et, avec pleine confiance, j'invoquerai le témoignage de Leurs Éminences sur l'état religieux de nos maisons d'éducation.

Mais, dira-t-on, vos professeurs?... Messieurs, il est un enseignement dans lequel se résument toutes les études du lycée, c'est l'enseignement philosophique. Quel est-il? Il y a cinq ans, j'accomplissais ma dernière inspection générale. Dans une classe de philosophie, je trouvai le professeur expliquant à ses élèves les quarante ou cinquante formes de syllogismes que le moyen âge avait imaginées; c'est-à-dire qu'il était réduit à piétiner sur place, faute de champ pour s'étendre, et à creuser sous ses pieds, au risque de descendre dans la nuit. Cela signifie encore que la *logique*, comme on disait alors, n'était plus qu'un enseignement mutilé et stérile.

Aussi, dès mon entrée au ministère, je préparai la restauration d'un véritable enseignement de la philosophie, c'est-à-dire du spiritualisme, et je tiens à grand honneur d'avoir pu l'opérer. Est-ce pour cela qu'on ne cesse de me poursuivre depuis six mois comme un corrupteur de la jeunesse? (Très-bien! très-bien!)

Messieurs, vous n'êtes pas seulement les sénateurs de l'empire, vous êtes aussi des pères de famille et les représentants de tous les pères de famille de la France; il faut que vous sachiez ce qu'est cet enseignement philosophique qui est donné à vos enfants dans ces maisons au fronton desquelles une main fébrile et téméraire voulait, ces jours derniers, attacher cet écriteau : *Collèges d'athées.*

Je demande à vous citer quelques lignes du programme qui règle cet enseignement, afin que vous en connaissiez l'esprit :

«La morale suppose : la liberté, d'où résulte la responsabilité. — Différence entre les actes de la vie purement physiologique et les actes de la volonté.

«L'idée du bien, fondement de la morale. Son caractère absolu et universel.

«En quoi l'idée du bien diffère des notions de l'utile et de l'agréable et des autres mobiles avec lesquels on l'a trop souvent confondue.

«Insister sur la distinction de l'honnête et de l'utile.... Montrer par l'histoire que les hommes ont toujours envisagé le bien comme le motif suprême de nos actes, et que les actions les plus admirées sont celles où l'intérêt personnel et la passion ont été sacrifiés au devoir.

« Sanctions de la loi morale....

« La conscience publique, c'est-à-dire l'estime ou le mépris de nos semblables, et les lois positives, avec les récompenses ou les peines qu'elles attachent à l'observation ou à la transgression de la loi morale, forment deux premières sanctions....

« Sanction religieuse : immortalité de l'âme. Cette sanction supplée à ce que les autres ont d'insuffisant et d'incomplet....

« Division des devoirs :

« 1° Devoirs de l'homme envers lui-même ou morale individuelle ;

« 2° Devoirs de l'homme envers ses semblables ou morale sociale ;

« 3° Devoirs de l'homme en rapport avec la nature animée ou inanimée ;

« 4° Devoirs de l'homme envers Dieu ou morale religieuse.

. . . .

« Morale individuelle ou devoirs envers nous-mêmes.... Le corps n'est qu'un instrument au service de l'âme.

« Comment les devoirs de justice étant négatifs et d'abstention ne sont que la moitié de la vertu, et comment il faut y joindre les devoirs d'action et de charité qui se résument dans cette maxime : « Aimez votre pro- « chain comme vous-même et faites à autrui ce que vous « voudriez qu'on vous fît. ».... Devoirs d'assistance mutuelle.

« Morale religieuse ou devoirs envers Dieu. — Ces devoirs reposent sur la croyance à l'existence de Dieu. — Indiquer les principales preuves de l'existence de Dieu.... Culte intérieur, adoration et reconnaissance. — Culte extérieur, manifestation du culte intérieur et privé....

« Du devoir envisagé comme obéissance à la volonté divine, etc., etc. »

Voilà, messieurs, la morale austère, virile et profondément religieuse qui est enseignée tous les jours à nos enfants.

Vous ne vous étonnerez pas de l'élévation de cette morale, quand vous saurez que ce programme a été préparé dans une commission qui était présidée par Mgr de Paris. (Très-bien ! très-bien !)

Permettez, messieurs, que je vous lise, au sujet de cette réforme, une lettre d'un membre de l'Académie des sciences morales, qui est en même temps professeur au collége de France et un des défenseurs éminents du spiritualisme [1] :

« Pendant longtemps, le véritable enseignement philosophique a cessé d'être donné dans nos lycées; le nom de philosophie avait disparu comme dangereux; l'enseignement avait été tronqué, le professeur condamné à une sèche révision des études antérieures. On avait enlevé toute sanction à ce qui restait d'enseignement philosophique : pour les élèves, en supprimant, à l'examen du baccalauréat, l'épreuve écrite; pour les professeurs, en supprimant leur agrégation spéciale. Parents et élèves ont été alors amenés à penser qu'une étude réduite à de si minces proportions était inutile; les classes de philosophie ont été désertées à tel point qu'on a pu compter que, pendant dix années, mille élèves sortaient par an de nos lycées sans aucune notion scientifique de l'âme, de ses facultés, du libre arbitre, du devoir et de l'existence de Dieu. C'est en dix ans une élite de dix mille jeunes gens qui, à leur entrée dans la vie, se sont trouvés sans

1. M. Ch. Lévêque.

idées philosophiques, sans arguments éprouvés, sans connaissances sérieuses, par conséquent sans armes, en présence de doctrines négatives qui éblouissaient leur esprit en se montrant à eux comme les suites nécessaires des conquêtes de la science. Comment s'étonner que quelques-uns aient été au premier choc vaincus et subjugués ; que dans un enseignement tout spécial, comme celui de la médecine, d'autres, occupés tout entiers à la découverte du *comment,* en soient venus à nier que l'homme doive rechercher le *pourquoi* des choses et puisse arriver jamais à le connaître. La véritable cause du progrès des doctrines négatives dans une partie de la jeunesse a donc été l'amoindrissement de l'enseignement philosophique dans nos lycées.

« Aussi, dès que l'administration actuelle de l'instruction publique eut rendu à la philosophie son rôle dans notre enseignement, sa place dans nos examens et dans nos concours, la jeunesse revint à ces études restaurées. Les classes de philosophie se repeuplèrent. Elles ont des vétérans qu'elles ne connaissaient pas, et l'épreuve la mieux réussie à l'examen du baccalauréat ès lettres devient peu à peu la dissertation de philosophie.

« Cette renaissance, car on peut l'appeler ainsi, s'est fait sentir jusque dans les concours de l'Académie des sciences morales et politiques. Les mémoires des concurrents croissent en nombre et en qualité tant littéraire que scientifique. Il y a trois mois, l'Académie a décerné un grand prix de 5000 francs à un jeune professeur de philosophie du lycée de Bordeaux pour un très-beau et très-profond mémoire sur les *Idées de Platon.*

« On pourrait citer encore d'excellents livres récem-

ment couronnés par l'Académie française, et qui attestent
l'efficacité particulière des doctrines spiritualistes aussi
bien que l'élan qui leur a été imprimé par le rétablissement, ou plutôt par l'heureuse et très-opportune réhabili-
tation des études philosophiques dans l'enseignement
secondaire. »

Messieurs, cette lettre porte en elle un sérieux enseignement. Elle montre avec une grande évidence que les
études philosophiques de nos lycées sont le meilleur remède au matérialisme.

Et, en effet, si vous voulez bien réfléchir que l'âge moyen
des docteurs est de vingt-sept à vingt-huit ans, vous verrez que ceux qui ont pris ce grade dans les dernières années n'avaient pas eu cet enseignement salutaire et fortifiant que leurs successeurs auront reçu, et vous en
conclurez que c'est à l'absence momentanée d'un sérieux
enseignement philosophique qu'il faut peut-être attribuer
les doctrines lamentables contenues dans quelques thèses
apportées ici.

Messieurs, je vous ai montré quel est l'esprit de l'enseignement dans les lycées, c'est-à-dire dans l'enseignement
secondaire ; est-il différent dans les facultés, où se donne
l'enseignement supérieur?

Nous avons quatre-vingt-huit établissements d'enseignement supérieur, et nous y comptons sept cents professeurs dont les cours sont publics, ouverts par conséquent
à tout le monde, et où tout le monde est venu. Du moins,
ces professeurs, depuis quelque temps, ont vu arriver à
leurs leçons des élèves qu'ils ne connaissaient pas. Je
m'explique.

Le 6 juin 1867, le cardinal Caterini a adressé à tous les évêques de la catholicité une lettre dans laquelle il les prie de répondre à dix-sept questions qui leur sont posées, et d'y répondre dans les quatre mois.

Je ne parlerai pas de la troisième question, qui demande qu'on recherche les moyens d'arrêter les déplorables effets « de ce qu'ils appellent le mariage civil. »

Mais il ne sera pas sans intérêt de vous lire l'article 6, qui me semble avoir un rapport direct avec la discussion présente. Le voici :

« Art. 6. Il est souverainement regrettable que les écoles populaires ouvertes à tous les enfants de toutes les classes du peuple, ainsi que les institutions publiques destinées à l'enseignement plus élevé des lettres et des sciences et à l'éducation de la jeunesse, soient généralement soustraites en beaucoup de lieux à l'autorité modératrice de l'Église, *à son action et à son influence ;* qu'elles demeurent absolument soumises à l'arbitraire de l'autorité civile et politique, au bon plaisir de ceux qui gouvernent, et que tout s'y règle d'après les opinions communément reçues de nos jours. Que pourrait-on faire pour apporter un remède convenable à un si grand mal et assurer aux fidèles du Christ les secours d'une instruction et d'une éducation catholique ? »

Messieurs, les mots latins qui expriment l'action et l'influence regrettées sont : *vis et influxus.* Cela signifie, je crois, quelque chose qui ressemblerait beaucoup à la force coercitive. Mais je ne veux qu'appeler votre attention sur la date de ce document et sur celle de deux autres, dont je vous ai déjà parlé.

Le 6 juin, l'ordre a été signé à Rome. C'est le 17 juin que la pétition qui vous occupe a été mise en circulation. C'est le 16 novembre, à peu près dans les délais prescrits, que s'est produite la première attaque contre une partie de l'enseignement, et vous savez avec quelle violence. Vous avez maintenant, messieurs, l'explication de cette croisade, sans cela incompréhensible, qui, commencée il y a six mois, arrive ou arrivera, j'espère, à son terme aujourd'hui devant vous.

Mais, pour être en état de répondre aux ordres donnés, il a fallu faire une enquête; alors a été organisé pour tous les cours publics un vaste système.... d'audition. (Sourires.)

Un sénateur. L'expression est modeste.

M. le ministre de l'instruction publique. Qu'est-ce que cela a produit?

Nos professeurs ne savaient rien des ordres donnés; ont-ils été pris en flagrant délit d'immoralité, d'athéisme? Non, messieurs. Cependant un grand corps est toujours exposé de la part de quelques-uns de ses membres à l'oubli du devoir, à des défaillances.

L'Université n'a pas la prétention d'être placée en dehors des conditions de l'humanité; mais y a-t-il beaucoup de corps qui en soient affranchis, et si nous pouvions tout entendre, n'aurions-nous pas aussi peut-être bien des notes à prendre?

S. Ém. le cardinal de Bonnechose. Prenez-les!

M. le ministre de l'instruction publique. Je n'ai pas entendu l'interruption.

S. Ém. le cardinal de Bonnechose. Vous venez de dire,

monsieur le ministre : Nous aurions bien des notes à prendre ; je vous réponds : Prenez vos notes.

M. le ministre de l'instruction publique. Vous savez bien, monseigneur, que nous ne le pouvons pas, bien qu'il y ait peut-être à en prendre.

Un professeur de droit d'une faculté de province me disait dernièrement que, dans les examens, on pouvait souvent reconnaître deux courants parmi les candidats : ceux qui sont élevés dans l'amour du pays, de ses lois, de ses institutions, et ceux qui ne sont pas élevés dans cet esprit-là. (Mouvement.)

S. Ém. le cardinal de Bonnechose. Je nie le fait.

M. le ministre de l'instruction publique. J'ai dit de nos professeurs qu'on n'avait rien pu leur reprocher, et que cela ne m'étonnait pas. Quel est le rôle, en effet, du professeur de faculté dans une chaire de philosophie? De continuer l'enseignement du lycée en le fortifiant et l'élevant. Ce sont d'autres questions, des méthodes plus sévères, mais c'est le même esprit.

Aussi voyez-vous que les chaires de philosophie, dans nos facultés, sont occupées par les défenseurs les plus actifs du spiritualisme : je n'aurais qu'à vous nommer, à Paris, MM. Caro, Franck, Janet, Lévêque, etc.

Un de nos professeurs a entrepris un curieux travail : il a fait une révision de toutes les thèses qui ont été passées devant les facultés des lettres depuis 1808, et va en publier le résumé. J'ai voulu savoir quelle impression résultait pour lui de cette étude de près de neuf cents thèses.

Voici sa réponse; elle est du 21 mai :

« Monsieur le ministre, sachant que je viens de faire
une revue complète des thèses de doctorat présentées de
1810 à 1868 aux diverses facultés des lettres de France,
vous avez bien voulu me demander l'impression qui est
résultée pour moi, sous le rapport des doctrines philosophiques, de cette longue et attentive étude.

« J'ai l'honneur de vous transmettre les conclusions suivantes, dont je puis garantir l'exactitude....

« Si l'on examine les thèses soutenues de 1810 à 1830,
on reconnaît que jusqu'en 1816 l'influence de Condillac
est encore puissante, surtout dans la grande question de
cette école : l'origine des idées. A partir de 1820, les
doctrines spiritualistes, remises en honneur par Royer-
Collard, Maine de Biran et M. Cousin, règnent sans partage. Les sujets les plus habituels, dès 1810, sont les
suivants : De l'existence de Dieu. — Des conséquences
fatales de l'athéisme. — De la liberté morale. — De la
distinction du bien et du mal. — Réfutation du principe
de l'intérêt comme base de la morale. — Condamnation
du suicide et du duel. — Des devoirs de l'homme. — De
la nature des idées. Et depuis 1820 : Réfutation des systèmes de Locke, Condillac, Helvétius. — De la spiritualité
et de l'immortalité de l'âme.

« Dans la période qui commence vers 1830 paraît, à un
degré bien plus frappant et plus original, le triomphe du
spiritualisme; les grands noms de la philosophie ancienne
et moderne, les plus illustres Pères de l'Église, les scolas-
tiques les plus célèbres, se trouvent, et quelques-uns plus
d'une fois, dans cette liste si variée et si riche; les questions les plus graves de la morale, de la théodicée, de la
métaphysique, y sont discutées et approfondies. Mais

qu'il s'agisse de réfuter le scepticisme frivole des sophistes
ou le scepticisme profond d'OEnésidème, d'Agrippa, de
Bayle, de Kant, de combattre le panthéisme de l'école
d'Élée, des Alexandrins, des Spinosa ou de Hégel, le matérialisme de Démocrite, d'Épicure, de Hobbes, de Gassendi,
ou de juger les doctrines de Platon, d'Aristote, de saint
Augustin, de saint Bernard, de saint Thomas, de Descartes, de Bossuet, de Leibnitz, c'est toujours le même
esprit qui anime et dirige la critique. Nous ne craignons
pas de l'affirmer, dans aucune de ces thèses, sans exception, on ne trouverait la trace des erreurs contemporaines;
on y puiserait, au contraire, les arguments les plus forts
en faveur des doctrines spiritualistes et vraiment sociales;
ce vaste arsenal renferme des armes contre les sophismes
les plus dangereux du passé et du présent. »

J'ajoute, messieurs, que les auteurs de ces travaux occupent toutes les chaires de nos facultés et une grande
partie de celles de nos lycées.

M. de Chabrier. Je demanderai à M. le ministre la permission de dire que le professeur qui a écrit cette lettre a
oublié celui qui a inauguré l'enseignement spiritualiste
de la philosophie : c'est Laromiguière ; M. le ministre le
sait.

M. le ministre de l'instruction publique. Voilà, messieurs, l'immense travail, l'œuvre persévérante de propagande morale à laquelle se livre incessamment cette
Université tant calomniée, ce grand corps créé par le génie
de Napoléon, qui élève les enfants en vue de la société
dans laquelle ils doivent vivre un jour.

Un des nobles vétérans de cette assemblée le disait en
1844 dans un éloquent discours :

« Le plus grand bienfait de l'éducation publique, telle
« que l'État la donne, c'est d'être élevé dans l'amour du
« pays, de ses institutions, de ses droits. »

Ce qui était vrai, quand M. Lebrun prononçait ces paroles dont je le remercie au nom de l'Université, l'est encore aujourd'hui.

Aussi, malgré ses détracteurs, l'Université s'est perpé-
tuée, parce qu'avec ses membres, fonctionnaires publics
et pères de famille, elle est à la fois l'État et la société
enseignants, parce qu'elle a aussi fidèlement rempli la
mission que lui avait confiée son fondateur, d'être « la
conservatrice de l'unité française et de toutes les idées
libérales proclamées par les constitutions. » — « La société,
répétait souvent Napoléon, est poussière, » et il jetait au
milieu du désordre des éléments ses grandes institutions,
comme des blocs de granit qui devaient servir de base
assurée à la société nouvelle.

L'Université, messieurs, a été un de ces rocs, et contre
elle se briseront encore bien des colères. (Marques d'approbation.)

J'ai essayé de vous montrer, messieurs, que le spiritualisme est la raison d'être de l'Université, qu'il se trouve
dans ses lycées, qu'il est dans ses facultés, c'est-à-dire
dans l'enseignement supérieur.

J'ajoute que le matérialisme dont on vous signale les
menaçants progrès et l'envahissement est, au contraire,
en retraite sur tous les points.

Cette affirmation paraîtra paradoxale à ceux qui ne veulent prendre qu'un petit nombre de faits, et qui, les gé-
néralisant aussitôt, arrivent à des conclusions précipitées
qu'une étude patiente oblige de renverser. (Marques d'as-

sentiment.) Cette patiente étude, j'ai demandé à un homme très-compétent de la faire, et je ne l'ai pas demandée pour les besoins de la cause présente. Il y a deux ans que M. Ravaisson, membre de l'Institut, inspecteur général de l'enseignement supérieur, étudie toutes les publications philosophiques du dix-neuvième siècle, en joignant à cette étude un examen des théories scientifiques, dans le but de rédiger un rapport publié sous son nom, par conséquent sous sa responsabilité, et qui puisse être présenté à l'Empereur.

Ce rapport, messieurs, il a paru il y a quinze jours. Voici quelques lignes qui en contiennent la conclusion :

« Le résultat général auquel je suis arrivé est que les opinions philosophiques, dans notre pays, accusent une tendance de plus en plus prononcée vers le spiritualisme, et vers un spiritualisme plus fortement établi et plus capable de triompher à l'avenir des attaques du matérialisme que celui qui a régné jusqu'ici parmi nous.

« Les théoriciens contemporains qui entreprenaient de donner de la nature, une fois de plus, des explications toutes matérialistes, se sont vus peu à peu obligés, par cela même qu'ils la considéraient de plus près et plus à fond que leurs devanciers, de reconnaître, en dépit de leurs propres maximes, que, pour rendre compte des choses, il fallait, outre les éléments corporels et sensibles, quelque principe supérieur d'harmonie et d'unité, tel que celui que trouve en soi l'âme humaine, tel même, en dernière analyse, que Celui dont l'âme n'est encore qu'une imparfaite image.

« On ne voit presque plus de nos jours, du moins dans notre pays et chez les penseurs de quelque autorité, cet

40.

ancien matérialisme qui expliquait tout par des chocs ré‑
ciproques de corps bruts, par un mécanisme absolument
aveugle et passif.

« Les systèmes récents qui participent encore de cette
doctrine d'autrefois admettent tous, quoique dans des
proportions différentes, l'élément supérieur qu'elle pré‑
tendait exclure. L'intellectuel et le moral s'y mêlent plus
ou moins au matériel.

« Ce n'est pas tout : ils tendent de plus en plus à y
prévaloir.

« Des différents auteurs de ces systèmes, on peut dire
que les plus récents sont ceux qui mêlent à leur maté‑
rialisme le plus de spiritualisme. Et si, au lieu de consi‑
dérer en bloc la doctrine de chacun d'eux, on examine la
suite des différents ouvrages dans lesquels ils l'ont suc‑
cessivement développée, on s'assure bientôt que chez tous
le matérialisme, après l'avoir d'abord emporté plus ou
moins sur le spiritualisme, a toujours été diminuant, et le
spiritualisme augmentant.

« L'un des plus considérables parmi nos savants, un
physiologiste qu'ont illustré des découvertes capitales, a
dit tout dernièrement comme l'avaient dit tous les méta‑
physiciens de premier ordre : « La matière ne fournit
« que des conditions d'existence et des instruments d'ac‑
« tion; les vraies causes, les vrais principes sont tout
« autres. » Et il a ajouté : « Le matérialisme est une doc‑
« trine absurde et vide de sens. »

Messieurs, ce physiologiste éminent est M. Claude Ber‑
nard, que Mgr de Bonnechose attaquait tout à l'heure.

S. Ém. le cardinal de Bonnechose. Je ne l'ai pas attaqué
une seule fois, au contraire.

M. le ministre de l'instruction publique. Je l'avais cru.

Plusieurs sénateurs. Non, jamais!

M. le ministre de l'instruction publique. Quoi qu'il en soit, monseigneur me permettra d'insister sur les paroles que je viens de citer; elles ne pourront pas lui déplaire. Je continue la lecture de la lettre de M. l'inspecteur général :

« Des recherches et des méditations de la plupart de ceux dont les travaux attestent une connaissance profonde des phénomènes de la vie, on voit se dégager aujourd'hui des pensées toutes semblables.

« Dans la patrie de Descartes, dans ce pays où se constitua d'abord aux temps modernes la haute philosophie, celle qui cherche les raisons des choses dans l'absolue raison, celle qui explique le monde par la pensée et par l'amour, par la bonté et la beauté essentielles, cette philosophie, en ce moment même, en ce moment surtout, inspire, anime, alimente le grand mouvement scientifique et social qui la dérobe à des regards peu attentifs. Loin que le matérialisme soit aujourd'hui en progrès parmi nous, de la science de notre temps, comme de l'univers dont elle pénètre tous les jours plus profondément les secrets, il est vrai de dire, selon la pensée inscrite en tête du travail dont vous me demandez le résumé : *Spiritus intus alit.*

« *Signé* : FÉLIX RAVAISSON. »

Et moi, messieurs, j'ajoute : laissez aller la science, laissez-lui faire son œuvre; la connaissance de l'âme est au bout.

Après la lettre dont vous venez d'entendre la lecture, je ne veux plus vous dire qu'un mot de ce matérialisme que j'ai inutilement cherché partout, dans nos quatre-vingts lycées, dans nos deux cent soixante colléges, dans nos quatre-vingt-huit établissements d'enseignement supérieur, mais qui se concentre, dit-on, à l'école de médecine, comme en sa forteresse.

« On nous accuse, me disait récemment un professeur, au moment où l'accusation est le moins fondée. » L'école, en effet, messieurs, devient de jour en jour une école plus scientifique. Or, le matérialisme n'a rien de scientifique; on l'affirme, on y croit peut-être, mais on ne le démontre pas. J'en conclus qu'une prétendue science qui ne peut être démontrée ni par le raisonnement comme la géométrie, ni par l'expérience comme les vérités de l'ordre physique, n'est pas à craindre dans une époque où les vraies méthodes de recherche s'affermissent, ni dans une école et au milieu de maîtres qui se donnent la mission de faire avancer la science par les seuls moyens qui peuvent procurer son progrès.

La science du médecin se compose de deux choses : comme l'homme même, elle est double. A l'école il en prend une part ; la pratique lui donne l'autre.

Quel est, en effet, le but des études à l'école? est-ce de philosopher? non, mais de regarder dans cet organisme au sein duquel se passent, à l'état sain ou à l'état morbide, des phénomènes dont il faut rechercher les causes prochaines afin d'arriver à trouver des lois.

La médecine qui doit être enseignée à l'école est donc une branche des sciences naturelles soumise nécessairement à leurs méthodes, et ne pouvant espérer de progrès qu'à la condition de n'en pas sortir.

Plus tard, au lit du malade, le médecin voit l'action du

moral sur le physique. Il apprend alors que tout son art ne consiste pas à bien connaître l'anatomie et la thérapeutique; qu'il lui faut compter avec l'hôte impérieux du corps et l'appeler à son aide pour remettre l'ordre, c'est-à-dire la santé dans l'organisme troublé. Ainsi en arrive-t-il dans les maladies nerveuses, dans les maladies mentales, en mille autres encore où le médecin reconnaît qu'il peut guérir avec son esprit et sa parole presque autant qu'avec ses remèdes.

Mais ce n'est pas dans les laboratoires de dissection et au milieu des manipulations chimiques que cette seconde science du médecin se peut donner. Au contraire : à n'y voir jamais que la mort, à s'y trouver sans cesse en présence du chef-d'œuvre de la création devenu « ce je ne sais quoi qui n'a plus de nom dans aucune langue, » il arrive parfois que des esprits mal pourvus d'une forte philosophie concluent précipitamment qu'il n'est rien au delà de ce qu'ils voient et de ce qu'ils touchent.

Aussi à toutes les époques s'est-il trouvé, à l'école, des hommes qui n'ont pas voulu franchir la première étape de leur science et qui se sont déclarés matérialistes. Du temps de Cabanis, de Bichat, de Dupuytren, de Broussais et de tant d'autres dont les croyances spiritualistes étaient chancelantes ou même ruinées, on ne le remarquait pas. Nous devenons plus susceptibles. Je ne m'en plains pas; mais je répète qu'une doctrine qui n'a rien de scientifique ne peut s'établir à demeure dans une des grandes écoles de la science.

Qu'il s'y trouve quelque disciple attardé de Broussais, c'est possible ; mais il ne serait pas juste de juger tous les élèves de l'école de médecine d'après des faits particuliers.

Vous en avez trouvé quatre, cinq, six qui vous semblent coupables ; mais quand le choléra est venu, ils ont couru à l'ennemi : trois cents sont partis et quelques-uns sont restés sur le champ de bataille. (Mouvement.) Vous voyez donc qu'à côté de la témérité de l'esprit chez quelques-uns, il y a chez un grand nombre les audaces généreuses du cœur.

Et maintenant, messieurs, si, de l'Université, je passe à la société elle-même, est-ce que vous n'êtes pas frappés comme moi de son caractère profondément chrétien? Quand donc a-t-on vu une préoccupation plus ardente des pauvres, des déshérités, de ceux pour qui le Christ est venu? C'est l'esprit même du gouvernement impérial. (Oui! oui! Très-bien!) Et quand, l'an dernier, le jury international de l'exposition, comme par une sorte de jugement des nations, offrait à l'Empereur la plus belle de ses récompenses, quelles paroles y ajoutait-il? « Au souverain constamment préoccupé de l'amélioration morale et matérielle des populations de son empire ! »

Ne jetez donc pas tant de voiles funèbres sur cette société. Nous valons mieux que nos pères, et nos enfants vaudront mieux que nous.

J'arrive à la question de la liberté de l'enseignement supérieur.

Le gouvernement n'a pas attendu les demandes qui lui sont présentées pour entrer à cet égard dans une voie libérale. Animé dans l'ordre scolaire du même esprit que dans l'ordre politique, il a déjà favorisé l'organisation d'un enseignement libre. De plus, il étudie les modifications que pourrait comporter, à ce point de vue, la législation de l'enseignement supérieur.

A côté, en effet, de l'enseignement officiel des facultés, l'administration a laissé s'établir, dans ces dernières années, un enseignement libre représenté par un grand nombre de cours scientifiques et littéraires.

En face de l'école de médecine existent depuis longtemps à l'école pratique des cours libres, pour lesquels 33 médecins, c'est-à-dire tous ceux qui l'ont demandé, ont obtenu l'autorisation de professer. Dans les hôpitaux de l'assistance publique, c'est encore 25 ou 30 médecins qui donnent un enseignement excellent et pour lequel il n'y a pas même à demander d'autorisation ministérielle. Vous le voyez, messieurs, l'enseignement médical compte en ce moment même une soixantaine de cours libres. Pour les autres branches des connaissances humaines, à côté de la Sorbonne, on voit se fonder en quelque sorte un faculté libre. Déjà douze professeurs de hautes mathématiques, de langues orientales, des sciences les plus diverses, sont autorisés à ouvrir des cours. L'État leur vient en aide en leur prêtant les locaux.

Faut-il faire un pas de plus et aller jusqu'à la liberté même de l'enseignement supérieur? Messieurs, l'Université est parfaitement prête pour cette concurrence ; elle l'accepterait très-volontiers. (Écoutez! Écoutez!)

Mais il est indispensable que tout soit en harmonie dans la législation d'un grand pays. On vous a donné lecture, au commencement de cette séance, du rapport relatif à la loi sur les réunions publiques, et vous savez qu'un des articles de cette loi exclut du droit qu'elle établit les réunions politiques et religieuses.

Or, l'enseignement supérieur comprend toutes les matières sur lesquelles l'homme peut discuter : dans les facultés de théologie, le dogme; dans les facultés des lettres, tous les problèmes de la philosophie, de l'économie sociale et de l'histoire; dans les facultés de droit, les lois mêmes du pays et la loi des lois, cette constitution que ne peut critiquer même un élu du suffrage universel, un membre du Corps législatif. Donnez la liberté de l'enseignement supérieur, aussitôt vont s'élever des chaires où l'on discutera la constitution, les religions et toutes les questions politiques.

Je dis, messieurs, qu'il ne vous est pas possible de déroger par une loi spéciale à une loi générale, par une loi scolaire à une loi politique; il n'est pas possible que d'une main vous écriviez la liberté de l'enseignement supérieur, et que de l'autre vous mainteniez l'article 1er de la loi sur le droit de réunion, qui interdit toutes discussions politiques et religieuses; car en écrivant une de ces lois vous effacez nécessairement l'autre.

Mais cette contradiction n'est pas à craindre dans l'ordre des sciences qui sont enseignées à l'école de médecine. Aussi l'administration continue-t-elle de s'occuper d'un projet de loi dont la préparation est déjà fort avancée, sur l'enseignement médical [1], et elle croit pouvoir, même en présence de la loi sur le droit de réunion, chercher la solution du problème dans le sens de la liberté. Cette loi était demandée dès 1811; elle a été votée par les députés en 1825, par les pairs en 1847. L'administration l'a reprise depuis deux ans. Des enquêtes de toutes sortes se font, car la question est délicate : il faut étudier non-seulement ce qui est demandé par les écoles de médecine en France, mais aussi ce qui se fait à l'étranger; et, à ce pro-

1. Voir ce projet de loi à l'Appendice.

pos, permettez-moi, messieurs, de vous dire que de l'étranger nous reviennent des leçons un peu différentes de celles
qu'on apporte ici. En ce moment, l'Angleterre, par une
dérogation singulière à ses habitudes traditionnelles, à ce
qui fait le fond de son esprit et de ses mœurs, songe à
constituer un ministère de l'instruction publique, et cela,
au moment même où on demande à le supprimer chez
nous. (Réclamations diverses.)

Pardon, messieurs, je pourrais citer des personnes
considérables qui ont demandé la suppression du ministère de l'instruction publique. Il est vrai qu'on voulait
bien plutôt supprimer le ministre. (On rit.)

En Belgique, le système des jurys mixtes, que Mgr de
Bonnechose voudrait introduire parmi nous, a soulevé de
nombreuses réclamations. Dans l'exposé des motifs qui
précédait un projet de loi présenté aux chambres belges
en 1864, il est dit que ce système n'est que transitoire,
qu'il a besoin d'être essayé encore avant d'être rendu
définitif. D'autre part, dans un rapport émané de l'Université de Gand, on attribue à ce système des jurys mixtes
l'abaissement du niveau des examens, et par conséquent
des études. Ne nous hâtons donc pas d'invoquer l'exemple
de l'étranger.

Messieurs, dans quelles dispositions se trouve le gouvernement? Il s'oppose à la liberté générale de l'enseignement supérieur, parce qu'elle serait en contradiction avec
la loi sur le droit de réunion qui est pendante devant
vous, parce que cette liberté de l'enseignement supérieur entraînerait les abus que vous voulez prévenir
par la loi de réunion; mais le gouvernement, sur la
question spéciale de l'enseignement de la médecine,

a , depuis deux années , des travaux très-considérables , des études déjà avancées , et il est bien possible que dans un avenir prochain une loi de cette nature soit présentée.

Cela dit, messieurs, je n'ai plus qu'à vous demander, au nom du gouvernement, de vouloir bien adopter les conclusions de votre commission :

Attendu que les faits cités n'ont pas l'importance qu'on leur attribue et que les allégations du pétitionnaire ont été trouvées fausses et calomnieuses de tous points ;

Attendu que l'administration est parfaitement résolue à accomplir son devoir, qu'elle est armée des pouvoirs nécessaires pour que cet office soit rempli, pour qu'aucun écart ne soit commis sans être à l'instant réprimé ;

Enfin, et cela vaut mieux encore, parce que les professeurs eux-mêmes, d'accord avec l'administration, reconnaissent que chacun d'eux doit se renfermer rigoureusement dans le cercle de l'enseignement qui lui est tracé par le titre même de sa chaire.

Par tous ces motifs, je ne pense pas qu'il y ait lieu pour le Sénat de renvoyer une pétition que je n'ai plus à qualifier, et je suis forcé d'ajouter que, le renvoi prononcé, l'administration ne pourrait agir autrement qu'elle n'a fait. (Mouvement d'approbation.)

(*Extrait du* Moniteur universel.)

Discours prononcé par S. Exc. M. le Ministre au Corps législatif, lors de la discussion sur le crédit de 200,000 francs demandé au budget extraordinaire de 1868 pour l'école normale de Cluny. (Séance du 7 juillet 1868.)

Messieurs,

.... L'école de Cluny est très-vaste ; les bâtiments couvrent 8 à 9,000 mètres de superficie, et il y a 7 hectares environ de jardin.

Mais ces constructions ont été faites pour des besoins très-différents de ceux auxquels nous avons à pourvoir aujourd'hui. On a dû ne conserver en quelque sorte que l'enveloppe extérieure, que le gros œuvre du monument ; il a fallu refaire tout l'intérieur, en gardant cependant avec grand soin ces corridors magnifiques, ce cloître imposant, qui font de Cluny un monument unique dans son genre. Eh bien, les travaux, commencés depuis deux ans, ne sont pas achevés à cette heure, parce qu'il a fallu suivre la prospérité croissante de l'école.

Mais fallait-il fonder cette école ?

La loi que vous avez votée il y a deux ans, et votée à l'unanimité, je n'en ai pas perdu le souvenir, imposait à l'administration de l'instruction publique la nécessité de créer une école normale correspondant à cette loi, et de la créer tout de suite.

Voilà quatre-vingts ans, en effet, que la France attend

l'organisation de l'enseignement secondaire spécial, c'est-
à-dire d'un enseignement approprié aux besoins des classes
industrielles, commerçantes et agricoles du pays. (C'est
vrai! c'est vrai!)

Pourquoi cet enseignement n'a-t-il pu jusqu'à présent
être fondé? Parce qu'on a commencé par la fin : on a fait
des programmes, on a décrété un certain ordre d'études,
mais on a oublié de former les maîtres qui devaient à leur
tour former les élèves.

Quand la loi du 21 juin 1865 a été promulguée, le
premier soin de l'administration a été de faire qu'elle ne
restât pas, comme tant de décrets et d'ordonnances antérieurs, une lettre morte. Nous avons cherché pendant six
mois, et, à la fin, nous avons trouvé une ville de 3,000
âmes, fort embarrassée d'un monument splendide et plein
de souvenirs. Elle a offert à l'État son antique abbaye,
et, en même temps, 70,000 francs pour racheter certaines parties aliénées et qui étaient occupées par des au-
bergistes et des cabaretiers. Ces échoppes déshonoraient le
vieux monument, et un tel voisinage était incompatible
avec la destination nouvelle que nous voulions lui affecter,
tout autant qu'avec les souvenirs de piété et de travail
qu'il représentait. Aux sacrifices faits par cette petite ville
se sont ajoutés ceux du département de Saône-et-Loire,
qui, de son côté, a fourni 100,000 francs.

Avec tout cela je ne pouvais rien faire, ou du moins je
ne pouvais faire que très-peu de choses, puisqu'aucun
crédit n'avait encore été porté au budget de l'État pour
l'institution projetée. J'en appelai aux conseils généraux,
et 70 fondèrent des bourses à l'école; aux compagnies de
chemins de fer, et plusieurs envoyèrent des élèves au *col-*

lége que nous avons annexé à l'école pour profiter des ressources pédagogiques qu'elle présentait et offrir aux futurs professeurs un champ d'exercice. Ce collége, constitué aujourd'hui dans les mêmes conditions que les autres lycées, compte, à l'heure qu'il est, 200 élèves internes et en aura 300 au 1er octobre, si nous savons faire de la place pour les recevoir.

Non-seulement les départements ont donné cette consécration à l'œuvre nouvelle que nous tentons d'édifier à Cluny, mais les particuliers ont fait comme les conseils généraux : 370 personnes ont envoyé des livres, des échantillons, des collections qui constituent déjà un musée technologique très-intéressant. Le pays tout entier a donc en quelque sorte travaillé à l'édification de cette maison de Cluny, qui se trouve aujourd'hui dans une situation que j'ai pu constater il y a huit jours et dont j'ai été émerveillé.

Les 200 élèves internes qui forment le collége offrent un spectacle véritablement touchant, avec leurs jeunes maîtres pleins d'ardeur, aussi désireux d'enseigner que d'apprendre, et qui font les deux choses à la fois. Le collége, en effet, n'a point de professeurs, à proprement parler ; la discipline y est maintenue et l'enseignement y est donné par les élèves-maîtres, sous la direction et la surveillance des habiles professeurs de l'école.

Cette combinaison aura pour effet d'assurer à l'Université des professeurs sachant parfaitement les choses qui leur sont enseignées par la théorie et, de plus, ayant appris, dans le collége annexé à l'école, la pratique si difficile de l'enseignement.

Il est d'autres exercices auxquels les élèves-maîtres se

livrent : car, vous le savez, messieurs, la pratique est le
caractère fondamental de l'enseignement nouveau que
vous avez voulu constituer. Aussi exige-t-il des conditions
particulières d'installation que ne demande pas l'enseignement classique. Pour les humanités, il suffit de trouver une chaire, des bancs, et un homme d'esprit et de
talent expliquant à quelques jeunes gens Virgile ou
Sophocle, pour avoir la meilleure des classes de littérature. A l'enseignement spécial il faut des laboratoires,
et Cluny en a déjà comme il n'en existe nulle part en
France.

Ainsi, à notre dernière visite, nous avons trouvé au
laboratoire de chimie 30 élèves-maîtres faisant à la fois
des analyses chimiques, et tous manipulent de cette
façon quatre ou cinq heures par semaine.

D'autres étaient au laboratoire de physique, qui est
installé d'une manière moins convenable, mais déjà
pourvu d'un nombre suffisant d'instruments et où un
très-habile professeur se livre à une foule d'expériences
qui font entrer rapidement et sûrement quantité de notions justes dans l'esprit des élèves.

Ailleurs, les salles de dessin et de modelage, les classes
de langues vivantes, où il ne se prononce pas un mot de
français, étaient remplies.

Dans le jardin, qui couvre plus de 6 hectares, nous
trouvâmes une collection de toutes les plantes usuelles, une
école d'horticulture, et même des échantillons de sylviculture : les élèves-maîtres y apprennent la botanique théorique et surtout la botanique d'application.

J'oublie une autre sorte d'études qui caractérise plus
particulièrement cet enseignement : c'est un atelier fort

étendu, pour lequel le département de la Seine, avec une générosité à laquelle je suis trop heureux de rendre hommage devant vous, a voté une somme de 10,000 francs destinée à l'acquisition d'une collection de machines. On fait dans cet atelier l'éducation de l'œil et de la main par le maniement des instruments élémentaires qui servent à travailler le bois et le fer.

Les ingénieurs disent que l'on compte environ 145 organes de machines. Les élèves-maîtres sont exercés à fabriquer eux-mêmes en bois, dans des proportions très-réduites, mais très-exactes, ces organes de transmission de mouvements, puis à les assembler en machines; de la sorte, ils acquièrent la connaissance parfaite des machines complètes.

Voulez-vous, messieurs, vous imaginer ce que sera dans dix ans l'école normale de Cluny, si sa prospérité actuelle continue! Vous représentez-vous ce que dix générations d'élèves de cette école, répandues dans toutes les maisons d'instruction de France, verseront, au sein de nos populations, de connaissances pratiques, soit de mécanique, soit de chimie agricole ou industrielle, soit de physique appliquée, soit d'histoire naturelle, de botanique et d'agriculture? Et croyez-vous que le commerce, l'industrie, ne s'en ressentiront pas? J'ai tort de vous poser cette question : car c'est là, précisément, ce que vous avez voulu qui fût fait.

Je vous demande pardon de tous ces détails. (Non! non! —Parlez!) Après ce que M. le rapporteur avait bien voulu dire de l'école normale de Cluny, je n'avais pas besoin d'en faire l'éloge; mais je n'ai pu résister au désir de vous en montrer en quelque sorte la photographie.

Je reviens au point en discussion.

M. le rapporteur dit que les 200,000 francs demandés pour 1868 sont destinés à des acquisitions et à des appropriations.

Non, messieurs : sur ces 200,000 francs pas un centime ne sera employé en acquisitions ; mais nous avons encore de nombreux travaux à achever ou à faire. Une partie des élèves de Cluny, — songez qu'il y en a déjà, à cette heure, cent quarante-sept et que nous attendons bientôt la troisième promotion, puisque les études sont établies sur trois années, — une partie des élèves, dis-je, a été obligée, l'hiver, de coucher dans les corridors. (Mouvement.) Les ateliers sont établis en ce moment dans le cloître, et il a fallu, pour les y installer, défigurer l'ordonnance et l'aspect monumental de ce cloître magnifique.

Qu'avons-nous fait cette année ? Le bâtiment n'a qu'un étage ; il est surmonté d'un de ces combles grandioses comme on en construisait autrefois, très-imposants à la vue, mais parfaitement inutiles pour le logement. Nous avons coupé le comble en deux sur une des façades : c'était toute une forêt de chêne, et nous y avons trouvé la place d'un immense dortoir.

Avec les 200,000 francs que l'administration vous demande, nous ferons successivement la même chose sur les trois autres façades pour loger les cent élèves du collége qui nous sont annoncés et la troisième promotion d'élèves-maîtres qui va arriver.

Quant aux acquisitions dont j'ai parlé, elles se borneront, lorsque nous pourrons les faire, à deux choses.

Il ne reste plus malheureusement de l'abbaye du moyen âge qu'un débris de cette église magnifique qui, par ses

dimensions, était rivale de Saint-Pierre de Rome. Là ont
été reçus des papes, des empereurs, des conciles. L'extrémité d'un des bras de la croix subsiste seule; mais telles
en sont les dimensions, qu'elle suffit encore pour abri-
ter, pendant l'office divin, toute la population du collége
et de l'école.

À côté se trouve la maison dite du pape Gélase, chef-
d'œuvre de l'architecture du quatorzième siècle. Ce n'est
pas à cause de ses sculptures et des souvenirs qu'elle
éveille, — ce qui vaudrait bien cependant un sacrifice,
— que nous demandons à l'acquérir : elle nous est absolument indispensable pour établir les classes et les études
du collége.

Il y a de plus, à côté du jardin, un moulin avec une
chute d'eau et la grange des anciens moines. Nous trouvons cette grange excellente pour y loger les ateliers, après
les avoir enlevés du cloître, qu'ils déparent. Ils y seront
à proximité de la force motrice qui fera mouvoir les
machines.

En résumé, il vous est demandé par l'administration
400,000 francs en deux ans. Les 200,000 francs dont
l'administration sollicite l'inscription au budget rectificatif
de 1868 doivent être employés pour des appropriations
indispensables. Si ces travaux ne sont pas faits, il arrivera
de deux choses l'une : ou nous ne pourrons pas garder,
suivant le règlement d'études, les élèves pendant leur
troisième année, ou nous ne recevrons pas la promotion
que nous attendons.

41.

Rapport de S. Exc. M. le Ministre à S. M. l'Empereur, précédant les deux décrets du 31 juillet 1868, relatifs aux laboratoires d'enseignement et de recherches et à la création d'une école pratique des hautes études.

Sire ,

Dans l'ordre de l'érudition et des sciences, la France, depuis nos grands critiques du seizième siècle et les illustres savants du dix-septième, a donné l'impulsion à l'Europe savante plus souvent qu'elle ne l'a reçue. Elle la donne encore aujourd'hui dans certaines directions. Toutefois les efforts accomplis à l'étranger pour renouveler les études d'histoire et de philologie, ceux qu'on fait partout, à cette heure, en Amérique comme en Allemagne, en Russie comme en Angleterre, pour constituer à grands frais ces arsenaux de la science qu'on appelle des laboratoires, les écoles enfin qui se forment autour des maîtres renommés et qui assurent la perpétuité du progrès scientifique, sont une sérieuse menace contre une de nos ambitions les plus légitimes.

Paris renferme de magnifiques établissements, auxquels se rattachent les noms de François Ier, de Richelieu et de Louis XIV, et nous avons de riches bibliothèques, des musées incomparables, des institutions au sein desquelles les savants trouvent la plus ambitionnée des récompenses, en même temps que, pour encourager leurs travaux, le budget ouvre à la science des crédits qui, malgré leur faiblesse, témoignent de la résolution du gouvernement et des grands corps de l'État de ne point abandonner ce patronage des lettres et des sciences qui a été l'honneur de l'ancienne France.

Mais ces établissements, construits à un autre âge, ne répondent plus à tous les besoins nouveaux ; nos maîtres, trop souvent dépourvus des instruments et des appareils qui sont devenus de si puissants moyens de découvertes ou d'enseignement, se regardent comme désarmés en face de leurs rivaux ; les récompenses dont le souverain, l'Institut et l'administration de l'instruction publique disposent viennent à la suite des études heureuses; elles ne les provoquent pas, si ce n'est par l'émulation qu'elles excitent. Or il est de l'intérêt aussi bien que de la gloire de la France de susciter le progrès dans toutes les branches des hautes études, comme elle le fait pour les plus humbles.

Il ne sera point nécessaire, pour y parvenir, d'imposer au pays de lourds sacrifices; car si la Sorbonne, le muséum d'histoire naturelle, l'école de médecine, ont besoin d'agrandissements depuis longtemps attendus, ces constructions, dont la dépense peut être répartie sur plusieurs exercices, ne seront qu'une charge momentanée pour le budget extraordinaire.

Ce que la France a donné, depuis la Renaissance, aux lettres, aux sciences et aux arts forme un capital qu'aucune autre nation ne possède. Mais ce capital ne rend pas tout ce qu'on est en droit d'en attendre. De simples mesures administratives, une organisation nouvelle et de faibles crédits ajoutés au budget ordinaire produiront peut-être des effets inespérés.

Parmi ces mesures, les plus importantes me semblent être celles que j'ai l'honneur de soumettre, avec les deux projets de décrets ci-joints, à l'approbation de Votre Majesté. Je ne les présente à l'Empereur qu'après m'être assuré, par une longue et minutieuse enquête, que ces décrets répondent aux vœux des hommes les plus compétents.

Des exercices didactiques dans les facultés des lettres, et des laboratoires d'enseignement dans les facultés des sciences. — Il serait inutile de dissimuler que, pour les lettres, notre enseignement supérieur promet plus qu'il ne donne, non par la faute des professeurs, mais par celle de nos mœurs scolaires. Les maîtres s'adressent à un public qui peut varier à chaque leçon, et qui, venu pour écouter pendant une heure une parole habile, serait rebuté par l'aridité d'exercices purement didactiques. Ils sont donc préoccupés de donner à leurs leçons une forme très-étudiée. Le temps qu'ils consacrent à ce travail est loin d'être perdu, et ces leçons élégantes, spirituelles, parfois éloquentes, souvent même applaudies (coutume que je verrais sans peine disparaître), élèvent le niveau de l'instruction générale, et en un temps où domine l'improvisation littéraire, elles maintiennent heureusement le goût des études patientes et difficiles. Cela seul est un service considérable rendu au pays. Que nos facultés des lettres continuent donc d'appeler à elles de nombreux *auditeurs*; mais donnons-leur aussi le moyen de retenir auprès de leurs chaires et de former de véritables *élèves*. L'enseignement, s'adressant à ces derniers, changera de caractère : l'élève, en effet, ne demande pas, comme l'auditeur de passage, qu'on l'émeuve et qu'on lui plaise, mais qu'on l'instruise. Le professeur peut venir à lui sans une leçon laborieusement composée selon les règles de l'art; il suffit qu'il lui apporte son savoir et qu'il cherche dans des entretiens familiers et féconds à le lui communiquer. Du jour où nos professeurs auront, comme ceux des universités allemandes, de véritables disciples, tout en gardant les précieuses qualités de notre esprit national et sans renoncer à cet art de bien dire, inséparable de l'art de bien penser, ils consacreront plus de temps au labeur de l'érudition littéraire ou historique, si fort en honneur de l'autre côté du Rhin, et qui aujourd'hui l'est trop peu parmi nous.)

Le gouvernement, qui a obtenu du Corps législatif, à partir de 1869, une augmentation pour les traitements des membres de l'enseignement supérieur, peut leur demander d'ajouter aux leçons qui s'adressent à une nombreuse assistance un enseignement didactique réservé à un public restreint. Déjà quelques facultés sont entrées dans cette voie : il faut s'y engager davantage. Les élèves des nouveaux cours seront donnés d'abord par les *écoles normales secondaires* qui se forment actuellement auprès des facultés de province[1]. Ce premier noyau se grossira, sans aucun doute, de quelques étudiants désireux de continuer de fortes études faites au lycée, et de toutes les personnes sur lesquelles s'exercera le puissant attrait de la science. Cet auditoire assidu ne sera peut-être pas considérable, surtout au début; mais, pour une instruction sévère, dix élèves travaillant avec le professeur valent mieux que cent auditeurs qui écoutent et passent.

1. Décret du 11 janvier 1868 et circulaire du 25 mars 1868.

Ce que je viens de dire pour les lettres est plus applicable encore à l'enseignement des sciences. Dans les cours
scientifiques, il faudrait exercer davantage nos étudiants
aux pratiques particulières à chaque genre de recherches;
car toute science, moins l'analyse mathématique, a ses
exercices nécessaires.

Les leçons orales faites devant une nombreuse assistance par des hommes de talent sont pour les sciences
tout aussi importantes que pour les lettres; mais elles ne
suffiront jamais à faire un physicien, un chimiste ou un
naturaliste, parce que la parole n'est même pas toujours
la moitié de l'enseignement; parce que, bien souvent, la
meilleure leçon du plus habile professeur ne vaudra pas
une expérience que l'auditeur aura faite lui-même; parce
que, enfin, il faut, en mille cas, que les yeux voient et
que les mains touchent.

La science, en effet, est bien un corps de doctrines
qu'on peut apprendre dans la salle des cours; mais elle
est aussi un instrument qu'il faut manier, et, pour savoir
l'employer, il ne suffit pas d'en entendre parler : on doit
s'exercer à en faire usage.

Pour les établissements dont l'enseignement mène
directement à une profession, tels que les facultés de
médecine et les écoles supérieures de pharmacie, les
exercices pratiques (dissections, analyses chimiques,
manipulations, cliniques, etc.), sont une partie essentielle
du cours normal des travaux scolaires. Quel que soit le
nombre des élèves, l'État leur doit, à tous, ces moyens
d'étude. Il n'en est pas de même dans nos facultés des
sciences et dans nos grands établissements scientifiques.
Chacune de nos chaires de chimie, de physique et d'his-

toire naturelle possède bien un *laboratoire d'enseignement*
où se préparent les expériences nécessaires à la leçon du
professeur; mais ces laboratoires, qu'une augmentation
de crédit, obtenue au budget de 1869, permettra d'accroître et de pourvoir des appareils nécessaires, sont
aujourd'hui fermés aux étudiants et doivent leur être
ouverts. Ils ne le seront pas assurément aux trois ou quatre
cents auditeurs de certains cours, dont la plupart ne
viennent que pour entendre la leçon, mais à ceux qui se
seront fait inscrire pour se préparer à l'examen de licence,
ou qui, à la suite d'un examen subi par-devant une des
commissions dont il sera parlé plus loin, auront été admis
comme candidats à l'*école pratique des hautes études.*

Des laboratoires de recherches. — Les *laboratoires d'enseignement,* ainsi constitués, seront la pépinière où les
directeurs des *laboratoires de recherches,* que je propose à
Votre Majesté d'instituer, viendront choisir leurs auxiliaires.

Le savant n'a pas seulement besoin d'un lieu où il
puisse travailler et d'appareils qui sont les instruments
nécessaires de son travail : il lui faut encore des auxiliaires
qui l'assistent dans ses investigations.

Un vrai laboratoire scientifique se compose donc de
deux éléments :

Les instruments et les appareils les plus perfectionnés;

Les collaborateurs les plus intelligents.

Avec de l'argent, on aura les premiers : c'est l'objet
du décret sur les *laboratoires d'enseignement et de recherches,*
et le Corps législatif vient de s'associer à la pensée du gouvernement en votant, pour 1868 et 1869, les crédits

nécessaires; avec une bonne organisation, on aura les seconds.

Le *laboratoire de recherches*, établi de cette manière, ne sera pas utile au maître seul; il le sera bien plus encore aux élèves, et, par conséquent, il assurera les progrès futurs de la science. Alors on verra des étudiants, pourvus déjà de connaissances théoriques étendues, initiés dans les *laboratoires d'enseignement* aux premières manœuvres des instruments, aux manipulations élémentaires et aux exercices que j'appellerai classiques, se grouper en petit nombre autour d'un maître éminent, s'inspirer de son exemple, s'exercer sous ses yeux à l'art d'observer et aux méthodes d'expérimentation. Associés à ses études, ils ne laisseront perdre aucune de ses pensées, l'aideront à aller jusqu'au bout de ses découvertes, et peut-être commenceront à en faire avec lui. Ainsi en est-il arrivé déjà dans les trois ou quatre *laboratoires de recherches* que nous possédons. C'est avec des institutions de ce genre que l'Allemagne a trouvé le moyen d'arriver à ce large développement des sciences expérimentales que nous étudions avec une sympathie inquiète.

Souvent le même savant sera tout à la fois le professeur de qui relèvera le *laboratoire d'enseignement*, et le directeur du *laboratoire de recherches,* tout comme les deux laboratoires pourront exister dans le même local. On ne voit, à cette confusion, que des avantages pour la science et une économie pour les bâtiments.

En votant le nouveau crédit pour les *laboratoires de recherches,* le conseil d'État avait demandé que ces laboratoires, dont la dépense allait être à la charge de l'État, devinssent l'objet d'un règlement particulier :

le projet de décret soumis à Votre Majesté répond à ce désir.

Des hommes considérables, les secrétaires perpétuels de l'Académie des sciences, les chefs de nos grands établissements scientifiques et des professeurs du haut enseignement formeront un conseil qui éclairera le ministre sur la création et le développement de ces laboratoires, sur les savants qui en devront avoir la direction, sur les ressources qui pourront leur être affectées.

Personne ne songe à demander pour l'Université l'abrogation de la loi sur le cumul; mais le conseil d'État a accueilli avec faveur la pensée d'encourager la séparation des chaires et des fonctions, en assurant un traitement suffisant à ceux de nos savants qui consacreraient à un seul enseignement toutes les forces de leur intelligence. La création des *laboratoires de recherches* permettra d'entrer dans cette voie par l'attribution d'une rémunération particulière aux savants qui en recevraient la direction et donneraient ainsi à un nouveau service plus de temps qu'ils n'en donnent à leurs leçons réglementaires.

La condition essentielle de ces laboratoires sera, pour les savants qui en seront chargés, l'entière liberté de diriger leurs travaux et les études de leurs élèves, en dehors de tout programme officiel, dans la voie qu'ils jugeront la plus profitable à la science.

Les deux ordres de laboratoires dont il vient d'être parlé répondront, pour le service public, à deux besoins très-distincts : la *diffusion* et le *progrès* de la science ; et pour les étudiants, à des aptitudes très-différentes, puisque les uns n'ont besoin que de l'*esprit de compréhension*, qui fait saisir et s'approprier les connaissances enseignées, tandis que d'autres, animés de l'*esprit de recherche et d'invention*, feront peut-être avancer la science, si l'on met à leur disposition les instruments indispensables aux investigations scientifiques.

De l'école pratique des hautes études. — En donnant à nos savants, par la création de *laboratoires de recherches*, les moyens de développer leurs travaux et d'enrichir la science de découvertes nouvelles, le gouvernement fait, en faveur du présent, tout ce qu'il lui est possible de faire pour provoquer le progrès scientifique; il reste à en assurer l'avenir en cherchant parmi les élèves à préparer d'avance les héritiers des maîtres.

Le jeune homme qui sent en lui la flamme secrète où le génie peut-être s'allumera; celui qui a achevé les études générales, ou dont l'esprit y répugne; celui que ne tentent point les espérances d'une carrière lucrative, ou qui, du sein même d'une profession déjà conquise, est irrésistiblement attiré vers la science pure, celui-là ne rencontre pas dans nos établissements scientifiques tous les moyens qui lui seraient nécessaires pour aller rapidement et sûrement où sa vocation l'appelle.

Au collége de France, au muséum, à la Sorbonne, à l'école de médecine, il trouve des maîtres éminents qu'il écoute; dans nos bibliothèques publiques, des livres qu'il médite; dans nos collections, des objets qu'il étudie. Mais il reste trop souvent sans direction précise, sans conseils particuliers, sans appui; et ce que ses livres ou ses maîtres lui enseignent, il ne peut le vérifier, le féconder pour lui-même par l'observation et l'expérience. Alors il reconnaît que le savant se forme non pas seulement devant la chaire du professeur où le public vient s'asseoir, mais dans ces laboratoires qui présentement lui sont fermés, et au milieu de ces livres, de ces manuscrits, de ces collections où on devrait lui apprendre à chercher et à trouver la vérité qui s'y cache.

Parmi ces *auditeurs* de cours, qui ne voient la science que de loin, il en est sans doute dont l'énergie s'accroît dans l'isolement même où ils sont laissés et qui, à force de volonté, savent pourvoir à tout, sans posséder rien. C'est le petit nombre. Combien sont arrêtés, découragés par les obstacles, et même pour ceux qui en ont triomphé, que d'efforts et de temps perdus !

Des maîtres habiles et dévoués à la science découvrent parfois ces vocations opiniâtres et les encouragent. C'est ainsi que nous avons depuis trente ans une école de chimie qui a donné à la chimie française un rang si élevé dans le monde savant. Ayons des écoles semblables pour les autres sciences, et nous obtiendrons les mêmes résultats.

C'est le but que se propose le second projet de décret, par la création, auprès de nos établissements d'enseignement supérieur, d'écoles particulières, dont la réunion formera l'*école pratique des hautes études.*

Il ne faudrait pas donner à ce mot d'*école pratique* sa signification ordinaire, qui ferait songer à une utilité industrielle. Il convient de le prendre dans le sens le plus élevé et en tant que le travail des yeux et des mains est nécessaire dans ces études pour affermir et étendre les conceptions les plus hautes ou les plus délicates de l'esprit scientifique. Qu'est-ce que la chimie sans les manipulations, la physique et la physiologie sans les expériences, la botanique sans les herborisations ?

L'école pratique des hautes études se divisera en quatre sections :

1° Mathématiques ;

2° Physique et chimie ;

3° Histoire naturelle et physiologie ;

4° Sciences historiques et philologie [1].

Pour les sciences physiques et naturelles, l'organisation proposée est d'une utilité qui frappe les yeux ; elle est moins évidente pour les sciences mathématiques et historiques.

Cependant, en lisant les règlements particuliers aux élèves de ces deux sections, on verra qu'il est un grand nombre d'exercices utiles aux mathématiciens, soit qu'ils dirigent leurs études vers l'astronomie, soit qu'ils portent leurs calculs sur la mécanique rationnelle ou appliquée. Même pour l'analyse pure, ils ont besoin d'être dirigés et soutenus dans leurs travaux par des conférences, des interrogations, des conseils, et de prendre l'habitude de se tenir au courant de la science étrangère.

Ainsi ceux des élèves de la section de mathématiques qui seront admis à l'Observatoire impérial y suivront un ordre d'études qui les conduira successivement à toutes les connaissances théoriques qu'exige l'*astronomie mathématique* et à l'usage de tous les instruments qu'emploie l'*astronomie d'observation*. Ils formeront donc une véritable école d'élèves astronomes, qui nous manque encore.

Les autres trouveront au collége de France et à là Sorbonne non-seulement les savants cours qu'on y fait, mais, pour la *mécanique rationnelle*, des conférences où la leçon

---

1. Une cinquième section pourra être ultérieurement formée pour les études juridiques.

sera reprise, commentée, développée par d'habiles répétiteurs, et pour la *mécanique appliquée*, des guides intelligents qui les mèneront aux usines renommées par leurs
appareils mécaniques, leur en expliqueront les rouages et
leur en feront lever le dessin. Les théories les plus profondes et les applications les plus délicates seront l'objet
d'études persévérantes, qui prépareront de vaillantes recrues à ces études de hautes mathématiques qui tiennent une si grande place dans la gloire scientifique de la
France.

Pour la philologie, nos facultés n'enseignent que les
langues classiques; pour l'histoire, que l'histoire générale
de l'antiquité, du moyen âge et des temps modernes. Le
collége de France, fidèle à son origine, a des chaires pour
les diverses branches de l'érudition historique; mais là
aussi il se trouve des *auditeurs,* et il n'y a pas d'*élèves.* Le
règlement arrêté pour cette section indique les travaux
divers d'archéologie, de linguistique, d'épigraphie, de
paléographie, de philologie comparée, de grammaire générale, d'histoire critique, etc., qui pourront être entrepris sous la direction de maîtres habiles et qui leur prépareront des émules et des successeurs.

Comme représentants de cette série d'études, le secrétaire perpétuel de l'Académie des inscriptions et belles-
lettres, les directeurs des archives de l'empire, de la bibliothèque impériale, de l'école des chartes, les conservateurs
des collections archéologiques du Louvre et le doyen de
la faculté des lettres feront nécessairement partie du
conseil supérieur.

Bien que chacune des quatre sections entre lesquelles
se divisera l'école pratique des sciences ait son objet par-

ticulier d'études et ses méthodes spéciales d'investigation,
elles auront toutes un caractère commun : celui de former
des *savants*. Ainsi les six divisions de l'école normale
supérieure (philosophie, histoire, littérature, grammaire,
mathématiques, sciences physiques) ont un seul but,
former des *professeurs*; et réunies, elles constituent,
malgré la diversité des études, une seule institution qui a
conquis une grande place dans notre système d'instruction publique.

Le caractère commun des quatre sections de l'école
pratique permettra de même de les considérer comme
autant de démembrements d'une seule institution, dont
l'unité sera maintenue par le conseil supérieur institué à
l'article 11, par le certificat qui pourra être délivré, par
le patronage que les commissions permanentes exerceront
sur les élèves, par les avantages communs qui seront assurés à ceux-ci, enfin par le budget qu'a déjà constitué à
cette école le vote du Corps législatif sur les propositions
du gouvernement pour l'enseignement supérieur.

L'école pratique des hautes études ne s'enfermera pas
dans les murs d'une seule maison. Elle est un externat
dont les élèves suivent des cours différents, comme les
étudiants en médecine assistent aux leçons normales dans
la salle de la faculté, aux cliniques dans les hôpitaux, aux
exercices anatomiques dans les cabinets de dissection,
aux études botaniques dans le jardin de l'école ou dans
les parterres du Muséum, enfin aux herborisations qui se
font dans la campagne. Il en est de même encore à l'école
des beaux-arts, dont les élèves se répartissent entre divers
ateliers de peintres et de sculpteurs.

Le principe qui a si bien réussi pour les cours d'adultes,

pour l'enseignement secondaire des jeunes filles et les conférences publiques, c'est-à-dire l'emploi du personnel et du matériel existant, recevra une nouvelle application.

Il ne faudra ni construction dispendieuse ni un nouveau personnel administratif et enseignant. Les locaux seront les amphithéâtres et les laboratoires de nos grands établissements; les professeurs, ceux du collège de France, du muséum, de la Sorbonne, etc.; les leçons, celles des cours ordinaires. Seules, les conférences intérieures exigeront la présence et les soins de maîtres auxiliaires qui répéteront la leçon ou les expériences du professeur, et, sous son contrôle, dirigeront les études des élèves.

Aussi, en mettant à part la dépense pour les *laboratoires*, qui est d'utilité publique et d'urgente nécessité, l'école nouvelle peut être créée sans coûter pour le moment à l'État autre chose que l'indemnité à fournir aux répétiteurs et à ceux des élèves qui mériteraient d'en obtenir, à raison de circonstances particulières que le conseil appréciera, ou pour encourager une aptitude spéciale et constatée par des succès.

Il n'est pas à douter que des jeunes gens appartenant à des familles aisées ne soient attirés vers cette école par son caractère libéral, sans intention de réclamer, au moment d'en sortir, une fonction publique. Les écoles pratiques du muséum, par exemple, aideront à constituer auprès de ce grand établissement une véritable faculté agronomique pour l'enseignement des lois de la production animale et végétale, que tout grand propriétaire ou directeur d'exploitation rurale doit connaître.

Pour les autres élèves, l'école pourra leur ouvrir les

rangs de l'Université à titre de chargés de cours dans l'enseignement secondaire, à titre de préparateurs ou d'aides–naturalistes dans l'enseignement supérieur, et comme la dispense qui peut leur être accordée en vertu de l'article 10 leur facilite l'accès du doctorat, ils auront le droit, après avoir pris ce dernier grade, de prétendre aux chaires du haut enseignement. Les besoins de l'Université, pour ses divers services d'enseignement ou d'administration, s'accroissent tous les jours : les candidats habiles sont donc assurés d'y trouver place.

Enfin, la grande industrie réclamera certainement quelques-uns de ces élèves, quand il aura été démontré que leur certificat d'études signifie l'habileté pratique jointe aux connaissances théoriques les plus élevées.

Avec l'organisation flexible qui lui est donnée, la nouvelle école aura facilement des annexes en province. Les savants dont les travaux honorent les facultés des départements pourront donc participer aux avantages que les deux décrets promettent à la science française.

Si l'Empereur approuvait les considérations contenues dans ce rapport, je prierais Sa Majesté de vouloir bien revêtir de sa signature les deux projets de décrets ci-joints.

Je suis, Sire, avec un profond respect, de Votre Majesté le très-humble, très-obéissant et très-fidèle serviteur.

Le ministre de l'instruction publique,

V. DURUY.

Circulaire du 1er août 1868, relative aux conditions d'établissement
de la gratuité absolue dans les écoles primaires.

Monsieur le préfet,

L'article 8 de la loi du 10 avril 1867, qui favorise l'établissement de la gratuité absolue pour les écoles primaires,
a un caractère bien plus politique que scolaire. Le législateur de 1867 a voulu faire pour les communes pauvres
ce que celui de 1833 et celui de 1850 avaient fait pour les
familles indigentes. La subvention promise au nom de
l'État équivaut, en réalité, à un dégrèvement d'impôt,
dont bénéficient ceux qui en ont le plus besoin.

Mais la loi a mis des conditions à cette libéralité : d'abord les communes qui veulent établir dans leurs écoles
la gratuité absolue de l'enseignement doivent voter, indépendamment des 3 centimes spéciaux, 4 centimes extraordinaires additionnels au principal des quatre contributions
directes.

Ce n'est qu'après avoir ainsi prouvé, par des sacrifices
réels, leur désir de satisfaire aux besoins de la population,
qu'elles peuvent obtenir des secours destinés à suppléer à
l'insuffisance de leurs ressources. Mais il ne faut pas
perdre de vue que je ne dois concourir à l'établissement
de la gratuité absolue de l'enseignement dans les communes qu'après que les conseils généraux ont voté, dans

42.

ce but , un crédit spécial facultatif, soit en dehors des
3 centimes consacrés aux dépenses ordinaires obligatoires
de l'instruction primaire , lorsqu'ils sont absorbés entièrement par ces dépenses, soit sur le reliquat que ces
dépenses laissent disponible.

Ainsi , après les sacrifices personnels de la commune
doivent venir ceux du département. Vous aurez soin de
rappeler cette condition au conseil général , en mettant
sous ses yeux le tableau des communes qui ont voté les
4 centimes pour 1869, afin qu'en réglant son budget il
ne soit pas exposé à commettre une omission involontaire.

Je ne saurais indiquer dès à présent une règle à suivre
pour la proportionnalité à établir entre les dépenses de la
commune, du département et de l'État : l'expérience nous
aura sans doute éclairés bientôt sur ce point. Toutefois
le conseil général reconnaîtra aisément que si , à défaut
d'un vote quelconque de sa part , je ne pouvais user, dans
son intérêt, des fonds de l'État, le vote d'un crédit trop
minime, eu égard aux ressources du département, ne saurait, d'un autre côté, lui créer des droits à une large participation au crédit dont j'aurais à disposer. Si, dans ce
cas , il ne pouvait être donné suite aux délibérations des
conseils municipaux , alors même que l'avis du conseil
départemental serait favorable, le conseil général aurait
la responsabilité de l'inexécution des dispositions bienveillantes de la loi en faveur des populations rurales les
plus pauvres.

Veuillez, à ce sujet, lui remettre sous les yeux les
instructions qui vous ont été adressées le 12 mai 1867,
notamment en ce qui concerne le choix des communes
dans les écoles desquelles la gratuité absolue devra être

établie. Le crédit destiné à cette œuvre, et porté au budget départemental, devant être limité comme celui qui est
porté au budget de l'État, le bienfait de la gratuité devra
d'abord être accordé aux communes les plus pauvres,
sauf à l'étendre successivement selon les nécessités et les
ressources.

Je vous prie de faire connaître ces dispositions au conseil général de votre département, lors de sa prochaine
session.

Recevez, etc.

Le ministre de l'instruction publique,

V. DURUY.

────◦●◦────

Discours prononcé par S. Exc. M. le Ministre à la distribution des
  prix du Concours général des lycées et collèges de Paris et de
  Versailles, le 10 août 1868.

Messieurs,

On prétend que nos études classiques déclinent. C'est
l'opinion bien arrêtée de deux sortes de personnes : les
unes, qui tiennent à dire que tout s'abaisse sous un gouvernement dont la mission, au contraire, est de tout élever; les autres, qui ne sont pas éloignées de croire que
tout est perdu parce que l'Université, dont la force est de

vivre de la vie commune, marche avec la société et répond à ses besoins nouveaux. Je suis en mesure de contredire les premiers et de rassurer les seconds : car les juges de vos concours, à Paris et en province, affirment que l'année qui vient de s'écouler compte parmi les meilleures. L'an passé, ils portaient déjà un pareil jugement : c'est donc un progrès qui se soutient, et nous pouvons nous féliciter de voir nos vieilles études de latin et de grec, d'histoire et de philosophie, rester, comme les modèles qui les inspirent, toujours jeunes et aimées.

L'an dernier, je vous donnais la raison de chacun de nos exercices scolaires, afin de vous en faire comprendre la nécessité ; aujourd'hui, je voudrais vous montrer les habitudes d'esprit que nous souhaitons vous faire prendre au lycée.

Notre temps a sa grandeur, et quand le moment sera venu de porter sur cette société un jugement désintéressé, on verra ce que l'industrie, aidée de la science, y aura mis de bien-être pour le plus grand nombre, ce que la politique, éclairée de l'histoire et de la philosophie, y aura mis de justice pour tous. Mais on y verra aussi une hâte de vivre, qui use prématurément les forces les plus précieuses de la vie, une ardeur à improviser sa condition et sa fortune, qui empêche beaucoup de ceux qui vous ont précédés sur ces bancs d'arriver sûrement au but et de s'y tenir.

Eh bien ! ce que nous voudrions vous enseigner par ces longues études qui paraissent ne mener à rien, mais qui préparent à tout, c'est à vous hâter lentement. Nous ne cesserons de vous dire : Défiez-vous du travail facile ; souvenez-vous du service que Despréaux se vantait d'avoir

rendu à Racine. Horace, Boileau, ces poëtes du bon sens,
ont toujours raison. L'improvisation, arme de guerre ou
de plaisir, brille et passe sans rien laisser le plus souvent
derrière elle. C'est une nécessité malheureuse de notre
époque, où tout tend à l'action rapide. Les lettres en
souffrent. Vous qui conquérez aujourd'hui par vos succès
le droit de les servir un jour, n'oubliez jamais, si cet
honneur vous est réservé, que vos premières couronnes
ont été le prix d'un patient labeur et que le temps ne
conserve que les œuvres, les fortunes ou les renommées
auxquelles il a mis la main.

Il est une autre habitude que l'Université désire vous
donner pour le jour où vous serez des hommes, celle de
regarder, après le devoir social accompli, à côté et au-
dessus des choses présentes.

Chaque époque a son génie propre ou ses besoins impérieux, parce que de grands courants d'idées traversent
l'esprit des nations et l'inclinent en des directions différentes. A cette heure du siècle, l'industrie, les sciences
appliquées, l'économie sociale et la politique attirent à
elles le plus grand nombre des intelligences actives. Ce
phénomène n'est point particulier à notre pays. Partout,
à l'étranger comme en France, l'étude de la société a
remplacé celle de l'homme, de ses passions, de ses douleurs, de ses espérances; et la nature, malgré sa jeunesse
éternelle, n'a plus que de rares adorateurs. Je ne prétends pas qu'on puisse faire qu'il en soit autrement, ni
même qu'il faille s'en affliger outre mesure. Ces courants
sont trop forts pour qu'il soit permis à beaucoup de les
remonter; mais on ne doit pas s'y laisser aller à la dérive,
et, tout en y obéissant, on reste maître d'y choisir sa route.

Je sais bien que la poésie des époques d'action est l'action même. Quel poëte pouvait chanter à côté de Mirabeau ou au bruit des canons victorieux d'Austerlitz et d'Iéna? Notre génération, elle aussi, a entrepris une œuvre qui vaut bien un grand poëme, puisqu'elle veut faire de la France la plus juste, la plus humaine des sociétés. Après deux guerres triomphantes que l'histoire placera parmi les plus belles, parce que l'une a sauvé un empire et que l'autre a fait revivre un peuple qui fut l'auteur de la civilisation moderne, nous travaillons tous, sous l'impulsion d'une haute intelligence et à l'abri d'une immense popularité, à tirer des principes posés par nos grands aïeux de la Constituante leurs conséquences légitimes. Les uns mettent à cette tâche leur talent, leur force ou le sentiment du devoir; quelques autres leur fougue, leurs passions, leurs rêves, même d'égoïstes intérêts. Et l'œuvre s'accomplit lentement, comme il est nécessaire pour qu'elle réussisse, parfois au milieu de circonstances contraires, comme il est dans la nature des choses d'en rencontrer toujours. Grâce à ces efforts, aux contradictions mêmes qui les excitent ou les contiennent, la nation arrive à une prospérité mieux assurée, à des libertés plus larges, à une moralité plus certaine, et elle reste puissante et respectée, sans envie comme sans crainte.

Cette puissante démocratie, qui met si heureusement en action toutes les énergies de l'homme, n'entend pas fermer l'accès des hautes régions où se plaisent les esprits supérieurs; et c'est pour vous en montrer la route, pour conserver, au sein de notre société si laborieusement affairée, le besoin des choses élevées, le goût de l'idéal,

que l'Université vous fait passer de longues années, vous
et vos émules des départements, au milieu de ces inutili-
tés, comme quelques-uns les appellent, qui sont l'imagination, le sentiment, la poésie, l'art, la raison pure, la
science désintéressée. C'est aussi à cause de cette vertu
particulière de notre enseignement classique que l'Empereur et l'Impératrice ont voulu que leur fils suivît le
cours normal de vos travaux, afin que l'héritier du trône
rendît lui-même hommage, par ses premières études, à
notre vieille gloire littéraire, et qu'avec elles il prît de
bonne heure, comme son glorieux père, l'habitude de
porter son esprit vers les hauteurs sereines où la pensée,
tranquille et forte, plane loin des passions qui s'agitent
vainement au-dessous d'elle.

Les modifications que deux récents décrets vont introduire dans notre enseignement supérieur sont inspirées
par la même pensée.

Au moment où de nouvelles lois établissent la liberté la
plus large pour la discussion des intérêts économiques, le
gouvernement s'efforce d'attirer les intelligences élevées
vers les questions de science pure, afin de maintenir l'é-
quilibre entre les études dont l'objet est de nous assurer
plus de bien-être et celles qui tendent à augmenter la
puissance de l'esprit.

Ainsi, tandis que d'une main il organise l'armée formidable qui devient la meilleure garantie de la paix, et
que, pour décupler la richesse de nos campagnes, il les
sillonne de voies ferrées et de chemins vicinaux, de l'autre
il pousse le peuple aux écoles et il fonde des ordres nouveaux d'enseignement, tout en affermissant les anciennes
études.

Comme il avait fait l'enquête agricole pour interroger le pays sur ses besoins, il a ouvert, dans l'ordre intellectuel, une grande enquête renouvelée de celle de Cuvier, il y a soixante ans, pour savoir de quel côté se montrait la défaillance et tâcher d'y ramener la vigueur.

Le Corps législatif s'est généreusement associé aux efforts du gouvernement en faveur des hautes études. Aux dépenses qu'exigeaient notre état militaire et les travaux publics, il a ajouté des ressources, insuffisantes encore, mais déjà précieuses, pour développer nos institutions scolaires, accroître notre matériel d'enseignement, améliorer la condition de nos maîtres et donner à nos savants les armes perfectionnées dont eux aussi ont besoin dans le grand combat pour la conquête de la vérité. A lui seul, le budget de l'enseignement supérieur va s'augmenter de près de 600,000 francs.

Grâce à cette libéralité, une école nouvelle pourra se fonder avec un caractère particulier. Elle ne fera point des officiers, comme Saint-Cyr et l'école polytechnique ; des professeurs, comme l'école normale ; des industriels, comme l'école centrale ; des ingénieurs, comme les écoles des ponts et chaussées, des mines et des constructions navales ; des jurisconsultes et des médecins, comme les facultés de droit et de médecine. On y fera des savants : je veux dire qu'on y placera, dans les conditions les meilleures pour un travail fécond, ceux qui sentiront en eux la grande et noble ambition de pénétrer les secrets de la nature et de l'humanité.

C'est là, jeunes élèves, que j'attends quelques-uns d'entre vous. Venez-y, si vous voulez que la classe à laquelle vous appartenez conserve la force que donne une culture supérieure de l'esprit : car je vois derrière vous de grands progrès s'accomplir.

Cet hiver, malgré une disette qui au dernier siècle eût été une épouvantable famine, malgré l'arrêt du travail et la gêne qui en a été la suite, près de 800,000 personnes, un peuple entier, sont venues aux écoles du soir, où 39,000 professeurs les attendaient et les appelaient. Nous n'en sommes plus à nous étonner de ces chiffres, ni de l'élan des élèves, ni du dévouement des maîtres. Mais voici, messieurs, qui me cause autant de surprise que d'admira- tion : à côté de ces 39,000 écoles volontaires, il s'est formé en quatre mois un budget, volontaire aussi, de 2,200,000 francs. La France est toujours la nation des généreux entraînements et des nobles sacrifices.

Remarquez, messieurs, ce fait qui donne tant d'espé- rance : depuis l'école primaire et la classe d'adultes, où la foule se presse, jusqu'à nos grands établissements scien- tifiques, où des maîtres éminents sont à l'œuvre avec une fiévreuse ardeur, il s'est produit un mouvement inespéré qui agite les esprits et les élève : *Mens agitat molem.*

Aussi, quoique le talent se produise moins souvent sous les formes où nous avions coutume de le voir et de l'aimer, quoique l'art d'écrire soit trop rarement aujourd'hui l'art de plaire aux intelligences délicates et fières, il me semble qu'il se prépare par les sciences une forte vie de l'esprit; et je me rappelle que Descartes, Pascal, Fermat, ces con- temporains de Kepler, de Bacon et de Galilée, ont été les précurseurs de notre grand siècle littéraire.

Vous, chers anciens collègues, vous tenez les sources de cette vie supérieure; conservez-les fortifiantes et saines. Que la jeunesse y prenne le goût du bien et du beau,

l'amour de la patrie, le respect de ses lois, le sentiment
du devoir, qui seul conduit légitimement au droit : c'est
le service que l'Empereur attend de vous en retour de la
protection dont il couvre la science et l'Université.

***

**Rapport présenté par S. Exc. M. le Ministre à S. M. l'Impératrice
sur les cours d'enseignement secondaire de jeunes filles, le 25 octobre 1868.**

Madame,

Votre Majesté se montre constamment préoccupée de
toutes les questions relatives à l'instruction des jeunes
filles, et il n'est pas un progrès accompli dans cet ordre
d'idées qui n'ait trouvé sa sollicitude déjà éveillée. Dès
que se sont organisés les cours d'enseignement secondaire,
Votre Majesté a daigné témoigner l'intérêt qu'elle portait
à cette institution et étendre à ces cours, où s'achève et se
perfectionne l'instruction des jeunes filles, le patronage
qu'elle exerce sur les écoles du premier âge. Elle a autorisé les professeurs à faire frapper à son effigie les médailles
destinées à récompenser les meilleurs travaux, et permis
qu'une de ces médailles fût remise en son nom à l'élève
qui a obtenu l'année dernière, par ses compositions, le
plus de succès à l'association de la Sorbonne. Le concours
général des lycées a son prix de l'Empereur; Votre Majesté

a voulu que les cours de jeunes filles eussent aussi leur prix d'honneur, donné par l'Impératrice.

J'ose espérer, Madame, que vous ne lirez pas sans intérêt le rapide exposé de l'état actuel d'une institution qui ne date pas encore d'une année, mais qui a déjà rendu de réels services et qui durera.

Le 30 octobre 1867, dans une circulaire aux recteurs pour l'exécution d'une loi récente, j'ai cru remplir un devoir en signalant l'insuffisance habituelle de l'enseignement donné aux jeunes filles. Sans rien imposer, sans rien prescrire, je me contentais d'indiquer un moyen simple de remédier à un état de choses regrettable : d'une part, j'invitais les municipalités à ouvrir des cours d'enseignement secondaire, qui se feraient à la mairie ou dans tout autre local municipal; d'autre part, j'autorisais les professeurs de nos lycées et de nos colléges à prêter leur concours toutes les fois qu'il leur serait demandé. La circulaire contenait encore quelques instructions très-générales sur le caractère pratique qu'il convenait de donner à cet enseignement, sur les matières qui en devaient être l'objet. En même temps, les autorités universitaires étaient averties d'avoir à se concerter avec les autorités municipales sur le choix des professeurs, afin que ceux-ci fussent dignes en tout point de la confiance des mères de famille, et se présentassent devant elles sous la double responsabilité du chef de la cité qui les appellerait et de leurs supérieurs hiérarchiques qui les autoriseraient à répondre à cet appel.

Bien que les cours n'aient pu être organisés, pour la plupart, qu'au mois de décembre ou de janvier, c'est-à-dire à un moment de l'année où beaucoup de familles

avaient déjà pourvu à l'éducation de leurs enfants, ils ont
été ouverts dans quarante villes : c'est assez pour qu'on
puisse déjà porter un jugement sur l'expérience qui vient
d'être faite.

Presque tous les professeurs appartiennent aux lycées
ou aux collèges; dans les villes de facultés, quelques
membres de l'enseignement supérieur se sont associés à
leurs collègues de l'enseignement secondaire. A Paris,
plusieurs membres de l'Institut ont donné leur concours.
Dans cette ville, des dames ont fait des leçons d'économie
domestique qui ont eu un grand succès; d'autres ont
corrigé les copies des élèves et fait l'office de répétiteurs. Il serait à désirer que partout il pût se rencontrer des dames capables de partager ainsi l'enseignement avec les professeurs. Quelques-unes des élèves de
ces cours, qui se préparent, en les suivant, aux examens d'institutrice, seront bientôt en mesure de remplir
cette mission. Nous aurons alors en France ces utiles associations pour l'enseignement des femmes que l'Allemagne
et la Suisse possèdent depuis longtemps.

Enfin, dans quelques villes, des dames appartenant
aux meilleures familles du pays se sont constituées en
comités de patronage, qui donnent leur avis sur l'enseignement, sur le règlement des cours, et offrent ainsi une
garantie de plus aux familles. Il sera évidemment très-
utile à l'œuvre nouvelle de chercher à constituer de
semblables comités auprès de tous les cours de jeunes
filles.

Les matières de l'enseignement sont presque partout les
mêmes. Une leçon d'une heure par semaine est consacrée
à chaque cours : grammaire française et composition litté-

raire, histoire de la littérature française, histoire et géographie de la France, mathématiques et astronomie, sciences physiques et chimiques, sciences naturelles.

La méthode des professeurs est également presque uniforme. Sans s'être entendus au préalable, ils ont trouvé dans leur sentiment des convenances, dans leur sollicitude attentive à ne jamais choquer la délicatesse de cet auditoire exceptionnel, des règles qui ont été partout appliquées. Nos professeurs n'interrogent pas; ils n'exigent même pas de devoirs, mais ils conseillent d'en faire, et ils ont su rendre leur enseignement si intéressant, que les jeunes filles ont pris des notes pendant les leçons, que la plupart d'entre elles les ont rédigées, et que le professeur a pu, en annotant soigneusement les copies avant de les rendre aux mères de famille, rectifier les erreurs et s'assurer qu'il avait été bien compris.

Ces corrections, qui ont été très-goûtées des familles, ont permis de juger des aptitudes et du travail des élèves : les professeurs ont été unanimes à constater des progrès remarquables. Je suis persuadé que Votre Majesté, qui visitait naguère nos laboratoires pour y voir nos savants à l'œuvre, et qui manifeste un si constant intérêt pour tout ce qui peut porter l'esprit vers les choses élevées, apprendra avec satisfaction que les professeurs de mathématiques, de sciences physiques et naturelles, se louent beaucoup de l'empressement que ces jeunes filles ont mis à les écouter, de l'ardeur avec laquelle leurs élèves s'initient aux merveilles, pour elles inconnues, de la science moderne.

Le nombre des jeunes filles qui suivent les cours est très-variable : il est faible dans quelques villes, suffisant

dans le plus grand nombre, considérable dans quelques-
unes.

Presque toutes ont passé plusieurs années en pension;
elles ont, en moyenne, de seize à dix-huit ans. Mais il
n'est guère de cours où il ne se trouve, à côté de ces
jeunes élèves appartenant à de riches familles, d'autres
personnes qui viennent puiser dans les leçons du professeur un savoir qui sera pour elles un honorable moyen
d'existence. Il va sans dire que les premières seulement
payent une rétribution, tandis que les autres sont admises
gratuitement par les professeurs.

Ceux-ci ont rencontré d'ailleurs un précieux appui
dans les sympathies des autorités municipales. La plupart
des maires se sont empressés de leur donner un local.
Des subventions ont été votées par plusieurs conseils municipaux, et des bourses fondées au profit de jeunes filles
pauvres. A Mulhouse, où les cours viennent de s'ouvrir,
M. le maire a fait venir de l'étranger tous les documents
qui pouvaient l'éclairer sur l'institution nouvelle, et une
dame, aujourd'hui chargée de la surveillance des cours,
a été par lui envoyée en mission pour étudier l'organisation de cet enseignement en Suisse.

Cette confiance des autorités municipales a été partout
justifiée : car, dans l'enseignement donné aux jeunes filles,
pas une parole sujette à critique n'a pu être relevée. Le
tact, la convenance, le savoir de nos professeurs étaient
pour moi, à l'avance, une garantie sérieuse de succès;
ils le seront encore pour l'année qui va commencer. Sans
exposer leurs croyances à aucun danger, les jeunes filles
françaises pourront à l'avenir, sous la direction constante
de leurs mères, exercer et fortifier leur intelligence par

ce même enseignement que leurs frères reçoivent au lycée.

Les faits que je viens d'avoir l'honneur d'exposer à Votre Majesté, peu considérables en apparence, auront de grands résultats : car une instruction plus sévère relèvera la dignité de l'épouse, accroîtra l'autorité de la mère de famille sur ses enfants et agrandira la légitime influence de l'honnête femme dans notre société.

Que Votre Majesté me permette de lui dire que la gloire de ce progrès reviendra à la souveraine qui, sachant si bien allier les devoirs de la foi et les droits de la raison, a dissipé, par l'auguste sympathie qu'elle a témoignée à une idée juste, des préventions qui n'ont pas été et qui ne seront pas justifiées.

Je suis avec le plus profond respect, Madame, de Votre Majesté le très-humble, très-obéissant et très-fidèle serviteur.

Le ministre de l'instruction publique,

V. DURUY.

Rapport de S. Exc. M. le Ministre à S. M. l'Empereur, précédant la statistique de l'enseignement supérieur. (15 novembre 1868.)

Sire,

Dans le système de notre éducation nationale, l'administration de l'instruction publique poursuit, sous l'inspiration de Votre Majesté, l'accomplissement de deux progrès qu'elle regarde comme considérables. Pour garantir la sincérité du suffrage universel, comme pour accroître la dignité morale des citoyens, elle s'efforce de donner à l'enseignement populaire la plus vive impulsion; pour favoriser le développement de la richesse publique, elle a organisé l'enseignement spécial, qui offre aux agriculteurs, aux industriels et aux négociants une instruction mieux appropriée à leurs besoins. En même temps, elle s'est appliquée à maintenir et sur certains points à relever le niveau des études classiques, qui mènent aux carrières libérales.

Mais Votre Majesté se préoccupe aussi des grands intérêts auxquels répond l'enseignement supérieur. Elle sait que, chez un peuple régi par des institutions démocratiques, il importe de ne point laisser dépérir le goût des études sévères; qu'il faut encourager et recruter le groupe des hommes d'élite dont la gloire rejaillit sur le pays tout entier et se continue dans son histoire. La France a pris dès le seizième siècle, et a gardé jusqu'au nôtre, le premier rang dans les travaux qui honorent le plus l'esprit humain ; elle souffrirait dans son orgueil le plus légitime si cette noble et solide renommée venait à s'amoindrir. Les grandes études, d'ailleurs, réagissent sur les études inférieures, qu'elles entraînent à leur suite pour les porter plus haut et plus loin.

Afin de répondre aux intentions de l'Empereur et aux besoins du pays, l'administration de l'instruction publique a recherché si, par les moyens dont elle dispose, elle pourrait hâter le développement de la haute culture de l'esprit dans les lettres comme dans les sciences. Les hommes les plus compétents ont été consultés, les faits minutieusement étudiés. Ce sont les résultats de ce travail que j'ai l'honneur de placer sous les yeux de Votre Majesté.

La statistique de l'enseignement supérieur est la dernière partie de l'enquête commencée, il y a quatre ans, sur le système entier de nos études, et qui a été complétée par une enquête analogue sur l'organisation scolaire des pays étrangers, afin de chercher et de prendre partout les idées utiles.

Réunies aux *Rapports* qui présentent l'état des lettres et les progrès des sciences en France depuis un quart de siècle, les trois statistiques de l'enseignement primaire, secondaire et supérieur forment un ensemble complet de renseignements sur l'éducation et les travaux intellectuels de notre pays.

L'Université, éclairée par là dans sa marche, saura mieux de quel côté elle doit porter ses efforts ; et l'opi-

43.

nion, saisie elle-même par ces publications, où aucun fait
intéressant n'est omis , préparera par ses discussions la
solution des problèmes qui s'imposeront à l'administration supérieure et aux grands corps de l'État.

Ces enquêtes approfondies et cette véridique exposition
des faits, qui est en même temps un recours aux lumières
de tous, sont un des caractères de votre libéral gouvernement ; elles ont eu déjà pour résultat le vote unanime de
deux lois importantes dans l'ordre des études primaires
et secondaires.

Une troisième loi est nécessaire pour l'enseignement
médical. Préparée dès 1811, étudiée de nouveau en 1820,
votée par les députés en 1825, par les pairs en 1826,
mais sans la sanction royale, adoptée une seconde fois
par la chambre haute en 1847, cette loi est encore à
faire ; elle sera prochainement soumise au conseil
d'État [1].

Ce point mis à part, il ne semble pas, pour le moment,
que l'organisation de notre enseignement supérieur exige
de grandes réformes. L'édifice est ancien, mais solide en
ses assises ; il n'y faut que des appropriations pour des
nécessités nouvelles.

La *Note préliminaire* [2] donne le résumé des chiffres et
des faits contenus dans la *Statistique*. Le présent rapport
ne comprendra que l'exposé des mesures les plus récentes
qui sont en cours d'exécution et de celles qui semblent
devoir être prises encore dans l'intérêt des hautes études.

J'en ferai deux parts pour répondre à une division naturelle du sujet.

1. Voir à l'appendice le projet de loi qui devait être soumis au conseil d'État.
2. En tête du volume de la *Statistique*.

Il est, en effet, parmi les savants et les lettrés, deux sortes d'hommes : les uns qui sont capables de faire dans les sciences des découvertes, dans les lettres des œuvres durables ; les autres qui s'efforcent de populariser les découvertes et les chefs-d'œuvre.

De là, pour le gouvernement, le devoir d'assurer aux premiers, dans la sphère de son activité, les meilleurs moyens de produire ; aux seconds, les meilleurs moyens d'enseigner.

L'État, en France, a depuis longtemps donné satisfaction à ce double besoin de la civilisation moderne, la diffusion et le progrès de la science, par une double création : celle des facultés, dont les cours réguliers enseignent la science faite, et celle des grands établissements d'un caractère plus libre, où la science doit se faire.

L'administration pourrait-elle ajouter de nouveaux moyens à ceux qui existent déjà pour provoquer le progrès scientifique, puisqu'elle est encore obligée, en France, de prendre à sa charge ce qui ailleurs se fait souvent par les villes ou les particuliers ? Lui reste-t-il quelque chose à proposer pour assurer une diffusion plus rapide et plus complète des connaissances acquises ? Ce sont les deux questions que je me propose d'étudier dans ce travail.

PREMIÈRE PARTIE.

DES MESURES PROPRES A DÉVELOPPER LES ÉTUDES THÉORIQUES.

§ 1er. *Exécution des décrets du 31 juillet* 1868.

En distinguant la recherche et l'enseignement, je dois me hâter d'ajouter que le même homme réunit souvent à l'esprit de découverte le talent de bien dire : il puise dans le trésor du savoir humain que le travail des siècles a formé, pour en répandre les richesses parmi ceux qui l'écoutent, et lui-même, par ses travaux, il ajoute au commun héritage.

Cette réunion de qualités différentes est l'heureuse exception qui met le professeur, le lettré et le savant hors de pair. Mais ces exceptions sont aussi celles qu'il faut le plus encourager, puisque c'est par de tels hommes surtout que se marque et s'élève le niveau de la civilisation d'un pays. Il faut donc les aider à se produire, et quand ils sont connus, les aider encore, si quelque assistance leur est nécessaire pour des recherches plus délicates ou plus profondes. Nous sommes tous intéressés au succès de leurs études les plus abstraites : car si le progrès des sciences est tout à la fois la gloire et la richesse d'un pays, si la découverte de ces lois que la nature nous cache obstinément ajoute à la puissance de l'esprit humain, on ne saurait trop répéter que ce progrès dépend des perfectionnements de la théorie, que le savant trouve, comme Papin et

Ampère, au fond de son laboratoire ou dans les inspirations de son génie.

Il n'existe pas de sciences appliquées ; il n'y a que d'innombrables applications de la science. D'où cette conséquence que, pour multiplier encore ces applications heureuses, pour rendre l'industrie plus prospère, l'agriculture plus féconde, le commerce plus actif et l'homme plus grand, une des conditions essentielles est de fournir à la science les ressources nécessaires pour développer la théorie, sans gêner en rien la liberté de ses recherches, l'État n'ayant, en fait de science pure, ni opinion ni doctrine.

C'est en vue de donner à la science, dans la mesure de l'action administrative et dans les limites du budget, de nouveaux moyens d'action, que Votre Majesté a signé les décrets du 31 juillet 1868, qui ont été accueillis dans le monde savant avec une faveur marquée.

Par l'ouverture de *laboratoires d'enseignement* pour les aspirants à la licence, les études deviendront meilleures.

Par la création de *laboratoires de recherches,* les savants vont avoir des instruments de travail plus nombreux.

Par la création de l'*école des hautes études,* ils auront des disciples assidus, des auxiliaires intelligents et de futurs émules.

En deux mois et malgré le temps des vacances, il a été pris pour cette école 264 inscriptions, chiffre qui dépasse toutes les prévisions, et que je trouverais moi-même trop élevé, s'il ne devait être forcément réduit par l'examen, qui s'achève en ce moment, de l'aptitude réelle des candidats.

Ces inscriptions se répartissent de la manière suivante :

Section de mathématiques. . . . . 27 inscriptions.
— de physique et chimie. 75
— d'histoire naturelle et de physiologie. 94
— d'histoire et de philologie. . . 68

Parmi les candidats, on compte des agrégés, des docteurs, beaucoup de licenciés. Quelques-uns abandonnent des positions acquises, ou reviennent de l'étranger, pour solliciter leur admission à l'école nouvelle. J'y trouve même un savant dont le nom a été porté par une des sections de l'Institut sur une liste de candidats à l'Académie des sciences, et qui se propose de demander à nos laboratoires de recherches les moyens de poursuivre des travaux qu'il ne pourrait exécuter ailleurs.

Pour les recevoir, dix-sept laboratoires provisoires ou définitifs sont construits, appropriés ou en préparation :

A la Sorbonne, pour l'anatomie végétale, la physique, la physiologie, la minéralogie, la géologie, enfin la chimie, qui aura une installation comparable à celle que la physique a obtenue l'an dernier;

Au collége de France, pour la chimie minérale, la chimie des corps organisés et la physiologie animale;

Au muséum, pour la physiologie végétale, la chimie agricole, la botanique et la zoologie physiologique;

A l'école normale, pour la chimie physiologique;

A la faculté de médecine, pour la botanique, avec un jardin d'expériences.

Cette même école offre à ses élèves les plus studieux des laboratoires de recherches pour la chimie, l'anatomie pathologique, la physiologie et l'histologie. L'administration de l'assistance publique, désireuse de seconder l'essor des sciences médicales dans le domaine des études pratiques, multiplie, de son côté, les laboratoires qui lui appartiennent : cette année, elle en ouvrira treize aux élèves de la faculté [1].

En province, des savants demandent, aux termes du décret du 31 juillet, que leur laboratoire soit considéré comme une annexe de l'école des hautes études ; plusieurs villes songent à développer leurs établissements d'enseignement supérieur, et le conseil général du Calvados, par une heureuse et honorable initiative, vient de voter une subvention en faveur du laboratoire de recherches institué à la faculté des sciences de Caen pour la chimie agricole.

Enfin des établissements privés prendront sans doute un caractère scientifique, qui permettra de les rattacher à l'école des hautes études, sans nuire à leur autonomie. Déjà l'*aquarium* d'Arcachon n'est plus un simple objet de curiosité : on y trouve un commencement de musée et de bibliothèque ; un laboratoire de recherches y est annexé, et de sérieux travaux s'y poursuivent. L'*aquarium* du Havre, celui de Boulogne, permettront d'étudier ce monde merveilleux et inconnu de l'Océan, où tant de vérités nouvelles restent à trouver. Si Marseille ou quelque

1. L'administration de l'assistance publique a déjà réorganisé l'amphithéâtre d'anatomie, en ajoutant aux cours d'anatomie descriptive et chirurgicale des cours d'histologie et de physiologie. A côté des salles d'autopsie, elle a installé des laboratoires pour l'examen microscopique, complément nécessaire des nécropsies. L'hôpital Beaujon est déjà pourvu d'un laboratoire, et, d'ici à la fin de l'année, des laboratoires déjà achevés ou en voie de construction seront ouverts à la Charité, à la Pitié, à Saint-Antoine, à Cochin, à La Riboisière, à Necker, dans les deux hôpitaux d'enfants, à Lourcine, à l'hospice des enfants assistés et à la Salpêtrière.

port de la Méditerranée imitait cet exemple, les trois
mers qui nous entourent deviendraient trois champs
d'observations, et d'expériences que les savants n'ont pu
jusqu'à présent explorer d'une manière permanente, et
où ils entrevoient les plus brillantes promesses pour la
science.

Ainsi les décrets du 31 juillet sont en pleine voie
d'exécution, et la nouvelle école est constituée. A l'époque
habituelle de l'ouverture des cours, trente-quatre laboratoires seront ouverts, ou bien près de l'être, à ceux, maîtres et élèves, qui sont résolus à combattre vaillamment
pour l'honneur scientifique de la France.

§ 2. *Sciences physiques et naturelles.*

Organisation d'un enseignement supérieur d'agronomie.
— La section des sciences naturelles, qui s'était mise à
l'œuvre la première pour préparer et ouvrir des laboratoires aux zoologistes et aux botanistes, est prête à les
ouvrir encore aux agronomes.

Cette application des décrets du 31 juillet peut avoir
une importance assez grande pour que je demande à Votre
Majesté de vouloir bien excuser la longueur de quelques
détails.

De la grande enquête agricole de 1867 se sont dégagées
deux idées fondamentales : les populations ont surtout
demandé des chemins vicinaux et un enseignement
agricole dans les écoles rurales.

La loi du 11 juillet 1868, avec sa riche dotation, a
donné satisfaction au premier de ces vœux. L'Université
essaye avec ses faibles ressources de répondre au second.

En voyant ce qui a pu être fait jusqu'à présent pour cet ordre d'études dans nos écoles primaires, secondaires et supérieures, il sera plus aisé de trouver ensuite ce qui reste à faire.

La loi du 21 juin 1865 ayant rangé parmi les matières *obligatoires* pour les écoles d'enseignement spécial les notions d'agriculture et d'horticulture, que la loi du 15 mars 1850 n'avait classées que dans la partie *facultative* du programme, on s'est autorisé de cette loi pour réorganiser les études dans les écoles normales. Le décret du 2 juillet 1866 y a rendu l'enseignement agricole obligatoire, et, à cette heure, 44 de ces écoles sur 77 possèdent 88 hectares en pleine culture. J'espère que les conseils généraux voudront, dans leurs prochaines sessions, doter de cette annexe indispensable les établissements qui en sont encore dépourvus. Un terrain de culture, en effet, ne sert pas seulement de champ d'expériences aux élèves-maîtres : il est encore, pour les instituteurs établis dans les villages, comme une pépinière d'où ils tirent des greffes, des boutures, des plants d'espèces nouvelles ou plus productives ; beaucoup d'entre eux viennent aussi, durant leurs congés, chercher dans l'école mère des exemples et des conseils.

M. le ministre des travaux publics a bien voulu, depuis quelques années, autoriser MM. les inspecteurs généraux de l'agriculture à visiter nos écoles normales ; ces inspections, qui prouvent aux élèves et aux maîtres l'intérêt que le gouvernement porte aux études agricoles, produisent, à tous les points de vue, les meilleurs effets.

Ainsi plus de la moitié de nos écoles normales sont dès à présent en mesure de donner aux communes rurales un nombre, chaque année plus grand, de maîtres pourvus au moins des connaissances les plus élémentaires, mais aussi les plus indispensables pour la culture maraîchère, fruitière ou agricole, et je suis heureux de dire à Votre Majesté que 6,000 écoles rurales ont déjà un sérieux enseignement d'horticulture, dont les résultats sont attestés par les primes nombreuses que nos instituteurs obtiennent, chaque année, dans les concours des comices agricoles.

Depuis la loi du 21 juin 1865, l'enseignement agricole fait partie essentielle de l'enseignement secondaire spécial, qui est établi aujourd'hui dans 77 lycées et 247 colléges.

Il y est donné, surtout dans les maisons placées au centre d'une région agricole :

D'une manière *théorique,* par les différents cours d'histoire naturelle, d'économie rurale, de comptabilité agricole, et par l'étude des applications de la chimie, de la physique et de la mécanique à l'agriculture;

D'une manière *pratique,* par des exercices au jardin du lycée, quand le lycée possède un jardin, à celui de l'école normale, lorsqu'il s'en trouve une aux environs, et par des visites aux meilleures exploitations du voisinage.

Une ferme-école a même été annexée au lycée de Napoléonville, avec le concours, qui ne nous fait jamais défaut, du ministère des travaux publics; et le collége de Rouffach, où l'enseignement sera dirigé tout entier en vue de l'agriculture, possède de vastes terrains pour les exercices pratiques.

A Cluny, le jardin, qui couvre six hectares, est une véritable école de botanique et d'horticulture, sous la direction d'un professeur d'histoire naturelle, d'un chef des travaux de botanique et d'un habile jardinier du muséum.

Enfin, j'ai pu, de concert avec M. le ministre du commerce, instituer dans plusieurs départements des professeurs d'agriculture qui, outre les cours faits à l'école normale, au lycée ou au collége, doivent aller dans les cantons tenir, pour les instituteurs, les fermiers et les propriétaires, des conférences où seront exposés les meilleurs procédés de culture et ces questions d'économie politique appliquée aux intérêts ruraux, qu'il importe tant de répandre au plus vite dans nos campagnes.

Ainsi l'Université peut faire beaucoup pour la rapide diffusion des connaissances agricoles, et elle fera bien davantage quand l'organisation commencée sera complète. Mais ces connaissances résultent des données théoriques de la science vérifiées par la pratique. Il faut donc demander aux sciences physiques, chimiques et naturelles de pousser chaque jour plus loin leurs investigations dans cette portion de leur vaste domaine, où elles rencontrent les problèmes relatifs à la production des végétaux et des animaux utiles à l'homme.

Plusieurs membres de l'enseignement supérieur ont donné cette direction à leurs travaux. Des cours de chimie et d'histoire naturelle appliquées à l'agriculture ont été établis dans quelques-unes de nos écoles préparatoires, à Nantes par exemple, à Angers, à Rouen et à Mulhouse. Dans nos facultés des sciences, des chimistes distingués ont acquis une renommée légitime en se livrant à ces études. Partout on reprend l'usage si nécessaire des herborisations; sur de certains points, il s'établit de ces *stations agricoles* qui rendent tant de services en Allemagne

et que l'administration cherche à multiplier ; une carte
minéralogique du sol arable de la France est en préparation, et un atlas météorologique s'exécute à l'aide des
observations qui ont été instituées dans toutes nos écoles
normales.

Enfin, au sein et en dehors de l'Université, beaucoup
d'écrivains publient des ouvrages de vulgarisation ou de
théorie que l'administration de l'instruction publique
encourage par des subventions ou des achats [1].

Ainsi, à côté du travail de diffusion qui se fait par
l'exemple dans les comices agricoles, par l'enseignement
dans les écoles primaires et secondaires, par ces deux
forces réunies dans les fermes–écoles, il s'en accomplit
un autre dans les écoles supérieures pour donner à l'agriculture cette assistance de la science qui, dans l'ordre des
faits industriels, a produit tant de merveilles.

Cet effort est-il suffisant? Je ne le crois pas : car, si des
hommes éminents consacrent leur vie à éclairer par la
science des questions d'agronomie, je dois avouer que,
pour l'enseignement, les maîtres habiles nous font défaut,
alors qu'il en faudrait plusieurs dans chaque département
pour y constituer un enseignement profitable et y fonder
ces *stations agricoles* qui mettront au service de l'agriculture, avec l'*observation* attentive des naturalistes, les procédés féconds de la *méthode expérimentale*. J'ajoute que
ceux qui ambitionneraient ce professorat, ceux encore
qui, dans un intérêt d'études ou de profession, désireraient apprendre ce que les diverses sciences peuvent

1. Je n'ai pas le droit de parler des cours si populaires que des professeurs du
plus grand mérite ouvrent chaque hiver au Conservatoire des arts et métiers, ni
des profondes études qui se font aux écoles vétérinaires d'Alfort et de Lyon.

fournir de connaissances utiles à l'agriculteur, sont réduits à demander ces connaissances à des livres de nature très-diverse ou à des cours isolés. En un mot, nous n'avons pas un lieu où se donne, pour l'agronomie, un enseignement supérieur coordonné et complet; où en même temps se prépareraient, par l'étude approfondie de la *théorie*, les progrès futurs de la *pratique*.

Lorsque la France voulut, il y a trois quarts de siècle, avoir un personnel d'élite pour exécuter les travaux d'utilité publique et diriger les opérations où les sciences mathématiques jouent le principal rôle, elle créa l'école polytechnique. Cette grande institution n'eut pas à former directement des officiers pour les armes savantes ou des ingénieurs pour les constructions militaires et civiles : elle reçut la mission de donner aux écoles d'application des mines, des ponts et chaussées, de l'artillerie et du génie, des constructions navales, etc., des élèves qui, munis d'une large et forte instruction théorique, mettraient les plus hautes conceptions de la *science* au service d'un *art* et feraient tourner les habitudes sévères de l'esprit scientifique au profit d'une profession. La renommée européenne de l'école polytechnique dispense de montrer la part prise par ses élèves au développement de la richesse nationale.

Aujourd'hui la France veut donner la plus vive impulsion à son agriculture. L'expérience indique que le moyen le plus sûr d'y parvenir est de faire pour la grande industrie de la terre ce qui a été fait depuis soixante ans pour les travaux publics et l'industrie générale. Il faut placer, à côté des écoles d'*application* dirigées par le ministère de l'agriculture, une école de *théorie* où ceux qui se pro-

posent de devenir agronomes, c'est-à-dire d'étudier les *lois*
physiques et économiques de la production rurale, dont
les agriculteurs ordinaires ne connaissent que les *procédés* traditionnels, trouveront un enseignement scientifique
comparable, par ses effets, à celui que les futurs ingénieurs viennent demander à l'école polytechnique. Plus
tard on examinera si les exercices aux écoles d'application ou sur les domaines particuliers devront précéder
ou suivre les études théoriques.

Dans cette sorte d'*école supérieure d'agronomie,* on enseignerait la structure et la physiologie des plantes et des
animaux utiles ou nuisibles ; la constitution du sol arable
et des roches qui le supportent ; les caractères et l'ordre
de superposition des terrains qui forment l'écorce solide
du globe ; les lois qui régissent les phénomènes atmo-
sphériques et les moyens à l'aide desquels on étudie ces
phénomènes ; les méthodes et les procédés de la chimie
pour l'analyse des terres, des eaux, des engrais, des
plantes, etc. ; certaines parties de la mécanique ; les principes de l'économie et de la législation agricoles, même
ceux de l'architecture rurale.

Des leçons orales sur la botanique, la zoologie, la physiologie, la géologie, la chimie, la physique, etc., sont
nécessaires, mais insuffisantes. Pour l'étude des sciences
naturelles, les travaux d'observation et d'expérience sont
indispensables. Il faut habituer les élèves à la manœuvre
des instruments, aux dissections, aux manipulations, aux
analyses, à la prompte et sûre détermination spécifique
des plantes et des animaux, c'est-à-dire qu'il faut des
laboratoires, des collections, une bibliothèque.

Enfin, pour stimuler le travail individuel des élèves,

pour en contrôler les résultats, pour lever les difficultés qui peuvent naître dans leur esprit et s'opposer à leurs progrès, on doit encore les appeler à des conférences fréquentes et les soumettre à des interrogations variées.

Si l'État voulait créer de toutes pièces une école de ce genre qui fût digne de la France, il faudrait un nombreux personnel, un matériel considérable, de vastes espaces et de coûteuses constructions, c'est-à-dire qu'il y aurait à imposer au budget des charges énormes. Mais le département de l'instruction publique est en mesure de l'établir immédiatement et presque sans frais.

Le Muséum d'histoire naturelle, notre grand établissement pour l'étude de la nature, possède, en effet, des ressources immenses qui peuvent être utilisées en vue de l'enseignement agronomique, sans porter aucune atteinte à son caractère scientifique. Déjà, en 1790, Daubenton, « le chef des bergeries du roi, » Lamarck, Lacépède, Fourcroy, Brongniart et les autres *officiers* du Jardin des plantes appelaient l'attention du législateur sur les services que le Muséum d'histoire naturelle pouvait rendre à l'agriculture, et, peu d'années après, la Convention nationale, en réorganisant ce magnifique établissement sur de larges bases, y instituait, à côté des cours de botanique, de zoologie et des autres sciences pures, un cours de culture où devaient être expérimentées toutes les applications des sciences à l'art du cultivateur.

En ce moment, le Muséum possède, sans parler des chaires de botanique et de culture :

Quatre chaires de zoologie ;

Quatre de physique et de chimie ;

Une de géologie ;

Une de physiologie comparée ;

Une d'anatomie comparée.

Ces sciences, au Muséum, ne doivent pas être enseignées de la même manière qu'au Collége de France, dans les facultés ou les écoles de médecine. La chimie n'y peut pas être une chimie générale, ou industrielle, ou médicale ; on a le droit de demander à la zoologie de donner, dans ses cours, une place importante aux animaux domestiques, aux insectes utiles ou nuisibles, d'autant plus que l'étude des êtres microscopiques et de tous ces parasites qui compromettent parfois nos récoltes, peut conduire à d'importantes découvertes scientifiques. Il en est de même pour la physique, la géologie, la minéralogie et la physiologie comparée. En plaçant ces sciences au Muséum, le législateur a voulu qu'elles y prissent un caractère particulier.

L'*enseignement* peut donc être fortement organisé dans cet établissement en vue des besoins nouveaux, et nous aurons pour le donner des professeurs éminents.

Les *travaux pratiques*, si nécessaires à l'instruction des élèves, viennent d'y être introduits par les décrets du 31 juillet.

Une *bibliothèque* spéciale, la plus importante peut-être qui soit au monde pour l'histoire naturelle, leur sera ouverte.

Les *collections* destinées à représenter les trois règnes de la nature y sont d'une richesse incomparable.

Enfin le Muséum possède, dans le parc de Vincennes, un terrain propre à former un champ d'expériences et à devenir un laboratoire de recherches pour toutes les applications des sciences à l'exploitation de la surface du sol.

Pour constituer l'enseignement supérieur de l'agronomie, c'est-à-dire pour faire connaître d'une manière scientifique les lois naturelles qui régissent la production des richesses dont la culture des végétaux et l'élevage des animaux sont la source, il suffirait donc de mettre à contribution une partie des cours existant au Muséum, d'en coordonner les programmes de manière à faire converger les études des élèves vers le but désigné, et d'instituer, sans les faire rentrer dans le cadre de l'enseignement normal du Muséum, quelques cours complémentaires. Or les professeurs, dans leur dévouement à la science et au pays, sont prêts à accepter cette tâche, qui, tout en respectant, en fortifiant même le caractère scientifique du Muséum, ramène ce grand établissement, pour une partie de ses études et de son enseignement, à l'esprit de sa fondation.

L'institution proposée pourra donc être établie dès que l'Empereur aura accordé son approbation au projet, puisqu'il ne s'agit que de donner un nouvel emploi à des forces existantes.

J'ajoute que, si l'on voulait un jour créer une *école centrale* qui serait pour les *arts agricoles* ce que l'établissement de ce nom a été pour les *arts industriels*, le Muséum, par son enseignement agronomique, offrirait aux élèves de cette maison le secours que la Sorbonne et le Collége de France donnent depuis soixante ans aux élèves de l'école normale.

Création d'une école centrale d'horticulture. — Le terrain possédé par le Muséum au parc de Vincennes est assez vaste pour qu'à côté du laboratoire de recherches agrono-

44.

miques que je propose d'y fonder, il soit possible d'établir une école d'horticulture, théorique et pratique, qui n'existe en aucun pays d'Europe.

Il n'est pas nécessaire de disposer de grandes surfaces et de gros capitaux pour faire sur les fruits et légumes, et sur les produits industriels que l'on en tire, des observations et des expériences d'une extrême importance. L'homme veut approprier la terre à ses besoins et ne laisser vivre à la surface, dans les deux règnes, que les êtres utiles à son alimentation ou à son industrie. Mais il y rencontre une foule d'ennemis, et les plus redoutables ne sont pas ceux qu'il est le plus facile d'atteindre et de connaître. Il lui faut donc, dans cette lutte implacable, appeler à son aide les patientes investigations de la science qui sait voir l'invisible.

C'est ainsi, par exemple, qu'à la suite d'études persévérantes on a pu trouver le moyen de débarrasser nos vignes de la pyrale; que nos vers à soie le seront peut-être des corpuscules, et que l'observation microscopique du dépôt des vins a récemment fait découvrir la cause de leurs principales maladies. Nous sommes beaucoup moins avancés au sujet des pommiers, des poiriers et des boissons qu'ils fournissent à une partie de la France, même à plusieurs régions de l'Europe.

L'école centrale d'horticulture, en permettant aux botanistes et aux chimistes d'entreprendre des observations variées et des expériences à long terme que l'industrie privée ne peut poursuivre, serait une institution heureuse à la fois pour la science et pour le bien-être de nos populations rurales [1].

1. On pense que les fruits, légumes et racines entrent peut-être pour un tiers

Mise en rapport avec nos 77 écoles normales des départements, qui ont des élèves dans tous les villages, il lui
serait facile de faire arriver promptement et sûrement des
renseignements utiles jusqu'au fond de nos campagnes les
plus reculées.

Quand l'organisation de l'enseignement agronomique
sera établie, quand les ressources budgétaires auront permis de mettre en état le terrain de Vincennes pour les
expériences d'horticulture, la France se trouvera dotée
d'une école de plus, et le Muséum d'une vie nouvelle.

Les sciences physiques et naturelles à l'école de médecine.
— Lorsque la physique, la chimie, l'histoire naturelle, ou
plus simplement les sciences physiques, portent leurs
efforts sur l'étude du sol et de ses produits, elles peuvent
rendre de très-grands services à l'agriculture ; lorsqu'elles
s'occupent de l'homme en tant qu'être vivant, qu'elles
étudient sa structure et tous les phénomènes qui se passent
au sein de ce merveilleux organisme, soit à l'état sain,
soit à l'état pathologique, elles constituent la médecine.
La population de la France est donc intéressée tout entière, pour sa santé, sa force et sa richesse, aux progrès
des sciences physiques dans cette double direction.

A la faculté de médecine de Paris, ces sciences sont
enseignées avec éclat ; mais elles n'y trouvent pas les
locaux nécessaires aux études théoriques des maîtres et
aux exercices pratiques des élèves. Tant que les laboratoires n'y seront pas établis en nombre suffisant pour les

dans la consommation alimentaire de Paris ; ce qui permettrait de dire qu'ils entrent
pour moitié dans l'alimentation générale de la France. L'école d'horticulture aurait
donc à opérer, pour en améliorer la production, sur des denrées dont la valeur en
argent se chiffre par des milliards.

1,800 élèves de la faculté, il y aura péril certain pour la science médicale française d'être devancée par la science étrangère, et il est de mon devoir de faire à l'Empereur et au pays cette déclaration douloureuse. Les devis des constructions sont arrêtés, les plans sont dessinés ; malheureusement, il faudrait pour les exécuter une loi et des crédits qui ne sont pas votés, des expropriations qui ne sont pas faites. Moins heureuse ici qu'au Muséum, où l'enseignement agronomique peut être immédiatement établi presque sans dépense, l'administration de l'instruction publique, réduite à ses seules ressources, est condamnée à un aveu d'impuissance.

Physiologie. — Une science, la physiologie, tend à prendre dans l'histoire scientifique du dix-neuvième siècle la place des mathématiques au dix-septième, de la chimie au dix-huitième ; il serait à souhaiter qu'une chaire pût être créée pour elle dans les écoles secondaires de médecine qui en manquent encore.

Création d'un observatoire central de physique et de météorologie. — Une autre science physique, la météorologie, réunit aussi ce double caractère d'être une étude des plus délicates de haute théorie, et, en même temps, la recherche d'applications utiles à l'agriculture et à la navigation, puisqu'on est en droit d'espérer qu'elle arrivera un jour à découvrir quelques lois naturelles qui, en certains cas, donneraient aux agriculteurs et aux marins le premier des biens, la sécurité. Une libéralité de la ville de Paris permettra d'assurer bientôt à cette science une installation particulière, les moyens, par conséquent, d'améliorer ses méthodes, de multiplier les observations, de comparer les faits recueillis, qui sont déjà en nombre immense, d'arriver enfin à des lois de périodicité.

Lavoisier, Laplace, Montigny, etc., avaient déjà voulu, il y a quatre-vingts ans, établir en France, sur un grand nombre de points, des observatoires météorologiques. Lavoisier pensait : « qu'il ne serait pas impossible de « publier tous les matins un journal de prédiction du « temps, qui aurait une grande utilité pour la société; » et Romme, dans son rapport à la Convention sur le télégraphe de Chappe, annonçait que les physiciens pourraient désormais prévoir l'arrivée des tempêtes et en donner avis aux ports et aux cultivateurs.

Cette idée toute française, recueillie un demi-siècle plus tard par les Anglais et les Américains, fut reprise en 1852 par les fondateurs de la Société météorologique de France, puis par l'observatoire impérial, où, à la demande de M. le maréchal Vaillant, on étudia la marche du terrible ouragan qui, le 14 novembre 1854, causa tant de sinistres dans la mer Noire. Les deux cent cinquante mémoires envoyés par les météorologistes de tous les pays que le fléau avait traversés, donnèrent lieu à l'organisation du bureau météorologique de l'observatoire, et un des premiers actes de mon administration fut de fournir au directeur tous les moyens en mon pouvoir pour que ces études fussent poursuivies avec ardeur. Des travaux importants ont été exécutés; de nombreuses correspondances télégraphiques ont été établies en France et à l'étranger; un bulletin quotidien, des cartes, des ouvrages, ont été publiés; enfin, par l'envoi aux ports de mer des prévisions du temps, on a rendu de sérieux services à la marine et au commerce.

Mais l'observatoire impérial est consacré à l'astronomie. Dans l'intérêt d'une des plus belles sciences, il importe de ne pas dénaturer le caractère de notre grand établissement national. Les études météorologiques, qu'un
vote du Corps législatif a encouragées (1865), pourront y
être continuées, puisque le décret du 3 avril 1868 autorise les travaux personnels des astronomes, quand le service astronomique pour lequel l'observatoire existe se
trouve assuré. Il n'est donc pas question de rien détruire,
mais il est indispensable de donner en France à la météorologie, dans un établissement spécial, l'existence indépendante qui lui a été assurée ailleurs.

En Angleterre, en Prusse, en Russie, en Autriche, en
Italie, en Portugal, en Hollande, en Suède, en Norwége,
en Turquie, et dans tout le nouveau monde, les *observatoires physiques* sont absolument distincts des *observatoires
astronomiques,* comme les deux sciences le sont elles-
mêmes par leurs méthodes et par leur sujet. La division
rationnelle du travail est la condition du progrès dans la
science comme dans l'industrie. La météorologie, d'ailleurs, a un domaine assez vaste pour que plusieurs puissent y moissonner en même temps.

La création d'un *observatoire physique central* aurait
exigé de grosses sommes pour l'achat du terrain et la construction des bâtiments. La ville de Paris a bien voulu
prendre à son compte cette dépense, que le budget du
ministère de l'instruction publique ne pouvait supporter.

Dans le nouveau parc de Montsouris, à l'extrémité du
quartier des écoles, en un point d'où se découvre presque
tout Paris et où les vents du nord n'apportent que rarement les fumées et la poussière de la grande ville, le con-

seil municipal abandonne en usufruit à l'Université une surface d'un hectare : au milieu, la ville reconstruit, avec ses terrasses et ses coupoles, le palais du bey de Tunis, qui fut, l'an dernier, une des curiosités architecturales du Champ-de-Mars, et elle nous en cède l'usage pour y installer la météorologie.

Il ne restera qu'à y placer les instruments et les appareils physiques et magnétiques qui seront nécessaires, puis à les confier à des hommes capables d'en tirer un bon parti. On aura à leur demander :

Une étude rigoureuse de tous les éléments qui représentent le climat du bassin de Paris, et de tous les phénomènes intéressant la physique terrestre, qui s'y produisent;

Un travail général de discussion et de calcul des anciennes observations, travail que, de leur côté, l'Angleterre, la Prusse et l'Autriche font entreprendre;

Un travail analogue sur les documents journellement recueillis en France et à l'étranger dans les observatoires publics ou privés, et qui seraient communiqués à l'observatoire central ;

La publication quotidienne ou mensuelle des résultats auxquels ces études conduiraient, soit pour les parties les plus élevées de la science, soit pour les applications pratiques qu'on en déduira.

Les hommes capables de poursuivre ce double but ne nous manqueront pas; mais il faudra attendre l'ouverture d'un crédit législatif pour constituer le budget du nouvel établissement.

Je demande à l'Empereur l'autorisation de conduire, du moins, l'organisation de l'observatoire central de physique aussi loin que le permettront les ressources dont je pourrai disposer.

La météorologie est aujourd'hui au point où se trouvait l'astronomie avant Kepler, peut-être même avant Copernic; elle semble prête à sortir de l'état incertain et obscur où elle est demeurée jusqu'ici, pour s'élever enfin à la condition d'une science constituée.

En lui continuant l'intérêt particulier que, dès l'année 1855, l'Empereur lui montrait, Votre Majesté servira à la fois la science pure, l'hygiène publique, les intérêts maritimes et agricoles du pays et la cause de l'humanité, puisque le système des prévisions, qui a déjà sauvé bien des existences, pourrait, en s'affermissant, empêcher beaucoup de désastres.

Création d'une chaire de paléontologie. — Dans le groupe des sciences physiques, la géologie avec ses annexes, l'anatomie comparée et la paléontologie, se distingue par les immenses progrès qu'elle a accomplis depuis soixante ans. Aucune autre, dans le même laps de temps, n'a révélé autant de faits inconnus; aucune n'a jeté dans la circulation générale autant d'idées nouvelles. Depuis la matière cosmique, dont les météorites nous permettent de constater l'identité de nature avec les éléments des corps terrestres, jusqu'aux couches les plus profondes de notre globe, le géologue embrasse du regard toute la création inorganique, et à l'aide des débris autrefois vivants qu'elle renferme, il reconstitue une formidable histoire de continents écroulés, d'êtres innombrables, autrefois les maîtres de la terre, de l'air et des eaux, et qui ont à jamais disparu.

Les espèces fossiles sont aujourd'hui, pour les deux règnes, végétal et animal, au nombre de plus de 50,000.

Cet immense champ de recherches ne saurait avoir trop de travailleurs. Pour les encourager, il faudrait créer à la Sorbonne, en faveur de la géologie, une seconde chaire, comme en ont presque toutes les autres sciences qui y sont enseignées.

Développement à donner à l'enseignement des sciences naturelles. — L'enseignement spécial a fait une large place aux sciences naturelles, parce que c'est dans la nature que l'industrie et l'art prennent leurs moyens d'action et leur force de renouvellement. Mais ces sciences ne sont pas suffisamment représentées dans l'enseignement supérieur. Dans les facultés de province, elles n'ont, pour toutes leurs branches réunies, que trente chaires. Aussi le recrutement pour les grandes chaires de Paris est-il devenu très-difficile. Il faudrait en accroître rapidement le nombre, ne fût-ce d'abord qu'à l'aide de cours complémentaires.

§ 3. *Sciences mathématiques.*

Décret du 3 avril 1868 pour la réorganisation de l'observatoire impérial. — Par la création de l'*école des hautes études* et le chiffre considérable d'élèves qui se pressent aux deux sections des sciences physiques; par la création d'un *enseignement supérieur d'agronomie* et d'un *observatoire météorologique*; par l'ouverture de nombreux *laboratoires de recherches* ou *d'enseignement*, à Paris et dans les départements; par l'espérance, enfin, que ceux de l'école de médecine se construiront bientôt, les sciences physiques auront reçu du gouvernement toute l'assistance qu'il peut leur donner.

Le reste est l'affaire des hommes. A eux de répondre à l'attente du pays, en assurant sa prospérité avec leur propre gloire.

Pour les mathématiques, l'administration est réduite, comme pour les lettres, à faire des vœux. Elle ne peut pas plus aider un géomètre à trouver de nouveaux théorèmes qu'un littérateur à produire œuvre qui dure.

Cependant la réorganisation de l'observatoire impérial, par le décret du 3 avril 1868, ne peut manquer d'être favorable à ces difficiles études, puisque du bon état de ce grand établissement, de l'ordre et du calme de ses travaux, dépendent les progrès de l'astronomie.

L'observatoire va s'ouvrir libéralement à quelques-uns des élèves de l'école des hautes études. Le règlement préparé pour eux promet de nous donner les savants qui manquent à l'astronomie expérimentale et dont nous avons besoin pour que d'habiles et nombreux observateurs soient répartis sur beaucoup de points du territoire. En outre, comme le progrès dans les études astronomiques se lie étroitement au perfectionnement des méthodes dans la haute analyse, les mathématiques pures profiteront de tous les efforts qui seront faits à l'observatoire impérial pour l'avancement de la science[1].

Les autres élèves de la section de mathématiques trouveront, au Collége de France et à la Sorbonne, toute l'as-

1. La question du maintien de l'observatoire impérial sur l'emplacement qu'il occupe, ou de sa translation partielle hors de Paris, celle aussi de ses rapports avec le bureau des longitudes, sont l'objet d'études qui se poursuivent au sein de l'Académie des sciences,

sistance désirable pour leurs travaux théoriques et pour
leurs études d'application.

§ 4. *Sciences historiques et philologiques.*

En étudiant le mouvement littéraire de ce temps, on
est conduit à penser que le goût du public français pour
les études sévères s'émousse et s'affaiblit. Il semble qu'en
dehors de l'Académie des inscriptions et de l'école des
chartes l'érudition nous effraye. On préfère les lettres
pures, les vérités générales, la peinture des caractères et
des passions, l'analyse du cœur humain, le style brillant
des lectures faciles et ces innombrables études de critique
dont quelques-unes ne sont que la forme littéraire de cet
esprit frondeur, une des formes les plus anciennes et les
plus vives du génie national.

Mais il y aurait péril pour les lettres elles-mêmes à
dédaigner l'érudition, comme un objet de vaine et inutile
curiosité. L'esprit français perdrait de sa force, puisqu'il
laisserait tarir pour lui une des trois sources de vie, d'inspiration et d'études fécondes où les lettres se retrempent
et se fortifient : l'homme et la société, Dieu et la nature,
l'humanité et son histoire. C'est là la pensée qui a fait instituer, à l'école des hautes études, une section d'histoire et
de philologie.

Il était à craindre qu'il ne se présentât qu'un très-petit
nombre d'élèves pour y entrer. Cette section se trouve
être au contraire une des plus nombreuses : 68 inscriptions. Ce chiffre d'heureux augure et le dévouement résolu
des maîtres qui en forment la commission permanente
donnent à penser que les jeunes gens curieux d'études

sévères vont être dirigés, selon leur goût, au milieu des richesses accumulées dans nos musées d'antiques, nos bibliothèques et nos archives. Cet empressement doit autoriser l'Académie des inscriptions et belles-lettres à concevoir l'espérance de compter bientôt plus d'auxiliaires pour ses savantes publications, plus d'ouvrages d'érudition et de philologie pour ses concours, plus de lauréats pour ses récompenses.

Les épreuves d'érudition rétablies aux concours d'agrégation. — Jadis, dans les diverses agrégations des lettres, on exigeait des candidats qu'ils se missent en état de répondre à de difficiles problèmes d'érudition posés une année à l'avance. Pour plusieurs des agrégés d'autrefois, ces questions devinrent, après l'épreuve du concours, le sujet d'études persévérantes, de thèses doctorales, même d'ouvrages qui leur ont ouvert les portes de l'Institut. Je proposerai au conseil impérial, dans sa prochaine session, de reprendre cet usage, qui raffermira, à l'école normale supérieure et au sein de la jeunesse studieuse, le goût du savoir puisé aux sources les plus sûres et les meilleures.

On pourra de même demander aux candidats pour les agrégations scientifiques des recherches approfondies sur certains faits nouveaux ou quelque point obscur de la théorie, sans oublier l'histoire des sciences, qui n'est pas suffisamment connue de nos jeunes savants.

Moyens permanents d'information. — Par quelques-unes de ses branches, la littérature se rapproche de la science proprement dite, en ce sens qu'elle a besoin, elle aussi, d'instruments matériels pour accomplir son œuvre. Il

faut, par exemple, à l'historien, au géographe, au philologue, à l'archéologue, à l'économiste, etc., etc. :

Des *bibliothèques* qui s'enrichissent constamment des
publications les plus importantes;

Des *recueils périodiques* où seraient annoncés, brièvement analysés, quelquefois traduits, les travaux des savants
des deux mondes.

L'auteur de la *Vie de César* sait de quelle importance
il est, pour bien étudier un grand sujet d'histoire, de connaître les travaux correspondants des publicistes étrangers,
afin de ne point recommencer inutilement des recherches
déjà faites, ou, plus souvent, pour faire jaillir la lumière
de la contradiction des idées.

Le rôle que j'attribue aux recueils périodiques pour
tenir les érudits au courant des publications étrangères,
ou, comme disait Mézeray, « pour faire sçavoir ce qui se
passe de nouveau dans la république des lettres, » était
autrefois rempli en France par le *Journal des Savants;*
mais ce recueil, depuis trente ans, a pris un caractère
qu'on ne saurait changer, et qui, d'ailleurs, continue sa
grande et légitime renommée.

On devra donc chercher d'un autre côté pour organiser,
en faveur des sciences historiques et morales, comme en
faveur des sciences proprement dites, *des moyens permanents d'information.* Ces recueils perpétueront l'œuvre
entreprise par la publication, qui s'achève en ce moment,
des Rapports sur l'état des lettres et les progrès des sciences
en France sous le règne de Votre Majesté.

Il n'est point nécessaire que j'entre dès à présent dans
le détail des moyens d'exécution. Je me contente de signaler à l'Empereur ce double besoin, qui ne demandera,

pour être satisfait, qu'une légère augmentation de crédit
sur les fonds des bibliothèques et des sociétés savantes.

Si les villes et les départements faisaient la même dépense
pour leurs grandes bibliothèques, la librairie française
serait encouragée à multiplier les publications sérieuses
qui ont fondé sa réputation.

Missions. — Nos savants ne voyagent pas assez. Il faudrait faire voyager au moins ceux qui veulent le devenir,
en donnant à de jeunes érudits des missions à l'étranger,
non point, comme c'est le cas dans les missions ordinaires,
pour faire des découvertes d'archéologie, d'histoire ou de
géographie, mais pour compléter leur propre instruction
en étudiant la science moderne à Berlin, à Oxford ou en
Amérique, comme les membres de l'école d'Athènes étudient en Orient la civilisation hellénique, comme les
élèves de l'école de Rome vont étudier en Italie et en
Allemagne les chefs-d'œuvre de la Renaissance ou ceux
de la statuaire et de l'architecture antiques. Dans le personnel de ces missions, on trouverait des rédacteurs compétents et bien informés pour les recueils que je propose
de créer ou, mieux encore, de développer par des subventions aux recueils existants.

Il me semble que ces publications et ces missions éta-
bliraient, au profit de la science française, une source de
renseignements nécessaires sur les travaux scientifiques
de l'Europe contemporaine.

Subventions ou souscriptions. — Mais l'érudit ne trouve
pas toujours un libraire qui consente à supporter les frais
d'une publication onéreuse et à courir les risques d'éditer
un livre qui ne peut avoir qu'un petit nombre de lecteurs.

Après avoir aidé le savant à trouver, ne fût-ce qu'une parcelle de vérité, il faut, quand c'est nécessaire, l'aider à la
mettre au jour pour la montrer à tous. L'imprimerie
impériale n'a, pour ce service, qu'un crédit de 20,000 fr.

Ces mesures, à les prendre isolément, n'ont point une
importance considérable. Cependant, les réunir en un
plan général et en former la règle de l'administration,
paraîtrait aux savants un encouragement véritable donné
à leurs travaux.

Réorganisation de l'école des langues orientales vivantes.
— On peut rattacher à cet ordre d'études, mais pour des
intérêts très-différents, un projet de réforme qui s'appliquerait à une de nos plus vieilles institutions. Le commerce et la diplomatie demandent que l'administration
organise le plus tôt possible, sur des bases nouvelles,
l'école des langues orientales vivantes.

Cette école, fondée par un décret de l'an iii, devait
enseigner « les idiomes d'une utilité reconnue pour la
politique et le commerce. » C'était l'idée de Colbert agrandie. Avec le temps, on perdit de vue ce but essentiel : les
études d'érudition prirent le pas sur les études pratiques;
plusieurs chaires firent double emploi avec les chaires
savantes du Collége de France, et l'école resta sans élèves
préparés à servir le pays dans ses échanges ou dans ses
négociations avec l'Asie.

Cependant nos relations politiques et commerciales
s'accroissent tous les jours jusque dans l'extrême Orient.
Un monde nouveau nous est ouvert avec ses populations
surabondantes et industrieuses, douées des aptitudes les
plus diverses, mais séparées les unes des autres par des

différences d'origine, de culte, de langue, d'habitudes. Pour pénétrer dans un tel milieu, pour connaître les mœurs, les besoins de ces peuples, pour fonder sûrement la fortune de nos échanges, il ne suffit pas de posséder la langue des érudits qui s'enseigne au Collége de France, il faut acquérir l'idiome pratique des contrats et des transactions qui doit se donner à l'école des langues orientales vivantes.

Le ministère des affaires étrangères, nos grandes compagnies, nos négociants, ont besoin d'interprètes et d'agents assez nombreux et assez habiles pour que les intérêts de la France puissent être confiés partout à des mains françaises. Les chambres de commerce, voyant l'Angleterre, l'Autriche, l'Italie et la Russie faire de grands efforts pour établir ou fortifier chez elles l'étude de ces idiomes, insistent pour que notre école soit ramenée à son caractère originel ; en même temps, nos savants demandent qu'on leur traduise les livres de ces pays qui ont tant de secrets à nous livrer sur l'histoire générale des races, des langues et des sociétés humaines.

Il y a donc urgence à réorganiser, en la complétant, l'école spéciale des langues orientales vivantes, de manière à former des interprètes et à mettre les jeunes négociants français à même de s'établir en Orient ou de s'y créer des relations.

Un projet rédigé dans cet esprit est pendant au conseil d'État [1]. Mais il entraînera une augmentation de dépense annuelle de 60,000 francs, et ne saurait d'ailleurs être exécuté qu'après que l'école aura pu remplacer la salle étroite et sombre que la Bibliothèque impériale lui abandonne à regret, par un établissement où elle serait chez

1. Voir ce projet de loi à l'Appendice.

elle, avec ses livres, ses manuscrits et ses élèves. Cette éventualité dépend de la reconstruction du lycée Louis-le-Grand, et le Corps législatif n'a pas encore ratifié la convention passée à cet effet entre la ville de Paris et l'administration de l'instruction publique.

Avec l'école des langues orientales vivantes ainsi reconstituée, avec le Collége de France, où les idiomes savants sont l'objet de travaux assidus, avec la section de philologie de l'école des hautes études qui va reprendre, au point de vue grammatical et philosophique, toutes les questions relatives à l'étude du langage, on aurait le moyen de rendre une vitalité plus forte à cette branche de la science qui languit chez nous, tandis qu'elle prospère ailleurs.

Les résultats attendus valent la peine d'un grand effort. Car ces études ne sont pas seulement un noble exercice de l'esprit ; en portant, avec la certitude des procédés scientifiques, quelques rayons de lumière au milieu des ténèbres qui couvrent les premiers âges du monde, elles nous ont déjà fait retrouver plus d'une page perdue des annales de l'humanité; elles ont expliqué la filiation des peuples, l'état social et intellectuel de races disparues, et par là elles ont éclairé l'histoire originelle des philosophies et des religions.

La philologie est pour l'histoire primitive des idées ce que la paléontologie est pour l'ancienne histoire du monde.

Voyages de circumnavigation. — Une autre manière de favoriser les sciences physiques et naturelles, l'histoire et la philologie, serait l'organisation de lointaines expéditions scientifiques.

Il n'est pas de grand gouvernement qui n'ait tenu à

45.

honneur de faire entreprendre quelque voyage de circumnavigation et de découvertes, afin d'expérimenter à la mer
les instruments nouveaux, et de vérifier sous toutes les
latitudes les nouvelles théories. L'Autriche, la Russie, ont,
comme l'Angleterre et les États-Unis, donné ce gage à la
science. En France, on se souvient encore des grands
voyages scientifiques dont le dernier fut l'expédition de
Dumont d'Urville. Le gouvernement impérial doit continuer cette tradition.

Déjà, à la demande du bureau des longitudes, j'ai prié
M. le ministre de la marine de confier à un certain nombre
d'officiers la mission de reprendre, d'après un plan d'ensemble, la détermination géographique des principales
stations maritimes du globe terrestre. Cette mission a été
acceptée avec le plus gracieux empressement. Le bureau
des longitudes s'est chargé de donner à des officiers habiles
et dévoués les instructions nécessaires pour mener à bonne
fin cette étude. Il réunit leurs observations, les soumet au
calcul et en publie chaque année les résultats dans la *Connaissance des temps*. La navigation n'est pas seule intéressée
à cette entreprise, qui a pour but la détermination définitive des méridiens fondamentaux du globe terrestre : la
géographie de précision y trouvera aussi une base sûre,
et toutes les nations maritimes profiteront des résultats
d'un grand travail où Votre Majesté aura plaisir à voir réunis, par une association féconde, le bureau des longitudes
et le corps si instruit des officiers de notre armée navale.

Un grand phénomène astronomique va nous offrir l'occasion d'une entreprise plus générale. Toutes les nations,
la France comprise, se proposent de faire étudier, en
1874, le passage de Vénus sur le disque du soleil. Nos

savants devront se rendre, pour cette observation importante, à la Terre de Van Diémen. L'Empereur m'a déjà
permis de m'entendre à ce sujet avec M. le ministre de la
marine. Il serait digne de la France et de Votre Majesté
d'assigner à cette expédition un autre but que l'observation
du phénomène astronomique, en lui donnant le caractère
d'une longue et sérieuse campagne scientifique, où une
large part serait faite à toutes les études qui peuvent se
poursuivre à travers les Océans et dans l'autre hémisphère.
Je compte saisir de ce projet l'Académie des sciences pour
les études physiques qu'il y aurait lieu d'entreprendre, et
les deux Académies des sciences morales et des inscriptions
pour les questions de races et de philologie.

M. le ministre de la marine est résolu à faire entreprendre, chaque année, un lointain voyage aux élèves de
l'école navale. Le navire qui les porte pourrait recevoir
quelque physicien, naturaliste ou astronome muni des
livres et des instruments nécessaires. Les travaux de ces
savants, dirigés par les instructions de l'Académie,
seraient à la fois utiles à la science, qui s'enrichirait
d'observations recueillies sous toutes les latitudes, et aux
élèves, dont quelques-uns, tout en complétant l'instruction du marin, commenceraient celle du savant. Ce voyage
annuel serait une mission scientifique permanente.

§ 6. *Sciences économiques.*

A l'école pratique des hautes études il manque une
cinquième section, comprenant les sciences économiques.
Cette lacune a été volontaire[1]. Avant de donner à l'in-

_____
1. Une note, jointe au Rapport relatif à la création de l'école des hautes études,
annonçait qu'il pourrait y être ultérieurement créé une cinquième section.

stitution nouvelle toute l'extension qu'elle peut recevoir, avant d'y constituer un ordre aussi important d'études délicates, il fallait connaître l'accueil fait aux décrets du 31 juillet 1868 par le monde savant et la jeunesse studieuse.

L'administration n'avait point de doute au sujet des mesures proposées en faveur des sciences physiques ; pour l'érudition historique et la philologie, elle ne comptait recruter qu'un très-petit nombre de candidats. Le chiffre de ceux qui se sont fait inscrire dans cette section prouve qu'en France les étudiants ne manquent pas plus qu'ailleurs pour les études les plus élevées et les plus difficiles, à condition qu'ils soient assurés de trouver, comme en d'autres pays, le moyen de les conduire à bonne fin. Il est permis d'espérer qu'il en sera de même pour l'*économie politique*, qu'on devrait peut-être appeler d'un mot plus simple, l'*économique*, afin de mieux séparer son domaine de celui de la législation et de la politique, qu'elle doit cependant éclairer des lumières qui lui sont propres [1].

Cette science est toute française par ses origines. Si Bacon avait entrevu, le premier, la création d'une science sociale formée sur le modèle des sciences physiques, à la France revient l'honneur de l'avoir constituée, en déterminant son champ d'observations ou d'expériences et ses méthodes d'investigation. C'est un de ses écrivains [2] qui, en 1615, a publié le premier ouvrage portant le titre d'*Économie politique* ; et c'est un de ses penseurs les plus distingués du dix-huitième siècle qui, dans ses *Maximes générales du gouver-*

1. On disait autrefois la mathématique ; on dit encore les mathématiques, la physique, la dynamique, la statique, la politique : tous ces mots sont des adjectifs pris substantivement.
2. *Traité d'économie politique, dédié au Roy et à la Reyne Mère*, par B. de Montchrestien, sieur de Watteville ; Rouen, 1615, in-4°.

nement économique d'un royaume agricole (1758), a posé les principes de la science : l'inviolabilité de la propriété privée et l'absolue liberté des échanges. Quesnay a eu, chez nous, de nombreux et illustres continuateurs, à commencer par le grand Turgot ; et ils ont travaillé à séparer la discussion des questions qui se rapportent à l'organisation politique des sociétés, de la recherche des lois générales selon lesquelles se forment, se distribuent et se consomment les richesses destinées à satisfaire aux besoins de l'individu comme à ceux de l'être collectif qu'on appelle l'État.

Ces études sont, en Allemagne, l'objet d'un enseignement très-actif. Elles y ont des chaires nombreuses, qui forment dans quelques universités une faculté à part[1], et il n'est pas téméraire d'affirmer qu'elles ont beaucoup contribué à développer au delà du Rhin l'intelligence et la pratique des saines doctrines économiques.

En France, les notions élémentaires de l'économie politique font partie des programmes de l'enseignement secondaire spécial, et, au concours d'agrégation pour cet ordre d'enseignement, il a été établi, depuis deux ans, une section pour laquelle une partie de l'examen porte sur la

---

1. A l'Université de Berlin, le programme de la faculté de philosophie, pour le semestre d'hiver de l'année 1868-1869, comprend les cours ou exercices suivants : -
Économie politique : trois cours, 4 heures par semaine pour chaque cours ;
Théorie des finances : 4 heures par semaine ;
Principes de l'administration intérieure et économie politique pratique : 4 heures ;
Théorie de la police : 2 heures ;
Exercices pratiques sur les finances : 1 heure ;
Principes du crédit foncier et des assurances rurales : 1 heure ;
Production animale par rapport à l'agriculture : 4 heures ;
Examens sur les questions politiques et financières (sans indication d'heure) ; -
Finances de la Prusse, police et droit administratif (sans indication d'heure).
Il faudrait encore ajouter deux cours de *staatswissensfaten* à la faculté de droit et les cours du *séminaire des statisticiens.* Les universités de Leipzig, de Munich, de Heidelberg, etc., offrent une organisation analogue et en quelques points plus complète.

législation usuelle, l'économie agricole, industrielle et commerciale, les institutions de crédit, les établissements financiers, etc.

L'Université commence donc à former des professeurs capables d'enseigner, dans nos écoles secondaires, les premiers principes de la science économique.

Dans la sphère de l'enseignement supérieur, deux chaires seulement lui sont officiellement consacrées : l'une au Collége de France, l'autre à la faculté de droit de Paris; deux autres existent au Conservatoire des arts et métiers. Durant la dernière année scolaire, trois professeurs ou agrégés ont ouvert auprès des écoles de droit de Nancy, Grenoble et Toulouse des cours facultatifs d'économie politique, et 53 autorisations ont été accordées pour des cours libres. La chambre de commerce de Lyon et la société lyonnaise d'économie politique ont même fondé à leurs frais un cours libre qu'elles ont confié à un étranger. Avec le concours de M. le ministre du commerce, j'ai chargé un professeur de faculté d'ouvrir dans les villes industrielles du nord des conférences pour la vulgarisation des vérités économiques les plus essentielles. Un autre a rempli pareille mission dans plusieurs villes de l'est.

Malgré tous ces efforts, la science économique ne s'apprend guère en France que dans la pratique des affaires, et l'on court le risque de l'y apprendre à ses dépens ou à ceux d'autrui, comme il arriverait au directeur d'usine qui partirait des applications industrielles pour reconstituer les sciences dont il a besoin. Où en serait l'industrie française, si l'enseignement des mathématiques, de la chimie et de la physique n'avait été, depuis quatre-vingts ans, fortement constitué? Et le commerce aurait-il attendu,

en Angleterre jusqu'en 1846, en France jusqu'en 1860,
pour mettre en pratique la vérité établie par Quesnay un
siècle auparavant? les utopies sanglantes de 1848 se seraient-elles produites? verrions-nous les rêves insensés
qui agitent encore certains esprits, les erreurs fatales qui
subsistent au sein des multitudes, si, depuis quatre-vingts
ans aussi, nous avions largement organisé l'enseignement économique?

D'un côté la routine et de l'autre l'aventure, les négations stériles ou les affirmations téméraires : voilà deux
périls entre lesquels il faut marcher, sous la direction de
la science, et non à la lueur trompeuse de l'empirisme.
Cette science, dira-t-on, est bien jeune encore pour avoir
en cette route difficile un pas ferme et assuré. Elle ne
l'est pas plus que la chimie, puisque toutes deux sont nées
à la même époque. Donnons à l'une l'assistance que l'autre
a trouvée, et nous verrons s'accomplir de rapides progrès
pour la théorie et la vulgarisation.

Créer pour la science économique de nouvelles chaires,
multiplier les sources d'enseignement général, ce serait
une excellente mesure, et l'administration de l'instruction publique n'y manquera pas dans la limite de ses
pouvoirs; mais cette science mérite qu'il soit fait en sa
faveur ce qui a été décrété pour les autres. Il est bon qu'il
lui soit donné place dans l'école supérieure où les maîtres
élaboreront la doctrine, où les élèves étudieront la théorie
et ses applications.

La création d'une section des *sciences économiques* à
l'école pratique des hautes études n'impliquerait pas l'établissement onéreux de tout un ensemble de cours nouveaux.

Comme pour l'histoire et la philologie, cette section profiterait des enseignements qui existent dans nos établissements supérieurs. Les élèves, guidés en outre par des hommes considérables, groupés autour de la *commission permanente* et des *directeurs d'études*, recevront à chaque instant, dans des conférences multipliées, ces conseils individuels qui souvent sont l'unique secret des travaux féconds. Au milieu de ce dédale de textes et de documents qui rendent si difficiles, en pareille matière, la conquête des vérités fondamentales et la connaissance des faits essentiels, ils étudieront sans trouble, avec les directions sûres qui leur seront données, les théories et leurs conséquences. Qu'il s'agisse d'une question abstraite d'économie publique, d'un travail relatif à l'histoire des doctrines ou des faits économiques, d'une étude sur les finances ou la législation, ils pourront, avec l'aide de ces conseils éprouvés, concentrer leurs forces sur ce qu'il y a de vivant dans la science, au lieu de les perdre en de vaines tentatives; révéler leurs aptitudes devant des juges compétents; rédiger des mémoires dont quelques-uns mériteront peut-être les honneurs de la publicité, ou être chargés d'aller à l'étranger étudier quelque branche spéciale de la science.

L'école des hautes études formera ainsi de jeunes maîtres qui ultérieurement, à un titre ou à un autre, iront propager dans les cours des lycées et des colléges, dans les chaires officielles d'économie politique, dans les cours publics annexés à nos facultés ou créés par des villes industrielles et commerçantes, ces vérités économiques qui, répandues de proche en proche dans les populations, dissiperont enfin de redoutables erreurs et contribueront à

assurer à la fois la prospérité industrielle et la paix intérieure du pays. Cette école sera ouverte en même temps
à de jeunes hommes qui, voués à d'autres carrières, destinés à l'administration, aux finances, à la diplomatie,
voudraient ajouter aux études générales de droit qui ont
pu les conduire à la licence et au doctorat, les travaux
d'un ordre supérieur auxquels l'école pratique des hautes
études imprimera le caractère qui lui est propre.

En résumé, je demande à l'Empereur :

1° De fortifier l'enseignement général des sciences économiques en créant au Collége de France une chaire pour
l'histoire des faits et des doctrines économiques, et en
favorisant dans les départements l'ouverture, auprès des
facultés de droit et des lettres, de cours analogues à ceux
qui se font ou vont se faire au Collége de France et à
l'école de droit de Paris;

2° De constituer au sein de l'école des hautes études une
cinquième section sous le titre de *section des sciences économiques*, à laquelle s'appliqueraient toutes les dispositions des décrets du 31 juillet 1868 [1].

Ce qui précède se rapporte aux moyens que l'administration peut employer pour provoquer le progrès dans les
hautes études littéraires et scientifiques.

Ils s'ajouteraient à tous ceux qui existent depuis longtemps, mais qui, tout en excitant une vive et généreuse
émulation, ont pour caractère de constater le mérite plutôt que de l'aider à se produire, et de reconnaître les services déjà rendus, bien plus que de mettre les jeunes sa-

---

[1]. Il paraît exister un projet de créer une école libre pour les études juridiques
et administratives, nécessaires aux personnes qui se proposent d'entrer dans les
services publics ou les grandes sociétés industrielles ; ce projet serait secondé par
l'organisation d'un enseignement public des sciences économiques.

vants en état d'en rendre. Tels sont les nominations dont
l'État dispose, les titres qu'il confère, les souscriptions
aux œuvres savantes et les pensions littéraires qu'il
accorde, les prix que les académies décernent, ceux que
l'Empereur a libéralement fondés pour de grandes découvertes, et enfin, la plus enviée des récompenses, un siége
à l'Institut.

DEUXIÈME PARTIE.

DES ÉTABLISSEMENTS D'ENSEIGNEMENT SUPÉRIEUR.

*Nombre, en 1865, des élèves, des examens et des diplômes
délivrés.* — Pour faire arriver la jeunesse sortie des lycées à un degré supérieur d'instruction, pour entretenir
et développer au sein de la société française le goût des
hautes études, nous avons 53 facultés et 3 écoles supérieures, en tout 408 chaires[1] devant lesquelles viennent
s'asseoir, chaque année, environ 18,000 élèves inscrits ou
auditeurs bénévoles qui, en 1867, ont subi 28,825 examens de fin d'année ou de fin d'études et obtenu 9,814
diplômes.

Ce ne sont donc pas les institutions qui nous manquent,
et je dois ajouter que l'enseignement qu'on y donne jette
un éclat qui n'est surpassé chez aucun peuple. Ces nombreuses facultés qui gardent la science humaine et la communiquent, qui entretiennent dans le pays le goût des
études élevées et des plaisirs délicats de l'esprit, avec

[1]. Nous avons, en outre, 22 écoles préparatoires de médecine et de pharmacie,
avec 223 chaires, et 5 écoles préparatoires à l'enseignement supérieur des sciences
et des lettres, avec 42 chaires. Ce sont des établissements municipaux; mais les
professeurs tiennent leur nomination de l'État.

l'amour du beau, de l'honnête et du vrai; ces 400 chaires, d'où tombent tant d'idées justes, tant de vérités précieuses, où l'indépendance de l'esprit s'allie au respect de tous les droits, où la liberté de la pensée se règle et se discipline elle-même par le sentiment du devoir professionnel, tout cela forme, au sein de la société française, un ferment heureux et fécond dont l'action neutralise beaucoup d'influences contraires et dangereuses.

Mais ces facultés, qui rendent tant de services, donnent-elles tout ce qu'on pourrait leur demander?

§ 1er. *Enseignement des lettres et des sciences.*

Du caractère de l'enseignement. — Si les facultés qui préparent directement à certaines carrières, comme celles du droit et de la médecine, voient partout une nombreuse jeunesse autour de leurs chaires, les facultés des lettres et des sciences sont, en plus d'un lieu, languissantes, et nulle part elles ne réunissent un public d'élèves assidus. Elles ont des auditeurs de tout âge, de toute condition, que le talent du professeur attire, mais sur lesquels le maître n'exerce pas cette action persévérante qui, seule, constitue l'enseignement fécond.

Ce défaut de notre enseignement supérieur a depuis long-temps appelé l'attention de publicistes qui ne manquent pas de nous montrer comme un reproche les populeuses et vivantes universités d'outre-Rhin; ils oublient de dire que les classes de philosophie, de mathématiques élémentaires et de mathématiques spéciales, qui sont une partie si importante et le couronnement de nos études secondaires, se font, en Allemagne, à l'université, et que la jeunesse d'élite qui remplit les écoles spéciales, beaucoup plus nombreuses en France que chez nos voisins, est naturellement enlevée à nos facultés. Il n'en est pas moins vrai que nous avons un problème à résoudre : celui de donner à nos professeurs, au lieu d'un auditoire flottant et sans cesse renouvelé, de véritables élèves.

Il faudrait bien se garder de fermer les portes de nos écoles supérieures à ces auditeurs irréguliers et de renoncer à une nature d'enseignement qui provoque une heureuse agitation intellectuelle en des villes où sans lui, peut-être, il n'y en aurait pas ; mais on doit désirer qu'il devienne l'accessoire au lieu d'être le principal.

Nous pouvons être assurés que nos professeurs ne laisseront pas se perdre la tradition toute française de ces leçons élégantes, spirituelles, parfois même éloquentes ; mais ils y joindront, comme beaucoup le font déjà, des leçons didactiques. Car l'enseignement supérieur n'a pas pour seul but d'éveiller le désir d'étudier : il est institué surtout pour mettre l'auditeur en possession des méthodes et pour lui apprendre la science que ces méthodes ont créée.

En Allemagne, des hommes tels que Boeckh, Ritschl, Welcker, Ranke, Raumer, avaient ou ont, par semaine, de huit à dix et même douze heures de cours. Ces cours ne ressemblent en rien aux grandes leçons qui demandent à quelques-uns de nos professeurs une préparation pareille à celle qu'exige un discours académique ; mais ce sont de minutieuses directions données à des élèves qui notent toutes les paroles du maître, parce que chacune est un renseignement utile pour l'étude.

C'est ainsi que se sont formées ces mœurs studieuses de l'Allemagne, où il se trouve toujours, pour chaque branche du savoir humain, plusieurs maîtres distingués et, autour de chacun d'eux, de nombreux élèves. En France, à côté de professeurs éloquents qui attirent les auditeurs par centaines autour de leurs chaires, nous possédons d'illustres savants, dont quelques-uns n'ont pas plus de disciples en état de continuer un jour leur enseignement que de critiques autorisés à en signaler les lacunes ou les erreurs; et il est telle chaire qui court le risque de rester inoccupée, parce que l'étude qu'on y poursuit comptera trop peu de représentants pour fournir un successeur à l'homme éminent qui en sera descendu.

D'où vient donc cette différence?

Une des causes du succès des universités allemandes est dans leur régime financier. Les élèves y payent le maître, dont le traitement atteint parfois le chiffre des revenus qu'un grand manufacturier se fait avec son industrie. En France, ils payent l'État, qui, à son tour, rémunère le professeur; et celui-ci tient à honneur de ne rien recevoir que du trésor public. Il en résulte que nos 56 facultés, nos 400 chaires ne coûtent à peu près rien au budget[1], mais aussi que le professeur fatigué ou délaissé conserve les mêmes avantages que le maître actif et populaire. Si l'on disait que le système de la rémunération directe par l'élève diminue l'autorité morale du maître, il serait facile de montrer que les pays où ce régime existe sont ceux qui

---

1. Dépenses de l'enseignement supérieur en 1866. . . . . . 3,818,801 fr.
   Recettes de l'enseignement supérieur en 1866. 3,597,647

   Excédant de la dépense sur la recette, à la charge du trésor. . . 221,154 fr.

entourent de plus de considération publique le professeur :
à Wurtzbourg, le décanat donnait la noblesse.

Une autre cause est l'énergie de la vie provinciale et
municipale. Les villes, les États d'outre-Rhin se disputent
les professeurs renommés et ne reculent devant aucune
dépense pour s'assurer leurs services.

Nous ne pouvons changer nos institutions et nos habitudes, et nos savants ne sont guère plus disposés à renoncer à leur désintéressement que la plupart des villes à
leur indifférence. Cependant ce serait un grand honneur
pour l'Université de modifier nos mœurs scolaires : elle
peut y parvenir, au moins dans une certaine mesure, en
modifiant la direction de son enseignement supérieur.

Il ne s'agit pas d'astreindre nos professeurs de faculté,
dans les départements, à autant de cours par semaine
qu'il s'en fait dans les universités allemandes ; mais il sera
bon de revenir à la règle ancienne des trois leçons hebdomadaires : l'une serait pour le public qui veut entendre
parler de science ou de littérature ; les deux autres pour
les élèves, qui, cherchant une préparation sérieuse aux
grades académiques ou un enseignement substantiel, iront
avec le professeur, dans des conférences presque intimes,
jusqu'au fond de la science. Des élèves de cette sorte, les
écoles normales secondaires en donneront aux facultés de
province.

Création d'écoles normales secondaires. — L'idée de ces
écoles n'est point nouvelle : en 1821, on en décréta l'organisation, sans l'établir ; M. de Salvandy, qui reprit ce
projet en 1845, n'eut pas le temps de l'exécuter. Je l'ai
essayé durant deux années dans une académie avec plein

succès, et tous les recteurs s'y montrent favorables. Votre
Majesté a bien voulu, par le décret du 11 janvier 1868,
en généraliser l'établissement par la création, au chef-lieu
de chaque académie, d'une *école normale secondaire* pour
la préparation à la licence et à l'agrégation.

Ces écoles seront très-utiles à tout le corps des maîtres
répétiteurs, qu'elles feront arriver plus facilement au professorat. Leur enseignement, en effet, s'adressera d'abord
aux maîtres auxiliaires en résidence au lycée du chef-
lieu académique, et à ceux qui, des lycées voisins, viennent
par le chemin de fer assister aux conférences; mais il sera
donné encore aux aspirants à la licence ou à l'agrégation
répandus dans toute l'étendue du ressort, qui, chaque
semaine, recevront des professeurs de la faculté, par
l'intermédiaire du recteur, des textes de devoirs, des
sujets d'étude ou de composition et des copies corrigées.
Cet enseignement à distance commence à peine et a déjà
porté de bons fruits. En 1865, les facultés des lettres et
des sciences, dans les départements, n'avaient reçu que
115 licenciés ; elles ont, cette année, délivré 138 diplômes.

Que ce nombre s'accroisse encore, en même temps que
le niveau de la licence se relèvera dans les facultés des
départements, et l'administration n'étant plus réduite à
envoyer de simples bacheliers comme professeurs dans les
colléges, les études deviendront plus fortes et meilleures
dans ces maisons.

École normale supérieure. — S'il se trouvait bientôt un
chiffre assez grand de jeunes gens pourvus du grade de
licencié ès lettres, et que, pour le concours d'admission à

l'école normale supérieure, un certain nombre de points
fût d'avance assuré aux gradués de licence, avec le droit,
pour ceux qui en seraient capables, de débuter par les
cours de seconde année, l'école pourrait se recruter surtout parmi eux, au grand profit de ses études et des candidats eux-mêmes.

Aujourd'hui, beaucoup de ces candidats ne trouvent
pas en province l'assistance qui leur serait nécessaire ; ils
sont obligés de venir à Paris passer à grands frais un an
ou deux, quelquefois trois années, pour se mettre en état
de subir l'examen d'admission. Avec une bonne organisation des écoles normales secondaires, ils ne seraient pas
enlevés aux facultés départementales. Ils resteraient dans
leur ville natale ou dans leur province, près de leur famille, avec moins de dépense et dans un milieu plus tranquille, par conséquent plus favorable à l'étude, et qui vaudrait mieux pour la préparation aux sévères devoirs du
professorat.

L'école, obligée de préparer elle-même ses élèves à la
licence, leur fait recommencer, pour la troisième ou quatrième fois, les hautes classes du lycée : c'est une rhétorique beaucoup trop prolongée. Délivrée de ce souci, elle
leur demanderait de donner plus de temps et d'attention
à la discussion des textes, à l'analyse des ouvrages anciens
et modernes, aux recherches savantes d'histoire et d'archéologie, aux travaux sérieux de philosophie et de littérature, même à la lecture des manuscrits, seul moyen
d'entrer en communication directe avec les textes et de
pouvoir entreprendre des études originales d'histoire et
de philologie. Aux termes des décrets du 31 juillet 1868,
elle peut garder pendant deux années après l'agrégation ses

meilleurs élèves. Elle deviendrait alors, au-dessus des écoles normales secondaires, l'école véritablement supérieure, le lieu où se donnerait la plus haute culture des lettres et des sciences en vue de l'enseignement.

J'ai l'intention de soumettre ces idées au conseil impérial dans sa prochaine session.

Des concours d'agrégation. — Tous ces concours, excepté pour la médecine et la pharmacie, ont lieu à Paris. Il serait bon de faire participer les facultés de province à ces solennités qui, pour le juge comme pour le candidat, sont l'acte le plus important de la vie universitaire, à la condition cependant que les candidats y trouveraient les ressources nécessaires pour les épreuves. Les académies rectorales verraient avec plaisir se tenir dans leur chef-lieu, sous la présidence d'un inspecteur général, quelqu'une de nos grandes assises scolaires ; et, comme les académies répondent pour la plupart aux provinces d'autrefois, cette mesure, jointe à celles qui sont indiquées dans le présent rapport, donnerait une satisfaction à ce qui subsiste encore de ce patriotisme provincial qui n'est plus un danger et qui pourrait devenir une force.

Rapports plus étroits à établir entre l'enseignement secondaire et l'enseignement supérieur. — La création des écoles normales secondaires imposera aux professeurs de facultés des obligations nouvelles, qui seront toutes, il est vrai, dans l'intérêt de l'enseignement et de la dignité des facultés ; mais ces professeurs viennent d'obtenir de sérieux avantages par le vote d'un premier crédit demandé au Corps législatif pour l'augmentation des traitements, et

46.

je voudrais, en outre, pouvoir donner une plus grande force à leur influence.

Par les examens du baccalauréat, par la correction et le classement des copies du concours académique et du concours général, ils constatent et comparent pour les élèves les résultats de l'enseignement secondaire. Par les examens de licence et les concours d'agrégation, ils jugent le professeur lui-même.

Mais cette comparaison et ce jugement restent sans effet utile pour l'amélioration des études, puisque l'expérience acquise dans ces travaux ne sert pas à mettre les candidats aux diverses épreuves dans la voie que les juges estimeraient la plus sûre pour arriver au but. En un mot; entre les études qui se font au lycée ou au collége, et le jugement de ces mêmes études qui se porte à la faculté, il n'existe aucune corrélation, si ce n'est dans le petit nombre de maisons où les professeurs de facultés font les examens du cinquième mois.

En outre, l'administration ne peut adresser à tous les professeurs de lycée et de collège les ouvrages qui leur permettraient de perfectionner leur méthode ou d'ajouter des faits nouveaux à leur enseignement. Il ne lui serait pas plus facile d'envoyer à nos 350 maisons les appareils, objets ou instruments nouveaux qui seraient nécessaires aux démonstrations. Mais les collections et les bibliothèques des facultés peuvent et doivent être tenues au courant de tout ce qui sert aux études; et le professeur de physique, de chimie, de littérature ancienne, d'histoire, etc., qui en a la garde ou l'usage quotidien, aurait bien des renseignements ou des conseils à donner à ses confrères des lycées. Représentant naturel, pour tout le ressort académique, de l'ordre d'enseignement qui lui est confié, il pourrait exercer sur cet enseignement une influence qui, toutefois, ne devrait jamais, même en cas de délégation spéciale, s'étendre aux personnes et troubler l'ordre des compétences ou diminuer l'autorité du professeur dans sa chaire.

Les facultés des lettres et des sciences répondraient ainsi plus complétement au but de leur institution, et, dans chaque ressort, le corps académique, rendu plus homogène, en deviendrait plus vivant et plus fort.

Sociétés savantes des départements. — Un moyen d'accroître la vitalité des corps académiques, qui devraient être les héritiers de nos anciennes universités provinciales, serait d'associer à ce mouvement les 244 sociétés savantes des départements. Elles se répartissent de la manière suivante entre nos 18 académies :

Académie d'Aix (Provence)	19
— d'Alger (Algérie)	5
— de Besançon (Franche-Comté)	9
— de Bordeaux (Guyenne et Gascogne)	12
— de Caen (Normandie et Maine)	27
— de Chambéry (Savoie)	7
— de Clermont (Auvergne, Marche et Bourbonnais)	7
— de Dijon (Bourgogne, Nivernais et partie de la Champagne)	13
— de Douai (Flandre, Artois et Picardie)	25
— de Grenoble (Dauphiné et Vivarais)	6
— de Lyon (Lyonnais, Forez, Bresse et Bugey)	17
— de Montpellier (bas Languedoc et Roussillon)	10
— de Nancy (Lorraine)	11
— de Paris (Ile-de-France, Orléanais, Berry et partie de la Champagne)	22
— de Poitiers (Poitou, Aunis, Saintonge, Angoumois et Limousin)	17
— de Rennes (Bretagne et Anjou)	17
— de Strasbourg (Alsace)	8
— de Toulouse (haut Languedoc, Quercy, Rouergue, Foix, Bigorre)	11

Ces sociétés sont sans lien entre elles, et elles tiennent avec raison à leur autonomie, qu'il faut respecter. Cependant, instituées surtout en vue d'étudier l'archéologie et l'histoire de leur province, elles devraient combiner leurs efforts pour faire avancer cette œuvre éminemment nationale, sans laquelle l'histoire générale de la France ne saurait faire aujourd'hui de sérieux progrès.

Je propose à l'Empereur de fonder dans chacune de nos académies un prix annuel de 1,000 francs, qui serait décerné au mémoire ou à l'ouvrage jugé le meilleur sur quelque point d'archéologie, d'histoire politique et littéraire ou de science, intéressant les provinces comprises dans le ressort académique. Les commissions qui décerneraient les prix seraient formées en majorité par les présidents ou les membres des sociétés savantes de l'académie.

§ 2. *Enseignement de la médecine et du droit.*

Le cercle des études supérieures laïques comprend encore le droit et la médecine avec les sciences qui s'y rattachent.

Écoles secondaires de médecine. — La loi préparée pour l'enseignement médical[1] permettrait aux 22 écoles secondaires de médecine de développer leurs moyens d'instruction, et aux élèves d'utiliser beaucoup de ressources qui leur sont aujourd'hui inutiles. En outre, l'enseignement secondaire spécial, qui donne une place si importante à la physique, à la chimie et à l'histoire naturelle, préparera sérieusement les futurs élèves de ces écoles aux études

1 Voir ce projet de loi à l'Appendice.

qu'ils doivent y faire, et il y aura lieu d'examiner s'il ne convient pas de modifier le certificat de grammaire, seul exigé d'eux aujourd'hui, en le rapprochant du diplôme d'enseignement spécial.

Cours de droit français. — Pour le droit, un grand nombre de villes désirent qu'il soit créé en leur faveur des facultés nouvelles. Cependant les procès diminuent, et il n'est pas démontré que les 11 facultés existantes ne suffisent pas à tous les besoins du barreau, de la magistrature et de la science juridique. Mais on peut se demander s'il n'y aurait pas lieu de provoquer l'établissement, dans les villes commerçantes et industrielles, de cours de droit commercial et administratif, d'économie politique et de législation usuelle, pour les fils d'industriels, de négociants, d'armateurs ou de propriétaires, pour les membres futurs des grandes compagnies industrielles et de finance ou des administrations publiques, pour les jeunes gens, en un mot, qui, avant de se mêler aux affaires d'intérêt privé ou d'intérêt public, compléteraient leur instruction en étudiant les questions de l'ordre économique et en apprenant ce que chacun est censé connaître, quoique nombre de citoyens l'ignorent : les lois et les institutions du pays[1].

Ces cours de droit français joueraient, pour une partie de l'enseignement secondaire *spécial*, le rôle que remplissent les facultés à l'égard de l'enseignement secondaire *classique*; ils en seraient l'achèvement.

1. Il résulte d'une enquête faite au mois de mai 1867 que, sur 4,895 étudiants en droit, 2,052 seulement se destinaient à la magistrature, au barreau et au professorat en droit.

§ 3. *Bourses pour l'enseignement supérieur.*

L'État dépense chaque année plus d'un million pour élever dans ses lycées les fils de ceux qui l'ont bien servi : c'est à la fois une dette qu'il paye et un encouragement qu'il donne. Mais les élèves détenteurs d'une bourse impériale ne peuvent la conserver au delà de leur dix–huitième année accomplie. Ils se trouvent donc brusquement abandonnés à eux-mêmes au moment où ils auraient le plus besoin d'assistance. Il est vrai que le gouvernement, dans ses écoles spéciales, accorde très-libéralement la gratuité pour former les professeurs, les officiers, les marins, les ingénieurs, etc., dont les services lui seront plus tard nécessaires; mais, jusqu'à présent, il n'a point pensé qu'il lui fût utile d'imposer un sacrifice au trésor public pour préparer des jurisconsultes, des médecins, des savants et des lettrés, en constituant des bourses au profit de quelques élèves des facultés de droit, de médecine, des sciences et des lettres. Le ministre de l'instruction publique ne peut venir en aide aux étudiants pauvres de cette catégorie qu'avec un crédit de 38,000 francs qu'il emploie à des remises de droit d'examen ou de diplômes, et dont près de la moitié est prise par les seuls élèves des séminaires.

Il n'en est pas de même à l'étranger :

La Belgique dépense 50,000 francs pour entretenir des bourses dans deux universités seulement, celles de Liége et de Gand.

La seule université de Kœnigsberg, en Prusse, a davantage : 56,000 francs; et Gœttingen, près de 100,000 francs (*stipendien*).

En Angleterre, parmi les récompenses que les écoles secondaires délivrent à leurs meilleurs élèves, se trouve la concession de revenus de 750, 1,200, 1,500, 3,000 francs, payables durant trois, quatre ou cinq ans à l'université. L'école de Rugby dispose de 20 pensions de ce genre, d'une valeur chacune de 1,000 à 2,000 francs; celle d'Eton en distribue chaque année 15, qui s'élèvent à un total de près de 18,000 francs. A l'Université, l'instruction, généralement très-onéreuse pour les fils de lords et de gentlemen, ne coûte à peu près rien à l'étudiant qui se distingue par le travail et le talent. Les colléges d'Oxford ou de Cambridge l'adoptent comme boursier, l'associent, comme agrégé, au partage de leurs riches revenus, et lui constituent ainsi, pendant son séjour, une pension qui peut même, sous certaines conditions, devenir viagère.

Une institution analogue existe en Italie : le collége Charles-Albert, à Turin, ou collége des Provinces, ainsi nommé parce que les anciennes provinces de la monarchie piémontaise y entretenaient un certain nombre de bourses au moyen de rentes sur l'État. Il a été fondé pour assurer l'accès des hautes études aux élèves distingués des classes secondaires, qui, par l'insuffisance de leurs ressources, n'auraient pu suivre les cours de l'Université. Ils y étaient logés et nourris; ils y trouvaient des conseils et des moyens d'étude pendant les quatre ou cinq années que durent les cours des quatre facultés. Beaucoup, parmi les hommes les plus distingués du Piémont, ont passé par le collége Charles-Albert, qui n'a plus d'internes, mais a conservé ses bourses pour l'Université. Les provinces entretiennent même des élèves dans les universités étrangères.

C'est ainsi qu'on faisait au moyen âge à l'aide des nombreuses fondations établies en faveur des étudiants pauvres.

Je crois pour deux raisons que la France devrait imiter ces exemples :

La première, c'est que la communauté a autant d'intérêt à se donner des jurisconsultes, des médecins, des savants et des lettrés que des officiers et des ingénieurs.

La seconde, c'est que la dépense faite pour les bourses dans les lycées court parfois le risque d'être perdue, faute d'avoir été quelque temps encore continuée. Durant huit années, la société entoure un enfant de sa sollicitude; elle le nourrit, l'habille, le loge et l'instruit; elle dépense 8 à 10,000 francs et beaucoup de soins à créer une force dont elle compte profiter, et à dix-huit ans, quand cette force aurait besoin d'être encore contenue et dirigée, on l'abandonne à elle-même, au risque de la laisser se dissiper et se perdre, comme la vapeur qu'on jette au vent. En un mot, la première dépense en exige une seconde, surtout dans une société démocratique, afin que le jeune homme pauvre, qui montre pour les sciences et les lettres d'heureuses dispositions, soit encouragé et soutenu aussi bien que celui qui prouve son aptitude pour l'armée, la marine et les travaux publics.

Le décret du 11 janvier 1868 autorise l'Université à pratiquer ce système avec ses ressources particulières en assurant, au sortir du lycée ou du collége, le logement, la nourriture, l'instruction et une indemnité aux meilleurs parmi les candidats à l'école normale supérieure, qui se prépareraient à la licence en faisant un stage dans les écoles normales secondaires des facultés de province.

Le décret du 31 juillet 1868 fait la même chose pour

les hautes études, puisqu'il permet d'accorder une indemnité à quelques-uns des élèves de la nouvelle école. Ces bourses seront un argent placé sûrement par l'État et à gros intérêt, car elles ne seront données qu'à ceux qui auront montré une aptitude et une vocation décidée ; de sorte que si, dans les lycées, la bourse est la récompense des services du père, à l'école des hautes études, elle sera une avance pour ceux que la société attend de l'élève lui-même.

Le décret a posé le principe ; mais, pour l'appliquer, l'administration ne dispose encore que d'un très-faible crédit. Je demanderai à l'Empereur l'autorisation de porter au budget un chiffre plus élevé dès que les ressources le permettront.

§ 4. *Enseignement libre.*

J'indiquai plus haut deux causes de la prospérité des Universités allemandes : leur régime financier et l'émulation des villes à se disputer les professeurs éminents ; ce qui est une manière d'en produire. Il en est une troisième : la multiplicité des cours.

Ces Universités ont trois sortes de professeurs enseignant à la fois dans l'enceinte académique : l'*ordinaire*, l'*extraordinaire* et le *privat-docent*, tous trois payés par les particuliers ; les deux premiers rémunérés en même temps, mais très-inégalement, par l'État.

Nos facultés ne connaissent qu'un seul ordre de professeurs, ceux qui sont *titulaires* de leur emploi. Les *suppléants* et *chargés de cours*, ne remplissant qu'une fonction accidentelle et temporaire, ne constituent point un ordre à part.

Mais ces titulaires sont peu nombreux, cinq en moyenne, et l'enseignement est ordonné d'une manière immuable. Pour ouvrir les rangs des professeurs à des maîtres que signalerait une aptitude particulière, pour ajouter un nouvel enseignement aux enseignements anciens, il faudrait créer des chaires, constituer des traitements qui aussitôt deviendraient permanents, car ces créations exigent les formes les plus solennelles dont se puisse revêtir l'autorité publique : une délibération au conseil d'État, un décret de l'Empereur, un vote du Corps législatif.

Nos facultés, ainsi réduites à un très-petit nombre de professeurs, et où le renouvellement ne se produit qu'avec une extrême lenteur, ne peuvent, malgré le talent et l'ardeur qu'on y montre, avoir la variété, le mouvement, la vie d'Universités autrement composées. Celle de Berlin comptera, pour l'année 1868-1869, dans la seule faculté de philosophie, qui répond à nos deux facultés des lettres et des sciences, 58 cours sur des sujets différents, faits par les professeurs ordinaires, 78 par les extraordinaires, et 53 par les *privat-docenten*.

Je ne proposerai pas d'augmenter, au hasard des circonstances, le nombre des chaires et de déranger l'économie si bien réglée de notre enseignement. Cet ordre est dans nos mœurs; il a ses avantages, et ceux qui le représentent pourraient former justement ce que, dans la langue scolaire de l'Allemagne, on appelle le *senatus amplissimus*.

Mais aux bienfaits de l'ordre il est possible de joindre ceux de la liberté, en allant aussi loin dans ce sens que nos lois et nos mœurs le permettent, et de donner à notre enseignement supérieur la variété qui attire, le mouvement qui fait la vie, l'émulation qui garantit le progrès, sans détruire la tradition qui est une force.

A nos facultés de droit et de médecine sont adjoints des agrégés qui rendent d'incontestables services. Comme ils ont tous le titre de docteur, qui est indispensable pour professer dans l'enseignement supérieur officiel, ils pourraient être autorisés à ouvrir des cours dans le local et avec le matériel de la faculté.

Les facultés des lettres et des sciences ont eu aussi leurs agrégés. L'institution est tombée en désuétude, parce qu'elle ne donnait qu'un titre, tandis que l'agrégation des lycées, presque aussi difficile, assurait immédiatement une place et un traitement. Ceux des agrégés des lycées qui sont en même temps docteurs se trouveraient dans les conditions des agrégés de droit et de médecine et jouiraient des mêmes avantages ; ceux qui ne le sont pas pourraient du moins être associés, moyennant indemnité, à une partie des travaux que les écoles normales secondaires, si elles se développent et prospèrent, imposeront aux professeurs titulaires.

Les thèses de doctorat, dans les facultés des lettres, constituent le plus souvent des ouvrages qui restent. Dans celles des sciences et de droit, ce sont encore des travaux considérables, et elles tendent à prendre ce caractère dans les écoles de médecine. Aussi le grade de docteur est-il, en France, bien plus difficile à conquérir qu'en tout autre pays. Cependant, au delà du Rhin, ce titre suffit à de nombreux *privat-docenten* pour ouvrir un cours à la faculté, avec l'agrément de ses professeurs, qui rarement sont avares de leur consentement.

Il serait à souhaiter qu'il en pût être de même en France.

L'administration de l'instruction publique est disposée à favoriser de tout son pouvoir cette forme de l'enseignement libre.

Lorsqu'elle ne peut mettre l'enseignement libre dans la faculté même, elle l'établit à côté, ou le laisse s'organiser lui-même sous une autre autorité publique. Ainsi s'est formée près de la faculté de médecine l'*école pratique*, où, chaque année, trente à quarante docteurs donnent des leçons, les unes payantes, les autres gratuites, toutes parfaitement libres; et l'administration de l'assistance publique a autorisé l'ouverture dans les hôpitaux de cours presque aussi nombreux.

Le même désir de venir en aide, au nom de l'État, à l'enseignement libre a décidé l'Université à construire auprès de la Sorbonne de nouveaux amphithéâtres, où il se fait, sur certaines branches des connaissances humaines, des cours qui n'existent que là.

L'administration est allée encore plus loin : elle a provoqué, sur tous les points du territoire, l'établissement de conférences ou cours littéraires et scientifiques.

En 1863, on en comptait 20; il y en a eu 300 en 1864, 876 en 1865, 1,003 en 1866. Si le nombre en est tombé à 732 en 1867-1868, c'est que beaucoup se sont transformés en cours supérieurs pour quelques-unes de nos 33,000 classes d'adultes.

En songeant à ces 732 cours libres, parmi lesquels il s'en est trouvé 251 pour les sciences, 172 pour les lettres, 102 pour l'histoire, 65 pour l'hygiène, 53 pour l'économie politique, etc., on ne pourra s'empêcher de reconnaître que le gouvernement impérial ouvre la porte à l'enseignement libre aussi largement qu'il lui est possible de le faire,

tant que la loi n'aura pas établi comme un droit la liberté
de l'enseignement supérieur.

TROISIÈME PARTIE.

BATIMENTS ET MATÉRIEL.

Les notices spéciales, consacrées dans la statistique à
chaque faculté des départements, indiquant leurs besoins,
il ne sera question ici que des établissements de la capitale qui exigent d'importants travaux.

Tout Paris est renouvelé; les bâtiments affectés à l'enseignement supérieur restent seuls dans un état de vétusté
et d'insuffisance qui contraste péniblement avec la grandeur imposante d'édifices consacrés à d'autres services.
Ce n'est point une question d'art et de goût, ni le désir de
mettre les constructions scolaires et ce que le moyen
âge appelait *la cité des philosophes* en harmonie avec la
richesse architecturale du Paris des négociants et des
voyageurs : il y va de nos intérêts les plus chers à ce que
la science cesse d'être renfermée, comme au temps où elle
était encore au berceau, dans des édifices qui datent de
Richelieu ou de Louis XIV et où il lui est impossible de
trouver l'espace indispensable à ses recherches.

Sorbonne. — Cette maison est aujourd'hui telle, à peu
près, que l'avait faite le grand ministre de Louis XIII. Des
projets d'agrandissement sont depuis longtemps à l'étude;
la première pierre du nouvel édifice a été posée en 1855;
trois ans plus tard, les travaux nécessaires ont été mis par
une loi au nombre de ceux qui devaient être exécutés de
compte à demi par l'État et par la ville de Paris. Mais,

jusqu'à présent, les crédits nécessaires n'ont pas été alloués.

École de médecine. — Le bâtiment de l'école de médecine doit être isolé par le prolongement du boulevard Saint-Germain et de la rue des Écoles. Les expropriations relatives à l'ouverture de ces deux voies de communication permettraient de donner à l'école de médecine l'espace qui manque aux amphithéâtres pour l'enseignement oral, et aux salles pour le service des examens. Mais les cours ne sont plus que la moitié de l'enseignement : il y faut joindre les *exercices pratiques,* c'est-à-dire beaucoup de laboratoires, dont la place est toute désignée sur les terrains de l'hôpital des cliniques et des pavillons d'anatomie.

Académie de médecine. — Elle occupe, en location, une dépendance de l'hôpital de la Charité. Le bail va expirer et ne peut être renouvelé. Les projets arrêtés pour l'école de médecine assureraient, s'ils se réalisaient, une demeure fixe à l'Académie, qui serait installée dans une partie des nouvelles constructions.

École impériale et spéciale des langues orientales vivantes. — Le projet de reconstruction du lycée Louis-le-Grand, où sont élevés les *Jeunes de langues,* comprend les locaux nécessaires à l'école. Ce projet est pendant au Corps législatif.

Muséum d'histoire naturelle. — Il serait urgent de construire des serres et des galeries nouvelles pour placer, sous les yeux du public et à portée des hommes d'étude, des richesses qui demeurent enfouies dans les magasins, au détriment des objets mêmes et de la science qui ne saurait en tirer profit.

Annexe du Muséum à Vincennes. — Appropriation du terrain et constructions légères pour le service et l'étude.

Observatoire central de physique. — La ville de Paris a donné le terrain et les bâtiments; reste à acquérir le matériel scientifique.

Observatoire impérial. — Si l'Académie des sciences émettait l'avis qu'une partie des observations astronomiques dût se faire hors de Paris, et que le gouvernement adoptât ce projet, il y aurait lieu encore de demander, pour cette translation, l'ouverture d'un crédit au budget.

Ces diverses dépenses monteront sans doute à un chiffre relativement considérable; mais elles sont nécessaires pour conserver à la France le rang qu'elle s'est fait dans le monde des lettres et des sciences.

En résumé, parmi les mesures soumises à l'approbation de Votre Majesté, il s'en trouve, et ce sont les plus importantes, pour lesquelles on peut passer immédiatement à l'exécution, puisqu'elles n'impliquent l'ouverture d'aucun crédit : telles sont l'organisation d'un enseignement supérieur d'agronomie au Muséum, et la création d'une section des sciences économiques à l'école des hautes études.

D'autres sont surtout des règles de conduite pour la direction de l'enseignement supérieur. Si l'Empereur en approuvait la pensée, il y aurait encore à soumettre les moyens d'exécution à l'examen du conseil impérial.

D'autres, enfin, devraient attendre que des ressources fussent préparées et qu'un vote du Corps législatif en autorisât l'emploi.

Toutes ces propositions ne sont, d'ailleurs, que le développement des deux idées exprimées en tête de ce rapport.

Si elles étaient adoptées, il me semble que la voie des hautes études s'ouvrirait plus large et plus sûre devant des élèves plus nombreux et des maîtres mieux armés pour de nouveaux succès.

Un effort énergique serait fait pour attirer des esprits d'élite vers ce qui calme et élève : la science, la vérité, dont la moindre parcelle, retrouvée dans le passé par l'histoire, dans le présent par l'étude du monde physique et moral, vaut mieux à elle seule que toutes les richesses.

Cet effort s'étendrait aux provinces, où quelques-unes de nos anciennes universités ont jeté un vif éclat, alors que des hommes illustres ne dédaignaient point d'y enseigner et d'y vivre.

Que tout cela réussisse, et le gouvernement impérial aura accompli dans l'ordre des idées ce qu'il fait chaque jour dans l'ordre des intérêts. Le travail scientifique ne tendra plus à se concentrer en un seul foyer. D'autres s'allumeront peut-être ou se ranimeront, lorsqu'une activité salutaire aura été excitée sur les différents points du territoire, et le corps de la nation participera tout entier, par les écoles supérieures de province comme par les écoles primaires de village, au développement de la vie intellectuelle.

En 1842, le prince Louis-Napoléon, comparant le génie pratique de Monge et le génie transcendant de Laplace, écrivait : « Faire avancer la science était sans doute un

« grand mérite aux yeux de Napoléon; mais la répandre
« dans le peuple lui semblait un mérite plus grand en-
« core. »

En parlant ainsi, l'Empereur se souvenait que le temps
où le plus grand nombre ne savait rien était le temps
aussi où le plus grand nombre ne possédait rien et ne
comptait pour rien. D'où cette conséquence que le développement de la vie intellectuelle a pour effet de tout élever, dans l'ordre matériel comme dans l'ordre moral et
politique. Le savant illustre et le maître le plus humble
travaillent à la même œuvre, et de cette œuvre doivent
sortir la concorde entre les classes, l'égalité entre les citoyens, le progrès en tout et pour tous.

Je suis avec le plus profond respect, Sire, de Votre
Majesté le très-humble, très-obéissant et très-fidèle serviteur,

Le ministre de l'instruction publique,

V. DURUY.

———

Circulaire du 14 décembre 1868, relative à l'institution de prix à
décerner, dans chacune des académies, aux meilleurs travaux
d'histoire, d'archéologie et de science.

Monsieur le recteur,

Dans le rapport que j'ai adressé à Sa Majesté l'Empereur, en novembre dernier, sur l'état de l'enseignement
supérieur, je propose à Sa Majesté de fonder dans cha-

47.

cune des académies un prix de 1,000 francs, qui serait
décerné au mémoire ou à l'ouvrage jugé le meilleur sur
quelque point d'archéologie, d'histoire politique et littéraire ou de science, intéressant les provinces comprises
dans le ressort académique. J'ajoute que les commissions
qui décerneraient les prix seraient formées en majorité
par les présidents ou les membres des sociétés savantes
de l'académie. Enfin je signale la mesure proposée
comme un moyen d'accroître la vitalité des corps académiques et de faire revivre nos anciennes universités provinciales, en associant à ce mouvement les cent quarante-quatre sociétés savantes des départements.

J'appelle toute votre attention, monsieur le recteur, sur
ce passage de mon rapport. Je vous invite à vous préoccuper immédiatement des moyens d'exécution du projet
dont il s'agit. A cet effet, vous aurez à entrer en relation
avec MM. les présidents des sociétés savantes de votre académie. Vous leur ferez part des intentions du gouvernement, en vous attachant à les persuader, si vous soup-
çonnez dans les esprits la moindre appréhension à cet
égard, que la volonté de l'Empereur est de respecter l'indépendance et l'initiative des compagnies savantes, et que
Sa Majesté n'a d'autre but que d'encourager le progrès
des hautes études dans les départements. Vous inviterez
MM. les présidents à vous transmettre leur avis et celui
des sociétés qu'ils dirigent. D'après les indications que
vous aurez recueillies, vous rédigerez pour le nouveau
concours académique de votre ressort un projet de règlement dans lequel seront notamment spécifiées les matières
du concours et la composition du jury appelé à décerner
le prix. Dès que ce travail sera terminé, et j'attache beau-

coup d'importance à son prompt achèvement, vous voudrez bien me l'adresser.

Agréez, etc.

Le ministre de l'instruction publique,

V. DURUY.

———————

Circulaire du 26 décembre 1868, relative à l'exécution de l'arrêté du 26 décembre 1868, réglant les formes et conditions de la concession des bourses impériales dans les colléges communaux.

Monsieur le recteur,

Je vous transmets quelques exemplaires d'un arrêté, en date de ce jour, par lequel j'ai réglé tout ce qui concerne les bourses impériales, qui pourront, à l'avenir, être concédées dans les colléges communaux. Le prix de la bourse sera uniformément de 600 francs pour tous les élèves, quels que soient leur âge et la division de l'enseignement à laquelle ils appartiendront. Les fractions de bourse seront calculées d'après ce taux, qui servira aussi de base aux compléments que les familles auront à verser. Mais il est bien entendu que, moyennant le prix de 600 francs, les élèves titulaires des bourses seront complétement entretenus aux frais des colléges et devront jouir de tous les avantages assurés aux boursiers de l'État.

Les familles auront à fournir un trousseau dont le prix est fixé à 300 francs. Cette fourniture une fois faite, l'habillement, l'entretien et le blanchissage seront en totalité à la charge des principaux. Aucune redevance annuelle ne pourra non plus être exigée pour livres classiques, frais de papeterie, de chauffage, d'éclairage, d'infirmerie, objets de literie, etc.

La composition du trousseau sera déterminée par vous, de concert avec les chefs d'établissement.

Le taux des bourses de demi-pensionnat est fixé uniformément à 350 francs. Les élèves auxquels ces bourses seront concédées auront droit au déjeuner, au dîner et au goûter, ainsi qu'aux fournitures de papeterie et de livres classiques. Ils seront complétement assimilés aux élèves internes en ce qui concerne l'enseignement, la surveillance, le régime intérieur. Les frais d'habillement, d'entretien, de blanchissage, resteront à la charge des familles, qui auront en outre à fournir, pour le service du réfectoire, six serviettes, un couvert et une timbale.

Quant aux bourses d'externat, j'en déterminerai le taux, sur votre proposition, par des décisions spéciales, pour tous les colléges où il pourra être utile d'en instituer.

Vous voudrez bien me transmettre, à la fin de chaque trimestre, des états de liquidation pour les sommes dues à chaque collége, en raison des bourses, fractions de bourse et bourses de demi-pensionnat ou d'externat qui auront été occupées pendant le trimestre. Ces états seront dans la même forme que ceux des lycées; ils devront être certifiés par le principal et visés par vous. Je désire qu'ils me parviennent avant le quinzième jour du mois qui suivra l'expiration du trimestre.

Recevez, etc.

Le ministre de l'instruction publique,

V. DURUY.

Rapport de S. Exc. M. le Ministre à S. M. l'Empereur, précédant le décret du 30 janvier 1869, relatif à la réorganisation de l'école impériale des Chartes.

Sire,

Au moment où la situation de l'enseignement supérieur est l'objet de la sollicitude toute particulière de Votre Majesté, et où les fonctionnaires de ce grand service reçoivent, avec de nouveaux avantages personnels, des moyens d'action plus complets, il m'a semblé opportun d'appeler l'attention de l'Empereur sur l'école impériale des Chartes.

La nécessité de donner à chacune des chaires de cette école un titre bien défini, de mieux régler leurs attributions, comme aussi de les répartir entre les trois années d'études d'une manière plus favorable aux travaux des élèves, m'avait été signalée à diverses reprises par le conseil de perfectionnement de l'école. Après un examen approfondi des réformes dont la convenance m'était indiquée, j'ai invité le conseil à préparer un rapport où seraient exposés les motifs de ces modifications. L'enquête que j'avais demandée a eu lieu, et je me borne à en résumer ici les résultats.

Il a paru nécessaire, en premier lieu, de ne former qu'une seule et même chaire des deux cours d'*Institutions politiques*, de consacrer une chaire spéciale à la *Paléographie* et de former une chaire distincte de la *Diplomatique*.

Le principe de l'unité de l'enseignement ainsi posé, le conseil a jugé non moins utile de donner un titre à chacune des chaires qui jusqu'ici n'avaient été désignées que par les matières de leur enseignement. Il a été unanime avec MM. les professeurs pour proposer les dénominations qui sont l'objet de l'article 1er du projet de décret ci-joint.

L'ordre suivi dans l'énumération des cours est conforme à celui qui devrait être adopté pour leur répartition entre les trois années. Les élèves de première année recevraient, chaque semaine, deux leçons sur la paléographie, deux leçons sur les langues romanes, une cinquième leçon étant réservée à la bibliographie et au classement des bibliothèques. Il est indispensable, en effet, de former d'abord les élèves au déchiffrement des chartes et à l'intelligence des textes qu'elles renferment.

Il importe également de les initier, dès le début, à la connaissance des grands recueils d'érudition et des ouvrages spéciaux qu'ils doivent apprendre à manier pour en apprécier toutes les ressources. Des notions exactes sur le classement des bibliothèques et sur le régime administratif de ces établissements les prépareront, en outre, à l'une des fonctions auxquelles le titre d'archiviste paléographe leur assure des droits.

Le professeur qui serait chargé de faire une leçon sur la bibliographie et le classement des bibliothèques aux élèves de première année ferait aux élèves de seconde année une leçon sur le classement plus difficile des archives. Cet enseignement pratique, conforme aux instructions émanées du ministère de l'intérieur, leur permettrait de remplir utilement les emplois qu'un décret impérial a réservés aux élèves diplômés. Indépendamment de cette leçon, dont je viens d'indiquer le caractère et le but essentiel, les élèves de seconde année entendraient deux leçons sur la diplomatique et deux leçons sur les Institutions.

L'expérience a démontré que les élèves de troisième année ne peuvent suivre avec fruit cinq leçons par semaine et préparer en même temps leur examen et leur thèse. Le nombre des leçons serait donc réduit de cinq à quatre : deux leçons de droit civil et canonique du moyen âge, deux leçons d'archéologie du moyen âge. Ce dernier cours ne figure actuellement au tableau que pour une seule leçon.

L'article 3 du projet supprime la division des professeurs en deux classes. Le conseil de perfectionnement a été d'avis que cette division, qui n'existe dans aucune des grandes écoles de Paris, est également sans objet à l'école impériale des Chartes. Il ne subsisterait donc entre les professeurs d'autre différence que celles que le budget a déterminées dans les traitements, suivant que les professeurs occupent ou non d'autres emplois.

Je suis avec le plus profond respect, Sire, de Votre Majesté le très-humble, très-obéissant et très-fidèle serviteur,

Le ministre de l'instruction publique,

V. DURUY.

Lettre adressée, le 31 janvier 1869, par S. Exc. M. le Ministre au président de l'Académie des sciences, relativement aux préparatifs d'une expédition scientifique.

Monsieur le président,

Les astronomes se préoccupent du grand événement scientifique qui signalera l'année 1874, le passage de Vénus sur le disque du soleil, que nos savants devront aller observer presque aux antipodes, à la Terre de Van-Diémen; et chacun d'eux cherche déjà comment on pourra affranchir ces observations des causes d'erreurs qui ont affecté d'une façon si étrange celles de 1769.

Le gouvernement, de son côté, n'oublie pas qu'il est tenu de préparer tous les moyens de rendre moins pénible et plus profitable pour la science le dévouement des savants qui voudront s'exposer aux fatigues d'une si longue traversée. L'heureuse issue des dernières expéditions envoyées aux Indes et dans la presqu'île de Malacca pour l'observation de l'éclipse totale du 18 août 1868, l'importance des résultats obtenus par nos astronomes, qui ont vaillamment conquis à la France le premier rang dans cette lutte pacifique, tout nous oblige à de grands efforts et par conséquent aux longues études qui sont nécessaires pour en assurer le succès.

Les difficultés qui se sont rencontrées dans les expéditions de 1769, l'expérience acquise dans les préparatifs précipités de celle de 1868, indiquent qu'il est indispensable de s'occuper dès maintenant des dispositions à prendre. D'ailleurs, les communications récemment faites à l'Académie sur ce sujet concluent toutes à l'emploi de puissants instruments, d'une perfection presque absolue au point de vue optique. La science française, grâce aux travaux de Léon Foucault, est aujourd'hui en état de fournir de tels appareils; mais il faut du temps pour les construire et les éprouver.

« Je vous prie donc, monsieur le président, de vouloir bien soumettre à l'Académie les questions suivantes, sur lesquelles le gouvernement a besoin des lumières spéciales de ce corps savant pour décider les mesures administratives à prendre en vue de la future expédition :

1° Quelles sont les stations dans lesquelles devront être envoyés les observateurs et quel devra être le nombre de ces observateurs?

2° Quels sont les instruments dont ils devront être munis pour l'observation de Vénus et pour les autres recherches dont ils pourraient être chargés?

3° N'y a-t-il pas lieu d'utiliser la présence de ces astronomes sous des latitudes éloignées pour leur demander des observations particulières, soit sur les positions des étoiles du ciel austral, soit sur l'étude physique des astres de cet hémisphère?

4° Y a-t-il convenance, suivant la proposition faite par MM. Wolf et André dans leur communication à ce sujet, à inviter les astronomes étrangers à conférer avec les nôtres pour établir dans les différentes stations un système uniforme d'observations?

L'expédition astronomique pourrait aussi être utilisée

en faveur des autres sciences. L'Empereur désire donner à cette expédition le caractère d'une longue campagne scientifique pour toutes les questions dont l'étude peut se poursuivre à travers l'Océan et dans l'autre hémisphère.

Veuillez, monsieur le président, informer l'Académie de ces intentions du gouvernement impérial. Votre savante compagnie peut seule donner aux recherches une direction utile, et assurer, par ses instructions, le succès de cette grande entreprise.

Recevez, etc.

Le ministre de l'instruction publique,

V. DURUY.

Lettre adressée, en janvier 1869, aux secrétaires perpétuels des Académies de l'Institut, relativement au travail des promotions de classe dans les facultés.

Monsieur le secrétaire perpétuel,

La loi de finances votée par le Corps législatif dans sa dernière session alloue au ministère de l'instruction publique un premier crédit de 200,000 francs, dont la majeure partie doit être employée à élever les traitements des professeurs de faculté, qui seraient, à l'avenir, répartis en trois classes. Il ne s'agit pas seulement d'assurer à un certain nombre de fonctionnaires des avantages pécuniaires supérieurs à ceux dont ils jouissent, mais de leur assigner un rang au-dessus de leurs collègues, en tenant compte de l'ancienneté des services, des résultats de l'enseignement et de l'importance des travaux qu'ils auraient publiés. A ce dernier point de vue, qui me préoccupe tout particulièrement, et en considérant que les titres dont se recommandent certains professeurs reposent sur des livres ou des mémoires qui ont attiré l'attention de l'Institut, je prends la liberté de vous demander les noms des membres de l'enseignement supérieur, dans les départements, qui auraient été honorés pour leurs travaux de la bienveillance et des suffrages de l'Académie.

Recevez, etc.

Le ministre de l'instruction publique,

V. Duruy.

Instruction du 9 mars 1869, relative à l'exécution du décret du 3 février 1869, portant organisation de l'enseignement de la gymnastique dans les établissements d'instruction publique.

Monsieur le recteur,

J'ai l'honneur de vous adresser le décret du 3 février 1869 et les programmes relatifs à l'enseignement de la gymnastique, pour qu'ils soient mis en vigueur le plus promptement possible dans les établissements d'instruction publique de votre ressort.

J'y joins le rapport de la commission qui a préparé les programmes adoptés par le conseil supérieur de l'enseignement spécial et par le conseil impérial de l'instruction publique.

Vous reconnaîtrez aisément, monsieur le recteur, le soin avec lequel ces programmes ont été composés; mais j'appelle votre attention toute particulière sur la pensée qui a dirigé la commission. La gymnastique de l'armée a pour but d'habituer ceux qui s'y livrent à des exercices difficiles et même, jusqu'à un certain point, dangereux, afin que le soldat arrive à la plus grande puissance de force musculaire, d'adresse et d'agilité, en même temps qu'il s'habitue à triompher d'obstacles en apparence périlleux. La gymnastique des lycées et des écoles, au contraire, ne doit chercher qu'à développer d'une manière normale et progressive les forces du corps, à en établir, au besoin, l'équilibre et l'harmonie. C'est un exercice hygiénique que le médecin surveille et contrôle, et non pas un moyen de produire des prodiges d'agilité ou de hardiesse.

Telle est la règle qui présidera dans nos écoles à cet enseignement et dont vous surveillerez avec le plus grand soin l'exécution.

Pour les lycées et les écoles normales primaires, les programmes seront immédiatement appliqués partout où le matériel d'enseignement existe déjà. Là où il fait défaut, des devis seront préparés par vos soins, afin de me mettre en mesure d'obtenir les crédits nécessaires.

Dans les colléges et les écoles primaires, les installations dépendent des ressources votées par les conseils municipaux; les programmes ne pourront donc y être suivis que dans la mesure que comporteront les appareils

dont l'établissement disposera. Mais vous aurez soin d'agir
auprès des administrations municipales qui seraient en
état de supporter ces dépenses, pour que les aménagements
indispensables soient exécutés. J'espère qu'une augmentation de crédit au budget de l'instruction publique me
permettra de venir en aide aux communes les plus dépourvues, car il s'agit d'un intérêt vraiment national.

*Exercices relatifs au maniement de l'arme et à l'école du
soldat.* — Un genre particulier d'exercices aura lieu dans
les lycées, les colléges et les écoles normales primaires; ce
sont ceux qui se rapportent au maniement des armes et à
l'école du soldat. Ils sont réglés par la théorie spéciale que
le ministère de la guerre a préparée pour la garde nationale
mobile. Introduits à titre d'essai dans les lycées de l'académie de Paris, ils y ont parfaitement réussi. Les instructeurs s'étonnent de la promptitude avec laquelle nos élèves
apprennent ces exercices qui se combinent avec la gymnastique ordinaire et qui les mettront en état de réclamer
le bénéfice du dernier paragraphe de l'article 9 de la loi
du 1ᵉʳ février 1868[1], sur l'organisation de l'armée, aux
termes duquel : « Sont exemptés des exercices les jeunes
gens qui justifient d'une connaissance suffisante du maniement des armes et de l'école du soldat. »

D'ailleurs, au point de vue de l'éducation, il ne faut
point dédaigner ce moyen de donner au corps une meilleure tenue, à l'âme plus d'assurance. On a dit que certaines vertus tenaient à l'exercice des armes. Ceux qui

1. « Les jeunes gens de la garde nationale mobile sont soumis, à moins d'absence
légitime, à des exercices qui ont lieu dans le canton de la résidence ou du domicile.... Chaque exercice ou réunion ne peut donner lieu à un déplacement de plus
d'une journée. Ces exercices ou réunions ne peuvent se répéter plus de quinze fois
par année. » (Art. 9.)

ont le soin paternel d'élever les jeunes générations ne
doivent négliger rien de ce qui peut les aider à former des
hommes.

Utilité de la gymnastique même dans les écoles rurales. —
Dans les écoles rurales, où le plus souvent les exercices
gymnastiques ne pourront être faits à l'aide d'appareils,
on devra se borner à des mouvements d'ensemble qui
donneront au corps plus de légèreté et de souplesse. Au
village, l'enfant a l'air et l'espace qui lui manquent dans
les villes; mais les jeux gymnastiques remplaceraient d'une
manière heureuse le vagabondage dans les rues ou sur les
places, le maraudage dans les champs ou la destruction
des nids d'oiseaux dans les bois. L'attitude embarrassée et
lourde d'un grand nombre de conscrits des communes
rurales suffirait à montrer combien ils ont encore besoin
qu'on assouplisse leurs membres, qu'on rende leur dé-
marche plus dégagée, qu'on leur apprenne, enfin, à tirer
meilleur parti de toutes les forces que la nature a mises
en eux.

Les conseils départementaux, éclairés par l'avis des
personnes compétentes, sauront déterminer la mesure
dans laquelle l'enseignement élémentaire de la gymnastique sera donné aux élèves des écoles primaires. Dans
tel district manufacturier, où la jeune génération dépérit
sous l'influence du travail industriel, où le corps des
enfants porte la trace prématurée d'un assujettissement
pénible, la gymnastique sera un immense bienfait. Si elle
ne doit pas avoir dans toutes les localités le caractère d'un
remède nécessaire, elle sera partout utile, parce qu'il y a
pour tout le monde avantage à savoir bien régler le déve-

loppement des forces physiques : ce qui est le but de la gymnastique. En outre,,il faut bien remarquer que ces mouvements cadencés, dirigés par le maître, sont encore une habitude d'ordre qu'il fait prendre à ses élèves, et que cette discipline du corps est aussi une discipline de l'esprit. C'est pour cela que les plus grands philosophes de la Grèce donnaient à la gymnastique tant d'importance dans l'éducation.

A un autre point de vue, quels services rendraient les jeunes gens de la campagne en cas d'incendie, d'inondation ou d'accidents graves, s'ils étaient habitués de bonne heure à ces exercices gymnastiques qui, en augmentant la force et l'adresse de l'homme de cœur, lui permettent de porter de prompts secours aux personnes en danger, de courir là où les inhabiles ne peuvent aller, de faire plus qu'eux sans s'exposer davantage, et d'accomplir parfois des sauvetages héroïques que la foule applaudit et que l'Empereur récompense !

Nombre et durée des leçons. — Les leçons, y compris les exercices militaires, sont au nombre de quatre par semaine ; elles doivent durer chacune une demi-heure au moins. Dans les lycées et colléges elles seront prises sur le temps d'étude. Veuillez tenir la main à ce que cette prescription s'exécute.

Dans les écoles normales, où les élèves ne sont plus des enfants, les exercices gymnastiques pourront avoir lieu pendant le temps consacré aux récréations, si déjà ce temps n'est affecté à l'enseignement pratique de l'agriculture. Les élèves–maîtres trouveront pour leur esprit dans ces exercices corporels un repos que ne leur pro-

curent pas toujours suffisamment de simplespromenades
dans des cours d'une étendue trop restreinte.

Pour les écoles primaires, l'article 7 du décret charge
le conseil départemental de fixer, sur la proposition de
l'inspecteur d'académie, le nombre des leçons qui pourront y être données par semaine, ainsi que les jours et
heures de ces leçons. Comme dans beaucoup de communes rurales elles se feront longtemps encore sans appareils, elles ne pourront être que d'une courte durée, mais
elles couperont heureusement les classes trop longues.

*Construction de gymnases couverts et installation du
matériel fixe, ouvrages de charpente, poutres, etc.* — Pour
les lycées et les écoles normales primaires, tous les aménagements nécessaires à l'enseignement de la gymnastique devront être préparés d'urgence ; en conséquence,
vous ferez dresser immédiatement par un architecte, pour
chaque lycée et école normale de votre ressort, le devis
de la dépense que comporte l'installation d'un gymnase
couvert, pourvu des appareils et agrès indiqués au programme. Le devis sera accompagné d'un plan et d'un
projet détaillé que vous me transmettrez avec l'avis du
bureau d'administration et du conseil de perfectionnement, s'il s'agit d'un lycée; avec l'avis de la commission
de surveillance, s'il s'agit d'une école normale primaire.

Veillez à ce que le projet soit conçu avec simplicité,
afin de réduire la dépense.

Vous m'adresserez dans le plus bref délai possible, avec
vos propositions, le projet ainsi étudié. En attendant, vous
prendrez des mesures pour suppléer au manque du gymnase couvert; vous engagerez MM. les proviseurs, princi-

paux de colléges et directeurs d'écoles normales à tirer
parti des locaux et des ressources dont ils disposent, quelque imparfaits qu'ils soient. La même observation s'applique aux écoles primaires. J'ajoute qu'on peut installer
facilement, à la campagne, presque sans frais, les premiers appareils de gymnastique, tels qu'une échelle ordinaire, des barres parallèles, une poutre supportée par
deux murs, etc.

En ce qui concerne les écoles normales primaires, qui
sont entretenues aux frais des départements, vous devrez
vous concerter avec MM. les préfets. Je leur adresse une
circulaire spéciale pour demander leur concours à cette
œuvre d'intérêt public. Il leur appartiendra de soumettre
aux conseils généraux, dans la session du mois d'août prochain, et aux conseils municipaux, dans leur session de
mai, les demandes de crédits nécessaires pour l'installation et l'amélioration du service de la gymnastique
dans les écoles normales et les écoles primaires.

Quant aux colléges communaux et aux écoles primaires,
où les installations ne sont possibles qu'au moyen de crédits votés par le conseil municipal, le défaut de ressources
ou l'état des locaux peut motiver l'ajournement en tout
ou en partie des exercices qui comportent l'emploi d'appareils et d'agrès.

Les villes, en effet, où il existe un collége ne sont pas
liées à cet égard par une obligation légale, et c'est de leur
générosité, de leur zèle pour les intérêts de l'enfance et
de la jeunesse, que dépend aujourd'hui la solution favorable; mais lors du renouvellement de l'engagement quinquennal, ou lorsqu'il s'agira de la création ou de la transformation d'un collége, vous pourrez invoquer l'article 74

48.

de la loi du 15 mars 1850. La gymnastique faitd ésor-
mais partie des programmes de l'enseignement secondaire
public ; l'obligation pour les villes qui veulent avoir un
collége communal de fournir un local « approprié à cet
usage » et d'y placer « le mobilier nécessaire à la tenue des
cours » implique l'installation d'un gymnase couvert, muni
des appareils nécessaires.

Appareils et agrès mobiles (*cordages, haltères, barres à
sphères, etc*.). — Les appareils et agrès nécessaires pour
l'enseignement de la gymnastique se divisent en deux
catégories : ils comprennent, d'une part, les travaux de
charpente, les poutres et gros ouvrages de menuiserie qui
partout peuvent être faits sur place dans de bonnes conditions et à bas prix ; d'autre part, les agrès, appareils,
cordages, pièces de fonte ou de fer, instruments mobiles
pour les exercices, qu'il serait souvent difficile et coûteux
de faire établir dans la localité où ils doivent être employés.
Dans ces circonstances, j'ai pensé qu'il serait possible
d'accélérer l'organisation du service et de diminuer la
dépense au moyen d'une adjudication faite de la manière
suivante. Un catalogue et une collection type des objets
indiqués par les programmes officiels comme nécessaires
pour l'enseignement vont être établis par la commission
de gymnastique. Le catalogue donne l'indication, pour
chaque article, de certains prix de vente. Le cahier des
charges porte que l'adjudicataire désigné devra, sur la
demande des lycées impériaux, colléges communaux,
écoles normales primaires ou écoles primaires communales, leur fournir tout ou partie des objets indiqués au
catalogue ; que l'adjudicataire devra emballer ces objets

et les expédier *franco* jusqu'à la station de chemin de fer la plus rapprochée du lieu de destination; que, pour cette fourniture et les services accessoires, il lui sera payé directement par les établissements acquéreurs un prix réduit déterminé par le rabais effectué sur le prix de vente porté au catalogue.

Cette combinaison, analogue à celle qui est adoptée pour la fourniture des livres aux bibliothèques scolaires, permet cependant à chaque établissement de faire ses acquisitions, s'il le désire, chez un fournisseur autre que l'adjudicataire. Elle a pour unique objet d'offrir aux écoles le moyen de rendre leurs acquisitions plus faciles et moins coûteuses.

Fusils. — En ce qui concerne les fusils nécessaires dans les établissements publics pour les exercices militaires, ils sont mis à ma disposition par M. le ministre de la guerre dans les conditions suivantes : leur nombre est fixé, en principe, au quart de celui des élèves appelés à cet exercice; mais, en général, cette réduction au quart ne descend pas au-dessous du nombre vingt, chiffre habituel des élèves qui doivent s'exercer ensemble. La demande, qui m'est faite par votre intermédiaire, doit indiquer le nombre de fusils jugés nécessaires. J'informe aussitôt M. le ministre de la guerre, et les armes sont expédiées par les transports de son administration, à charge de remboursement des frais par l'établissement destinataire et du retour des caisses après déballage.

Vêtement. — Le vêtement spécial, très-peu coûteux, nécessaire aux élèves pour les exercices gymnastiques, est décrit dans le rapport de la commission. Cette dépense est à la charge des familles. J'ai à peine besoin de faire remarquer que dans les écoles primaires, dans quelques écoles normales primaires, dans certains colléges communaux, la blouse ou seulement la ceinture ordinaire de l'école pourront suffire.

Choix des maîtres de gymnastique. — Les maîtres auxquels sera confiée la direction des exercices gymnastiques devront être choisis avec grand soin. Des directeurs de gymnases civils, d'anciens sous-officiers sortis de l'école normale militaire de Joinville-le-Pont, sont déjà appelés dans un certain nombre de nos maisons. Chaque régiment possédant un maître de gymnastique et d'excellents instructeurs, les garnisons de beaucoup de villes peuvent offrir, pour la gymnastique proprement dite comme pour les autres exercices, un précieux contingent. A cet égard, M. le ministre de la guerre a bien voulu me faire la communication suivante, par lettre du 28 septembre dernier.

« Conformément au désir exprimé à ce sujet, je donne des ordres pour que MM. les officiers généraux commandant les divisions et subdivisions territoriales, ainsi que les commandants d'armes dans les villes où il n'y a pas d'officier général, mettent, selon la demande qui en sera faite, des instructeurs d'une aptitude éprouvée à la disposition des proviseurs de lycées impériaux, des principaux de colléges ou des directeurs d'écoles normales. En ce qui concerne l'indemnité à allouer à ces instructeurs, j'approuve, comme suffisantes, les fixations que vous m'avez proposées, c'est-à-dire 15 francs par mois pour quatre heures de leçons par semaine, ou 30 francs par mois pour huit heures de leçons. »

Des propositions me seront transmises par MM. les recteurs sur la demande des proviseurs, principaux et directeurs, après entente, s'il s'agit de militaires, avec MM. les
officiers généraux et commandants d'armes. La nomination des maîtres de gymnastique dans les lycées, les colléges et les écoles normales primaires sera faite par le
ministre de l'instruction publique, conformément aux
articles 2 et 10 du décret du 3 février dernier.

Le traitement est déterminé pour chacun d'eux, sur la
proposition du recteur, par l'arrêté de nomination.

Les maîtres adjoints sont nommés par le recteur; les
instructeurs chargés d'enseigner le maniement de l'arme,
par le proviseur, principal ou directeur d'école normale,
après entente avec MM. les officiers généraux ou commandants d'armes.

Dans les écoles primaires où des appareils n'auront
pu être établis, il n'y aura pas lieu d'appeler un maître
spécial de gymnastique, les exercices très-simples prescrits par le programme pouvant être dirigés par l'instituteur. Mais il est à désirer qu'il en soit autrement dans
les écoles publiques du chef-lieu de canton. Les classes,
dans ces localités plus importantes, devant contenir un
nombre assez considérable d'élèves, pourront être plus
facilement pourvues d'appareils et d'agrès et justifier ainsi
la présence à titre permanent ou temporaire d'un maître
spécial. Rien n'empêcherait alors d'admettre à ces exercices les élèves des communes voisines, si les conseils
municipaux consentaient à contribuer à la rémunération
du maître en proportion du nombre d'enfants qu'ils y
enverraient. Dans tous les cas, le maître devra être choisi
par l'instituteur et agréé par le préfet. Il est convenable,

en effet, d'appliquer ici la règle établie par la loi pour la nomination des instituteurs adjoints.

Un grand nombre d'instituteurs sortis des écoles normales primaires où ils ont reçu des notions de gymnastique sont déjà en état de donner des leçons à leurs élèves, mais d'autres auront besoin de directions et de conseils; ils pourront les recevoir, soit dans des conférences cantonales que ferait pour eux le professeur de gymnastique de l'école normale ou de l'école primaire du chef-lieu de canton, soit même dans des réunions d'instituteurs qui auraient lieu au moment des vacances dans le gymnase du lycée, du collége ou de l'école normale.

C'est le moyen de propager rapidement la pratique de la gymnastique élémentaire dans nos écoles.

Formation de la commission de cinq membres qui sera instituée au chef-lieu de l'académie pour délivrer des certificats d'aptitude à l'enseignement de la gymnastique. — J'appelle toute votre attention sur les propositions que vous aurez à me soumettre pour constituer la commission dont il s'agit. Vous en trouverez les éléments dans le corps médical, dans les officiers supérieurs de l'armée, dans le personnel des inspecteurs de l'instruction publique et parmi les professeurs spéciaux de gymnastique. Le certificat d'aptitude dont il s'agit sera un titre important qui pourra désigner un professeur de gymnastique au choix du ministre pour la direction de cet enseignement dans les lycées, colléges et écoles normales primaires.

L'application de l'article 12 du décret du 3 février qui permet aux commissions départementales d'examens pour le brevet de capacité de l'enseignement primaire de s'ad-

joindre, à titre consultatif pour les épreuves gymnastiques, une ou deux personnes ayant fait une étude particulière de la gymnastique, suffira pour augmenter à cet
égard les garanties qui résultent du brevet d'instituteur.

Les demandes d'emploi de maître de gymnastique que
m'adressent directement des militaires en activité ou qui
ont récemment quitté le service sont transmises à M. le
ministre de la guerre pour avoir son avis. Il est tenu très-
grand compte aux candidats, pour l'application du décret
du 24 décembre 1868, de la possession des certificats ou
brevets de gymnastique délivrés aux militaires par l'école
normale de Joinville-le-Pont.

*Aptitude des élèves. Age des élèves appelés aux exercices
gymnastiques.* — Les programmes déterminent les exercices correspondants aux divers âges, d'après la force
présumée des élèves. L'enseignement de la gymnastique
est obligatoire pour tous les élèves, à l'exception de ceux
que leur constitution physique, l'état de leur santé ou les
exigences temporaires de certaines études spéciales pourraient empêcher d'y participer. Dans ce cas, les dispenses
devraient être individuelles et très-explicitement moti-
vées.

En principe, les élèves âgés de plus de seize ans sont
seuls appelés à prendre part aux exercices qui rendent
nécessaire le maniement du fusil.

*Précautions à prendre dans l'intérêt de la santé des élèves
et pour éviter les accidents.* — Le décret du 3 février 1869
impose aux proviseurs, principaux et directeurs d'écoles
normales primaires l'obligation de faire apprécier par un
médecin l'aptitude physique de chaque élève aux exer-

cices gymnastiques et la mesure dans laquelle il peut se
livrer à ces exercices. En ce qui concerne les écoles primaires, la nécessité d'un examen préalable de cette nature
existe surtout pour les écoles pourvues d'appareils et
d'agrès; et dans les localités où ces écoles sont établies, il
sera facile de trouver un médecin. Il n'en sera pas toujours de même dans les communes rurales éloignées des
centres populeux; la gymnastique s'y réduira le plus souvent aux exercices qui peuvent s'effectuer sans appareils:
dès lors l'intervention du médecin n'est plus indispensable; elle sera suppléée par la sollicitude de l'instituteur
et des parents eux-mêmes.

Afin d'éviter les chances d'accident, le local affecté à la
gymnastique sera fermé en dehors du temps consacré aux
exercices réglementaires, lesquels devront toujours avoir
lieu sous la surveillance du maître ou du moniteur régulièrement autorisé à le suppléer.

Je vous envoie avec cette circulaire, à titre de renseignements, les tableaux que j'ai demandés directement
le 18 septembre dernier aux proviseurs, principaux et
directeurs d'école normale de votre académie. Ces tableaux
font connaître :

1° La liste des agrès et appareils employés dans l'établissement;

2° S'il y a un gymnase couvert;

3° Les noms des professeurs ou professeurs adjoints;

4° La qualité du professeur (s'il est titulaire ou adjoint,
civil ou militaire);

5° Le traitement du professeur;

6° Le nombre par semaine des leçons données par le
maître et des leçons reçues par les élèves;

7° La durée de chaque leçon pour les élèves;

8° Si la leçon de gymnastique est prise sur les récréations;

9° Le nombre des élèves réunis pour la même leçon sous un seul maître;

10° Le nombre des mois pendant lesquels ont lieu les leçons.

J'ai fait indiquer sur chaque tableau, d'après les renseignements que m'a fournis M. le ministre de la guerre, s'il y a dans la localité une garnison présentant des ressources pour l'enseignement de la gymnastique.

Veuillez, pour chaque établissement, rapprocher des constatations faites dans ces tableaux les instructions contenues dans la présente circulaire et donner tous vos soins à la prompte organisation de la gymnastique dans les lycées, colléges, écoles normales primaires, qui n'ont pas encore constitué cet enseignement ou qui ne l'ont établi que dans des conditions imparfaites. Efforcez-vous de le faire pénétrer, avec les précautions et les réserves indiquées plus haut, dans les écoles primaires communales qui pourraient employer un instructeur spécial ou qui auraient un instituteur capable de diriger ses élèves pour cette étude.

Recevez, etc.

Le ministre de l'instruction publique,

V. DURUY.

Circulaire du 20 mars 1869, relative à l'institution d'élèves
agronomes au Muséum d'histoire naturelle.

Monsieur le recteur,

Vous avez lu, au *Journal officiel* du 16 mars, les programmes des cours supérieurs d'agronomie qui vont s'ouvrir au Muséum d'histoire naturelle. Cet enseignement
s'adresse à beaucoup de personnes, mais particulièrement
à celles qui voudraient se préparer au professorat agricole.
Les recherches faites en commun, depuis un an, par les
deux administrations de l'agriculture et de l'instruction
publique ne m'ont permis jusqu'à ce moment d'instituer
qu'un très-petit nombre de professeurs capables de faire,
dans les départements, les cours d'horticulture et d'agriculture que les lois du 15 mars 1850 et du 21 juin 1865
ont établis dans les écoles normales primaires, les lycées
et les colléges, ainsi que les conférences aux instituteurs
et aux cultivateurs réunis au chef-lieu de canton, qui sont
demandées par les conseils généraux et l'enquête agricole.
Les nouveaux cours du Muséum formeraient, pour cet
ordre d'enseignement, une sorte d'école normale supérieure, où toutes les sciences physiques, chimiques et
naturelles seraient étudiées et interrogées au profit de
l'agriculture, et où, par conséquent, l'on prendrait toutes
les connaissances scientifiques nécessaires pour féconder
la pratique.

A côté des jeunes gens qui viendront suivre ces cours dans des vues d'instruction scientifique ou pour se mettre en état de diriger mieux de grandes exploitations rurales, je voudrais, pour le service spécial de l'Université, constituer un noyau d'élèves réguliers, assidus, qui seraient logés et nourris dans quelqu'un de nos établissements ou dans une dépendance du Muséum, et qui recevraient, en outre, l'indemnité autorisée par le décret du 31 juillet 1868. Ces cours, qui doivent durer deux ans, seraient accompagnés de conférences et de manipulations ou expériences que l'étude scientifique de ces matières exige; ils se termineront par des examens à la suite desquels il pourra être délivré un diplôme. Ceux qui auraient obtenu cette consécration de leur travail seraient envoyés pendant un an, avec une subvention du ministère de l'instruction publique, dans une école pratique d'agriculture ou sur un grand domaine bien dirigé, afin de joindre les meilleurs procédés de l'*art* aux connaissances les plus sûres de la théorie. A la suite de ce double stage, les élèves agronomes du Muséum se trouveraient autorisés à solliciter les fonctions de professeurs d'agriculture dans nos établissements d'instruction et celles de directeurs de stations agricoles qu'il importe d'établir dans chacun de nos 89 départements.

Veuillez, monsieur le recteur, chercher parmi les jeunes instituteurs récemment sortis des écoles normales de votre ressort ceux qui, ayant vécu de la vie rurale et connaissant les travaux des champs, auraient montré une aptitude particulière pour les études d'agriculture et les travaux scientifiques ou gagné déjà des récompenses dans les comices agricoles. Vous formerez par ordre de mérite une liste de cinq ou six candidats que vous m'adresserez dans le plus bref délai possible. Les directeurs des écoles normales vous fourniront promptement tous les renseignements nécessaires. Votre liste pourra comprendre des maîtres adjoints actuellement en fonction dans les écoles normales.

Après la période actuelle de première installation, les places d'élèves agronomes boursiers au Muséum d'histoire naturelle seront données au concours.

Recevez, etc.

Le ministre de l'instruction publique,

V. DURUY.

————◦————

Discours prononcé par S. Exc. M. le Ministre à la réunion des Sociétés savantes à la Sorbonne, le 3 avril 1869.

Messieurs,

L'an dernier, je vous entretenais des projets arrêtés par le gouvernement pour développer les hautes études dans notre pays. C'étaient des promesses ; aujourd'hui je vous apporte des faits.

Les crédits demandés aux Chambres pour l'enseignement supérieur ont été votés ; nous pourrons donc appeler désormais ou maintenir dans nos facultés de province des hommes de mérite qui refusaient d'y entrer ou qui cherchaient à en sortir. Les hautes études y gagneront et nos académies départementales en seront plus fortes.

Un décret du 31 juillet 1868 a créé des *laboratoires d'enseignement*, où les élèves apprendront par les exercices ce que la parole du maître le plus habile ne saurait enseigner, et des *laboratoires de recherches*, où la nature sera forcée de livrer quelques-uns de ces secrets dont la révélation est à la fois une conquête pour l'esprit humain et un progrès pour la société.

Un autre décret du même jour a réuni ces fondations éparses en une seule institution : l'*école pratique des hautes études*.

Cette école n'a pas été enfermée dans l'enceinte d'un édifice construit à grands frais; elle est instituée auprès des établissements scientifiques qui relèvent du ministère de l'instruction publique. Ses élèves peuvent suivre les leçons qui se font chaque jour à la Sorbonne, au Collège de France, au Muséum; mais ils reçoivent une direction particulière dans les laboratoires et les conférences dont la réunion forme, à vrai dire, l'*école des hautes études*.

Les élèves des deux sections des sciences physiques et naturelles sont répartis entre vingt-sept laboratoires d'enseignement et de recherches. Sans doute le matériel fait encore défaut sur mille points et en mille choses, malgré l'assistance généreusement prêtée à l'Université par la direction des bâtiments civils et par le conseil municipal de Paris. C'est dans des arrière-cours humides et sombres, en des maisons réservées au marteau des démolisseurs, que les laboratoires se sont établis et que les élèves accourent. Mais on se contente de peu; on profite de tout, sans souci de l'élégance ou même de la commodité. Dans cette colonie naissante, chacun ne songe qu'à l'intérêt commun et tous ont une ardeur qu'aucune gêne ne rebute. On voit des hommes chargés d'ans et d'honneurs passer des journées entières dans ces ruches laborieuses, et des vétérans de la science réclamer le droit de servir encore pour elle.

Les élèves de la section de mathématiques trouvent dans l'école des hautes études la seule assistance dont ils aient besoin : une salle de travail, des livres, une direction et des conseils toujours prêts.

Ici même, à la Sorbonne, vous pourriez voir les salles réservées à la section d'histoire et de philologie, dans la bibliothèque de l'Université. Elles sont ouvertes toute la journée aux élèves, et le soir, dans des conférences familières, se donne un enseignement qui ne se trouve que là. La langue mère de toutes les langues européennes, le sanscrit, la philologie grecque et latine, les origines de notre langage français, tel est l'objet du travail de nos jeunes philologues, pendant qu'à côté d'eux les historiens apprennent à déchiffrer les inscriptions romaines ou étudient lentement, méthodiquement, les sources de notre histoire nationale. C'est une école d'érudition qui se fonde, et de cette érudition toute française, comme vous l'aimez, messieurs, et la pratiquez : patiente et scrupuleuse dans les recherches, précise dans les résultats, ne dédaignant jamais le soin de la forme, auquel nous attachons beaucoup d'importance ; car la forme, dans les œuvres de l'esprit, c'est la manifestation de l'ordre et de l'éclat qui sont dans l'intelligence.

Vous me pardonnerez, messieurs, de vous parler avec quelque détail de cette institution nouvelle. Aujourd'hui,

l'école a un commencement de budget, des maîtres illustres, de précieux instruments de travail, une activité féconde et la confiance du succès. La liberté la plus grande
y est laissée aux maîtres. Là, point de programmes. Les
directeurs de laboratoires et les directeurs d'études proposent au ministre leurs auxiliaires; seuls ils ont été et ils
demeurent seuls chargés de juger leur aptitude. L'État ne
se réserve que le droit de les aider dans leur travail, et de
mettre à leur disposition les fonds nécessaires pour la
publication de recueils où seront consignés les résultats
de tant de recherches; l'année ne s'écoulera pas sans que
les diverses sections aient donné dans ces publications la
preuve irrécusable de leur vitalité.

Enfin des missions qui ont pour objet, non pas des recherches spéciales, mais l'étude du mouvement de la
science à l'étranger, de ses procédés, de ses méthodes et
de ses résultats, ont été rattachées à l'école : un de ses
représentants est déjà délégué dans une université d'Allemagne.

D'un autre côté, les élèves étrangers, qui se déshabi-
tuaient de nos enseignements, recommencent à les suivre.

Au milieu de nos étudiants, j'ai trouvé des hommes de
presque toutes les nations : Anglais, Russes, Polonais,
Allemands, Espagnols, Portugais et Turcs, un docteur
d'Oxford, un élève de l'illustre Bunsen, un ingénieur
russe, chargé par son gouvernement d'une recherche
scientifique, et qui n'a pas cru pouvoir mieux travailler à
la solution d'un problème né dans les mines de l'Oural
qu'en s'établissant pour six mois dans un de nos laboratoires de la Sorbonne.

«Je ne reconnais plus vos écoles,» me disait il y a quel-

ques jours un savant étranger dont le nom est européen.
Un autre ajoutait : « Que cette ardeur se soutienne deux
ans, et la cause des grandes études est gagnée. » En voyant
les nouveaux moyens d'action mis à la disposition des
maîtres, en songeant à ceux que leur réserve l'inévitable
libéralité des grands corps de l'État, un homme qui est
l'honneur de la science française s'écriait : « Ah ! je suis
venu trente années trop tôt. »

Tandis que les érudits s'étonnent de trouver des élèves
pour les études les plus abstraites et naguère les plus
délaissées, il se fonde des enseignements nouveaux qui ont
à la fois, comme il convient dans notre société moderne,
le caractère de la science la plus haute et celui des applications les plus utiles.

Ainsi la ville de Paris donne libéralement un palais à
la météorologie, qui avant un mois y étudiera, pour les
savants, la physique du globe ; pour les marins et les agriculteurs, l'approche des tempêtes et la route des orages.

Le Muséum veut aussi répondre à la nécessité qui s'impose aujourd'hui, même à la science, de se faire démocratique par les applications, tout en restant par les théories
réservé à l'élite des intelligences. Ses professeurs continueront leurs recherches dans l'ordre le plus élevé des
travaux qui ont fait à ce sanctuaire des sciences naturelles
une si grande renommée ; mais ils s'appliqueront avec un
soin attentif à exposer et ils tâcheront de résoudre tous les
problèmes de la vie dans les espèces végétales et animales
utiles à l'homme, afin de trouver les conditions les plus
favorables d'une production économique. Et, par cette
étude, ils ne déserteront pas la science pure, qui, pour
avancer, n'a pas toujours besoin d'expérimenter sur des

espèces inconnues, témoin les beaux travaux de notre
école physiologique.

Indépendamment des élèves libres, fils de grands propriétaires ou de riches fermiers, directeurs d'exploitations rurales ou voulant le devenir, la nouvelle école
aura des élèves réguliers qui, durant deux années, recevront les savantes leçons des maîtres et prendront part,
dans l'intérieur du Muséum, à des conférences spéciales
et à des travaux de laboratoire. Au dehors, ils suivront
certains cours publics de la faculté des sciences et du
Conservatoire des arts et métiers, ou quelques démonstrations de l'école impériale d'Alfort, que le ministère de
l'agriculture voudra bien leur ouvrir. Les divers établissements que renferme le parc de Vincennes, la ferme
impériale, le champ d'expériences agronomiques entretenu depuis dix ans aux frais de l'Empereur pour un professeur du Muséum, l'école d'arboriculture fondée par la
ville de Paris, leur permettront d'assister à beaucoup de
travaux pratiques. Ils pourraient même en exécuter de
leurs mains sur les douze hectares qu'une sage prévoyance
a réservés dans ce parc au Muséum, si ce terrain demeuré
jusqu'à présent inutile était enfin mis en culture. Dans
l'intervalle des leçons et des travaux, des excursions soigneusement préparées les conduiront sur les domaines les
mieux tenus, pour en étudier l'ordonnance et l'économie.

Durant une troisième année passée dans une école d'application ou sur une grande exploitation bien dirigée,
que le ministère de l'agriculture nous désignerait, ils for-
tifieront, par l'étude des meilleurs procédés de l'*art*, les
connaissances les plus sûres de la *science*.

L'Université n'entend pas former des praticiens : c'est

49.

l'œuvre du ministère des travaux publics. Elle n'a que des écoles théoriques et d'enseignement général ; mais elle est constituée pour les avoir excellentes. Or deux grandes lois[1] lui imposent le devoir de donner l'enseignement de l'agronomie et de l'horticulture. Faute d'hommes préparés à ce professorat spécial, nous ne satisfaisons que très-imparfaitement aux prescriptions légales, dont le pays, cependant, réclame l'exécution. Ces professeurs qui nous manquent, le Muséum peut nous les donner, et si l'école nouvelle, qui s'ouvrira le 15 avril, réussit, nos quatre cents établissements scolaires (lycées, colléges, écoles normales) et nos quatre-vingt-neuf départements auront, avant peu d'années, les professeurs d'agriculture et les directeurs de stations agronomiques qui leur sont nécessaires. Ce n'est pas trop, pour ce grand intérêt, des efforts combinés de l'Université et du ministère spécial de l'agriculture, dont le précieux concours nous est assuré. Alors, grâce à nos maîtres, qui pénètrent jusqu'au fond des campagnes les plus reculées, l'esprit de routine sera combattu par l'esprit de progrès, et les savants tournant avec ensemble et résolution vers l'industrie de la terre l'attention et les forces que depuis soixante années ils appliquent à l'industrie générale, on verra se répandre sur toute la surface de notre territoire cette agriculture perfectionnée qui n'est encore que le privilége de quelques hommes et de certains lieux. Le corps enseignant de France tient à honneur de répondre, pour la part qui lui revient, aux vœux du pays, soit en provoquant le progrès scientifique, soit en assurant la rapide diffusion des connaissances.

1. Les lois du 15 mars 1850 et du 21 juin 1865.

Voilà, messieurs, ce qui se fait ou se prépare à Paris. Vos provinces ne restent pas étrangères à ce mouvement de renaissance que tant de symptômes révèlent et qui est dû tout entier au dévouement patriotique d'hommes illustres à qui, cependant, il était bien permis de compter sur leur renommée pour se dispenser de nouveaux labeurs.

A Caen, la municipalité double les ressources et le matériel de la chaire de chimie agricole, qui a déjà rendu tant de services à une partie de la Normandie, et le Havre, à l'aide d'une souscription, crée un vaste aquarium qui sera un magnifique laboratoire d'histoire naturelle couvrant une superficie de 3,000 mètres; Nancy, qui tient à ne pas être une capitale seulement par ses souvenirs, fonde des cours nouveaux, une véritable école de philologie, un vaste enseignement professionnel et une station agronomique qui fera rayonner son action utile jusque sur les départements voisins; Lyon multiplie ses cours d'enseignement supérieur et organise un grand laboratoire de physiologie où déjà l'on a fait d'importantes découvertes; Marseille veut avoir pour les sciences son école pratique des hautes études; Montpellier entend bien consacrer par de nouveaux efforts son vieux renom de capitale scientifique du Midi, que Toulouse et Bordeaux s'apprêtent à lui disputer, et Clermont, se souvenant que les expériences de Pascal au puy de Dôme ont été le point de départ de la physique moderne, songe à établir, au pied et au sommet de la montagne, un observatoire permanent pour l'étude et la comparaison des phénomènes météorologiques qui se passent dans la plaine et à 1,500 mètres d'altitude[1].

1. Le 30 mai 1869, M. Faye, membre de l'Institut et inspecteur général de l'instruction publique, chargé par M. le ministre d'étudier le projet de création d'un

Le gouvernement suit avec une sollicitude attentive ces efforts dus à la libre initiative des citoyens, des villes ou du corps enseignant; il ne négligera rien pour les seconder. Il a déjà étendu l'école pratique des hautes études à plusieurs villes de province en y créant des laboratoires analogues à ceux de Paris, et auxquels les mêmes droits sont attachés; il voudrait encore établir des rapports plus étroits entre les diverses facultés d'une même académie, donner au corps enseignant une autonomie plus grande et réunir au pied des chaires de lettres et de sciences un certain nombre d'étudiants boursiers de l'État, des villes ou des départements, auxquels viendront se joindre, pour

observatoire météorologique au sommet du puy de Dôme, adressait à Son Excellence la lettre suivante :

« Vous avez bien voulu me recommander d'examiner à Clermont le projet d'un observatoire météorologique au sommet du puy de Dôme, que vous veniez d'annoncer dans une circonstance solennelle. Ce projet m'avait vivement frappé, car j'ai moi-même parcouru, il y a quatre ans, cette curieuse montagne avec M. Bourget, de la faculté des sciences de Clermont, dans le but de rechercher si l'on en pourrait tirer parti pour déterminer avec quelque exactitude la masse absolue du globe terrestre. Le résultat de cette étude, faite sur les lieux, a été très-favorable; je l'ai soumis, à mon retour à Paris, au bureau des longitudes, ainsi qu'un plan relief en plâtre de la montagne et quelques échantillons de la roche dont elle semble être composée en entier. Évidemment, la fondation d'un observatoire permanent au sommet de ce puy faciliterait beaucoup l'entreprise astronomico-géologique dont je viens de parler.

« Mais le projet que Votre Excellence a pris sous son patronage est bien plus intéressant: il est surtout d'une actualité plus évidente; car la météorologie, qui a déjà épuisé à peu près ses procédés habituels sans faire de progrès bien décisifs, a besoin, pour prendre un nouvel essor, de puiser à des sources nouvelles. Au lieu d'observer indéfiniment, à ras terre, des phénomènes dont les causes prochaines résident bien au-dessus de nos têtes, il faudrait s'attacher à établir des stations à diverses hauteurs pour saisir les faits là où ils s'engendrent en réalité. Un seul exemple justifiera cette assertion : je veux parler de la grêle, c'est-à-dire du phénomène le plus commun, le plus redoutable, le plus digne d'études et.... le plus mal connu. Nous en sommes réduits là-dessus aux hypothèses les plus vagues, parce qu'on ne l'observe qu'au moment où elle tombe toute formée sur nos récoltes. Eh bien! M. Lecoq, un de nos savants professeurs de Clermont, dans ses excursions botanico-géologiques, s'est trouvé, au sommet du puy de Dôme, plongé dans des nuages à grêle et a pu saisir d'un coup d'œil quelques-unes de leurs particularités.

« Le projet de M. Alluard excitera donc le plus vif intérêt, parce qu'il ouvre une voie nouvelle à la météorologie, et le monde savant vous saura gré, monsieur le former un auditoire assidu, tous ceux qui ont le goût des études sévères et désintéressées. De telles réformes, messieurs, ne se font pas en un jour; mais j'ai le ferme espoir qu'elles s'accompliront et qu'il nous sera donné de voir renaître quelques-unes de ces universités provinciales qui ont jeté tant d'éclat sur l'ancienne France.

Dans cette œuvre véritablement patriotique, un grand rôle, messieurs, vous est réservé, et je sais la part qui vous revient dans l'heureux mouvement que je signalais tout à l'heure. Chaque année, l'importance de vos travaux est plus grande. Vous en êtes récompensés par l'intérêt croissant qui s'attache à vos savantes discussions, à vos

ministre, de l'avoir hautement proposé au pays. Pour moi, je l'ai étudié pendant mon court séjour à Clermont avec le plus vif intérêt. Je connaissais déjà les lieux; j'ai consulté des hommes spéciaux; j'ai été au-devant des objections, et, finalement, je me suis trouvé conduit à conclure que le projet est parfaitement praticable, sauf peut-être quelques restrictions de détail, et que sa mise à exécution conduirait à de grands résultats.

« Le plan de M. Alluard répond bien aux exigences d'une pareille station. Les vents, au sommet du puy de Dôme (altitude de 1,500 mètres), ont parfois une violence redoutable. On obviera à ce danger en construisant non pas un édifice élégant comme notre nouvel observatoire du parc de Montsouris, mais de véritables casemates adossées au roc et capables de défier l'effort des plus rudes tempêtes. Il n'y a pas encore de route, et même avec une route il serait aussi pénible que coûteux de porter au sommet les matériaux de construction; ces matériaux, on les prendra sur place; on bâtira en domite, roche légère, poreuse, facile à travailler. Il n'y a pas d'eau ; on fera une citerne ; une glacière même, si l'on veut...... Ce qui me frappe le plus dans ce projet, c'est moins l'adresse avec laquelle le savant professeur de physique de Clermont résout les difficultés, que son idée de rattacher par un fil télégraphique l'observatoire du puy de Dôme au laboratoire de recherches dont il sollicite la fondation à la faculté des sciences.

« Cette jonction permanente rend tout possible, parce qu'elle supprime l'isolement où l'observateur, nouveau stylite, se trouverait sans cela au sommet du puy. Elle double les moyens d'investigation en fournissant une base excellente pour une foule de mesures délicates où la simultanéité des observations est de rigueur. Elle permet d'établir une incessante comparaison entre les phénomènes des hautes régions et ceux qui se produisent à la surface même du sol. Enfin le personnel du laboratoire de recherches que Votre Excellence instituera sans doute près la faculté de Clermont fournira d'habiles observateurs, qui iront occuper la station de la montagne à tour de rôle. On voit ainsi comment l'observatoire météorologique du puy de Dôme se rattache naturellement et presque sans frais à votre organisation nouvelle de l'enseignement supérieur...... »

curieuses lectures. Chaque session, vous gagnez quelques auxiliaires nouveaux qui s'enrôlent avec vous sous la bannière de la science, pour sauver de l'oubli ce que le temps, *tempus edax,* détruit incessamment des mœurs, des usages et des souvenirs de la vieille France; pour retrouver sous la poussière des siècles les titres perdus de notre ancienne société; pour ajouter quelque page inédite à notre histoire, un livre si beau, mais si difficile à faire qu'il est toujours à recommencer. On ne pourra l'écrire qu'après que vous aurez accompli, messieurs, au sein de vos savantes compagnies, l'immense travail d'investigation que vous poursuivez pour éclairer et fixer les histoires locales.

En vue de seconder cette œuvre nationale, le gouvernement, par un décret du 30 mars, vient de fonder dans chacune de nos académies universitaires, qui presque toutes répondent à nos anciennes provinces, un prix annuel pour l'histoire, l'archéologie et les sciences. Un jury, composé en majorité des membres des sociétés savantes du ressort, décernera ce prix le jour de la rentrée solennelle des facultés, afin de montrer l'union qui existe, et que je voudrais plus étroite encore, entre tous les représentants des hautes études de la province.

En outre, le meilleur parmi les ouvrages couronnés dans les dix-huit académies sera, à votre plus prochaine session, l'objet d'une récompense plus éclatante.

Vous reconnaîtrez, messieurs, dans ces dispositions et dans les mesures prises depuis un an en faveur des hautes études le vif intérêt de l'Empereur pour vos travaux. Le progrès mesuré, mais persévérant, des libertés publiques, l'amélioration continue du sort des classes laborieuses, ne sont pas son exclusive préoccupation. Il sait que, dans une société où la politique tient une si grande place, les œuvres pures de l'intelligence, tout en délassant l'esprit, le retrempent et l'élèvent; que, dans une démocratie affairée, les lettres sévères ne sont pas seulement un ornement de luxe, mais un élément de force et de dignité. Aussi une de ses plus chères ambitions serait de léguer à son fils et à l'histoire une gloire nouvelle conquise par la patrie dans ce magnifique domaine de l'art et de la science que les nations se disputent, et où les vaincus mêmes profitent de la victoire.

Discours prononcés au Corps législatif par S. Exc. M. le Ministre, dans la discussion du budget pour l'exercice 1870. (Séance du 16 avril 1869.)

En réponse à un discours de M. le marquis de Piennes sur la liberté de l'enseignement supérieur, M. le ministre s'est exprimé en ces termes :

L'honorable marquis de Piennes vient d'apporter au sein de cette chambre la cause de l'enseignement supérieur : je l'en remercie, car c'est de ce côté que tous nos efforts doivent tendre à présent.

Si l'extension de l'enseignement primaire est la conséquence obligée de nos institutions et du suffrage universel, si le développement de l'enseignement spécial est une nécessité absolue de notre organisation industrielle, il ne faut pas oublier que ce sont les hautes études qui marquent le niveau de la civilisation d'un peuple (C'est vrai. Très-bien!), et que la France veut que ce niveau soit pour elle au degré le plus élevé. (Très-bien! très-bien!) Le tableau qui vient d'être tracé, j'en demande pardon à l'honorable marquis de Piennes, n'est pas tout à fait exact : notre enseignement supérieur n'est pas aussi malade; je n'en connais pas au monde qui soit plus brillant; peut-être même, à certains égards, l'est-il trop, et nos facultés comptent dans leurs rangs des savants qui marchent de pair avec les savants les plus renommés de l'Europe. (C'est très-vrai!)

Est-ce à dire qu'il n'y ait rien à faire? Parmi les critiques ou les propositions mises en avant par l'honorable préopinant, je trouve d'abord la demande, qui s'est discrètement glissée dans son discours, de la liberté de l'enseignement supérieur.

C'est une grosse question à laquelle je crois avoir déjà répondu l'an dernier, et je ne puis vous faire que la même réponse : Dans la législation d'un grand pays, il faut qu'il y ait de la logique; la loi de réunion et la liberté de l'enseignement supérieur sont incompatibles. Supprimez l'une, si vous voulez édicter l'autre. En effet, l'enseignement supérieur renferme toutes les matières sur lesquelles les hommes raisonnent et quelquefois déraisonnent. La loi sur le droit de réunion interdit les discussions religieuses : l'enseignement supérieur comprend les facultés de théologie; la loi sur le droit de réunion interdit les discussions politiques : les facultés de droit renferment des cours de droit constitutionnel, de droit public, de droit administratif, et l'interprétation de toutes nos lois.

Vous le voyez, messieurs, il ne vous est pas possible

d'élever d'une main ce qui serait la contradiction, la négation et la ruine de ce que vous avez édifié de l'autre.

M. Adolphe Guéroult. C'est la condamnation de la loi sur les réunions publiques! (Réclamations.)

M. le ministre. Je ne suis ici que le représentant des intérêts scolaires, et il ne m'appartient pas, à moi ministre de l'instruction publique, de discuter une loi exclusivement politique. Je répéterai seulement que l'Université, comme j'avais l'honneur de le dire l'an dernier à la Chambre, est toute prête à accepter la lutte. Mais, encore une fois, il faudrait auparavant que les partisans de la liberté de l'enseignement supérieur obtinssent de la Chambre et du gouvernement le retrait de la loi relative aux réunions publiques, et je ne sais si les systèmes d'éducation qu'on a proposés dans ces réunions donnent beaucoup de chances de réussir.

M. le marquis de Piennes m'a demandé de placer à côté de l'enseignement officiel l'enseignement libre : c'est ce que nous faisons tous les jours. Cette année, il y a eu six cents cours ou conférences libres. L'Université ne s'est pas contentée d'autoriser ces cours et conférences : elle a, de ses mains et de ses deniers, bâti des amphithéâtres et des laboratoires pour y installer des professeurs libres, auxquels elle ne demande absolument rien, si ce n'est l'honorabilité ; aucun programme, aucune condition de grade ni de stage, ne leur sont imposés ; on ne sait d'où ils viennent ni où ils veulent aller ; on leur laisse, comme disait l'honorable marquis de Piennes, exposer les théories les plus contradictoires. En fait de science, l'État n'a pas de doctrine.

Rue Gerson, par exemple, à l'ombre de la Sorbonne,

il y a en ce moment trente-deux professeurs libres qui
ont institué des cours, dont quelques-uns n'existent nulle
part ailleurs, ni en France ni à l'étranger.

Voilà l'esprit qui anime l'administration de l'instruction
publique.

L'honorable marquis de Piennes a abordé une autre
question très-importante, celle des laboratoires.

J'y reviendrai tout à l'heure. Permettez-moi d'abord de
vous dire que la Chambre, que le gouvernement ont mis
dans l'œuvre de restauration de nos études une logique,
un esprit de suite et de persévérance qui ont peut-être été
méconnus, mais qui ont assuré le succès de l'entreprise
générale. Vous avez, messieurs, commencé par le commencement, par les assises d'en bas; vous avez passé
ensuite aux assises intermédiaires, et voici que nous
arrivons, depuis une année, aux parties supérieures, à
l'enseignement qui domine et féconde tous les autres.

Cette législature, en effet, qui va terminer son œuvre
dans quelques jours, emportera l'insigne honneur d'avoir
fait plus qu'aucune autre pour l'instruction dans notre
pays. (Réclamations sur quelques bancs. Oui! oui! Très-
bien! très-bien! sur les autres bancs.)

Oui, plus qu'une autre, je le répète, pour l'ensemble
de nos institutions scolaires. (C'est vrai!)

Vous n'avez pas le droit, messieurs, d'oublier que vous
avez voté à l'unanimité deux grandes lois, celle du
10 avril 1867, qui a comblé quelques lacunes regrettables
des lois antérieures, qui a multiplié les écoles de filles,
fondé les cours d'adultes, les écoles de hameau, les travaux à l'aiguille, étendu largement la gratuité relative et
rendu possible la gratuité absolue moyennant des sacri-

fices faits par les communes elles-mêmes. Vous avez voté,
le 21 juin 1865, la loi de l'enseignement secondaire spécial, que les Anglais caractérisent d'un mot parfaitement
juste, *l'enseignement moderne*, et qui est destinée à fournir à notre agriculture, à notre industrie, à notre commerce, des auxiliaires intelligents et bien préparés.

Voilà, messieurs, ce que vous avez fait pour l'enseignement inférieur et pour l'enseignement moyen.

Vous avez même touché à l'enseignement supérieur.
Ayant accompli ces deux œuvres considérables dans les
années antérieures, vous avez, l'an dernier, voté en principe, et par moitié en réalité, une augmentation de traitement en faveur des professeurs de l'enseignement supérieur, qui en étaient restés en 1868 au traitement de
1808. Vous avez même commencé le budget de l'école
pratique des hautes études. L'unanimité de vos suffrages
dans toutes ces questions a obligé l'administration à redoubler d'efforts, et elle s'est occupée de toutes les améliorations qu'il était possible d'accomplir par décret ou
par simple arrêté ministériel.

Comme le disait tout à l'heure l'honorable marquis de
Piennes, il n'y a pas de révolution à faire dans l'enseignement supérieur; il ne s'agit pas de renverser pour
reconstruire à nouveau : l'édifice est ancien, mais solide
en ses assises; il n'exige que de prudentes et intelligentes
réparations. (Très-bien ! très-bien !)

J'ai dit, en commençant, que notre enseignement
supérieur était très-brillant, trop brillant peut-être. Dans
nos facultés des départements, par exemple, c'est une
distraction élevée, élégante, nécessaire pour entretenir
dans les populations, au milieu des loisirs de la province,

le goût des choses de l'esprit et des occupations élevées.
Mais cet enseignement avait un inconvénient qui tend à
disparaître en ce moment : il avait des auditeurs, il n'avait
pas d'élèves. Un décret du mois de janvier de l'année
dernière lui en assure.

Vous comprenez, messieurs, la distinction que j'établis
entre ces deux sortes de personnes : j'entends par auditeurs ceux qui viennent s'asseoir une heure devant une
chaire pour écouter une parole élégante, spirituelle, éloquente parfois, et qui emportent de ce cours un souvenir
passager de ce qu'ils ont entendu, quelquefois avec le désir
d'ouvrir un livre pour continuer la causerie commencée.
Les élèves, ce sont les jeunes hommes attachés à la parole,
aux pas, aux travaux du maître, vivant avec lui, s'enfer-
mant avec lui dans le cabinet d'études ou dans le laboratoire, s'initiant à tous ses procédés d'investigations et de
recherches, l'aidant même à faire ses découvertes.

Le décret de janvier 1868, qui a constitué auprès de
chaque académie des écoles normales secondaires, a eu
pour effet (je passe les détails afin d'épargner le temps de
la Chambre) de donner à nos facultés des lettres et des
sciences dans les départements des hommes parfaitement
préparés à suivre fructueusement les études les plus sévères : car ce sont, pour la grande majorité, des professeurs de collége, n'ayant pas encore le grade de licencié,
des maîtres élémentaires, des maîtres répétiteurs, des
candidats à l'école normale supérieure, qui venaient auparavant préparer leur admission dans des établissements
de Paris, ou restaient en pleine liberté au milieu de la
grande ville, et qui seront retenus par ce moyen auprès
de leur famille, dans un milieu plus hygiénique à tous

égards, où leur travail sera plus facile, tout en demeurant aussi fécond. (Très-bien! très-bien!)

Ces jeunes gens sont logés, nourris dans les lycées établis aux chefs-lieux d'académie; ils ne doivent à ces lycées, en échange des avantages qui leur sont faits et du petit traitement qui leur est alloué, que deux heures par jour de surveillance, de discipline ou de leçon, et ils se préparent par ce stage scolaire à la profession de toute leur vie. Le reste du temps est pour leurs études personnelles et pour celles qu'ils poursuivent avec les professeurs de la faculté. En outre, un enseignement à distance a été organisé dans chaque ressort académique au profit des jeunes maîtres et professeurs des lycées et colléges qui, ne pouvant assister aux cours de la faculté, reçoivent des sujets de travaux et une direction précieuse. Ces jeunes gens sont en ce moment au nombre de près de 500. Voilà les élèves assidus, réguliers et sérieux que nous donnons aux maîtres; quelques-uns constituent déjà dans certaines facultés de véritables écoles de philologie et d'érudition.

Après les élèves, il fallait donner aux maîtres des instruments de travail. Il s'est produit dans les procédés de l'enseignement, depuis une vingtaine d'années, une véritable révolution : c'est l'usage des exercices pratiques qui exigent la création de laboratoires; l'Allemagne nous a précédés dans cette voie.

L'honorable marquis de Piennes a eu parfaitement raison en signalant pour nous ce danger et pour nos voisins cet avantage. A Saint-Pétersbourg, on n'a pas craint d'employer 3 millions à un institut physiologique; Amsterdam dépense en ce moment 500,000 francs pour un professeur; Bonn, Heidelberg, toutes ces petites cités universitaires d'Allemagne rivalisent à qui donnera aux chefs de la science les moyens les plus perfectionnés pour poursuivre cette lutte contre la nature, où la victoire n'est pas donnée au génie désarmé, mais à celui qui possède tous les moyens d'investigation pour forcer la création matérielle à lui livrer ses secrets. (Très-bien!)

Nous avons pensé longtemps, nous, le peuple le plus spirituel de la terre (sourires), que pour faire des chimistes, par exemple, il suffisait de dresser une chaire, d'y faire monter un homme habile, renommé, éloquent, qui appelait autour de lui quatre à cinq cents personnes pour leur parler de chimie.

Messieurs, on ne devient chimiste qu'en faisant de la chimie : il faut aller se brûler les mains aux acides ; il faut se courber la tête sur les creusets et sur les fourneaux; il faut, en un mot, manipuler.

Eh bien ! cet enseignement-là n'existait que très-imparfaitement chez nous : nous donnions l'enseignement oral, nous ne donnions pas l'enseignement pratique. Ce que nous ne faisions pas, et ce que nous avions tort de ne pas faire, est aujourd'hui établi. Messieurs, en usant de toutes les ressources, en faisant flèche de tout bois, en ne refusant rien, pas même les cours sombres et humides, les maisons à moitié démantelées, nous avons pu installer à Paris, cette année, 27 laboratoires, dans lesquels travaillent, plusieurs heures chaque jour, 400 jeunes gens : ce sont des laboratoires d'enseignement. Mais parmi ces 400 jeunes gens qui veulent apprendre la science faite, pour s'en emparer et aller plus tard la répandre par le professorat, il s'en trouve quelques-uns qui prétendent aller au delà, qui sentent en eux le démon de la science, l'amour de la vérité et de la recherche scientifique.

Pour ceux-là, nous avons constitué des laboratoires dits de recherches, où les maîtres se trouvent, depuis huit heures du matin jusqu'à six heures du soir, entourés de cinq, six, huit jeunes hommes, quelques-uns ayant déjà tous les grades, licenciés, docteurs, travaillant avec le maître, l'aidant dans ses recherches et étant pour lui, à chaque heure du jour, de précieux auxiliaires.

Dans ces laboratoires, qui ne servent plus simplement aux manipulations classiques et aux expériences ordinaires des cours, mais où l'on tâche de trouver quelque vérité nouvelle, il faut réunir les instruments les plus perfectionnés, les engins les plus puissants, tous les moyens d'action que nous avons contre la nature, toutes les forces que la science est parvenue à lui arracher.

M. le marquis de Piennes voit que nous commençons à lui donner satisfaction, au moins dans une certaine mesure.

Nous n'avons pas fait tout ce qui serait nécessaire. La première pierre de la Sorbonne, qui a été posée en 1854, attend encore la seconde. L'école de médecine, dont l'honorable membre parlait tout à l'heure, n'est pas reconstruite et agrandie. La médecine passe, de nos jours, par une phase curieuse de renouvellement. Les sciences qu'on appelait autrefois accessoires, et qui étaient quelque peu délaissées, deviennent presque principales : la physique, la chimie, la physiologie, l'histologie, etc. ; il faut, pour les enseigner, appeler les élèves à voir de près tous les exercices, c'est-à-dire qu'il faut de vastes locaux, de nombreux laboratoires, des instruments multipliés.

À cette heure, les élèves en médecine manquent des moyens d'étude sur lesquels ils auraient droit de compter. Si l'on veut un enseignement médical sérieux, efficace, qui attire la partie la plus considérable de cette jeunesse et l'enlève aux agitations mauvaises, donnons-lui des laboratoires. Alors nous aurons une école de médecine laborieuse, savante et paisible. (Très-bien! très-bien!)

Je voudrais, messieurs, qu'il fût possible à quelques-uns d'entre vous de visiter un de ces laboratoires où je me donne le plaisir d'aller souvent : vous verriez un spectacle touchant ; vous y trouveriez des hommes, la plupart membres de l'Institut et chargés d'honneurs, qui ont renoncé à leurs travaux solitaires pour venir communiquer leur expérience et leur science à ces travailleurs opiniâtres, et répandre sur toutes ces jeunes têtes l'ardeur qui les anime.

Vous connaissez et vous avez admiré l'entrain et le zèle qui se sont manifestés dans tout le personnel de l'instruction primaire lorsque, à la voix de l'Empereur, quarante mille instituteurs se sont levés pour courir sus à l'ignorance. Je tiens à vous dire que le même zèle, la même résolution d'aller plus loin et plus haut, je les sens partout dans l'enseignement supérieur : c'est véritablement une renaissance qui commence. (Très-bien! très-bien!)

Aussi, soyez assurés, messieurs, que cette primauté d'honneur que trois siècles nous ont léguée dans les lettres et les sciences, nos savants ne la laisseront pas périr. (Très-bien! très-bien!)

L'honorable M. Jules Simon ayant présenté à la Chambre des observations sur la répartition du crédit alloué pour les traitements des professeurs de l'enseignement supérieur, M. le ministre a fait la réponse suivante :

L'honorable préopinant accuse d'injustice la répartition du crédit que vous avez voté l'an dernier.

Antérieurement à ce vote, un jeune docteur montait à vingt-sept ou vingt-huit ans dans une chaire avec un traitement qu'il gardait jusqu'à la fin de sa carrière.

Ainsi, pendant le cours d'une longue existence, il sentait les années s'entasser sur sa tête, il ajoutait à ses services comme professeur d'autres services comme écrivain, par des publications, des mémoires, que couronnait l'Institut, et il ne pouvait voir sa condition s'améliorer!

L'honorable préopinant pense que je suis allé contre la décision de la Chambre, ou du moins contre ses intentions; il oublie la note préliminaire du budget; je demande la permission à la Chambre de lui en lire le contenu :

« L'administration a pensé que la règle à laquelle il « convenait de rapporter tous les changements de détail « était celle de l'avancement sur place. Cette règle est « appliquée avec avantage à l'enseignement secondaire; « elle ne portera pas moins de fruits, transportée dans « l'enseignement supérieur. Il est bon que les maîtres de « la jeunesse ne soient pas séparés du milieu dans lequel « ils se sont acquis une juste autorité par leurs talents « et leurs services; mais, en même temps, il est aussi « équitable que nécessaire, dans l'intérêt bien entendu de « l'État, qu'ils soient récompensés de leurs efforts. Or, « on ne saurait satisfaire à cette double condition qu'en

50.

« inaugurant dans les facultés un système nouveau qui, à
« l'uniformité des traitements, substitue une sage grada-
« tion, et qui, après un certain nombre d'années d'exer-
« cice, permette au fonctionnaire laborieux d'obtenir, sans
« changer de poste, des émoluments plus élevés.

« Il s'agirait donc de partager les professeurs du haut
« enseignement en plusieurs classes, qui seraient attachées
« non pas à la résidence, mais à la durée et à la valeur
« des services rendus. L'administration croit devoir pro-
« poser trois classes d'égal nombre. Le traitement des
« professeurs de la troisième classe serait le traitement
« actuel; ce traitement serait augmenté de 1,000 francs
« pour les professeurs de la seconde classe, et de 2,000
« francs pour ceux de la première classe.... »

Telles étaient les propositions du gouvernement : elles
ont été admises par le Corps législatif.

Maintenant, dans l'exécution, les prétendues injustices
relevées par l'honorable préopinant ont-elles été com-
mises? Voici les règles qui ont été suivies :

D'abord il a été posé en principe que la première classe
serait donnée à tous les doyens en exercice au moment
du vote de la loi; aux doyens, c'est-à-dire à ceux qui
avaient depuis longtemps l'estime de leurs collègues et la
confiance de l'administration. Le décanat signifie d'ailleurs
habituellement l'avantage de l'âge en même temps que le
mérite supérieur.

Une deuxième règle fut d'inscrire à la première classe
tous les lauréats de l'Institut, afin de bien montrer à
l'Université qu'il serait tenu grand compte aux professeurs
des travaux qui recommanderaient leur nom et feraient
honneur au corps. J'ai écrit aux secrétaires perpétuels des

quatre académies scientifiques et littéraires, pour leur demander les noms des membres de l'enseignement supérieur qui avaient obtenu des couronnes, et ces membres de l'enseignement supérieur ont été promus, quel que fût leur âge, à la première classe.

La seconde classe a été composée de ceux des professeurs qui avaient pour eux la durée et la notoriété des services. Je sais à quelle personne l'honorable M. Jules Simon a fait allusion : ce professeur, n'ayant jamais été lauréat de l'Institut, ne remplissait pas la première des conditions requises; nommé à la seconde classe, il refusa d'accepter et fut en conséquence laissé dans la troisième.

L'honorable M. Jules Simon a parlé de correspondants de l'Institut relégués aussi dans la troisième classe. Ce serait une infraction à la règle établie, et si l'honorable M. Jules Simon veut bien m'indiquer les noms de ces personnes, je réparerai l'erreur commise.

Deux députés, MM. de Saint-Germain et Chevandier de Valdrôme, ayant appelé l'attention du gouvernement sur la situation des colléges, M. le ministre a répondu :

Je m'associe à tous les vœux qui viennent d'être exprimés par les honorables préopinants, MM. de Saint-Germain et Chevandier de Valdrôme, touchant les colléges communaux.

L'honorable M. de Saint-Germain trouve que la situation des colléges est mauvaise. Je lui répondrai, comme tout à l'heure à l'honorable marquis de Piennes, que le tableau est un peu sombre, car les chiffres de la dernière rentrée accusent un progrès continu. Je ne nierai pas cependant l'état de souffrance, de malaise, d'un grand nombre de ces établissements.

Je prie les honorables préopinants d'être persuadés que l'Université considère ces maisons comme siennes, comme les auxiliaires indispensables, comme la pépinière de nos lycées, et, ainsi que le disait l'honorable M. Chevandier de Valdrôme, comme un moyen de laisser l'enfant là où il est né, au milieu de sa famille, de ses amis, des influences qui peuvent le recevoir au sortir du collège et le conduire dans la carrière où il veut entrer. (Très-bien ! très-bien !)

Il y a donc un intérêt de premier ordre à conserver les colléges, à améliorer leur situation, et les efforts de l'administration ne leur manqueront pas dans les limites des crédits dont elle dispose.

L'honorable M. de Saint-Germain a indiqué un remède. Ici nous cessons d'être d'accord, du moins d'une manière absolue : je crois que les villes pourraient faire des efforts plus considérables ; elles aiment leurs colléges, mais d'une affection souvent platonique : elles ne s'imposent pas d'assez grands sacrifices pour ces maisons, pour les hommes qui élèvent leurs enfants.

On dit que l'État est toujours là, et c'est à lui qu'on s'adresse dans toutes les nécessités, même lorsqu'il n'y a point de nécessité absolue.

Cependant, quand il s'agit d'éducation, c'est-à-dire d'une chose de famille et de cœur, il semble que les villes devraient montrer plus de faveur à ces établissements où leurs enfants reçoivent le pain du corps et celui de l'esprit. Les subventions de l'État, augmentez-les, doublez-les, vous ne guérirez pas le mal.

Il y a pourtant un remède, et ce remède, qui est à la portée des villes elles-mêmes, qui peut être immédiatement appliqué, n'est pas dans des allocations plus grandes, comme il en faudrait quelquefois, mais dans une autre organisation des colléges.

Ce qui ruine les colléges, c'est qu'ils tiennent tous à se modeler sur nos grands lycées. (C'est vrai!) C'est que tous veulent avoir leurs classes de philosophie, de rhétorique, de seconde, etc., sous des professeurs distincts. Je voyais encore ce matin, dans un dossier, qu'un collége avait neuf professeurs de latin pour quarante-quatre élèves; dans un autre, le professeur de rhétorique ne compte qu'un seul auditeur: ce professeur donne religieusement à son unique élève, le matin, deux heures, et deux heures encore le soir, absolument comme le professeur de rhétorique de Louis-le-Grand, qui en a quatre-vingts.

En moyenne, nos deux cent soixante colléges ont un professeur pour six élèves : c'est une dépense de force disproportionnée avec le résultat à obtenir. Réduisons les heures de classe, et nous pourrons diminuer le personnel : car, les classes étant ramenées à une heure, le professeur pourra passer d'un groupe à un autre groupe d'élèves, suivant le système, par exemple, qui a été inauguré au lycée de Mont-de-Marsan. Voilà une maison où l'on ne trouve que trois professeurs pour le latin, et cependant les succès de ses élèves dans le concours général des départements, dans le concours académique, aux examens des deux baccalauréats, sont aussi sérieux, aussi nombreux que dans aucun lycée du ressort de Bordeaux.

C'est le système qu'il conviendrait d'appliquer dans les colléges, et voyez-en, messieurs, les conséquences : en diminuant le personnel enseignant, vous diminuerez les charges des villes, ce qui leur permettra d'augmenter le traitement des professeurs conservés. (Marques d'assentiment.) Le moyen est très-simple ; seulement l'Université n'a pas d'ordres à donner dans les colléges : elle nomme les professeurs, mais elle ne fixe pas leur traitement. Il faudrait donc agir sur les conseils municipaux, sur les administrations communales. Eh bien ! j'adjure tous les membres de cette Chambre qui, à titre de députés, de conseillers généraux, de maires, ont une influence considérable dans les communes, je les adjure d'aider l'administration dans cette réforme capitale, qui me paraît être le seul moyen de salut pour tirer les petits colléges de la situation précaire où ils se trouvent.

Rapport présenté, le 4 mai 1869, par S. Exc. M. le Ministre à S. M. l'Empereur, sur la répartition du crédit alloué au budget pour secours aux anciens instituteurs et aux anciennes institutrices.

Sire,

Un crédit de 500,000 francs est inscrit au budget du ministère de l'instruction publique pour secours aux anciens instituteurs et aux anciennes institutrices.

Dans le cours de la dernière session, un amendement a été proposé pour augmenter ce crédit d'une somme de 250,000 francs. J'ai dû repousser cette proposition : elle portait, en effet, une atteinte inadmissible à la loi organique sur les pensions. Mais la commission du budget avait admis en principe l'augmentation de ce secours, si la constatation des besoins la rendait nécessaire. De plus, j'avais exprimé l'espoir que les ressources générales de mon budget me permettraient de faire face à cet accroissement de dépenses.

Les rapports qui viennent de m'être adressés par les préfets établissent qu'un supplément de 300,000 francs serait nécessaire pour accorder des secours aux anciens instituteurs et institutrices non retraités ou à ceux dont la pension de retraite est insuffisante. Le crédit alloué pour les dépenses de l'instruction primaire, imputable sur les fonds généraux de l'État et inscrit au chapitre XXXI du budget, s'élève à 8,251,700 francs. Il ne me paraît pas impossible de trouver dans ce chapitre les économies nécessaires pour faire face à ce surcroît de dépenses de 300,000 francs.

Les deux crédits se trouvant compris dans le même chapitre, il n'y a pas lieu, d'ailleurs, de recourir aux formes d'un décret de virement.

Ainsi serait réalisée une prévision de la commission du budget, qui avait reçu l'adhésion sympathique du Corps législatif, et un des vœux de Votre Majesté en faveur d'anciens fonctionnaires modestes et dévoués, qui ont usé leurs forces au service de l'État sans avoir acquis le droit à une pension convenable, cette sécurité des derniers jours.

Je suis avec le plus profond respect, Sire, de Votre Majesté le très-humble et très-dévoué serviteur.

Le ministre de l'instruction publique,

V. DURUY.

Discours prononcé par S. Exc. M. le Ministre à la distribution des prix de l'Association polytechnique, le 9 mai 1869.

Messieurs,

Vous ne vous étonnerez pas que ma première parole soit un souvenir et un hommage pour l'homme de bien qui, fondateur de l'association polytechnique, dirigea si long-temps vos travaux avec un dévouement et une fermeté qu'aucun obstacle ne décourageait.

Chef de l'école centrale et ingénieur distingué, M. Per-donnet avait compris que l'industrie n'est plus une affaire de bras, mais d'intelligence. Aussi voulait-il la multipli-cation des écoles à côté des ateliers multipliés, et il disait volontiers avec les Américains, dans leur langage rude, mais vrai, que si l'intelligence est un capital, l'in-struction est le meilleur placement pour en tirer de gros intérêts.

Je veux aussi, messieurs, souhaiter la bienvenue à votre nouveau président. Puisque votre société se propose de mettre les ouvriers en état de s'élever dans leur profession, vous ne pouviez mieux faire que d'en confier la direction au savant illustre qui par ses découvertes, comme par les élèves qu'il a formés, a rendu tant de services à l'in-dustrie nationale.

M. Dumas a répondu à votre appel, et je l'en remercie.

Membre du premier corps de l'État, président du conseil municipal de Paris, il est, au milieu de vous, la preuve vivante de l'intérêt que vous portent à la fois le gouvernement et cette grande cité. La demande que l'Empereur vient de renvoyer au conseil d'État de la reconnaissance d'utilité publique pour votre association vous paraîtra, messieurs, un témoignage certain de cette double sollicitude.

Votre ancien président représentait l'union de l'école et de l'atelier par les cours d'adultes. Le secrétaire perpétuel de l'Académie des sciences, placé à votre tête, représente une idée plus grande encore : la science sortant du sanctuaire pour se donner à tous.

Aristocratique de nature, puisqu'elle est formée par l'élite des esprits supérieurs, la science resta longtemps dédaigneuse de la foule et n'aimait pas à sortir du cercle étroit des initiés. Mais, de nos jours, elle change ses habitudes et se fait démocratique, comme nos mœurs et nos institutions. Elle apprend à parler la langue que tout le monde entend. Elle simplifie ses moyens d'enseignement et rend visibles pour de grandes foules les plus mystérieuses opérations de la nature. Tout en continuant d'inspirer de savants mémoires et de profonds ouvrages, elle compose des petits livres qui vont former nos bibliothèques populaires. Avec eux elle vient s'asseoir au foyer du pauvre et elle lui dit : « Moi aussi, je suis la messagère de « Dieu, car il est la vérité, et je l'annonce; il est la lu- « mière, et je la répands; il est la justice, et je la fais « naître dans les cœurs où je passe. Il a voulu le progrès « dans le bien : car, lorsqu'au jour de la création la terre « et l'homme s'échappèrent de ses mains, il cacha dans

« le sein de la nature des secrets qu'il obligea l'homme de
« chercher à la sueur de son front. Ces secrets, c'est moi
« qui les découvre; ce progrès, qui est d'ordre divin, c'est
« par moi que vous pouvez l'accomplir. Je suis la science
« et l'art, et je m'appelle la civilisation. »

Et à mon tour, messieurs, que viens-je faire ici à côté
des hommes dévoués ou éminents qui ont préparé cette
fête? Individu, je ne suis rien; mais, ministre de l'Empe-
pereur, j'ai l'insigne honneur de porter au milieu de vous
la pensée même du souverain. Cette pensée ne signifie
pas seulement les deux choses dont je vous parlais tout
à l'heure : l'école placée auprès de l'atelier, la science
la plus profonde mise au service des intérêts les plus
immédiats de l'ouvrier pour accroître son aisance. Elle
veut dire encore l'affranchissement de l'esprit par l'instruction, la vraie liberté garantie par le développement
de l'intelligence.

Montesquieu a donné pour principe aux gouvernements
despotiques l'ignorance; il aurait pu ajouter qu'ignorance
et démocratie sont deux termes contradictoires. Voilà
pourquoi le gouvernement de l'Empereur, qui est et qui
veut être un gouvernement démocratique et libéral, fonde
tant d'écoles dans tous les ordres d'études; pourquoi, cet
hiver, près de 34,000 cours d'adultes ont été ouverts à
800,000 ouvriers des villes et des campagnes [1]; pourquoi
nos lycées, nos colléges, nos cours de toute sorte se multiplient; pourquoi nos établissements scientifiques s'animent d'une vie nouvelle; pourquoi, enfin, les grands corps

1. Les chiffres rigoureusement exacts sont : 33,629 cours, ou 1,298 de plus que
l'an dernier, et 792,519 élèves, ou 13,146 de plus qu'en 1868. L'augmentation provient des cours d'adultes pour les femmes.

de l'État montrent aux maîtres de la jeunesse, c'est-à-dire de l'avenir, une faveur qui sera efficace.

Le gouvernement, messieurs, ne marche pas à l'aventure, comme quelques-uns se plaisent à le dire. Il a un système bien arrêté, et si, au gré des impatients, les déductions de ce système ne se déroulent qu'avec lenteur, les sages voient dans ce mouvement mesuré et progressif une condition de sécurité.

Issu de l'élection populaire, le gouvernement impérial travaille avec résolution, mais aussi avec prudence, à mettre nos institutions et ses actes en harmonie avec le suffrage universel.

Où étaient les sympathies de la Restauration? avec les grands propriétaires fonciers et les partisans de l'ancien régime. Où étaient celles du gouvernement de Juillet? avec ce pays légal où l'on n'entrait qu'en vertu de l'argent et en montrant la quittance du percepteur.

Le pays légal pour le gouvernement de l'Empereur, c'est la France tout entière.

Il était naturel qu'au temps des censitaires à 300 et à 200 francs on eût souvent oublié ce qu'on appelait la multitude. Il est logique que le gouvernement actuel se souvienne du peuple et s'occupe toujours de lui.

Autrefois on disait : «Voulez-vous être citoyen? enrichissez-vous.» Aujourd'hui l'Empereur donne pour mot d'ordre à son gouvernement, pour principe à l'activité sociale, cette belle parole : «Élevons l'âme de la nation.» Et cette formule n'est pas restée un mot éclatant et sonore : elle est devenue une réalité.

Relever la condition morale de l'ouvrier en lui reconnaissant les mêmes droits qu'au patron; accroître son

bien-être matériel en donnant l'essor à toutes les branches
du travail national; diminuer pour lui les chances de misère en multipliant les institutions de prévoyance et de
charité; développer son intelligence par l'instruction,
qui est à l'individu ce que le soleil est à la terre, d'où
ses rayons font sortir les séves fécondes, et, par tous ces
moyens, conduire, après tant d'agitations stériles, le pays
entier à la liberté véritable, à celle qui sait se contenir
elle-même et se gouverner virilement, c'était une grande
et noble tâche, que le prince s'est imposée par sympathie pour ceux qui souffrent, par raison pour ceux qui
pensent.

L'œuvre avance. Le grand travail d'émancipation des
classes laborieuses, commencé en 1789 et longtemps suspendu, se poursuit avec résolution. L'inégalité sociale,
effacée pour elles de nos codes par plusieurs lois récentes,
est allée rejoindre l'inégalité politique dont elles souf-
fraient sous le régime censitaire. A mesure que les citoyens
acquièrent de nouveaux droits, l'instruction, qui se développe et se fortifie, les rend plus capables de comprendre
l'étendue de leurs devoirs. Chaque année, l'ignorance recule. Depuis 1863, son bilan a diminué de 8 pour 100. A
cette date, sur 100 de nos jeunes concitoyens arrivés à leur
vingtième année, plus de 28 étaient plongés dans les ténèbres de l'esprit; à la dernière enquête, on en comptait 20
à peine.

C'est trop encore; mais les instituteurs, ces hommes de
cœur à qui, depuis six ans, j'ai tant demandé et qui m'ont
donné plus que je ne leur demandais, sont bien résolus à
ne point s'arrêter que la tâche ne soit accomplie; et ils
tiennent à honneur que leur cause, récemment gagnée au

Corps législatif, ait fait triompher celle de tous les petits fonctionnaires de l'empire.

Je vous ai dit, messieurs, le but que le gouvernement poursuit dans sa politique générale; je vous montre en deux mots celui qu'il se propose d'atteindre dans la question spéciale de l'instruction : l'Empereur croit que, le peuple qui a les meilleures et les plus nombreuses écoles est le premier peuple du monde pour la prospérité matérielle, l'ordre et la liberté; que s'il ne l'est pas aujourd'hui, il le sera certainement demain. Messieurs, il faut que ce peuple soit la France.

Circulaire du 14 juin 1869, relative à la distribution d'aliments chauds aux enfants des salles d'asile au moyen de dons et de subventions.

Monsieur le préfet,

Depuis l'institution des salles d'asile, l'administration s'est appliquée à rechercher tous les moyens d'accroître l'heureuse influence de ces établissements sur le développement moral et physique des enfants.

Sous le rapport moral, on peut considérer que le but qu'on se proposait a été atteint par suite des perfectionnements apportés dans les procédés d'enseignement et par un meilleur emploi du temps. Mais, sous le rapport physique, de grands progrès restent à accomplir. Les enfants admis dans les salles d'asile, et qui la plupart appartiennent à des parents peu aisés, sont souvent mal vêtus et n'ont pas une nourriture suffisante. Les comités de patronage ont rivalisé de zèle pour obvier à cette double insuffisance : d'une part, beaucoup de vêtements sains et propres ont été distribués; d'autre part, il résulte de l'enquête ordonnée par ma circulaire du 30 juillet 1868 que des aliments chauds sont distribués aux enfants, vers le milieu de la journée, dans 464 salles de l'empire, et que cette distribution n'occasionne qu'une minime dépense de 5 centimes par enfant et par jour.

Les ressources servant à faire face à cette dépense sont les suivantes :

Dons volontaires en argent et en nature;

Souscriptions, quêtes et loteries organisées par les comités de patronage;

Legs et donations;

Subventions allouées par les communes, les hospices ou les bureaux de bienfaisance.

Il est d'un grand intérêt, monsieur le préfet, d'améliorer les conditions hygiéniques dans lesquelles sont élevés les jeunes enfants; un des moyens les plus efficaces pour atteindre ce but serait de pourvoir à l'insuffisance de leur alimentation.

En conséquence, je vous prie de favoriser, autant que vous le pourrez, l'introduction dans les salles d'asile des distributions de soupes et d'aliments chauds, en recourant aux ressources que je viens d'énumérer et en réclamant le concours actif et toujours si dévoué des dames patronnesses.

En ce qui touche les subventions municipales, il ne saurait être question de provoquer le vote d'une imposition extraordinaire spéciale. Toutefois rien ne s'oppose à ce que vous usiez de votre légitime influence, tant auprès du conseil général qu'auprès des municipalités, pour les engager à appliquer à la dépense qui fait l'objet de cette circulaire une partie des fonds qui, faute d'emploi, pourraient rester libres en fin de compte.

Recevez, etc.

Le ministre de l'instruction publique,

V. DURUY.

APPENDICE.

I.

Loi du 21 juin 1865, portant organisation de l'enseignement secondaire spécial.

ART. 1er. — L'enseignement secondaire spécial comprend :
L'instruction morale et religieuse ;
La langue et la littérature françaises ;
L'histoire et la géographie ;
Les mathématiques appliquées ;
La physique, la mécanique, la chimie, l'histoire naturelle, et leurs applications à l'agriculture et à l'industrie ;
Le dessin linéaire, la comptabilité et la tenue des livres.
Il peut comprendre en outre :
Une ou plusieurs langues vivantes étrangères ;
Des notions usuelles de législation, d'économie industrielle et rurale et d'hygiène ;
Le dessin d'ornement et le dessin d'imitation ;
La musique vocale et la gymnastique.

ART. 2. — Dans les communes qui en font la demande, les collèges communaux peuvent être organisés en vue de cet enseignement, après avis du conseil académique.

ART. 3. — Il est institué un conseil de perfectionnement près de chacun des établissements dépendant du ministère de l'instruction publique, où est donné l'enseignement secondaire spécial.

ART. 4. — A la fin des cours, les élèves sont admis à subir, devant un jury dont les membres sont nommés par le ministre de l'instruction publique, un examen à la suite duquel ils obtiennent, s'il y a lieu, un diplôme.

Les élèves de l'enseignement libre peuvent se présenter devant le jury et obtenir le même diplôme.

51.

Art. 5. — La composition du conseil de perfectionnement, celle des jurys et les conditions d'examen sont réglées par des arrêtés délibérés en conseil impérial de l'instruction publique.

Art. 6. — Le diplôme de bachelier peut être suppléé, pour l'ouverture d'un établissement libre d'enseignement secondaire spécial, par un brevet de capacité, à la suite d'un examen dont les programmes sont réglés par des arrêtés délibérés en conseil impérial de l'instruction publique.

Nul n'est admis à subir cet examen avant l'âge de dix-huit ans.

La condition de stage prescrite par l'article 60 de la loi du 15 mars 1850 n'est pas exigible.

Art. 7. — Les établissements libres jouissent, pour l'enseignement secondaire spécial, du bénéfice de l'article 69 de la loi du 15 mars 1850.

Art. 8. — Les dispositions de la présente loi ne font pas obstacle à ce que les chefs ou directeurs d'établissements d'instruction primaire, fondés en exécution de la loi du 28 juin 1833 sur l'instruction primaire et de celle du 15 mars 1850 sur l'enseignement, continuent à donner l'instruction primaire, prévue par ces deux lois.

Art. 9. — A dater de la promulgation de la présente loi, l'enseignement primaire peut comprendre, outre les matières déterminées par le paragraphe 2 de l'article 23 de la loi du 15 mars 1850, le dessin d'ornement, le dessin d'imitation, les langues vivantes étrangères, la tenue des livres et des éléments de géométrie.

II.

Loi du 10 avril 1867, relative à l'enseignement primaire.

Art. 1er. — Toute commune de cinq cents habitants et au-dessus est tenue d'avoir au moins une école publique de filles, si elle n'en est pas dispensée par le conseil départemental, en vertu de l'article 15 de la loi du 15 mars 1850.

Dans toute école mixte tenue par un instituteur, une femme nommée par le préfet, sur la proposition du maire, est chargée de diriger les travaux à l'aiguille des filles. Son traitement est fixé par le préfet, après avis du conseil municipal.

Art. 2. — Le nombre des écoles publiques de garçons ou de filles à établir dans chaque commune est fixé par le conseil départemental, sur l'avis du conseil municipal.

Le conseil départemental détermine les écoles publiques de filles auxquelles, d'après le nombre des élèves, il doit être attaché une institutrice adjointe.

Les paragraphes 2 et 3 de l'article 34 de la loi du 15 mars 1850 sont applicables aux institutrices adjointes.

Ce conseil détermine, en outre, sur l'avis du conseil municipal, les cas où, à raison des circonstances, il peut être établi une ou plusieurs écoles de hameau dirigées par des adjoints ou des adjointes.

Les décisions prises par le conseil départemental, en vertu des paragraphes 1, 2 et 4 du présent article, sont soumises à l'approbation du ministre de l'instruction publique.

Art. 3. — Toute commune doit fournir à l'institutrice, ainsi qu'à l'instituteur adjoint et à l'institutrice adjointe dirigeant une école de hameau, un local convenable, tant pour leur habitation que pour la tenue de l'école, le mobilier de classe et un traitement.

Elle doit fournir à l'adjoint et à l'adjointe un traitement et un logement.

Art. 4. — Les institutrices communales sont divisées en deux classes.

Le traitement de la première classe ne peut être inférieur à cinq cents francs, et celui de la seconde à quatre cents francs.

Art. 5. — Les instituteurs adjoints sont divisés en deux classes.

Le traitement de la première classe ne peut être inférieur à cinq cents francs, et celui de la seconde à quatre cents francs.

Le traitement des institutrices adjointes est fixé à trois cent cinquante francs.

Le traitement des adjoints et adjointes tenant une école de hameau est déterminé par le préfet, sur l'avis du conseil municipal et du conseil départemental.

Art. 6. — Dans le cas où un ou plusieurs adjoints ou adjointes sont attachés à une école, le conseil départemental peut décider, sur la proposition du conseil municipal, qu'une partie du produit de la rétribution scolaire servira à former leur traitement.

Art. 7. — Une indemnité, fixée par le ministre de l'instruction publique, après avis du conseil municipal et sur la proposition du préfet, peut être accordée annuellement aux instituteurs et institutrices dirigeant une classe communale d'adultes, payante ou gratuite, établie en conformité du paragraphe 1er de l'article 2 de la présente loi.

Art. 8. — Toute commune qui veut user de la faculté accordée par le paragraphe 3 de l'article 36 de la loi du 15 mars 1850 d'entretenir une ou plusieurs écoles entièrement gratuites peut, en sus de ses ressources propres et des centimes spéciaux autorisés par la même loi, affecter à cet entretien le produit d'une imposition extraordinaire qui n'excédera pas quatre centimes additionnels au principal des quatre contributions directes.

En cas d'insuffisance des ressources indiquées au paragraphe qui précède, et sur l'avis du conseil départemental, une subvention peut être accordée à la commune sur les fonds du département, et à leur défaut, sur les fonds de l'État, dans les limites du crédit spécial porté annuellement, à cet effet, au budget du ministère de l'instruction publique.

ART. 9. — Dans les communes où la gratuité est établie en vertu de la présente loi, le traitement des instituteurs et des institutrices publics se compose :

1° D'un traitement fixe de deux cents francs;

2° D'un traitement éventuel calculé à raison du nombre d'élèves présents à l'école, d'après un taux de rétribution déterminé, chaque année, par le préfet, sur l'avis du conseil municipal et du conseil départemental;

3° D'un supplément accordé à tous les instituteurs et institutrices dont le traitement fixe, joint au produit de l'éventuel, n'atteint pas, pour les instituteurs, les *minima* déterminés par l'article 38 de la loi du 15 mars 1850 et par le décret du 19 avril 1862, et, pour les institutrices, les *minima* déterminés par l'article 4 ci-dessus.

ART. 10. — Dans les autres communes, le traitement des instituteurs et des institutrices publics se compose :

1° D'un traitement fixe de deux cents francs;

2° Du produit de la rétribution scolaire;

3° D'un traitement éventuel calculé à raison du nombre d'élèves gratuits présents à l'école, d'après un taux déterminé, chaque année, par le préfet, sur l'avis du conseil municipal et du conseil départemental;

4° D'un supplément accordé à tous les instituteurs et institutrices dont le traitement fixe, joint au produit de la rétribution scolaire et du traitement éventuel, n'atteint pas, pour les instituteurs, les *minima* déterminés par l'article 38 de la loi du 15 mars 1850 et par le décret du 19 avril 1862, et pour les institutrices, les *minima* déterminés par l'article 4 ci-dessus.

ART. 11. — Le traitement déterminé, conformément aux deux articles précédents, pour les instituteurs et institutrices en exercice au moment de la promulgation de la présente loi, ne peut être inférieur à la moyenne de leurs émoluments pendant les trois dernières années.

ART. 12. — Le préfet du département et le maire de la commune peuvent se pourvoir devant le ministre de l'instruction publique contre les délibérations du conseil départemental prises, en vertu du deuxième paragraphe de l'article 15 de la loi de 1850, pour la fixation du taux de la rétribution scolaire.

ART. 13. — Dans les communes qui n'ont point à réclamer le concours du département ni de l'État pour former le traitement des instituteurs et des institutrices, tel qu'il est déterminé par les articles 9 et 10, ce traitement peut, sur la demande du conseil municipal, être remplacé par un traitement fixe, avec l'approbation du préfet, sur l'avis du conseil départemental.

ART. 14. — Il est pourvu aux dépenses résultant des articles 1, 2, 3, 4, 5 et 7 ci-dessus, comme à celles résultant de la loi de 1850, au moyen des ressources énumérées dans l'article 40 de ladite loi, augmentées d'un troisième centime départemental additionnel au principal des contributions directes.

ART. 15. — Une délibération du conseil municipal, approuvée par le préfet, peut créer, dans toute commune, une caisse des écoles destinée à encourager et à faciliter la fréquentation de l'école, par des récompenses aux élèves assidus et par des secours aux élèves indigents.

Le revenu de la caisse se compose de cotisations volontaires et de subventions de la commune, du département ou de l'État. Elle peut recevoir, avec l'autorisation des préfets, des dons et des legs.

Plusieurs communes peuvent être autorisées à se réunir pour la formation et l'entretien de cette caisse.

Le service de la caisse des écoles est fait gratuitement par le percepteur.

ART. 16. — Les éléments de l'histoire et de la géographie de la France sont ajoutés aux matières obligatoires de l'enseignement primaire.

ART. 17. — Sont soumises à l'inspection, comme les écoles publiques, les écoles libres qui tiennent lieu d'écoles publiques, aux termes du quatrième paragraphe de l'article 36 de la loi de 1850, ou qui reçoivent une subvention de la commune, du département ou de l'État.

ART. 18. — L'engagement de se vouer pendant dix ans à l'enseignement public, prévu par l'article 79 de la même loi, peut être réalisé, tant par les instituteurs que par leurs adjoints, dans celles des écoles mentionnées à l'article précédent qui sont désignées à cet effet par le ministre de l'instruction publique, après avis du conseil départemental.

L'engagement décennal peut être contracté, avant le tirage, par les instituteurs adjoints des écoles désignées ainsi qu'il vient d'être dit.

Sont applicables à ces mêmes écoles les dispositions de l'article 34 de la loi de 1850, concernant la fixation du nombre des adjoints, ainsi que le mode de leur nomination et de leur révocation.

ART. 19. — Les décisions du conseil départemental, rendues dans les cas prévus par l'article 28 de la loi de 1850, peuvent être déférées, par voie d'appel, au conseil impérial de l'instruction publique.

Cet appel doit être interjeté dans le délai de dix jours, à compter de la notification de la décision.

ART. 20. — Tout instituteur ou toute institutrice libre qui, sans en avoir obtenu l'autorisation du conseil départemental, reçoit dans son école des enfants d'un sexe différent du sien, est passible des peines portées à l'article 29 de la loi de 1850.

ART. 21. — Aucune école primaire, publique ou libre, ne peut, sans l'autorisation du conseil départemental, recevoir d'enfants, au-dessous de six ans, s'il existe dans la commune une salle d'asile publique ou libre.

ART. 22. — Sont abrogées les dispositions des lois antérieures, en ce qu'elles ont de contraire à la présente loi.

III.

Projet de décret relatif à la réorganisation de l'école impériale des langues orientales vivantes, précédé d'un rapport à l'Empereur.

Rapport à l'Empereur.

Sire, la loi du 10 germinal an III, qui a créé l'école des langues orientales vivantes, indique nettement dans son article 1er le but spécial de la nouvelle institution. Cet article est ainsi conçu :

« Il sera établi, dans l'enceinte de la Bibliothèque impériale, une « école publique destinée à l'enseignement des langues orientales « vivantes d'une utilité reconnue pour la politique et le commerce. »

Au lendemain même de sa fondation, l'école fut appelée à faire ses preuves, et Votre Majesté n'aura pas oublié que le professeur de turc,

Venture, nommé interprète de l'armée d'Égypte, est allé mourir sous les murs de Saint-Jean-d'Acre. Il suffirait, du reste, de citer les noms de ses collègues, S. de Sacy, Jaubert, de Perceval, Hase, Reinaud, etc., pour affirmer la valeur d'un enseignement qui a eu ses jours d'autorité presque universelle, et qui a compté parmi ses auditeurs les orientalistes les plus illustres de la Russie, de l'Angleterre et de l'Allemagne.

Dès 1838, cependant, on avait reconnu que si la science des professeurs demeurait à la hauteur de leur mission, le nombre des chaires et l'organisation des études ne répondaient plus aux besoins du temps. A l'appui du projet d'ordonnance qu'il jugea nécessaire de présenter, M. le comte de Salvandy invoquait un ensemble de motifs qu'il me paraît utile et équitable de reproduire :

« L'extension, chaque jour plus marquée, de nos rapports poli-
« tiques et commerciaux avec l'Asie, la possession de l'Algérie, la
« situation nouvelle de l'Égypte et de la Syrie, l'établissement du
« service des bateaux à vapeur sur tout le littoral de la Méditerranée ;
« enfin le mouvement scientifique qui pousse les esprits, autant que
« le mouvement commercial, vers les points de départ du commerce
« et de la civilisation. »

Le rapport de mon honorable prédécesseur fut suivi d'une ordonnance qui sanctionnait les réformes proposées ; mais, pour des motifs qu'il est superflu d'indiquer ici, il ne fut pas tenu compte des articles les plus essentiels du nouveau règlement.

On se borna, quelques années plus tard, à porter le nombre des chaires de sept à neuf, par la création de deux cours, l'un de chinois vulgaire, l'autre de malais et de javanais.

Ces considérations que le ministre de l'instruction publique faisait valoir, il y a bientôt trente années, l'Empereur me permettra de les invoquer aujourd'hui que nous ne sommes plus qu'à six jours de Suez, et à moins de quarante de Saïgon.

Il n'est pas besoin de montrer quelle force plus grande elles empruntent aux progrès réalisés depuis cette époque par la navigation et par le commerce avec les régions de l'extrême Orient, grâce aux traités que Votre Majesté a conclus à la suite du succès de ses armes.

Un monde nouveau nous est ouvert, un monde habité par des populations surabondantes et industrieuses, douées des aptitudes les plus diverses, séparées les unes des autres par des différences d'origine, de culte, de langue et d'habitudes, et qui n'avaient de commun jadis qu'un même sentiment, la défiance de l'étranger. Cette défiance n'existe plus à cette heure : Paris a reçu les représentants de la Chine et du Japon; Pékin et Yokohama nous empruntent des maîtres pour fonder des écoles, et, en tout lieu, une même volonté intelligente se manifeste; l'esprit ancien fait place à un besoin unanime d'alliance et d'émulation.

Mais pour pénétrer dans un semblable milieu, pour étudier le passé, connaître les mœurs, les besoins, comme aussi pour fonder sûrement la fortune de nos échanges, il ne nous suffit pas de posséder la langue des érudits et des philosophes, il nous faut encore acquérir la langue pratique des transactions et des contrats.

Cette nécessité, M. le ministre du commerce l'avait comprise quand il m'écrivait, au mois de mai 1865 :

« Le commerce français tend à se développer vers l'Orient, mais
« il manque de direction et donne forcément beaucoup au hasard.
« Le principal obstacle à son expansion est dans la difficulté qu'il
« éprouve à trouver parmi nos nationaux des sujets aptes à parler et
« à écrire les idiomes des pays avec lesquels nous entretenons des
« relations. Cette ignorance des dialectes nous met dans l'impossi-
« bilité d'étudier les ressources et les besoins. Ajoutons que dans
« un autre ordre de faits, en nous abandonnant à des interprètes
« étrangers, nous mettons à néant la première condition de la réus-
« site des affaires : le secret. »

De leur côté, les principales chambres de commerce françaises, justement préoccupées d'une situation à tant d'égards préjudiciable aux intérêts qu'elles représentent, se sont offertes à entretenir un certain nombre de boursiers près de l'école spéciale des langues orientales vivantes, à la condition toutefois que cet établissement serait réorganisé de manière à former des interprètes et à mettre les jeunes négociants français à même de s'établir en Orient et de s'y créer des relations.

Le projet de décret ci-joint reproduit les conclusions d'une commission d'enquête réunie par mes soins et où étaient représentés les ministres des affaires étrangères, du commerce, de la justice et de l'instruction publique.

En voici les clauses principales :

Les cours de l'école sont publics et gratuits; création d'une chaire de japonais; institution de maîtres répétiteurs chargés d'exercer les élèves, dans des conférences obligatoires, à la pratique de la langue parlée; inscriptions trimestrielles, examens de passage en fin d'année, examens probatoires en fin d'études; diplômes.

Pour apprécier l'importance de ces dernières dispositions, il convient de rappeler que l'école actuelle se borne à recevoir des auditeurs qui suivent ses cours dans la mesure qui leur plaît. Ces auditeurs ne

sont assujettis à aucune règle, leur assiduité n'est l'objet d'aucune
prescription, les connaissances qu'ils peuvent avoir acquises ne sont
l'objet d'aucun contrôle ; en un mot, les études auxquelles ils se consacrent manquent à la fois d'ordre, d'encouragement et de sanction.

Outre les réformes qui viennent d'être énumérées, chaque professeur sera tenu désormais d'enseigner l'histoire et la géographie
politique et commerciale du pays dont il enseigne la langue. Des
bourses pourront être entretenues par l'État, les chambres de commerce et les particuliers ; enfin il sera établi un conseil de perfectionnement où seront représentés les ministères intéressés.

La création du conseil de perfectionnement marque le caractère
nouveau de l'école. Elle demeure dans les attributions du ministère
de l'instruction publique ; mais ses études sont surveillées et dirigées
en commun par des hommes qui auront la mission de leur conserver
le caractère pratique que le décret veut leur restituer.

Ainsi constituée, l'école ne prétendra pas encore donner à ses
élèves la connaissance complète des langues de l'Orient, mais elle
saura du moins les préparer de telle sorte qu'il leur sera permis d'accepter les missions lointaines qui pourraient leur être confiées, avec
la certitude qu'ils seront en état d'en tirer profit pour notre pays et
pour eux-mêmes.

Si Votre Majesté daignait donner son approbation aux dispositions
que je viens de résumer, et qui ont reçu le complet assentiment des
ministres des affaires étrangères et du commerce, je la prierais de
vouloir bien autoriser le renvoi du projet de décret ci-joint au conseil d'État.

Projet de décret [1].

NAPOLÉON, par la grâce de Dieu et la volonté nationale, Empereur des Français,

A tous présents et à venir, salut :

Sur le rapport de notre ministre secrétaire d'État au département
de l'instruction publique,

Vu le décret du 10 germinal an III, portant : *qu'il sera établi une
école publique destinée à l'enseignement des langues orientales vivantes
d'une utilité reconnue pour la politique et le commerce ;*

Notre conseil d'État entendu,

Avons décrété et décrétons ce qui suit :

1. Ce projet, envoyé au conseil d'État en 1868, a été adopté par le conseil avec
de très-légères modifications, et signé par l'Empereur le 8 novembre 1869.

TITRE I.

ART. 1er. — L'école impériale des langues orientales vivantes comprend des cours :

D'arabe vulgaire,
De turc,
De persan,
De malais et de javanais,
D'arménien,
De grec moderne,
D'hindoustani,
De chinois vulgaire,
De japonais,
D'annamite.

Des cours complémentaires ayant pour objet d'autres idiomes pourront être institués au fur et à mesure des besoins.

Indépendamment des cours, toute personne peut être autorisée par le ministre de l'instruction publique, après avis du conseil de perfectionnement, à donner dans l'enceinte de l'école des leçons sur les matières qui se rattachent à l'étude des langues vivantes, de la jurisprudence, de l'histoire et de la géographie de l'Orient.

ART. 2. — L'école reçoit des élèves français et étrangers.

ART. 3. — Le corps enseignant de l'école se compose de professeurs et de répétiteurs chargés, les premiers d'enseigner les langues orientales vivantes, les seconds, de répéter les cours des professeurs et appartenant de préférence au pays dont ils enseigneraient la langue.

Les répétiteurs interrogent les élèves ;

Ils remplacent éventuellement, à la requête de l'administrateur, les professeurs empêchés ;

Ils peuvent être appelés, par décision ministérielle, à les suppléer durant un semestre ;

Ils peuvent être chargés d'une partie des leçons réglementaires, au cas où le titulaire en a été dispensé par le ministre ; ils peuvent également, sur la demande du ministère des affaires étrangères, être autorisés à donner des leçons aux *jeunes de langues*.

ART. 4. — A la fin de chaque année, il est procédé à des examens publics.

Les examens ont lieu sous la présidence de l'administrateur de l'école, assisté d'un professeur au moins et d'un répétiteur.

Art. 5. — Après l'examen de fin d'études, il est délivré aux élèves qui en sont jugés dignes un diplôme d'élève breveté de l'école des langues orientales.

Ce diplôme est conféré par notre ministre de l'instruction publique.

La liste des élèves brevetés est transmise à nos ministres des affaires étrangères, de la guerre, de la marine et du commerce.

Après avis de l'assemblée des professeurs, réunie au conseil de perfectionnement, les élèves brevetés qui se sont le plus distingués dans les examens pourront être envoyés, aux frais des départements ministériels intéressés, dans les pays dont ils posséderont la langue, afin de s'y perfectionner dans la pratique de cette langue et dans la connaissance des intérêts politiques et commerciaux de la contrée.

TITRE II.

Art. 6. — L'école est placée sous l'autorité d'un administrateur, nommé pour cinq ans par notre ministre de l'instruction publique.

En cas d'absence ou d'empêchement, l'administrateur est suppléé dans ses fonctions par un professeur désigné annuellement par le ministre et qui prend le nom d'administrateur adjoint.

Art. 7. — L'administrateur convoque et préside l'assemblée des professeurs. Il porte à l'ordre du jour les questions sur lesquelles il doit être délibéré. Il vise les pièces de comptabilité. Il contre-signe les diplômes. Il correspond seul avec le ministre. Il surveille tous les services et fait exécuter les règlements qui les concernent. Il présente annuellement un rapport au ministre sur les travaux de l'école et sur les progrès des élèves.

Art. 8. — L'administrateur a sous ses ordres un secrétaire, nommé par le ministre, qui remplit les fonctions de trésorier, d'archiviste et de bibliothécaire.

Le secrétaire assiste aux assemblées avec voix consultative. Il rédige les procès-verbaux et les transcrit sur le registre des délibérations.

Copie de ces procès-verbaux ou, en cas d'urgence, la minute elle-même est adressée au ministre par les soins de l'administrateur.

Art. 9. — L'assemblée se compose des professeurs titulaires et du secrétaire. Elle se réunit au moins trois fois par an. Elle délibère sur les programmes et l'ordre des cours, sur l'ordre et les programmes des examens, sur les règlements intérieurs de l'école et en général sur toutes les questions portées à l'ordre du jour par l'administrateur.

Art. 10. — Il est établi près de l'école impériale un conseil de perfectionnement présidé par le ministre de l'instruction publique et composé de sept membres, savoir :

L'administrateur de l'école ;

Un délégué du ministère de l'instruction publique ;

Un délégué du ministère des affaires étrangères ;

Un délégué du ministère de la marine ;

Un délégué du ministère du commerce ;

Le directeur de l'imprimerie impériale ;

Le président de la chambre de commerce de Paris.

Le conseil de perfectionnement se réunit sur la convocation du ministre.

Il délibère sur les améliorations et les réformes dont l'enseignement serait susceptible dans l'intérêt des relations politiques et commerciales de la France en Orient.

Il entend le rapport de l'administrateur sur les travaux de l'école et les progrès des élèves.

Les membres peuvent assister aux examens.

Le secrétaire de l'école, présent aux séances avec voix consultative, rédige la minute des délibérations.

Art. 11. — En cas de vacance d'une chaire, le conseil de perfectionnement présente deux candidats concurremment avec ceux dont la présentation doit avoir lieu aux termes de l'article 2 du décret du 9 mars 1852.

La nomination est faite par l'Empereur, sur le rapport du ministre de l'instruction publique, après entente préalable avec les trois ministères intéressés.

Art. 12. — Le traitement des professeurs varie de 5,000 à 7,500 francs ; celui du secrétaire et des répétiteurs, de 2,500 à 3,500 francs. L'administrateur reçoit un préciput de 2,000 francs.

TITRE III.

Art. 13. — Il est créé en faveur des élèves de l'école impériale, comptant une année au moins d'études, vingt bourses de 1,000 francs chacune.

La durée de la jouissance de ces bourses est proportionnée à la durée normale du cours que suivent les élèves boursiers.

Elles sont accordées par le ministre, après avis de l'assemblée des professeurs, réunie au conseil de perfectionnement.

La révocation en est, s'il y a lieu, prononcée en la même forme.

Art. 14. — Lorsque des bourses ont été fondées par les départements, les communes, les chambres de commerce ou les particuliers, la collation et la jouissance de ces bourses ont lieu aux conditions fixées par l'acte de fondation.

Art. 15. — L'école est apte à recevoir, en la même forme que les autres établissements d'utilité publique, des donations de toute nature, et notamment les livres, collections, monuments écrits et figurés et autres objets se rapportant au but de l'institution.

Art. 16. — Un règlement d'études détermine le caractère de la distribution des exercices de l'école.

IV.

Projet de décret relatif à l'enseignement des sciences administratives et économiques.

Note préalable [1].

Les jeunes gens qui ont besoin de trouver dans les cours d'enseignement supérieur les notions relatives à la science du droit se divisent en deux catégories : d'une part, ceux qui se destinent à la magistrature, au barreau, à la profession de notaire ou d'avoué et à l'enseignement du droit ; d'autre part, ceux qui veulent embrasser la carrière soit administrative, soit diplomatique, ou qui se proposent de vivre en propriétaires indépendants sur le domaine paternel, de diriger une usine ou une grande exploitation rurale, et de briguer plus tard dans la commune, le canton ou le département, les fonctions de maire, de conseiller municipal, de conseiller général ou même de député. A chacune de ces deux catégories si différentes d'étudiants doit correspondre un enseignement particulier. On ne peut prétendre qu'il en soit ainsi : nos facultés de droit forment de savants magistrats, d'éminents professeurs, de brillants avocats ; tout y est disposé en vue de ce résultat désiré. A l'étude du droit français s'ajoute celle du droit romain, si propre à développer la sagacité du jurisconsulte et à le pousser dans les recherches intéressantes de l'érudition.

1. Cette note, dont il n'est donné ici que les principaux passages, a été soumise au conseil supérieur de l'enseignement spécial et au conseil impérial de l'instruction publique en leur session de juin et juillet 1869, pour la création d'un enseignement supérieur des sciences administratives et économiques, et transmise au conseil d'État à l'appui du projet de décret ci-joint, le 16 juillet 1868.

Mais il y a dans le code Napoléon des textes nombreux dont il n'est pas nécessaire à un administrateur, à un agronome, à un conseiller général, de connaître l'origine ou les vicissitudes. Le droit romain leur est inutile; mais il leur est nécessaire de connaître les parties essentielles du droit civil français, et surtout la législation administrative, le droit industriel et rural, les principes et les applications de l'économie industrielle.

Ces besoins attendent encore la satisfaction qui leur est due : ils existent et ont été proclamés depuis longtemps; de nos jours, ils semblent s'imposer impérieusement à l'attention du gouvernement. Le commerce et l'industrie, par les développements qu'ils ont pris, par l'intelligence et les aptitudes qu'ils exigent, se rapprochent et se confondent avec les anciennes professions libérales. L'agriculture, qui comporte désormais l'emploi de capitaux considérables et toutes les applications des sciences, devient pour le grand propriétaire une carrière véritable où il peut rendre les plus grands services au pays comme à lui-même. Le suffrage universel confie aux citoyens la gestion des affaires locales; l'éligible n'a plus à remplir aucune condition de cens, mais il est tenu d'être au courant des lois nombreuses qui affectent les intérêts municipaux, départementaux et publics. D'un autre côté, il est urgent que les saines doctrines de l'économie politique soient répandues dans toutes les classes de la société.

Il résulte d'une enquête faite en mai 1867 auprès des étudiants des facultés de droit que, sur 4,895 élèves inscrits, 2,052 se destinaient à la magistrature, au barreau et à l'enseignement du droit. Le reste, c'est-à-dire 2.843, ne cherchait dans les études juridiques qu'un complément d'éducation[1].

Dans son rapport à l'Empereur sur l'enseignement supérieur, en date du 15 novembre 1868, le ministre de l'instruction publique disait, en parlant de l'économie politique :

« La science économique ne s'apprend guère en France que dans la pratique des affaires, et l'on court le risque de l'y apprendre à ses dépens ou à ceux d'autrui, comme il arriverait au directeur d'usine qui partirait des applications industrielles pour reconstituer les sciences dont il a besoin. Où en serait l'industrie française si l'enseignement des mathématiques, de la chimie et de la physique n'avait été, depuis quatre-vingts ans, fortement constitué ? Et le commerce aurait-il attendu, en Angleterre jusqu'en 1846, en France jusqu'en

---

1. *Statistique de l'Enseignement supérieur,* 1865-1868, Notice préliminaire, p. 7.

1860, pour mettre en pratique la vérité établie par Quesnay un siècle auparavant? les utopies sanglantes de 1848 se seraient-elles produites? verrions-nous les rêves insensés qui agitent encore certains esprits, les erreurs fatales qui subsistent au sein des multitudes, si, depuis quatre-vingts ans aussi, nous avions largement organisé l'enseignement économique?

« D'un côté la routine et de l'autre l'aventure, les négations stériles ou les affirmations téméraires : voilà deux périls entre lesquels il faut marcher sous la direction de la science, et non à la lueur trompeuse de l'empirisme. Cette science, dira-t-on, est bien jeune encore pour avoir en cette route difficile un pas ferme et assuré. Elle ne l'est pas plus que la chimie, puisque toutes deux sont nées à la même époque. Donnons à l'une l'assistance que l'autre a trouvée, et nous verrons s'accomplir de rapides progrès pour la théorie et la vulgarisation. »

La présente note a pour but d'établir : 1° que le projet de décret qui porte création à l'école de droit d'une section économique est le couronnement, dans l'ordre de l'enseignement supérieur, des réformes déjà introduites dans l'enseignement secondaire; 2° que cette création répond à des vœux anciens, et réaliserait enfin des projets longtemps étudiés dont la mise à exécution a toujours été entravée par des causes diverses.

L'économie politique et le droit usuel ont pris place dans l'enseignement secondaire spécial, et bientôt les 20,000 élèves qui suivent cet enseignement dans les lycées et colléges sortiront de ces maisons avec des notions exactes sur ces matières que leurs prédécesseurs n'avaient jamais pu y étudier. Désormais les professeurs formés à Cluny, les maîtres qui auront obtenu le brevet de capacité de l'enseignement spécial (partie littéraire et économique), les agrégés de l'enseignement spécial pour cet ordre d'études, répandront dans le pays des connaissances qui sont aujourd'hui indispensables.

En effet, les notions élémentaires du droit public et administratif et de l'économie politique ont déjà leur place dans les programmes de l'enseignement secondaire spécial adressés par le ministre de l'instruction publique aux recteurs, le 6 avril 1866.

A côté de la *législation civile usuelle*, des éléments de *procédure civile et criminelle* et de *droit pénal*, on voit figurer dans ces programmes les notions suivantes :

Principes fondamentaux du droit public. Organisation de la puissance publique. L'Empereur. Le Sénat. Le Corps législatif. L'autorité judiciaire.

Administration de la France. Ministres, conseil d'État, préfets, conseils de préfecture, conseils généraux, sous-préfets, conseils d'arrondissement, maires, conseils municipaux; armée, cultes, instruction publique, voirie; fortune publique, impôts directs et indirects, dépenses de l'État; travaux publics, desséchement des marais, mines, minières, carrières.

Justice administrative. Contentieux administratif. Juridictions administratives.

Auprès des éléments de la *législation commerciale,* les programmes placent ceux de la *législation industrielle.* Ils comprennent, à ce point de vue, les établissements dangereux, insalubres ou incommodes, les restrictions à la liberté de l'industrie, les banques, les warrants, la législation des patentes, les lois relatives aux rapports des patrons et des ouvriers, l'apprentissage, la propriété industrielle, les brevets d'invention, les marques de fabrique, la contrefaçon, les douanes, les entrepôts, les dispositions pénales relatives à des matières industrielles.

Sous la rubrique *Économie rurale, industrielle et commerciale,* les programmes de l'enseignement secondaire spécial placent les notions de l'économie politique. Ces programmes comprennent les divisions suivantes :

Notions préliminaires. But de l'économie politique. Production. Distribution. Consommation.

Économie rurale. Du fonds agricole. Système d'amodiation. Exploitation agricole. Débouchés agricoles.

Économie industrielle. Entreprises industrielles en général. Instruction professionnelle. Capital. Associations de capitaux et d'entrepreneurs. Machines. Profits. Intérêt de l'argent. Salaires des ouvriers. Lois diverses qui ont régi le travail. Grandes institutions industrielles. Associations entre ouvriers ou entre patrons et ouvriers. Liberté du travail.

Économie commerciale. Le commerce. Géographie commerciale. Histoire du commerce. Histoire des tarifs. Liberté commerciale. Monnaie. Papier-monnaie. Voies de communication. Crédit. Crédit commercial. Banques. Banque de France. Épargne, Assurance, Rapports de la morale et de l'économie politique.

Ce n'est pas seulement aux élèves de l'enseignement spécial que des notions générales d'économie politique ou industrielle sont données dans nos lycées et dans nos colléges. Si les programmes qui viennent d'être rappelés ne sont pas adoptés pour les élèves de l'enseignement classique, ceux-ci peuvent trouver dans le cours d'histoire contemporaine les éléments des connaissances économiques, dont aucun élève de notre enseignement classique ne devrait rester dépourvu. Ainsi le programme de l'enseignement de l'histoire dans les classes de philosophie, introduit dans les lycées par l'arrêté du 15 décembre 1863, prescrit de résumer les faits généraux qui ont modifié, à partir du quinzième siècle, les idées, les intérêts et la constitution de la société européenne, et notamment la révolution économique qui favorise le développement du grand commerce et de la richesse mobilière. Le caractère des réformes politiques et sociales opérées par l'Assemblée constituante et la révolution française doit être développé. Le programme indique : les réformes financières, le nouveau système d'impôts, les assignats et leurs conséquences; un retour sur l'histoire du crédit; suppression de l'ancienne réglementation industrielle, liberté du travail et des transactions. Plus loin viennent les conséquences politiques et industrielles du blocus continental; les mesures économiques du gouvernement de la Restauration; le système protecteur en France et en Angleterre; les systèmes communistes pendant la République de février 1848; les institutions de crédit et la liberté commerciale sous l'Empire; la comparaison des grandes puissances entre elles au point de vue économique; la constatation, par la statistique, des progrès accomplis; enfin les caractères nouveaux de la société moderne.

Comme les élèves des cours spéciaux, ceux des cours classiques reçoivent donc, dans une certaine mesure, l'enseignement économique. Mais cet enseignement doit prendre beaucoup d'extension, et pour lui procurer des maîtres capables, on a dû lui faire une place dans l'agrégation des lycées et dans les examens du brevet de capacité de l'enseignement spécial.

L'agrégation pour l'enseignement secondaire spécial comprend depuis deux ans une partie littéraire et économique dont le statut du 27 février 1869 consacre le programme. Aux termes de l'article 53 de ce statut, la première partie des épreuves définitives se partage en deux séries, au choix du candidat. La deuxième série, intitulée *sciences économiques*, se compose des exercices suivants :

1° Correction d'un devoir sur la législation commerciale, industrielle et agricole;

2° Analyse et discussion des statuts d'une institution de crédit ou d'un établissement financier;

3° Exercice de comptabilité par écrit.

52.

Aux termes d'un arrêté du 26 février dernier, le brevet de capacité de l'enseignement spécial est délivré sous deux formes. Le brevet a ainsi, au choix du candidat, le caractère scientifique ou le caractère littéraire et économique. Dans ce dernier cas, l'examen écrit comprend une composition sur un sujet de législation usuelle ou d'économie commerciale, industrielle ou agricole. Les épreuves orales portent, entre autres matières, sur la législation civile, l'économie commerciale, industrielle et agricole.

Si la création d'un enseignement supérieur des sciences administratives et économiques est le couronnement nécessaire des études similaires introduites dans nos écoles secondaires, cette création répond à des désirs exprimés depuis bien longtemps.

« Il faudrait, disait Bacon, établir des éducations publiques où se formeraient des hommes d'État par l'étude de l'histoire, des langues vivantes, du droit public, des intérêts des nations et de tout ce qui pourrait les rendre propres aux affaires. »

Dès la fin du dix-huitième siècle, on avait senti l'utilité d'introduire, dans notre instruction publique, l'enseignement de l'économie politique et des lois usuelles. On trouve dans les cahiers de 1789 le vœu qu'il soit créé des écoles pour former des administrateurs.

A une époque déjà éloignée, l'Empereur écrivait les paroles suivantes :

« Lorsque dans un pays il y a des écoles pour l'art du jurisconsulte, pour l'art de guérir, pour l'art de la guerre, pour la théologie, etc., n'est-il pas choquant qu'il n'y en ait point pour l'art de gouverner, qui est certainement le plus difficile de tous, car il embrasse toutes les sciences exactes, politiques et morales[1]. »

Le décret de la Convention du 7 ventôse an III plaçait dans les écoles centrales, distribuées à raison d'une par 300,000 habitants, un professeur d'*économie politique* et de *législation*. La loi du 3 brumaire an IV supprima ce professeur, mais elle décida qu'il y aurait dans la République une école des *sciences politiques*; puis vint la loi du 11 floréal an X, qui confirma la précédente en permettant d'instituer une école spéciale de *géographie*, d'*histoire* et d'*économie politique*. L'enseignement devait être confié à quatre professeurs, comme dans les écoles de droit. Devant le Corps législatif, Fourcroy expliquait ainsi les vues du gouvernement : « Une école d'économie publique éclairée par la géographie et l'histoire sera ouverte pour ceux qui

1. Œuvres de Napoléon III, *Mélanges*, p. 57.

voudront approfondir les principes des gouvernements et l'art de
connaître leurs intérêts respectifs. Sans lui donner ces trop nombreuses distributions de cours et de classes qui tiennent plus au faste
qu'à la véritable richesse de la science, on trouvera, dans cette nouvelle école, un ensemble de connaissances qui n'a point encore existé
en France. »

La loi de l'an x fut votée, mais l'école d'économie politique resta à
l'état de projet.

L'article 2 de la loi portant fondation des écoles de droit ordonne
que « le droit public français et le droit civil dans ses rapports avec
l'administration publique » y seront enseignés. Dans l'exposé des
motifs (16 ventôse an xii), Fourcroy s'exprimait ainsi : « Les lois
d'administration publique ne pouvaient être apprises nulle part; elles
étaient, en quelque sorte, ensevelies ou concentrées dans les bureaux
et dans la correspondance des administrations; ce n'était qu'en administrant immédiatement qu'on pouvait se former à leur connaissance et à leur application. Cette lacune disparaîtra dans les nouveaux établissements. Les jeunes gens apprendront ainsi à lier les
connaissances générales du droit avec la législation administrative, et ceux qui se destineront à cette dernière carrière n'y entreront pas sans les lumières qui doivent y diriger sûrement leurs
pas. »

Dans un travail général sur l'Université, rédigé vers 1815 par
Cuvier, à propos des grades conférés par les facultés et de la nécessité de ces grades pour certaines fonctions publiques, l'auteur propose de généraliser une mesure si avantageuse.

« Peut-être, dit-il, serait-il même possible, et à coup sûr il serait
très-utile d'établir, *comme en Allemagne*, un enseignement régulier
des diverses branches de l'administration et de n'admettre aux emplois que ceux qui auraient suivi cet enseignement; mais on trouvera
sans doute que les améliorations de ce genre veulent du temps et un
peu plus de fixité dans le gouvernement et surtout dans l'organisation de l'instruction générale. »

On a trouvé dans les papiers de Cuvier un projet complet, dont
voici le préambule :

« Louis, etc., voulant fournir à ceux de nos sujets qui se destinent
à remplir les diverses fonctions administratives établies dans notre
royaume les moyens de se procurer une instruction solide et entendue
sur les matières qu'ils peuvent être appelés à traiter; voulant également nous assurer que ceux d'entre eux qui nous seront présentés
pour lesdites fonctions s'en sont rendus dignes par leur application,

leur bonne conduite et leurs progrès; vu le mémoire de notre commission de l'instruction publique; ouï le rapport, etc., nous avons ordonné et ordonnons ce qui suit.... : »

L'article 13 de ce projet portait : « Passé le........ il ne nous sera plus présenté, pour entrer dans les fonctions relatives à l'administration, notamment à celles de sous-préfet, de préfet, de maître des requêtes en notre conseil d'État, que des sujets pourvus du diplôme mentionné à l'article précédent. »

On trouve dans ce travail de Cuvier une indication assez précise du principe général de l'instruction portant sur le droit public et administratif, sur les finances, sur l'agriculture, sur la technologie, sur l'économie politique « embrassant tout ce qui influe sur la richesse des nations, et les principes d'après lesquels les gouvernements peuvent et doivent intervenir dans la direction du commerce et de l'industrie. »

L'ordonnance royale du 24 mars 1819, rendue sans doute sous l'influence de Cuvier, voulut « donner à l'enseignement du droit les développements dont il est susceptible » et décida que l'école de droit de Paris serait divisée en deux sections, dont l'une comprendrait un cours de droit public positif et de droit administratif français, et un cours d'économie politique. Cette innovation dura peu. Les romanistes firent signer l'ordonnance du 6 décembre 1822, qui rapporta celle de 1819 « pour développer l'étude du droit romain. »

Cependant l'idée persista. Un savant jurisconsulte, M. Macarel, proposa la fondation d'une faculté des sciences politiques et administratives : trois années de cours ayant pour objet le droit naturel, le droit des gens, le droit public, l'économie politique et la statistique, l'administration générale; un baccalauréat au bout de deux années, une licence après trois ans, un doctorat auquel le licencié n'aurait pu prétendre qu'en subissant des épreuves sur l'histoire du droit public et l'administration comparée. M. Émile de Girardin, dans son ouvrage de l'*Instruction publique en France*, a repris en l'appuyant l'idée de M. Macarel.

En 1838, M. Hepp, professeur de droit des gens à la faculté de droit de Strasbourg, présenta à M. de Salvandy, alors ministre de l'instruction publique, un mémoire sur l'introduction dans les facultés de droit de l'enseignement des sciences politiques et administratives. Il réunissait les futurs jurisconsultes et les futurs administrateurs dans un enseignement commun, accompagné pour chaque catégorie de cours spéciaux qui portent, pour les *administrateurs*, sur la statistique, l'économie politique, les finances, les principes généraux d'administration publique, le droit des gens, l'histoire et la science diplomatique, le droit public étranger et comparé.

M. de Salvandy ne put donner suite à ce projet que durant son second ministère. La loi sur l'enseignement du droit, qui fut renvoyée à la chambre des pairs le 9 mars 1847, ajoutait au cours d'études triennal de la licence, une quatrième année consacrée en partie aux matières administratives et économiques. On lit dans l'exposé des motifs le passage suivant :

« Sous l'empire d'institutions telles que les nôtres, n'ouvrira-t-on pas d'une façon plus large le champ de la connaissance du droit public? ne lui donnera-t-on pas l'appui de cours de droit naturel, de droit maritime, d'économie politique, qui fleurissent dans toutes les universités d'Europe, presque sans exception, et qui sont à peu près inconnus parmi nous? Ces questions ne nous ont point paru douteuses : elles ne l'ont pas été pour la haute commission qui les a longuement pesées et mûries. Elles se lient à l'appréciation de la nature et de la mission de notre gouvernement, de l'état vrai et des vrais besoins de notre société, des conditions auxquelles elle peut être contenue et gouvernée. » Et plus loin : « Le droit administratif pourra être divisé en plusieurs cours et donner à la législation industrielle, par exemple, une place plus appropriée aux besoins généraux de la société et à ceux en particulier de certaines contrées. » Parlant des cours de doctorat, l'exposé des motifs constate la nécessité d'y comprendre l'économie politique, « qu'on peut considérer, dit-il, comme une branche du droit constitutionnel, qui ne peut pas trouver de place ailleurs que dans les facultés de droit et qui est indispensable à la jeunesse des écoles, puisque cette jeunesse est destinée à toutes les carrières pour lesquelles la science de la richesse publique, dans l'état présent des idées et des faits, est une nécessité première. »

En 1848, par décret des 8 mars et 7 avril, le gouvernement provisoire décréta la création d'une école d'administration. M. de Falloux présenta en 1849, comme ministre de l'instruction publique, un projet de loi qui supprimait l'école d'administration, mais fondait à la faculté de Paris l'enseignement du droit public et administratif, qui devait comprendre deux années, à la suite desquelles les élèves inscrits pourraient obtenir le grade de licencié en droit public et administratif. Un règlement délibéré en conseil d'État devait déterminer les fonctions administratives pour lesquelles le grade de licencié en droit public et administratif serait exigé.

« Il demeure hors de doute, dit l'exposé des motifs, que l'enseignement du droit administratif en France doit être tout à la fois fortifié et popularisé. Ici, nous n'avons pas seulement en vue les fonctions
salariées; la connaissance des règles de l'administration est nécessaire aussi pour les fonctions électives que notre constitution multiplie, et dont les attributions se développent de jour en jour. Il est
indispensable que les citoyens qui formeront plus tard le conseil de
la commune, de l'arrondissement, du département, se familiarisent
de plus en plus avec les matières de leur compétence. La création
trop précipitée du 8 mars aura donc rendu un service au pays, celui
de hâter la réalisation d'une pensée à laquelle, sous une autre forme,
nous tenons à honneur de nous associer... Déjà, à toutes les facultés
de droit, on avait ajouté une chaire de droit administratif; à quelques-unes, un cours de droit public. Cependant les cours ouverts
aujourd'hui l'ont été dans une autre pensée; ils ont pour but de compléter l'étude spéculative du droit... Il importe désormais de créer,
dans chaque faculté de département, des cours d'administration pratique, comme il existe, par exemple, des cours de géométrie appliquée aux arts et métiers... L'engagement doit en être immédiatement
contracté au nom de l'État, et si les crédits nécessaires ne sont pas
demandés ici pour les facultés de départements, comme pour la
faculté de Paris, c'est que plusieurs difficultés de détail ne sont pas
encore suffisamment aplanies. »

La commission chargée d'examiner ce projet de loi proposa, par
l'organe de son rapporteur, M. Dumas, dans un premier rapport en
date du 17 juillet 1849, la suppression de l'école d'administration et
l'établissement dans toutes les facultés de droit « d'un enseignement
du droit public et administratif comprenant des notions d'économie
politique et de statistique. » Dans un nouveau rapport, la commission émit l'avis qu'il y avait lieu d'ajourner toute décision en ce qui
concerne l'économie politique, le gouvernement devant présenter un
projet de loi sur l'enseignement supérieur. « Les membres de la
commission sont convaincus, dit le rapport, comme les auteurs de
l'amendement qui introduisait des chaires d'économie politique dans
l'enseignement du droit, que cette science doit trouver sa place dans
nos facultés. » Le débat portait seulement sur le point de savoir si cet
enseignement devait être créé dans les facultés des lettres ou dans les
facultés de droit. Enfin, le projet de loi ayant été mis à l'ordre du
jour le 9 août 1849, la commission déclara qu'elle renvoyait aussi à
la discussion de la loi sur l'enseignement supérieur tout ce qui concerne l'enseignement du droit public et administratif. M. Wolowski,

auteur de plusieurs amendements, dit qu'il souhaitait la création
d'un vaste ensemble d'études comprenant l'économie politique, les
finances, la statistique, le droit public, et qu'il ne retirait ses amendements qu'en présence de la déclaration du ministre de l'instruction
publique, promettant que la commission de l'enseignement supérieur
s'occuperait de la création de cet enseignement des sciences politiques
et administratives. La loi votée n'eut dès lors d'autre objet que la
suppression de l'école d'administration.

L'engagement pris par le ministre n'ayant pas été tenu par l'administration, le conseil académique du Bas-Rhin, dans ses sessions
de 1855 et de 1859, exprima le vœu qu'un enseignement des sciences
économiques et administratives fût enfin organisé. On lit au rapport :

« ..... Les facultés, en délivrant des diplômes de licenciés et de
docteurs en droit administratif, ne donneraient pas plus des brevets
d'administrateurs, qu'elles ne délivrent des nominations dans la
magistrature, des chaires de professeurs et des clientèles d'avocats,
en recevant des docteurs en droit civil. Elles certifieraient seulement,
et sans rien préjuger sur la destination ultérieure du candidat, qu'il
a spécialement étudié une partie de notre immense édifice législatif....

« Dans l'état actuel de leur organisation, les facultés sont fermées
à tous ceux qui ne sont pas pourvus de diplôme de bachelier ès
lettres : cela est parfaitement logique tant qu'il s'agit du droit romain
et du droit français qui en découle, et de l'exercice des professions
judiciaires : mais il est une foule de carrières dont le point de départ
est le diplôme de bachelier ès sciences et qui conduisent à l'étude et
à l'application du droit administratif. Pourquoi ne pas admettre les
porteurs du diplôme de *bachelier ès sciences* à faire des études de
droit français et administratif, aboutissant à un examen et à un
diplôme spécial? On appellerait ainsi autour des professeurs des
facultés un grand nombre d'étudiants qui ne s'y présentent pas, en
raison de ce que leurs études n'obtiendraient aucune sanction. »

L'Académie des sciences morales et politiques ayant mis au concours, pour 1863, la question de l'enseignement administratif, M. de
Parieu, chargé du rapport, s'exprima ainsi :

« ... Le jeune homme qui se destine à l'auditorat au conseil d'État,
à certaines branches de l'administration financière, et spécialement
à l'inspection des finances, pour laquelle les principes d'économie
politique et des finances sont indispensables, celui qui a l'ambition
de représenter un jour son pays,.... où trouve-t-il les institutions
d'enseignement qui pourraient faciliter ses recherches, aider son
intelligence dans l'étude des nombreuses questions de politique pro-

prement dite, d'administration, d'économie politique, qui doivent être l'objet des méditations et des travaux de sa vie? Sauf deux ou trois cours d'économie politique institués dans la capitale et un cours peu défini de législation comparée au collège de France, sauf les cours de droit administratif établis dans toutes nos facultés de droit, et qui n'y ont que le développement d'une seule année, aucune institution d'enseignement supérieur ne prépare aux carrières que nous venons d'indiquer, et ceux qui y aspirent sont réduits à des investigations personnelles et aux leçons d'un enseignement privé, sans contrôle, sans concurrence et sans règle..... »

Un des mémoires distingués par l'académie résout la question dans le sens d'un développement des facultés de droit, par l'introduction de deux années de cours pour le droit administratif et par la création dans les mêmes facultés de chaires d'économie politique et financière et de statistique. Le mémoire classé en première ligne demande aussi une extension à deux ans de l'enseignement du droit administratif et la création d'un enseignement économique et statistique dans les facultés de droit, ainsi que la création d'une école diplomatique et d'une école financière.

Par décret du 17 septembre 1864, il a été créé à la faculté de Paris une chaire d'économie politique. Durant la dernière année scolaire, trois professeurs ou agrégés ont ouvert auprès des écoles de droit de Nancy, Grenoble et Toulouse, des cours facultatifs d'économie politique, et cinquante-trois autorisations ont été accordées pour des cours libres. La chambre de commerce de Lyon et la Société lyonnaise d'économie politique ont même fondé à leurs frais un cours libre, qu'elles ont confié à un étranger. Avec le concours du ministre du commerce, le ministre de l'instruction publique a chargé un professeur de faculté d'ouvrir, dans les villes industrielles du nord, des conférences pour la vulgarisation des vérités économiques les plus essentielles. Un autre a rempli pareille mission dans plusieurs villes de l'est.

Au sommet de l'enseignement supérieur, à l'École pratique des hautes études, la section des sciences économiques va s'ouvrir bientôt à une élite de jeunes hommes peu nombreux, choisis avec soin, qui voudront, par des travaux exceptionnels, par des recherches approfondies, par des publications, par des missions à l'étranger, se préparer à devenir eux-mêmes des savants.

Par arrêté du 3 décembre 1868, rendu en exécution du décret du 30 janvier de la même année, portant création d'une section des sciences économiques à l'École pratique des hautes études, un cours

complémentaire d'*Histoire des faits et doctrines économiques* a été
institué au collége impérial de France.

En Allemagne trois universités ont des facultés distinctes pour les
sciences politiques et administratives : ce sont Tubingue, Munich et
Wurtzbourg. Dans toutes les autres, l'économie politique et les
finances sont enseignées par un ou plusieurs professeurs.

L'Autriche a une faculté des *sciences juridiques et politiques*, où
l'enseignement dure quatre ans.

En Hollande, les docteurs en droit doivent répondre sur le droit
public et le droit des gens, l'économie politique, la statistique et
l'histoire diplomatique. Il existe en outre, à Delft, une école spéciale
pour la préparation des jeunes gens aspirant au service public dans
les colonies des Indes.

Le grade de docteur ès sciences politiques et administratives existe
en Belgique; mais l'administration n'en tenant pas compte dans
ses nominations, ce grade s'en est trouvé déprécié. Un arrêté royal
du 1er août 1858 a déterminé le programme de l'examen spécial
aux secrétaires de légation. Il comprend l'histoire politique et l'histoire des principaux traités, l'économie politique et la statistique,
le droit des gens, le droit public national et étranger, le style diplomatique, le système commercial et les faits commerciaux, les règlements consulaires.

En Italie, aux termes de la loi du 31 juillet 1862, toute faculté de
droit est partagée en deux sections : l'une juridique, l'autre politique
et administrative, conduisant toutes deux, au bout de quatre ans,
au grade de docteur. L'enseignement des sciences politiques et administratives comprend, au moins comme cadre, l'économie politique,
la statistique, le droit administratif, le droit constitutionnel, le droit
international, la philosophie du droit, la philosophie de l'histoire,
indépendamment des cours de code civil, de droit commercial et
même de droit romain, que les étudiants de la section spéciale suivent
dans la section juridique pure.

En Espagne, on trouve au programme des cours de l'université de
Valladolid, en 1862, les éléments de droit politique, les éléments
d'économie politique et de statistique, les institutions de finances
publiques, le droit politique et commercial comparé et la législation
des douanes.

Un projet de loi récemment élaboré par le conseil d'État du canton
de Vaud, en vue d'introduire, dès la rentrée de 1869, des améliorations dans l'enseignement supérieur, propose d'ajouter au personnel de la faculté de droit un professeur spécial de droit commercial

et d'économie politique; le droit international fait partie du programme de l'enseignement : « Quant à l'économie politique, dit l'exposé des motifs du projet, il n'y a qu'une opinion aujourd'hui sur son importance, et le conseil d'État, persuadé que notre école de droit doit former non-seulement des jurisconsultes, mais aussi des administrateurs, tient à faire étudier avec soin cette science dans sa théorie et dans ses applications. »

De tout ce qui précède il résulte qu'une grande lacune reste à combler dans l'enseignement supérieur français. Dans quelle forme convenait-il de donner aux nombreux candidats aux fonctions administratives et électives, aux fils des familles vouées à la grande industrie, au haut négoce, aux élèves distingués qui sortiront des écoles d'enseignement secondaire spécial, cet enseignement professionnel qu'on a si souvent et si vainement cherché à leur procurer ?

L'administration, en rédigeant le nouveau projet de décret, pensa :

1° qu'il fallait procéder d'abord par l'organisation d'un enseignement annexe à la faculté de droit de Paris ;

2° Que les deux catégories d'étudiants suivraient en commun certains cours; que d'autres cours seraient spéciaux à chaque catégorie;

3° Que, pour les étudiants du nouvel enseignement, le diplôme de bachelier ès lettres ne sera pas exigé; qu'il pourrait être remplacé par le diplôme de bachelier ès sciences ou par le brevet de capacité de l'enseignement spécial;

4° Que les grades à obtenir par les élèves du nouvel enseignement seraient ceux de bachelier et de licencié ès sciences économiques et administratives.

Tout élève inscrit sur les registres de la faculté de droit de Paris pourrait, sans avoir à payer d'autres droits que les frais d'examens et de diplôme, subir les épreuves dans les deux ordres d'enseignement. Toutefois, l'élève inscrit dans la deuxième section ne pourrait subir les examens de la première qu'à la charge d'en suivre les cours et de justifier du grade de bachelier ès-lettres. Les études pour la licence dans la section administrative et économique dureraient trois ans.

L'article 9[1] spécifiait qu'il sera pourvu, s'il y a lieu, par des décrets

1. Cet article était la partie la plus importante du projet, car il devait permettre de doter immédiatement et sans déboursés pour l'État les grandes villes industrielles et commerçantes d'un enseignement qui leur est absolument nécessaire, et dont elles eussent consenti, comme Nancy et Douai, à prendre les frais à leur charge avec la certitude de n'avoir rien à dépenser, à raison du grand nombre d'inscriptions qui seraient aussitôt prises.

ultérieurs, soit à l'organisation d'une section administrative et éco nomique dans les autres facultés de droit, soit à la création de facul tés où l'enseignement serait provisoirement limité aux matières com prises dans les nouveaux programmes.

Projet de décret.

NAPOLÉON, par la grâce de Dieu et la volonté nationale, Empe reur des Français,

À tous présents et à venir, salut :

Sur le rapport de notre ministre secrétaire d'État au département de l'instruction publique ;

Vu les articles 38 de la loi du 22 ventôse an XII et 14 de la loi du 14 juin 1854, sur l'instruction publique ;

Vu l'ordonnance du 24 mars 1819, portant que l'école de droit de Paris sera divisée en deux sections et décidant qu'il y aura à ladite école un cours d'économie politique destiné spécialement aux élèves qui se préparent à l'administration ;

Vu la loi du 21 juin 1865, sur l'enseignement secondaire spécial, et l'article 5 de l'arrêté du 26 février 1869, sur le brevet de capacité dudit enseignement ;

Vu la loi du 15 mars 1850 ;

Considérant que, parmi les élèves actuellement inscrits dans les facultés de droit, un grand nombre, au lieu de se destiner aux car rières judiciaires, telles que la magistrature et le barreau, se pré parent à exercer des fonctions administratives, à faire partie des conseils locaux électifs ou à embrasser des professions qui touchent aux finances, à l'industrie ou au commerce ; qu'à raison du caractère professionnel de l'enseignement donné dans les facultés de droit, cet enseignement doit répondre à la distinction qui vient d'être rappelée ;

Vu l'avis de la faculté de droit de Paris ;

Vu l'avis du conseil supérieur de perfectionnement de l'enseigne ment secondaire spécial ;

Vu l'avis du conseil impérial de l'instruction publique ;

Notre conseil d'État entendu,

Avons décrété et décrétons ce qui suit :

ART. 1er. — Il est créé à la faculté de droit de Paris une section spéciale, qui a pour objet l'enseignement des sciences administratives et économiques et qui prend le nom de *Section administrative et économique.*

Art. 2. — Il sera délivré aux élèves de ladite section, par la faculté de droit de Paris, aux conditions ci-après déterminées, des diplômes de bachelier et de licencié ès sciences administratives et économiques.

Art. 3. — Sont admis à s'inscrire dans la section administrative et économique les jeunes gens qui justifient, soit du diplôme de bachelier ès lettres ou ès sciences, soit du brevet de capacité de l'enseignement secondaire spécial, soit enfin d'un grade obtenu à l'étranger et reconnu équivalent par notre ministre de l'instruction publique.

Sont applicables à la section administrative et économique les dispositions relatives au nombre et au taux des inscriptions.

Art. 4. — Les études pour la licence, dans la section administrative et économique, durent trois ans; l'enseignement comprend :

En première année : un cours de code Napoléon; un cours d'économie politique; un cours sur l'organisation judiciaire et la procédure civile; un cours de droit public.

En deuxième année : un cours de code Napoléon; un cours de droit criminel; un cours de droit commercial et industriel; un cours de droit administratif.

En troisième année : un cours de code Napoléon; un cours de droit commercial et industriel; un cours de droit administratif; un cours de droit des gens.

Les programmes des cours déterminés ci-dessus seront arrêtés par notre ministre de l'instruction publique, après avis du conseil impérial.

Art. 5. — Les élèves, à la fin de chaque année, subissent devant trois professeurs un examen qui porte sur les matières indiquées à l'article précédent pour les cours de l'année; après l'examen de deuxième année, il leur est délivré un diplôme de bachelier. L'examen de troisième année est suivi d'une thèse soutenue devant quatre professeurs. Après la thèse, il leur est délivré un diplôme de licencié.

Art. 6. — Les élèves inscrits sur les registres de la faculté pour suivre les cours destinés à préparer aux grades de bachelier et de licencié en droit peuvent, sans avoir à payer d'autres droits que ceux d'examen et de diplôme, suivre les cours et subir les épreuves de la section administrative et économique.

Art. 7. — Le baccalauréat et la licence ès sciences administratives et économiques ne peuvent, en aucun cas, dispenser des grades de bachelier et de licencié en droit les candidats aux carrières publiques pour lesquelles ces grades sont actuellement exigés.

Art. 8. — Les règlements en vigueur dans la faculté de Paris sont applicables à la section administrative et économique, en tout ce qui n'est pas contraire au présent décret.

Art. 9. — Il sera pourvu, s'il y a lieu, par des décrets ultérieurs à l'organisation de sections administratives et économiques annexées ou rattachées aux autres facultés de droit de l'Empire.

V.

Projet de loi sur l'Enseignement supérieur libre.

Les deux documents qui suivent sont inédits : l'un est un projet de loi sur la liberté de l'enseignement supérieur ; l'autre est une application de cette loi aux études médicales.

Les deux lois ont un même principe, la liberté ; elles ont aussi la même préoccupation, celle de maintenir le niveau des études par la sévérité des examens ; ce qui est d'intérêt public et général, tout en donnant les plus sérieuses garanties à la liberté des élèves et des maîtres.

Art. 1er. — Tout Français âgé de vingt-cinq ans au moins, et n'ayant encouru aucune des incapacités comprises dans l'article 26 de la loi du 15 mars 1850, peut ouvrir une école supérieure libre, s'il a obtenu, soit devant un jury de faculté, soit devant un jury d'État institué par l'article 4, le grade de docteur ou de licencié pour les matières d'enseignement auxquelles il veut se livrer.

Pour exercer les fonctions de professeur dans une école supérieure libre, il faut être âgé de vingt-cinq ans au moins, n'avoir encouru aucune des incapacités prévues par le paragraphe précédent, et être pourvu du grade de licencié dans l'ordre d'enseignement auquel on veut se livrer.

Tout docteur ou licencié qui veut ouvrir une école supérieure libre doit préalablement faire, au recteur de l'académie où il se propose de s'établir, la déclaration prescrite par l'article 27 de la loi du 15 mars 1850, et, en outre, déposer entre ses mains les pièces suivantes, dont il lui sera donné récépissé :

1° Son diplôme de docteur ou de licencié ;

2° Les diplômes de licencié obtenus par les professeurs qu'il veut s'adjoindre;

3° L'indication du local de l'école et de l'objet de l'enseignement.

Copie de cette déclaration doit être en outre adressée au procureur impérial du ressort.

Un mois après la déclaration, l'établissement peut être ouvert, si une opposition n'a pas été formée par le recteur, soit d'office, soit sur la plainte du procureur impérial, dans l'intérêt de la moralité publique ou de l'hygiène.

L'opposition est jugée à bref délai par le conseil académique. Il peut être appelé du conseil académique au conseil impérial de l'instruction publique.

L'ouverture illicite d'un établissement libre d'enseignement supérieur est punie des peines établies par l'article 66 de la loi du 15 mars 1850.

ART. 2. — En cas de désordre grave dans un établissement libre d'enseignement supérieur, le chef de l'établissement peut être appelé devant le conseil académique et soumis à la réprimande avec ou sans publicité. En cas de récidive, le conseil peut prononcer la suspension des cours ou la fermeture de l'école.

Tout chef d'établissement ou professeur qui dans ses leçons, dans ses discours ou dans ses actes, s'écartera du respect dû à la constitution et aux lois, ou qui se rendrait coupable d'inconduite ou d'immoralité, pourra être traduit sur la plainte, soit du recteur, soit du ministère public, devant le conseil académique, et être interdit, à temps ou à toujours, du droit d'enseigner, sans préjudice des peines encourues pour délits et crimes prévus par le code pénal.

Appel des décisions du conseil académique peut être porté devant le conseil impérial. L'appel n'est pas suspensif.

ART. 3. — Pour l'obtention des grades, les élèves de l'enseignement libre peuvent, à leur choix, subir les examens réglementaires soit devant un jury de faculté, soit devant un jury d'État.

ART. 4. — Le jury d'État est nommé pour trois ans par le ministre de l'instruction publique et siége dans les villes qui seront désignées par un règlement d'administration publique délibéré en conseil impérial.

Il est formé de membres appartenant ou ayant appartenu à l'enseignement public et de membres choisis en dehors de cette catégorie.

Les membres du jury d'État, qui ne font pas ou n'ont pas fait partie de l'enseignement public, sont dans la proportion du tiers, s'il y a trois juges, des deux cinquièmes, s'il y en a cinq.

Ils ne peuvent remplir les fonctions de professeur pendant la durée du jury[1].

ART. 5. — Aucun certificat d'études ni de scolarité ne sera exigé des élèves de l'enseignement libre aspirants aux grades de l'enseignement supérieur, soit devant un jury de faculté, soit devant un jury d'État.

Toutefois, les aspirants aux grades de l'enseignement médical ne seront admis à subir les examens que sur la présentation d'un certificat de stage d'hôpital obtenu dans les conditions qui seront déterminées par un règlement d'administration publique délibéré en conseil impérial.

ART. 6. — Les dispositions de la présente loi concernant les écoles supérieures libres sont applicables aux cours faits sur les matières d'enseignement supérieur et qui se continuent de manière à présenter un caractère de périodicité ou de permanence.

Le conseil impérial de l'instruction publique peut toutefois dispenser ces cours de l'application des dispositions qui précèdent. La dispense accordée n'est valable que pour un an.

Les conférences ou entretiens, qui ne se renouvellent pas de manière à présenter le caractère de périodicité ou de permanence indiqué au paragraphe premier du présent article, sont considérées comme réunions publiques et placées sous l'application de la loi relative au droit de réunion[2], alors même qu'elles toucheraient aux matières de l'enseignement supérieur.

ART. 7. — Les étrangers peuvent être autorisés à ouvrir ou diriger des établissements supérieurs ou à y professer, aux conditions déterminées par un règlement d'administration publique délibéré en conseil impérial[3].

1. On peut aussi concevoir la séparation absolue de l'enseignement et de l'examen, même au sein des facultés, par la constitution d'un corps spécial d'examinateurs. Mais il y aurait à craindre, dans ce cas, pour la liberté et la vie de l'enseignement, c'est-à-dire pour le progrès de la science. On ne s'y est pas trompé en Belgique au temps du jury central. « Ce jury, disait M. Dechamps, le 8 avril 1844, à la Chambre des représentants, c'est le gouvernement de l'enseignement supérieur en Belgique. Les professeurs ne sont que les répétiteurs des membres du jury. »

2. La loi du 6 juin 1868 sur le droit de réunion était alors présentée, mais non votée.

3. Ce projet de loi, qui ne s'occupait que d'ouvrir à l'enseignement *libre* les études supérieures, devait être suivi de décrets et de mesures tendant à faire entrer l'enseignement *public* dans la voie indiquée par le rapport du 17 novembre 1868; voir ci-dessus, pages 717-785. Le projet de loi sur la médecine était déjà rédigé dans ce sens; voir, page 835, les articles 3-8. Une autre loi eût été nécessaire pour

Discours. 53

VI.

Projet de loi sur l'Enseignement public et libre et l'Exercice de la Médecine[1].

TITRE Ier.

DE L'ENSEIGNEMENT.

CHAPITRE Ier.

Dispositions générales.

ART. 1er. — Les sciences médicales sont enseignées :

1° Dans les facultés entretenues par l'État ;

2° Dans les écoles publiques de médecine entretenues par les villes ou les départements ;

3° Dans les écoles libres ou les cours libres ouverts en vertu de l'article 9 de la présente loi.

ART. 2. — L'enseignement de la médecine est théorique et pratique.

Il comprend, pour la préparation au grade de licencié en médecine ou de médecin : l'anatomie, la physiologie, la pathologie interne et la thérapeutique, la pathologie externe et les opérations, l'obstétrique, les cliniques médicale et chirurgicale, la pharmacologie, les applications médicales de la chimie, de la physique et de l'histoire naturelle.

Il comprend en outre, pour la préparation au grade de docteur ès sciences médicales : les pathologies spéciales, l'hygiène publique, la médecine légale.

atteindre le but auquel on tendait aussi, celui de constituer l'autonomie des académies ou universités provinciales, et un crédit législatif était indispensable pour établir ce qui est d'absolue nécessité, les bourses de l'enseignement supérieur ; voir ci-dessus, p. 728-731.

1. Il n'est pas question de la pharmacie dans ce projet, parce qu'une loi sur l'enseignement et l'exercice de la pharmacie était en préparation au conseil d'État.

CHAPITRE II.

De l'enseignement public de la médecine.

ART. 3. — Les facultés de médecine se composent de professeurs et d'agrégés.

ART. 4. — Les professeurs de facultés doivent être Français, et âgés de trente ans.

Ils doivent être pourvus du grade de docteur ès sciences médicales, ou pour les chaires de chimie, de physique, d'histoire naturelle et de pharmacologie, du grade de docteur, soit ès sciences physiques, soit ès sciences naturelles.

Ils sont nommés par l'Empereur, sur la proposition du ministre de l'instruction publique, et choisis sur une double liste de deux candidats présentés par la faculté où la vacance s'est produite et par le conseil académique.

Les candidats doivent avoir fait preuve, dans une leçon publique, de leur aptitude à enseigner.

ART. 5. — Les agrégés des facultés sont nommés au concours.

Les concours de l'agrégation doivent avoir lieu au siége des facultés dans lesquelles se sont produites les vacances.

Les juges du concours sont désignés par le ministre. Ils sont pris pour les deux tiers parmi les professeurs des facultés et des écoles publiques de médecine. A Paris, des membres de l'académie impériale de médecine et des médecins des hôpitaux, dans les départements, les membres du corps médical du ressort académique, peuvent être désignés comme juges, jusqu'à concurrence du tiers.

Pour être admis au concours, les candidats doivent être Français, docteurs, soit ès sciences médicales, soit ès sciences physiques ou naturelles, et âgés de vingt-cinq ans au moins.

Les agrégés participent aux examens; ils dirigent, sous l'autorité du doyen, des conférences ou des exercices pratiques, et peuvent être chargés de suppléances et de cours complémentaires.

ART. 6. — Le chef de la faculté ou doyen est élu pour trois ans par l'assemblée des professeurs et des agrégés.

ART. 7. — Les écoles publiques de médecine se composent de professeurs et de suppléants ayant le grade de docteur ès sciences médicales, ou pour les chaires de chimie, de physique, d'histoire naturelle et de pharmacologie, le grade de docteur ès sciences physiques ou naturelles.

53.

Les professeurs sont nommés par l'Empereur, dans la même forme et aux mêmes conditions que les professeurs de facultés.

La nomination des suppléants est faite au concours.

Le jury de ce concours est formé pour deux tiers de professeurs de l'école, pour l'autre tiers de membres du corps médical compris dans le ressort de l'école.

Art. 8. — Le directeur de l'école publique est nommé pour trois ans par l'assemblée des professeurs et des suppléants.

Art. 9. — Des agrégés, des suppléants ou des docteurs peuvent être autorisés par la faculté ou par le ministre à ouvrir des cours gratuits ou payants dans les locaux dépendant des facultés ou des écoles publiques de médecine.

Art. 10. — Les élèves inscrits dans les facultés ou dans les écoles publiques de médecine subissent les examens devant les professeurs de la faculté ou de l'école publique.

Des docteurs en médecine pris, à Paris parmi les membres de l'académie de médecine et les médecins ou chirurgiens des établissements hospitaliers, dans les départements parmi les membres du corps médical du ressort académique, peuvent être adjoints par le ministre de l'instruction publique au jury de faculté pour l'épreuve clinique de fin d'études des candidats à la licence et pour les épreuves du doctorat, dans la proportion du tiers, s'il y a trois juges, des deux cinquièmes, s'il y en a cinq.

CHAPITRE III.

De l'enseignement libre de la médecine.

Art. 11 . — Tout Français, docteur ou licencié ès sciences médicales, âgé de vingt-cinq ans et qui n'a encouru aucune des incapacités énumérées dans l'article 26 de la loi du 15 mars 1850, peut diriger une école libre de médecine ou ouvrir un cours libre d'enseignement médical, à la condition de déclarer préalablement son intention au recteur de l'académie où il veut établir cet enseignement, et de joindre à cette déclaration la preuve qu'il remplit les conditions prescrites par la présente loi, ainsi qu'un programme indiquant le lieu de l'école et l'objet des cours.

Copie de cette déclaration doit être, en outre, adressée au procureur impérial du ressort.

Un mois après le dépôt de la déclaration, l'école ou le cours peuvent être ouverts si le recteur, soit d'office, soit sur la plainte du procureur impérial, n'a pas formé opposition dans l'intérêt de la moralité publique ou de l'hygiène.

L'opposition est jugée par le conseil académique. Il peut être appelé de la décision du conseil académique au conseil impérial de l'instruction publique.

Nul ne peut être employé comme professeur dans une école libre de médecine, s'il n'a au moins le grade de licencié en médecine, ou celui de licencié, soit ès sciences physiques, soit ès sciences naturelles, ou le titre de pharmacien de première ou de seconde classe.

ART. 12. — En cas de désordre grave, le chef de l'établissement peut être appelé devant le conseil académique et soumis à la réprimande avec ou sans publicité. En cas de récidive, le conseil peut prononcer la suspension des cours ou la fermeture de l'école.

Tout chef d'établissement ou professeur qui dans ses leçons, dans ses discours ou dans ses actes, s'écartera du respect dû à la constitution et aux lois, ou qui se rendrait coupable d'inconduite ou d'immoralité, pourra être traduit sur la plainte, soit du recteur, soit du ministère public, devant le conseil académique, et être interdit, à temps ou à toujours, du droit d'enseigner, sans préjudice des peines encourues pour délits et crimes prévus par le code pénal.

Appel des décisions du conseil académique peut être porté devant le conseil impérial. L'appel n'est pas suspensif.

ART. 13. — Pour l'obtention des grades, les élèves de l'enseignement libre peuvent, à leur choix, subir les examens réglementaires, soit devant un jury de faculté, soit devant un jury d'État.

ART. 14. — Le jury d'État est nommé pour trois ans par le ministre de l'instruction publique et siège dans les villes qui seront désignées par un règlement d'administration publique délibéré en conseil impérial.

Il est formé de membres appartenant ou ayant appartenu à l'enseignement public et de membres choisis en dehors de cette catégorie.

Les membres du jury d'État, qui ne font pas ou n'ont pas fait partie de l'enseignement public, sont dans la proportion du tiers, s'il y a trois juges, des deux cinquièmes, s'il y en a cinq.

Ils ne peuvent remplir les fonctions de professeur pendant la durée du jury [1].

ART. 15. — Aucun certificat d'études ni de scolarité ne sera exigé

_____
1. Voyez ci-dessus, p. 833, note 1.

des élèves de l'enseignement libre aspirants aux grades de l'enseignement supérieur, soit devant un jury de faculté, soit devant un jury d'État.

Toutefois, les aspirants aux grades de l'enseignement médical ne seront admis à subir les examens que sur la présentation d'un certificat de stage d'hôpital obtenu dans les conditions qui seront déterminées par un règlement d'administration publique délibéré en conseil impérial.

CHAPITRE IV.

Des grades et des droits qu'ils confèrent.

ART. 16. — Les grades conférés dans l'ordre de l'enseignement médical sont de deux degrés :

1° Le grade de licencié en médecine ou de médecin ;

2° Le grade de docteur ès sciences médicales.

ART. 17. — Le grade de docteur ès sciences médicales et celui de licencié en médecine confèrent le droit d'exercer la médecine dans toute la France.

ART. 18. — Les docteurs ès sciences médicales peuvent seuls remplir les fonctions de professeurs ou d'agrégés dans les facultés, de professeurs ou de suppléants dans les écoles publiques de médecine ; ils peuvent seuls remplir les fonctions de médecin ou de chirurgien dans les hôpitaux et hospices, d'experts devant les cours et tribunaux, de membres des conseils supérieurs d'hygiène, et, en général, toutes les fonctions médicales qui sont à la nomination des administrations publiques, sauf l'exception prévue à l'article 19.

ART. 19. — Les licenciés ou médecins ont, en outre du droit de diriger une école libre ou de faire des cours libres d'enseignement médical, la faculté de remplir, concurremment avec les docteurs ès sciences médicales, les fonctions de membres des conseils d'hygiène, de médecins cantonaux ou communaux ; ils peuvent être chargés du traitement des indigents à domicile et de la constatation des naissances et des décès.

CHAPITRE V.

Des examens et du stage d'hôpital pour les élèves de l'enseignement public.

ART. 20. — Les élèves de l'enseignement public aspirants au grade de licencié en médecine ou de médecin doivent, pour obtenir ce grade, remplir les conditions suivantes :

1° S'inscrire comme étudiants en médecine sur un registre ouvert dans les bureaux de l'inspection académique du département où ils se proposent de faire leurs études;

2° Justifier, pour cette inscription, du grade de bachelier ès lettres ou ès sciences, ou du brevet de capacité de l'enseignement secondaire spécial (section des sciences appliquées);

3° Avoir subi avec succès, devant un jury de faculté ou d'école publique, un premier examen portant sur les sciences physiques, chimiques et naturelles appliquées à la médecine, et trois autres examens portant sur les matières indiquées à l'article 2, et dont le programme sera déterminé par des arrêtés du ministre de l'instruction publique délibérés en conseil impérial : ces examens pourront, au choix des candidats, être subis, soit annuellement pendant la durée des études dans l'ordre qui sera déterminé, soit après l'accomplissement du stage d'hôpital;

4° Justifier d'un stage d'hôpital dont la durée est fixée à trois ans à partir du premier examen mentionné au paragraphe précédent, et qui consiste dans la fréquentation assidue, régulièrement constatée, d'un hôpital désigné pour recevoir des stagiaires;

5° Avoir subi avec succès devant un jury de faculté un examen clinique de fin d'études.

ART. 21. — Le stage d'hôpital exigé des élèves pour l'obtention du grade de licencié ne peut s'accomplir que dans les hôpitaux contenant des moyens d'études suffisants, et qui sont désignés par le ministre, sur l'avis du conseil académique, comme pouvant recevoir des élèves stagiaires.

ART. 22. — Les examens pour l'obtention du grade de licencié, autres que l'examen clinique de fin d'études, peuvent être subis par les élèves de l'enseignement public, soit devant un jury de faculté, soit devant un jury d'école publique de médecine.

L'examen clinique de fin d'études pour l'obtention du grade de licencié ne peuvent être subis par les élèves de l'enseignement public que devant un jury de faculté.

Art. 23. — Nul ne peut se présenter au doctorat ès sciences médicales s'il n'est pourvu du grade de licencié.

Tout aspirant au doctorat doit justifier, au moment de son inscription à la faculté ou à l'école publique de médecine, du grade de bachelier ès lettres et de celui de bachelier ès sciences, ou, à défaut de ce dernier grade, du brevet de capacité de l'enseignement secondaire spécial (section des sciences appliquées).

Les autres conditions imposées par l'article 20 aux aspirants au grade de licencié sont également prescrites en ce qui concerne les aspirants au doctorat.

Toutefois l'élève qui s'est fait inscrire comme aspirant au grade de licencié sans avoir le grade de bachelier ès lettres peut, en justifiant ultérieurement de ce grade, se présenter aux épreuves du doctorat.

Les épreuves pour le grade de docteur ès sciences médicales consistent en trois examens et une thèse, portant sur les matières indiquées à l'article 2.

Ces épreuves ne peuvent être subies par les élèves de l'enseignement public que devant un jury de faculté.

Art. 24. — Après sept ans révolus, à compter de l'inscription mentionnée au deuxième paragraphe de l'article 20, les aspirants à la licence ou au doctorat perdent la qualité d'étudiants en médecine, et ne sont plus recevables à se présenter aux examens.

Ne sont pas soumis à cette règle les internes des hôpitaux et des asiles publics d'aliénés, les prosecteurs et aides d'anatomie des facultés.

CHAPITRE VI.

Des examens et du stage d'hôpital pour les élèves de l'enseignement libre.

Art. 25. — Les conditions imposées aux élèves de l'enseignement public par les articles 20, 21, 22, 23 et 24 devront être remplies par les élèves de l'enseignement libre, avec cette différence que tous les examens seront subis, à leur choix, soit devant un jury de faculté, soit devant un jury d'État institué conformément à l'article 14.

CHAPITRE VII.

Des brevets de dentiste et de sage-femme.

Art. 26. — Pour obtenir le brevet de dentiste, les aspirants doivent justifier d'un stage de trois années chez un dentiste exerçant régulièrement et subir un examen spécial, à leur choix, soit devant une commission de faculté ou d'école publique, soit devant une commission de jury d'État.

Celui qui est pourvu d'un brevet peut pratiquer la médecine dentaire sur tout le territoire de l'empire.

ART. 27. — Pour obtenir le brevet de sage-femme, les aspirantes doivent avoir dix-huit ans accomplis avant l'admission aux études, avoir suivi deux cours d'accouchement institués dans les facultés, les écoles publiques ou libres ou les hôpitaux, et avoir pratiqué elles-mêmes pendant six mois les accouchements dans un hôpital d'instruction. Elles doivent, en outre, subir un examen théorique et pratique sur l'art des accouchements, à leur choix, soit devant une commission de faculté ou d'école publique, soit devant une commission de jury d'État.

Celles qui sont pourvues d'un brevet de sage-femme peuvent pratiquer les accouchements sur tout le territoire de l'empire. Elles ne peuvent pratiquer seules que les accouchements simples; elles doivent, toutes les fois que les circonstances le permettent, appeler un docteur ou un licencié en médecine si des accidents surviennent ou si des opérations sont nécessaires.

TITRE II.

DE L'EXERCICE DE LA MÉDECINE.

ART. 28. — Avant de se livrer à l'exercice de leur art, les docteurs, les licenciés, les dentistes et les sages-femmes doivent faire enregistrer leur diplôme ou brevet au secrétariat de l'académie et au greffe du tribunal civil de leur domicile.

ART. 29. — Les professions médicales ne sont pas incompatibles avec celles de pharmacien.

ART. 30. — Le Français ou l'étranger munis d'un grade ou titre médical pris à l'étranger ne peuvent exercer en France qu'avec l'autorisation de l'Empereur, après avis du conseil impérial de l'instruction publique.

L'étranger reçu docteur ou licencié ès sciences médicales en France y exerce librement, sans avoir à justifier d'aucune autorisation.

ART. 31. — Les docteurs en médecine reçus suivant les formes prescrites par les lois antérieures jouissent de toutes les prérogatives accordées aux docteurs ès sciences médicales qui seront reçus postérieurement à la promulgation de la présente loi.

ART. 32. — Les officiers de santé reçus conformément aux lois antérieures peuvent exercer hors de leur département, à la condition de subir devant un jury de faculté ou un jury d'État l'examen clinique prescrit par le paragraphe cinq de l'article 20.

Ils peuvent en outre obtenir le diplôme de licencié sans remplir les conditions de scolarité, en subissant les quatre examens nécessaires pour l'obtention de ce grade.

TITRE III.

DU SERVICE MÉDICAL DANS LES COMMUNES RURALES.

ART. 33. — Les élèves de l'enseignement public aspirants au grade de licencié ou de docteur, qui auront pris devant le recteur l'engagement d'exercer pendant dix ans au moins dans une commune de 1,000 âmes et au-dessous, seront dispensés du payement des droits d'inscription, d'examen et de diplôme.

Ils peuvent obtenir en outre, par décision du ministre de l'instruction publique, pendant le temps de leur scolarité, une subvention annuelle dont le taux sera fixé par lui, et qui sera prélevée sur le crédit porté dans ce but au budget de l'État.

ART. 34. — Tout docteur ou licencié établi dans une commune de 1,000 âmes et au-dessous, et désigné par le préfet pour donner gratuitement les soins médicaux aux indigents de cette commune et des communes voisines, reçoit une indemnité fixe annuelle de 100 francs pour chaque commune assistée et un traitement éventuel dont le taux, fixé par le préfet, est établi pour chaque commune d'après le nombre des indigents portés, à la date du 1er janvier, sur la liste dressée en exécution du dernier paragraphe du présent article.

Il est pourvu à cette dépense sur les ressources ordinaires de la commune; à leur défaut, au moyen d'un centime spécial additionnel au principal des quatre contributions directes; en cas d'insuffisance, sur le produit d'un demi-centime départemental additionnel au principal des quatre contributions directes, et enfin, pour le surplus, sur le crédit inscrit à cet effet au budget de l'État.

La liste des indigents auxquels le service médical sera accordé gratuitement est dressée chaque année par le préfet, sur l'avis du conseil municipal.

TITRE IV.

DISPOSITIONS GÉNÉRALES.

ART. 35. — Des règlements d'administration publique détermineront le taux des droits d'examen et de diplôme et les autres dispositions nécessaires pour l'exécution de la présente loi.

ART. 36. — Sont abrogées toutes les dispositions des lois, décrets ou ordonnances contraires à la présente loi.

VII.

Exposé de la Situation de l'Instruction publique en 1868 [1].

Enseignement primaire.

Inspection des écoles. — L'impulsion donnée à l'instruction primaire par le gouvernement, fortement secondé par la faveur publique, ne s'est pas ralentie. Les rapports particuliers ne laissent aucun doute à cet égard; on ne peut toutefois, comme les années précédentes, appuyer cette assertion sur une statistique complète de cet important service. Un travail de ce genre demande beaucoup de temps et de soin; il doit être fait par les inspecteurs primaires, et on ne pouvait le recommencer cette année sans nuire à la surveillance des écoles. Le ministre a renoncé avec peine à ce puissant moyen d'éclairer le pays sur l'état réel des choses; mais il a dû considérer que l'opinion est aujourd'hui fixée par les publications qui ont été faites [2], et que les efforts de l'administration doivent être employés à faire sortir de ce laborieux travail d'investigation toutes les conséquences qu'il peut avoir. Il a, en conséquence, décidé, le 7 août dernier, que la statistique de l'instruction primaire ne sera publiée désormais que tous les cinq ans.

L'inspection des écoles, qui est l'âme de l'enseignement, puisque par elle la routine est chassée des classes et que le progrès y pénètre,

---

1. Extrait de l'*Exposé de la situation de l'Empire*, présenté aux Chambres, à l'ouverture de la session législative, le 18 janvier 1869.
2. Après la *Statistique* qui donnait, en 1865, la situation de l'instruction primaire au 1er janvier 1864, l'administration publia, en 1866 et en 1867, des statistiques résumées qui saisissaient en quelque sorte les faits à mesure qu'ils se produisaient. Il fallut renoncer à ce travail, qui demandait trop d'écritures aux inspecteurs.

sera donc débarrassée de nombreuses écritures qui, malgré le dévouement des inspecteurs, auraient fini par gêner le service.

En votant le budget de 1868, le Corps législatif a eu l'intention de
donner à cette inspection toute l'activité que les besoins, ainsi que le
vœu des populations et celui des conseils généraux, réclamaient depuis longtemps : 79 inspecteurs nouveaux ont été nommés cette année,
et il n'y a plus maintenant en France un seul arrondissement qui n'ait
son service spécial d'inspection. Aussi 62,391 inspections ont été
faites depuis le 1ᵉʳ janvier 1868, ce qui veut dire que quelques-unes
de nos écoles ont été visitées plusieurs fois.

Exécution de la loi du 10 avril 1867. — Cette loi avait été votée
trop tard pour qu'aucun crédit, destiné à en assurer l'exécution, pût
être inscrit au budget ordinaire de 1867 ; mais on y a pourvu par deux
allocations de 500,000 francs chacune, qui figurent au budget ordinaire de 1868 (la dernière spécialement applicable aux cours d'adultes), et par un nouveau crédit de 1,200,000 francs porté au budget
de 1868. C'est, pour l'exécution de la loi du 10 avril 1867, un chiffre
total de 2,200,000 francs, qui, au budget de 1869, se trouve réduit
à 2 millions de francs, savoir : 1,500,000 francs pour l'ensemble de
la loi et 500,000 francs pour les cours d'adultes [1]. En outre, les ressources générales de l'instruction primaire se sont accrues, à partir
du 1ᵉʳ janvier 1868, d'un centime départemental, soit de 3 millions,
ce qui donne déjà une augmentation permanente, pour ce service, de
5 millions. Le reste des crédits nécessaires sera successivement alloué
par le Corps législatif dans la mesure des ressources disponibles.
L'administration de l'instruction publique ne peut que faire les vœux
les plus ardents pour que ces ressources soient mises le plus tôt possible à sa disposition.

Écoles de filles. — L'article 1ᵉʳ de la loi exige que toute commune
de 500 âmes et au-dessus ait au moins une école publique de filles, si
elle n'en est dispensée par le conseil départemental, et qu'une femme
soit préposée à la direction des travaux à l'aiguille dans toutes les
écoles mixtes, c'est-à-dire recevant encore les filles et les garçons.
En rendant obligatoire dans les communes de 500 âmes l'entretien
d'une école publique de filles, la loi assure à ces écoles, comme
l'avaient fait pour les garçons les lois de 1833 et de 1850, le concours
de l'État, en cas d'insuffisance des ressources communales et des

1. Par suite de la crise alimentaire de 1868, on avait ajouté aux premières
prévisions une somme de 200,000 francs, destinée à l'extension des listes
d'admission gratuite dans les écoles,

ressources départementales augmentées d'un troisième centime; elle a enfin fixé le minimum du traitement dont les institutrices publiques devront jouir. La loi ne pouvait être exécutée, à ce point de vue, dans toutes les communes à la fois. L'impossibilité de se procurer un local et l'insuffisance numérique des institutrices disponibles sont autant d'obstacles dont il convient de tenir compte, tout en s'efforçant de les faire disparaître. Il ne faut pas s'exposer, d'ailleurs, à charger prématurément de jeunes institutrices laïques de la direction d'une école; il ne faut pas non plus pousser les congrégations à envoyer dans les communes des sujets mal préparés par un noviciat insuffisant; surtout il ne faut pas les encourager à s'établir là où il y a déjà des moyens satisfaisants d'instruction. En 1837, M. de Salvandy, ministre de l'instruction publique, présentant au Roi un rapport sur l'état de l'instruction primaire, exprimait le regret que les frères des écoles chrétiennes, au lieu de s'attacher à fonder des écoles là où on en manquait, s'efforçassent trop souvent de s'établir à côté d'écoles publiques qu'ils espéraient remplacer, et il leur adressait à cet égard les plus sages recommandations. On pourrait donner les mêmes conseils aux congrégations enseignantes de femmes. En s'établissant dans des communes dépourvues d'écoles, elles rendent aux populations des services incontestables; en agissant autrement, elles courent le risque de semer la division au sein des communes qui tiennent à leurs institutrices laïques dont la capacité a été éprouvée dans de publics examens. Le gouvernement, dans ces questions, ne se préoccupe que de l'ordre, de la justice, des vœux persévérants des populations et du meilleur service à établir dans les écoles.

Plus de 300 communes n'ayant pas 500 âmes de population avaient devancé le vœu de la loi et sont aujourd'hui pourvues d'écoles de filles. Ces communes ont fait des sacrifices dont il sera juste de leur tenir compte quand les ressources permettront de comprendre leurs écoles au nombre de celles qui pourront recevoir un subside.

Maîtresses de travaux à l'aiguille. — Des maîtresses de travaux à l'aiguille ont déjà été placées dans un assez grand nombre d'écoles mixtes qui ne peuvent se soutenir qu'avec l'appui des secours de l'État. La loi ayant décidé que les traitements de ces maîtresses seraient fixés par les préfets après avis du conseil municipal, il importait de mettre une limite à des générosités qui, n'engageant plus les budgets municipaux, devaient retomber à la charge des départements et en second lieu de l'État. Les communes qui n'ont pas besoin de recourir aux fonds de l'État agissent à cet égard en toute liberté;

quant à celles dont les ressources sont déjà épuisées par l'entretien de
leur école, le ministre a décidé qu'il ne contribuerait provisoirement
à leur nouvelle dépense que jusqu'à concurrence d'une somme de
100 francs par maîtresse. On peut calculer, dès à présent, que l'ensemble de ces traitements ainsi limités s'élèvera à la fin de l'année à
la somme de 600,000 francs au moins. Cette dépense est considérable,
sans doute; mais il faut en reconnaître la grande utilité dans les campagnes surtout, où les femmes seront ainsi plus fortement habituées à
la vie d'intérieur, à la surveillance des enfants, à la propreté et à la
bonne tenue du ménage. Presque partout, d'ailleurs, ce sont les
femmes ou les filles des instituteurs qui remplissent cette mission;
quelque minime que soit le chiffre de l'allocation, il constitue une
augmentation sérieuse des ressources de la famille.

Adjoints et adjointes. — Les articles 2 et 3 de la loi du 10 avril
1867 donnent au conseil départemental le droit de désigner les écoles
publiques de garçons et de filles auxquelles il devra être attaché des
auxiliaires. La loi de 1850 avait reconnu cette nécessité; mais, en
laissant exclusivement à la charge de la commune le traitement de
ces maîtres, elle avait rendu cette adjonction à peu près impossible,
et l'instituteur avait été trop souvent dans le cas d'y subvenir par lui-
même. En plaçant cette dépense au rang des dépenses obligatoires et
en déterminant le traitement minimum des adjoints et des adjointes,
le principal obstacle était levé; mais il restait à fixer le nombre
d'élèves que devait contenir une école pour y rendre nécessaire la
nomination d'un adjoint ou d'une adjointe. Partout où la commune
pouvait suffire à la dépense, il n'y avait rien à prescrire, les conseils
municipaux devant être préalablement consultés; mais là où, les
ressources communales étant insuffisantes, les traitements des
adjoints et des adjointes devaient en grande partie retomber à la
charge des départements et de l'État, le conseil municipal n'aurait
eu aucun intérêt à user modérément d'une faculté qui devait tourner
au profit de son école; là, enfin, où le département était également
désintéressé, le conseil départemental aurait pu se laisser entraîner
trop facilement à recommander cette dépense. Il importait donc, non
pas de fixer rigoureusement le chiffre de la population de l'école où
un adjoint était nécessaire, les circonstances locales pouvant justifier
à cet égard de certaines différences, mais de poser un principe, tout
en admettant des exceptions. Le ministre a cru, en conséquence,
devoir indiquer le chiffre de 80 élèves comme celui au-dessus duquel
un adjoint pouvait être réclamé. On ignore encore, à cette époque

de l'année, le nombre des adjoints ou adjointes qui seront exclusivement rétribués sur les fonds municipaux et départementaux ; quant à ceux qui recevront des subsides de l'État, ils sont déjà au nombre de 1,400, et il ne faudra pas compter que la dépense de ces traitements s'élève, pour l'année 1869, à moins de 700,000 francs : dépense féconde, car les études gagneront à ce que l'enseignement soit partagé entre deux maîtres dans les écoles nombreuses ; les adjoints ne seront plus pris comme au rabais, et placés à côté de maîtres éprouvés, ils feront dans les meilleures conditions un stage excellent.

Cours d'adultes. — L'article 7 de la loi du 10 avril porte qu'une indemnité fixée par le ministre, après avis du conseil municipal et sur la proposition du préfet, peut être annuellement accordée aux instituteurs et institutrices dirigeant, sur la désignation du conseil départemental, une classe communale d'adultes, payante ou gratuite. Une statistique préparée dans le courant du mois d'avril dernier et distribuée au Sénat, au Corps législatif, à toutes les autorités qui prennent part à la direction ou à la surveillance de l'instruction primaire, a fait connaître quelle a été pendant l'hiver la situation des cours d'adultes. Il suffit d'en rappeler les principaux points.

Il a été ouvert, pendant l'hiver de 1867-1868, 27,902 cours d'adultes pour les hommes dans 26,193 communes et 4,429 cours d'adultes pour les femmes dans 4,084 communes. Ces cours, au nombre total de 32,331, ont fonctionné du 1er octobre 1867 au 1er avril 1868 et ont reçu 779,373 élèves [1] : c'est une diminution sur l'année précédente de 684 cours d'adultes hommes, mais une augmentation de 360 dans le nombre des cours d'adultes femmes. Ces différences s'expliquent naturellement. Les cours destinés aux hommes se sont, dès l'origine, promptement multipliés ; les cours destinés aux femmes ont été moins prompts à s'établir. A mesure que les cours d'adultes hommes comblaient les lacunes de l'instruction primaire dans les villages et que, par conséquent, la nécessité de les fréquenter diminuait pour les illettrés qui les avaient suivis pendant deux ans, les cours de femmes, plus tardivement établis, attiraient un plus grand nombre d'auditrices.

La proportion des personnes complétement illettrées qui ont suivi les cours d'adultes l'hiver dernier a été de 12,33 p. 100 ; ce nombre

---

1. L'*Exposé de la situation de l'empire*, publié en novembre 1863, constate qu'à cette époque il n'y avait que 4,161 cours d'adultes. L'augmentation a été de 28,170 en cinq années.

s'était élevé l'hiver précédent à 13,32 p. 100. Il est probable que cette proportion d'illettrés continuera de diminuer d'année en année, et que les cours qui leur étaient destinés diminueront également. Mais quelques-uns de ces cours commencent à se transformer en cours de perfectionnement dans les villes d'industrie et de commerce où la population est agglomérée. Même dans les petits villages où presque tout le monde se contente de savoir lire, écrire et compter, ces cours, après avoir accompli leur principale mission, pourront servir à propager d'autres connaissances, notamment les éléments des sciences appliquées aux usages de la vie, à l'agriculture, à l'hygiène, etc. La tâche est donc loin d'être accomplie, puisque le nombre des Français qui ne savent ni lire ni écrire est encore de près du quart, et qu'après leur avoir appris à lire dans l'école du premier âge il faudra les habituer, dans l'école du soir, au bon et fructueux emploi de la lecture. Malgré l'étonnant succès des cours d'adultes, nous ne sommes pas à la fin, mais au début seulement de cette œuvre de civilisation.

Les récompenses, du reste, n'ont pas fait défaut aux directeurs des cours d'adultes. Le ministre avait décidé, le 24 novembre 1867, qu'il n'y aurait dans chaque département qu'un prix par arrondissement avec la médaille d'or d'une valeur de 250 francs donnée par l'Empereur, et le prix du Prince Impérial, consistant en une médaille d'argent et un ouvrage choisi. Plus de 30 conseils généraux et un grand nombre de particuliers ont ajouté à ces récompenses des médailles d'honneur ou des livres utiles dont la valeur totale s'est élevée à près de 25,000 francs. La distribution de ces récompenses a eu lieu presque partout en présence du conseil général, et les personnes les plus éminentes ont, dans chaque département, tenu à honneur de les présider.

On n'est pas en mesure, à cette époque de l'année, de connaître avec précision l'importance des sacrifices faits pour l'entretien des cours d'adultes par tous les conseils municipaux et par les élèves eux-mêmes[1]. Au mois d'avril dernier, l'ensemble de ces sacrifices s'élevait déjà à 1,840,492 fr. 40 cent., non compris les indemnités et allocations à la charge du département et de l'État.

Les indemnités prévues par la loi pour les cours d'adultes sont de deux sortes : il y a des frais de matériel auxquels il faut pourvoir; il y a de plus une indemnité à offrir à l'instituteur qui consacre aux adultes le peu de temps que sa classe lui aurait laissé pour les soins

1. Voir plus loin, p. 906.

de sa famille ou pour sa propre instruction. Le ministre de l'instruction publique ne connaît encore la situation exacte des choses à cet
égard que dans 67 départements. Sur ces 67 départements, 11 ont
pu subvenir seuls à la dépense dont il s'agit; dans les 56 autres,
l'État a dû fournir des subsides s'élevant ensemble à 782,218 fr. 22 c.,
lesquels sont répartis ainsi qu'il suit :

Frais de chauffage et d'éclairage.	123,343 fr. 90 c.
Indemnités personnelles.	658,874 32
Total égal	782,218 22

Il faudra ajouter à cette somme celle dont on aura besoin dans les
départements qui n'ont pas encore fait connaître leur situation sous
ce rapport; on arrivera ainsi à un total considérable. Il n'a pas été
possible de réduire davantage cette dépense; les subventions de l'État
n'ont été employées qu'à élever à 100 francs l'indemnité personnelle offerte à chaque instituteur pour six mois de travaux péniblement ajoutés à ses travaux ordinaires, et à 20 francs le remboursement des frais de chauffage et d'éclairage dont ils avaient fait les
avances.

*Extension de la gratuité dans les écoles payantes. Complément de
traitements assurés aux institutrices en fonctions. Création d'écoles de
hameaux.* — Ces diverses dépenses résultent, elles aussi, de la loi
du 10 avril 1867; mais il n'est pas possible de déterminer dès à présent le chiffre auquel chacune d'elles s'est élevé en 1868. En effet,
ces dépenses obligatoires ont dû, pour la plupart, conformément au
principe posé par la nouvelle loi, être imputées sur les reliquats disponibles des revenus municipaux et des trois centimes spéciaux des
communes, ou sur le produit du troisième centime départemental
que la loi du 10 avril 1867 a donné à l'instruction primaire.

L'admission gratuite dans les écoles payantes des enfants dont
les familles ne peuvent fournir la rétribution scolaire a été libéralement pratiquée, comme le prescrit l'article 24 de la loi du
15 mars 1850. La disposition de la loi nouvelle qui alloue à l'instituteur une rémunération spéciale pour chaque élève reçu gratuitement dans son école permet d'entrer dans cette voie sans compromettre les intérêts du maître.

La garantie d'un minimum de traitement aux institutrices en fonctions dans les communes qui doivent entretenir une école de filles
est aujourd'hui un fait accompli.

Discours.   54

Gratuité absolue de l'enseignement. — L'article 8 de la loi du 10 avril permet aux communes qui veulent établir la gratuité absolue de l'enseignement dans leurs écoles, d'affecter à cette augmentation de dépense le produit de quatre centimes extraordinaires au principal des quatre contributions directes : elle ajoute qu'en cas d'insuffisance des ressources ainsi créées, une subvention peut leur être accordée sur les fonds départementaux, et, à leur défaut, sur les fonds de l'État, dans les limites du crédit spécial qui sera annuellement porté à cet effet au budget du ministère de l'instruction publique.

Cette disposition de la loi permettait au ministre de venir en aide aux communes qui voteraient quatre centimes dans le but de rendre leurs écoles entièrement gratuites; mais la prudence lui commandait de n'intervenir qu'à défaut des fonds départementaux et sans dépasser les limites du crédit spécial qui devait être porté à son budget. Or, à l'époque où le budget de 1868 a été adopté, il était impossible de connaître les votes des conseils généraux, qui ne se sont réunis qu'après la fin de la session; on manquait donc d'une base certaine pour déterminer le chiffre de ce crédit spécial. Mais il fut entendu, à la suite des communications faites par le gouvernement à la commission du budget, que, pour l'année 1868, la dépense pourrait être prélevée sur l'ensemble du chapitre consacré à l'entretien des écoles primaires, jusqu'à concurrence d'une somme de 200,000 francs environ.

En appelant l'attention des préfets sur les mesures à prendre pour mettre la loi du 10 avril à exécution, le ministre, par ses instructions des 12 mai et 17 octobre 1867, leur avait fait savoir comment il devrait être procédé à la répartition des crédits qui seraient alloués entre les communes qui désireraient établir la gratuité absolue dans leurs écoles, soit en 1868, soit en 1869. Toutes les communes ne pouvant prétendre à être immédiatement secourues, et l'État ne devant leur venir en aide qu'à défaut des fonds départementaux, il importait qu'en vue des besoins auxquels il y aurait à pourvoir les conseils généraux votassent un crédit spécial.

La distribution des subsides devait commencer par les communes les plus pauvres, soit dès 1868, dans les départements qui auraient disposé à cet effet de fonds libres appartenant à 1868; soit en 1869, dans les départements qui auraient affecté quelque crédit pour cette dépense dans leur budget de 1869 seulement.

12 conseils généraux se sont mis en mesure d'assurer, dès 1868, à leurs communes le concours de l'État pour la gratuité absolue de l'enseignement, en votant des crédits spéciaux. Le nombre des com-

munes qui, dans ces départements, ont résolu de rendre leurs écoles gratuites, et qui avaient besoin d'une subvention, s'est élevé à 240. Ces communes avaient rempli les conditions posées par la loi ; le ministre leur a accordé les subventions nécessaires pour assurer le traitement de leurs instituteurs. Ces subventions se sont élevées au chiffre de 37,443 francs 66 cent.

Dans 47 autres départements, où les fonds n'avaient pas été faits par les conseils généraux, 1,217 communes, après avoir voté les 4 centimes extraordinaires, ont demandé les subventions auxquelles elles croyaient avoir droit. Le ministre ne pouvait déférer à leur vœu. En admettant que l'État dût supporter la dépense, non pas à défaut des fonds départementaux, mais au refus des conseils généraux d'y participer, le ministre eût ouvert une voie dans laquelle tous les conseils généraux seraient entrés et eût tari, par conséquent, la source à laquelle les communes devaient commencer par puiser. Toutefois il est arrivé que, dans 9 de ces départements, 80 communes s'étaient imprudemment hâtées de déclarer leurs écoles gratuites, et, par conséquent, de renoncer à la perception de la rétribution scolaire à partir du 1er janvier 1868. Le ministre avait le droit de leur refuser tout subside, puisque les conseils généraux leur avaient refusé tout concours ; mais ces communes se seraient trouvées dans le plus grand embarras : les rôles de la rétribution scolaire, n'ayant pas été dressés, ne pouvaient être mis en recouvrement ; les traitements des instituteurs n'étant plus assurés, ceux-ci auraient dû renoncer à la direction de leurs écoles, qu'il aurait fallu fermer au moins provisoirement. Le ministre, qui n'avait pu consacrer qu'une faible somme à assurer régulièrement la gratuité absolue, consentit à allouer à ces communes, pour cette année seulement et par exception, les sommes nécessaires au maintien de leurs écoles gratuites, c'est-à-dire 16,715 francs. En résumé, la dépense totale de la gratuité absolue de l'enseignement à la charge de l'État ne s'est élevée en 1868 qu'à la somme de 54,188 francs 66 centimes.

Il y a lieu d'ajouter à cette somme 4,741 francs 75 centimes, accordés à 6 communes de la Haute-Savoie qui, étant frontières de la Suisse, ont à lutter contre la concurrence que leur fait la situation prospère des écoles de ce pays.

30 départements n'ont pas encore répondu pour l'année 1868, en ce qui concerne la gratuité, à la circulaire ministérielle du 17 octobre 1867, relative à l'application de la loi du 10 avril 1867.

Pour 1869, 30 départements ont alloué, par des crédits spéciaux

54.

portés à leur budget, une somme de 90,670 francs, afin d'assurer l'enseignement gratuit, en 1869, à un certain nombre de communes. Le nombre total des communes de France qui ont rempli les conditions prescrites par la loi de 1867 pour obtenir la gratuité absolue est de 2,814. Sur ce nombre, 1,211 pourvoient à la dépense sur leurs propres ressources, sans rien demander au département ni à l'État.

La répartition des secours de l'État pour la gratuité ne peut être faite ni arbitrairement ni proportionnellement aux votes des conseils généraux. Tel conseil général, en votant un seul centime, fournit une somme plus considérable que tel autre qui en vote quatre. Allouer indistinctement aux départements une somme proportionnée à celle que les conseils généraux auraient votée, ce serait donc favoriser les départements les plus riches et faire peser sur les populations les plus pauvres des sacrifices trop considérables. Par une circulaire en date du 22 novembre dernier, le ministre de l'instruction publique a dû établir provisoirement une autre règle, et il a décidé que pour 1869, dans les départements où le centime produit plus de 20,000 francs, la subvention qu'il accorderait serait égale à l'allocation départementale; que, dans les départements où le centime varie entre 10 et 20,000 francs, la subvention pourrait être du double de la somme votée par les conseils généraux, et qu'elle pourrait être du quadruple dans les départements où le centime ne produit qu'une somme égale ou inférieure à 10,000 francs.

Il appartient donc aux conseils généraux de s'associer, dans les limites qu'ils jugeront convenables, aux vœux des conseils municipaux et d'assurer le concours de l'État à celles de leurs communes qui se seront mises dans le cas de l'obtenir.

En quelques mois, 2,814 communes rurales ont fait ou se sont engagées à faire les sacrifices nécessaires pour établir dans leurs écoles la gratuité absolue, que 3,433 villes ont depuis longtemps déjà assurée à leur population ouvrière. Les désirs du pays sont donc bien les mêmes que ceux du législateur de 1867, qui a voulu que la *commune* pauvre pût jouir, moyennant des sacrifices déterminés, du bénéfice de la gratuité scolaire, que le législateur de 1833 et celui de 1850 n'accordaient qu'à l'*individu* pauvre. En secondant le vœu des grands corps de l'État et du pays, l'administration de l'instruction publique croit poursuivre une œuvre à la fois humaine et politique, conforme aux traditions de la France et au caractère du gouvernement impérial[1].

1. Dans la session de 1869, le gouvernement a demandé et a obtenu du Corps

Construction de maisons d'école. — Malgré les sacrifices considérables qu'exige de la part des conseils municipaux la construction de maisons d'école, le nombre des constructions va, chaque année, en augmentant. En 1867, 824 communes, qui ne pouvaient subvenir seules à ces dépenses, avaient demandé et obtenu des secours de l'État s'élevant à 2,226,840 francs. Cette année, on en compte 1,129 qui ont fait des projets de constructions et qui ont obtenu des secours s'élevant ensemble à 3,053,660 francs. Là moyenne des secours accordés en 1867 était de 2,702 francs; elle est de 2,704 francs 75 centimes en 1868. Le payement de ces secours est réparti sur plusieurs exercices et n'est effectué que lorsque les constructions sont achevées. Aussi les engagements du ministère dépassent-ils sans inconvénient le chiffre du crédit annuel; ils s'élèvent en ce moment à 5,794,500 francs. Le ministre peut affecter, chaque année, à l'acquittement de cette dette une somme de 1,600,000 francs environ, d'où il résulte qu'elle pourrait être éteinte en trois ans et demi, si chaque jour on ne devait pas contracter de nouveaux engagements.

Il n'est pas sans intérêt de rappeler que les secours de l'État ne représentent, en général, que le quart de la dépense, d'où il suit que les fonds affectés à la construction des maisons d'école sur les budgets des communes, des départements et de l'État s'élèvent annuellement à plus de 12 millions.

Mobilier personnel des instituteurs. — Le ministre de l'instruction publique, se conformant à la décision impériale du 4 septembre 1863, a continué de subventionner les communes qui dotent leurs écoles de garçons et de filles d'un mobilier à l'usage personnel des instituteurs et institutrices. Cette mesure épargne aux maîtres des dépenses qui parfois grevaient pour longtemps leur mince budget et qui ne sont nulle part à la charge des instituteurs congréganistes. Elle rend aussi moins onéreux pour eux les frais de déplacement que des nécessités de service ou la récompense de leur zèle obligent de leur imposer. Un état de ce mobilier, qui appartient à la commune, en assure la conservation. Il a été affecté à cette dépense, en 1868, une somme de 108,379 francs, payable en deux exercices et répartie entre 381 communes.

Secours aux anciens instituteurs. — Le Corps législatif s'est ému, l'année dernière, de la situation d'un assez grand nombre d'anciens instituteurs qui n'ont qu'une pension de retraite insuffisante, puisque

législatif un crédit supplémentaire de 912,000 francs pour l'exécution de la loi du 10 avril 1867, et applicable à l'exercice courant (année 1869).

la moyenne des pensions liquidées en 1867 n'a été que de 109 francs, chiffre qu'étaient loin d'atteindre les pensions liquidées dans les années antérieures. Un crédit de 500,000 francs a été porté au budget de 1869 pour ajouter un secours à la pension. Des renseignements recueillis il résulte que le vœu du Corps législatif et du gouvernement d'assurer au moins 1 franc par jour à ces vétérans de l'instruction primaire pourra être réalisé en 1869 , et., en attendant, sur les fonds de 1868, il a pu être accordé des secours à 5,500 anciens instituteurs trop faiblement retraités ou qui n'avaient pas acquis des droits à la retraite; 350,000 francs leur ont été ainsi distribués[1].

Il a été en outre liquidé à 866 instituteurs et institutrices des pensions de retraite dont la moyenne s'élève, cette année, à 115 francs environ.

Sociétés de secours mutuels. — Les pensions de retraite ne pourront de longtemps encore offrir aux instituteurs des ressources suffisantes : aussi l'administration a secondé de tous ses efforts la formation de sociétés de secours mutuels entre instituteurs, non-seulement pour accorder des secours en cas de maladie , mais pour venir en aide aux vieillards et aux veuves. Soixante-douze départements en possèdent aujourd'hui. Elles comprennent 23,848 membres, parmi lesquels se trouvent 2,764 membres honoraires. Les membres participants, au nombre de 21,084, comptent 18,164 instituteurs et 2,920 institutrices. Le chiffre des fonds de réserve de ces sociétés n'est pas connu pour 1868; mais, à la fin de 1867, il s'élevait déjà à la somme de 591,369 francs.

Certificats d'études primaires. — Il n'a pas été possible de faire, pour l'année 1868, le recensement des élèves dans les établissements d'instruction primaire; mais la simple observation des faits démontre que le nombre des enfants qui suivent régulièrement les écoles et les salles d'asile va en augmentant. Les familles considèrent moins les écoles comme des lieux de refuge où les enfants dont elles sont ainsi débarrassées sont recueillis pendant un certain temps de la journée; elles surveillent davantage leurs progrès : aussi les voit-on tenir de plus en plus à honneur l'obtention du certificat d'études recommandé par l'instruction ministérielle du 10 avril 1865. La

---

1. Dans la session de 1869, un amendement pour augmenter le fonds de secours aux anciens instituteurs ayant réuni 90 voix contre 90 , l'administration se trouvait moralement obligée , sans déranger l'équilibre du budget général, à chercher les moyens de donner satisfaction à un vœu exprimé par la moitié du Corps législatif. A l'aide d'économies réalisées sur l'ensemble des ressources , elle parvint à former un fonds de 300,000 francs qui permit de soulager beaucoup de misères.

faveur accordée par les familles à ce certificat dans certaines localités est telle que des instituteurs libres ont exprimé le désir de soumettre leurs élèves aux examens dont ce certificat devait être le prix.

Caisses des écoles. — Le même sentiment continue de favoriser la création des caisses des écoles. On en compte aujourd'hui 203, qui ne possèdent encore qu'une somme d'environ 14,000 francs. Ces débuts sont modestes; mais, quand on pense avec quelle difficulté les institutions nouvelles se propagent dans les campagnes, on doit savoir gré aux personnes et aux administrations municipales qui en prennent l'initiative.

La création d'une *caisse des écoles* dans chaque commune serait un moyen efficace d'assurer la fréquentation des classes. A l'aide de dons, de souscriptions particulières, de subventions de la commune, du conseil général ou du ministère de l'instruction publique, la caisse des écoles pourrait donner : 1° aux meilleurs écoliers, aux plus assidus, des récompenses en livres, en vêtements, en livrets de caisse d'épargne, et même des outils d'honneur; 2° aux plus pauvres enfants, à ceux qui viennent pendant l'hiver d'une demeure éloignée, la caisse des écoles peut donner des sabots, quelques habits pour les protéger contre la pluie et le froid, et des aliments chauds; la caisse des écoles pourrait aussi les faire venir à l'école en payant aux parents les quelques sous que gagnent çà et là, chaque jour, ces enfants livrés au vagabondage, à la mendicité ou à un travail prématuré. Ce serait l'œuvre du *rachat des petits écoliers.* Un comité de dames patronnesses peut s'adjoindre à la caisse des écoles. Cette caisse, instituée par l'article 15 de la loi du 10 avril 1867, peut recevoir des dons et des legs. Elle s'administre librement. Son service est fait gratuitement par le percepteur. Elle a son budget spécial, distinct de celui de la commune. Il est bien facile de créer une caisse des écoles : il suffit pour cela d'une simple délibération du conseil municipal revêtue de l'approbation du préfet.

Salles d'asile. — Le comité central de patronage des salles d'asile, placé sous la haute présidence de l'Impératrice, suit avec un vif intérêt les tentatives faites dans quelques établissements pour donner aux enfants, soit gratuitement, soit moyennant une faible rétribution, des soupes et des aliments chauds pendant l'hiver, comme cela se pratique à l'étranger. Une enquête a lieu en ce moment; les résultats qu'elle constatera permettront d'apprécier les ressources qui pourront être affectées à cette utile innovation. Dès à présent, elle est introduite dans 419 salles d'asile situées dans 66 départements.

Le ministre a distribué, cette année, 182,074 francs entre 95 communes, pour les aider à construire des salles d'asile.

Écoles normales primaires. — Afin de rendre le recrutement de ces établissements plus facile, une circulaire du 19 mai dernier a permis d'admettre aux examens d'entrée des candidats qui, n'ayant pas seize ans au 1er janvier de l'année, doivent atteindre cet âge avant le 1er octobre suivant, époque ordinaire de la rentrée des classes. L'âge d'admission se trouve ainsi abaissé pour quelques candidats de six, sept ou huit mois. Une circulaire plus récente, du 20 octobre dernier, a appelé l'attention de MM. les recteurs des académies sur l'utilité qu'il y aurait à organiser dans ces établissements une division préparatoire composée d'enfants d'instituteurs de treize à quatorze ans, qui, ayant terminé leur cours d'études primaires, se prépareraient aux examens d'entrée sous la direction des professeurs aidés des élèves-maîtres de troisième année. L'admission dans les écoles normales, en qualité de boursiers, de ces enfants d'instituteurs se destinant à la même carrière que leurs pères, favoriserait singulièrement une propension qui n'est plus rare parmi ces fonctionnaires et qui témoigne de leur bon esprit; elle serait un adoucissement à leurs charges de famille, elle promettrait pour les écoles des maîtres rompus de bonne heure aux difficultés de la profession et familiarisés dès leur enfance avec les bonnes méthodes et les meilleurs procédés d'éducation.

Des difficultés matérielles d'installation s'opposeront tout d'abord dans quelques départements à l'exécution de la mesure projetée; mais, si l'enquête qui se fait en démontre l'utilité, le ministre s'efforcera, en appelant sur ce point l'attention des conseils généraux, de concourir aux frais de création de ce nouveau service. Rien n'est d'ailleurs négligé pour que les élèves-maîtres contractent de bonne heure, avec le sentiment de la responsabilité personnelle, les habitudes d'ordre et de discipline qui leur sont nécessaires pour prospérer dans la carrière de l'enseignement. Indépendamment des écoles annexes, où ils sont exercés à la direction des classes primaires, le ministre a recommandé de confier aux élèves de troisième année la surveillance des études et des dortoirs. En même temps que ces jeunes gens font ainsi l'apprentissage de leurs futurs devoirs, ils allègent pour les professeurs le fardeau des obligations matérielles et leur permettent de consacrer plus de temps à la préparation des leçons; il y a donc double profit pour eux.

Le décret du 24 octobre 1868, portant que divers emplois civils sont réservés aux sous-officiers et soldats qui auront fait un deuxième congé, s'applique au service de l'instruction primaire dans des conditions qui concilient à la fois l'intérêt de l'enseignement et celui des élèves de nos écoles normales avec les avantages offerts à l'armée. Sur les six cents places d'instituteurs titulaires et adjoints qui restent vacantes chaque année après le placement des candidats sortis des écoles normales, et pour lesquels il faut chercher aujourd'hui d'autres sujets, quatre cents peuvent appartenir, aux termes du décret, à des aspirants ayant appartenu à l'armée. Soumis à toutes les obligations légales du droit commun, notamment à celle de justifier du brevet de capacité obtenu à la suite d'un examen public et à la nécessité d'être portés sur la liste d'admissibilité que dresse le conseil départemental, les candidats de cette catégorie devront mériter, par une aptitude éprouvée et par une conduite irréprochable, l'honneur d'être appelés à instruire la jeunesse. Dans le but de les préparer à cette vocation, des mesures sont concertées entre les départements de la guerre et de l'instruction publique. Loin d'être pour les écoles civiles une cause de décadence, les instituteurs sortis de l'armée s'y montreront d'autant plus dignes de leur noble tâche, qu'ils auront pu, sous la direction et avec le concours de maîtres expérimentés, contribuer à élever le niveau de l'enseignement dans les écoles régimentaires.

Engagements décennaux. — L'article 17 de la loi du 10 avril 1867 a consacré une exception considérable aux règles précédemment établies, en ce qui concerne l'exemption du service militaire dont jouissent les membres du corps enseignant. Les instituteurs publics, titulaires et adjoints, étaient seuls admis à profiter de ce bénéfice, parce que seuls ils exerçaient des fonctions permanentes en vertu d'une nomination émanée du préfet ou agréée par lui. Les écoles libres, n'étant en réalité que des entreprises particulières, ne pouvaient être assimilées, sous ce rapport, aux écoles publiques : puisque les maîtres qui les ouvrent se livrent, à leurs risques et périls, à l'exercice d'une profession qu'ils peuvent, à leur gré, abandonner ou reprendre selon les chances de succès qu'elle leur présente.

Quelques-unes de ces écoles cependant, ayant été établies en vertu de fondations ou étant annexées à des établissements reconnus d'utilité publique, ont, par le fait même, un caractère de permanence et de durée qui les place dans une situation analogue à celle des écoles publiques; elles rendent les mêmes services aux populations pauvres par la gratuité de leur enseignement; en un mot, elles remplacent, à tous les points de vue, les écoles publiques : aussi les communes où elles fonctionnent avaient-elles été dispensées d'entretenir des écoles, par application de l'article 36 de la loi du 15 mars 1850. En leur accordant le privilège considérable de faire exempter du service militaire les maîtres qui y sont employés, la loi a soumis ces écoles à l'inspection telle qu'elle s'exerce sur les écoles publiques. C'était justice : l'État ne pouvait demeurer étranger à l'enseignement donné par des maîtres qui tenaient de lui une faveur si exceptionnelle. La loi a voulu, en outre, que les écoles libres, admises à faire exempter leurs maîtres du service militaire, fussent désignées à cet effet par le ministre de l'instruction publique, après avis du conseil départemental. Des instructions propres à prévenir les abus auxquels pouvaient donner lieu ces dispositions ont été adressées aux préfets et aux recteurs les 5 décembre 1867 et 31 janvier 1868. Jusqu'à présent, rien n'indique qu'elles aient été insuffisantes ; elles n'ont, dans tous les cas, donné lieu à aucune réclamation.

37 écoles libres ont profité de cette faveur, savoir : 14 écoles laïques, dont 2 protestantes et une israélite, et 23 écoles tenues par des associations religieuses ; 86 maîtres ont été ainsi exemptés du service militaire, savoir : 19 laïques et 67 congréganistes.

Enseignement de l'agriculture et de l'horticulture. — L'enquête qui a eu lieu l'année dernière au sujet de l'enseignement agricole a fait reconnaître qu'un des moyens les plus efficaces de venir, par l'enseignement primaire, en aide aux progrès de l'agriculture était de préparer dans les écoles normales des sujets capables de mêler utilement à leurs leçons les principes les plus sûrs de cet art. Dans tous ces établissements, un cours d'agriculture est fait aux élèves-maîtres et, dans presque tous, un jardin ou un terrain adjacent est mis à la disposition des maîtres et des élèves pour l'enseignement pratique de l'horticulture ; mais, à d'heureuses exceptions près et malgré leur bonne volonté, les maîtres adjoints ne peuvent, pour la plupart, enseigner l'agriculture qu'à l'aide de livres. D'accord avec le ministre de l'agriculture, le ministre de l'instruction publique a confié, dans cinq départements, cet enseignement à un professeur spécial, qui est en même temps chargé de faire des conférences agricoles ou horticoles dans les communes rurales. En réunissant les subventions destinées à rémunérer ces travaux, les deux ministres sont parvenus à constituer des ressources suffisantes quant à présent. Cette organisation est à l'étude pour six autres départements ; elle devrait l'être pour tous les autres, mais les ressources et les candidats font défaut.

Quelques écoles normales primaires et même un grand nombre d'instituteurs ont vu leurs efforts récompensés par les comices agricoles. Tout promet donc que l'instruction primaire parviendra à donner aux jeunes générations le goût et les premiers éléments de la grande et salutaire industrie des champs. L'enseignement horticole donné dans les écoles normales produit déjà ses effets : dans beaucoup de communes, les instituteurs rendent aux habitants des campagnes de véritables services, en taillant et greffant leurs arbres, en leur donnant des plants de bonnes espèces; plusieurs écoles normales font périodiquement à leurs anciens élèves des envois de graines, de plantes et de greffes.

Bulletins de l'instruction primaire. — Les bulletins départementaux de l'instruction primaire, dont la création ne remonte pas à plus de trois ans, secondent puissamment les efforts de toutes les autorités préposées à la surveillance des écoles; on peut ainsi tenir les instituteurs et institutrices au courant des instructions relatives à l'exécution de la loi et donner à la direction pédagogique des écoles une impulsion plus vive et plus suivie.

Quarante-huit conseils généraux, reconnaissant les avantages de ce mode de publicité, ont porté à leur budget les crédits nécessaires pour en assurer la périodicité. Il serait à désirer, dans l'intérêt des études et la diminution des écritures de l'inspection primaire, que cet exemple fût suivi partout.

Bibliothèques scolaires. — La bibliothèque scolaire est le complément nécessaire de l'école et du cours d'adultes. Aussi l'administration s'efforce-t-elle de propager ces bibliothèques par tous les moyens dont elle dispose.

On comptait, à la date du 1er janvier 1868, 11,416 bibliothèques scolaires[1] contenant 721,853 volumes[2]. Le nombre total des prêts pendant trois ans, de 1865 à 1867, s'est élevé à 1,272,978. L'année 1867 figure dans ce chiffre total pour 642,749 prêts. On ne comptait, en 1865, que 180,854 volumes prêtés par 4,833 bibliothèques.

Le montant des sommes consacrées en 1867, en dehors de l'intervention de l'État, à la fondation des bibliothèques scolaires s'élève à 313,508 francs 90 centimes, savoir :

1. En 1863, il n'existait de bibliothèques scolaires que dans 5,090 communes. (*Exposé de la situation de l'empire*, 1863.)

2. Deux départements, les Basses-Pyrénées et le Finistère, n'ont pas encore envoyé les renseignements demandés.

Sommes votées par les conseils municipaux	149,881 fr. 80 c.	
Subventions accordées en 1866 par les conseils généraux pour 1867[1]	28,935	70
Souscriptions des élèves des cours d'adultes en 1867	34,039	60
Dons et souscriptions des particuliers	100,651	80
Total égal	313,508	90

Pour l'année 1868, les renseignements relatifs à la marche du service des bibliothèques scolaires ne sont pas encore connus ; mais une somme de 100,000 francs figure pour la première fois au budget ordinaire de cette année pour achat de livres destinés à ces bibliothèques. Les ouvrages d'agriculture et d'horticulture comptent pour une large part dans les acquisitions effectuées par le ministère. Les témoignages qui ont pu être recueillis en dehors de l'administration confirment les renseignements officiels touchant les heureux résultats produits par la fondation des bibliothèques scolaires.

Une circulaire du 9 octobre 1867 avait invité les recteurs à faire ouvrir dans les cours d'adultes une souscription pour fonder la bibliothèque scolaire de la commune. Le 8 novembre suivant, un appel a été adressé dans le même sens par le ministre à MM. les membres des conseils généraux. Il a été généreusement répondu à cet appel. L'administration s'est alors attachée à trouver le meilleur emploi de ces ressources inattendues. Tout en laissant aux communes le droit de choisir les livres qu'elles veulent acheter, des avantages particuliers ont été mis à leur disposition. Depuis le mois de juin 1868, un catalogue leur est offert à titre de renseignement ; un adjudicataire, dont l'intervention est facultative pour les communes, reçoit leurs commandes et livre à la station de chemin de fer la plus voisine les ouvrages *reliés*, moyennant un prix inférieur de 16 p. 100 au prix fort de l'ouvrage broché.

Le nombre des communes qui, depuis le mois de juin 1868, ont adressé des commandes à l'adjudicataire du service s'élève déjà à 1,571, et ces commandes représentent une somme de 96,480 francs.

Gymnastique[2]. — Une commission spéciale chargée d'étudier les questions relatives à l'enseignement de la gymnastique dans les lycées,

1. La somme votée par les conseils généraux en 1867 pour l'année 1868 s'élève à 20,309 francs. Pour 1869, 41 conseils généraux ont voté la somme de 33,041 francs 57 centimes en faveur des bibliothèques scolaires.
2. Le décret du 3 février a rendu l'enseignement de la gymnastique obligatoire dans les maisons de l'État et des départements, lycées et écoles normales. Voir ci-dessus la circulaire du 9 mars 1869, p. 749.

les colléges, les écoles normales et les écoles primaires, et de préparer les programmes nécessaires à cet ordre d'enseignement, a
minutieusement déterminé les exercices gymnastiques, sans instruments ni appareils, qui pourraient être introduits dans les écoles
primaires dès à présent et sans dépense d'installation. Le programme
est arrêté, les instructions sont prêtes; il ne manque plus, pour l'exécution, que l'avis du conseil impérial, dont la réunion aura lieu dans
quelques jours.

Enseignement secondaire.

Le progrès signalé l'année dernière dans la population scolaire
des lycées se maintient et s'accroît. Le nombre des élèves, qui était
de 36,306 à la rentrée de 1867, a été de 38,001 à l'époque corres-
pondante de 1868, savoir :

Élèves internes...................... 20,462
Élèves externes...................... 17,539

C'est un accroissement de 1,695 élèves, comprenant 478 internes
et 1,217 externes.

Le nombre des redoublants a baissé de quelques unités en philosophie, mais il les a regagnées en rhétorique. C'est une oscillation
naturelle. Le point important est que ces deux classes, qui résument
et achèvent l'enseignement classique, restent nombreuses. Elles renferment en ce moment 3,617 élèves, ou 57 de plus que l'an dernier.

L'enseignement spécial compte dans les lycées 7,034 élèves : 650
de plus qu'en 1867. Il continue donc à s'accroître parallèlement à
l'enseignement classique, et nullement à ses dépens.

Les colléges communaux, au nombre de 254, réunissent 33,593
élèves . 1,140 de plus qu'en 1867. Sur le nombre total des élèves,
11,429, ou plus du tiers, appartiennent à l'enseignement spécial.

En ajoutant la population scolaire des lycées à celle des colléges
on trouve un total de 71,594 élèves, dont 18,463, ou plus du quart,
suivent les cours de l'enseignement spécial. L'accroissement a donc
été de 2,835 pour l'ensemble des établissements publics d'instruction secondaire, c'est-à-dire double de la moyenne des quatre dernières années.

Il importe de remarquer la part considérable qui revient aux colléges dans le progrès général. Il est permis d'attribuer cette prospérité à l'intérêt de jour en jour plus grand que les villes prennent à
leurs établissements municipaux, au développement de l'enseignement

spécial, aux réformes qui y ont été introduites pour une meilleure distribution des études et des différents services, enfin à l'attention particulière donnée à ces maisons par l'autorité supérieure, qui les a fait inspecter plus soigneusement et a enrichi ou constitué leurs collections.

Le chiffre considérable de 3,617 élèves dans les classes de rhétorique et de philosophie des lycées suffirait seul à montrer que les études classiques conservent leur prestige, en même temps que leur force est attestée par l'examen comparatif des compositions couronnées, cette année et les années antérieures, dans les deux concours généraux de Paris et des départements.

Quant à la comparaison entre les deux concours eux-mêmes, elle a donné des résultats à peu près semblables à ceux de l'année dernière. Paris a continué d'avoir les deux tiers des nominations; les départements ont obtenu l'autre tiers, mais avec des succès plus éclatants[1].

En exécution du décret impérial du 21 décembre 1867, l'enseignement secondaire spécial a été représenté pour la première fois dans le concours général des départements. Les élèves de troisième année des lycées et colléges ont pris part à cette lutte scolaire dans trois ordres d'études : histoire et morale, sciences mathématiques, sciences physiques. Sur trente nominations, les colléges communaux en ont obtenu neuf, dont trois prix, c'est-à-dire la moitié des premières nominations.

Ces résultats sont importants à constater, car ils montrent qu'il se fait d'aussi bonnes études dans les départements que dans la capitale. Les familles peuvent donc conserver près d'elles leurs enfants et être assurées qu'ils n'en recevront pas moins une instruction excellente. C'est le fait grave que le concours général des départements, établi depuis quatre années, a mis en lumière, après avoir aidé peut-être à le produire.

Ainsi les deux enseignements secondaires, le *classique* et le *spécial*, sont dans des conditions favorables : l'un garde ses traditions et le niveau élevé où tant de générations de maîtres habiles l'ont porté ; l'autre se développe, se précise et s'affermit.

Cependant il reste quelques perfectionnements de détail à introduire dans notre système d'études. Les vues de l'administration de l'instruction publique à cet égard ont été exposées dans les conclusions du rapport à l'Empereur qui précède la statistique de 1865,

---

1. Paris a eu 3 prix et 24 accessit, les départements 5 prix et 8 accessit. Au concours de 1869, la province a été mieux partagée : sur 60 nominations, Paris a eu 31 nominations, les départements 29.

publiée depuis quelques mois. Obtenir des élèves la même somme de travail et d'efforts en leur donnant plus d'heures pour leurs jeux et leurs récréations, telle est la difficile question à résoudre. En pareille matière, la prudence commande de ne procéder qu'avec lenteur et en s'appuyant sur les données de l'expérience. Un essai qui se fait au lycée de Versailles pour une meilleure distribution du temps paraît devoir réussir; la nouvelle organisation, qui est aussi provisoirement établie dans plusieurs lycées des départements, sera généralisée, s'il y a lieu, quand l'épreuve aura été complète.

Avec des récréations plus longues, l'enseignement de la gymnastique, qui est demeuré jusqu'ici à peu près illusoire, pourra prendre sa place régulière et obligatoire dans le régime intérieur de nos établissements publics. Quatre leçons par semaine seront données aux élèves, et des exercices proportionnés à l'âge de ceux qui doivent les exécuter entretiendront la force et l'agilité. L'équilibre si nécessaire à maintenir dans la jeunesse, même à tout âge, entre le travail sédentaire et les exercices corporels, sera mieux observé et les études y gagneront.

L'article 9 de la nouvelle loi sur l'armée dispensant d'assister aux exercices de la garde mobile les jeunes gens qui connaîtraient le maniement du fusil et les premières manœuvres, les élèves des classes supérieures mêlent les exercices militaires aux exercices habituels de gymnastique.

L'importance croissante que prend heureusement l'enseignement des langues vivantes dans nos études exigeait qu'on fît cesser l'infériorité de traitement qui pesait encore sur les professeurs de cet ordre non agrégés. Une décision récente les a complètement assimilés aux autres chargés de cours sous le rapport des émoluments et des heures de travail.

L'intérêt du service demandait que le nombre des maîtres répétiteurs fût accru. Il était désirable, en outre, qu'on leur ménageât le temps et les moyens de développer leurs connaissances, afin de leur rendre plus facile l'accès du professorat. Le décret du 11 janvier 1868, portant création, au chef-lieu de chaque académie, d'écoles normales secondaires, formées de maîtres répétiteurs auxiliaires, répond à ce double besoin et assurera aux collèges et aux classes de grammaire des lycées des professeurs que l'école normale supérieure ne suffisait plus à leur donner. Les écoles normales secondaires des départements serviront ainsi d'annexes et de succursales à la grande école normale de Paris. Peut-être même pourront-elles lui préparer bientôt le plus grand nombre de ses candidats, qui aujourd'hui viennent à grands frais faire cette préparation dans la capitale. Quatorze de ces écoles normales secondaires sont dès maintenant organisées avec quatre-vingt-quinze élèves-maîtres, chiffre à peu près égal à celui des élèves de l'école normale de Paris. L'Université se trouve ainsi avoir doublé presque sans dépense les ressources de son recrutement pour le professorat, et en même temps les facultés se sont assuré des auditeurs intelligents et réguliers.

Pendant l'année 1868, un nouveau lycée, celui de Lorient, et trois nouveaux colléges, ceux de Blaye, de Brioude et de Beaufort, ont été inaugurés.

Le collége communal de Saint-Sever, pour lequel cette petite ville a libéralement dépensé plus de 80,000 francs, a été converti en une succursale du lycée de Mont-de-Marsan. Ce lycée, qui compte plus de 300 internes et qui a eu aux examens et dans les concours d'éclatants succès, ne peut, malgré les nouveaux bâtiments ajoutés aux constructions primitives, faire droit aux nombreuses demandes d'admission qui lui sont adressées. Le collége de Saint-Sever, placé à quelques kilomètres de distance, dans un des sites les plus beaux et les plus salubres du département, sur un mamelon que contourne l'Adour, recevra les plus jeunes élèves du lycée de Mont-de-Marsan. Le proviseur reste le chef commun des deux maisons réunies.

La transformation du lycée de Napoléonville, qui languissait depuis longtemps comme lycée classique, est en voie de s'accomplir. Un enseignement théorique et pratique de l'agriculture en rapport avec les besoins des populations de la région bretonne y est organisé. Le concours de M. le ministre des travaux publics a permis de créer à proximité du lycée une ferme-école, au moyen de laquelle les élèves se familiariseront avec les meilleurs procédés de culture en usage dans le pays. Le directeur de la ferme-école a été nommé professeur d'agriculture au lycée. La ville s'associe pour 100,000 francs aux dépenses qu'exigeront les constructions. Tout est prêt : les travaux commenceront dès que la saison le permettra.

L'enseignement spécial répond aux besoins de la société moderne. Cependant il y aurait eu à craindre qu'il ne s'établît point d'une manière durable, si l'administration ne s'était occupée de former un personnel nouveau pour ce nouvel enseignement. C'est l'idée qui a décidé la création de l'école normale de Cluny. Ce bel établissement, un des plus vastes et des plus complets que possède la France, renferme aujourd'hui 170 élèves-maîtres dans l'école et 300 jeunes élèves dans le collége qui y est annexé. Une troisième année d'études, destinée spécialement aux candidats à l'agrégation, y a été instituée à la rentrée dernière; elle comprend 24 élèves. Les résultats des deux premières années d'enseignement ont été constatés à l'école même par une commission composée d'inspecteurs généraux, de membres du conseil d'État et de professeurs de facultés, qui ont donné plus de huit jours à cet examen : 45 élèves, après de longues et difficiles épreuves, ont été jugés dignes du brevet de capacité; 9 ont obtenu, quelques mois après, le même diplôme devant le jury de l'académie de Lyon ; 50 de ces jeunes gens ont été pourvus, à leur sortie de l'école, de chaires d'enseignement spécial dans les lycées, les colléges et les écoles normales primaires.

Des dispositions ont été prises pour assurer, au moyen d'indemnités complémentaires fournies par l'État, aux élèves brevetés de Cluny envoyés dans les colléges communaux une situation bien modeste encore, mais qui témoigne de la sollicitude de l'administration à leur égard.

Indépendamment des brevets de capacité délivrés aux élèves de Cluny, les jurys d'examen institués par la loi du 21 juin 1865 ont délivré, dans les sessions d'août et de novembre, à 123 candidats sur 160, le certificat d'études, et à 16 sur 40, le brevet de capacité.

Le dernier concours pour l'agrégation de l'enseignement spécial a montré encore un progrès sur celui de l'année précédente : 3 candidats ont pu être nommés agrégés pour la section littéraire et économique, 5 pour la section des sciences mathématiques appliquées, 2 pour la physique[1].

Les conseils de perfectionnement, dont la présidence appartient de droit au maire de la cité, ont envoyé 350 rapports qui témoignent de leur vigilante sollicitude et qui ont fourni à l'administration de précieuses indications pour approprier de plus en plus cet enseignement aux besoins spéciaux des localités[2].

Un travail général d'organisation intérieure et d'améliorations pratiques s'est poursuivi en 1868 dans les colléges communaux. Un grand nombre d'administrations municipales se sont concertées avec l'autorité universitaire pour opérer quelques-unes des réformes indiquées dans le rapport à l'Empereur qui précède la statistique de l'instruction secondaire en 1865 : diminution des heures de classe, pour ne point dépasser la durée du temps pendant lequel l'attention réfléchie d'un enfant peut se soutenir; extension donnée aux récréations et aux

1. Au concours pour l'agrégation spéciale de 1869, neuf élèves sortants de Cluny ont obtenu le titre d'agrégé ; un d'eux a même conquis la première place. Parmi les concurrents se trouvaient des élèves de l'école polytechnique et de l'école centrale.
2. Voir le résumé de ces rapports, p. 890.

exercices corporels; réduction du personnel enseignant et distribution plus méthodique du travail; suppression des chaires inutiles et, par suite, élévation des traitements des professeurs; quelquefois même diminution des charges imposées aux budgets municipaux par le nombre exagéré des maîtres, qui, dans les colléges, n'ont chacun, en moyenne, que sept élèves, etc.

Une transformation du système des études s'est ainsi opérée dans plusieurs établissements, à la commune satisfaction des familles et des administrations municipales, qui, dans beaucoup de cas, ont pris l'initiative de ces réformes, notamment à Agde, Béziers, Castres, Charolles, Châtellerault, Clermont-l'Hérault, Lunel, Pézenas, Remiremont, Thiers, etc.

A Castres, les bases de la réorganisation, arrêtées par le conseil de perfectionnement et l'autorité municipale, ont été les suivantes : classes d'une heure, récréations plus longues, avec natation, gymnastique, exercices militaires, etc.; moins de maîtres, traitements augmentés de 30 p. 100; enseignement primaire très-fort et continué jusqu'à douze ans, avec langues vivantes, éléments des sciences naturelles, d'histoire et de géographie, c'est-à-dire les connaissances indispensables à tout le monde. A douze ans, études classiques ou enseignement spécial, selon la volonté des familles; cours distribués de façon à seconder toutes les aptitudes et à faire en sorte que l'élève classique qui sortira du collége à dix-huit ans soit à la fois nourri des littératures anciennes et familier avec les lois de la nature et les vérités des sciences exactes. Dans cette organisation, moins d'élèves commenceront le grec et le latin; mais ceux qui en entreprendront l'étude la continueront en six années jusqu'au couronnement.

L'installation matérielle du collége d'Alais est terminée; la confiance des familles a déjà répondu aux efforts de l'administration. Le nombre des élèves a presque doublé à la dernière rentrée des classes : il est de 250. Tout annonce que ce collége, qui naguère se mourait, est destiné à devenir un établissement modèle pour les applications de l'enseignement spécial à la métallurgie et à la sériciculture, et que les sacrifices qui ont été faits pour sa transformation recevront une ample compensation.

La vie se ranime donc dans les colléges communaux par l'effet de toutes les mesures qui viennent d'être énumérées et qui seront continuées avec persévérance. Le remarquable accroissement de leur population scolaire à la dernière rentrée des classes montre que le pays suit ces réformes avec faveur. Le fonds de 100,000 francs qui a été accordé, à partir de 1869, en vue de créer dans les colléges des bourses impériales, sera pour eux un autre élément de prospérité. On y verra aussi une preuve nouvelle des efforts faits par le gouvernement pour que les petites villes jouissent des avantages que les grandes trouvent dans leur lycée, surtout pour que l'enfant ne soit pas éloigné de la famille et reste le plus longtemps possible au milieu des affections qui ont entouré son berceau[1].

Le lycée français que le gouvernement turc vient de fonder à Constantinople, au faubourg de Galata, et pour lequel la France lui a prêté des fonctionnaires et des professeurs, est inauguré depuis quelques mois. Les élèves s'y pressent comme dans nos lycées ; il en compte 500 à cette heure. On ne peut que voir avec satisfaction notre enseignement prendre racine dans ces pays lointains[2].

L'enseignement secondaire des jeunes filles s'est propagé sous le patronage des administrations municipales. Il est accueilli comme une institution utile, qui prête aux mères un secours précieux, et il est donné par des professeurs qui ont la double autorité de chefs de famille et de maîtres de la jeunesse. La sagesse de leurs leçons ne s'est trouvée nulle part en défaut, et les nouvelles élèves ont étonné l'expérience de vieux professeurs par leur persévérance et la rapidité de leurs progrès[3].

Les travaux pour l'amélioration de l'installation matérielle des lycées se sont poursuivis, en 1868, dans les limites des fonds disponibles. Malheureusement le prix élevé des vivres durant cette année, en augmentant de 4 à 500,000 francs les dépenses des lycées, a restreint les ressources du budget ordinaire qui peuvent être appliquées à des travaux d'amélioration. Le budget de l'exercice 1869 comprend une somme de 200,000 francs pour la première annuité d'un crédit extraordinaire de 4 millions de francs. Ce subside sera exclusivement

1. Les bourses dans les lycées sont réservées aux fils des fonctionnaires civils ou militaires. C'est une dépense que l'État s'impose en retour des services qu'il a reçus ; mais ce n'est pas toujours un encouragement au mérite, puisque ces bourses sont données à des enfants de 9 à 10 ans dont l'aptitude n'a pu encore se révéler. En créant des bourses de l'État dans les collèges, l'administration se proposait de ne les accorder qu'aux meilleurs élèves des collèges ou des écoles communales, aux lauréats des concours primaires, en un mot à des enfants plus âgés et déjà en mesure de montrer que l'assistance qui leur était donnée aurait d'heureux effets pour eux et pour la société.
2. Le nombre des élèves à Galata-Séraï s'est élevé à 530, dont 500 à la fin de l'année scolaire pouvaient suivre les cours en français. A la rentrée de novembre 1869, le chiffre des élèves s'est élevé à 612.
3. En 1868-1869, il y a eu des cours de cette nature dans 44 villes, et ils ont réuni 2,000 élèves.

employé à libérer l'administration de l'instruction publique d'anciens engagements pris avec les villes.

On a procédé au lycée Bonaparte, à frais communs avec la ville de Paris, à l'exhaussement d'un corps de bâtiment. Cette extension était nécessitée par l'accroissement du nombre des élèves et par le développement du demi-pensionnat, qui a permis de supprimer la forte subvention payée jusqu'à présent par l'État à ce lycée. Il reste à disposer une gymnastique. Un projet est à l'étude et sera prochainement exécuté. Le lycée du Prince-Impérial a achevé sa magnifique installation par la construction d'une gymnastique couverte et de nouveaux parloirs. Des terrains récemment acquis de compte à demi avec la ville de Paris permettront de donner au lycée Charlemagne l'air et l'espace dont il a un si pressant besoin.

Dans les départements, des travaux importants s'exécutent pour l'agrandissement et l'appropriation des bâtiments des lycées d'Agen, d'Angoulême, de Marseille, de Metz, de Moulins, de Nancy, de Nice, de Poitiers, de la Rochelle. Mais la marche de ces travaux a dû être ralentie par la modicité des allocations qui ont pu y être affectées. A Reims, la reconstruction des bâtiments du lycée se continue avec activité par les soins de la ville et avec le concours de l'État.

Les rapports transmis par les proviseurs et les principaux ont constaté que l'état sanitaire avait été excellent, pendant l'année 1868, dans nos lycées et collèges. Pour en améliorer encore l'hygiène, des renseignements spéciaux ont été demandés aux médecins de ces établissements. Leurs rapports, examinés par les commissions d'hygiène, donneront certainement lieu à d'utiles observations.

La statistique de l'enseignement secondaire, qui a coûté deux années de travail, a enfin été publiée dans les premiers mois de 1868. Depuis 1842, il n'avait paru aucun document de ce genre sur ce grand service. Dans une série de trente et un tableaux, cette statistique fournit les renseignements les plus complets sur les lycées et les collèges, au point de vue de l'installation matérielle, de l'organisation intérieure, de l'enseignement, de la population scolaire, de la situation financière et des traitements des professeurs; sur le recrutement du corps enseignant, les divers ordres d'agrégation, l'école normale supérieure, les établissements libres d'instruction secondaire, etc. Elle contient le relevé des élèves présents dans les lycées et dans les collèges communaux de 1809 à 1865, et permet ainsi de constater les progrès accomplis, qui ont été immenses. Elle fait connaître la dépense totale de l'instruction secondaire à la charge de l'État, des départements, des communes et des familles, et présente la comparaison des frais d'instruction dans les diverses catégories d'établissements. De ce rapprochement résulte la preuve de la modicité des prix de pension demandés par l'État, malgré les améliorations qui n'ont cessé d'être introduites dans notre système d'éducation publique.

Un rapport adressé à l'Empereur et mis en tête de la statistique retrace sommairement les différents essais qui ont eu lieu depuis la renaissance des études en France pour développer l'instruction publique, la mettre en rapport avec les besoins des temps nouveaux, et faire une place suffisante à l'étude des sciences sans nuire à celle des lettres et sans accroître le travail personnel des élèves. Les conclusions de ce rapport indiquent les vues de l'administration sur les mesures qui restent à prendre[1].

Admission dans les grandes écoles de l'État.

	ÉCOLE normale.	ÉCOLE polytechnique.	ÉCOLE militaire (St-Cyr).	ÉCOLE navale.	ÉCOLE forestière.	ÉCOLE centrale.
Lycées et colléges	35	99	173	55	24	103
Établissements libres et ecclésiastiques.	»	29	80	13	4	32
Établissements libres laïques.	»	13	32	»	»	86
Études privées.	»	»	7	4	»	8
	35	141	292	72	28	229
Total général. . . .			797			

La proportion des réceptions est donc de près de 81 p. 100 pour les établissements laïques et d'un peu plus de 19 p. 100 pour les établissements ecclésiastiques.

Dans le nombre des 173 réceptions à Saint-Cyr obtenues par les lycées et les colléges, le collège militaire de la Flèche entre pour 19 admissions. Les 154 admissions qui appartiennent aux lycées impériaux et aux collèges communaux sont le chiffre le plus élevé qui

1. Aux Annexes de la Statistique se trouvent divers documents relatifs aux programmes d'études, à l'organisation de l'enseignement secondaire spécial, à la création de l'école normale de Cluny et à celle du lycée spécial de Mont-de-Marsan, enfin à l'organisation de l'enseignement avant 1789 et pendant les années 1802-1821, 1842, 1852 et 1865.

ait été obtenu depuis sept ans. En 1862, il n'était que de 106; en 1865, de 100.

A côté de ces succès de nos lycées dans les concours pour l'admission aux écoles spéciales du gouvernement, il faut mentionner les travaux particuliers accomplis par les professeurs en dehors de leurs chaires, les services qu'ils rendent à la philosophie, à l'histoire, à la littérature, aux sciences exactes, tantôt dans des recherches intéressantes et neuves, tantôt dans des éditions savantes, et les récompenses si honorables dont plusieurs d'entre eux ont été l'objet dans les distributions de prix de l'Institut [1].

Enseignement supérieur.

École pratique des hautes études. — Le rapport soumis à l'Empereur le 31 juillet 1868 expose les motifs qui ont décidé l'organisation de *laboratoires d'enseignement et de recherches* et celle de *l'école pratique des hautes études.* Il s'agissait de réunir les élèves de nos grands établissements qui se préparent à la licence ou qui montrent une vocation résolue et des aptitudes scientifiques spéciales, pour leur assurer, non plus seulement l'enseignement général de la chaire, mais les conseils particuliers des maîtres les plus autorisés, et les moyens de vérifier à chaque instant la théorie par la pratique ou d'entreprendre des recherches personnelles sur quelques points de la science. Des agrégés ou des docteurs d'un savoir déjà éprouvé sont placés à côté des élèves pour suppléer le maître et rendre en quelque sorte sa direction toujours présente.

Le conseil supérieur institué par le décret du 31 juillet a tenu sa première séance le 5 novembre; les commissions de patronage désignées par le ministre ont examiné les candidats qui s'étaient présentés. Ils sont au nombre de 342. Plusieurs se sont inscrits pour deux sections, ce qui donne un total de 422 inscriptions, réparties entre les quatre sections de mathématiques, de physique et chimie, des sciences naturelles, d'histoire et philologie. Toutes ces inscriptions n'ont pu être maintenues; l'examen d'entrée en a naturellement réduit le nombre. Mais il en arrive de nouvelles tous les jours.

Pour les deux sections des sciences physico-chimiques et natu-

---

1. Huit professeurs de l'enseignement secondaire ont obtenu des prix à l'Académie française, à l'Académie des inscriptions et à l'Académie des sciences morales en 1868, sans parler de ceux qui ont eu des mentions honorables.

relles, 27 laboratoires d'enseignement et de recherches ont été préparés et sont presque tous ouverts : 265 élèves y travaillent chaque jour régulièrement[1].

Le décret du 31 juillet faisait pressentir la formation d'une cinquième section, celle des sciences économiques; la question sera prochainement soumise au conseil impérial.

L'école pratique des hautes études ne doit pas être tout entière renfermée dans Paris; des laboratoires annexes de physiologie, de chimie, de zoologie, de chimie agricole, une école de philologie, etc., sont en voie de formation dans plusieurs villes des départements, où les intentions de l'administration ont trouvé l'accueil le plus favorable. Lyon, Marseille, Caen, Nancy, ont voté des subventions pour fortifier leur enseignement supérieur, et l'administration ne fait que rendre justice à de généreux efforts de la part des maîtres, des élèves et des autorités municipales, en disant que, sur certains points, il se produit dans les hautes études un mouvement inaccoutumé, qui est de bon augure pour l'avenir de nos universités provinciales[2].

Facultés. — Le nombre des inscriptions prises au mois de novembre 1867 a été de 14,967; pendant cette même année, le chiffre des diplômes délivrés s'est élevé à 9,170, soit une augmentation de 397 diplômes sur 1868.

Augmentation des traitements. — Un crédit total de 439,000 francs avait été demandé pour établir trois classes parmi les professeurs de facultés, améliorer la situation des agents inférieurs de ces établissements, accroître les collections et entretenir le matériel. Une première somme de 200,000 francs a été votée par le Corps législatif. Ce crédit ne permettait pas d'allouer en une fois les augmentations proposées. Un travail de répartition proportionnelle a été fait, et les professeurs qui y ont été compris jouiront, à partir du 1er janvier 1869, de la moitié des avantages que la promotion leur réserve.

Le traitement maximum des professeurs de la faculté de droit de Paris est aussi porté, à partir de cette date, de 12,000 à 12,500 fr.,

1. On trouvera la liste des laboratoires et des conférences établis pour les élèves de l'école pratique des hautes études dans le Bulletin administratif, nouv. série, Tome XI, page 55 et suiv.
2. L'école pratique des hautes études a, dès la première année de son existence, fourni plusieurs *notes* ou *mémoires* envoyés à l'Académie des sciences et publiés sous le titre de *Bibliothèque de l'école des hautes études*, des ouvrages originaux et des traductions d'œuvres étrangères qu'il importait de faire connaître en France.

chiffre auquel a été élevé depuis longtemps le traitement maximum dans les facultés des lettres et des sciences de Paris.

Un décret en date du 26 décembre 1867 a fixé le minimum de l'éventuel, dans les facultés des sciences et des lettres, au taux qui est établi dans les lycées pour les professeurs de l'enseignement secondaire, c'est-à-dire à 1,000 francs. Le même avantage a été fait à l'école supérieure de pharmacie de Strasbourg.

Cette mesure, combinée avec l'augmentation du traitement fixe qui résulte du vote de la loi de finances, ne constitue pas seulement une amélioration importante au point de vue du traitement, elle assure à notre enseignement supérieur, dans les départements, un recrutement plus facile et meilleur; car on ne verra plus des professeurs de lycées hésiter à entrer dans les facultés, parce que cet avancement hiérarchique aurait correspondu pour eux à une diminution d'émoluments. Quand les propositions du gouvernement, qui ont été admises en principe par le Corps législatif, auront eu toutes leurs conséquences financières, le traitement d'un professeur de première classe, dans les facultés de province, sera au minimum de 7,000 francs.

A l'école normale supérieure de Paris, les traitements de tous les professeurs qui n'exercent pas de fonctions en dehors de l'école ont été portés à ce même taux de 7,000 francs.

Améliorations matérielles et installation ou développement des exercices pratiques pour les divers ordres d'enseignement supérieur. — Tout en améliorant la condition des *maîtres*, l'administration s'est vivement préoccupée de fortifier les études des *élèves*. Ainsi diverses mesures ont été prises, dans les limites du budget ordinaire, pour développer l'instruction pratique dans les facultés de médecine. A Montpellier, le ministre a pu mettre à la disposition de la ville une somme relativement considérable pour la construction, à frais commun, d'un pavillon d'anatomie. A Paris, un nouveau règlement a déterminé l'ordre des travaux de dissection de l'école pratique, rendu plus efficaces les relations du chef des travaux, des prosecteurs et des élèves, et assuré l'exacte surveillance, c'est-à-dire la conservation des musées et collections.

Par suite des travaux exécutés au Luxembourg, la faculté de médecine avait été privée de son jardin botanique; le ministre a emprunté au Muséum un terrain isolé à l'angle des rues Cuvier et de Jussieu, qui, par les soins de la direction des bâtiments civils, a été clos de murs et remanié : des serres, des cabinets d'étude, y ont été construits, et cette partie importante de l'enseignement médical a été assurée dans les meilleures conditions.

A l'école supérieure de pharmacie de Paris, les exercices pratiques de troisième année, qui ne commençaient qu'en avril, ont été inaugurés, en 1868, le 1er décembre, et, à l'avenir, ils se poursuivront pendant toute l'année; l'enseignement pratique aura donc, comme il convient, la même durée que l'enseignement théorique.

A l'école normale, la direction des bâtiments civils édifie pour M. Pasteur un spacieux laboratoire de chimie physiologique et agrandit celui de M. H. Sainte-Claire Deville, qui, en outre, a obtenu de l'Empereur qu'il fût construit dans les ateliers de la marine une sorte de laboratoire tout en fer pour d'importantes recherches à exécuter sous de fortes pressions.

Au Collége de France, la chimie organique a trouvé l'espace qui lui manquait par le déplacement d'une collection qui a été transportée au Muséum, là où doivent être concentrées les collections d'histoire naturelle qui ne sont pas absolument indispensables à l'enseignement. Des crédits spéciaux, employés à des achats d'instruments ou de produits, vont permettre aux professeurs de chimie, de médecine expérimentale et de géologie de mettre à la disposition de leurs élèves des moyens de recherches multiples et perfectionnés.

A la Sorbonne, avec le concours de la ville de Paris, il a été bâti un vaste laboratoire de chimie générale, où les élèves peuvent manipuler, et l'on a approprié trois maisons achetées par la ville pour des laboratoires d'enseignement; les élèves y sont reçus à faire les exercices pratiques des cours de la faculté.

Au Muséum, des herborisations dans la campagne ont eu lieu durant tout l'été, sous la conduite du professeur de culture. Cet usage, abandonné depuis longtemps, a été repris avec une faveur marquée. De nombreux élèves suivent le professeur dans ses excursions, et, au retour, des conférences et de sérieuses études sont faites encore sous sa direction. — Un vaste édifice, qui servait de grange, va être transformé en laboratoires pour la chimie agricole et les recherches expérimentales du cours de culture. — Les ateliers, jusqu'ici placés dans le jardin même, seront transférés, au mois d'avril, hors de son enceinte, dans de vastes locaux qui ont été construits pour les recevoir; on pourra alors affecter les bâtiments qu'ils occupaient à la ménagerie des reptiles, dont l'installation est des plus défectueuses, et à de nouveaux laboratoires.

Dans toutes ces constructions ou remaniements de bâtiments, rien n'est donné au luxe, mais tout est disposé en vue de l'étude et de la commodité du public. Ce dernier intérêt ne saurait être considéré comme secondaire, quand il s'agit d'un établissement qui, les dimanches et fêtes, reçoit plus de 50,000 visiteurs.

Il convient d'ajouter qu'un legs de 60,000 francs a été fait au Muséum par M. le professeur Serres, pour l'accroissement de la galerie des ossements fossiles.

Enfin l'école des langues orientales vivantes, qui, à la Bibliothèque impériale, ne pouvait donner à son enseignement le développement et l'organisation nouvelle que les intérêts de notre commerce réclament, a été transférée dans une partie des bâtiments du Collège de France, où elle attendra une installation définitive.

Ainsi un effort considérable a été fait cette année pour assurer une installation plus complète, bien que provisoire encore, aux différents services de l'enseignement supérieur, et pour donner aux élèves les moyens de féconder l'*enseignement oral* du cours public par les *exercices pratiques* du laboratoire ou par les *conférences particulières* du cabinet d'étude.

Création de nouvelles chaires. — Grâce à la munificence bien entendue de plusieurs villes, des chaires ont été créées dans les écoles préparatoires de médecine à Bordeaux, Lyon, Marseille, Nantes, pour fortifier l'enseignement.

Le concours du ministre des travaux publics a permis d'instituer une chaire de chimie agricole auprès de la faculté des sciences de Nancy, avec laboratoire de recherches, champs d'expériences et stations agricoles pour les essais et les analyses. Un laboratoire analogue vient d'être établi par le conseil général de Saône-et-Loire à l'école de Cluny; les agriculteurs du département peuvent y faire analyser les terres, les engrais, etc.

Un cours nouveau de paléontologie et un second cours de langue et de littérature grecques ont été institués auprès des facultés des sciences et des lettres de Paris.

A la faculté de médecine, la chaire de médecine comparée était restée inoccupée depuis plusieurs années, ou plutôt n'avait jamais été remplie. Cet enseignement difficile et important, qui suppose des études d'une nature toute spéciale, va pouvoir enfin commencer.

L'enseignement du Collège de France s'est accru d'un cours complémentaire pour l'histoire des faits et des doctrines économiques. Celui de l'école normale supérieure a été doté d'une seconde chaire de chimie et d'une conférence accessoire d'économie politique, faite d'abord, les jours de congé, aux seuls élèves des sections d'histoire et de philosophie, et à laquelle presque toute l'école a ensuite voulu prendre part.

Un décret du 24 mai 1868 a créé, à l'école des langues orientales vivantes, une chaire de japonais pour répondre au développement de nos rapports commerciaux avec cet empire.

Écoles normales secondaires. — L'utilité de ces écoles pour l'enseignement secondaire est expliquée dans la partie de l'exposé de la situation de l'empire qui concerne cet enseignement. Elles rendent aussi d'importants services à l'enseignement supérieur, en donnant aux facultés des sciences et des lettres des départements le moyen de reprendre leur véritable fonction, qui est de préparer aux grades et de les délivrer. La plupart d'entre elles sont déjà revenues aux trois leçons par semaine, une pour le public qui ne demande qu'à venir écouter des orateurs diserts, les deux autres pour le petit nombre d'élèves qui ne sont pas désireux seulement d'entendre parler de science, mais qui veulent en faire.

Aujourd'hui, 95 maîtres auxiliaires attachés aux 14 nouvelles écoles normales et 177 candidats à la licence ou à l'agrégation assistent à des conférences intimes et studieuses, qui se donnent deux fois par semaine; 154 autres, ne pouvant s'y rendre, y prennent part du moins au moyen de compositions qu'ils envoient et qui leur reviennent avec les corrections du maître.

Les écoles normales secondaires assurent donc à nos professeurs de l'enseignement supérieur ce personnel d'élèves réguliers et permanents qui constitue la force des universités allemandes, et qui, dans les départements, nous faisait trop souvent défaut.

Enseignement libre. — L'administration ne peut augmenter sans cesse le nombre des chaires ni multiplier indéfiniment les traitements; mais elle croit de son devoir de favoriser, en dehors de l'enseignement officiel, toutes les manifestations de la pensée dans l'ordre des études supérieures. C'est dans ce but que de nouveaux amphithéâtres viennent d'être élevés rue Gerson, auprès de la Sorbonne: déjà vingt-quatre cours y sont établis.

Ces cours n'engagent ni les finances de l'État, puisque leur caractère essentiel est d'être faits gratuitement, ni la responsabilité de l'administration, puisqu'elle n'en nomme pas les professeurs et qu'elle ne leur impose aucun programme; mais ils mettent dans l'enseignement supérieur une variété qui sera sans doute salutaire, car la vérité dans les sciences naît souvent de la contradiction des idées et de la diversité des méthodes.

De nombreux cours libres de médecine et de chirurgie sont aussi faits, à Paris, à l'école pratique de la faculté de médecine et dans les hôpitaux de l'assistance publique; neuf cours analogues viennent de s'ouvrir auprès de l'école secondaire de Bordeaux.

A Lyon et à Bordeaux encore, des cours libres de droit se sont établis sous le patronage de la municipalité ou de la magistrature.

Enfin 676 conférences publiques ont été autorisées sur les différents points de l'empire, dont 287 pour les sciences pures ou appliquées, 149 pour la littérature, 96 pour l'histoire, 65 pour l'hygiène, etc.

Ainsi les moyens d'instruction supérieure se multiplient sous la double forme d'établissements de l'État ou d'institutions libres. L'administration, qui montre pour les uns comme pour les autres la plus vive sollicitude, est heureuse de constater que le nombre des travailleurs sérieux et résolus s'accroît, que le dévouement des maîtres est au niveau du zèle de leurs élèves, et qu'il se produit, dans la région des hautes études, une ardeur comparable à celle qui animait, dans une sphère plus modeste, nos instituteurs, lorsqu'ils ont créé leurs 33,000 cours d'adultes.

Institut. — L'Académie française est sur le point de faire paraître la 3e livraison de son *Dictionnaire historique,* ainsi qu'une nouvelle édition de son *Dictionnaire de l'usage.*

L'Académie des inscriptions et belles-lettres a terminé la première partie des tomes XXIII et XXVI de ses *Mémoires,* ainsi que la première moitié du tome XXI des *Notices et extraits des manuscrits.* La deuxième partie du tome XXII de ce recueil est achevée et va paraître incessamment; le tome XXVI (2e partie) des *Mémoires* est en cours d'exécution. Sont également en cours de publication : les *Mémoires des Savants étrangers* (tomes VII et VIII, 1re partie), l'*Histoire littéraire de la France* (tome XXV), les *Tables de Bréquigny* (tome VIII), les *Historiens de la France* (tome XXIII), les *Historiens occidentaux des croisades* (tome IV), les *Historiens arméniens* (tome I), les *Historiens grecs* (tome I).

L'Académie des sciences a fait paraître, indépendamment des deux volumes habituels des *Comptes rendus hebdomadaires* de ses séances, le tome XXXVII (1re partie) de ses *Mémoires* et le tome XVIII des *Mémoires des Savants étrangers.* De nouveaux volumes de ses *Mémoires* et *Comptes rendus* sont en voie d'exécution.

L'Académie des beaux-arts a publié la quatrième livraison du tome II de son *Dictionnaire*, et elle a entrepris le premier fascicule du tome III.

L'Académie des sciences morales et politiques achève le tome XIII de ses *Mémoires*.

Bureau des longitudes. — Le bureau a continué, ce qui est sa principale fonction, la publication de la *Connaissance des temps* et celle de l'*Annuaire*, qui ont reçu dans ces dernières années des améliorations considérables. Afin de perfectionner la table des positions géographiques insérée dans la *Connaissance des temps* et si utile aux marins, le bureau a poursuivi, avec le concours de plusieurs officiers et ingénieurs hydrographes de la marine impériale, la détermination précise des longitudes de plusieurs points du globe. Une publication très-importante, et qui pourrait commencer presque immédiatement, serait celle des *Tables de la lune;* mais un crédit spécial est nécessaire.

Observatoire impérial. — Un décret du 3 avril 1868 a modifié l'organisation de l'Observatoire impérial, en plaçant à côté du directeur un conseil appelé à donner son avis sur toutes les questions qui intéressent l'établissement ou les études astronomiques. Ce décret a été suivi, à la date du 26 mai, d'un règlement sur la tenue des séances du conseil.

L'observation des petites planètes a été continuée de concert avec l'observatoire de Greenwich. On a en même temps poursuivi la révision des déterminations données par Lalande dans son Catalogue des étoiles.

Le tome XXII des *Observations* et le tome IX des *Mémoires* ont été publiés. Ce dernier volume comprend deux mémoires importants de M. Yvon-Villarceau sur la détermination des longitudes, latitudes et azimuts de Brest, Rodez, Carcassonne, Saligny-le-Vif, Lyon et Saint-Martin-du-Tertre.

En dehors des travaux insérés dans les *Annales*, plusieurs mémoires ont été présentés à l'Académie des sciences par MM. Wolf et Loewy, astronomes, et par les astronomes adjoints de l'Observatoire.

Sociétés savantes. — Les travaux des sociétés savantes des départements prennent, chaque année, un développement plus considérable, à en juger par le nombre de publications qu'elles échangent entre elles par l'intermédiaire du ministère de l'instruction publique. On peut évaluer ces échanges à 25 ou 30,000 volumes ou livraisons.

Dans l'année 1867-1868, le comité des travaux historiques a été chargé de faire des rapports sur plus de 200 volumes publiés par les sociétés des départements.

Des subventions ont été accordées à 176 compagnies; trois d'entre elles ont été reconnues comme établissements d'utilité publique; quatre ont été autorisées à accepter les legs et donations qui leur avaient été faits.

La réunion des délégués des sociétés savantes a eu lieu, selon l'usage, au mois d'avril dernier, dans les salles de la Sorbonne. Deux nouveaux volumes in-8°, renfermant les principaux mémoires lus pendant la réunion de 1867, ont été publiés; deux volumes, comprenant les lectures de 1868, sont sous presse et paraîtront prochainement. La collection, commencée en 1861, formera dès lors quatorze volumes in-8°.

Documents inédits. — Six nouveaux volumes ont été publiés dans la collection des *Documents inédits de l'Histoire nationale :*

Le *Cartulaire de Saint-Hugues de Grenoble;*
L'*Histoire des familles d'outre-mer*, de Ducange;
Le quatrième volume des *Œuvres de Lavoisier ;*
Le deuxième volume des *Œuvres de Fresnel;*
Le *Dictionnaire topographique du Gard;*
Le *Répertoire archéologique de l'Yonne.*

Les ouvrages actuellement sous presse sont les suivants :

Lettres de Richelieu, VIIe volume;
Lettres de Mazarin, Ier volume;
Lettres de Henri IV, VIIIe volume;
Monuments de l'histoire du tiers état, IVe volume;
Cartulaire de Cluny, Ier volume;
Mémoires de Lavoisier, V^e volume;
Œuvres de Fresnel, IIIe volume;
Diplômes militaires, Ier volume;
Dictionnaire topographique du Morbihan, 1 volume;
Recueil des inscriptions du moyen âge et de la Renaissance, 1 volume.

Comité des travaux historiques. — Le comité a publié deux nouveaux volumes in-8° de la *Revue des sociétés savantes* (partie historique et archéologique) et un volume (partie scientifique) contenant les procès-verbaux des séances, les rapports des membres du comité sur les travaux des sociétés savantes et un grand nombre de documents inédits adressés des départements par les correspondants du ministère.

Commission chargée de la publication de la carte topographique des Gaules. — La commission de la topographie des Gaules a commencé depuis dix-huit mois la publication de ses travaux. La première des cartes qu'elle devait dresser, celle de la Gaule sous le proconsulat de César, en quatre feuilles, a déjà figuré à l'exposition universelle et va être livrée au public. La carte gallo-romaine, qui doit suivre, s'avance rapidement.

Le *Dictionnaire d'Archéologie celtique*, véritable statistique archéologique de l'ancienne Gaule, est arrivé à la vingt-quatrième feuille imprimée; les treize premières forment la livraison n° 1, comprenant la lettre A. La deuxième livraison, contenant le B et une partie du C, pourra être prochainement publiée. Chaque livraison est accompagnée de nombreuses planches représentant des inscriptions, des monnaies, des monuments, etc. On y joint des cartes spéciales destinées à faciliter les études, telles que la carte des monuments mégalithiques, celle des tumulus, celle de l'emplacement des peuples celtiques, etc.

Les sociétés savantes de la province prêtent à la commission des Gaules un concours actif et sont avec elle en relations journalières; les hommes les plus compétents se font honneur d'être comptés au nombre de ses correspondants. Par suite de ces relations multipliées, il ne se fait pas une découverte que la commission n'en soit prévenue; elle est devenue, par le fait, le centre d'un mouvement archéologique qui augmente quotidiennement la somme des connaissances et donne aux travaux, dans tous les départements de l'empire, une activité nouvelle.

Bibliothèques publiques. — Le service des deux salles de lecture du département des imprimés de la Bibliothèque impériale, destinées, l'une aux travailleurs autorisés, l'autre au public, a pu commencer dans le courant de 1868. D'heureux effets sont déjà constatés. Le nombre des travailleurs sérieux s'est augmenté, et la fréquentation de la salle publique, qui reste ouverte le dimanche comme les autres jours de la semaine, s'est accrue chaque mois d'une manière sensible. D'autres améliorations propres à assurer la régularité du service et la facilité des communications ont été réalisées.

L'impression du tome X du Catalogue des imprimés concernant l'histoire de France et celle du tome II du Catalogue des sciences médicales ont été continuées sans interruption.

Le premier volume du Catalogue des manuscrits français a paru et le deuxième est sous presse. Tous les manuscrits latins ont été classés et catalogués. L'inventaire de plus de la moitié des numéros a été terminé, et la publication intégrale de ce fonds ne tardera pas à être imprimée. Les manuscrits en langues étrangères modernes, qui avaient été confondus dans le fonds français, en ont été extraits, et chaque langue a aujourd'hui son fonds particulier. La fusion des collections turques a été opérée cette année, comme l'avait été en 1867 celle des manuscrits persans. La rédaction nouvelle des notices de tous les numéros de l'ancien catalogue imprimé des manuscrits arabes, reconnue indispensable par suite de l'insuffisance de la première rédaction, est fort avancée et sera prochainement achevée. Quant au supplément du fonds arabe, qui sera, pour l'impression, fondu avec le fonds principal, il a été provisoirement classé et numéroté, de manière à pouvoir, dans toutes ses parties, être donné en communication aux orientalistes.

Un don important a été fait, cette année, à la bibliothèque de Sainte-Geneviève. M. Dezos de la Roquette a légué à cet établissement la riche collection de livres et manuscrits relatifs à l'histoire du nord de l'Europe qu'il avait réunie durant l'exercice de ses fonctions comme consul général à Elseneur.

Missions scientifiques et littéraires. — Indépendamment des résultats qu'ont produits en 1868 les recherches scientifiques commencées l'année dernière, la présente année a vu entreprendre diverses explorations qui ont déjà fourni ou qui doivent fournir prochainement des documents d'un grand intérêt, soit pour les sciences, soit pour l'histoire et la littérature.

C'est ainsi que M. Foucart, ancien membre de l'école française d'Athènes, a recueilli en Grèce les vestiges épigraphiques destinés à l'achèvement du *Voyage archéologique* de Ph. Lebas, publié sous les auspices du ministère de l'instruction publique; que M. Descloizeaux, maître de conférences à l'école normale supérieure, après avoir visité et étudié les collections minéralogiques des établissements scientifiques de la Russie, de la Norwége et de la Suède, a rapporté de ses voyages de rares et précieux échantillons dont se sont enrichies les collections du Muséum d'histoire naturelle et du Collège de France; que M. Siméon Luce, archiviste paléographe, est allé en Angleterre, en Italie, en Allemagne et dans les Pays-Bas compléter ses recherches relatives aux manuscrits de Froissart, en vue de la publication des œuvres du célèbre chroniqueur, préparée par la société de l'Histoire de France ; et que M. Simonin étudie en ce moment l'Amérique du Nord, notamment le territoire occupé par les tribus indiennes, au point de vue de l'histoire naturelle, de l'anthropologie, de l'ethnologie et de la linguistique.

Deux jeunes archéologues ont été chargés de rechercher et de recueillir, l'un dans les îles Britanniques, l'autre dans notre ancienne province de Bretagne, les documents pouvant servir à l'histoire, à la philologie et à la mythologie comparée des peuples celtiques.

Au mois d'août dernier a eu lieu dans les mers de l'Inde une éclipse totale de soleil, depuis longtemps annoncée, qui devait fournir à l'astronomie l'occasion d'importantes découvertes. La plupart des gouvernements de l'Europe avaient envoyé dans l'extrême Orient des astronomes pour observer ce phénomène. La France ne pouvait manquer à ce rendez-vous scientifique. Un crédit spécial de 50,000 francs fut voté à cet effet dans la dernière session législative. L'administration de l'instruction publique y a joint une somme de 15,000 francs prélevée sur son budget ordinaire. Une mission donnée à MM. Stephan, Rayet et Tisserand dans la presqu'île de Malacca, une autre à M. Janssen dans les Indes anglaises, ont répondu à l'attente du monde savant ; des faits précieux ont été recueillis ; une belle découverte a été faite. S. M. l'Empereur a récompensé le dévouement de nos jeunes astronomes par des nominations dans la Légion d'honneur ou par un grade plus élevé dans leurs fonctions.

D'autres voyages ont été entrepris : en Allemagne, pour y étudier les établissements scientifiques de ce pays ; en Suisse et en Belgique, pour des recherches concernant la géographie et l'histoire de la France ; en Danemark et en Scanie, pour les études géologiques et minéralogiques.

Enfin des missions ont été récemment accomplies pour étudier dans plusieurs contrées de l'Europe l'organisation des établissements météorologiques.

Le Vᵉ volume des *Archives des missions scientifiques et littéraires*, qui renferme les résultats de quelques-unes des missions de 1867, est sous presse. Quant aux publications entreprises à la suite de l'exploration scientifique du Mexique et de l'Amérique centrale, et qui doivent pour la plupart être accompagnées de cartes, plans et gravures, elles avancent autant que le permet l'état des fonds affectés à ce service. Le Iᵉʳ volume de la *Géologie*, publié par MM. A. Dolfus et de Mont-Serrat, vient d'être terminé. D'autres volumes suivront très-prochainement.

Rapports sur l'état des lettres et les progrès des sciences. — Cette enquête sur l'état des connaissances humaines en notre pays depuis vingt ans n'est pas encore terminée; mais en moins de deux années vingt-sept rapports ont été publiés en vingt-huit volumes grand in-8°, formant 380 feuilles d'impression. Quelques-uns de ces rapports sont des ouvrages considérables et originaux, où les auteurs, tout en racontant les travaux accomplis, ont mis sur la voie de progrès nouveaux.

Voici la liste des vingt-sept rapports déjà publiés et dont la première édition pour plusieurs est dès à présent épuisée :

Analyse mathématique, par M. Bertrand, de l'Institut;
Mécanique appliquée, par MM. Combes, de l'Institut, Philipps et Collignon;
Minéralogie, par M. Delafosse, de l'Institut;
Instruction publique, par M. Jourdain, de l'Institut;
Hygiène navale, par M. Leroy de Méricourt;
Hygiène militaire, par M. Michel Lévy;
Médecine vétérinaire, par M. Magne;
Archéologie, par M. Maury, de l'Institut;
Astronomie, par M. Delaunay, de l'Institut;
Anthropologie, par M. de Quatrefages, de l'Institut;
Électricité, magnétisme, capillarité, par M. Quet;
Zoologie, par M. Milne-Edwards, de l'Institut;
Chirurgie, par MM. Velpeau et Nélaton, de l'Institut, Guyon et Labbé;
Thermodynamique, par M. Bertin;
Hygiène civile, par M. Bouchardat;
Physiologie, par M. Claude Bernard, de l'Institut;
Géologie expérimentale, par M. Daubrée, de l'Institut;
Médecine, par MM. Béclard et Axenfeld;
Études relatives à l'Égypte et à l'Orient, travaux divers publiés sous la direction de M. Guigniaut, secrétaire perpétuel de l'Académie des inscriptions et belles-lettres;
Études classiques et du moyen âge, travaux divers publiés sous la direction de M. Guigniaut;
Études historiques, par MM. Geffroy, Zeller, Thiénot;
Paléontologie, par M. d'Archiac, de l'Institut;
État des lettres, par MM. de Sacy, de l'Institut, Paul Féval, Th. Gauthier et Éd. Thierry;
Philosophie, par M. Ravaisson, de l'Institut;
Théorie de la chaleur, par M. Desains;

Botanique physiologique, par M. Duchartre, de l'Institut ;
Botanique phytographique, par M. Brongniart, de l'Institut.

Onze restent à paraître :

La stratigraphie, par M. Élie de Beaumont, de l'Institut ;
La géologie (phénomènes éruptifs), par MM. Ch. Sainte-Claire
   Deville, de l'Institut, et Fouqué ;
La chimie, par M. Dumas, de l'Institut ;
L'optique, par M. Jamin, de l'Institut ;
La géométrie, par M. Chasles, de l'Institut ;
Le droit des gens, par M. de la Guéronnière, sénateur ;
La législation civile et pénale, par M. Duvergier, président de
   section au conseil d'État ;
L'histoire du droit, par M. Giraud, de l'Institut ;
Le droit public et administratif, par M. Boulatignier, conseiller
   d'État ;
L'économie politique, par M. Michel Chevalier, de l'Institut ;
L'épigraphie grecque et latine, par MM. Léon Renier, de l'In-
   stitut, et Wescher.

De ces onze rapports, six sont sous presse : la stratigraphie, l'optique, la géométrie, la chimie, le droit des gens, la législation
civile et pénale. L'impression des trois premiers est même terminée [1].
   Ces rapports contiennent l'histoire scientifique de la France pendant les vingt dernières années. Il importerait de les continuer. L'administration de l'instruction publique ne peut prétendre à tenir ce
grand travail à jour et à renouveler, chaque année, un pareil effort.
Mais si l'*Exposé de la situation de l'empire* est l'histoire annuelle
de tous les ministères, il semble que, pour l'administration de l'instruction publique, cette histoire ne devrait pas se borner au récit des
actes officiels ; il faudrait qu'elle donnât encore une brève indication
des publications et des découvertes qui ont attiré l'attention, au
moins de celles qui sont dues à des membres de l'Université ou des
corps savants qui s'y rattachent.

Lettres. — Le mouvement de renaissance dans les études philosophiques se marque de plus en plus, et, au sein de l'Université, ce
progrès est toujours au profit des doctrines spiritualistes, comme
l'attestent le tableau tracé par M. Ravaisson de *la Philosophie au dix-*

1. Depuis cette époque, cinq autres ont été publiés.

56.

neuvième siècle, ouvrage qui n'est pas seulement un rapport, mais un monument philosophique; *le Matérialisme et la Science,* de M. Caro; *la Morale pour tous,* de M. Franck; *le Poëme de Lucrèce,* par M. Martha, qui montre la philosophie épicurienne sous un point de vue nouveau; *la Philosophie du Devoir,* par M. Ferraz, et les couronnes obtenues à l'Académie des sciences morales par MM. Fouillée, Chaignet, Ollé-Laprune et Desjardins, pour de savants mémoires sur *Socrate, Platon, Malebranche* et *les Moralistes français du dix-septième siècle;* enfin la thèse doctorale présentée à la faculté des lettres de Paris par M. Millet sur *Descartes,* et celle de M. Desdouits sur *la Liberté et les Lois de la nature,* où sont réfutées les opinions panthéistes et positivistes sur la liberté. C'est à l'Université que revient l'honneur de tous ces travaux philosophiques. Le corps enseignant se tient donc au premier rang pour cet ordre d'études, soit dans la science pure, soit dans la philosophie militante ou appliquée.

Pour les lettres proprement dites, sur huit lauréats couronnés par l'Académie française, cinq appartiennent au corps enseignant, et un éloge, accordé en commun à tous ces professeurs lauréats, est celui d'un savoir puisé aux sources sûres, d'une méthode sévère, de l'art de la composition et du talent d'écrire.

L'Académie des inscriptions et belles-lettres, tout en travaillant elle-même activement à ses nombreuses et importantes publications, dont les titres ont été donnés plus haut, a continué de recevoir d'intéressantes communications et d'encourager beaucoup de travaux sur les antiquités orientales, grecques ou latines, et sur l'histoire littéraire ou économique du moyen âge français. C'est ainsi que la savante compagnie a donné sa première médaille à l'*Histoire des arts industriels au moyen âge et à l'époque de la Renaissance,* par M. Jules Labarte, ouvrage considérable en 4 vol. in-8° et 2 vol. in-4° de planches. Elle l'aurait sans doute également donnée à M. de Cherrier pour son *Histoire de Charles VIII,* si l'auteur n'était membre lui-même de l'Académie.

M. le préfet de la Seine a commencé une magnifique publication : *Histoire générale de Paris, collection de documents, fondée avec l'approbation de l'Empereur par M. le baron Haussmann et publiée sous les auspices du conseil municipal.*

Quant aux études d'archéologie gallo-romaine, dont le développement peut être regardé comme l'œuvre personnelle de l'Empereur, elles sont l'objet particulier des travaux de nos sociétés savantes des départements, et leurs nombreux mémoires viennent aboutir, comme à un centre commun, à la bibliothèque du comité des travaux historiques et de la commission de la carte des Gaules.

Une société savante mérite une mention particulière à cause du lieu où elle siége et des services qu'elle rend pour la connaissance de l'Algérie ancienne : c'est la société archéologique de Constantine, qui publie un recueil de *Notices*.

Mais le fait le plus intéressant peut-être pour cette année, dans l'ordre d'études dont l'Académie des inscriptions et belles-lettres est la plus haute expression, c'est l'essor que la philologie paraît disposée à prendre en France. Plusieurs des membres les plus éminents de l'Académie ont tenu à diriger eux-mêmes la section de philologie de l'école des hautes études, où, sur la promesse d'un concours si efficace, sont accourus des élèves nombreux et zélés.

Les maîtres semblent avoir voulu répondre à cette ardeur des élèves en multipliant leurs travaux.

La science de Champollion s'est enrichie de publications importantes.

M. Devéria a ajouté un glossaire à son savant mémoire sur le papyrus judiciaire de Turin.

On doit à M. Maspero la traduction, avec commentaire, de trois textes considérables : une longue inscription historique, sortie des fouilles d'Abydos ; une stèle éthiopienne, provenant des fouilles de Gebel-Barkal, et l'hymne antique au dieu Nil, conservé dans les papyrus du British Museum.

M. Chabas a donné la traduction d'un autre papyrus de Turin, et M. Lefébure celle des *Hymnes au Soleil* contenus dans le xve chapitre du *Rituel funéraire*.

Les jeunes savants ont d'ailleurs entre les mains des moyens nouveaux qui leur seront précieux pour triompher des premières difficultés. M. Brugsch a terminé, cette année, l'immense entreprise de son *Dictionnaire égyptien*, qui peut donner une première idée des richesses accumulées par l'école de Champollion. M. de Rougé a, de son côté, continué la publication de la *Grammaire égyptienne* par un deuxième fascicule contenant l'explication des articles, noms, pronoms, chiffres et noms de nombre. L'origine des chiffres paraît recevoir des lumières nouvelles par la publication des types cursifs les plus anciens, qui peuvent expliquer la formation des figures spéciales consacrées aux chiffres hiératiques.

Dans les fouilles qu'il a si bien dirigées, M. Mariette a trouvé un trésor d'inscriptions qui vont être publiées. Les deux premiers volumes contiennent le résultat de l'exploration de Gebel-Barkal et d'Abydos, dont les inscriptions font connaître l'histoire de Ramsès II et les invasions que la vallée du Nil a subies pendant le siècle qui précéda Psamméticus. M. de Rougé avait déjà interprété le plus ancien de ces monuments, sur lequel était consignée l'histoire de la conquête de Memphis par les Éthiopiens. Les nouveaux textes expliqués par MM. Mariette et Maspero montrent que ces expéditions victorieuses furent renouvelées sous d'autres rois d'Éthiopie.

En même temps, M. Oppert trouvait, par l'étude des inscriptions cunéiformes de Sennachérib et d'Assarhaddon, la concordance chronologique avec les événements racontés par les monuments d'Abydos et de Gebel-Barkal, de sorte que l'histoire de l'ancienne Égypte était, à vingt-cinq siècles de distance, éclairée alternativement par des documents que l'érudition française est allée chercher et interpréter au bord du Tigre et au fond de la Nubie.

Parmi les récentes publications consacrées à l'histoire et à la mythologie égyptiennes, il faut encore citer : les *Mémoires* de M. Chabas sur l'invasion des pasteurs et le dieu Horus ; de M. Husson sur le personnage appelé *Bès* par les inscriptions ; de MM. Maspero et Lefébure sur les textes antiques d'où la science fait sortir peu à peu les croyances élevées que le peuple égyptien voilait sous tant de symboles ; la thèse doctorale de M. Vollot sur Manéthon ; enfin les extraits qui ont été publiés du cours d'archéologie égyptienne fait par M. de Rougé au collége de France, et où se trouvent, entre autres documents inédits, la première partie d'un poëme, devenu célèbre dans la science, sur la campagne de Ramsès-Sésostris en Syrie. Le début, qui manquait dans le papyrus Sallier, a été récemment retrouvé par M. de Rougé sur un nouveau papyrus du Louvre et sur les murailles de Louqsor et de Karnak.

Les inscriptions cunéiformes de la vallée du Tigre sont aussi l'objet d'efforts persévérants pour retrouver une civilisation disparue tout entière, à l'exception de ce qui en subsiste dans les récits d'Hérodote. Un mémoire de M. Oppert sur la chronologie assyrienne a fixé l'attention de l'Académie des inscriptions.

M. Mohl, membre de l'Institut, a publié le texte du grand ouvrage de Lajard sur le *Culte de Mithra*, dont les planches seules avaient paru il y a quarante ans.

M. Bréal, professeur au collége de France, a publié la traduction d'un ouvrage classique en Allemagne pour la philologie générale, la *Grammaire comparée des langues indo-européennes* de Bopp ; et M. Baudry, bibliothécaire à la bibliothèque de l'Arsenal, le premier volume d'une *Grammaire comparée des langues classiques.*

Il faut encore mettre au compte de la philologie classique, bien que cet ouvrage soit antérieur de quelques mois à l'année qui vient de s'écouler, la *Poliorcétique des Grecs*, recueil de traités théoriques et de récits historiques, contenant des fragments inédits et un commentaire paléographique, par M. Wescher, ancien élève de l'école d'Athènes.

Un signe de ce réveil des études philologiques est la fondation, en l'année 1868, de deux recueils pour cet ordre de recherches : les *Mémoires de la société de linguistique de Paris* et la *Revue de linguistique et de philologie comparée*.

On vient aussi de commencer la publication de savantes éditions classiques, qui ne sont plus faites, comme l'a été presque tout entière la *Grande Bibliothèque grecque* de M. Didot, par des Allemands. Les auteurs des volumes jusqu'à présent publiés sont tous Français.

Sciences. — Pour les mathématiques, l'année 1868 a donné le second volume des *Œuvres de Lagrange*, publié par M. Serret, beaucoup de notes ou de mémoires, et des thèses pour le doctorat, présentées à la faculté de Paris, qui ont révélé chez la plupart des candidats, notamment MM. Didon et Tisserand, une aptitude marquée pour les plus difficiles études d'analyse mathématique.

Dans l'ordre des sciences physiques, une découverte de la plus haute importance, et toute à l'honneur de la science française, a été faite par M. Janssen, qui, durant l'éclipse de soleil du 18 août, a constaté la nature véritable des protubérances solaires et trouvé en même temps une application nouvelle du spectroscope, qui permet d'étudier d'une manière continue la constitution physique de la photosphère et les changements incessants dont elle est le siége.

Il faut citer encore les recherches de M. Becquerel sur les phénomènes électro-chimiques qu'offrent des liquides différents lorsqu'ils communiquent entre eux par des espaces capillaires, comme il arrive souvent dans les roches de l'écorce solide du globe, qui nous présentent, dans ce cas, des problèmes que la nouvelle théorie nous permettra sans doute de résoudre. M. Fizeau a imaginé une méthode pour mesurer avec précision les changements de volume que la chaleur produit dans les corps et qui conduit à modifier les idées reçues sur les effets de la chaleur, en montrant que, si les vibrations caloriques produisent un déplacement des molécules, ce déplacement n'est pas toujours un écart.

Les chimistes qui sont à la tête de l'école française ont continué des travaux théoriques d'une grande importance, entrepris depuis

plusieurs années, et ont enrichi la science de beaucoup de faits nouveaux relatifs, soit aux composés minéraux ou organiques, soit aux
lois fondamentales de la chimie. De nombreuses applications ont été
étudiées. Ainsi des recherches chimiques, faites aux frais de l'Empereur par M. Sainte-Claire Deville, sur les propriétés calorifiques
des pétroles, ont amené la solution du problème au double point de
vue de la science et de l'emploi économique du nouveau combustible.
Des explorations commencées en Alsace, en Auvergne et dans nos
départements du Midi donnent un sérieux espoir de voir la France
dotée de cette source de richesse. Les études de M. Pasteur sur les
maladies des vers à soie ont été continuées avec une persévérance
qui semble conduire au succès, par la découverte d'une méthode
pratique pour prévenir les ravages d'une épidémie qui coûte tant de
millions à la France.

Il serait impossible d'énumérer, en ne prenant même que les plus
importants, les nombreuses notes ou les mémoires insérés dans les
Comptes rendus de l'Académie des sciences, dans les *Annales de physique et de chimie*, dans les *Archives de l'école normale*, etc. Beaucoup de ces mémoires sortent des deux grands laboratoires de
MM. Sainte-Claire Deville et Wurtz, où des élèves, qui sont déjà des
savants, travaillent sous la direction permanente de maîtres éminents.
Celui de M. Jamin, qui n'a qu'une année d'existence, commence à
fournir son contingent à la science et permettra sans doute de fonder
une véritable école de physique.

Les sciences naturelles comptent aussi d'importants travaux. Dès
que la France et ses alliés eurent ouvert aux Européens l'intérieur de
la Chine, l'administration de l'instruction publique voulut avoir une
part dans les conquêtes scientifiques dont ce vaste et curieux pays
allait devenir le théâtre, et elle résolut d'en étudier la zoologie, la
botanique et la géologie. Un des correspondants du Muséum d'histoire naturelle, M. l'abbé David, missionnaire lazariste en Chine,
se chargea d'une partie de ces difficiles explorations. Le journal
de son voyage dans la Mongolie chinoise a été publié, et les collections qu'il a formées ont donné lieu à plusieurs communications
intéressantes faites à l'Institut par un des jeunes zoologistes du
Muséum. L'abbé David continue courageusement ses recherches;
en ce moment, il remonte le grand fleuve Bleu pour visiter les provinces centrales de la Chine, dont l'histoire naturelle est complètement inconnue.

Les riches herbiers du Muséum ont fourni à MM. Brongniart et
Gris des matériaux pour un travail intéressant sur les plantes de la

Nouvelle-Calédonie; le département de l'instruction publique vient d'envoyer dans ce pays un jeune botaniste, avec mission d'y former des collections qui compléteront nos connaissances sur la flore de cette grande île devenue française.

M. Alfred Grandidier, qui met ses lumières et sa fortune au service des sciences, et qui a déjà beaucoup contribué à enrichir le Muséum, explore l'intérieur de Madagascar, et ses découvertes zoologiques méritent d'être signalées.

La paléontologie, qui a fait la gloire de Georges Cuvier, s'est enrichie de deux publications considérables : l'une sur les *Oiseaux fossiles*, par M. Alphonse Milne-Edwards, ouvrage en quatre volumes in-4°, qui a été couronné par l'Académie des sciences; l'autre exposant les recherches de M. Gaudry sur les *Animaux fossiles de l'Attique*. Les découvertes paléontologiques de M. Lartet dans les cavernes du Périgord jettent de vives lumières sur l'histoire de l'homme à une époque reculée, où la France était habitée par les animaux appartenant à des espèces qui depuis lors ont disparu de la surface du globe; elles relient l'archéologie à la géologie, et elles font voir que, dans les temps les plus anciens, les caractères physiques de l'espèce humaine étaient les mêmes que de nos jours. Un autre naturaliste, M. de Saporta, a publié une série d'observations importantes sur les plantes fossiles du midi de la France.

Les travaux de M. Claude Bernard ont imprimé une forte impulsion aux recherches de physiologie et de médecine expérimentale. Dans cette étude des phénomènes de la vie, on trouve, pour cette année, d'ingénieuses applications, faites par M. Marey, de la mécanique à la physiologie, et qui ont permis de mieux connaître le mode d'action du cœur, des muscles et d'autres parties de l'économie animale, etc.; les expériences, instituées par M. Chauveau sur des animaux domestiques, pour étudier le mode de transmission des maladies contagieuses, sujet qui intéresse à la fois l'agriculture, la physiologie, la médecine et l'hygiène publique; les recherches de M. Villemin sur la phthisie pulmonaire; le travail considérable de M. Fauvel sur l'origine du choléra, etc.

La médecine est une branche de l'histoire naturelle, et elle demande aux sciences physiques tout ce que celles-ci peuvent fournir d'applications utiles à la santé de l'homme. Comme nosologie, elle a décrit, cette année, plusieurs maladies jusqu'à présent mal connues, qui, désormais bien caractérisées, seront plus faciles à traiter; comme thérapeutique, elle a appris à mieux connaître l'action physiologique de certains médicaments, et elle entre chaque jour davantage dans la voie scientifique où la chimie et la physiologie peuvent lui prêter une si précieuse assistance.

Une preuve du crédit que reprennent les études d'histoire naturelle est la faveur qui soutient la publication par M. Milne-Edwards, doyen de la faculté des sciences de Paris, du grand ouvrage qu'il a entrepris *sur la Physiologie et l'Anatomie comparée de l'homme et des animaux*, et qui est arrivé déjà au neuvième volume.

La plupart des travaux mentionnés dans cette notice très-incomplète ne sortent pas habituellement du cercle d'un public peu nombreux. Mais c'est par de telles études que, chaque année, la science avance d'un pas. L'administration de l'instruction publique accomplit un devoir en montrant aux grands corps de l'État ne fût-ce qu'une partie des efforts immenses qui sont faits par la science désintéressée pour percer les ténèbres du passé ou les mystères de la nature, au profit et à l'honneur de la France.

VIII.

Résumé des Rapports des Conseils de perfectionnement de l'Enseignement spécial pendant l'année scolaire 1867-1868, présenté au Conseil supérieur dans sa session de janvier 1869.

L'enseignement spécial vient d'accomplir la troisième année de son existence légale, et déjà, grâce à la coopération des conseils de perfectionnement, au dévouement éclairé des hommes de bonne volonté qui ont offert leur concours dévoué, et à la publication réglementaire des prescriptions nettement définies qui le régissent, il est sorti de la période des expériences et des oscillations pour entrer dans une voie régulière, pratique et féconde.

Il suffirait, pour s'en convaincre, de transcrire ici quelques pages des rapports envoyés par les conseils de perfectionnement de Rochefort, Saint-Gaudens, la Rochelle, Gap, Saverne, Auch, Châtellerault, Mâcon, Bayeux, Langres, Saint-Claude, Luçon, Nevers, Valenciennes, etc., etc. On verrait combien est profond et général le changement qui s'est produit. « Après avoir interrogé nous-mêmes et fait « interroger par les élèves, dit le conseil de Nevers, nous avons re- « connu, à l'unanimité, que l'enseignement tel qu'il est donné est « habilement approprié aux besoins du pays, auquel il rendra bientôt « les plus grands services. »

Le rapport de Saint-Gaudens se termine ainsi : « En somme, l'en-
« seignement spécial gagne chaque jour du terrain ; les familles peu
« aisées comprennent à présent que l'enseignement primaire ne suffit
« plus à leurs enfants et qu'il est urgent de leur donner des connais-
« sances plus étendues. Le peuple est reconnaissant envers le gouver-
« nement qui a pris l'initiative de la réforme scolaire ; car, avec sa
« raison ordinaire, il en mesure l'importance et la portée. » Valenciennes, Lille, la Rochelle, Arras, etc., etc., émettent les mêmes opinions. « Lorsqu'on se livre à un examen approfondi des programmes
« officiels, » écrit le conseil de perfectionnement de Saint-Quentin,
« et que l'on étudie avec soin les méthodes qui doivent servir de guide
« aux maîtres chargés de donner cet enseignement, on constate que
« ces documents supposent un sentiment profond des besoins de notre
« époque et une connaissance intime des aptitudes et de l'intelligence
« des enfants. »

On peut affirmer, après avoir lu les 324 rapports adressés au
ministère, que sur toute la surface de l'empire, excepté dans quelques villes du Midi, l'enseignement spécial ne rencontre plus guère
aujourd'hui que des partisans convaincus, actifs et dévoués.

Partout où les circonstances ont permis de lui conserver le caractère qui lui est propre et de le rendre sensible, pour ainsi dire, par
des moyens matériels de démonstration, il a été suivi avec plaisir par
les élèves et facilement apprécié par les familles. Parmi les nombreuses preuves que fournit la lecture des documents adressés au ministère, la plus intéressante est ce passage du rapport de Lectoure :
« On fait de fréquents exercices sur la mesure des volumes et des sur-
« faces, et ces exercices sont suivis avec plaisir par tous les enfants ;
« les fils de nos artisans apprennent à leurs parents des méthodes
« pratiques qui leur permettent d'agir sûrement dans les travaux
« auxquels ils se livrent et dans lesquels ils n'étaient guidés que par
« la routine. »

Visites des conseils de perfectionnement. — Comme les années précédentes, les délégués des conseils sont allés au moins une fois, souvent deux et trois fois, visiter les classes, interroger et faire interroger
devant eux les élèves, lire les meilleurs devoirs, relever les notes des
boursiers, conférer avec les professeurs sur les dispositions des
enfants, leurs goûts et les vœux de leurs familles, examiner l'état des
collections, des bibliothèques, des laboratoires de chimie et des
cabinets de physique.

A la suite des visites des conseils d'Orléans, Pau, Verdun, Dôle,

Honfleur, Évreux, Maubeuge, Tours, Soissons, Valenciennes, etc.,
un certain nombre d'enfants qui demandaient à passer dans une
autre classe ont été retenus dans celle qu'ils désiraient quitter. A
Douai, Saint-Omer, Embrun, le Quesnoy, Maubeuge, plusieurs n'ont
obtenu de monter d'un degré qu'à la condition de travailler pendant
les vacances et de subir à la rentrée un nouvel examen. On indique
alors un certain nombre de textes choisis par les professeurs : les
cahiers qui les contiennent portent jour par jour la tâche que les
parents peuvent exiger de leurs enfants, et, à la rentrée, ces devoirs,
vérifiés avec soin, servent au classement des élèves. Le conseil de
Chalon-sur-Saône a même eu le courage de baisser à la fin toutes les
classes d'une année. Partout, enfin, les examens ont été sérieux : il
est évident que les membres des conseils ont la ferme résolution
d'élever insensiblement le niveau de l'instruction jusqu'à la hauteur
des programmes officiels.

Dessin. — On sait quel intérêt les conseils de perfectionnement
attachent à l'étude des dessins linéaire et artistique. C'est donc avec
un vrai plaisir que ceux d'Alençon, du Puy, de Tournus, Cusset,
Chalon-sur-Saône, Limoges, Avallon, Arras, Nantua, Dôle, Arbois,
Montélimar, ont constaté les progrès accomplis en un an. Les
membres compétents ont examiné avec la plus grande attention les
reproductions au crayon et à l'estompe, les épures, les plans, les croquis cotés, enfin tout ce qui se réfère au dessin linéaire et à main
levée, et les meilleures copies ont fait partie de l'exposition scolaire à
la fin de l'année.

Le conseil de Fontenay-le-Comte a décidé qu'un cours supplémentaire aurait lieu le jeudi de chaque semaine. Beaucoup d'autres ont
augmenté aussi le temps réglementaire consacré aux leçons.

Langues vivantes. — L'attention des conseils s'est portée, cette année, sur un point qui avait été quelque peu négligé jusqu'ici, sur
l'étude des langues vivantes. Leurs délégués ont prié les professeurs
de faire parler les élèves devant eux et d'établir sur des sujets familiers une conversation suivie dans la langue qu'ils avaient enseignée.
Ils ont donc voulu s'assurer que les élèves n'avaient pas négligé une
étude qui est devenue une nécessité de notre temps.

A la Rochelle, Metz, Parthenay, Figeac, Bar-le-Duc, Condé, Dunkerque, Béthune, Semur, Angers, etc., et en général dans toutes les
villes du Nord, les élèves de 3e et de 4e année parlent et comprennent
l'anglais assez facilement pour pouvoir traduire à livre ouvert des
ouvrages en prose et suivre une conversation familière. La langue

allemande est étudiée à Bar-le-Duc, Valenciennes, Nîmes, Arnay-le-Duc, Metz, etc.; mais les progrès ont été moins rapides. Les langues italienne et espagnole sont étudiées dans les établissements voisins des Alpes et des Pyrénées.

Manipulations. — Il serait bien désirable que tous les établissements d'enseignement spécial fussent munis des instruments de physique, des produits chimiques, des mécanismes, des herbiers, des collections de solides géométriques, enfin de tous les éléments matériels de démonstrations qui facilitent singulièrement l'intelligence de certaines branches d'enseignement; mais les conseils de perfectionnement auront sans doute à regretter trop longtemps encore la pauvreté de leurs établissements, car il faut de l'argent, beaucoup d'argent, pour monter des cabinets de physique, établir des laboratoires et meubler des vitrines.

Cependant on a déjà beaucoup fait. Le ministère de l'instruction publique a distribué l'an dernier une somme de 64,110 francs, qui a été employée en grande partie à faire les acquisitions les plus urgentes; il a envoyé aussi une quantité considérable de livres et d'instruments. En même temps, des villes importantes, Valenciennes, Tulle, la Rochelle, Gap, Toul, etc., se sont imposé, pour compléter leur matériel scientifique, de lourds sacrifices, qui seront renouvelés chaque année.

A Cambrai, Tarbes, Vesoul, Orléans, Clermont, Reims, Mulhouse, Angers, Nantes, des exercices de manipulations ont été régulièrement organisés pour les élèves des deux dernières années. La ville de Lille a fait installer dans son lycée un laboratoire magnifique, qui est appelé à rendre les services les mieux appréciés à l'enseignement spécial et à l'industrie locale. Les membres du conseil de perfectionnement et ceux du bureau d'administration, conduits par M. Girardin, doyen de la faculté à cette époque, l'ont examiné dans les plus minutieux détails. Au moment de leur entrée, les élèves étaient occupés à manipuler; quelques-uns des membres du conseil sont restés auprès d'eux pour leur donner de bienveillants avis et ont fini par mettre eux-mêmes la main à l'œuvre.

La municipalité de Dieppe porte, chaque année, 300 francs à son budget; Brives et Romans ont donné chacune 500 francs; Haguenau, 700 francs; Melle, 1,200 francs; Cusset, 4,500 francs; Saulieu, 21,000 francs. Le conseil municipal de Mezin a offert une somme de 20,000 francs, et tous les plus imposés ont approuvé à l'unanimité la générosité bien placée du conseil. A Cusset, petite ville intelligente de l'Allier, le conseil de perfectionnement a eu l'excellente idée d'ouvrir une souscription publique pour avoir, à la rentrée des classes, un laboratoire de chimie et tout le matériel que nécessite l'enseignement du dessin.

Si ce mouvement se maintient pendant quelques années encore, nos établissements d'enseignement spécial n'auront bientôt plus rien à envier aux riches écoles d'outre-Rhin.

Levés de plans.— De même que l'enseignement de la physique et de la chimie s'élucide, se fortifie, se complète avec des instruments et des laboratoires, de même l'enseignement géométrique, commencé au tableau, se continue sur le terrain. Aussi les élèves vont-ils, accompagnés de leurs professeurs, faire dans les champs des levés de plans avec la chaîne, l'équerre et la planchette. Ils mesurent leurs distances, relèvent leurs angles, prennent leurs croquis et viennent ensuite faire leurs tracés sur le papier, au moyen du compas, du tire-ligne et des pinceaux, en appliquant avec soin les teintes conventionnelles relatives aux divers objets. Les conseils de Châteaudun, Chartres, Baume-les-Dames, Vesoul, Vire, Sées, Auxonne, Cosne, Vassy, Bourgoin, Saumur, etc., ont été enchantés des travaux graphiques que l'on a placés sous leurs yeux, et ils ont demandé que les exercices sur le terrain se renouvellent souvent pendant toute la belle saison, « parce que, disent-ils, ces exercices sont aussi hygiéniques qu'instructifs. »

Visites industrielles. Collections. — En attendant que les moyens pratiques d'enseignement soient devenus plus abondants, les chefs d'établissements ont pris des mesures qui peuvent jusqu'à un certain point tenir lieu de ce que l'on n'a pas, ou du moins amoindrir les inconvénients de la situation actuelle. Les élèves des cours supérieurs sont conduits dans les établissements industriels, fabriques, usines, ateliers, etc. Les directeurs de ces établissements accueillent toujours les visiteurs avec cordialité et mettent beaucoup d'obligeance à les initier aux détails de leur industrie, à leur expliquer l'outillage et les procédés de leur production.

Dans les environs d'Orléans, on a visité des fabriques de couvertures, de vinaigre, de limes et d'épingles, les machines de la maison Cumming, etc. Le président du conseil de Pontoise, accompagné de quelques membres, a conduit les élèves à la gare du chemin de fer, où le professeur de sciences leur a fait la théorie des machines à vapeur. Ensuite, plusieurs d'entre eux ont été appelés à expliquer eux-mêmes l'utilité et le fonctionnement des principales pièces, et la locomotive, montée par plusieurs collégiens, a marché lentement, entourée de tous les camarades. De là, M. le maire est allé les présenter à la fabrique de produits chimiques de M. Neppel, où l'un des chefs, industriel distingué et savant chimiste, a donné les explications les plus détaillées sur la fabrication de l'acide sulfurique, montré les chambres de plomb, les alambics, etc. Dans l'usine à gaz, on leur a expliqué la fabrication de l'éclairage par l'hydrogène bicarboné, l'emploi des cornues, des épurateurs, des condensateurs, des gazomètres, etc.

Au mois de mai dernier, trente élèves de l'enseignement spécial d'Évreux se sont rendus, sous la conduite du proviseur, à l'usine de Saint-Aubin-d'Écrosville, où M. le docteur Auzoux fait fabriquer les pièces d'anatomie plastique dont il est l'inventeur. M. le docteur Fortin, médecin du lycée, et plusieurs membres du conseil de perfectionnement avaient bien voulu prendre part à cette excursion. En mettant sous les yeux de ses jeunes visiteurs les plus curieux spécimens de sa collection, M. le docteur Auzoux leur a exposé en termes clairs et saisissants les théories fort intéressantes des fonctions du cerveau, la circulation du sang et le mécanisme humain. Les élèves sont retournés à Évreux enchantés de la gracieuse hospitalité qu'ils avaient reçue. Ceux de Clermont-Oise ont été conduits au bureau télégraphique et à l'usine à gaz. Le *Mémorial d'Aix*, dans un article qu'il consacre à la situation du collége, constate que cet établissement est en voie de progrès et que le chiffre des élèves s'est accru en même temps que le niveau des études s'est élevé. Plusieurs agriculteurs, MM. Orange, Reynaud, Julien Philopal, ont mis avec empressement leur matériel à la disposition des visiteurs et les ont accompagnés eux-mêmes dans leurs excursions. Ils ont trouvé le même accueil à l'usine de M. Lafont, constructeur habile, où ils se sont rendus avec M. Bujard, professeur de mécanique à l'école impériale d'arts et métiers. On leur a expliqué le mécanisme des machines à vapeur sur une locomotive que M. Pradel, chef de traction à Marseille, avait envoyée exprès à la gare d'Aix avec un sous-chef mécanicien. Dans le Nord, à Dunkerque, le Quesnoy, Valenciennes, Soissons, Hazebrouck, Thionville, etc., on est allé étudier la fabrication du sucre et de la bière, les canaux, les huileries, blanchisseries, minoteries, verreries, fonderies de fer et de cuivre, poteries, mines de houille, et les ateliers de salaison. Chaque visite est ensuite le sujet d'une rédaction dans laquelle les élèves rendent compte de ce qu'ils ont vu : les meilleures copies sont choisies et mises à part pour être lues en séance du conseil.

Très-souvent les industriels dont les établissements ont été visités envoient au collége ou au lycée des échantillons de leurs produits comme souvenir de la visite et témoignage de satisfaction ; et ainsi se forment sans bruit, sur tous les points de la France, de petits musées technologiques qui contribueront au succès de l'enseignement spécial.

Visites agricoles. Herbiers. — Les chefs des établissements qui sont situés au centre des régions agricoles conduisent leurs élèves dans les fermes modèles et les exploitations rurales. Ainsi, dans le Morbihan, le Calvados, l'Orne, l'Oise, le Loiret, le Cher, l'Yonne, etc., les membres les plus instruits des sociétés d'agriculture les ont accompagnés dans leurs excursions et, chemin faisant, leur ont donné sur les diverses natures de terre, leur préparation, le choix des engrais et les assolements, qui, bien conduits, économisent les labours, les fumiers et les transports, en augmentant les produits des exploitations, les théories les plus intéressantes et les mieux raisonnées.

Pendant ces promenades à travers les campagnes et les exploitations modèles, les élèves et les professeurs qui les accompagnent récoltent des plantes et ramassent des minéraux. De retour au collége, on dessèche, on nettoie, on étiquette et on classe ses richesses. Les élèves de Château-Thierry, par exemple, font des herborisations régulières pendant les trois mois de la belle saison : ils reviennent de chaque promenade les mains pleines et consacrent, chaque quinzaine, un jour entier à ranger ce qu'ils ont apporté.

Petit à petit se formeront donc des herbiers précieux qui meubleront les vitrines, en attendant qu'ils soient employés dans les classes d'enseignement.

Cours d'horticulture. — Depuis quelque temps, le goût de l'agriculture renaît en France. Aussi les cours de chimie agricole, d'horticulture, d'arboriculture, se sont-ils multipliés rapidement dans les établissements spéciaux. Au collége de Meaux, dont presque tous les pensionnaires sont des fils de cultivateurs, le conseil a fait ouvrir un cours de chimie agricole, et cette tentative a été couronnée d'un plein succès. « Tous les élèves, » dit le rapport du 14 juillet, « même « ceux qui ne se destinent pas à l'agriculture, ont suivi les leçons « avec empressement : elles ont été complétées par une suite d'expé- « riences et d'excursions agricoles. Cette création est une des plus « heureuses qui aient été introduites dans le collége de Meaux, et il « est à désirer qu'on lui donne toute l'extension possible en appelant « aux cours de chimie agricole tous les élèves de l'établissement ;

« même ceux de l'enseignement classique qui sont destinés à faire
« de l'agriculture. » A Chambéry, Moulins, Fontenay-le-Comte,
Semur, Saint-Flour, Parthenay, les élèves ont à leur disposition un
jardin botanique auquel ils travaillent, et au milieu duquel un
professeur vient leur faire des leçons d'horticulture et de greffage qui
sont fort goûtées. A Montluçon, le cours d'arboriculture a lieu deux
fois par semaine; au collége du Quesnoy, les élèves ont un cours élémentaire de sylviculture. Des cours d'agriculture ont été aussi ouverts
à Morlaix, Landerneau, et le conseil de Caen, après une discussion
à laquelle plusieurs membres ont pris part, a décidé qu'un cours
théorique et pratique d'agriculture serait fait aux élèves des trois dernières années et que ceux de l'année préparatoire eux-mêmes seraient
autorisés à le suivre tous les jeudis. A Lons-le-Saunier, on étudie la
taille des arbres, les propriétés, la culture et les usages des plantes
les plus utiles du département; un jardin particulier leur a été
réservé dans les dépendances du lycée. On sait déjà le don que la
société d'agriculture de l'Yonne a fait au collége de Joigny d'une
riche collection d'instruments, de graines, de tiges et de fruits :
c'est au milieu de ce petit musée, et dans le jardin, que se font les
cours d'arboriculture que la ville a fondés.

Enfin, un cours d'agriculture a été organisé à Napoléonville au
commencement de l'été dernier : il a été suivi par cinquante élèves.
L'enseignement est à la fois théorique et pratique : théorique dans le
lycée, pratique dans les excursions à la campagne et les visites à la
ferme-école de 70 hectares annexée à l'établissement. Chaque promenade agricole est suivie d'un résumé rédigé par les élèves et renfermant en substance les conseils qu'ils ont reçus, les impressions qu'ils
ont gardées. La valeur moyenne de ces petites rédactions s'élève peu
à peu; de semaine en semaine, elles sont faites avec plus de soin et
d'exactitude. Bien qu'imparfaites encore au point de vue du style,
elles révèlent chez plusieurs un certain fonds de connaissances acquises
ainsi qu'une aptitude remarquable et un goût prononcé pour l'agriculture. Pendant la visite d'une ferme modèle située à 10 kilomètres
de Napoléonville, c'était plaisir de voir tous ces petits écoliers, futurs
agriculteurs, discuter les qualités du bétail qu'ils avaient vu dans les
landes ou les prairies, noter l'influence de la chaux sur les terres sili-
ceuses et des labours profonds, sur la qualité et l'abondance des
fourrages, examiner avec une sérieuse attention un système de drainage en pierres, ingénieux, peu coûteux et facile à construire; en un
mot, faire sur tout ce qu'ils avaient remarqué des observations qui
montrent des esprits en éveil, curieux d'apprendre, et déjà prêts à

Discours.   57

recevoir l'enseignement agricole qui sera le point de départ d'une prospérité nouvelle pour toute la Bretagne.

Dévouement pour l'enseignement. — Un cadre d'études aussi rempli, aussi varié que celui de l'enseignement spécial, exige un personnel enseignant nombreux, instruit et dévoué. Pour le former, il faut beaucoup de temps. Heureusement la liste des hommes de bonne volonté et de savoir qui l'an dernier ont bien voulu s'imposer les obligations régulières du professorat s'est encore enrichie des noms les plus recommandables.

M. Barbier, propriétaire dans le département du Doubs, s'est chargé de donner gratuitement aux élèves du collège de Baume-les-Dames des notions d'agriculture; il a commencé par la culture raisonnée des fruits et des fleurs, afin de dissimuler sous des sujets attrayants l'étude assez aride des terres et des engrais. Au printemps, il a fait un cours de taille d'arbres, de pincement, d'ébourgeonnement, dans le jardin du collège et dans le sien propre, qui compte plusieurs centaines d'arbres fruitiers parfaitement conduits. Les élèves ont pris des notes et fait des rédactions qui ont été remises chaque semaine entre les mains de M. Barbier et corrigées par lui avec la plus bienveillante attention.

Deux fois par semaine, des leçons de législation usuelle sont faites aux élèves de Clermont, Pamiers, le Vigan, Poitiers, Figeac, Château-Thierry, par des avocats distingués du barreau, et ces leçons sont suivies avec intérêt par les élèves de troisième et de quatrième année.

A Belfort, le docteur Bernard, malgré les occupations d'une nombreuse clientèle, consacre les dimanches à revoir avec les élèves de la première division les principes mathématiques qui sont nécessaires à l'intelligence de la mécanique, et pendant la semaine il va faire au collège des leçons suivies sur les principales applications des sciences physico-chimiques à l'agriculture, à l'industrie et à l'hygiène publique.

Le dévouement des amis de l'instruction publique, c'est-à-dire des hommes soucieux de l'avenir de la France, ne peut pas sans doute faire face à tous les besoins créés par la transformation des études et l'accroissement rapide de la population scolaire; mais il permettra d'attendre, sans trop souffrir, les promotions de professeurs qui commencent à sortir de la grande école de Cluny.

Niveau de l'enseignement. — Le dévouement des professeurs bénévoles et des maîtres ordinaires, encouragé par les visites des conseils et soutenu par les sympathies non équivoques des familles, a produit ce que l'on devait en attendre, l'émulation des élèves et par suite une élévation constante dans le niveau de l'instruction publique. C'est ce que reconnaissent avec bonheur les conseils de perfectionnement de Saverne, Tournus, Limoges, Saint-Quentin, Lorient, Cambrai, Bergerac, Toul, Chalon-sur-Saône, Condom, Altkirch, Lannion, Niort, Meaux, Saint-Dié, Carcassonne, Châlons-sur-Marne, Aix, Nantua, le Havre, Sées, Arbois, Périgueux, etc., etc.

Aussi, dans la plupart des villes, les programmes officiels peuvent-ils être suivis maintenant sans modification sensible. Celles qui, par suite de circonstances particulières, n'ont pas pu jusqu'ici donner à l'enseignement spécial une organisation régulière se trouvent encore dans un état transitoire pour lequel les conseils ont dû combiner une sorte d'enseignement de passage : c'est d'ailleurs ce qui avait eu lieu dans la plupart des établissements publics au début des nouvelles institutions.

Mais les villes comme Digne, Phalsbourg, Saverne, etc., etc., auxquelles leurs ressources budgétaires ont permis, après la promulgation de la loi, de constituer l'enseignement spécial sur les programmes officiels et conformément aux méthodes tracées, ont pu déjà ajouter aux matières ordinaires des cours plus spécialement appropriés aux goûts et à l'industrie de la contrée. La Rochelle a ouvert des cours d'hydrographie et de constructions navales, qui sont suivis par les élèves de troisième et de quatrième année. Le conseil affirme « que les progrès sont remarquables; que, dans un an, ces « cours seront suivis par un grand nombre d'élèves et que l'enseigne- « ment spécial, qui alors aura été complet pour ceux qui auront « débuté avec lui, fournira d'excellents sujets. »

Résultats. — Des succès nombreux et décisifs sont venus couronner les efforts des maîtres et récompenser l'ardeur des élèves. Des colléges de Toulouse, Fontenay-le-Comte, Épinal, Marvejols, Autun, Saint-Gaudens, Guéret, Saint-Brieuc, le Puy, Poligny, Semur, Luxeuil, Vesoul, sont sortis des jeunes gens qui, aux premières épreuves, ont obtenu les brevets simple ou complet d'instituteurs primaires. Les classes spéciales de Tulle, Briançon, Belfort, Guéret, etc., ont présenté aux examens des élèves qui ont été reçus les premiers dans les écoles normales de leurs départements. Les colléges d'Angoulême, Landerneau, Rochefort, Toulouse, Guéret, Tulle, Tarbes, Bagnols, Aubusson, Langres, Épinal, Mirecourt, Besançon, Autun, Dieppe, Avesnes, ont fait admettre plusieurs candidats aux écoles des arts et

57.

métiers d'Angers, d'Aix et de Châlons. Un élève du collége spécial de Libourne, reçu bachelier ès sciences, s'est immédiatement présenté aux examens de Saint-Cyr, où il est entré dans un bon rang. Deux élèves d'Alais ont obtenu aussi le diplôme de bachelier ès lettres à la dernière session.

L'enseignement spécial a pris un rapide développement au lycée de Napoléonville. En 1865, il comptait 49 élèves; en 1868, il en compte 124, parmi lesquels sont 83 chambriers. C'est un chambrier qui a obtenu le 3e accessit de physique au concours académique, et l'administration des ponts et chaussées vient de lui ouvrir ses portes. C'est un autre chambrier qui a conquis le 1er prix d'histoire et de géographie, le 5e accessit de physique au concours académique et le 6e accessit d'histoire au concours général; dans la même année, il a obtenu le brevet élémentaire et le brevet facultatif. Après avoir suivi pendant trois ans les cours spéciaux du lycée, un enfant, ancien boursier de la ville à l'école communale, a été reçu à l'école navale de Brest. Cet élève a pu apprendre les éléments du latin et entrer, en 1866, dans la classe de mathématiques élémentaires, d'où il est sorti, après deux ans d'études, avec le grade de bachelier ès sciences et le n° 5 sur la liste d'admission à l'école navale. Les établissements d'Arras, Semur, le Puy, Toulouse et Guéret ont compté plusieurs admissions aux écoles vétérinaires de Toulouse et d'Alfort. Quelques jeunes gens qui avaient annoncé des dispositions scientifiques particulières dans les cours de Tarbes, Montpellier, Bar-le-Duc, Chaumont, Vesoul, le Puy, Dunkerque, ont passé dans les classes de mathématiques élémentaires et même spéciales. Le collége de Melun et celui de Coutances, qui a donné un élève distingué à Cluny, ont fait admettre, le dernier, un élève, et le premier, trois élèves à l'école centrale des arts et manufactures de Paris.

Un certain nombre d'élèves sortis des classes d'enseignement spécial de Nantes, Verdun, Pamiers, Saverne, Angers, Orléans, Arras, Chaumont, Chartres, Dieppe, Grenoble, Montpellier, Autun, Saint-Quentin, ont obtenu de belles nominations au concours général. Le lycée impérial de Mont-de-Marsan a obtenu quinze nominations au concours académique, dont deux premiers prix et quatre accessit pour l'enseignement spécial; il a remporté en outre le 1er prix de mécanique et de dessin géométrique au concours général. Des jeunes gens qui s'étaient distingués dans les classes spéciales de Pamiers, Tarbes, Morlaix, Lorient, Saint-Brieuc, Luçon, Dijon, Arras, Nantes, la Rochelle, Fontenay-le-Comte, Châtellerault, Orléans, Caen, Chaumont, Verdun, Avallon, Clermont, Vesoul, Aubusson, Argentan,

Chalon-sur-Saône, Grenoble, Saint-Quentin, Dunkerque, ont enlevé les premiers accessit et des prix aux concours académiques. Orléans, Saint-Gaudens, Strasbourg, Neufchâteau, Toul, Bar-le-Duc, Lunéville, Soissons, Dieppe, Bourg, Coutances, Châtellerault, Besançon, Chalon-sur-Saône, Grenoble, Valence, Saint-Quentin, Valenciennes, ont présenté plusieurs candidats aux diplômes de fin d'études, et plus de 120 diplômes ont été accordés par les académies respectives.

Il faut reconnaître que ce diplôme aurait une plus grande valeur et serait plus recherché, s'il avait une sanction, c'est-à-dire s'il était obligatoire pour l'admission dans les carrières à l'entrée desquelles le baccalauréat n'est pas exigé, telles que les administrations des compagnies de chemins du fer, du Crédit foncier, de la Banque et de ses succursales, des routes, des tabacs, des préfectures et des sous-préfectures, des greffes, des bureaux de perception et d'octroi, des administrations des chemins vicinaux, etc., etc. C'est ce que demandent *instamment* et *itérativement* plusieurs conseils de perfectionnement, tels que ceux de Rochefort, Lunéville, Nevers, Nantes et la Rochelle.

Beaucoup d'élèves de Toul, Angoulême, Grenoble, Vitry-le-François, Meaux, Mont-de-Marsan, Dunkerque, Semur, Besançon, Soissons, Bonneville, Chambéry, Strasbourg, ont obtenu le diplôme de bachelier ès sciences après des examens heureux. Le grade de bachelier ès sciences a été conféré aussi à un jeune homme de Tarbes qui était l'an dernier en deuxième année d'enseignement spécial; au sortir de cette classe, il est entré dans celle des mathématiques élémentaires, où il a remporté le premier accessit en mathématiques au concours académique entre les six lycées et les sept colléges de l'académie de Toulouse.

Pendant l'année scolaire qui s'est terminée au mois d'août dernier, on a, dans le collége de Schelestadt, appliqué scrupuleusement dans toutes les parties essentielles les programmes officiels de l'enseignement spécial, en se conformant aux méthodes recommandées. Au dernier concours entre les académies de Strasbourg et de Besançon, les élèves de troisième année ont remporté le premier prix de mécanique et de dessin géométrique, le premier prix de physique et chimie, les deux premiers accessit d'histoire, et au concours général, le cinquième accessit d'histoire; deux élèves de la deuxième année ont obtenu, en outre, au même concours académique, le septième et le huitième accessit de langue allemande; enfin trois élèves se sont présentés pour l'obtention du diplôme d'études et tous trois l'ont obtenu.

Accroissement de la population scolaire. — La population scolaire a considérablement augmenté dans les établissements spéciaux de Clermont, Moulins, Montluçon, le Havre, Coutances, Cosne, Rochefort, Laval, Colmar, Tonnerre, Auch, Bayeux, Alençon, Uzès, Bagnols, le Vigan, etc.; elle se trouve presque doublée dans ceux de Chambéry, Bonneville, Annecy, Brives, Aubusson, Tulle, Nevers, Troyes, Gap, Montpellier et Lyon.

Cet accroissement de la population scolaire a forcé plusieurs villes, telles que Condé, Grenoble, Laval, etc., d'agrandir leurs classes ou de faire des constructions nouvelles.

Elle leur a permis aussi d'ouvrir de nouveaux cours, d'élargir le cadre des matières enseignées. Quelques villes n'ont encore que trois années d'études, avec plusieurs divisions dans chacune d'elles : ce sont celles qui, faute de ressources financières ou d'éléments scolaires assez homogènes, n'ont pas pu sortir encore des premières difficultés de l'état transitoire. Cette année, elles ont fait de nouveaux efforts; l'État est venu à leur aide. Il y a lieu d'espérer qu'elles pourront bientôt suivre le mouvement général.

Mais plus de vingt établissements, ceux de Langres, Chaumont, Épinal, Sainte-Marie-aux-Mines, Luçon, Louhans, Nantua, Langres, Auxerre, etc., ont quatre années qui sont normalement organisées.

A Saumur, Tours, la Rochelle, Verdun, Nîmes, Troyes, Valenciennes, Alençon, etc., les quatre années d'enseignement sont précédées de l'année préparatoire.

Enfin, quelques villes ont été assez heureuses pour pouvoir déjà ouvrir une année complémentaire, qui permettra à certains esprits d'élite de se préparer au baccalauréat ès sciences, aux grandes écoles de l'État, ou de poursuivre les études littéraires pour lesquelles ils ont montré du goût et des dispositions.

Aujourd'hui la France possède 325 établissements d'enseignement spécial, qui comprennent une population scolaire de 18,463 élèves.

Si des circonstances imprévues ne viennent pas entraver le mouvement ascensionnel des études et l'extension de la population scolaire constatée par les rapports de cette année, l'enseignement spécial marchera bientôt parallèlement à l'enseignement classique.

Subventions. — L'accroissement rapide du nombre d'élèves et les succès obtenus ont disposé les conseils municipaux, qui s'étaient déjà montrés l'an dernier si favorables à la cause de l'instruction, à donner à leurs établissements de nouvelles preuves d'intérêt. Ainsi les villes de Tulle, Fontenay-le-Comte, Luxeuil, ont sensiblement amélioré la position des professeurs. Brives, qui dépensait déjà plus du quart de ses ressources ordinaires pour l'instruction publique, et Saulieu, qui, en consacrant plus de la moitié de ses revenus, vient encore de voter 21,000 francs pour l'agrandissement de son collége, ont amélioré les traitements des professeurs. Dunkerque, Laon, Chinon, ont fait de même; Tourcoing a donné 1,200 francs pour un maître de dessin, Pézénas, 2,600 francs pour un professeur de chimie agricole. L'administration municipale de Luxeuil a voulu être une des premières à entrer dans les vues du gouvernement et a voté, à la dernière session de mai, toutes les augmentations de traitements qui lui ont été demandées par l'administration du collége. De 1,000, de 1,100 et de 1,200 francs, les traitements ont été élevés au minimum fixe de 1,500 francs. C'est peu en soi sans doute, mais tout est relatif; c'est beaucoup par rapport au passé et pour une ville qui, sur un budget de 50,000 francs, en consacre plus de vingt à l'instruction publique.

A toutes ces sommes il faut ajouter les bourses créées, soit d'internes, soit d'externes, et le nombre en est vraiment considérable. Annecy, qui dépense plus de 20,000 francs pour son collége, en a voté dix, et la Rochelle seize, qui devront être données au concours. Tulle a porté 30,000 francs de plus à son budget. Moulins, Saint-Claude, Domfront, le Mans, Landerneau, le Quesnoy, ont donné beaucoup de bourses et de demi-bourses. Dunkerque offre une bourse entière à l'élève le plus intelligent. Le Puy en a voté deux; Toul, où l'instruction absorbe le tiers des revenus, huit; Toulouse, dix; Argentan, douze, ainsi que Figeac; Sainte-Marie-aux-Mines, quatre bourses entières et deux demi-bourses; Saint-Quentin, la Rochelle, qui vient de dépenser 6,000 francs pour l'enseignement spécial et qui donnait déjà 1,200 francs pour dix-sept bourses, viennent d'en fonder encore seize; enfin Armentières donne soixante bourses entières, et la ville de Sées a dispensé des frais d'études tous les enfants de sa compagnie de pompiers.

Les enfants qui obtiennent les bourses municipales sont presque tous des élèves exemplaires, et les conseils se plaisent à déposer dans leurs rapports l'expression de leur satisfaction. Un exemple suffit : sur les dix-sept boursiers que la ville de Saint-Quentin entretient dans son collége, dix sont en ce moment sur le tableau d'honneur.

Les municipalités expriment quelquefois autrement que par des créations de bourses l'intérêt qu'elles portent à leurs établissements. La société libre d'émulation du commerce et de l'industrie de la

Seine-Inférieure a offert, en témoignage de sa sympathie pour l'enseignement spécial, une médaille et un ouvrage qui devront être donnés à l'élève le plus méritant. Le conseil municipal d'Arras et l'association des anciens élèves du collége ont fondé une médaille d'or et un prix extraordinaire. Le docteur Ledain, membre du bureau d'administration du collége de Parthenay, a remis un très-bel ouvrage relié qui sera donné en prix à l'élève des cours spéciaux qui pendant l'année scolaire se sera le plus distingué par sa conduite et son application aux études scientifiques; il a encore fait don au collége d'une collection d'histoire naturelle et d'un herbier de la flore française qu'il avait composés. La chambre de commerce d'Amiens, voulant manifester hautement l'intérêt qu'elle attache aux succès de l'enseignement spécial, a créé un prix qui sera donné chaque année à l'élève lauréat du cours supérieur, sous cette dénomination : *Prix de la chambre de commerce d'Amiens.* Fougères a voté un prix extraordinaire pour le meilleur élève de l'enseignement spécial. La ville de Tournus a fondé aussi un grand prix, donné des fonds pour trois prix exceptionnels et voté 1,200 francs pour une grande médaille d'argent.

Ailleurs ce sont des travaux d'appropriation ou d'embellissement considérables. Ainsi, Tournus et Nantua font construire des salles de dessin qui seront parfaitement disposées et richement meublées. Obernay, Sézanne, Autrecourt, Vaux-lez-Mouron, Messincourt, Altkirch, Agen, Valenciennes, des gymnases. La ville de Cusset a porté 1,500 francs à son budget pour faire donner aux élèves des leçons de chant et de gymnastique. Condé fait des constructions nouvelles. Saint-Claude, trouvant les salles de dessin mal installées et insuffisantes, en dispose de meilleures. Arbois rend gratuits tous les cours d'enseignement spécial. Le conseil municipal de Mézin, qui avait déjà voté 1,500 francs pour payer des dépenses scolaires imprévues et 2,000 francs destinés à payer deux professeurs de plus, a voté encore 20,000 francs pour approprier les bâtiments de son collége et acheter une partie du mobilier scientifique nécessaire. 6,000 francs ont été destinés par la municipalité de Laval à la construction de quatre classes pour l'enseignement spécial et d'un laboratoire de chimie. Enfin un habitant de Sainte-Marie-aux-Mines a fait un legs de 20,000 francs au collége, dont la population est uniformément croissante. C'est un fait inusité parmi nous; il mérite de ne pas être passé sous silence.

Dans la séance extraordinaire du 6 septembre dernier, le conseil municipal de Napoléonville a voulu créer les ressources nécessaires

pour couvrir l'emprunt de 100,000 francs qu'il demandait à contracter pour agrandir son lycée. Il fallait, pour abréger les délais,
ajouter encore 6 centimes additionnels aux ressources déjà créées; le
conseil municipal et les plus imposés réunis n'ont pas reculé devant
cette nouvelle charge, qui frappait pour dix ans la propriété foncière;
à *l'unanimité des suffrages* ils ont voté l'emprunt de 100,000 francs
et arrêté la voie la plus expéditive pour arriver, dans un court délai,
à la restauration et à l'agrandissement du lycée.

Cette énumération déjà longue pourrait s'accroître encore de beaucoup d'autres faits significatifs et intéressants qui se sont accomplis
dans le cours de l'année scolaire; mais les détails qui viennent d'être
donnés suffisent amplement pour montrer de quels sentiments sont
animées les municipalités.

Patronage. — Ainsi les administrations municipales, frappées des
résultats produits, sont entièrement acquises à l'enseignement nouveau, en faveur duquel elles s'imposent les sacrifices les plus sensibles, les sacrifices d'argent. On peut donc présumer que les conseils
de perfectionnement, après avoir suivi avec une vigilance bienveillante les travaux des élèves, les avoir encouragés dans leurs efforts,
félicités de leur conduite et de leurs succès, n'ont pas dû négliger
les occasions qui leur ont été offertes de se transformer en conseils de
patronage, et d'user des prérogatives paternelles que leur confère
l'arrêté réglementaire du 6 mars.

Déjà, l'an dernier, les conseils avaient fait beaucoup de bien. Cette
année, ils ont fait davantage et mieux encore, c'est-à-dire plus simplement, plus naturellement, comme si les cœurs avaient déjà leurs
traditions, leurs douces habitudes. Ceux de Chambéry, Strasbourg,
Tournay, ont fait entrer dans d'excellentes maisons de commerce
plusieurs élèves qui s'étaient distingués par leur travail et leur assiduité. Vassy en a placé trois dans des bureaux. Deux autres ont été
admis dans une administration de chemin de fer, sur la demande du
conseil de Besançon. Un élève d'Orléans est entré dans une usine
importante. Le conseil de Sézanne a pris sous son patronage l'avenir
d'un élève méritant dont la famille était pauvre et recommandable.
Les administrations des ponts et chaussées, du télégraphe et des contributions indirectes ont reçu des élèves venus des classes spéciales
d'Épinal, Dunkerque, Saint-Gaudens et Marvejols. Les conseils de
Châlons-sur-Marne et de Coutances ont assuré de leur appui huit
élèves que leurs notes d'examen présentaient comme d'excellents
sujets. A Soissons, trois ont été chaleureusement recommandés au

receveur général; deux de Clermont-Oise ont été placés, l'un chez un imprimeur, l'autre dans une filature. Le conseil de Chalon-sur-Saône a signalé un élève de quatrième année à Son Excellence elle-même; c'est un jeune homme de ressources et d'avenir. Ceux qui sont sortis des classes de Valenciennes sont entrés les uns dans des exploitations agricoles ou chez des commerçants, d'autres dans l'administration du chemin de fer et chez un ingénieur. Un jeune homme de Schelestadt pourvu du diplôme d'études est aujourd'hui employé dans la sous-préfecture de la ville; un de ses camarades, pourvu aussi du diplôme d'études, a été placé comme dessinateur à Paris.

Le jeune Fuchs, premier prix de physique et de chimie au concours académique, également pourvu du diplôme, suit actuellement les cours spéciaux de quatrième année et se prépare à l'école normale de Cluny. Sa conduite et ses succès lui ont acquis une puissante et utile protection. M. Eugène Flachat, l'un de nos ingénieurs les plus distingués et l'un des créateurs des chemins de fer français, informé par le conseil de patronage que le jeune Fuchs appartenait à une très-pauvre et très-nombreuse famille d'ouvriers, vient de mettre généreusement à sa disposition une somme annuelle de 200 francs pour lui permettre de continuer ses études spéciales sans être trop à charge au reste de la famille.

Enfin, voici un fait qui serait amoindri par des commentaires. Une pauvre veuve de Lorient, madame Travaley, journalière, a deux fils. Au prix des plus grands sacrifices elle était parvenue à soutenir l'aîné, externe gratuit, jusque dans le cours de seconde année. Le moment était venu de faire entrer aussi le plus jeune dans l'année préparatoire; mais une seconde gratuité n'était pas disponible. Alors l'aîné rentra comme apprenti au port, laissa à son plus jeune frère la place gratuite qu'il occupait au collège, et, du peu qu'il gagnait à la sueur de son front, il fit deux parts inégales : avec l'une il vint en aide à sa mère, avec l'autre il paya, chaque mois, 5 francs pour suivre les cours du soir qu'un professeur dévoué fait aux jeunes travailleurs occupés le jour dans les ateliers de l'arsenal. Cet enfant de quatorze ans peut ainsi continuer ses chères études et se préparer à concourir pour l'école d'Angers.

Résumé. — Après ces détails, qui seraient beaucoup trop longs s'ils ne servaient à la fois d'encouragements et de preuves, on peut représenter l'état actuel de l'enseignement spécial par quelques formules affirmatives qui ne sauraient être contestées.

L'opinion publique, modifiée par les faits, est aujourd'hui de plus en plus acquise à l'idée de l'enseignement spécial.

Les conseils de perfectionnement ont continué à remplir avec zèle et intelligence la mission qu'ils ont bien voulu accepter.

L'insuffisance du personnel enseignant et des moyens pratiques entrave encore l'enseignement dans sa marche et son développement.

Mais, chaque année, l'agrégation fournit un certain nombre de professeurs instruits et bien préparés, avec lesquels des hommes de cœur et de bonne volonté viennent partager les charges de l'enseignement.

Un très-grand nombre de colléges ont reçu et reçoivent des collections et des instruments de physique pour constituer leurs cabinets; une somme importante a été consacrée par le gouvernement à ces améliorations. Partout les visites aux établissements industriels ou agricoles, recommandées par les instructions, se font sous la conduite de maîtres éprouvés; les colléges reçoivent pour leurs collections des échantillons précieux qui permettent de fonder de petits musées industriels. Les élèves, dans leurs promenades, cueillent des plantes et font les herbiers de l'enseignement de la botanique.

Dans un grand nombre de localités, les conseils ont ouvert des cours d'horticulture, d'arboriculture, et même de sylviculture, qui sont suivis avec ardeur.

La grande majorité des établissements d'enseignement spécial a maintenant trois classes, précédées d'une année préparatoire.

Dans tous les établissements où l'enseignement a été organisé conformément aux plans et avec les méthodes recommandées, le niveau de l'instruction s'est élevé.

Par suite, ils ont obtenu de nombreux succès.

Les succès ont à leur tour déterminé un accroissement considérable dans la population scolaire.

Des bourses, des demi-bourses, des prix, des travaux d'agrandissements ou d'embellissements ont été votés avec empressement par les municipalités.

Enfin, sur tous les points de l'empire, les conseils de perfectionnement ont fait beaucoup de bien, parce qu'ils n'ont laissé passer aucune occasion de se transformer en conseils de patronage.

On peut donc conclure par l'affirmation renfermée dans le premier alinéa de ce rapport : « L'enseignement spécial est sorti maintenant de la période des expériences et des oscillations pour entrer dans une voie régulière, pratique et féconde. »

IX.

Exposé de la Situation des Cours d'adultes au 1er avril 1869.

Pendant l'hiver de 1868-1869, il a été ouvert, dans 26,224 communes, 28,172 cours d'adultes pour les hommes et, dans 4,990 communes, 5,466 cours d'adultes pour les femmes.

C'est donc un total de 33,638 cours d'adultes qui ont fonctionné du 1er octobre 1868 au 1er avril 1869. Ils se répartissent ainsi entre l'enseignement public ou libre et entre les instituteurs laïques ou congréganistes :

Cours d'adultes pour les hommes.

	Payants.	Gratuits.	Total.
Nombre des cours publics dirigés par des laïques. . .	1,929	24,448	26,377
— — par des congréganistes.	127	1,041	1,168
Nombre des cours libres dirigés par des laïques. . .	190	316	506
— — par des congréganistes. . . . . , ...	23	98	121
Totaux.	2,269	25,903	28,172

Cours d'adultes pour les femmes.

	Payants.	Gratuits.	Total.
Nombre des cours publics dirigés par des laïques. . .	147	2,820	2,967
— — par des congréganistes.	110	1,966	2,076
Nombre des cours libres dirigés par des laïques. . .	43	183	226
— — par des congréganistes.	59	138	197
Totaux.	359	5,107	5,466
Totaux généraux. } au 1er avril 1869.	2,628	31,010	33,638
{ au 1er avril 1868.	3,579	28,752	32,331
	En moins.	En plus.	En plus.
Différence	951	2,258	1,307

Ainsi qu'on le verra plus loin, les 33,638 cours d'adultes ouverts en 1868-1869 ont reçu 793,136 élèves, soit 13,763 de plus que l'an dernier[1].

1. En 1863, ainsi que le constate l'*Exposé de la situation de l'empire*, il n'existait que 4,161 cours d'adultes. En six années l'augmentation a été de 29,477.

Il résulte du tableau qui précède que, sur 33,638 cours d'adultes, 32,588 ont été dirigés par des instituteurs ou institutrices publics et 1050 par des chefs d'établissements libres ; que 30,076 ont été ouverts par des laïques et 3,562 par des congréganistes ; qu'enfin 31,010 étaient entièrement gratuits et 2,628 payants.

Dans 20,907 cours d'adultes, l'enseignement ne dépassait pas les limites du programme de la première partie de l'article 23 de la loi du 15 mars 1850 ; dans les 12,731 autres cours, l'enseignement comprenait, outre la partie obligatoire, une ou plusieurs matières facultatives, notamment le dessin, la tenue des livres, la géométrie, l'arpentage, les sciences physiques et le chant.

En comparant cette statistique à celle de l'an dernier, on remarque une augmentation de 270 dans le nombre des cours pour les hommes. Le nombre des cours d'adultes pour les femmes a augmenté dans une proportion beaucoup plus considérable : l'an dernier, il s'élevait à 4,429, et, cette année, il a été de 5,466, soit 1,037 de plus.

Nombre des élèves. — Le nombre des élèves qui ont fréquenté les classes d'adultes pendant l'hiver de 1868-1869 s'est élevé au chiffre total de 793,136, savoir : 678,753 hommes et 114,383 femmes.

Voici comment ces élèves se répartissent entre les cours publics ou libres et entre les instituteurs laïques ou congréganistes :

Cours d'adultes pour les hommes.

		Payants.	Gratuits.	Total.
Nombre des élèves qui ont fréquenté les cours publics d'adultes dirigés	par des laïques.	22,936	557,430	580,366
	par des congréganistes.	1,904	75,384	77,288
Nombre des élèves qui ont fréquenté les cours libres d'adultes dirigés	par des laïques.	2,956	11,126	14,082
	par des congréganistes.	578	6,439	7,017
Totaux	au 1er avril 1869. . . .	28,374	650,379	678,753
	au 1er avril 1868. . . .	39,464	644,628	684,092
		En moins.	En plus.	En moins.
Différence.		11,090	5,751	5,339

Cours d'adultes pour les femmes.

		Payants.	Gratuits.	Total.
Nombre des élèves qui ont fréquenté les cours publics d'adultes dirigés	par des laïques.	1,278	51,739	53,017
	par des congréganistes.	1,304	50,222	51,526
Nombre des élèves qui ont fréquenté les cours libres d'adultes dirigés	par des laïques.	401	4,609	5,010
	par des congréganistes.	839	3,991	4,830
Totaux	au 1er avril 1869. . . .	3,822	110,561	114,383
	au 1er avril 1868. . . .	4,056	91,225	95,281

	En moins.	En plus.	En plus.
Différence. . . . , ...	234	19,336	19,102

		Payants.	Gratuits.	Total.
Totaux généraux	au 1er avril 1869.	32,196	760,940	793,136
	au 1er avril 1868.	43,520	735,853	779,373

	En moins.	En plus.	En plus.
Différence.	11,324	25,087	13,763

Il résulte du tableau qui précède que **762,197** élèves ont été reçus dans les cours publics d'adultes et 30,939 dans les cours libres; que 32,196 ont payé une rétribution scolaire et que 760,940 ont été admis gratuitement; qu'enfin 652,475 ont fréquenté des cours laïques et 140,661 des cours congréganistes. Il convient d'ajouter que, sur les 140,661 élèves des cours congréganistes, il y en a eu 84,305 dans les classes tenues par des frères et 56,306 dans celles tenues par des sœurs.

On comptait, au 1er janvier 1867, 52,366 directeurs ou directrices d'écoles laïques, publiques ou libres, et 9,950 instituteurs adjoints ou institutrices adjointes, soit un personnel de 62,316 maîtres ou maîtresses laïques. Le nombre des cours d'adultes dirigés par des laïques étant de 30,076, c'est donc une proportion de 48 cours pour 100 maîtres ou maîtresses laïques.

Le personnel des maîtres ou maîtresses congréganistes était, à la même époque, de 48,134, dont 18,305 directeurs ou directrices et 29,829 adjoints ou adjointes. Le nombre des cours d'adultes dirigés par des congréganistes étant de 3,562, on a 7 cours d'adultes pour 100 maîtres ou maîtresses congréganistes.

Si l'on compare le nombre des élèves qui ont fréquenté les cours d'adultes au nombre des instituteurs ou institutrices et de leurs adjoints ou adjointes attachés aux écoles publiques ou libres de l'empire, on trouvera 1,047 adultes pour 100 maîtres ou maîtresses laïques et 292 pour 100 maîtres ou maîtresses congréganistes.

Sur les 793,136 élèves qui ont fréquenté les cours d'adultes pendant l'hiver 1868-1869, on en compte 31,291 qui ont suivi des cours de dessin, 79,443 des cours de géométrie et d'arpentage, 78,590 des cours d'histoire et de géographie, 12,917 des cours de sciences physiques, enfin 50,239 des cours de tenue de livres et d'arithmétique appliquée au commerce et à l'industrie. Au total, 252,480 personnes sachant déjà lire, écrire et compter, sont venues chercher dans les cours d'adultes des connaissances plus élevées que celles qui se trouvaient comprises dans la partie obligatoire de l'ancien programme des écoles primaires.

Le nombre des personnes, instituteurs, institutrices, maîtres adjoints, professeurs de facultés, de lycées, de colléges, etc., qui ont pris part à l'enseignement donné aux élèves des classes d'adultes s'est élevé à 40,183.

La durée moyenne des cours a été de trois mois vingt-cinq jours, et l'on consacrait aux leçons huit heures quarante minutes par semaine.

En comparant cette statistique à celle de 1867-1868, on trouve que les cours d'adultes hommes ont reçu 5,339 élèves de moins et ceux de femmes 19,102 élèves de plus que l'an dernier, soit une différence définitive de 13,763 personnes en plus.

Résultats de l'enseignement. — Parmi les 793,136 personnes qui se sont présentées, cette année, aux cours d'adultes, il y en avait 91,487 complétement illettrées, 78,816 qui ne savaient que lire, 148,631 qui savaient lire et écrire, 163,506 qui savaient lire, écrire et compter, 244,227 qui connaissaient l'orthographe, enfin 66,469 qui ajoutaient à ces notions une ou plusieurs matières facultatives.

318,934 sur 793,136, ou ne savaient absolument rien, ou ne possédaient que d'une manière très-imparfaite les connaissances les plus élémentaires du premier âge.

Sur les 91,487 personnes qui, à leur entrée au cours d'adultes, ne savaient ni lire ni écrire, on compte :

Hommes.	Femmes.	Total.	
19,002	5,328	24,330	qui, en sortant, savaient lire;
24,412	4,393	25,805	qui, en sortant, savaient lire et écrire;
16,828	2,457	19,285	qui, en sortant, savaient lire, écrire et compter;
3,818	814	4,632	qui, en sortant, possédaient, en outre, quelques notions d'orthographe;
14,300	3,135	17,435	qui n'ont pas profité d'une manière appréciable de l'enseignement de la classe d'adultes.
Totaux.	75,360	16,127	91,487

Sur les 78,816 personnes qui, à leur entrée au cours d'adultes, ne savaient encore que lire, on compte :

Hommes.	Femmes.	Total.	
19,222	7,140	26,362	qui, en sortant, savaient lire et écrire;
29,026	6,551	35,577	qui, en sortant, savaient lire, écrire et compter;
13,931	2,946	16,877	qui, en sortant, possédaient, en outre, quelques notions d'orthographe.
Totaux... 62,179	16,637	78,816	

Sur les 148,631 personnes qui, à leur entrée au cours d'adultes, ne savaient que lire et écrire, il y a eu :

Hommes.	Femmes.	Total.	
57,426	11,356	69,282	qui, en sortant, savaient lire, écrire et compter;
58,669	10,689	69,358	qui, en sortant, savaient lire, écrire, compter, et possédaient, en outre, quelques notions d'orthographe;
8,703	1,288	9,991	qui, en sortant, avaient ajouté à ces connaissances une ou plusieurs matières facultatives.
Totaux... 124,798	23,333	148,631	

Sur les 163,506 personnes qui, à leur entrée au cours d'adultes, savaient déjà lire, écrire et compter, il y a eu :

Hommes.	Femmes.	Total.	
108,666	19,233	127,899	qui, en sortant, possédaient des notions d'orthographe;
32,330	3,277	35,607	qui, en sortant, savaient l'orthographe et quelques matières facultatives.
Totaux... 140,996	22,510	163,506	

Enfin, sur les 244,227 personnes qui, en entrant, savaient lire, écrire, compter et mettre l'orthographe, et les 66,469 qui possédaient, en outre, plusieurs matières facultatives, il y en a eu 215,295, dont 185,570 hommes et 29,725 femmes, qui, en sortant, avaient perfectionné leur instruction, et 95,401, dont 89,850 hommes et 5,551 femmes, qui avaient acquis des connaissances nouvelles en dessin, en mathématiques, en sciences physiques ou en histoire et géographie.

En résumé, il s'est présenté, cette année, aux cours d'adultes 318,934 élèves sachant seulement un peu lire et écrire ou complétement illettrés : c'était le cas, pour ces derniers, de 91,487. Or, 24,330 ont appris à lire couramment; 52,167 ont appris, en outre, à écrire; enfin, 225,002 savent aujourd'hui compter et ont même étendu au delà leur instruction. Pour les 474,202 autres, sur le chiffre total de 793,136, ils ont perfectionné les connaissances premières ou acquis des connaissances nouvelles.

En comparant ces résultats à ceux de l'an dernier, on trouve que le nombre des personnes complétement illettrées reçues dans les cours d'adultes n'était, cette année, que de 11.53 p. 100, tandis qu'en 1867-1868 il s'élevait à 12.33 p. 100. Le nombre des personnes qui ont ou perfectionné leurs connaissances ou complété une instruction déjà avancée a été, l'hiver dernier, de 36.81 p. 100 du nombre total des élèves adultes, tandis que ce nombre était de 38.78 p. 100 l'avant-dernier hiver.

Comme on le voit par cette statistique, l'institution des cours d'adultes suit une marche progressive, et déjà près de 13,000 de ces classes se sont transformées en cours de perfectionnement.

Les classes d'adultes pour les femmes, dont la création avait pu faire naître, dans l'origine, des craintes que rien n'a justifiées, sont appréciées avec la même faveur, et il a suffi, pour éviter les inconvénients qui pouvaient résulter de la simultanéité des cours affectés aux deux sexes dans une même commune, de choisir pour chacun d'eux des heures ou des jours différents.

Ce moyen, auquel on a eu recours presque partout, explique l'augmentation notable du nombre des cours de femmes pendant le dernier hiver.

Les renseignements qui sont parvenus à l'administration de tous les points de la France permettent de constater parmi les adultes, hommes ou femmes, un empressement égal à fréquenter les cours.

Ressources locales affectées aux cours d'adultes. — Les ressources locales affectées à l'entretien des cours d'adultes pendant l'hiver de 1868-1869 se sont élevées à la somme de 1,847,953 francs 05 centimes, qui se répartit ainsi :

1° Produit de la rétribution scolaire de 32,196 élèves payants, qui ont fréquenté les classes du soir . . . . 121,934 fr. 20 c.
2° Subventions votées par 10,830 conseils municipaux. 1,246,139 06
3° Subventions votées par les conseils généraux. . 95,952 00
4° Montant des libéralités particulières. 100,714 55
5° Sommes données par 12,859 instituteurs pour couvrir les frais de chauffage, d'éclairage et autres. 283,213 24

Total égal. 1,847,953 05

Dans cette dépense n'est pas comprise la subvention prélevée sur
les crédits portés au budget de l'État pour compléter le montant des
indemnités qui doivent être accordées aux instituteurs en vertu de la
loi du 10 avril 1867. Il n'est pas question non plus ici de la dépense
pour achat de médailles et de livres qui seront distribués à l'époque
de la session annuelle des conseils généraux.

11,314 instituteurs ont fait gratuitement des cours d'adultes, qu'ils
ont ouverts au mois d'octobre dernier, et 12,869 ont même sup-
porté une dépense de 283,223 francs 24 centimes, soit, en moyenne,
22 francs par instituteur, pour subvenir aux frais de chauffage et
d'éclairage des classes du soir.

A ce budget volontaire de près de 1,850,000 francs il faut ajouter,
pour marquer l'ensemble des sacrifices qui ont été faits cette année
en faveur de l'instruction populaire, en dehors des subventions habituelles des communes, des départements et de l'État, une somme de
136,855 francs 22 centimes, qui a été réunie pour fonder ou accroître
les bibliothèques scolaires.

C'est donc une somme totale de 1,984,808 francs 27 centimes, qui
forme, pour cette année, le budget *volontaire* des écoles populaires.

Ce chiffre prouve quelle est la force du mouvement d'opinion qui
s'est produit en faveur de l'instruction du peuple.

X.

Budgets comparés de 1864 et de 1870.

En 1864, le budget ordinaire du ministère de l'instruction publique
était de 19,278,511 francs ; en 1870, il est de 24,283,321 francs :
différence, 5,004,810 francs.

En 1864, le budget primaire sur ressources spéciales (centimes
départementaux et produits des écoles normales) était de 7,984,669
francs ; en 1870, par la création du 3e centime départemental, il est
de 10,846,000 francs : différence, 2,861,331 francs.

En additionnant ces deux différences, on trouve une augmentation
annuelle et normale de 7,866,141 francs.

Ce chiffre de 7,866,141 francs résulte de la comparaison établie
entre les crédits du budget de 1864 et ceux du budget primitif de
1870. Il convient de remarquer d'abord qu'un crédit de 912,000 francs,
nécessaire pour payer en 1868 l'excédant des dépenses obligatoires
résultant de la loi de 1867, a dû être ajouté, dans la session de 1869,

aux 1,700,000 francs votés pour 1868, ce qui fait un crédit total de 2,612,000 francs pour l'exécution de la nouvelle loi en 1868. Cette somme de 2,612,000 francs, étant relative à des dépenses permanentes et obligatoires, devra être nécessairement le minimum des dépenses à faire en 1869 et 1870. Il faudra donc ajouter 1,112,000 francs aux 1,500,000 francs votés pour 1869, et 612,000 francs au moins aux 2,000,000 accordés pour 1870.

L'excédant réel du budget de 1870 sur celui de 1864 doit donc être porté à 8,478,141 francs, au lieu de 7,866,141 francs.

Mais par le fait seul de la loi du 10 avril 1867, ainsi que cela résulte des tableaux annexés au rapport de M. du Miral sur le budget de 1868, une augmentation annuelle de 6,610,267 francs devra être pour le budget de l'État la conséquence du vote de cette loi. A l'augmentation déjà réalisée de 2,612,000 francs inscrite au budget de 1870 devra donc s'ajouter, dans un délai plus ou moins rapproché, la différence entre ces deux sommes, c'est-à-dire 3,998,267 francs.

De plus, d'après la prévision des mêmes tableaux, les nouvelles dépenses résultant de la loi de 1867 doivent absorber les revenus ordinaires des communes jusqu'à concurrence de 2,919,964 francs et les excédants libres de leurs trois centimes spéciaux jusqu'à concurrence de 2,176,643 francs. Les préfets évaluaient, en outre, à 628,769 francs la somme qui serait votée probablement par les conseils municipaux sur les quatre centimes facultatifs de la gratuité absolue.

En résumé, l'augmentation annuelle déjà obtenue depuis 1864 par le vote du Corps législatif, soit dans le budget ordinaire, soit au budget sur ressources départementales, est de 8,478,141 francs.

Le vote de la loi de 1867 a eu pour effet :

1° De mettre virtuellement à la charge de l'État une nouvelle et prochaine augmentation de 3,998,267 francs par an;

2° De mettre à la charge des communes une dépense totale annuelle de 5,725,376 francs.

Si l'on additionne ces diverses dépenses nouvelles, on trouve sur le chiffre des dépenses à la charge de l'État, des départements et des communes en 1864 une augmentation totale de 18,201,784 francs, dont 5,725,376 francs pour les communes. En laissant de côté cette dernière somme, on voit que l'augmentation actuelle et l'augmentation prochaine, mais forcée, sur les ressources générales et départementales de 1864 s'élèvent ensemble à 12,496,408 francs, c'est-à-dire à 45 p. 100, presque à la moitié en sus du budget de 1864.

58.

XI.

Liste des Cours libres d'Enseignement supérieur faits pendant le second semestre de 1868-1869 dans les amphithéâtres de la rue Gerson.

ASTRONOMIE. — M. Charles EMMANUEL, astronome libre.

MÉTÉOROLOGIE. — M. MARIÉ-DAVY, astronome à l'Observatoire impérial.

CHIMIE APPLIQUÉE A LA PHYSIOLOGIE ET A LA PATHOLOGIE ANIMALES. — M. SCHUTZENBERGER, docteur ès sciences et docteur en médecine.

ANATOMIE COMPARÉE. — M. ALIX, docteur en médecine.

PHYSIOLOGIE EXPÉRIMENTALE. — M. Armand MOREAU, docteur en médecine.

ANTHROPOLOGIE. — M. HAMY, docteur en médecine.

MÉCANIQUE PHYSIQUE. — M. REECH, directeur de l'École impériale d'application du génie maritime.

CHEMINS DE FER. — M. Ch. GOSCHLER, ingénieur.

LOIS PÉNALES DE LA FRANCE. — M. MOUTON, ancien procureur impérial.

HISTOIRE ET PHILOLOGIE COMPARÉE. — M. EICHHOFF, professeur honoraire de faculté, correspondant de l'Institut.

HISTOIRE DE FRANCE. — M. RAMBAUD, agrégé d'histoire.

MYTHOLOGIE. — M. J. LAROCQUE.

PHILOLOGIE CLASSIQUE. — M. Charles MOREL, docteur en philosophie de l'Université de Bonn.

GRAMMAIRE FRANÇAISE. — M. Gaston PARIS, docteur ès lettres.

LANGUES HÉBRAÏQUE ET CHALDAÏQUE. — M. Emmanuel LATOUCHE, secrétaire-adjoint de l'École impériale des langues orientales.

ÉPIGRAPHIE ASSYRIENNE. — M. MENANT, juge au tribunal civil du Havre.

LANGUE ARABE. — M. Hartwig DERENBOURG, employé au département des manuscrits de la Bibliothèque impériale.

LANGUE SANSCRITE. — M. HAUVETTE-BESNAULT, agrégé de l'Université.

LANGUES ZENDE ET SANSCRITE VÉDIQUE. — M. GIRARD DE RIALLE.

LANGUE ET LITTÉRATURE PALIES. — M. Paul GRIMBLOT, ancien consul à Ceylan et en Birmanie.

LITTÉRATURE ANGLAISE. — M. EICHHOFF, correspondant de l'Institut.

LANGUE ALLEMANDE. — M. LÉVY, professeur d'allemand au lycée Louis-le-Grand.

LITTÉRATURE ALLEMANDE. — M. BOSSERT, docteur ès lettres.

LANGUE ET LITTÉRATURE NÉERLANDAISES. — M. DE BACKER, correspondant du Comité des sociétés savantes.

LANGUES ET LITTÉRATURES SLAVES. — M. Louis LEGER, docteur ès lettres.

LANGUE ARMÉNIENNE. — M. E. PRUD'HOMME, traducteur à la direction générale des Lignes télégraphiques.

LANGUE COCHINCHINOISE OU ANNAMITE. — M. Abel DES MICHELS, vice-président de l'Athénée oriental.

LANGUE SIAMOISE. — M. Charles GRÉGOIRE.

TABLE CHRONOLOGIQUE

DES MATIÈRES.

———◆———

DISCOURS, INSTRUCTIONS, RAPPORTS.

APPENDICE.

TABLE ANALYTIQUE

DES MATIÈRES.

----◆----